石拐年鉴

贰零贰壹

SHIGUAI NIANJIAN

石拐区档案史志馆 编

方志出版社
Publishing House of Local Records

图书在版编目（CIP）数据

石拐年鉴. 2021 / 石拐区档案史志馆编. -- 北京：方志出版社，2021.12

ISBN 978-7-5144-5222-8

Ⅰ. ①石… Ⅱ. ①石… Ⅲ. ①区(城市)—包头—2021—年鉴Ⅳ. ①Z522.64

中国国家版本馆CIP数据核字(2023)第011228号

责任编辑：董琳
责任校对：刘玉霞
责任印制：梅中英
出 版 者：方志出版社
地　　址：北京市朝阳区潘家园东里9号（国家方志馆4层）
邮　　编：100021
网　　址：http://www.zgfzcb.cn
发　　行：方志出版社图书营销中心（010-67110500）
印　　刷：包头市君艺印刷有限公司
开　　本：889毫米×1194毫米　1/16
印　　张：28
字　　数：635千字
版　　次：2021年12月第1版
印　　次：2021年12月第1次印刷
定　　价：258.00元

4月27—28日，石拐区第十六届人民代表大会第三次会议召开 “魅力喜桂图”

4月26—27日，政协石拐区第七届委员会第三次会议召开 “魅力喜桂图”

7月3日，“人大代表接待岗”正式入驻石拐区市民大厅。图为代表接待群众　　区人大供图

统战部培训班　　区人大供图

9月14日，石拐区民委联合区委统战部、区司法局和大德恒街道办事处在喜桂图社区举办全区第37个民族团结进步活动月启动仪式　苏雅拉摄

12月8-17日，石拐区民委联合神发社区居委会在喜桂图新区神发社区党群服务中心举办石拐区少数民族传统蒙古族饰品制做培训班。　苏雅拉摄

应对新冠肺炎疫情，石拐区在全市率先开启疫情防控“挂图作战”工作模式　　区委组织部供图

9月8日，“汇聚党员爱心、党费助力抗疫”救护车发放仪式在石拐区喜桂图新区道德文化广场举行

“魅力喜桂图”

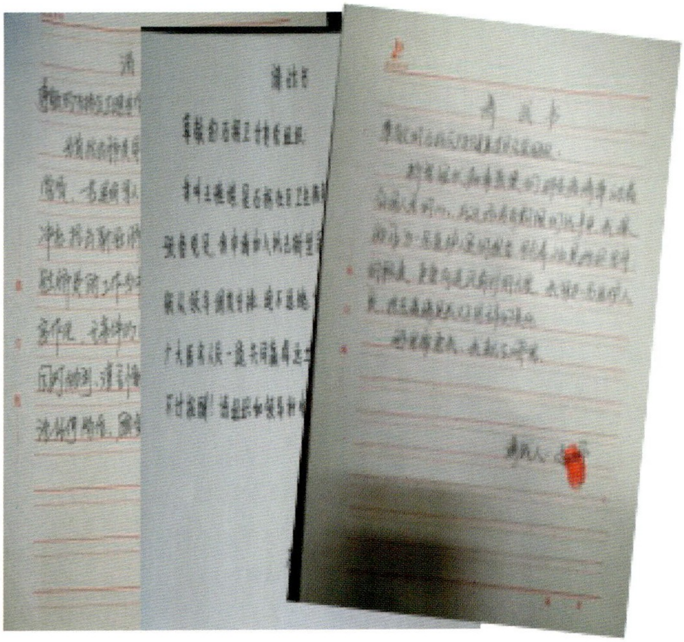

新冠疫情防控期间，区卫健委医务人员向党组织递交的请战书（部分） 区卫健委供图

2月，五当召景区工作人员在三岔口卡点疫情防控值班 张桂波摄

2月5日，在新冠疫情防控期间，防疫人员在大磁社区大发网格为居民房屋进行消毒 安文明摄

9月19-30日，区人武部组织第二期基干民兵军事训练　　张旭供图

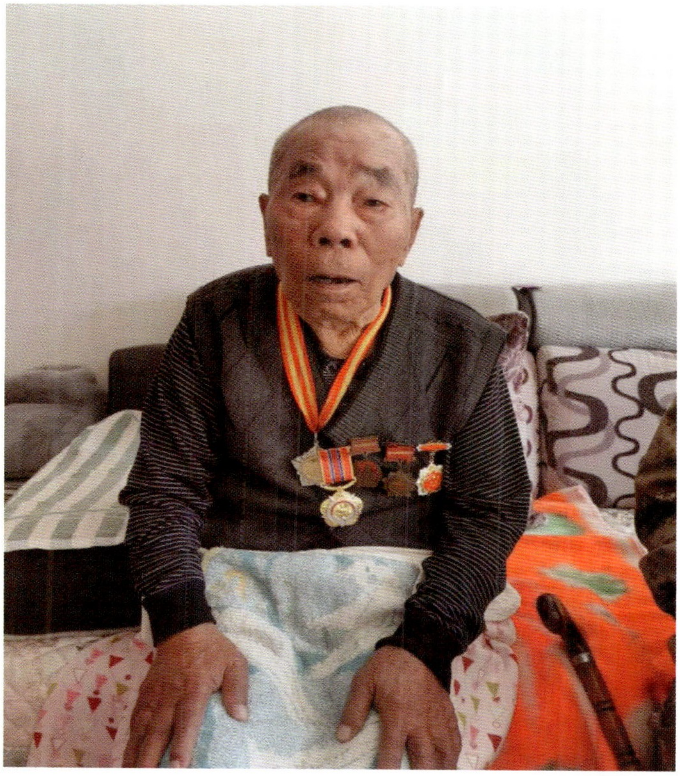

10月16日，石拐街道为冯春禄颁发“中国人民志愿军抗美援朝出国作战70周年”纪念章　　石拐街道供图

8月，石拐区组织书画进军营活动　　区委宣传部供图

交通安全宣传——保险公司赠送头盔活动　　中国财险石拐分公司供图

普法宣传　　区司法局供图

8月，区市监局开展市场计量器具免费检定活动
区市监局供图

10月22日，区供销社干部职工深入缸房地村/爬榆树嘎查开展“抵制‘两薄’塑料制品，让生活更健康、更环保”宣传活动 区供销社供图

石拐生态环境分局检查企业应急减排措施执行情况　敖红霞摄

7月5日，喜桂图大街（S211石拐段）改扩建项目现场
魅力喜桂图

包头市春雨机动车报废拆解有限责任公司机动车报废拆解建设项目
石拐工业园区供图

9月19日，石拐区高质量发展重点项目集中开工（投产）仪式在工业园区举行　　王玉凤摄

6月，区住建局组织实施老旧小区改造，更换旧区广场大理石　　区住建局供图

4月，区住建局在康庄大道实施绿化补植工程　　区住建局供图

10月，区住建局邀请市燃气专家对石拐区鑫龙换气站进行燃气安全大检查　　区住建局供图

8月，区住建局采用机扫车、洒水车对康庄大道开展道路扬尘治理　　区住建局供图

1月，区住建局开展环境卫生集中整治工作　　区住建局供图

2021年3月，区执法局开展破损门头牌匾清理活动　　区住建局供图

8月，区执法局开展渣土车抛洒滴漏巡查整治行动。　区住建局供图

12月，区住建局聘请包钢建研究院专家对全区四个涉农地区住房安全排查工作人员进行住房安全鉴定培训
区住建局供图

6月16日，《石拐区志（1991–2015）》通过自治区专家评审　　朱鸿雁摄

1月16日，“我们的中国梦”文化进万家——包头市文联书画家走进石拐区才分创作笔会暨石拐区“迎新春”书画笔会活动在金政大厦举办　　“魅力喜桂图”

9月15日《最美》呼斯楞、李德戈景走遍内蒙古千村百场巡回演出走进内蒙古亚新隆顺特钢有限公司演出

“魅力喜桂图”

12月8日，喜桂图社区居民在文艺学堂跟着老师学舞蹈

“魅力喜桂图”

7月，红色家风展览 区档案史志馆供图

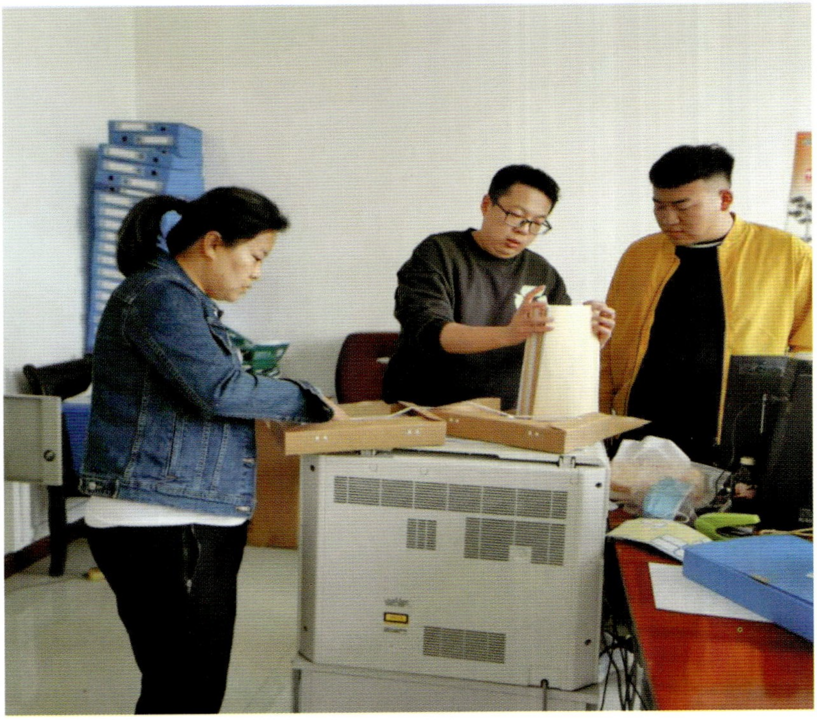

4月，区档案史志馆在石拐环境分局进行档案业务指导 区档案史志馆供图

8月1014日，石拐区消夏文化节，暨“草原音乐美食节”在喜桂图新区举行 “魅力喜桂图”

青山村“青山印象”绘画写生基地

“魅力喜桂图”

11月22日，石拐区赵北古长城文化论坛与会者在赵长城文化公园实地踏查赵北古长城遗迹

区委宣传部供图

编 辑 说 明

《石拐年鉴》坚持以马克思列宁主义、毛泽东思想、邓小平理论、“三个代表”重要思想、科学发展观、习近平新时代中国特色社会主义思想为指导思想，坚持辩证唯物主义和历史唯物主义的立场、观点和方法，系统地记述2020年度石拐区政治、经济、文化、社会等方面的情况。为了解石拐、宣传石拐、建设石拐提供基本资料，为各级领导决策提供可靠的参考依据，也为编修地方史志储备资料。

《石拐年鉴》是由中共石拐区委、石拐区人民政府主办，区档案史志馆承编，系统记述本行政区域经济社会等发展情况的年度资料性文献。

《石拐年鉴（2021）》采用分类编辑法。主体内容分为类目、分目和条目3个层次。条目标题统一以黑体加【 】表示，部分条目增设子目的层次，子目标题用宋体字加粗以示区别。对个别有特殊意义的内容，在其所属分目中以简介形式予以记述。具有特定行业色彩、地区特色等缩略语，只在第一次出现时予以括注；单位名称第一次出现用全称并括注简称，其后用简称。不宜公开的数据以“×”表述。

《石拐年鉴（2021）》首置彩页图片；正文设特载、大事记、区情概述、组织机构领导名录、中国共产党石拐区委员会、石拐区人民代表大会、石拐区人民政府、政协石拐区委员会、纪检监察、军事、法治、群众团体、经济综合管理、工业与信息化、农牧水利业、交通 邮政、城乡建设和生态环境保护、商贸 物流、财税 金融 保险、科技 教育、文化 体育 旅游、卫生与健康、社会服务与管理、街道（苏木、镇）概览、人物、荣誉、附录27个类目。

《石拐年鉴（2021）》表述语体执行《内蒙古自治区地方志行文规则》，采用语体文记述。以第三人称记述事情的发生、发展、变化过程，遵循“述而不作”原则。

《石拐年鉴（2021）》的数字用法、标点符号、计量单位用法分别执行国家标准《出版物上数字用法》（GB/T 15835—2011）、《标点符号用法》（GB/T 15834—2011）、《中际单位制主其应用》（GB 3100—1993）和《有关量、单位、符号的一般原则》（GB 3101—1993）综合运用述、记、图、表、录等各种体裁，以记述为主。年鉴中涉及的机构、职务、地名等均以当时的名称为准。

《石拐年鉴（2021）》所载录的内容和数据，由石拐区属各部门及驻区企事业单位提供，并经撰稿单位负责人审核。通过保密审查。稿件由区档案史志馆志史办撰写。供稿人署名括注于相应分目或条目之后。所用数据主要参照区统计部门的统计资料，因个别供稿单位统计口径不同等原因，数据在不同条目中不一致的，以区发展改革委统计公报数据为准，使用时请注意。年鉴资料收集时间为2020年1月1日至2020年12月31日；特载文件不受此限。

石拐区部分机构全称简称对照表

机构类别	机构全称	机构简称
区属机构	中国共产党石拐区委员会	区委
	中国共产党石拐区委员会办公室	区委办
	中国共产党石拐区委员会组织部	区委组织部
	中国共产党石拐区委员会宣传部	区委宣传部
	中国共产党石拐区委员会统一战线部	区委统战部
	中国共产党石拐区委员会党校	区委党校
	中国共产党石拐区委员会机构编制委员会办公室	区委编办
	中国共产党石拐区委员会档案史志馆（档案局）	档案馆（局）
	中国共产党石拐区委员会关心下一代工作委员会	关工委
	石拐区老年人体育文化协会	老体协
	石拐区人民代表大会常务委员会	区人大常委会
	石拐区人民政府	区政府
	石拐区人民政府办公室	政府办
	政协石拐区委员会	区政协
	中国共产党石拐区委员会纪律检查委员会、石拐区监察委员会	纪委监委
	中国共产党石拐区委员会巡查领导小组办公室（巡查组）	巡察办
	石拐区人民武装部	区人武部
	中国共产党石拐区委员会政法委员会	区委政法委
	石拐区人民法院	区法院
	石拐区人民检察院	区检察院
	中国共产主义青年团石拐区委员会	团区委
	石拐区残疾人联合会	区残联
	石拐区红十字会	区红会（红十字会）
	石拐区妇女联合会	区妇联
	石拐区文学艺术界联合会	区文联
	石拐区工商业联合会（总商会）	区工商联

机构类别	机构全称	机构简称
	石拐区发展改革委员会	区发改委
	石拐区市场监督管理局	区市监局
	内蒙古石拐工业园区管理委员会	工业园区管委会
	五当召景区管理委员会	景区管委会
	石拐区农牧业局	区农牧局
	包头市城市配送物流园区管理委员会	物流园区管委会
	石拐区住房和城乡建设局	区住建局
	石拐区商务和科技局	区商务局
	石拐区供销合作社联合社	区供销社
	石拐区国有资产监督管理委员会	区国资委
	石拐区文体旅游广电局	区文体局
	石拐区卫生健康委员会	区卫健委
	石拐区民族事务委员会	区民委
	石拐区人力资源和社会保障局	区人社局
	石拐区医疗保障局	区医保局
	石拐区政务服务局	区政务局
	石拐区吉忽伦图苏木	吉忽伦图苏木
	石拐区五当召镇	五当召镇
	包头市第十五中学	包十五中
	石拐区第一中学	区一中
	石拐区蒙古族小学	区蒙小
	石拐区新石拐小学	新石小
	包头苏蒙实验学校	苏蒙学校
	石拐区睿德幼儿园	睿德幼儿园
	石拐区润德幼儿园	润德幼儿园
	石拐区明德幼儿园	明德幼儿园

机构类别	机构全称	机构简称
驻区机构	包头市公安局交通管理支队石拐区大队	交警大队
	包头市公安局石拐区分局	公安分局
	包头供电局石拐供电分局	供电分局
	包头市交通运输管理处石拐交通运输管理站	运管站
	包头市生态环境局石拐区分局	生态环境分局
	包头市税务局石拐区分局	税务分局
	中国邮政集团有限公司石拐区分公司	石拐邮政
	包头农商银行石拐中心支行	石拐农商行
	中国人民财产保险股份有限公司石拐支公司	石拐财险
部分企业	包头花舞人间景区	花舞人间
	包头古城文化旅游景区	包头古城
	内蒙古亚新隆顺特钢有限公司	亚新隆顺
	内蒙古和百泰能源有限责任公司	和百泰公司
	内蒙古坤达鑫特种合金材料有限公司	坤达鑫公司
	包头云海金属有限公司	云海公司
	内蒙古开源供水有限公司	开源供水
	雅化集团内蒙古柯达化工有限公司	柯达化工
	包头经纬能化有限公司	经纬能化

目 录

特 载

十三届二十次全会暨全区经济工作区委工作报告（节选）……1
政府工作报告（节选）……12

大 事 记

1月……23
2月……23
3月……24
4月……24
5月……25
6月……25
7月……25
8月……26
9月……26
10月……27
11月……28
12月……28

区情概述

地理位置……30
历史简述……30
建制沿革……31
行政区划……31
地形地貌……31
气候水文……32
土壤植被……32
矿产资源……32
历史名胜与文化遗存……33

组织机构领导名录

中共石拐区委……36
石拐区人大常委会……37
石拐区政府……38
政协石拐区委员会……38
纪委监委……39
人民武装部……39
人民检察院……39
人民法院……39
石拐工业园区管委会……39
五当召景区管委会……40
包头市城市配送物流园区管委会……40
区政府组成部门……40
群团组织……42
驻区各局、各金融机构等……42
苏木镇、街道领导名录……43

中国共产党石拐区委员会

重要会议

全委会会议……45
常委会会议……46

主要工作

疫情防控与复工复产……66
三大攻坚战……66
产业转型……66
招商引资……67

深化改革……67
民生保障……67
民主法制建设……67
党的建设……67
内部建设……68
综合政务
办文办会……69
督察督办……69
机要保密……69
政策研究及改革……70
组织工作
概况……71
学习教育活动……71
基层组织建设……71
干部管理……74
人才队伍建设……75
老干部工作……75
宣传工作
概况……77
意识形态工作……77
理论学习……77
融媒体宣传……77
网信工作……78
精神文明建设……78
赵北古长城文化论坛……78
统一战线工作
概况……82
疫情防控……82
思想政治工作……82
民族工作……82
民营经济统战工作……83
党外人士队伍建设……83
党外人士联谊……84
内部建设……84
党校教育
概况……84
疫情防控工作……84
党建工作……85
党员干部理论培训……85
教师队伍建设……89
档案史志工作
概况……89
史志编纂……89
档案接收与管理……89
疫情防控……90
档案利用……90
法治宣传……90
脱贫攻坚……90
关心下一代工作
概况……90
爱国主义教育活动……91
金秋助学……92
青少年法治教育……92
好家教好家风主题活动……93
抗击新冠肺炎疫情……93
内部建设……94
老年体育文化工作
概况……94
新冠肺炎疫情防控……94
脱贫攻坚……95
老年体育文化活动……95

石拐区人民代表大会

概况……96
十六届三次人代会……96
常委会会议……97
常委会主任会议……100
党建工作……104

监督工作……104
民生福祉……105
法治石拐监督……106
代表工作……106
内部建设……106
人大代表接待岗……107
综合政务……108

石拐区人民政府

施政纪要

决策部署……109
疫情防控……117
经济运行……117
三大攻坚战……117
产业结构升级转型……117
城市建设……118
民生保障……118
内部建设……119

综合政务

概况……119
队伍建设……119
办文办会……119
督查督办……120
巡察整改工作……120
其他工作……120

政协石拐区委员会

概况……122
政协会议……123
常委会会议……123
主席会议……124
参政议政……126
建言资政……126
民主监督……127
提案办理……127
民生福祉……127
调研视察……128
委员工作……128
内部建设……128
办公室工作……129

纪检监察

概况……131
重要会议……131
政治监督……132
专项整治……132
精准监督……133
基层“微腐败”大清扫行动……134
反腐倡廉……134
廉政建设……134
体制改革与队伍建设……134

巡查工作

概况……135
疫情防控督查工作……135
理论与业务学习……135
“巡察质量提升年”活动……135
第七轮、第八轮巡察工作……136
巡察数据信息化建设……138
巡查文化建设……138
巡察宣传……138

军　事

人民武装

概况……139
疫情防控……139
组织第一期基干民兵军事训练……139

组织基干民兵集合点验……139
组织基干民兵体检……140
组织基干民兵集中训练……140
助力决战脱贫攻坚……140
组织第二期基干民兵军事训练……140
新曙光村第二届农民丰收节……140
组织基干民兵复训补训……141
区人武部新营区挂牌搬迁仪式……141
人民防空
追缴人防易地建设费……141
规划编制……141
人防系统腐败问题专项治理……141
人防工程管护……142
人防宣传教育……142

法　治

政法工作
概况……143
维稳工作……143
社会安全……143
扫黑除恶专项斗争……143
社会治安……144
社会治理……144
“4·15”反邪教宣传……144
政法队伍建设……145
公安
概况……145
管理体制调整……145
廉政建设……145
维稳工作……146
打击违法犯罪……146
扫黑除恶专项斗争和煤炭资源领域违规违法问题专项整治工作……147
执法规范化建设……147
人口管理……148
动植物保护与林区治安……148
新冠肺炎疫情防控……149
交通管理
概况……149
新冠肺炎疫情防控……149
路面管控……150
智慧勤务……150
“放管服”改革……150
车驾管业务办理……151
道路执法……151
业务培训……151
涉案车辆排查……151
交通事故处理……151
交通安全宣传教育……152
消防救援
概况……152
消防安保工作……152
消防监督检查……152
打通“生命通道”集中攻坚行动……152
复工复产消防安全指导……152
全员岗位大练兵……152
消防专项整治工作……152
消防安全培训……152
消防安全教育……153
检察
概况……153
新冠疫情防控……153
“生态检察”工作……153
打击经济犯罪……153
刑事检察工作……154
民事检察工作……154
行政检察工作……154
公益诉讼检察工作……154
内部建设……154

脱贫攻坚……155
法院
概况……155
新冠肺炎疫情防控……155
扫黑除恶……156
刑事审判……156
民商事审判……156
执行工作……156
矛盾纠纷化解……157
阳光司法……157
司法民主……157
队伍建设……157
脱贫攻坚……158
司法
概况……158
“七五”普法工作……158
法律服务……158
政府法治工作……159
人民调解工作……159
社区矫正……160
新冠肺炎疫情防控……160
公共法律服务……161
公证工作……162
法治宣传……162
脱贫攻坚……163

群众团体

总工会
概况……164
基层组织建设……164
帮扶救助……164
服务劳模、工匠……165
维护职工合法权益……165
职工业余文化生活……166
内部建设……166
中国共产主义青年团
概况……167
组织建设……167
青少年宣讲教育……168
青少年志愿者活动……168
社会服务……168
妇女联合会
概况……169
新冠肺炎疫情防控……169
妇联改革工作……169
脱贫攻坚……169
“巾帼暖主行动”……169
“巾帼维权行动”……169
宣传教育……170
工商业联合会
概况……170
理论学习……170
学习培训……171
新冠肺炎疫情防控……171
优化营商环境……171
创新工作……172
文学艺术界联合会
概况……172
文化活动……172
文艺战疫……173
组织建设……173
新时代文明实践文艺志愿项目……173
文艺创作……173
残疾人联合会
概况……175
残疾人精准康复服务……175
脱贫攻坚……175
新冠肺炎疫情防控工作……175
残疾人救助……175

信息数据动态更新……176
残疾人证换领……176
残疾人辅助性就业机构建设……176
红十字会
概况……176
新冠疫情防控……176
救助工作……176
培训工作……177
“三献”工作……177
筹资工作……177
宣传工作……177
红十字青少年工作……177
资金、抗疫物资争取……177
脱贫攻坚……177

经济综合管理

计划管理与统计
概况……178
驻村帮扶工作……178
计划管理
疫情防控应急物资保障……178
经济指标……178
项目建设……179
粮食储备……179
深化改革……179
规划编制……179
调查与统计
统计业务……180
统计调查工作……180
易地扶贫搬迁……180
第七次全国人口普查
组织领导……181
工作保障……181
普查宣传……181
试点工作……181
业务培训……181
摸底调查……182
正式登记……182
长表登记工作……182
比对复查工作……182
行职业赋码……183
长表复查与质量控制……183
价格监管
价格、收费监测……183
信用体系建设……183
审计
概况……184
同级审计……184
经济责任审计……184
领导干部离任（任中）审计……184
专项资金审计和审计调查……184
新冠肺炎疫情防疫工作……186
其他工作……186
市场监督管理
概况……186
食药安全监管……187
特种设备监管……188
商事制度改革……188
市场经济秩序监管……188
知识产权保护……189
新冠肺炎疫情防控……189
消费者权益保护……190
煤炭资源领域专项整治工作……190
清除“黑加油站点”“流动加油罐车”……190
应急管理
概况……191
安全生产……191
安全生产专项整治……191

安全隐患排查……………………………192
企业安全管理……………………………192
安全生产月宣传…………………………192
应急救援…………………………………193
公共煤田火区治理………………………193
新冠肺炎疫情防控………………………194
应急救援演练……………………………194
应急保障…………………………………194
行政审批事项改革………………………194

工业与信息化

工业
概况………………………………………195
复工复产…………………………………195
安全生产工作……………………………196
环保督查整改……………………………196
煤炭整治专项工作………………………196
工业企业升级改造………………………196
违法违规企业清理整顿…………………196
信息化工作
网络保障与安全维护……………………196
重点项目…………………………………196
数字经济发展……………………………197
工业信息化………………………………197
大数据产业园……………………………197
工业园区
概况………………………………………198
主要经济指标……………………………198
重点项目…………………………………198
70万吨特种铁合金基地配套基础设施建设
……………………………………………199
园区基础设施升级改造工程项目………199
包石铁路恢复开通项目…………………199
园区规划编制……………………………199
环境卫生整治……………………………199
安全生产…………………………………200
新冠肺炎疫情防控………………………200
社会治理…………………………………200
工业供水…………………………………201
电力
概况………………………………………201
安全生产指标……………………………201
主要经营指标……………………………201
新冠疫情防控与电力保障………………202
安全生产…………………………………202
设施管理与维护…………………………202
电力营销与服务…………………………203
业务受理…………………………………204
用电检查与管理…………………………204
智能化应用………………………………204
职工教育培训……………………………205
亮点工作…………………………………205

农牧水利

概况………………………………………206
新冠肺炎疫情防控………………………206
农牧业工作
农业工作…………………………………206
畜牧工作…………………………………206
人居环境整治工作………………………207
农村牧区经营管理………………………207
水利
行政执法…………………………………207
防汛抗旱…………………………………207
河长制工作………………………………207
水利工程…………………………………208
扶贫工作
概况………………………………………208

巡视反馈问题整改……209
精准帮扶……209
防返贫致贫……210
扶贫资金管理……210
扶贫档案整理……210

交通　邮政

道路交通
概况……211
道路维护……211
包石一级公路管护……211
路政执法……211
交通运输管理
概况……212
质量信誉年度考核……212
营运证年审换证……212
货运市场监管……212
安全生产标准化工作……212
打击非法营运……212
邮政
概况……212
经营情况……213
业务拓展……213
联通通信
概况……213
经营情况……213
移动通信
概况……214
经营情况……214

城乡建设与生态环境保护

城乡建设
概况……215
城市建设项目……215
棚户区搬迁安置遗留问题工作……216
房地产管理
老旧小区改造……216
公租房管理……216
商品房销售监管……216
建设工程监督管理
建筑工程监督管理……217
“一金三制”落实情况……217
行政收费……217
审批制度改革……217
一体化平台建设……218
遗留问题解决……218
市政管理
绿化养护……218
市政设施维护……219
城市公用服务
管网抢修与维护……219
便民服务……219
国有企业改革工作……219
燃气安全管理……219
燃气安全宣传……220
城乡环卫一体化工作
概况……220
新冠肺炎疫情防控……220
道路扬尘治理……220
垃圾清理专项整治……221
农村牧区环境卫生管理……221
生活垃圾分类……221
城市管理综合执法
自治区环保督查问题整改落实……221
市容环境和公共秩序整治……222
大气污染防治……222
控违拆违……223
优化营商环境……223

规范行政执法……223
宣传工作……223
质量监督工作
农牧区住房安全工作……223
违法建设违规审批专项清查……223
建筑工地扬尘治理……224
建筑工地质量监管……224
质量和安全监督注册登记办理……224
“无废城市”建设……224
自然资源管理与保护
第三次全国土地调查成果公布……225
政策法规宣传……225
建设用地保障……226
不动产登记……226
耕地保护……226
植树抚育和生物灾害防治……227
生态建设……227
执法监察……228
地质灾害防治和地质环境治理……228
大青山保护区森林资源管护……228
扫黑除恶专项斗争和信访工作……229
规划管理……230
野生动物资源保护……230
森林防火……230
生态环境保护
概况……231
污染物排放治理……231
水源地保护……232
土壤污染治理……232
环保督察及“回头看”反馈问题整改……233
环评审批……233
第二次全国污染源普查……233
环境质量监测……233
环境执法监察……234
信访工作……234
煤炭资源领域违法违规问题专项整治……234
安全生产……235
扫黑除恶专项整治行动……235
宣传教育……235

商贸 物流

商贸
概况……236
新冠肺炎疫情防控……236
招商引资……236
商品贸易……237
成品油零售经营监管……237
安全生产……237
包头大数据产业园……237
包头市城市共同配送物流园区
概况……237
新冠肺炎疫情防控……238
“僵尸企业”清理……238
争取资金……238
优化营商环境与招商引资……239
重点项目……239
安全环保工作……239
综合治理……239
石拐区通用航空产业园
概况……240
基础设施建设……240
机场运营……240
业务拓展……240
招商引资……241
供销合作
概况……241
新冠肺炎疫情防控……241

农副产品营销……………………………241
基层组织建设……………………………242
业务合作…………………………………242
宣传工作…………………………………242
扶贫工作…………………………………242

财税 金融 保险

财政
概况………………………………………243
一般公共预算收支情况…………………243
政府性基金预算收支情况………………243
社保基金预算收支情况…………………244
国有资本经营预算收支情况……………244
地方政府债券收支情况…………………244
政府债务化解情况………………………244
财税领域改革……………………………244
财政管理…………………………………244
专项检查…………………………………244
固定资产管理……………………………245
煤炭领域相关工作………………………245
新冠肺炎疫情防控资金保障……………245
存量房交易评估…………………………245
财政集中收付……………………………245
税务
概况………………………………………246
组织收入…………………………………246
减税降费工作……………………………247
纳税服务…………………………………247
煤炭领域专项整治………………………248
绩效管理…………………………………248
普法宣传教育……………………………248
税源管理…………………………………249
国有资产监督管理
概况………………………………………249
国企改革工作……………………………249
国企监管…………………………………250
招商引资…………………………………250
化解政府债务……………………………250
煤炭资源领域违规违法问题专项整治
…………………………………………251
新冠肺炎疫情防控………………………251
金融监督管理……………………………251
防范金融风险宣传………………………252
中小微企业融资…………………………252
金融扶贫…………………………………252
国企党建…………………………………253
安全生产…………………………………253
国企退休人员社会化管理………………253
金融、保险机构
包头农商银行石拐中心支行……………253
概况………………………………………253
业务经营…………………………………253
队伍建设…………………………………253
代理国库监管……………………………254
商品房预售资金监管……………………254
业务发展…………………………………254
金融扶贫工作……………………………255
业务培训…………………………………255
安全保卫工作……………………………255
蒙商银行股份有限公司石拐支行………255
中国人民保险集团股份有限公司石拐支
公司………………………………………255
概况………………………………………255
续保业务…………………………………256
商业非车险业务…………………………256
服务工作…………………………………256
风险防控…………………………………256

科技 教育

科技
科普宣传与活动……257
科技项目申报……257
科技创新大赛和机器人竞赛……258
教育
概况……258
教育教学管理……259
疫情防控……259
校园建设……259
学校管理……260
德育工作……260
教育督导……261
校园安全管理……261
教育扶贫……261
教师队伍建设……262
中学教育……262
包头市第十五中学……262
概况……262
师德师风建设……262
教育教学管理……262
校园建设……263
校园安全……263
石拐区第一中学……263
概况……263
教学管理……263
第二课堂……264
德育工作……264
小学教育……264
新石拐小学……264
概况……264
德育工作……264
教学管理……265
校园安全……265
校园文化建设……265
校园建设……265
幼儿教育……265
明德幼儿园……265
概况……265
校园安全……265
教学教研活动……266
家园共育……266
润德幼儿园……266
概况……266
校园建设……266
师资队伍建设……266
家园共建……267
园务管理……267
后勤保障……267
校园文化建设……267
民族教育……267
石拐区蒙古族小学……267
概况……267
教学工作……268
德育工作……268
校园安全……269
民办教育……270
石拐区苏蒙实验学校……270
概况……270
校舍建设……270
教师队伍建设……270
教育教学工作……270
德育工作……271
校园文化生活……271
校园安全管理……271
翰林中学……272
概况……272
平安校园建设……272

教育教学管理……272
德育工作……272
后勤保障……273
校外教育……273
石拐区少年宫……273
概况……273
新冠肺炎疫情防控……273
教学活动……273

文化 体育 旅游

概况……275
新冠肺炎疫情防控……275
脱贫攻坚……275
扫黑除恶专项工作……275
优化营商环境……275
文化工作
文艺创作……275
公共文化服务……276
文物保护工作……276
文化市场综合行政执法……277
体育工作
……277
旅游工作
概况……278
营销宣传及创建国家全域旅游示范区
……278
文旅融合……279
五当召景区
概况……279
新冠肺炎疫情防控……279
景区建设……279
文化推广……280
综治治理……280
安全生产……280

卫生与健康

概况……282
综合管理
医疗项目建设……282
新冠肺炎疫情防控……282
健康扶贫工作……284
安全生产……284
医药卫生体制改革……284
基本公共卫生服务……284
应急工作……285
蒙中医药工作……285
人口与家庭发展……285
爱国卫生运动
概况……285
爱国卫生宣传教育……286
环境卫生治理……286
除害防病工作……287
公共场所卫生管理……288
妇幼保健及生育服务工作
新冠肺炎疫情防控……288
医疗卫生保障……289
妇幼保健工作……289
妇幼卫生工作督导……290
妇幼健康知识宣传……290
计生宣传与服务……290
疾病预防与控制
新冠肺炎疫情防控……291
传染病防治……291
地方病防治……292
免疫规划……292
水质监测……292
学校卫生监测……292
慢性病防治……292

卫生应急处置……292
实验室管理……292
卫生健康综合行政执法
卫生监督……292
职业病防治监督……293
公共场所卫生监督……293
学校卫生监督……293
生活饮用水监督……294
社区卫生服务
石拐区医院……294
预检分诊……294
宣传培训……294
石拐区医院建设项目……294
岗位练兵……295
网上药品采购……295
医疗服务……295
基本公共卫生服务……295
家庭医生签约服务……295
健康扶贫……295
健康检查……295
五当召镇卫生院……296
疫情防控……296
健康扶贫……296
基本公共卫生服务……296
基本医疗服务……296
村卫生室管理……296
药品采购及医疗垃圾处置……296
安全生产……297
吉忽伦图苏木卫生院……297
体检及健康指导……297
基本公共卫生服务……297
医保服务……297
医护人员队伍建设……297
健康扶贫……297
健康宣教及布鲁氏菌病筛查……297
基本药物采购……298

社会服务与管理

民族　宗教
概况……299
抗击新冠肺炎疫情……299
民族政策宣传教育……299
城市民族工作……300
清真食品市场管理……300
民族发展与脱贫攻坚……301
蒙古语文工作……301
宗教事务管理……301
五当召宗教活动管理……302
民政
概况……303
新冠肺炎疫情防控……303
社会福利工作……303
脱贫攻坚……304
基层组织建设……304
婚姻登记……304
儿童福利……304
殡葬管理……305
老龄及福利工作……305
社区工作者职业化工作……306
区划调整……306
人力资源和社会保障
概况……306
新冠肺炎疫情防控……306
人事管理工作
人才信息库建设……306
机关事业单位改革工作……307
职称制度改革……307
人才引进……307
干部人事档案数字化管理……307

社会保险工作
主要工作指标……308
精准扶贫……308
生存认证……308
阶段性减免社保费……308
养老保险制度改革……309
线上咨询……309
就业工作
就业概况……309
政策性就业……310
创新创业……310
就业扶贫……310
就业服务……310
培训工作……311
失业保险工作……311
综合行政执法
劳动保障监察……312
劳动保障书面审查工作……312
清理整顿人力资源市场秩序专项行动……313
根治欠薪冬季专项行动……313
宣传工作……313
医疗保障
概况……314
医疗保险缴费……314
医保基金支出……314
医保基金安全维护……314
医保服务……314
脱贫攻坚……315
医保惠民政策宣传……315
政务服务
概况……316
“放管服”改革……316
政务服务标准化建设……316
政务服务信息化建设……317
“一站式”服务工作……317
人大代表接待岗……318
工作督查……318
网站建设与服务……318
宣传工作……319
专项工作……319
巡查反馈问题整改落实……319
退役军人服务
概况……319
服务体系建立……320
双拥创城工作……320
服务工作……320
信访
概况……320
接访及接劝返工作……320
来信来访及网上信访工作……321
网上信访宣传工作……321
领导接访包案工作……321
矛盾隐患排查工作……321
信访履职审计工作……321
信访工作专项行动……321
中央巡视组交办信访案件化解工作……322
信访工作规范化……322

街道（苏木、镇）概览

吉忽伦图苏木
概况……323
村集体经济发展……323
社会服务……324
三大攻坚战……324
民生保障与改善……324
社会综合治理……325
人民武装……325
民族宗教工作……325

文化生活……………………………………325
新冠疫情防控……………………………326
嘎查“两委”换届工作………………326
新时代文明实践活动…………………326
依法行政…………………………………327
法治宣传与服务…………………………327
反腐倡廉…………………………………327
五当召镇
概况………………………………………327
农牧业生产………………………………328
乡村旅游服务业…………………………328
项目建设…………………………………328
村集体经济………………………………328
精准脱贫…………………………………328
民生保障与改善…………………………329
卫生健康服务……………………………329
人居环境改善……………………………329
公共服务…………………………………330
生态环境保护……………………………330
安全生产…………………………………330
社会治理…………………………………330
退役军人服务……………………………331
行政效能…………………………………331
白狐沟街道
概况………………………………………331
疫情防控与复工复产……………………331
三大攻坚战………………………………331
专项工作…………………………………332
综治信访工作……………………………332
安全生产…………………………………333
生态环境保护……………………………333
新时代文明实践活动……………………333
廉政建设…………………………………333
民生实事项目……………………………333
乡村振兴…………………………………334
社会保障…………………………………334
人民武装…………………………………334
群团工作…………………………………334
大磁街道
概况………………………………………334
新冠肺炎疫情防控………………………334
机构改革…………………………………335
安全生产…………………………………335
信访工作…………………………………335
社会民生工作……………………………335
文化宣传…………………………………336
民族宗教工作……………………………336
人民武装…………………………………336
反腐倡廉…………………………………336
大德恒街道
概况………………………………………337
新冠肺炎疫情防控………………………337
重点项目…………………………………338
农牧业生产………………………………338
集体经济…………………………………338
综合行政执法改革………………………339
民生项目实施……………………………339
农村人居环境整治………………………339
医疗卫生服务……………………………339
民生保障…………………………………339
社会治理…………………………………340
围封禁牧及防火…………………………340
安全生产…………………………………340
人民武装…………………………………340
大发街道
概况………………………………………340
公共服务…………………………………340
新冠肺炎疫情防控………………………341
社区代表会议……………………………341
城市管理…………………………………342

社会保障……………………………………342
文体活动……………………………………343
退役军人服务………………………………343
第七次人口普查工作………………………343
社会管理……………………………………343
安全生产……………………………………343
石拐街道
概况…………………………………………343
社区代表大会………………………………344
新冠肺炎疫情防控…………………………344
“两委”换届选举工作……………………344
人民武装……………………………………344
行政效能……………………………………345
民生保障……………………………………345
城乡环境整理规划…………………………345
社会综合治理………………………………345
安全生产……………………………………346
民族宗教工作………………………………346
精神文明建设………………………………346

人　物

王雅宸………………………………………347
樊元贵………………………………………347
郝守忠家庭…………………………………348
张郅林………………………………………350
张忠…………………………………………350

荣　誉

2020年石拐区集体荣誉获得情况一览表……………………………………………353
2020年石拐区个人荣誉获得情况一览表……………………………………………355
2019年度石拐区“清风干部”一览表……357
2019年度石拐区“清风干部标兵”一览表……………………………………………361
2019年度石拐区“清风示范岗”“清风示范嘎查村（社区）”一览表…………363

附　录

重要文件
石拐区新冠肺炎疫情防控指挥部中关于精准抓好常态化疫情防控、支持企业健康发展、稳定经济运行的39条措施的通告……………………………………………365
石拐区部分街镇行政区划调整的实施方案……………………………………………372
包头市石拐区民生实事项目人大代表票决制（会商制）工作方案…………381
石拐区物业管理办法………………………388
石拐区城乡社会救助、高龄津贴审批发放权限下放工作实施方案……………393
石拐区国有企业退休人员社会化管理实施方案……………………………………399
2020年石拐区冬春火灾防控工作方案……………………………………………403
2020年石拐区玉米、大豆、马铃薯生产者补贴制度实施方案……………………407
石拐区蒙汉两种文字“规范年”活动方案……………………………………………410
统计公报
人口…………………………………………412
行政区划……………………………………412
农村基本情况………………………………413
农业生产……………………………………414
规模以上工业经济指标……………………414
规模以上工业产品产量……………………415
固定资产投资………………………………415

建筑业企业生产情况……………………416
社会消费品零售总额……………………416
财政税收（一）…………………………417
财政税收（二）…………………………417
金融………………………………………418
保险、邮政………………………………418
城镇居民生活……………………………419
农牧民生活………………………………420
城乡居民家庭基本情况…………………420
就业情况…………………………………421
社会治安…………………………………421
教育、卫生………………………………422
社会保障…………………………………423

特　载

十三届二十次全会暨全区经济工作会议区委工作报告（节选）

区委书记　高闻何

（2021年1月18日）

一、抢抓机遇、借势而为，切实增强谋发展抓发展的危机感紧迫感责任感

科学认识当前形势，准确把握未来趋势，对做好经济工作十分重要。当今世界百年未有之大变局进入加速演变期，中华民族伟大复兴处于关键时期，国际、国内经济形势严峻复杂，对地方经济发展的影响更为直接、更为明显。这就要求我们必须要增强对经济形势变化的敏感性和判断力，善于识变应变求变，打有准备之仗，把发展主动权牢牢抓在手里。

一要充分肯定成就，具有全面推进现代化建设的坚实基础。去年以来，面对世所罕见的疫情冲击，在以习近平同志为核心的党中央坚强领导下，我国成为全球唯一实现经济正增长的主要经济体，脱贫攻坚和全面建成小康社会任务圆满收官。石拐区的发展成就难中见喜，在疫情的严重冲击下，财政总收入仍然实现6.23亿元，签约项目达到25个、落地22个，协议总投资160.38亿元，创历年来新高，工业园区年产值突破100亿元大关，生态环境质量、基础设施保障能力等都有较大提升，这些都为我们在新发展阶段全面推进现代化建设、实现第二个百年奋斗目标奠定了坚实基础。展望新时代，我们要在既有的发展基础上，本着“跳出石拐、发展石拐，依托主城、融入主城，放眼全国、借力全国”的发展思路，顺应形势、奋力而上，加快推进地区高质量转型发展，努力谱写喜桂大地壮美宏图。

二要清醒认识问题，推动高质量发展有很多瓶颈要破解。当前石拐区面临的困难挑战很多。一是经济规模总量和质量效益亟待提升。2019年地区生产总值同比增长1.2%，2020年预计能够扭负为正，增速均列全市末位，底子薄、效益差、欠发达仍然是我们的区情。二是产业发展的结构比例和发展动能亟待优化。目前主导产业以钢铁、煤炭等资源型相关产业为主，三

次产业结构比为1∶75∶24，整体仍处于产业链、价值链的中低端水平，文旅、大数据、物流等接续替代产业处于培育发展阶段，对经济发展的支撑作用尚未显现。三是营商环境和创业生态亟待改善。从自治区、包头市到我区营商环境排名普遍靠后。1月7日，自治区党委第二巡视组向包头市反馈优化营商环境专项巡视情况时，指出了我市存在的三大方面问题，这些问题在石拐区同样存在，需要我们持续用力、加强整改、快见实效。四是适应高质量发展要求的体制机制亟待健全。目前我区在新能源、新材料、通用航空、大数据、人工智能等战略性新兴产业方面，产业布局、园区规划、行业规范、制度机制等方面不明确、不健全、不完善。五是基础设施，特别是新型基础设施亟待加强。老区道路、管网等基础设施覆盖面小、陈旧老化严重，新区未建区域的基础设施还是空白，建成区域医疗、交通、文体、5G等配套服务设施短缺，不能很好地满足群众需求和产业发展配套。六是城乡区域发展和收入的平衡性亟待改进。新区形象提升加快推进，人气不断集聚，老区开发利用相对停滞。2020年，城乡居民人均可支配收入预计分别是45100元、18900元，城乡收入差距很大。七是生态环境保护任务艰巨。采煤沉陷区历史欠账较多，北镁科技、瑞川水泥遗留问题还没有彻底解决，大气、土壤、水的污染还需深度治理，打好打赢污染防治攻坚战仍有大量工作要做。八是财政收支矛盾突出。我区财源基础薄弱，年纳税1000万元以上企业只有8家。2020年，一般公共预算收入4.29亿元、支出9.6亿元，其中仅“三保”支出就达到4.5亿元，财力入不敷出、捉襟见肘。九是社会治理等方面短板弱项依然较多。随着包头矿务局破产转移，大量企业工人下岗，低收入人群大量增加，引发的搬迁改造房屋分配、社会保障等各类社会矛盾集聚。这些问题交织叠加所带来的困难和挑战不容低估，我们必须要紧紧盯住、积极处置、稳妥化解。

三要积极把握机遇，在新一轮发展中我区将大有可为。党的十九届五中全会和中央、全区、全市经济工作会议，对当前和今后一个时期的经济形势作出了总体研判，指出我国发展仍处于重要战略机遇期，经济稳中向好、长期向好的基本面没有变，经济潜力足、韧性大、活力强、回旋空间大、政策工具多的基本特点没有变，发展具有的多方面优势和条件没有变，这为我们加快发展吃了定心丸，增强了信心和决心。同时，中央、自治区党委、包头市委都对今年经济工作作出了全面部署，提出了许多政策性、方向性的决定，比如，中央强调要“大力发展数字经济”“制定科技强国行动纲要”“推进科研院所、高校、企业科研力量优化配置和资源共享”“布局建设综合性国家科学中心和区域性创新高地”等，这对我区启动建设科创成果转移转化园、高校园区，加快发展数字经济创造了有利条件；自治区党委强调要“以优化营商环境为基础全面深化改革”“进一步加大‘放管服’力度，在准入、成本、税费、融资、基础设施、产权保护等方面综合施策”等，这为我们持续优化营商环境、深化重点领域改革提供了行动指南；我区提出的“四示范两基地一平台”总体定位，与市委的“四

基地两中心一高地一体系”发展定位是高度契合的，政策东风指日可待；目前全市上下掀起了招商引资、招才引智、优化营商环境三把火，大抓发展、大上项目的热潮已然形成。石拐区正面临前所未有的发展机遇和无比广阔的发展空间，只要我们坚定信心、抢抓机遇，乘势而上、借势而为，就必定会实现新的更大发展。

二、突出重点、狠抓落实，为“十四五”开好局优环境筑强基建新业

2021年是“十四五”开局之年。根据中央、全区和全市经济工作会议精神，结合我区实际，今年全区经济工作的总体要求是：以习近平新时代中国特色社会主义思想为指导，全面贯彻党的十九大和十九届二中、三中、四中、五中全会精神，深入贯彻落实习近平总书记对内蒙古重要讲话重要指示批示精神，坚持稳中求进工作总基调，立足新发展阶段，贯彻新发展理念，融入新发展格局，以推动高质量发展为主题，以深化供给侧结构性改革为主线，以改革创新为根本动力，以满足人民日益增长的美好生活需要为根本目的，坚持系统观念，巩固拓展疫情防控和经济社会发展成果，更好统筹发展和安全，坚持扩大内需战略，强化科技战略支撑，扩大高水平对外开放，扎实做好“六稳”工作、全面落实“六保”任务，全力抓好经济运行，努力争取最好的发展成果，确保“十四五”开好局，以优异成绩庆祝建党100周年。按照这一要求，区委、政府统筹考虑各方面因素，拟提交区两会讨论审议的今年经济社会发展的主要预期目标是：地区生产总值增长6%左右，固定资产投资增长20%左右，社会消费品零售总额增长8%左右，一般公共预算收入增长7%左右，城乡居民人均可支配收入分别增长6%、9.5%左右，城镇登记失业率控制在3.9%以内，完成市下达的节能减排任务。

今年，我们要以“项目落地攻坚年”为主题，认真落实党中央、自治区党委和市委的决策部署，统筹整体和重点，兼顾当前和长远，积极调动各方面资源力量，着力提高经济发展质量效益。重点要做好以下十个方面工作。

（一）进一步系统谋划、重点突破，加快建设现代产业体系

构建现代产业体系是建设现代化经济体系的重中之重，也是实现高质量发展的关键所在。我们要从传统产业、新兴产业、现代服务业三个层面发力，积极培育新技术、新产品、新业态、新模式，推动产业的质量变革、效率变革、动力变革，坚决走好以生态优先、绿色发展为导向的高质量发展新路子。

一要抓好传统产业改造升级。传统产业并不是落后产业，恰恰相反，是稳定的甚至是永恒的，是真正属于“日不落”或“永不落幕”的产业。目前我区第二产业增加值占GDP比重达到了75%，是名副其实的支柱产业，必须要以高端化、数字化、智能化、绿色化改造提升传统产业。要重点推动10万吨甲醇项目、10万吨稀土合金精密铸造项目、80万吨再生废钢铁回收利用项目尽早达产达效，加快70万吨特种高品质硅铁合金项目施工进度，推进H型钢及配套产业项目开工建设，加快推动煤层气开发利用，积极对接引进煤炭气化项目。要优化土地供给，加大清理园区僵尸企业力度，加快工业园区基础设施升级改造、

供水污水管网建设和水泥建材集中加工园区绿色循环改造，推进“引水入石”项目全面启用，推动包石铁路尽快恢复、开通运营，切实提升园区竞争力。

二要推动新兴产业做大成势。要密切跟踪科技和产业发展最新趋势，聚焦重点领域，推动战略性新兴产业和高技术产业快速崛起。对于新材料、新能源、大数据等已具备一定基础的产业，要精耕细作、加快发展，尽快把先期引进和实施的项目发展起来，培育形成新的经济增长点。要坚持以市场化方式为主导，推进大数据产业发展、企业数字化改造，加快数字化转型。要积极引进行业领先企业，深化与中兴网科、京东、移动、中关村等企业合作，大力发展云计算、大数据、物联网、人工智能等信息技术产业，推动大数据产业园入园科创企业发展和华为工业互联网创新中心建成运营，在包头建设高层次工业互联网平台，促进更多供需主体有效对接，形成规模效应，实现协同发展，抢占数字经济发展高地。要抢抓包头市加强数字包头建设顶层设计的有利契机，加快大数据产业园发展，主动搭建新平台，发挥好园区创新“孵化器”作用，集聚一批创新创业人才；发挥好园区“加速器”作用，激励一批新兴创新创意产业。推进新能源汽车换电网生态一体化项目全市布局，通航机场要围绕相关装备制造、农牧业生产、森林草原防火、教育培训等产业，大力开展招商引资，争取无人机测试及驾驶培训项目落地，机场“五一”前取得使用许可证、实现首飞，切实推动新兴产业不断发展壮大。

三要补齐现代服务业短板。服务业不仅是经济发展的重要方面，也是城市发挥对外辐射带动、对内强化集聚和吸纳作用的关键所在。我区的服务业还处于起步阶段，吃住行游购娱要素还不完善。要加快推进新区星级酒店项目和恒大、富力山配套康养项目建设，想方设法盘活商业中心等闲置资源。要深入推进农文旅深度融合，全面支持鼓励各景区丰富文化内涵、提升景区品质、增强游客体验，全力创建国家全域旅游示范区。要高标准完成物流园区、建材园区转型规划，推动顺丰、韵达包头电商产业园落户，不断做大仓储物流。

（二）进一步做实前期、强化组织，全力落实固定资产投资

保持经济平稳较快发展，投资拉动是最直接的措施。综合考虑目标和区情实际，今年计划完成固定资产投资30亿元，同比增长20%左右；重点项目计划实施25个，总投资193.2亿元，年内计划投资30.2亿元。目标虽然高一点，但通过我们的努力，是可以完成的。

一要以项目建设促进投资。刚过元旦，我们集中签约了30个项目，协议总投资445.35亿元，实现了招商引资开门红。加上去年签订的25个项目协议投资是160亿元，总计55个项目，投资600多亿元。同时，我们还在洽商其他一批项目。这些项目如果能够部分顺利落地，对于拉升投资作用将是巨大的。要全力打好项目落地攻坚战，实施项目工作“一个项目、一套专班、一个专人、一套方案、一抓到底”，即“五个一”机制，一对一建立专班，做好项目手续办理、调度推进、要素保障等各项工作，确保项目如期开工建设，按计划完成投资。要同步抓好储备项目建设，压实县级领导包联、科级干部特派联络服务责任，与重点项目同谋划、同推进，切

实把更多储备项目转化为在建项目，进一步扩大有效投资。

二要把工业投资作为抓手。2020年，我区固定资产投资预计增长10%以上。其中，二产投资占比69.7%，房地产占二产比重为19.4%，房地产投资占比偏高。要重点从工业技改投资、新上项目投资方面入手做好工作，加快推进亚新、经纬、凯越等传统工业企业生产数字化、智能化、绿色化改造，实施好近年来新上工业投资项目，推进绿色矿山建设行动，积极向上争取二氧化硫、氮氧化物等大气环境容量指标，尽快使这些工业投资快速增长，推动投资结构优化。

三要向民间投资借力发力。民营经济是我区经济起飞必不可少的力量，在经济发展和社会进步中起到了不可估量的作用。2020年，我区民营经济增加值对全区GDP增长贡献率达60.6%。但还存在民营企业起步较低、经营管理模式落后、融资渠道不宽等问题。要落实政银企合作协议，引导金融机构创新服务产品、提升服务效能，助力实体经济。要发挥好政府投资引导带动作用和民间投资主体作用，加快设立10亿元创新产业引导基金，鼓励支持保障新能源、新材料等科创成果转化项目落地建设。要本着实事求是、务实高效、合法合规、合作共赢的原则，妥善处理好遗留项目地企双方的各自关切利益，推动项目实现新的投资、大的提升。

（三）进一步强化引领、创新驱动，大力实施科教兴区

党的十九届五中全会强调，“要坚持创新在我国现代化建设全局中的核心地位，把科技自立自强作为国家发展的战略支撑。”我区虽然在数字经济发展方面有一定基础，但创新基础薄弱、能力不足、人才匮乏等问题还很突出，要大力实施创新驱动战略和科教兴区行动，加快推进以科技创新为核心的全面创新，切实为地区发展提供不竭动力支撑。

一要强化企业主体地位。要把握市情、区情，找准工作思路和方向，突出重点、聚焦要点，培育扶持企业创新发展，形成科技创新企业集群。要依托发展大数据产业，把工业互联网等新型基础设施建设与制造业技术进步有机结合，逐步向全市推广应用。要建立挂钩帮促服务机制，由区四大班子有关领导挂钩重点企业，对企业在成长发展中遇到的融资、技术瓶颈以及用地、用水、用电、用人等难题，分类施策、精准服务，切实解决企业创新发展难题。要大力营造鼓励创新、宽容失败的创新环境，加强对创新创业先进企业和典型人物的宣传报道，广泛开展政银企对接、产学研对接等活动，激发企业创新创业活力。

二要推进创新平台建设。要统筹推进创新平台载体建设，在优化布局、引导建设、完善管理等方面用力，启动建设科创成果转移转化园区，加快推进中关村包头未来科技城项目落地，实现高新技术产业集聚和科创成果转移转化。要启动建设高校园区，加快引进包头师范学院，促进地区人才集聚。要采用“飞地+本地”的联动方式，围绕国家战略性新兴产业和我区重点产业，通过在京沪粤等发达地区设立科创飞地，将优质项目的研发、设计放在一线城市，将生产制造销售放在本地，为企业发展提供新动力。

三要完善科技创新机制。要全面激发科技创新引擎作用，加快推进京东智联云等科创项目建设，提供更多高水平的科技创新供给。要加大对知识产权的保护、对创新工作的尊亘、对创新成果的奖励，制定出台科技创新政策措施，加快形成有利于竞相成长、各展其能的激励机制。要加强创新驱动的人才保障，坚持引才、育才、用才、留才的系统谋划，协同发力，创新人才柔性引进方式，引进20名中高端紧缺人才，以人才集聚促进产业发展，以产业发展集聚更多人才。

（四）进一步解放思想、与时俱进，全面深化改革扩大开放

深化改革开放是破解我区发展难题的关键一招。要坚持问题导向、目标导向和需求导向，在深化改革开放上出实招、见实效。

一要以思想解放引领开放发展。思想是行动的先导。工作上的每一次重大进步都离不开解放思想。只有不断地解放思想，才能不断与时俱进，才能在思维、方法、措施上适应新阶段、新理念、新格局的需要。在当前机遇前所未有、挑战接踵而至的新形势下，只有彻底解放思想，才能真正下决心改革，才能真正有胸怀开放，才能在标兵越来越远、追兵越来越多的困境中闯出一条新路。要正视与发达地区在发展理念、精神状态、工作措施等方面的巨大差距，敢于破除自我满足感和畏难情绪，敢于自我革命，主动接受先进理念、成熟做法，学习借鉴合作模式、运营模式，保持开拓的志气、创新的锐气、拼搏的勇气，争当开路先锋、勇立时代潮头。

二要以改革优化营商环境。要扎实稳妥完成好事业单位机构改革，把更多的资源力量集中到抓发展、促发展上来。要以“审批最少、服务最好、速度最快”为目标，加快推进政府数字化转型，完善一体化政务服务平台功能和“零跑腿”事项清单，深化“一网办通、一次办好”，让企业在审批服务方面感受到便利和高效。要主动认领自治区营商环境专项巡视反馈问题，举一反三拿出务实有效措施，不折不扣抓好整改落实，营造全社会参与、全员参与的良好营商环境。各工作专班要积极帮助企业纾困解难，服务企业的干部要真包、真联、真服务，落实各项惠企稳企政策，开展“我为企业找市场”行动，千方百计扶持企业发展壮大。

三要以开放抓好选商择资。要坚持“上争、外引、内培”，主动融入“一带一路”、黄河“几”字弯城市群、呼包鄂榆乌一体化新发展格局，聚焦大数据产业园、工业园区、物流园区、通航产业园、全域旅游等载体和板块，抓住国家和自治区政策支持点，全力谋划和引进项目，做到谋得好、联得上、争得来、干得成。要加强与友邻旗县区、京津冀等地区在各领域的互动协作、组团发展，加强企业贸易投资和经济合作，大力发展电子商务贸易和总部经济，引进大型贸易公司在我区注册，实现资金、技术、人才、税收的快速集聚，大幅提升对内对外开放、区域合作的层次和水平。

（五）进一步强化生态优先、绿色发展，持续加强生态文明建设

实现山清水秀环境美，是高质量发展的题中应有之义。当前我区污染防治和生

态环境保护修复的任务依然繁重，必须恪守绿色发展理念，围绕建设国家级生态文明建设示范区和包头市“后花园”，久久为功、持续用力，推动生态环境保护与经济发展互促共进。

一要加快绿色低碳发展。绿色发展就是要从源头上减少资源消耗和环境污染，这是我们加快转变经济发展方式的重要着力点。能耗问题事关企业和地区未来发展，必须高度重视。要提高资源利用效率，加大“双控”力度，在节能技术改造、淘汰落后产能等方面下更大功夫，建立完善能耗指标收储交易机制，推动要素向优质企业和项目配置，推动亚新隆顺、经纬能化等工业园区企业节能减排改造，建设生态工业园区。要严格落实自治区《关于进一步做好煤田（煤矿）火区采空区灾害治理管理工作的意见》，做好沉陷区综合整治，促进矿区生态修复。要着眼碳达峰、碳中和目标，制定新能源产业发展三年行动计划，推动新能源产业形成规模，打造新能源产业示范区。推进全民绿色行动，开展节约型机关、绿色社区、绿色乡村等创建活动，动员全社会广泛参与，共同建设节约、绿色、健康、持续、高质量的生产生活环境。

二要推动生态优势转化。要积极实施“生态立区”行动，不断扩大生态优势，在保护生态系统整体性、安全性的前提下合理开发，形成优势互补的发展格局。要厚植生态底色、提升生态环境承载能力，积极争取实施黄河流域生态保护和大规模国土绿化行动的政策项目，提升生态系统质量和稳定性。要依托大青山国家级自然保护区和五当召国家森林公园的“生态名片”，大力发展生态文旅产业。要加快推进五当沟水库项目建设的前期工作。要统筹推进山水林田湖草系统治理，加强草原和森林资源保护，推进国家林业重点工程、大青山南坡绿化、重要节点绿化改造、虎头山青少年“两山”实践基地建设等重点工作，将生态效益转化为经济效益。

三要打好污染防治攻坚战。打好污染防治攻坚战，解决好人民群众反映强烈的突出环境问题，既是改善民生的迫切需要，也是加强生态文明建设的当务之急。要全面打好“蓝天、碧水、净土”保卫战，严格控制大气污染物排放，深化降尘、治车、减排和“散乱污”企业治理，持续巩固禁燃区散煤燃烧治理成果，实现$PM_{2.5}$浓度持续下降、空气质量持续提升。要全面落实河长制，加强饮用水水源地保护，推进企业及园区废水深度治理，严格监管偷排、漏排和排放不达标行为，切实抓好水资源环境保护。要严格控制土壤污染源，加强重金属污染管控和农业面源污染综合防治，加快“无废城市”试点和固废物联网建设，推进再生资源回收利用和工业固废处置及综合转化利用，促进“变废为宝”，改善和净化土壤环境。巩固拓展中央和自治区环保督察反馈问题整改成效，严格生态环境保护市场准入，落实生态环境损害责任追究制，健全环境保护守信激励和失信惩戒机制，坚决做到污染难以防治的项目坚决不上，环保不达标的企业坚决停产整治，整治不过关的企业坚决予以关闭并限期退出。

（六）进一步丰富内涵、提升实力，不断推进文化事业和文化产业发展

坚持繁荣发展文化事业和文化产业，

完善公共文化服务，推动文旅产业融合，提高文明程度和地区文化软实力，不断满足人民日益增长的文化需求。

一要深入推进先进文化教育。繁荣发展社会主义先进文化，持续巩固团结奋斗的思想基础，是我们推进改革发展的重要动力。要深入践行社会主义核心价值观，加强社会主义精神文明建设，围绕举旗帜、聚民心、育新人、兴文化、展形象的使命任务，深入开展习近平新时代中国特色社会主义思想学习教育。要加强党史、新中国史、改革开放史、社会主义发展史和爱国主义、集体主义、社会主义教育，弘扬党和人民在各个历史时期奋斗中形成的伟大精神。要拓展新时代文明实践中心建设，推进公民道德建设，实施文明创建工程。

二要不断提升文化服务水平。完善公共文化服务体系，丰富群众性文化活动，是不断满足广大群众文化需求的现实需要。要丰富公共文化服务资源，积极推进“四馆一中心”建设，整合草原书屋、农家书屋与图书馆资源，提升公共文化服务效能。要深入实施文化惠民工程，广泛宣传石拐多元文化，打造一批具有地区特色的文化品牌。要推进赵北古长城国家文化公园建设、区树区花确定、城市宣传片制作等工作，开展“庆祝中国共产党建党100周年”全民阅读系列活动和丰富多彩的特色文化活动，切实营造良好的文化氛围。要新建新时代农牧民素质提升示范村5个、新时代文明实践所（站）8个，实现3年全覆盖目标。

三要大力发展现代文化产业。以文化为资源，以创意为动能，发展具有地方文化特色、展现文化底蕴的文化产业，是我们实现经济高质量发展的重要内生动力。要深挖我区藏传佛教圣地五当召、我国最古老的赵北古长城遗迹、百年矿山工业文明、红色革命文化等文化资源，讲好讲活石拐故事，扩大优质文化产品供给，推进文创产品开发应用，积极引导社会资本参与文化旅游产业投资建设，探索发展电竞、展会、演艺等文化产业，建设一批富有文化底蕴的旅游景区，发展红色旅游和乡村旅游，推动文化和旅游融合发展，为创建国家全域旅游示范区提供有力支撑，满足人民群众对文化旅游服务的更高需求。

（七）进一步深度融合、协同发展，统筹推进城市高质量建设

坚持推进以人为核心的新型城镇化，围绕融入主城区，促进功能完善、提升治理水平、树立城市形象，着力建设安全高韧性、包容高效能、美丽高品质的幸福新石拐。

一要高起点规划。立足城市功能多样化，充分利用城市资源，丰富城市功能，坚持生态文明建设理念，是我们建设高品质现代化城区的主导方向。要主动对接国家、自治区、包头市规划编制，将生态优先、绿色发展理念融入城市科学规划布局，广泛征集意见建议，高起点编制国土空间规划。要统筹城市总体规划和现实需要，按照功能定位、风貌景观、配套服务科学开展城市设计，合理划分生态功能区，改善调整不合理布局，最大限度地推动城市可持续发展。要做好新区控详规编制工作和各园区方案优化，完成数字经济、文旅产业规划方案，系统规划生产、

生活、生态空间，切实增强城市发展的系统性、开放性。

二要高标准建设。在服务配套、产业协作等方面，要主动对接市中心城区，形成与周边城区一体融入、产业融合、区域联动的新格局。要推进喜桂图新区和石拐老区差异化协同发展，加快道路、供水、供电、供热、通信等方面的配套设施建设，拓展城区发展空间，增强城市综合承载力，为加快新区集聚人气、老区汇集财气提供保障。要融入人本理念，努力扩大公共空间，营造特色的城市人文景观，打造本土文化和多元文、化交相辉映的标志性城市场景和景观带，让每个景点、每处景观厚植石拐特色文化、展现石拐独特魅力。

三要高效能管理。要实施城市形象提升和精细化管理工程，严格落实社区、园区网格化管理机制，推广网格化巡查制度，全面启动“全域无垃圾”行动，实现城区管理的全覆盖、精细化。要开发智慧物业、智慧管理、智慧服务等自主平台，整合大数据、人工智能、自动控制等多方技术，推进智慧社区、智慧交通、智慧物流、智慧管理试点建设，将成熟的平台及应用领域向全市推广，打造国家级智慧城市创新发展示范区。

（八）进一步全面发展、加快富裕，深入实施乡村振兴战略

经过不懈努力、接续奋斗，我们如期完成了脱贫攻坚目标任务，接下来“三农”工作的重心是全面推进乡村振兴，关于这个工作，习近平总书记在中央农村工作会议上从七个方面进行了详细部署，大家要结合实际抓好贯彻落实。

一要坚决守住脱贫攻坚成果。当前，我区脱贫群众收入还不够高，就业还不够稳定，还有一些低收入农户，遇到波动或冲击，很有可能返贫或致贫。要持续抓好脱贫攻坚成果巩固，健全防止返贫动态监测和帮扶机制，对易返贫致贫人口实施动态管理，抓好扶贫产业长期培育，优化调整帮扶政策，增强脱贫群众发展能力，保障收入水平稳定增长。要保持脱贫攻坚后5年过渡期帮扶政策的总体稳定，实现巩固拓展脱贫攻坚成果同乡村振兴有效衔接。

二要大力发展现代农牧产业。虽然我区农牧业占比不足1%，但与农牧业发展紧密联系的农牧民数量不少，发展农牧业仍然是我们的重要工作。要持续推动乡村产业发展，深化农村集体产权制度改革，通过土地托管、代耕代种、优化种养结构等方式，发展设施农业、精深加工、休闲农牧业等现代农牧业项目。要持续发展壮大嘎查村集体经济，建立完善农副产品产销有效衔接的农业供应链，打造“一村一品，一村一特”品牌。要积极发挥龙头企业、家庭农场、农牧民专业合作社等新型经营主体带动作用，大力引进正大等行业领军企业，培育更多具有竞争力的产业化龙头企业，提升现有企业现代化管理水平，推动农畜食品产业向规模化、数字化、高端化、标准化、品牌化、绿色化、国际化方向发展。

三要深入实施乡村建设行动。实施乡村建设行动，是党的十九届五中全会作出的重大决策部署，我们务必要高度重视、认真组织。要科学推进乡村规划建设，严格执行我区乡村振兴战略规划，分类推进村庄建设，保护传统村落和特色风貌，完

善农村、牧区水电路网等基础设施建设，巩固安全饮水工程，推进人居环境整治提升行动，继续推进“厕所革命”、生活垃圾处理和污水治理，全面推进平安乡村、法治乡村、富裕乡村、文明乡村、美丽乡村建设，因地制宜打造一批新时代示范新农村。要加强党组织对农村牧区工作的领导，高质量完成嘎查村两委和苏木镇党委政府换届工作。

（九）进一步强化保障、改善品质，践行以人民为中心的发展思想

民生是人民幸福之基、社会和谐之本。要坚持以人民为中心的发展思想，扎实办好各项民生实事好事，加快补齐基本民生领域短板，推动人民群众获得感、幸福感、安全感持续提升。

一要着力保障改善民生。要强化就业优先政策，认真落实国家、自治区、包头市出台的各项扩大就业政策措施，最大限度稳定和扩大就业，多渠道增加城乡居民收入。要完善覆盖全民的社会保障体系，扩大缴纳企业社会保险人群规模，推进职工社会保险全覆盖。要及时落实各类保障政策，加大对低保对象、特困供养人员、优抚对象、受灾群众的帮扶救助力度，保障好人民群众的基本生活。

二要不断健全公共服务。要紧密结合推进新型城镇化、乡村振兴等重点工作，加大公共服务设施建设投入，落实全民健身计划，加快补齐公共体育等各方面公共服务短板。要健全完善公共卫生应急体系，加强基层医疗卫生体系建设，提升重大传染病预防控制能力，区医院要在上半年投入运营，更好满足群众就医需求。要积极应对人口老龄化问题，持续深化居家和社区养老服务改革，加强养老服务设施配套建设，发展普惠型养老服务和互助性养老，实现老有所养、老有所依、老有所乐、老有所安。

三要持续加强社会治理。要以构建基层社会治理新格局、加快推进社会治理现代化为目标，抓紧推进“空天地”一体化建设，建立健全扫黑除恶专项斗争打击整治和平安建设协调机制，严厉打击各类违法犯罪。要学习借鉴新时代“枫桥经验”，推进市域社会治理现代化试点，深化平安石拐建设。要继续执行信访问题领导包案制度，健全预防化解社会矛盾机制，集中化解重复信访和信访积案，完成中央、自治区交办信访问题化解任务和矛盾纠纷调处中心建设，让主动走访、来信下访、定期接访成为常态，切实把矛盾纠纷化解在基层、解决在萌芽状态，维护好群众的合法权益和社会的公平正义。

（十）进一步统筹协调、安全发展，坚决防范和化解重大风险

必须坚持总体国家安全观，牢固树立安全发展理念。统筹抓好年末岁初民生保障、安全生产、社会稳定等各项工作，确保“十四五”开好局、起好步。

一要坚决做好疫情防控。全面做好冬春季新冠肺炎疫情防控是当前十分紧要的政治任务。要坚持新冠肺炎疫情常态化精准防控和积极主动应对有机结合，压紧压实“四方责任”，严格落实“四早措施”，持续抓好“外防输入、内防反弹”工作，坚持人物同防、多病共防，加强重点场所、重点人群、重点行业监测和防控，落实社区网格化、精细化管理，同步抓实抓好鼠疫等动物疫情

防控，全面筑牢疫情防控防线，坚守“零疫情”的防控成果。

二要坚守意识形态底线。要树牢底线思维，强化忧患意识，发扬斗争精神，加强意识形态领域风险防范化解和处置工作，做好网络安全领域重大风险排查防范，切实维护互联网安全。要严密防范和严厉打击敌对势力渗透、破坏、颠覆、分裂活动，以铸牢中华民族共同体意识为主线加强和改进民族工作，确保今年一次性完成两科统编教材的推广使用任务。

三要全力解决遗留问题。要抓好各种存量风险化解和增量风险防范，既要解决好老难题，又要把握新动向，从源头抓起，着力解决人民群众最关心、最直接、最现实的利益问题。要深入推进财政金融风险化解工作，坚决遏制政府隐性债务增量，依法合规运用市场化手段等方式化解隐性存量债务。要综合运用多种手段妥善化解民生等领域历史遗留问题，为维护和谐稳定、推动高质量发展扫清障碍。要推动安全监管综合信息化平台建设，坚守安全生产底线，坚决遏制重特大事故发生；加强自然灾害应急处置，深入开展防灾减灾，严格大型活动安全审批和人流监控，强化食品药品安全监管，坚决保障人民生命财产安全。

政府工作报告（节选）

代区长　黄敏

（2021年7月3日，十六届人大四次会议）

一、2020年以来的工作回顾和“十三五”发展成就

过去的一年极不平凡。我们同舟共济、上下一心战疫情，决胜全面建成小康社会、决战脱贫攻坚，奋力推动“十三五”收官，全力书写了实现第一个百年奋斗目标的石拐篇章。一年来，在市委、市政府和区委的正确领导下，在区人大、政协的监督支持下，区政府坚持把贯彻落实习近平总书记对内蒙古重要讲话重要指示批示精神作为各项工作的总纲和主线，扎实做好“六稳”工作、全面落实“六保”任务，攻坚克难、开拓创新，石拐区站在了发展的新起点、进入了新阶段。

一是疫情防控坚决有力。坚决贯彻落实习近平总书记重要讲话重要指示批示精神，坚持人民至上、生命至上，迅速建立战时指挥体系，构筑起自下而上四级防控网络，在全市率先启动挂图作战，抽调精干力量组建73个“尖刀班”，发动干群1200余人，累计拨付疫情防控经费1310余万元，连续奋战90多个昼夜，铸就了抵御疫情、护佑生命的人民防线，全面保障百姓生命健康安全，坚守着“零疫情”一方净土。

二是经济运行稳中有进。统筹推进疫情防控和复工复产，实行区级领导包联和“特派联络员”制度，制定出台战疫情、保稳定、促发展等各类政策措施140余项，为企业减免税费超4000万元，引导企业应对疫情影响，推动经济企稳回升。过去一年，我们克服疫情影响，地区生产总值实现扭负为正；固定资产投资完成25.9亿元，同比增长13.7%，增速位列全市第一；一般公共预算收入累计完成4.25亿元，同比增长4.5%，自治区排名提升至56位；城乡居民人均可支配收入分别增长0.8%和8.3%；社会消费品零售总额下降6%。今年上半年，综合考虑“能耗双控”政策调整因素，地区生产总值预计增长3%左右；固定资产投资预计完成11亿元；一般公共预算收入完成1.98亿元，同比增长17.7%；城乡居民人均可支配收入预计增长6%和9.5%；社会消费品零售总额预计增长15%；全区规上工业能耗用量同比下降7.2%，为全市节能降耗作出突出贡献。

三是三大攻坚成效显著。去年以来累计投入扶贫资金1276万元，实施18个扶贫项目，不断强化利益联结机制，脱贫成果更加坚实。深入开展“决战决胜百日攻坚”“大走访大督查”行动，高质量完成上级巡视、巡察、督查、暗访反馈问题整改任务；高标准完成中央及自治区环保督察整改任务，拆除瑞川水泥并完成复绿，大青山国家级自然保护区优化调整取得阶段性成效。煤田火区生

态治理工程顺利通过验收；累计化解债务3.91亿元，清理拖欠民营企业、中小企业账款1.24亿元，超额完成时序进度，有效化解地方债务风险。

四是产业结构优化升级。农牧业提优增效，3000亩高标准农田投入使用，全区农作物总播面积达2.23万亩。希望德康、八戒农牧和家庭农场发展迅速，生猪养殖规模不断扩大。工业经济提档增效，工业园区产值突破百亿元大关。“公改铁”项目取得阶段性成效；坤达鑫40万吨特种高品质硅铁合金、再生废钢铁回收利用、鑫源铸造10万吨精密铸造等一批转型扩能项目开工建设；10万吨甲醇项目竣工验收；500兆瓦光伏领跑者项目全面并网发电。现代服务提质增效，包头五当召通航机场正式运营；草原立新、十倍心意等4个食品加工项目入驻绿色农畜产品产业园；清理盘活“僵尸企业”5家；自治区全域旅游示范区创建稳步推进，五当召国家级森林公园、包头古城、花舞人间、青山印象等景点成为“网红打卡地”，全年累计接待游客77万人次，旅游综合收入达到1.55亿元。数字经济提速增效，专门组建数字产业园区和大数据管理中心，投资1.3亿元的华为移动工业互联网云数据中心初具规模，中兴网信、阿里钉钉入驻大数据产业园，数字经济发展势头良好。

五是转型发展后劲十足。坚持以改革统领高质量发展，累计完成重点改革任务83项，形成各类改革成果141个。在全市率先完成区属国有企业实体化运营改革，推动国有企业做优做强。2020年，实施重点项目19个，完成投资24.46亿元；2021年实施重点项目25个，上半年全部开复工，完成投资5.74亿元。对标一流营商环境，持续深化“放管服”改革，率先推行“5+2”周末不打烊政务服务，在全市进行推广；不断强化“网上办”“掌上办”等服务模式，政务服务事项网上可办率达90%。成立规模为10亿元的包头市旗县区政府首支创新产业引导基金，为优质项目提供金融支持。

六是城市品质显著提升。创城整改提升和创卫复审迎检工作深入推进，城区环境持续优化。投资1.2亿元的G210喜桂图新区段（原S211）市政道路改造工程建成通车；投入1600万元对新区绿化、美化、亮化升级改造，城区环卫机械化清扫率达76.6%；兴石达、蓝天城等遗留问题化解取得阶段性进展，全力解决喜桂图新区棚改房屋产权办理遗留问题，惠及居民6720户；新区消防站、图书馆、文化馆等公共服务设施陆续投入使用，城区品质显著提升。全面落实《石拐区乡村振兴战略规划》，17个嘎查村全部实现村集体经济收入翻番，厂汉沟村企共建运输服务、缸房地田园综合体、白菜沟黄芪土鸡蛋等集体经济累计实现收入789万元。投入2000万元深入推进农村牧区人居环境整治，农村牧区污水处理站实现中水回用，推广农村牧区卫生户厕1621户，新建改造城乡公厕9座，农村牧区人居环境全面改善。

七是民生福祉与日俱增。去年以来民生领域资金支出9.64亿元，民生支出占比70%以上。优先抓好稳就业工作，带动就业5000余人次，“零就业”家庭动态清零；城乡低保标准普涨到795元，发放各类惠民资金3407万元，惠及群众4.4万人次，城乡居民医保基本实现应保尽保；教育体

系日臻完善，坚持“五育”并举，全面发展素质教育，推动公办、民办教育融合发展，劳动教育走在自治区前列。投资1700万元的睿德幼儿园完成主体建设，教育环境不断优化；公共卫生体系建设进一步加强，有力推进全民新冠疫苗接种工作，区人民医院建设加快推进；成功举办包头市首届冰雪季、青山村首届壁画涂鸦大赛等文化活动，群众获得感、幸福感不断提升。圆满完成全国第七次人口普查工作。扎实推进安全生产专项整治三年行动和全国第一次自然灾害普查工作，安全生产形势总体平稳；坚定不移推行使用国家统编教材工作，深入开展“解决信访问题年”专项行动，83件信访积案得到有效化解；全区治安案件查处率100%，刑事案件破案率同比上升29%，平安石拐建设取得新成效。

八是自身建设持续加强。旗帜鲜明讲政治，政府系统“四个意识”更加牢固，“四个自信”更加坚定，“两个维护”的思想自觉和行动自觉持续增强，严格落实意识形态工作责任制，铸牢中华民族共同体意识，不断加强阵地建设、民族事务管理和平安建设。法治政府建设扎实推进，去年以来办结行政复议和行政应诉案件13起，提供免费法律咨询1000余件，群众满意度100%，人大代表建议和政协委员提案全部高质量办结。定期专题研究部署党风廉政建设工作，深入开展人防系统、煤炭资源、供销系统、林草、矿山等领域违规违法问题专项整治，推动政府系统党风廉政建设和反腐败斗争向纵深发展。

各位代表，“十三五”时期是全面建成小康社会的决胜阶段。五年来，我们深入贯彻党的十九大和十九届二中、三中、四中、五中全会及习近平总书记对内蒙古重要讲话重要指示批示精神，抢抓转型发展机遇，牢牢把握工作主线，着力谋全局抓大事，开创了石拐发展新局面，全面建成小康社会取得了决定性成效。

综合实力显著增强。“十三五”期间，地区生产总值年均增长3.7%，人均地区生产总值达到18.24万元，一般公共预算收入累计完成19亿元，年均增长3.7%，从“十二五”期末自治区旗县排名的68位提升至56位，社会固定资产投资年均增长11.3%，社会消费品零售总额从“十二五”期末的3.86亿元增加到5.92亿元，年均增长8.9%；累计争取各类专项资金24.7亿元，创历史新高。

发展质量明显提升。“十三五”期间，三次产业增加值比重由1.6∶77.3∶21.1调整为1.6∶74.3∶24.1，农牧业稳步发展，规模以上工业增加值实现翻番，服务业比重明显提升，高新技术产业占比由20.8%提高到35.5%；国家资源枯竭城市转型评估保持良好等次，成为国家第二批智慧城市试点和首批采煤沉陷区综合治理试点，可持续发展路子越走越宽。物流园区成功创建自治区服务业集聚区、电子商务示范基地。“智慧包头”大数据产业园累计入驻企业39家，申请专利100多项，为发展数字经济奠定了良好基础。

深化改革全面推进。“十三五”期间，完成各领域改革任务492项。政府机构改革全面完成；30家区属国有企业完成整合，实现集中统一监管；农村牧区集体产权制度改革全面推行，成立全市首家股份经济合作社；持续优化营商环境，新增各

类市场主体1388户，同比增长68%；招商引资累计签约项目114个，较“十二五”增长100%；实施重点项目194个，完成投资161.65亿元，为地区经济社会发展奠定了坚实基础。

城乡融合协调发展。“十三五”期间，两次荣获中欧绿色和智慧城市创新奖，成功创建自治区文明城市。累计投入3.91亿元改造干线公路23.9公里，新建农村道路28.2公里，铺设基础管网43.6公里。投资5.04亿元实施城乡一体化、棚户区、城中村改造工程，惠及居民2169户。大力实施乡村振兴战略，吉忽伦图苏木成为自治区民族乡村振兴试点地区，缸房地、爬榆树等嘎查村荣获国家级、自治区级文明村镇、中国少数民族特色村寨等称号。

生态环境持续向好。“十三五”期间，成功创建全国绿色化示范城市，累计投资4.9亿元实施重点治理工程23项，取缔散乱污企业82家；全区森林覆盖率达到35.5%，较2015年提高2.9个百分点，居全市第一；地区空气质量优良天数比例逐年提高，稳居全市前列；污水集中处理率达到95%以上，中水回用率达100%。全面开展采煤沉陷区复垦、煤田火区生态复垦，修复矿山地质环境21.22平方公里，在全市率先完成大青山国家级自然保护区内75家工矿及采砂采石企业退出工作。

民生福祉更加殷实。“十三五”期间，城乡居民人均可支配收入从35722元和13429元提高到44648元和19042元，年均增长6.1%和8.8%，城乡收入比从2.66缩小至2.34，好于市均水平；聚焦脱贫攻坚“头等大事”，全区153户、297人建档立卡贫困人口全部稳定脱贫，2020年贫困户人均纯收入1.4万元。社会保障各项险种基本实现全覆盖。

社会事业齐头并进。优先发展教育事业，累计投入4.13亿元强化教育基础设施建设、提升教育教学质量，全区在校学生较2015年底增长302%；文化事业迅猛发展，成功举办五当召文化旅游高峰论坛、赵北长城文化论坛和“喜桂图”风筝邀请赛、“五当召杯”全国自行车邀请赛等品牌文体活动；卫生健康事业快速发展，疾病预防、医疗救治和医疗卫生条件显著改善，成功创建国家级卫生县城和自治区慢性病综合防控示范区。

社会大局和谐稳定。稳妥有力化解政府债务，连续三年超额完成年度目标任务，有效防范地区债务风险；全面落实安全生产责任制，地区安全生产形势总体平稳；贯彻落实党的民族政策，深入开展民族团结进步“八进”活动，持续加强民族团结进步创建，进一步铸牢中华民族共同体意识；强化社会治安综合治理，扎实开展扫黑除恶专项斗争，依法打击黄赌毒等违法犯罪活动，社会治安环境持续优化。另外，人武、人防、宗教、广电新闻、双拥优抚、机关事务、史志档案、妇女儿童、青少年、工会、残疾人、红十字、老干部、关心下一代等工作取得新业绩；税务、供电、消防、通信、邮政等部门为地方经济发展作做出了新的贡献。

各位代表，“十三五”时期，是石拐区走出大山入驻喜桂图新区的第一个五年，更是我们万众一心、爬坡过坎、追赶超越、竭力拼搏的五年。与五年前相比，我们石拐人气更足、更热闹了，石拐的变化

是放眼望去看得见的变化、是走街入巷摸得着的变化、是贴近生活感受到的变化。不忘过去，展望将来，当前石拐高质量转型发展已经站在了新的、更高的起点上。

各位代表，“十三五”取得的发展成就，是以习近平同志为核心的党中央坚强领导的结果，得益于我们对自治区、包头市科学决策和区委正确领导的贯彻落实，离不开历届区委、人大、政府、政协的接力奋斗和创新实践，凝聚着社会各界的积极参与和鼎力相助，饱含着全区广大干部群众的辛勤汗水和不懈努力。在此，我代表石拐区人民政府，向全区广大干部群众、人大代表、政协委员，向工商联、无党派人士、各人民团体、离退休老同志，向所有关心、支持、参与石拐发展建设的各界朋友，致以崇高的敬意和衷心的感谢！

五年栉风沐雨，五年砥砺前行。站在新时代中国特色社会主义发展新起点上，我们更要保持清醒头脑，正视存在的困难和问题：经济总量仍然偏小，节能减排压力巨大，重大项目储备不足，收支矛盾较为突出，债务化解任务艰巨，民生保障存在短板，等等。对此，我们一定要正视问题、直面挑战，拿出真招、实招、硬招，切实加以改进和解决，绝不辜负全区人民的期盼。

二、“十四五”时期经济社会发展主要目标任务

根据区委《关于制定石拐区国民经济和社会发展第十四个五年规划和二〇三五年远景目标的建议》，我们编制了《石拐区国民经济和社会发展第十四个五年规划和二〇三五年远景目标纲要（草案）》，提出了“十四五”时期经济社会发展主要目标、重点任务和政策措施，提请本次大会审议通过后实施。

“十四五”时期是我国“两个一百年”奋斗目标的历史交汇期，也是开启全面建设社会主义现代化新征程的战略机遇期，我们有幸见证了党和国家实现第一个百年奋斗目标这一历史时刻，也有幸投身于党和国家推进第二个百年奋斗目标实现伟大中国梦的历史征程。区委十三届二十次全会确定了“十四五”时期经济社会发展的指导思想，绘就了未来五年的美好蓝图，我们将以永不懈怠的精神状态和一往无前的奋斗姿态，一张蓝图干到底。

“十四五”时期政府工作总体要求是：坚持以习近平新时代中国特色社会主义思想为指导，深入贯彻党的十九大和十九届二中、三中、四中、五中全会精神，全面贯彻习近平总书记对内蒙古重要讲话重要指示批示精神，坚持稳中求进工作总基调，立足新发展阶段，贯彻新发展理念，构建新发展格局，以推动高质量发展为主题，以深化供给侧结构性改革为主线，以改革创新为根本动力，以满足人民日益增长的美好生活需要为根本目的，坚持系统观念，巩固拓展疫情防控和经济社会发展成果，更好统筹发展和安全，全面落实“六稳”“六保”任务，紧紧围绕包头市“四个基地两个中心一高地一体系”发展定位，以打造“四示范两基地一平台”为目标，大力开展生态立区、科教兴区、数字强区、文旅活区、宜居福地五大行动，开创二次转型、深度融入、再铸辉煌的新局面，开启社会主义现代化建设新征程，走出一条以生态优先、绿色发展为导向的资源枯竭地区高质量发展新路子。

为到2035年基本实现社会主义现代化的第二个一百年奋斗目标，综合考虑“十四五”时期发展战略机遇期内涵与条件的变化，根据区委十三届二十次全会要求，围绕地区经济高质量发展，今后五年地区经济社会发展主要预期目标和任务是：地区生产总值（剔除价格因素）年均增长率7.2%左右，2025年地区生产总值有望达到85亿元以上，2030年地区生产总值有望突破100亿元，达到112亿元以上，2035年地区生产总值有望达到150亿元以上，转变经济发展方式取得重大突破，改革开放实现新跨越，生态文明建设取得重大成效，社会文明程度明显提高，人民生活更加富裕，全区现代化建设各项事业实现新的更大发展。

“十四五”时期，我们要重点打造“四示范两基地一平台”。

四示范：即建设国家级生态文明建设示范区，严守生态保护红线、环境质量底线、资源利用上限，坚决打好蓝天、碧水、净土保卫战，围绕“无废城市”建设，扎实推进国家重点采煤沉陷区、绿色矿山、固废物联网建设，积极探索将生态优势转化为发展优势的绿色发展路径。建设国家级资源枯竭型城市转型发展示范区，用好用足资源枯竭型地区转型发展政策资金，把新发展理念贯穿发展全过程，立足现有产业发展基础和条件，加快转变经济发展方式，全面提升产业链、价值链水平，进一步提高发展质量与效益。建设国家级智慧城市创新发展示范区，以呼包鄂乌智慧城市建设一体化推进为契机，充分依托国家智慧城市试点、包头大数据产业园，加快产业（工业）互联网云发展布局，全力打造“中国草原数据谷”，向全市推广成熟的平台及应用领域，为地区发展赢得先机。建设国家级全域旅游融合发展示范区，围绕黄河“几”字弯旅游目的地，依托独有的矿山文化和旅游资源，深挖工业遗存历史文化价值，打好“老区工业遗产保护与开发利用”特色优势牌，大力发展乡村旅游，加快农文旅深度融合，建设高品质旅游景区。以文化旅游产业带动其他产业协同发展，打造包头“城市后花园”。

两基地：即建设区域性现代服务业基地，顺应科技革命、产业转型、消费升级趋势，大力发展平台型、交易型、结算型智慧物流，培育发展基于新一代信息新技术的网络信息服务、云计算综合服务和信息技术服务，融入市区供给微循环。深入挖掘地区文化、生态、区位等优势，加快发展休闲康养、教育培训、商贸餐饮等服务业，推动生活性服务业向精细化、高品质发展。建设区域性科创成果转移转化基地，把创新驱动作为发展核心动力，加快引入中科院等高端智库和科研团队，扎实推进产学研深度融合，着力打造科创成果转移转化园区。引进园区战略合作伙伴，通过土地入股、股权投资等方式合作共建，打造资本招商、人才聚集、成果转化的区域性科创成果转移转化基地。

一平台：即建设科教融合发展新平台，重点围绕高质量基础刚需教育塑造集群教育品牌，积极引入高校分支机构、院士工作站，推进包头师范学院喜桂图校区落地建设，重点引进高层次领军人才和重点高校优秀毕业生。开展高层次赵北古长城、五当召等国际学术交流和科研合作论坛，打造高等教育集聚地和产学研深度融

合示范区。

三、2021年重点工作安排

2021年是“十四五”规划的开局之年，是建党100周年，更是实现第二个百年奋斗目标的开启之年。结合我区“十四五”规划总体目标，按照区委全会要求，今年经济社会发展的预期目标是：地区生产总值增长6%左右，固定资产投资增长20%左右，社会消费品零售总额增长8%左右，一般公共预算收入增长7%左右，城乡居民人均可支配收入分别增长6%、9.5%左右，城镇登记失业率控制在3.9%以内，完成市下达的节能减排任务。

实现上述目标任务，要全力以赴抓好七个方面重点工作。

（一）加快发展现代产业体系，凝心聚力打造低碳石拐

改造提升传统产业，深入开展优质企业做大做强、潜力企业提档升级、传统产业改造提升、低效企业转型退出“四个专项行动”，推动工业园区实现高端化、智能化、绿色化发展，着力打造绿色低碳循环产业示范园区。全力争取国家首批源网荷储一体化示范试点项目落户园区，力争实现绿电直供；重点推动经纬能化技改升级、亚新三期和“公改铁”项目启动实施，加快发展煤矸石高值化循环利用产业。积极推进新能源汽车换电网、煤层气综合抽采利用、氢能源应用等项目实施。打造园区节能环保装备和通用航空装备基地，培育壮大先进装备制造业。

加速提升服务产业，引入带动作用强的示范性企业，壮大物流服务业集聚效应，争取顺丰电商产业园、新农利合智慧电商物流商贸城等项目落地，做强商贸流通业。依托闽南二期，大力发展商务服务业。聚焦总部经济，吸引一批从事技术服务、生产外包服务企业，做大生产服务业。深入落实全市大健康产业发展规划和行动计划，积极发展休闲康养、体育健身、医疗保健等多元服务业态，加快建设星级酒店、品牌餐饮、大型商超，推动现代服务业提档升级。

大力发展全域旅游，依托包头古城，充分发挥以商招商带动作用，力争引进创业企业100家以上，打造包头市文化创意产业园。精心策划“爆点起动、多地联动、内容生动、政企互动”的“欢腾喜桂图”文化旅游季，打造包头市首条“打卡”绿道，带动喜桂图夜经济、网红经济发展。促进农文旅景商深度融合，全力推进五当召国家级森林公园AAAAA创建、花舞人间和包头古城提质升级、大发老街开发建设，加快形成“全境域体验、全过程消费、全产业融合、全民化共享”的旅游发展新格局，确保全年旅游人数突破100万人次、旅游综合收入2亿元以上。

稳步提升农牧产业，稳定基础粮食生产，落实各类惠农惠牧补贴政策，播种面积保持在2.2万亩以上，坚决防止耕地“非农化”“非粮化”。依托希望德康、八戒农牧等生猪养殖项目，延伸饲料加工、冷链物流等上下游产业链条，促进地区生猪养殖产业规模化、标准化、体系化发展。做好“小而精、优而特”大文章，扶优做强“吉忽伦图”“五当粮品”等地理标志产品品牌，推广特色电商、田园综合体、“五彩土豆”农耕体验等新业态，推动“农牧产业+生态观光+文化休闲”融合发展。

创新提升数字产业，加快推进数字产业化，大力发展数字经济，加快华为包头市工业互联网云中心建设，导入华为生态平台，推动包头市智慧城市运营中心等项目投入运营，促进更多优质数字企业向大数据产业园集聚。依托包头大数据产业园，打造千亩喜桂图数字经济走廊带，精心布局大数据核心产业，不断丰富“中国草原数据谷”内涵。以集中布局，集中展示的建设思路，着力打造包头市首家大数据“零碳”智慧产业园。

（二）持续推动改革纵深发展，守正创新打造活力石拐

深化重点领域改革，充分发挥我区“船小好掉头”的优势，围绕“一领域一创新”“一系统一亮点”“一行业一品牌”工作思路，加快科技体制创新、营商环境优化等23项重点工作改革进程，努力打造“小而精、小而强”的优势特色区。持续推进国企改革三年行动，引导7家国企聚焦主业发展，提升经济社会效益。强化财税金融改革，用好用活创新产业引导基金，实现社会直接投资突破15亿元，形成30亿～50亿元的投资带动效应，全力打造撬动地区发展的“金杠杆”。稳妥化解政府债务，严厉打击非法集资，坚决守住不发生系统性金融风险的底线。

持续强化创新驱动，以建设创新创业城区为统揽，激发创新创造活力，加强地区科普基地建设，培育发展一批高新技术企业。支持企业持续加大科技研发投入，增强企业竞争力。举办包头市首届“中华好少年”科技竞赛，引导青少年形成从小热爱科学、崇尚科学的精神。推动实施投资2200万元的供热管网智能化、低碳化改造提升项目。支持企业申报农业示范基地，提升农业科技含量。抓好联众创业孵化园、科创园建设，吸引更多高校毕业生在石拐创业发展。

（三）有效激发区域发展优势，全心全意打造满意石拐

全面激发市场活力，全面落实《石拐区对标学习浦东新区营商环境创新举措方案》《石拐区营商环境评估指标“创先争优”方案》等，大力推广招商引资优惠政策，重点围绕“减环节、减时间、减成本”，优化企业办事流程，精简涉企经营许可事项，优化市场主体开办流程并完善退出制度，让广大企业家投资放心、创业安心、发展顺心，增强发展活力。

创建一流营商环境，以“石心实意”政务服务品牌为抓手，持续深化“放管服”改革，深入推进“互联网+政务服务”，强化“四办”服务、“双随机、一公开”工作力度，着力精简审批事项、优化办事流程、缩短办理时限，实现政务服务网上可办率达100%，“一窗式”综合受理事项70%以上。常态化开展民营企业“连心桥”活动，建立高效、快捷、畅通的政企沟通渠道，让企业和群众切实感受到政府服务在优化、效率在提升。

全力抓好招商引资，落实好《石拐区招商引资高质量发展三年行动计划（2020—2022）》，严控“两高”项目引进，紧紧围绕大数据产业园、工业园区、物流园区、通航产业园、全域旅游等产业发展，深入开展“高品质招商”行动，做足延链、强链、补链文章，高起点谋划项目、高标准选择项目、高质量落地项目，建立项目信息化管理平台，加强招商项目

跟踪服务，力争新引进“三类500强”项目3个以上，全年实现签约项目57个，落地项目22个以上，引进国内（区外）资金同比增长10%以上。

（四）全面统筹城乡融合发展，铆足干劲打造魅力石拐

加快实施城市更新行动。强化城市精细化管理，严格落实“街长制”和“物业管理派出工作组”等制度，创新推进执法管理联动机制，做好迎接创城创卫复检工作。投资2770万元组织实施口袋公园和大数据绿化工程、S211绿化隔离带工程、打通S211“断头路”等项目建设，实现与包头市主城区深层次的脉络相通、根骨相连。推进智慧交通建设应用和交通信号控制系统升级改造。推广垃圾分类，确保城区污水管网全覆盖、污水全收集全处理，垃圾无害化处理率达98%以上。

持续加强老区开发建设。挖掘整合串联老区历史文化资源，有效盘活利用老区原神包矿业公司大院等各类资源要素，坚持保护与利用并重、开发与整合并举，让老区重新焕发生机活力。投资1160万元推动实施老区水质净化工程、老区供水管网改造工程等项目建设，加快城镇化建设步伐。

深入实施乡村振兴战略。实施乡村建设行动，落实好城乡环卫一体化模式，让广大农牧民享受到更好的生产生活环境，力争再创建成功1个国家级文明村镇、2个自治区级文明村镇。统筹做好巩固拓展脱贫攻坚成果同乡村振兴有效衔接，建立健全防止返贫动态监测和帮扶机制，保持过渡期内帮扶政策总体稳定。深入挖掘、继承优秀传统乡土文化，加大绘画写生季等节庆民俗活动推介力度，大力发展乡村旅游，推动青山村创建自治区重点旅游乡村。加强农村牧区思想道德建设，推进移风易俗，形成文明乡风、良好家风、淳朴民风。

（五）稳步提升生态环境质量，全力以赴打造绿色石拐

持续加强生态保护。认真落实碳达峰碳中和要求，积极争取各领域碳达峰碳中和的试点和示范项目，着力打造资源枯竭地区“绿色低碳”转型示范区，推动“零碳”品牌建设。巩固中央和自治区环保督察反馈问题整改成效，加快推进大青山国家级自然保护区优化调整，切实解决好老百姓身边的生态环境问题。大力发展山地特色高效农业、林业及林下经济等生态产业，让生态优势引领绿色发展。

持续厚植生态底色。深入贯彻落实黄河流域生态保护和高质量发展战略，加快启用引水入石，加快推动五当沟水库建设，不断促进水资源优化配置和高效利用；因地制宜推动剩余9.6万亩采煤沉陷区综合整治，积极申报“采煤沉陷区”生态修复治理项目，打造“绿色矿山”。扎实推进国家林业重点工程、大青山南坡绿化、重要节点绿化改造，实施绿化造林1万亩，全面提升自然生态系统稳定性和生态服务功能。

持续健全生态体制。严格落实河长制，构建长效管护机制。扎实做好森林火灾防控，稳步推动天然杜松林、敖包山白桦林等重点林区监控数字化、网格化、可视化全覆盖。严格落实草原生态补偿长效机制，认真执行封育禁牧、禁牧休牧各项措施，加快草原生态恢复，巩固草原保护

成果。抓好绿色学校、绿色社区、绿色机关建设，引导全社会形成绿色低碳、文明健康的生活方式。

（六）不断改善人民生活品质，倾心倾力打造幸福石拐

增加就业和居民收入。把稳就业摆在突出位置，全年新增就业350人，农牧民转移就业4000人。坚持以创业促就业，发放创业担保贷款1000万元，坚决保障“零就业”动态清零。多措并举促进城乡居民稳定增收，加大农牧民工工资清欠力度，确保居民收入增速高于GDP增速。提高社会保障水平，持续推进全民参保计划和全民医保制度，构建多层次社会保障体系。完善社会救助体系，加大临时救助力度，保障好城乡困难居民生活。

不断丰富公共服务供给。积极创建全国县域学前教育普及普惠示范区，承接筹办好自治区劳动教育现场经验交流会。按照“44431”教育资源发展布局，加快推进包师院喜桂图校区、苏蒙实验高中、富力小学等项目建设，打造高品质教育集聚区。加快健康石拐建设，有序组织新冠疫苗接种，抓好常态化疫情防控，以“小综合、大专科”为建设框架，加快推动石拐区人民医院投入运营，补齐医疗卫生体系建设短板。在开展基本医疗服务的基础上，推动医养康养有机融合发展。积极创建全国示范性老年友好型社区。全面推进“阳光食安”智慧监管项目建设，不断提升食品安全水平。

全面加强和创新社会治理。高质量办好10件民生好事实事，解决好人民群众最关心、最直接、最现实的问题。全面落实安全生产责任制，高标准持续推进安全生产专项整治三年行动，尽快推动“智慧安监”监管平台上线运行，坚决防范各类事故发生。实施“雪亮工程”，严厉打击违法犯罪活动。深入落实阳光信访、责任信访、法治信访，加快信访积案化解。以铸牢中华民族共同体意识为主线，深入开展民族团结进步创建，依法治理民族事务，巩固和发展民族团结大局。

（七）努力建设廉洁有为政府，持之以恒打造效能石拐

不断强化政治建设。始终把政治建设摆在首位，切实增强“四个意识”、坚定“四个自信”、做到“两个维护”，不断提高政治判断力、政治领悟力、政治执行力，在思想上、政治上、行动上同以习近平同志为核心的党中央保持高度一致。扎实开展党史学习教育，引导广大党员干部学党史、悟思想、办实事、开新局。

着力改进工作作风。夙夜在公，勤政为民，用脚步丈量民情、用服务增添民利、用行动排解民忧，全面落实“我为群众办实事”。扎实推进“担当作为、狠抓落实”行动，认真落实市委“八个方面抓落实”和流程再造、顶格推进、突出重点、闭环工作、“四不两直”、“一线工作法”、挂图作战、日清月结、“七大工作法”，跑项目、跑资金、抓协调、抓对接，全力推动各项工作落实。

全面推进依法行政。完善政府信息公开目录，推进决策、执行、管理、服务、结果“五公开”。全面落实行政执法“三项制度”，落实行政执法责任制和问责制。全面启动“八五”普法规划，健全完善公共法律服务体系。自觉接受区人大法律监督、区政协民主监督，广泛接受社会

监督和舆论监督，强化审计监督和统计监督，让权力在阳光下运行。深化“向市民报告、听市民意见、请市民评议”活动，主动回应社会关切，广泛接受社会监督。

始终保持清正廉洁。修己以敬，行廉拒腐，克己奉公。认真落实全面从严治党主体责任，推动政府系统党风廉政建设向纵深发展。突出抓好工程建设、政府采购等重点领域，深化廉政风险防控，加大对权力运行的规范和制约。严格执行中央八项规定精神及其实施细则和自治区、包头市及区委配套规定，深入查摆廉政风险，强化警示教育，永葆为民务实清廉的政治本色。

大 事 记

1 月

9日　中共石拐区委十三届十八次全体会议召开。会议听取中共石拐区委常委会工作报告，安排部署石拐区2020年经济工作。

13日　由中国广播影视杂志社、中经全媒体共同主办的“我和我的祖国”优秀影视作品展评活动在呼和浩特市举行。活动评选2019年度围绕“我和我的祖国”主题创作出的近百部优秀影视作品，并对活动中做出突出贡献的先进集体和个人予以表彰。石拐区委宣传部获宣传先进单位称号，选送的《我和我的祖国》石拐区快闪短视频获优秀作品，区融媒体中心彭志强获融媒体创新工作者称号。

14日　“我们的中国梦”——文化进万家包头市文联书画家走进石拐区采风创作笔会暨石拐区“迎新春”书画笔会活动在喜桂图新区举行。

17—23日　石拐区民营企业家乔强捐赠价值4万元的大米，慰问吉忽伦图苏木44户贫困户、190户困难群众。

31日　为抗击新冠疫情，内蒙古亚新隆顺特钢有限公司、包头市石拐区凯越露天煤矿通过石拐区红十字会，分别向石拐区捐赠150万元、50万元。

是月　石拐区大发街道第一届社区代表会第一次全体会议召开，率先在全市试点推行城市街道社区代表会议制度。

是月　包头市“我们的中国梦”——文化进万家暨“弘扬乌兰牧骑精神，到人民中间去”基层综合志愿服务活动在石拐区大德恒街道马场村举行。—

2 月

1—2日　自治区党委副书记、政法委书记林少春到包头市督促指导新型冠状病毒感染的肺炎疫情防控工作。林少春到达茂旗、白云鄂博矿区、固阳县和石拐区，随机抽查乡镇政府、社区、嘎查村和公路检查站疫情监测、排查、防控等工作措施的落实情况，听取自治区疫情防控第二督导组及包头市工作情况汇报，指导并研究防控工作中遇到的困难与问题。

11日　自治区人大常委会副主任、市委书记、市应对新冠肺炎疫情工作领导小组组长张院忠到石拐区，检查督导疫情防控工作。张院忠先后到梁茂居村检查点、毓营小区，亿和家园小区等社区，察看防控措施落实情况，听取石拐区疫情防控工作情况介绍。

17日　大发街道75岁的独居老人樊裕敬，将1万元积蓄交到石拐区红十字会工作人员手中，定向捐赠给武汉抗击新冠肺炎疫情一线的医护人员。

19日　市委副书记、市长、市新型冠状病毒感染肺炎防控工作指挥部总指挥赵江涛到石拐区督导检查疫情防控工作，调研亚新隆顺特钢有限公司、内蒙古顺丰速运有限公司包头分拨中心等企业生产运营情况。

27日　石拐区在党政集中办公区安装“热成像人体测温系统”，该系统由中国移动包头分公司提供并安装。

是月　石拐区率先开启疫情防控“挂图作战”工作模式，挂起“全区疫情防控网格化包联责任图”。

是月　包头大数据产业园区企业为者常成网络科技有限公司，仅用4天时间火速开发“新冠病毒疫情外来人员登记系统”，在全市范围内率先上线运行。通过大数据监测和防控，方便进入石拐区的人员与车辆快速通过防疫检查站点。

是月　五当召景区、包头古城文化旅游景区、花舞人间景区向全国医护人员、军人、公安、消防、教师等坚守在防疫一线的相关部门工作人员推出优惠政策，自景区恢复运营之日起至2020年12月31日，一线工作人员可免票游览景区。

是月　石拐区成立企业开复工领导小组，推动企业分类平稳有序复工复产。区政府办公室印发《关于成立石拐区企业开复工领导小组的通知》。领导小组下设各项手续办理工作服务、审核查勘工作帮扶、复工企业安全生产保障3个工作组。

3月

11日　区委组织工作会议召开。会议总结2019年组织工作，安排部署2020年工作。

17日　区委政法工作会议召开，会议总结2019年全区政法工作，安排部署2020年全区政法工作。

18日　区委2020年宣传思想暨精神文明建设工作会议召开，会议总结2019年工作，安排部署2020年重点工作任务。

23日　石拐区召开花舞人间二期项目推进对接会。区政府有关领导与上海事境实业有限公司、四川希望花舞实业发展集团有限公司负责人参加会议。

31日　华为包头办事处入驻包头市大数据产业园。

是月　石拐区召开决战决胜脱贫攻坚工作推进部署会。

4月

2日　自治区政协主席李秀领调研石拐区花舞人间。

10日　十三届石拐区委第七轮巡察工作动员部署会召开，会议部署石拐区委第七轮巡察重点工作，宣读《十三届区委第七轮优化营商环境专项巡察工作方案》《十三届区委第七轮巡察组组长授权及任务分工的决定》。按照上级及区委巡察工作总体安排，十三届石拐区委第七轮巡察将对优化营商环境领域开展专项巡察，对人防系统及区卫健委、区商务和科技局开展专项交叉巡察及交叉常规巡察。

20日　东软集团进驻包头市大数据产业园。

26—27日　政协石拐区第七届委员会第三次会议举行。

27—28日　石拐区第十六届人民代表大会第三次会议举行。

29日　石拐区2020年重大项目开工暨高质量发展动员会在苏蒙实验学校建设项目二期工地现场举行。

▲　石拐区全域旅游与旅游安全工作新闻发布会在石拐区新闻发布中心举行。发布会上，区文体旅游广电局、五当召景区管委会、区卫健委新闻发言人，先后就石拐区全域旅游、五当召文化旅游区创建国家AAAAA级旅游景区、疫情防控期间旅游安全等重点工作情况进行新闻发布，并就景区管理运营、规划发展和疫情期间防控措施、应急预案等工作情况回答记者提问。五当召文化旅游区、花舞人间、包头古城、戎王羊绒产业园等旅游景区相关负责人，《包头日报》、包头广播电台、《包头晚报》、包头新闻网、石拐区融媒体中心、“魅力喜桂图”、“云上石拐”、石拐新闻等新闻媒体参与发布会。

是月　石拐区获第五届内蒙古自治区文明城市称号，石拐区税务分局获第九届内蒙古自治区文明单位标兵称号。

5　月

11日　石拐区首家校车服务公司投入运营。

12日　市政协主席会议成员集体视察石拐区“打赢脱贫攻坚战”工作。视察组一行到吉忽伦图苏木绍卜亥嘎查忠信利民种养殖农民专业合作社圈舍养殖项目等地，听取相关负责人介绍，实地了解村集体经济发展、龙头企业带动脱贫相关情况，并走访慰问部分贫困户。

16日　包头市旅行社协会和石拐区文体旅游广电局开通惠民全域旅游直通车，邀请包头市部分居委会主任、援鄂医护人员等80余人体验石拐区一日游，参观5处景点。

是月　石拐供电分局对辖区10千伏、6千伏配电线路实施无人机巡线。

5月30日至6月7日　包头花舞人间网红文化节举行。

6　月

16日　《石拐区志（1991—2015）》通过自治区专家评审。

是月　区卫健委“扫码接种”系统正式上线，实现疫苗扫码与出入库类型关联，追溯信息与疫苗流通和使用同步。

7　月

3日　“人大代表接待岗”正式入驻石拐区市民大厅。为包头市首个在市民大厅设立的“人大代表接待岗”。

是日　石拐区新社会阶层人士联谊会成立。

14日　自治区党委编办督查评估石拐区机构改革工作。

是日　石拐区消防站建设项目通过主体验收。

16日　石拐区助力民营经济健康发展专项第一次会议召开。

30日　中国建筑学会建筑策划与后评估专业委员会副主任委员李忠获聘为石拐区城市顾问。

31日　石拐区委、人大、政府、政协领导到石拐区人武部民兵训练基地、驻区部队走访慰问现役军官、文职人员、基干民兵等，代表全区各族人民向他们致以节日的问候。

是月　石拐区润德幼儿园被评为包头市示范幼儿园。

8 月

3日　石拐区人民政府与数字经济企业、食品加工企业签约战略合作项目。此次签约的合作项目共计7个，总投资额近2亿元，涵盖数字经济发展、现代物流、服务产业等多个领域。其中，数字经济签约项目包括包头华为工业互联网云项目、石拐区“政务服务+区块链”项目和包头市城市供应链运营中心项目；食品加工签约项目包括包头草原立新肉类食品加工项目、沅参岛海参深加工速食产品生产建设项目、十倍心意奶制品与饼干生产项目和内蒙古启明中药饮片加工项目。

5日　中共石拐区委十三届十九次全体会议召开。

10日　政协石拐区七届四次会议召开。会议选举白相工为政协石拐区第七届委员会主席，并补选8名常务委员。

是日　“描绘新画卷，点亮新石拐”——石拐区2020年消夏文化节暨“草原音乐美食季”在喜桂图新区道德文化广场开幕。

是日　石拐区人民政府与包头师范学院举行包头师范学院喜桂图新校区项目框架合作协议签约仪式。

是月　包头市彩墨美术学校41名“小画家”到五当召景区写生基地绘画写生。

是月　石拐区司法局采用现代多媒体技术，打造法治文化体验馆。

是月　区文联组织15名书画艺术家走进驻区某部，开展迎八一“书画进军营，共叙鱼水情”慰问活动。

是月　石拐工业园区工会联合会在“赛罕塔拉”城中草原举办“亲近自然，享健康生活”主题健步走活动。

9 月

2日　石拐区聚合酶链式反应及鼠疫实验室完成各部门验收，第三方检测公司现场检测实验室环境，出具“达到生物安全实验室建筑技术规范”规定要求的检验报告。之前，包头市卫生计生综合监督执法局已向石拐区聚合酶链式反应及鼠疫实验室发放了实验室备案凭证。

4日　包头市喜桂投资有限责任公司与内蒙古剑荣实业集团有限公司举行投资开发框架协议签约仪式。双方合作在石拐区投资开发建设老区文化旅游、煤矸石综合利用深加工、四星级酒店3个项目。

是日　中国农业银行包头分行“智慧景区”一体化服务助推五当召旅游体验升级项目正式上线。五当召景区成为自治区首家全场景、全游客人像入园的景区。

7日　石拐区推进招商引资、优化营商环境专题会议召开。

8日　“汇聚党员爱心、党费助力抗疫”救护车发放仪式在石拐区喜桂图新区

道德文化广场举行。自治区党委组织部委托自治区卫生健康委使用特殊党费购置一批救护车，赠予全区12个盟市，用于疫情防控医疗救援转运。其中，包头市获赠5辆爱心救护车，用于石拐区、白云矿区、土右旗、达茂旗、固阳县5个旗县区疫情防控医疗救援转运。

10日　石拐区人民政府与内蒙古以琳环保科技有限责任公司举行固体废弃物高值化综合利用项目签约仪式。

11—12日　区委宣传部、区文联组织包头市文化专家、学者开展《石拐故事》文创采风活动。

14日　自治区综合疾控中心验收专家组到石拐区，通过实地走访、召开汇报会、查阅资料等形式，对创建自治区级慢性病综合防控示范区工作进行考核验收。

15日　2020—2021呼斯楞·李德戈景走遍内蒙古千村百场巡回演出石拐区专场在亚新隆顺职工之家举行。

17日　2020年石拐区“魅力喜桂图”旗县区老年人乒乓球邀请赛在区体育馆开赛。来自市老干部活动中心、昆都伦区、青山区、东河区、达茂旗、固阳县、石拐区的16支男女代表队参赛。

18日　石拐区召开全区警示教育大会。全区副科级及以上领导干部，区纪委监委机关、派驻机构、苏木镇（街道）纪（工）委，巡察机构全体干部，各嘎查村（社区）两委班子成员参加会议。

19日　石拐区高质量发展重点项目集中开工投产。

21日　内蒙古师范大学美术学院研究生、本科生60余人到青山村“青山印象”写生基地，开展为期7天的绘画写生活动。这是该基地揭牌成立以来接待的首批大学生写生团队。

25日　区政府2020年第12次常务会暨区疫情防控指挥部第20次会议召开。会议就落实“外防输入、内防反弹”防控策略，抓好秋冬季防控工作，坚守“零疫情”防控目标进行部署。

28日　自治区发改委调研组到包头大数据产业园，开展呼包鄂乌智慧城市建设一体化专题调研。

29日　石拐区庆祝2020年“中国农民丰收节”活动在五当召镇新曙光村举行，来自吉忽伦图苏木、五当召镇、白狐沟街道、大德恒街道的4支农牧民代表队共同庆祝这个属于农牧民自己的节日。

是日　石拐好人樊元贵获自治区第七届道德模范称号。

▲　石拐区2019年度“清风干部”“清风干部标兵”“清风示范岗”“清风示范嘎查村（社区）”评选工作收官。全区评选“清风干部”767人、“清风干部标兵”45人、“清风示范岗”32个、“清风示范嘎查村（社区）”7个。

▲　区政协举办庆祝包头市政协成立65周年经典诵读展示暨“书香政协”委员读书活动。

10　月

3日　省道211线石拐段（喜桂图大街）道路双向六车道改造工程完成，全线恢复通车。

11日　石拐区第七次全国人口普查清查摸底工作全面展开，标志石拐区人口普查工作整体转入实战阶段。

12日　石拐区统一战线干部、成员理想信念专题培训班在重庆大学开班。

15日　区卫健委与区财政局为全区在职女职工开展健康体检。检查项目包括一般常规体检、超声检查、化验室检查等17项内容，其中16项为免费检查项目，宫颈癌早期筛查为自费优惠检查项目。

21日　石拐区人民政府与北京保信医院管理有限公司举行合作签约仪式。北京保信医院管理有限公司将与石拐区人民医院共同成立医疗科技创新中心及综合康复中心，中心内落地磁波刀、肠道菌群检测与移植等项目，并与石拐区相关医院共建康复中心等公益性机构，协同开展磁波刀治疗、肠道菌群检测与移植、产后康复、辅助生殖等相关医疗服务。

是日　历时半个多月的石拐区第四届“喜桂图杯”五人制足球赛落下帷幕。

29日　“数字石拐”钉钉平台启动。该平台的打造推广，旨在全面推进石拐区数字化政务协同办公平台建设，构建政府服务沟通协同新模式，推动地区打造“数字石拐”“智慧城市”典范。该项目于9月23日在阿里巴巴集团北京总部签约。

是月　包头师范学院美术学院写生基地揭牌仪式在石拐区五当召镇青山村举行。是继内蒙古师范大学美术学院写生基地揭牌后，又一所高校正式入驻“青山印象”绘画写生基地。

是月　十三届区委第八轮巡察工作动员会召开。

是月　总投资2亿元的万头雷香猪生态养殖基地项目在三岔口嘎查开工建设。

是月　区政协2020年第三期政协委员培训班在哈尔滨工业大学继续教育学院开班。

是月　石拐区推进基层社会治理暨网格化管理工作培训会举行。培训会由区委政法委和区人力资源和社会保障局联合主办。各相关部门单位分管领导及工作人员，各苏木、乡镇、街道政法委员，嘎查村（社区）相关工作人员和专职网格员参加培训会。

是月　内蒙古电视台经济生活频道《雷蒙公益》团队走进石拐区，专题采访公益人物冯小勇和赵福珍、赵连珍。

11　月

20日　石拐区五当召镇缸房地村获第六届全国文明村镇称号。

20—22日　石拐区赵北古长城文化论坛举行。20余位国家级长城文化领域专家、著名学者及文体旅行业领军人物出席活动。

是月　石拐区老城区保障改善民生和各项事业提档升级工作情况新闻发布会在石拐区新闻发布中心举行。

12　月

8日　京东智联云项目和氢能源产业项目落签石拐区，协议总投资额7亿元。

9日　五当召机场通过民航内蒙古监管局使用许可审定，标志五当召通用机场通航运营正式进入倒计时。

是日　内蒙古换电网络科技有限公司新能源汽车换电网一体化项目在石拐区举行签约仪式，同时举行首批新能源乘用车投放市场仪式。项目计划在5年内分步实现投资总额预计超50亿元，从2021年起3年内

在全包头市推广约4万辆新能源汽车。将为包头市标准分箱换电新能源汽车提供高效、便捷换电服务。

10日　石拐区白狐沟街道60千瓦屋顶分布式光伏发电项目完成并网送电。标志石拐区首个民用新能源光伏发电项目正式落地。

23日　区商务和科技局与区教育局联合举办中小学科技创新大赛和机器人竞赛活动。

是月　石拐工业园区和百泰能源10万吨甲醇项目投入试生产。项目总投资2.24亿元。

是月　投资400余万元，石拐街道老旧小区提档升级改造工程完工。13栋老旧居民楼开展楼顶防水、外墙保温、外墙粉刷、楼道灯更换、防盗门更换等工程。

是月　包头市八戒农牧有限责任公司种猪场生物安全启动仪式举行。项目整体投资9.41亿元，一期工程投资5300万元。其中，种猪场已于7月竣工，育肥一场10月竣工。

是年　石拐工业园区实现工业总产值107.4亿元。首次突破产值百亿元大关。

是年　新华社日本专线刊发区委宣传部提供的系列外宣新闻，填补石拐区对日宣传空白。

是年　石拐区与华为、阿里巴巴集团、硅谷天堂、中兴网信、保利集团（医疗）、剑荣集团等企业签约项目23个，完成市下任务的460%；协议总投资152.33亿元，完成市下任务的507%。其中，10亿元以上项目3个，完成市下任务的300%；引进国内（区外）资金18.71亿元，完成市下任务的107%。

区情概述

【地理位置】

石拐系蒙古语“喜桂图”之音译，意为“有密林的地方”。石拐区位于包头市中南部、内蒙古高原西部、阴山山脉大青山腹地。东与土默特右旗隔山而居，南部与东河区相望，西南与九原区相接，西以包白公路为界与青山区毗邻，北部与固阳县相连。区域地理坐标为北纬40°35′～40°52′，东经110°08′～110°31′。辖区东西最大距离34.7千米，南北最大距离31.5千米。

【历史简述】

远在6000—7000年前原始社会发展阶段的新石器时代，石拐地区就有人类活动。在历史发展进程中，无论是作为北方各少数民族游牧的驻牧地，还是历代中原王朝辖制的属地，抑或是各方争夺、厮杀的战场，石拐地区的历史角色屡屡转换，建置辖属也时有时无，但人类活动持续，中原汉族人口不断进入，使得石拐渐渐成为北方各少数民族与中原汉民族交错杂处的地方。明朝前期，从洪武三年（1370年）起，朱元璋数次北伐的军事行动及随后实行的卫所屯兵制，为促进社会发展提供了安定的环境，石拐地区迁入的汉族人口逐渐增长，其定居地也有了缓慢扩展。清代起，石拐地区丰富的煤炭资源被发现，并出现了规模不断扩大的开采与经营活动，中原汉族民众迁入者渐增。清乾隆二十一年（1756年），五当召获赐膳召地之后，宗教活动开始盛行，石拐沟从此缘煤而兴、因庙而名，进入史家视线。晚清时期的“放垦新政”也引来众多晋、陕北部“走西口”逃难的汉民。及至民国时期，石拐地区进入煤炭开采繁盛期，吸引众多豪强富绅进入以聚敛财富。煤炭开采的繁盛及定居人口的快速增长，直接带动地区商贸、运输业及其他诸业的发展与繁荣。

中华人民共和国成立后，石拐煤田被国家确定为服务于包钢钢铁生产的煤炭基地，石拐沟进入了规模化、工业化煤炭开采时期，煤炭产业成为石拐矿区的经济支柱。

2000年前后，地区煤炭资源枯竭，经济发展面临产业转型、结构调整。2011年，石拐区被列为国家资源枯竭城市。2013年，被列入全国67个资源衰退型地区；同年，入选第二批国家智慧城市试点名单，成为包头市首个智慧城市试点、自治区首个县级国家智慧城市试点。2015年，石拐区获“中欧绿色和智慧城市奖——创新奖。2016年，获“中欧绿色和智慧城市奖——技术成就奖”，标志着石拐区重新定位经济发展理念与发展方向，新兴产业崛起，走上科学发展之路。

【建制沿革】

中华人民共和国成立前，石拐地区属分治状态。今区境除五当召膳召地之外，北部局部地方属固阳县管辖，西南部地区属包头县管辖，东南部地区属萨拉齐县管辖。1950年7月20日，乌兰察布盟五当召直属区人民政府成立，驻地五当召。1951年，乌兰察布盟石拐沟矿区人民政府成立，政府驻地由五当召迁至大发窑。1956年，石拐沟矿区划归包头市，同时更名为包头市石拐矿区。1957年11月，包头市石拐矿区人民政府驻地由大发窑迁至石拐镇（今旧石拐河北村），1958年洪灾后，政府驻地于次年迁至新石拐。1999年8月10日，经国务院批准,包头市石拐矿区更名为包头市石拐区。2014年5月，石拐区人民政府驻地由新石拐迁至喜桂图新区。

【行政区划】

石拐区区域面积761平方千米。下辖吉忽伦图苏木、五当召镇及大发、大磁、大德恒、白狐沟、石拐5个街道，共计17个行政村（嘎查）、计67个村组、4个社区。

石拐区苏木镇街道基本情况一览表

表 1

行政区名称	区域面积（平方千米）	常住人口（人）	所辖行政村（嘎查）、社区
吉忽伦图苏木	315	2092	绍卜亥、白菜沟、吉忽伦图、三岔口、爬榆树 5 个行政村（嘎查）15 个村组
五当召镇	218	3202	白草沟、青山村、缸房地、厂汉沟、新曙光5个行政村、16个村组
大发街道	6	6599	喜桂图、神发 2 个社区
大磁街道	5.5	277	大磁社区（含大发区片。大发街道整体搬迁后，2014 年，其辖区转由大磁街道代管）
大德恒街道	141	2522	大庙、马场、后营子、开洲窑子、鸡毛窑 5 个行政村、23 个村组
白狐沟街道	71	252	脑包沟、五当沟 2 个行政村 13 个村组
石拐街道	4.5	2425	欣望社区（含五当沟区片。五当沟街道整体搬迁后，2014 年，其辖区转由石拐街道代管）

【地形地貌】

石拐区地域属蒙古高原土石山类型区，境内南北均有高山，山势陡峭，多为褶皱山，也有断裂山，由地壳剧变导致的褶皱隆起和断裂下陷形成；最高点为境内东北部海拔2115米的大脑包山（位于吉忽伦图苏木绍卜亥嘎查），最低点为海拔1049米的立甲子沟（位于白狐沟街道古城塔村），中部为沟壑相间的黄土山丘，平缓坡长，沟谷多呈南北走向，两岸均有较薄冲积层发育，上部则为次生黄土层，平均厚度为40米左右。属喜马拉雅期在Ⅲ、Ⅰ级阶地形成的第三系黄土层，在Ⅰ、Ⅱ级阶地形成的第四系冲积层、浊积层及近

代河床冲积层。山坡与山脊的坡度一般在7～25度，坡度最高40度。

【气候水文】

石拐地区属大陆性干燥气候，四季变化明显，昼夜温差大，多风少雨。春末夏初，受风沙影响；夏季炎热，受东南季风影响；秋季凉爽，雨后浓雾；冬季寒冷，受西北季风影响。

日照长，无霜期短。全年日照3077小时，年平均生长期206天，年均无霜期270天。

年平均气温5.2℃，7月气温较高，平均27.8℃，1月气温较低，平均气温为-13.5℃，极端最高温36.8℃（1989年7月25日），极端最低温-33.0℃，年日均气温0℃以上的时间为249天。

年均湿度0.41k（开尔文温度），最大湿度为7月0.54k，最小湿度为12月0.05k，干燥度1.7r（年蒸发能力和年降水量的比值），全年晴天129日。4—5月多风，8—9月少风；春夏季风向多为东风、东南风；秋冬季风向多为北风、东北风。

年均降水量375.7毫米，7、8、9月3个月为雨季，其中8月降雨量为394毫米，全年降雨日61～70天。暴雨持续时间年均15小时，最长54小时，最短2小时，极端暴雨日最大量24.2毫米/11.0分钟（1971年7月23日）。

境内河流均属黄河流域，皆为季节性河流，大多是干涸河沟，平时无水，大雨后山洪暴发。主要河流有石拐正沟（五当沟）、石拐子西沟、五当召沟、水涧沟、李家沟、河滩沟6条，其中正沟（五当沟）、石拐子西沟、五当召沟、李家沟、河滩沟5条汇入正沟（五当沟），南出沙尔沁注入黄河；水涧沟东出土默特右旗注入黄河。最大河流正沟（五当沟），为一级河流，发源于固阳县下湿壕镇境内头道井沟，主沟全长78千米，石拐区境内长度39千米，北从吉忽伦图苏木小井村入境，南从白狐沟街道门头沟出境，贯穿石拐全境，境内流域面积627.3平方千米，占全区总面积的82%，年径流量3000立方米，极端流量2000立方米/秒（1958年7月）；二级河流有石拐子西沟、五当召沟，流域面积分别为134平方千米、131平方千米；水涧沟（境内部分）属三级河流，全长59千米，境内长度10.5千米，境内流域面积140.53平方千米。

石拐境内地下水为第四系河床冲积层浅水，储量贫乏，供水源均为6米左右浅层水，主要分布在几条河沟内，由洪水和山沟泉水补充。埋藏深度1.5～3米，储量约1500万立方米。

【土壤植被】

区境内山区分布有小面积的灰褐土，中部黄土山丘覆盖40米的灰褐土。5～10厘米平均地温7.1℃；15～20厘米平均地温7.0℃；全年冻土极值182。南北部山脉绵延，阳坡岩石裸露，生长有针松及刺篱等灌木丛；阴坡生长有针松、刺柏、侧柏、杨、柳、榆、桦等乔木及沙棘等灌木丛，盛产山黄芪、甘草、柴胡、秦艽、百合、地黄、远志、狼毒、麻黄等野生中草药，林草茂密；中部黄土山丘为居民区，草木稀疏，水土流失严重。南北部高山区，森林茂密处有狐狸、狍子、青羊、野兔、石鸡、松鼠、蝮蛇、山鹰、鹞子、蝎子、蟾蜍等野生动物。

【矿产资源】

石拐区主要矿产资源为煤炭，统称石

拐子煤田。主要分布于上石炭纪至下二叠纪的拴马桩煤系和中下侏罗纪的石拐子煤系中，该煤田东西长23千米、南北宽9千米，总占地面积200平方千米。有23个煤产区，各类勘探钻孔151个，钻探总进尺137399.49米，提取勘探资料80件（份），预测含煤面积120平方千米，详查含煤面积88平方千米，占全区总面积的11.6%。初步探明储量为7.2亿吨。其中，工业储量3.6亿吨，石拐煤田较为集中的探明储量为4.5亿吨，表内储量为4.4亿吨，工业储量为3.4亿吨，经详查为2.3亿吨，占26.4%；普找2.5亿吨，占34.7%，普勘0.5亿吨，占6.9%，保有储量为6亿吨。现石拐区所属煤田累计探明储量3.3亿吨，占总储量的45.8%。从煤种储量上看，气煤、肥煤、焦煤和瘦煤储量为3亿吨，占总储量的41.7%；贫煤、无烟煤、弱黏储量为0.3亿吨，占总储量的4.2%。煤田煤种齐全，共有9种，产煤区主要有6个，煤质佳，发热量高（6000～7000大卡以上），而且低灰、低磷、低硫。

其次，还有硬质黏土，主要分布于拴马桩煤系上部的杂怀沟组中，探明储量909万吨，保存储量为567万吨；其他矿产还有铁矿石、石灰石、白云岩、油页岩、煤尾气、石英、石棉、云母、冰洲石、铌、钽等矿产资源，但未详细勘察。

【历史名胜与文化遗存】

石拐区历史名胜及文化遗存主要有五当召、赵长城等处。

五当召 五当召位于包头市区东北54千米的大青山深处、吉忽伦图山阳，与西藏布达拉宫、青海塔尔寺并称中国藏传佛教的三大名寺，是内蒙古地区唯一完整也是最大的一座藏传佛教寺庙。五当召原名巴达嘎尔庙，寺名为第七世达赖喇嘛所赐，藏语“巴达嘎尔”意为白莲花，蒙语“五当”意为柳树，“召”为庙宇之意。它依山而建，高低错落，主体建筑坐落在两条山沟汇聚处的山坡台地上，东西两侧的山麓及河岸平地分布着诸多附属建筑和僧舍栋房，两座藏式白塔耸立在庙宇北端的山脚下。全部殿宇为藏式风格，总体布局无中轴线格局，也无山门、正殿、厢房的配置。其规模宏大的寺院和独特的结构形式，为内蒙古喇嘛教寺院中仅有。1972年，被列为内蒙古自治区重点文物保护单位。

五当召始建于清康熙五十一年（1712年），由五当召一世活佛阿旺曲日莫选址，鄂尔多斯左翼前旗王公出资兴建。乾隆十四年（1749年）扩建，乾隆二十一年（1756年），乾隆皇帝赐名“广觉寺”。经200多年不断增修扩建，始具今日规模。五当召主要建筑由七大殿（苏古沁殿、却依拉殿、洞阔尔殿、当圪希德殿、阿会殿、喇弥仁殿、铜城殿即努尼殿）、三座活佛府（洞阔尔活佛府、甘珠尔活佛府、章嘉活佛府）和一座安放历代活佛骨灰灵塔苏波尔盖陵组成，全部殿舍2538间，建筑面积300多亩，总建筑面积758.2万平方米。

历史上，五当召是内蒙古地区研究藏传佛教的最高学府，与青海塔尔寺、甘肃拉卜楞寺同为“学问寺”。它也是一座政教合一的寺庙，鼎盛时期有1200多名喇嘛。据统计，五当召现存文物2万余件，多为清政府赏赐和王公大臣赠送，其中由金、银、铜、木、泥各种材质铸成的佛像有1500多尊，高者数丈，小者盈寸。高10米的释迦牟尼铜像、高9米的宗客巴铜像

均铸于清康熙年间，为内蒙古地区最大的佛像，在全国铜铸佛像中列第三位和第四位。各殿保存的壁画总面积1050平方米，为内蒙古地区壁画之冠。

此外，在五当召北3千米、敖包山脚下的庚毗沟内，建有庚毗召，建于清康熙年间。“庚毗”为藏语，意为“增福”；是五当召各学部高僧静修之地，也是五当召活佛的避暑住地。计有4座经堂、1座活佛府、14栋喇嘛宿舍及3间伙房。该建筑曾毁于“文化大革命”期间，现已部分恢复。

五当召是内蒙古草原上为数不多的保留着活佛转世系统的寺庙之一。第一世洞阔尔活佛阿旺曲日莫在清代被乾隆皇帝御封为额尔德尼·莫日根·洞阔尔·班第达。2006年，经国家认定和批准，第八世洞阔尔活佛嘉木样·嘎拉森·图布丹·确吉旺曲在五当召举行坐床典礼，五当召的民族宗教文化传承体系得以完整延续。

五当召有两大传统的宗教活动，即每年的甘珠尔法会（正月法会）和嘛呢法会（七月法会）。近年逐渐恢复的佛事活动有佛诞日暨供水法会、祭祀乔圪其敖包法会、祭祀吉忽伦图敖包法会、祭祀连三敖包法会、晒大佛法会、嘛呢法会等。

佛诞日暨供水法会于每年农历四月初八至十五举行。为纪念释迦牟尼佛诞日而举行的全召性重要经会。主要诵念《药师经》《喇嘛绰德布》。藏传佛教认为四月初八是释迦牟尼的生日、出家日、成道日、涅槃日，所以在此经会期间，喇嘛必须忌荤，不能食肉，并在大殿内不间断地供点酥油灯。农历四月十五日，在大殿内挂宗喀巴像供奉。

祭祀吉忽伦图敖包法会于每年农历六月十三日举行。祭敖包当天晨四五时，牧民和喇嘛们将准备好的羊背子、点心、糖果、鲜奶等贡品背到山上，放在敖包前的贡台上，然后点火、焚香。喇嘛念奠经，分发参与者每人一张“风马图”。人们围着敖包转圈，并随风放去“风马图”，将食品抛撒在敖包上，象征着一年通顺、万事如意。祭敖包的目的就是祈祷风马腾飞、风调雨顺、人畜兴旺。祭敖包是男人们的一次野餐活动，不许女性参加。男人们可以把剩余的贡品带回家去，送给家里的父老妻子，让他（她）们分享神灵给予的恩赐。此外，祭祀乔圪其敖包法会在每年农历五月十三日举行，祭祀连三敖包法会在每年农历七月十三日举行，祭祀程序与祭祀吉忽伦图敖包相同。

每年农历七月二十五日至八月初一举行的嘛呢法会是五当召全年规模最大的法会。嘛呢法会是关于观世音菩萨的经会。经会期间全寺喇嘛要昼夜不断诵念《嘛呢经》。每天下午六点，在吹打法器声中进行“转召”，由喇嘛按顺时针规定路线引路，群众跟随。经会期间，各地百姓背驮着整羊、茶叶、黄油、奶食、钱财等奉献给寺庙，寺院要张榜公布捐献钱财者名单，参加法会的人可免费得到一份嘛呢粥和寺庙自制的“乌如勒”（药丸）。法会举行期间，同时还举办文艺演出、经贸物资交易会等活动。在农历八月初一（嘛呢法会最后一天），举行晒佛节。晒佛节当天，全寺喇嘛将高20米的巨幅弥勒佛像唐卡铺晒于寺庙西面山坡上，并进行历时一个多小时的诵经祈福法会。诵经结束后，举行搏克、摔跤等蒙古族传统比赛活动。

战国赵北长城　战国赵北长城是我国

现存最古老的长城，迄今已有2300多年的历史。东起今河北省宣化，西至今内蒙古包头、后套一带，全长约700千米。赵长城遗址在石拐区境内的一段长15千米，走向与阿拉伯数字“7”的形状极为相似。该遗址南起于境内老爷庙山，顺大南沟北上，直至白泥沟村（隶属五当召镇后坝村）改向西行，大致沿包头至脑包沟公路，经边墙壕村、大庙村（两村均隶属大德恒街道），出石拐区境，逶迤向西，进入青山区境。赵长城大约在战国时期赵武灵王二十六年（前300年）以后开始修筑。赵武灵王十九年（前307年），赵国开始倡导“胡服骑射”，进行兵制改革。赵武灵王二十年至二十六年，赵国先后几次向北边的林胡、楼烦、中山国等地用兵，夺取了大量的土地，其地域北至燕、代，西至云中（今呼和浩特市托克托县东北古城村古城）、九原（今昆都仑河下游西岸孟家梁古城）一带。《史记·匈奴列传》中记载：“而赵武灵王亦变俗，胡服，习骑射，北破林胡、楼烦。筑长城，自代并阴山下，至高阙为塞。而置云中、雁门、代郡。”

1980年7月11日，包头市文物管理所在包头至石拐公路17千米处（二道坝坝顶）设立“战国赵长城遗址”石碑。碑文如下：“战国赵长城遗迹，横亘我市阴山南麓的长城遗迹，是公元前三世纪战国时赵武灵王所筑，具有重要的历史和学术价值，为保护这道长城遗迹，特制定下列条例，望遵照执行（条例内容略）。”1985年1月2日，该遗址被列入包头市人民政府第一批市级重点文物保护单位名单。

腮大坝新石器遗址 位于五当召镇腮大坝村西南0.5千米，呈缓坡状分布，遗址今为耕地；分A、B两个地点，南北分布，隔沟相望。遗址出土物有泥质陶钵、泥质陶罐、泥质陶器纺轮、泥质陶瓮、夹砂陶瓮、石刀、石锛、石钻孔器等。经考证，腮大坝遗址，属阿善三期文化类型；属于距今7000—6000年前原始社会发展阶段的新石器时代。

白泥沟辽金元行宫或庙宇遗址 位于白狐沟街道脑包沟村白泥沟北山深处，当地人称之为“召圪台”，海拔高度1872.8米。“召”是蒙语，汉意为庙宇；“圪台”是晋语方言，意为高处的平地，其地名含义即“有庙的高圪台”。该遗址所处位置与地名含义描述的情况极为吻合，给该地命名的人应该是来自晋陕北部一带的汉族人民，命名时间未知。该遗址坐落于陡峭的山腰平台，三面环山，南部较为开阔，呈簸箕状，地势西北高、东南低。该遗址始建于辽金时期，为行宫式祠堂、祭祀场所，也可能具有庙宇祭拜功能。至元代中晚期坍塌。后在位于原址北部，近山腰处修建一座规模较小（大约100平方米）的寺庙。该遗址出土物众多：有站立式石雕佛像、琉璃佛首、铁质实心佛手、琉璃龙形鸱吻（螭吻）首部建筑构件、琉璃狮子头、宋钱、琉璃构建及其他建筑构件等。该遗址及其众多出土文物说明，在整个辽金时期直至元中晚期，石拐区境有为数不少的北方少数民族民众在驻牧，或有汉族民众在周围定居。

（区档案史志馆）

组织机构领导名录

中共石拐区委

领导成员：

书　记　陈建忠（2月免）
　　　　高闻何（5月任）
副书记　李新春
　　　　白相工（蒙古族，7月免）
　　　　张　海（7月任）
常委会委员　陈建忠（2月免）
　　　　高闻何（5月任）
　　　　李新春
　　　　白相工(蒙古族,7月免)
　　　　李　智
　　　　张　海
　　　　赵义民
　　　　王金龙
　　　　赵换连（女）

工作机构负责人：

办公室

常务副主任　贺　峰
副主任　赵高峰
　　　　岳　峰
　　　　任文强（10月免）
政研改革室主任　岳　峰（兼）
保密机要局局长　郝　菊（女）
副局长　荣华宇（9月任）
区档案史志馆馆长　孟晓军
接待办主任　苏　玉

组织部

部　长　张　海（7月免）
常务副部长、公务员局局长　杜铁军
副部长　段洁茜
副部长，区非公有制经济和社会组织、区直机关党工委书记　胡　颖
副部长、老干局局长　李静芳
编制委员会办公室副主任　卢日星
关心下一代工作委员会名誉主任　白相工（蒙古族，7月免）
名誉主任　张　海（7月任）
主　任　李秀芳（女）
副主任　李静芳（女）
常务副主任　闫晓凤（女）
老年体育文化协会主席　张福中

宣传部

部　长　赵满义
常务副部长、区互联网舆情信息中心主任　哈　斯（蒙古族）
副部长　于　玲（女）
　　　　李　翔（女）
区文学艺术联合会会长　王　卉（女）
区互联网舆情信息中心副主任　薄羽飞
区融媒体中心副主任　胡永霞（女）
　　　　温利中

区医院副院长（履行区融媒体副主任职责） 彭志强

统战部

部长、区政协党组副书记 赵换连（女）

常务副部长、区侨办主任 陈玉霞（女）

副部长、区工商联党组书记 蔚 慧（女）

副部长、宗教局局长 侯润林

政法委员会

书 记 王金龙

常务副书记 郑 瑜（9月任）

副书记 侯玉明

梁军平

幸福忠（10月免）

庞 燕（女,9月任）

巡察工作领导小组办公室

主 任 权栓柱

副主任 武 斌

第一建制巡察组组长 孙平平

副组长 张 超

第二建制巡察组组长

王治中（12月任）

区委党校

校 长 张 海

副校长 董 廷（女）

石拐区人大常委会

常委会组成人员：

党组书记、主任 魏 强

党组副书记、副主任 姚永爱（女）

副主任 岳建斌

李凤鸣

李庆忠

常委会委员 冯玉战

吕治国

刘 锐

刘斌华

孙祥智

李存才

李显飞

李雅民

杨广林

张 忠

张 琦

张青祥

张海峰

陈世忠

黄碧光

雒 引

崔乃学

孙 鉴（蒙古族,1月辞）

王佳佳（1月辞）

郭 梅（女，1月辞）

董 颖（女，1月辞）

杨育林（1月辞）

郑 瑜（1月辞）

刘广义（4月辞）

王 峰（4月辞）

吕文彪（4月任）

任永红（女，4月任）

杜铁军（4月任）

李瑞强（4月任）

杨 勇（4月任）

张 盼（女，4月任）

陈茂林（4月任）

姚 鹏（女，4月任）

郭孝嵘（女，4月任）

工作机构负责人：

办公室（信访室）主任
冯玉战（3月免）
贾利刚（3月任）

选举任免代表联络工作委员会主任
刘广义（3月免）
吕治国（3月任）

城乡环境资源农牧业工作委员会主任
张　琦（3月任）

财经预算委员会主任　刘　锐（3月任）

民族法制(教科文卫)工作委员会主任
冯玉战（3月任）

石拐区政府

领导成员：

区　长　李新春
常务副区长　李　智
副区长　贾世琦
云晓清
盖　宇
李秀芳（女）
祁文青
李　祥
王志刚

政府办公室

主　任　郑　瑜（9月免）
马　斌（10月任）

副主任　杨振坤（11月任）
王　娜（女）
张喜庆
李　桐

政协石拐区委员会

常委会组成人员：

主　席　白相工（蒙古族）

副主席　赵换连（女）
米巧琳（女，蒙古族）
王　荣
付春生
闫崇润

委　员　白相工
米巧琳（女，蒙古族）
王　荣
王靖涛（女）
周秀林（女）
孙建媛（女）
乌日图（蒙古族）
陈玉霞（女）
付春生
闫崇润
刘　武
苏文光
李　刚
李　富
李瑞青
张　浩
张　红
顾　鑫
张如军
赵　依（女）
贾　媛（女）
宝　音（蒙古族）
安　慧（女）

工作机构负责人：

办公室主任　王靖涛（女）

综合委员会主任　　　周秀林（女）
提案文史委员会主任　孙建媛（女）

纪委监委

组成人员：

纪委书记、监委主任　　　王　惠
纪委副书记、监委副主任
　　　　　　　　　　　张剑华（女）
纪委副书记、监委副主任　王永乐
纪委常委、监委委员　　　王　磊
纪委常委、监委委员
　　　　　　　　　　程晓军（女，11任）
纪委常委、监委委员　孙　轶（9月任）
纪委常委、监委委员　段振生（9月任）

工作机构负责人：

纪委监委第二纪检监察室主任
　　　　　　　苏少杰
纪委监委案件监督管理室主任
　　　　　　　康旭乐（女，9月任）
纪委监委案件审理室主任　杨　进
纪委监委组织部部长
　　　　　　　韩玲兰（女，蒙古族）
纪委监委驻区政府办公室纪检监察组组长　　　　　　　刘承信
纪委监委驻公安分局纪检监察组组长
　　　　　　　王　跃（5月任）
纪委监委宣传部部长　孟　婕（女）
纪委监委第一纪检监察室主任
　　　　　　　李　强（9月任）

人民武装部

部　长　　　盖　博（9月任）
政治委员　　赵义民

人民检察院

领导成员：

党组书记、检察长
　　　　　　　马艳丽（女，11月免）
党组成员、副检察长　王建华
　　　　　　　　　　张玉兰（女）

工作机构负责人：

党组成员、检察行政部部长　刘宇翔
党组成员、刑事检察部部长　吕　勇

人民法院

党组书记、院长　　　马湛盛
党组成员、副院长　　张鹏飞
　　　　　　　　　　苗浩颖（女）
审判委员会专职委员　郑海平

石拐工业园区管理委员会

领导成员：

党工委书记、主任　祁　军
副主任　　　　　　渠平贵
党工委副书记、副主任
　　　　　　　　姜　山（9月任）
党工委副书记、副主任
　　　　　　　　席宝忠（9月免）

工作机构负责人：

综合协调部部长　　贾　媛（女，蒙古族）
基础建设部部长　　　　陈新宇
经济运行部副部长　　　张　建
综合事务服务中心副主任　李　桐
综合事务服务中心副主任
　　　　　　　　　　严　玲（女）

五当召景区管理委员会

领导成员：

主　任　　李庆忠
党组书记　吕文彪
副主任　　马果玲（女）

工作机构负责人：

综合管理部部长　张　君
文化推广部部长　王少玲（女）

包头市城市配送物流园区管理委员会

党工委书记、管委会主任　李文斌
副主任
巩天奇（蒙古族，在市农牧局挂职）
马　越
综合事务服务中心副主任　刘　鑫

政府组成部门

发展改革委员会

领导成员：

党组副书记、主任　马　斌（9月免）
刘志强（9月任）
党组成员、副主任　陈雪飞（女）
副主任　李　富
党组成员　郑利民（10月免）
党组成员　姜　山（9月免）

工作机构负责人：

城乡调查队队长　周瑞芳(女)
经济转型促进中心主任　郭　雷

审计局

党组书记、局长　刘永珍
经济责任审计工作联席会议办公室主任
王泽亮
党组成员、副局长　吕斗强

市场监督管理局

局　长　贺文平
副局长　曹利和
赵东炜
邸文芳（女）

应急管理局

局　长　李新民
副局长　周　俊
姜允成
冀年忠

司法局

局　长　刘晓明
副局长　云・陶格斯（女，蒙古族）

农牧局

党组书记　郝美柱
局　长　李　祥（11月免）
党组成员、局长　董　凯（11月任）
党组成员、副局长　贾严迪
党组成员、副局长　张　红
党组成员、副局长，石拐区交通运输局局长　祁晓伟

住房和城乡建设局

党组书记、局长　杨　勇
副局长　庞　宏
李　富（9月免）
副局长、区城市管理综合执法局局长
党军威
城市管理综合执法大队大队长
薛彦强（9月免）
石拐区卫生管理站站长　刘帅东

自然资源局

局　长　郝春光

副局长　杨　虎
王丽敏（女）
范文婷（女，8月任）
五当召林场（大管站）场（站）长
杨永胜

商务和科技局

党组书记、局长　刘志强（10月免）
郑利民（10月任）
副局长　范富江
刘　广

供销合作社联合社

主　任　李正源
副主任　杨　华（女）

教育局

领导成员：

区教育系统党工委副书记、党组书记、局长　张　冬
区教育系统党工委办公室主任、党组成员、副局长　田锡钢
党组成员、副局长　张荣芳（女）
党组成员、包十五中副校长、局机关党支部书记、教育系统工会主席　侯德清
党组成员　李志成

办学机构负责人：

包头市第十五中学党支部书记　张建伟
校　长　张青祥
副校长　侯德清
石拐区第一中学校长　张宝才
副校长　张如军
毛海英（女）

财政局

党组书记、副局长（主持工作）
肖　峰（9月，任党组书记）
副局长　贾利民
集中收付中心主任　赵海燕（女）

国有资产监督管理委员会

党组书记、主任　赵　伟
副主任　张洪雁（女）
金融监管中心主任　穆雪刚
副主任　乔伟建

文体旅游广电局

局　长　汤化雨
副局长　马　君
文化行政综合执法局大队长
王惠梅（女）

卫生健康委员会

领导成员：

主　任　张　敏（女）
副主任　渠　娜（女）
张　云（4月，挂职）

二级单位负责人：

石拐区医院院长　王建军
副院长　彭志强
石拐区疾病预防控制中心负责人
雒　引
主　任　何钰芳（女）
卫生健康综合监督执法局局长
高　俊

民族事务委员会

主　任　白丽梅（女，蒙古族）
副主任　张笑宇

民政局

党组书记、局长　王旭东
副局长　李　袁
梁守仁

人力资源和社会保障局

领导成员：

党组书记、局长　赵振寰（女）
党组成员、副局长　高丽生
党组成员、副局长　张伟海

工作机构负责人：

党组成员、劳动监察大队大队长　贾树生

党组成员、社会保险事业管理局局长　王　波

党组成员、就业服务局局长　刘　慧（女）

就业服务局副局长　张晓利

医疗保障局

党组书记、局长　张建春

副局长　郭　婷（女，10月任）

政务服务局

党组书记、局长　董树雄

副局长　王文国

政务中心主任　寇　媛（女）

退役军人事务局

局　长　王　宾

副局长　范　真

信访局

党组书记　吕　帝

局　长　宋海军

副局长　李　强

群团组织

总工会

主　席　米巧琳（女，蒙古族）

常务副主席　杨　勇

共青团石拐区委员会

书　记　张　盼（女）

妇女联合会

主　席　姚　鹏（女）

工商业联合会

党组书记　蔚　慧（女）

主　席　安　慧（女）

文学艺术界联合会

名誉主席　何少华（满族）

主　席　李　翔（女）

残疾人联合会

理事长　郭喜生

副理事长　韩　英（女，蒙古族）

红十字会

会　长　李　祥

常务副会长　阮利刚

驻区各局、各金融机构

包头市公安局石拐区分局

党委书记、局长　张占良（12月免）

祁文青（1月任）

政　委　侯永明（10月免）

刘新亮（10月任）

副局长　朱少军（10月任）

郑鹏飞（10月任）

廖志勋（10月任）

党委委员、政工监督办主任　王泽民

纪委副书记　马　巍

督查法制大队（执法办案管理中心）大队长　王　勇

督查法制大队（执法办案管理中心）教导员　赵　磊

警务保障室主任　王燕苓

情报指挥中心（办公室）主任　夏勇刚

情报指挥中心（办公室）教导员　孙玉炜

政治安全保卫大队（境外非政府组织管理办公室）大队长　安光瑞

治安管理大队大队长　房鹏飞

森林公安大队大队长　郝东军

刑事侦查大队（石拐区禁毒委员会办公室）教导员　王海军

包头市公安局交通管理支队石拐区大队

大队长　刘江涛

教导员　李小强（10月任）

副大队长　孙建国（12月任）

秦文良（12月任）

田晓强（12月任）

包头市生态环境局石拐区分局

党组书记、局长　祁永旺

副局长　姬东英

石拐生态环境监测站（监察大队）站长

陈权罡

副站长　张　伟

包头市税务局石拐区分局

党委书记、局长　贾云龙

党委副书记、副局长　牛　俊

党委委员、副局长　薛玉成

党委委员、副局长　白新民

党委委员、副局长　银　波

党委委员、纪检组组长　冯　勃

党委委员、副局长　张玉龙

党委委员、总会计师　刘文平（满族）

党委委员、副局长　刘险峰

党委委员、副局长　李　勇

党委委员、副局长　史国栋

工业园区税务分局局长　史晓丽（女）

第一税务分局（办税服务厅）局长

樊文胜

包头市供电局石拐分局

局　长　郭继清

党支部书记、副局长　罗蔚宁

副局长　赵奕磊

包头市运输管理处石拐运输管理所

所　长　孟雨生

副所长　赵　军

中国邮政集团有限公司石拐区分公司

总经理　张喜凤（女）

包头农商银行石拐中心支行

行　长　李迎春（女）

人保财险石拐支公司

副经理　李庆良（9月免，主持工作）

苏木镇、街道领导名录

吉忽伦图苏木

党委书记　巴音巴特尔（蒙古族）

党委副书记、苏木达

云承泽（蒙古族）

人大主席　李瑞强

党委副书记、政法书记

杨振坤（蒙古族，10月免）

党委委员、纪委书记、监察室主任

刘　莉（女）

组织委员　董泽柱（10月免）

组织委员、统战委员、妇联主席

王兴艳（女，蒙古族，10月任）

宣传委员　贾树荣

人武部部长、副苏木达　王二云

副苏木达　李松亭

副苏木达　张东升

副苏木达、妇联主席

高丽生（女，3月免）

副苏木达　刘　阳（蒙古族，4月免）

副苏木达　苏凯峰（蒙古族，9月免）

农牧业服务中心主任　张　云

五当召镇

党委书记　高　慧

镇　长　董　凯（10月免）

任文强（10月任）

人大主席　　郭孝嵘（女）

党委副书记、政法委员

王宇彬（蒙古族）

副镇长　　李　功

纪委书记　　赵乐清

副镇长　　张大伟

党委委员、宣传委员　王孟斐（女）

党委委员、组织委员、统战委员

海　娇（女,回族,9月任）

党委委员、宣传委员

段洁茜（女,9月免）

副镇长　　王　琪（女,蒙古族）

农牧业服务中心主任　张　雨

综合保障和技术推广中心主任　胡志军

白狐沟街道办事处

党工委书记　　杨　彤

党工委副书记、办事处主任　陈永平

党工委副书记　杜铁军（3月挂职）

党工委副书记　吕治国（挂职,6月免）

党工委委员、纪工委书记

李　彦（女）

党工委委员、办事处副主任　李　波

党工委委员、综合行政执法局局长

张　勇

大磁街道办事处

党工委书记　贾润刚（9月免）

孙　鉴（蒙古族,9月任）

办事处主任　席宝忠（9月任）

纪工委书记　　王利君

党群服务中心副主任　　刘旭东

大德恒街道办事处

党工委书记人大工委主任　郭泽宏

党工委副书记、办事处主任　王　佐

党工委副书记、政法书记　王佳佳

办事处副主任、人武部部长

薛彦强（9月任）

大发街道办事处

党工委书记、人大工委主任　刘斌华

党工委副书记、办事处主任

李丽娜（女）

党工委副书记、政法委员、武装部部长

祁振东（5月任）

纪工委书记　　肖　光

办事处副主任　　拓　雅（女,5月任）

办事处副主任　　姜　山（3月任）

办事处副主任　蔚　慧（女,3月任）

党群服务中心副主任　刘　璐

石拐街道办事处

党工委书记、社区党委书记、兼人大工委主任　李雅民

街道副书记、办事处主任　周学良

党工委委员、武装部部长、办事处副主任　魏　博

街道服务站站长

郃　婷（女,10月免）

中国共产党石拐区委员会

重要会议

【全委会会议】

2020年，中国共产党包头市石拐区第十三届委员会（以下简称石拐区委）召开全体会议2次。

十三届十八次全会　1月9日，石拐区委十三届十八次全体会议暨全区经济工作会议召开。

出席会议的区委委员23人、候补委员6人。不是区委委员、候补委员的县级干部，区纪委监委领导班子成员，全区副科级以上领导干部，部分市级、区级党代表，部分驻区单位负责人，部分民营企业负责人，嘎查村党支部书记列席会议。

会议由区委常委会主持。区委书记陈建忠，区委副书记、区长李新春分别作了讲话。全会以习近平新时代中国特色社会主义思想为指导，深入学习贯彻中共十九大和十九届二中、三中、四中全会及中央经济工作会议，自治区党委十届十一次全会暨全区经济工作会议精神，市委十二届十一次全会暨全市经济工作会议精神，听取陈建忠受区委常委会委托作的工作报告，科学研判经济形势，安排部署2020年经济工作。

全会根据《中国共产党章程》和《中国共产党地方委员会工作条例》规定，决定批准杨广林辞去区委委员职务，免去刘祥瑞区委委员职务，递补吕文彪、汤化雨为区委委员。

十三届十九次全会　8月5日，石拐区委十三届十九次全体会议召开。出席会议的区委委员22人、候补委员2人。不是区委委员、候补委员的县级干部，区纪委监委领导班子成员，全区副科级以上领导干部，部分市级、区级党代表列席会议。

全会由区委常委会主持。区委书记高闻何，区委副书记、区长李新春分别作了讲话。

全会以习近平新时代中国特色社会主义思想为指导，深入学习贯彻习近平总书记在参加全国人大三次会议内蒙古代表团审议时的重要讲话精神，全面落实自治区党委十届十二次全会、市委十二届十二次全会精神，审议通过《关于坚持以人民为中心的发展思想，决胜全面建成小康社会、书写新时代石拐区高质量发展新篇章的实施意见》，研究部署下半年以及今后一个时期的全区经济社会发展和党建工作，高闻何就实施意见向全会作了说明。

【常委会会议】

2020年石拐区委常委会决策部署情况表

表 2

时间	会议名称	会议议题
1月7日	第一百二十三次会议	（一）传达贯彻自治区党委十届十一次全会暨全区经济工作会议和市委十二届十一次全会暨全市经济工作会议精神，安排部署石拐区贯彻落实工作
		（二）传达贯彻中央第八巡视组对内蒙古自治区开展脱贫攻坚专项巡视“回头看”进驻沟通会精神，安排部署石拐区贯彻落实工作
		（三）传达贯彻《内蒙古自治区党委办公厅 自治区人民政府办公厅关于切实加强节庆、论坛、展会活动管理工作的通知》精神
		二、听取全区 2019 年经济运行情况和 2020 年经济工作安排建议的汇报
		三、研究中共石拐区委十三届十八次全会事宜
		（一）审议《关于 2019 年区委常委会工作的报告》和陈建忠、李新春在区委十三届十八次全会暨全区经济工作会议上的讲话
		（二）听取中共石拐区委十三届十八次全会暨全区经济工作会议筹备情况的汇报
		四、听取审议花舞人间景区周边土地征收事宜
		五、研究审议中共石拐区第十三届委员会部分委员免职、递补事宜
1月20日	第一百二十四次会议	一、传达上级会议精神
		（一）传达贯彻中共中央政治局常务委员会会议精神
		（二）传达贯彻中共中央政治局专题民主生活会精神
		（三）传达贯彻中央、自治区、包头市“不忘初心、牢记使命”主题教育总结大会精神，安排部署石拐区贯彻落实工作
		（四）传达贯彻中央农村工作会议精神
		（五）传达贯彻自治区两会精神，安排部署石拐区贯彻落实工作
		二、听取区人大常委会、政府、政协、法院、检察院党组工作汇报
		（一）听取区人大常委会党组工作汇报

续表2

时间	会议名称	会议议题
1月20日	第一百二十四次会议	（二）听取区政府党组工作汇报
		（三）听取区政协党组工作汇报
		（四）听取法院党组工作汇报
		（五）听取检察院党组工作汇报
		三、听取区总工会、团区委、妇联、残联、红十字会工作汇报
		（一）听取区总工会工作汇报
		（二）听取区妇联工作汇报
		（三）听取区残联工作汇报
		（四）听取团区委工作汇报（书面汇报）
		（五）听取区红十字会工作汇报（书面汇报）
		四、听取区委常委班子成员述责述廉情况汇报（书面汇报）
		五、听取教师队伍建设情况汇报
		六、传达近期上级关于扶贫工作的有关要求
1月27日	第一百二十五次会议暨石拐区应对新型冠状病毒感染肺炎疫情工作领导小组第一次会议	一、传达1月25日中共中央政治局常务委员会会议、1月26日自治区党委专题会议暨自治区应对新型冠状病毒感染肺炎疫情工作领导小组会议和1月26日自治区党委常委、包头市委书记张院忠调研检查全市疫情防控工作指示精神
		二、传达1月26日中央应对新型冠状病毒感染肺炎疫情工作领导小组会议、1月25日自治区新型冠状病毒感染的肺炎疫情防控工作紧急电视电话会议和1月25日包头市新型冠状病毒感染的肺炎疫情防控工作紧急会议精神
		三、听取全区新型冠状病毒感染的肺炎疫情防控工作汇报
		四、安排部署下一步工作
		一、传达贯彻习近平总书记1月27日重要批示指示精神、自治区党委书记石泰峰调研检查包头疫情防控工作时的重要指示精神和市委第一百六十次常委会会议精神

续表2

时间	会议名称	会议议题
1月29日	第一百二十六次暨石拐区应对新型冠状病毒感染肺炎疫情工作领导小组第二次会议	二、听取区委、政府领导关于1月27日区委常委会第一百二十五次会议部署工作落实进展情况及存在的困难问题
		三、安排部署下一步疫情防控工作
		四、书记陈建忠讲话
2月1日	第一百二十七次会议暨石拐区应对新型冠状病毒感染肺炎疫情工作领导小组第三次会议	一、传达贯彻市委常委、秘书长李淳仁到石拐区检查指导工作指示精神、《关于在新型冠状病毒感染的肺炎防控工作中切实发挥各级党组织战斗堡垒和党员先锋模范作用的紧急通知》《关于开展应对新型冠状病毒感染肺炎疫情工作督导的通知》和市应对新型冠状病毒感染肺炎疫情工作领导小组批转的《市委组织部关于基层党组织防控新型冠状病毒感染肺炎工作情况的汇报》
		二、听取区委、政府领导关于新型冠状病毒感染肺炎疫情防控工作进展情况及存在的困难问题
		三、安排部署下一步疫情防控工作
		四、书记陈建忠讲话
2月13日	第一百二十八次暨石拐区应对新型冠状病毒感染肺炎疫情工作领导小组第八次会议	一、传达贯彻2月12日中共中央政治局常委会会议精神、习近平总书记在北京市调研指导新型冠状病毒肺炎疫情防控工作时的重要讲话精神和自治区党委常委、包头市委书记张院忠调研检查石拐区疫情防控工作时的重要指示精神
		二、听取各县级包片领导汇报关于石拐区新冠肺炎疫情防控工作进展情况、存在的问题及建议
		三、区长李新春讲话
		四、书记陈建忠讲话
2月20日	第一百二十九次会议	一、传达贯彻内蒙古自治区应对新型冠状病毒感染肺炎疫情工作领导小组转发《国务院应对新型冠状病毒感染肺炎疫情联防联控机制关于科学防治精准施策分区分级做好新冠肺炎疫情防控工作的指导意见》、内蒙古自治区应对新型冠状病毒感染肺炎疫情工作领导小组印发《关于实行分类指导精准施策统筹做好疫情防控与经济社会发展工作的意见》的通知和包头市应对新型冠状病毒感染肺炎疫情工作领导小组印发《关于突出重点分类指导精准施策统筹兼顾做好疫情防控和经济社会发展各项工作的意见》的通知
		二、其他事宜
3月5日	第一百三十次会议	一、传达上级会议精神

续表2

时间	会议名称	会议议题
3月5日	第一百三十次会议	（一）传达贯彻2月26日、3月4日中央政治局常务委员会会议和习近平总书记在北京考察新冠肺炎疫情防控科研攻关工作时的重要指示精神 （二）传达贯彻习近平总书记在统筹推进新冠肺炎疫情防控和经济社会发展工作部署会议上的重要讲话精神和自治区、包头市统筹推进新冠肺炎疫情防控和经济社会发展工作部署会议精神 （三）传达贯彻习近平总书记关于全国春季农业生产工作重要指示精神和李克强总理批示精神 二、传达贯彻自治区污染防治工作专题汇报会精神，研究审议《石拐区落实自治区生态环境保护督察反馈意见整改方案（送审稿）》 三、听取石拐区2019年政府债务化解工作汇报 四、听取石拐区国有企业领导人员选聘管理等工作的汇报 五、研究审议《石拐区国土空间总体规划编制工作方案》 六、听取包头市华为工业互联网云数据中心建设相关事宜的汇报 七、研究审议《石拐区煤炭资源领域违规违法问题专项整治工作实施方案》 八、研究审议区政协委员补选事宜
3月10日	第一百三十一次会议	一、其他事宜
3月25日	第一百三十二次暨石拐区应对新型冠状病毒感染肺炎疫情工作领导小组第十一次会议	一、传达上级会议、批示精神 （一）传达贯彻3月18日中共中央政治局常务委员会会议精神和习近平总书记在湖北省考察新冠肺炎疫情防控工作时的重要讲话 （二）传达贯彻习近平总书记关于机要密码工作重要批示精神 二、传达、审议党建工作相关事宜 （一）传达贯彻《中共中央办公厅印发〈党委（党组）落实全面从严治党主体责任规定〉》精神 （二）传达贯彻上级组织部部长会议精神，审议石拐区2020年组织工作要点 （三）传达贯彻上级宣传部长会议精神，审议石拐区2020年宣传思想工作要点、精神文明建设工作要点 （四）传达贯彻上级统战部部长会议精神，审议石拐区2020年统战工作要点

续表2

时间	会议名称	会议议题
3月25日	第一百三十二次暨石拐区应对新型冠状病毒感染肺炎疫情工作领导小组第十一次会议	（五）传达贯彻上级政法工作会议精神，审议石拐区2020年政法工作要点 三、听取石拐区近期新冠肺炎疫情防控工作和复工复产情况汇报 四、研究审议“三大攻坚战”2020年工作方案 （一）研究审议《石拐区2020年隐性债务化解资金筹措方案》 （二）研究审议《石拐区2020年污染防治攻坚战行动方案》 （三）研究审议《石拐区2020年脱贫攻坚实施方案》 五、听取干部免职事宜
4月3日	第一百三十三次会议	一、传达上级文件、会议精神 （一）传达贯彻3月27日中共中央政治局会议精神及习近平总书记在浙江考察调研时的重要指示 （二）传达贯彻习近平总书记对四川西昌市经久乡森林火灾作出的重要指示 （三）传达贯彻中共中央办公厅 国务院办公厅印发的《关于构建现代化环境治理体系的指导意见》 （四）传达贯彻包头市统战部长会议精神（书面传达） 二、传达贯彻中央、自治区、包头市纪委全会精神，研究审议石拐区纪委十三届五次全会筹备情况、工作报告和区委副书记、区长李新春在区纪委十三届五次全会上的讲话
4月20日	第一百三十四次会议	一、传达上级会议、调研精神 （一）传达贯彻4月8日中共中央政治局常务委员会会议精神、4月17日中共中央政治局会议精神和自治区党委书记石泰峰在包头市调研指示 （二）传达贯彻习近平总书记就安全生产作出的重要指示精神 二、研究审议石拐区两会筹备情况 （一）传达贯彻包头市十五届人民代表大会第三次会议精神和政协包头市第十三届委员会第三次会议精神 （二）研究审议《石拐区人民代表大会常务委员会工作报告（送审稿）》和石拐区十六届人民代表大会第三次会议筹备情况事宜 （三）研究审议《中国人民政治协商会议石拐区第七届委员会常务委员会工作报告（送审稿）》

续表2

时间	会议名称	会议议题
4月20日	第一百三十四次会议	和政协石拐区第七届委员会第三次会议筹备情况事宜 三、研究审议《法院工作报告》《检察院工作报告》 四、研究审议《政府工作报告（送审稿）》 五、研究审议《石拐区2019年国民经济和社会发展计划执行情况与2020年国民经济和社会发展计划（草案）的报告（送审稿）》 六、研究审议《石拐区2019年预算执行情况和2020年预算（草案）的报告》和《石拐区2020年部门预算编制说明》 七、研究审议《石拐区“无废城市”建设工作实施方案》 八、研究审议石拐区人民政府2020年民生实事候选项目 九、研究审议《石拐区法定节假日文化、旅游安全工作领导小组成员及职责分工》和《关于做好2020年法定节假日文化、旅游市场安全工作的通知》 十、听取滞留石拐旧区及疫情期间临近困难家庭入户调查情况 十一、研究审议关于推荐区人大常委会委员补选候选人建议人选事宜 十二、研究审议关于区检察院检察员田春生到龄退休免去职务事宜
5月9日	第一百三十五次会议	一、研究推荐“北疆百年先锋”优秀党员人选事宜 二、研究审议拟确定考察对象相关事宜
5月20日	第一百三十六次会议	一、传达贯彻市委第十一巡察组专项巡察石拐区落实招商引资责任制、推动经济高质量发展动员会会议精神，安排部署下一步工作 二、其他议题
6月3日	第一百三十七次会议	一、传达上级文件、会议精神 （一）传达贯彻习近平总书记参加十三届全国人大三次会议内蒙古代表团审议时的重要讲话精神 （二）传达贯彻全国两会精神 （三）传达贯彻4月29日、5月6日、5月14日中共中央政治局常务委员会会议精神和5月15日中共中央政治局会议精神（书面传达）

续表2

时间	会议名称	会议议题
6月3日	第一百三十七次会议	（四）传达贯彻《中共中央办公厅关于持续解决困扰基层的形式主义问题为决胜全面建成小康社会提供坚强作风保证的通知》 （五）传达贯彻《包头市基层“微腐败”大清扫行动情况通报》，听取全区基层“微腐败”大清扫行动情况汇报 二、传达、听取脱贫攻坚反馈意见整改工作上级有关精神和情况汇报 （一）传达贯彻自治区党委常委班子脱贫攻坚专项巡视“回头看”反馈问题整改专题民主生活会精神和市委常委会脱贫攻坚专项巡视“回头看”整改落实工作专题民主生活会精神 （二）听取相关区委常委分管战线脱贫攻坚反馈意见整改落实情况的汇报 三、听取石拐区煤炭资源领域违规违法专项整治工作情况汇报 四、听取区人大常委会、政府、政协、法院、检察院党组工作汇报 五、听取石拐区经济运行情况汇报
6月11日	第一百三十八次会议暨区扶贫开发领导小组第六次会议	一、传达贯彻上级会议精神 （一）传达贯彻习近平总书记在中共十九届中央政治局第二十次集体学习会上的重要讲话精神 （二）传达贯彻习近平总书记在专家学者座谈会上的重要讲话精神 二、传达全市扶贫开发领导小组第四次会议精神，安排部署石拐区贯彻落实工作 三、听取研究统战工作事宜 （一）听取石拐区关于《包头市委统战部关于开展依法铲除韩国“新天地教会”渗透活动专项行动实施方案》落实情况汇报 （二）审议《石拐区关于落实中央宗教工作督查“回头看”反馈意见的整改方案》 （三）研究关于成立石拐区新的社会阶层人士联谊会（包头分会）事宜 四、研究审议《关于在全区基层党组织中开展“两提三强六提高”主题实践活动的实施方案（审议稿）》 五、研究审议《石拐区2020年扶持发展壮大嘎查村集体经济实施方案》 六、研究审议《关于解决蓝天城项目历史遗留问题的实施方案》和《石拐区推进房屋产权登记办证工作实施方案》

续表2

时间	会议名称	会议议题
6月11日	第一百三十八次会议暨区扶贫开发领导小组第六次会议	七、听取研究《关于花舞人间景区周边大小瓜地土地征收工作的报告》
		八、听取研究石拐区购买华为云计算服务项目事宜
		九、研究审议《石拐区人民政府向区人大常委会报告国有资产管理情况的制度》
		十、听取审议《石拐区2019年科级（含副处级）领导班子和领导干部年度考评结果》
		十一、研究干部调整事宜
6月28日	第一百三十九次会议暨石拐区应对新型冠状病毒感染肺炎疫情工作领导小组第十三次会议	一、听取石拐区疫情防控和复工复产工作情况汇报，安排部署下一步工作
		二、研究审议《石拐区2020年未成年人思想道德建设工作安排（送审稿）》
		三、研究审议《石拐区社会宣传阵地宣传内容管理办法》
		四、传达自治区关于全区农村牧区人居环境整治5月工作情况通报，安排部署下一步工作
		五、研究审议《2019年度“清风干部”评定工作方案》
		六、研究审议《关于进一步做好区委管理干部退休工作的实施意见》
		七、研究审议《石拐区委常委会2020年工作要点》
		八、其他事宜
7月10日	第一百四十次会议	专题研究审议安全生产相关工作
		1.观看安全生产警示教育片 2.传达学习习近平总书记、李克强总理关于防火、安全生产、防汛减灾工作指示批示精神 3.听取常态化安全大检查九个组检查情况汇报和全区1—6月安全生产情况以及下一步工作安排的汇报 4.区委书记高闻何讲话
7月10日	第一百四十一次会议	一、传达贯彻6月29日中共中央政治局会议精神
		二、研究审议《关于成立重点工作、重点项目专班的通知》
		三、听取石拐区国民经济和社会发展第十四个五年规划纲要编制进展情况及编制方案的汇报

续表2

时间	会议名称	会议议题
7月10日	第一百四十一次会议	四、传达贯彻习近平总书记关于禁毒工作的重要指示精神，听取全区公安工作情况汇报，安排部署石拐区贯彻落实工作
		五、听取工业企业退出保护区情况的汇报
		六、其他议题
7月22日	第一百四十二次会议	研究审议拟确定考察对象相关事宜
7月23日	第一百四十三次会议	一、传达贯彻7月17日中共中央政治局常务委员会会议精神
		二、传达贯彻《内蒙古自治区扶贫开发领导小组关于印发〈巩固脱贫成果防止返贫致贫的八项措施〉的通知》文件精神
		三、听取各地区、相关部门上半年工作情况汇报，安排部署下半年工作
		（一）苏木、镇、各街道汇报
		1. 吉忽伦图苏木汇报上半年工作情况 2. 五当召镇汇报上半年工作情况 3. 石拐街道汇报上半年工作情况 4. 大磁街道汇报上半年工作情况 5. 大发街道汇报上半年工作情况 6. 白狐沟街道汇报上半年工作情况 7. 大德恒街道汇报上半年工作情况
		（二）部分部门单位汇报，其他政府组成部门提交书面汇报材料
		1. 区发改委汇报上半年工作情况 2. 区民政局汇报上半年工作情况 3. 区财政局汇报上半年工作情况 4. 区人社局汇报上半年工作情况 5. 区住建局汇报上半年工作情况

续表2

时间	会议名称	会议议题
7月23日	第一百四十三次会议	6.区农牧局汇报上半年工作情况
		7.区商务局汇报上半年工作情况
		8.区文体局汇报上半年工作情况
		（三）区长李新春讲话
		（四）区委书记高闻何讲话
8月3日	第一百四十四次会议	一、传达贯彻习近平总书记在7月21日企业家座谈会上的重要讲话精神
		二、传达贯彻《党委（党组）意识形态工作责任制实施办法》和《关于当前意识形态领域情况的通报》，研究当前石拐区意识形态工作情况
		三、研究审议《石拐区加快推进文旅产业融合发展工作实施方案》
		四、传达自治区党委、市委全会精神，研究区委十三届十九次全会事宜
		（一）传达贯彻自治区党委十届十二次全会和市委十二届十二次全会精神
		（二）审议《中共包头市石拐区委员会关于坚持以人民为中心的发展思想决胜全面建成小康社会书写新时代石拐区高质量发展新篇章的实施意见（送审稿）》和区委书记高闻何在区委十三届十九次全会上的讲话
		（三）听取中共包头市石拐区委十三届十九次全会筹备情况的汇报
		五、听取推进基层社会治理工作情况的汇报
		六、听取煤田（煤矿）火区治理工作进展情况汇报
		七、研究审议《石拐区2020年巡察工作要点》
		八、听取政协石拐区第七届委员会第四次会议筹备情况的汇报
		九、研究增补政协石拐区第七届委员会委员建议人选和补选常务委员候选人建议人选事宜
		十、其他事宜
8月7日	第一百四十五次会议	研究审议拟确定考察对象相关事宜
8月7日	第一百四十六次会议	研究审议拟推荐晋升三级调研员人选相关事宜

续表2

时间	会议名称	会议议题
8月10日	第一百四十七次会议暨区委教育工作领导小组会议	一、传达上级关于冒名顶替上大学问题专项清查处置工作相关精神，研究石拐区工作方案
		（一）传达贯彻中央、自治区有关领导关于冒名顶替上大学问题专项清查处置工作的批示精神
		（二）传达贯彻自治区、包头市关于冒名顶替上大学问题专项清查处置工作会议精神，研究审议《石拐区关于开展冒名顶替上大学问题专项清查处置工作的方案》
		二、传达贯彻《内蒙古自治区党委办公厅关于乌海市政治生态污染问题及教训警示的通报》精神
		三、听取石拐区鼠疫防控工作情况的汇报
		四、其他事宜
8月18日	第一百四十八次会议	一、研究审议区委涉及煤炭资源领域规范性文件的清理情况事宜
		二、研究审议拟确定考察对象相关事宜
8月26日	第一百四十九次会议	一、传达学习习近平总书记关于制止餐饮浪费行为的重要指示精神，安排部署石拐区贯彻落实工作
		二、听取石拐区食品安全监管工作情况汇报
		三、研究审议《市委第十一巡察组巡察石拐区落实招商引资责任制、推进经济高质量发展反馈意见的整改方案》
		四、研究审议《关于市委专项巡察石拐区落实市委支持民营经济发展及改善营商环境措施情况反馈意见的整改报告》
		五、听取区人大常委会关于开展城市街道社区代表会议制度工作情况汇报
		六、研究审议《区委关于进一步加强和改进新时代人民政协工作的意见》
		七、研究审议《全区政法队伍素质提升专项行动工作方案》
		八、研究审议《石拐区森林公安机关管理体制调整工作实施方案》
		九、研究审议《石拐区2019年度“清风干部”“清风干部标兵”“清风示范岗”“清风示范嘎查村（社区）”拟公告名单》
		十、研究审议《区属国有独资、控股企业领导人员管理办法》

续表2

时间	会议名称	会议议题
9月10日	第一百五十次会议暨区煤炭资源领域违规违法问题专项整治工作领导小组第九次会议	一、传达学习习近平总书记在全国抗击新冠肺炎疫情表彰大会上的重要讲话精神
		二、传达学习习近平总书记在经济社会领域专家座谈会上的重要讲话精神
		三、传达学习习近平总书记在纪念中国人民抗日战争暨世界反法西斯战争胜利75周年座谈会上的重要讲话精神
		四、传达学习习近平总书记在中央第七次西藏工作座谈会上的重要讲话精神
		五、传达学习8月31日中共中央政治局会议精神
		六、传达学习自治区党委书记石泰峰在呼包鄂三市“六稳”“六保”工作座谈会上的讲话精神
		七、传达上级巡视巡察会议精神、研究石拐区有关事宜
		（一）传达学习全区巡视巡察工作会议暨十届自治区党委第八轮巡视动员部署会和自治区党委第二巡视组对包头市优化营商环境开展专项巡视工作动员会议精神 （二）研究成立石拐区协助保障自治区党委优化营商环境专项巡视专班事宜
		八、研究审议《石拐区优化营商环境行动方案》
		九、听取煤炭资源领域违规违法专项整治工作问题集中整治完成情况的汇报和市委巡察反馈问题整改完成情况的汇报
		十、研究审议《人防易地建设费追缴清欠工作方案》和《关于自治区对包头市人防系统专项治理工作通报问题的整改方案》
		十一、研究审议60万吨/年固体废弃物高值化综合利用项目事宜
		十二、研究审议石拐区文旅和大数据产业发展战略研究项目事宜
		十三、研究审议《区委常委班子巡察整改专题民主生活会对照检查材料》
		十四、其他事宜
9月20日	第一百五十一次会议	一、研究干部调整事宜
		二、研究干部职级晋升事宜
9月28日	第一百五十二次会议	一、传达贯彻上级会议、文件精神
		1.传达学习习近平总书记在科学家座谈会上的重要讲话 2.传达学习习近平总书记向中国人民警察队伍授旗时的训词

续表2

时间	会议名称	会议议题
9月28日	第一百五十二次会议	3. 传达学习习近平总书记在基层代表座谈会及教育文化卫生体育领域专家代表座谈会上的重要讲话
		4. 传达学习习近平总书记关于新时代民营经济统战工作的重要指示精神和中共中央办公厅印发的《关于加强新时代民营经济统战工作的意见》
		5. 传达学习习近平总书记在第三次中央新疆工作座谈会上的重要讲话精神
		6. 传达学习中共中央办公厅印发的《关于巩固深化“不忘初心、牢记使命”主题教育成果的意见》精神
		7. 传达学习《防范和惩治统计造假弄虚作假重要文件选编》精神，听取石拐区第七次人口普查工作情况汇报
		二、听取近期安全生产工作及节日安排情况汇报
		三、听取石拐区解决形式主义突出问题为基层减负工作情况汇报
		四、听取市委巡察第十一巡察组巡察石拐区落实招商引资责任制、推进经济高质量发展反馈意见的整改进展情况汇报
		五、听取脱贫攻坚工作情况汇报
		六、研究审议《区委教育工作领导小组2020年工作要点》
		七、研究审议《石拐区突发公共卫生事件应急预案》
		八、听取民族工作情况汇报
		九、听取石拐区推进国家通用教材工作情况汇报
		十、研究审议《石拐区社区工作者职业体系套转实施方案》
10月16日	第一百五十三次会议	一、传达学习习近平总书记在中央党校（国家行政学院）中青年干部培训班开班式上的重要讲话
		二、传达学习习近平总书记在深圳经济特区建立40周年庆祝大会上的重要讲话
		三、传达学习习近平总书记关于巡视工作的重要论述
		四、传达学习中央第八巡视组巡视内蒙古自治区工作动员会议精神
		五、传达学习习近平总书记对供销合作社工作的重要指示精神，并就石拐区贯彻落实工作提出意见

续表2

时间	会议名称	会议议题
10月16日	第一百五十三次会议	六、传达学习习近平总书记在中央政治局第二十三次集体学习时的重要讲话
		七、传达学习9月28日中共中央政治局会议精神，听取石拐区“十四五”规划编制工作情况汇报
		八、传达学习市委第二百零三次常委会上自治区党委常委、市委书记孟凡利重要指示精神，安排部署近期重点工作
		九、听取区煤炭资源领域违规违法问题专项整治工作情况汇报
		十、听取营商环境工作情况汇报
		十一、听取前三季度经济指标情况汇报
		十二、研究审议成立石拐区清理“僵尸”企业工作专班事宜
		十三、听取包头市廉政教育基地东侧山体水土综合治理项目情况汇报
		十四、听取2020年石拐区公开招聘大学生社会服务岗位人员的报告
		十五、其他事宜
10月28日	第一百五十四次会议	一、传达学习习近平总书记在参观 铭记伟大胜利捍卫和平正义——纪念中国人民志愿军抗美援朝出国作战70周年主题展览”时的重要讲话和在纪念中国人民志愿军抗美援朝出国作战70周年大会上的重要讲话，研究部署贯彻落实工作
		二、传达学习习近平总书记对脱贫攻坚工作的重要指示和李克强总理的重要批示，研究部署贯彻落实工作
		三、传达学习习近平总书记在中共中央政治局第二十四次集体学习时的重要讲话，研究部署贯彻落实工作
		四、传达学习全国双拥模范城（县）命名暨双拥模范单位和个人表彰大会精神，听取石拐区双拥工作情况汇报，研究部署贯彻落实工作
		五、传达学习市委第二百零五次常委会会议精神，研究部署贯彻落实工作
		六、研究审议《推进市域社会治理现代化深化平安石拐建设的实施方案》
		七、研究审议《党委（党组）理论中心组学习巡听旁听实施细则（试行）》
		八、研究审议《部分街镇行政区划调整的实施方案》
		九、研究审议《关于解决拖欠闽南建材城库房改造工程装修款情况的报告》

续表2

时间	会议名称	会议议题
10月29日	第一百五十五次会议	研究审议拟确定考察对象相关事宜
11月3日	第一百五十六次会议	一、传达学习中共十九届五中全会精神，安排部署贯彻落实工作 二、传达学习习近平总书记在10月22日中共中央政治局常务委员会上的重要讲话精神，听取石拐区“十三五”规划实施进展情况汇报，研究部署贯彻落实工作 三、传达学习11月3日全区办理中央巡视组移交信访事项视频推进会精神，听取中央巡视组交办重点信访事项情况汇报 四、研究审议《关于开展排查整顿农村牧区发展党员违规违纪问题工作的实施方案》 五、研究审议区应急管理局党组改设党委相关事宜
11月6日	第一百五十七次会议	其他议题
11月13日	第一百五十八次会议	一、传达学习习近平总书记在浦东开发开放30周年庆祝大会上的重要讲话，安排部署石拐区贯彻落实工作 二、传达学习习近平总书记对平安中国建设作出的重要指示，安排部署石拐区贯彻落实工作 三、传达学习自治区党委书记石泰峰在包头市调研指示和自治区“十四五”规划编制情况汇报会精神，安排部署石拐区贯彻落实工作 四、听取近期全区安全生产工作情况汇报 五、听取近期全区信访工作情况汇报 六、听取市委第十一巡察组巡察石拐区落实招商引资责任制、推动经济高质量发展反馈意见的整改工作情况汇报 七、研究审议《石拐区赵北古长城文化论坛方案》 八、研究补定2019年度考核等次事宜
11月19日	第一百五十九次会议暨区煤炭资源领域违规违法问题专项整治工作领导小组第十次会议	一、传达学习习近平总书记在中央全面依法治国工作会议上的重要讲话精神，安排部署石拐区贯彻落实工作 二、传达学习习近平总书记对推进农村土地制度改革、做好农村承包地管理工作作出的重要指示精神，安排部署石拐区贯彻落实工作 三、传达学习自治区党委书记石泰峰参加指导锡林郭勒盟委班子加强和改进民族工作专题民主生活会的指示，安排部署石拐区贯彻落实工作

续表2

时间	会议名称	会议议题
11月19日	第一百五十九次会议暨区煤炭资源领域违规违法问题专项整治工作领导小组第十次会议	四、听取石拐区煤炭资源领域违规违法问题专项整治集中整治阶段自治区移交问题整治工作进展情况汇报
		五、研究审议《石拐区集中治理重复信访、化解信访积案专项工作暨推进“解决信访问题年”专项行动工作方案》
		六、研究审议《石拐区招商引资高质量发展行动计划（2020—2022）》
		七、研究审议《石拐区真正过紧日子进一步严格财政支出管理工作的方案》
		八、研究审议区委常委班子加强和改进民族工作专题民主生活会对照检查材料
		九、通报干部免职事宜
12月4日	第一百六十次会议	一、传达学习习近平总书记对做好关心下一代工作的重要指示，研究部署贯彻落实工作
		二、传达学习习近平总书记在全国劳动模范和先进工作者表彰大会上的重要讲话，研究部署贯彻落实工作
		三、传达学习11月30日中共中央政治局会议精神，研究部署贯彻落实工作
		四、传达学习自治区、包头市嘎查村（社区）“两委”班子换届选举动员部署会议精神，研究审议《石拐区嘎查村（社区）党组织和第十一届嘎查村（居）民委员会换届选举工作方案（审议稿）》
		五、传达学习习近平总书记在十九届中共中央政治局第二十五次集体学习时的重要讲话，研究部署贯彻落实工作
		六、听取十三届区委巡察工作汇报
		七、研究审议《石拐区委巡察成果运用办法》
		八、研究审议《石拐区激励党员领导干部干事创业正负清单实施细则》
		九、听取全区常态化疫情防控工作情况汇报
		十、研究审议财政拨款相关事宜
		十一、研究审议《区委常委会加强和改进民族工作专题民主生活会整改方案》
		十二、研究审议《石拐区科级领导干部人选实名推荐暂行办法》
		十三、其他事宜

续表2

时间	会议名称	会议议题
12月14日	第一百六十一次会议	研究审议拟确定考察对象相关事宜
12月14日	第一百六十二次会议	研究审议拟推荐晋升三级调研员人选相关事宜
12月18日	第一百六三次会议暨区委机构编制委员会2020年第四次会议	研究审议《石拐区深化事业单位改革实施方案（送审稿）》
12月25日	第一百六十四次会议	一、传达学习中央经济工作会议精神，研究部署贯彻落实工作
		二、传达学习12月11日中共中央政治局会议精神，研究部署贯彻落实工作（书面传达）
		三、传达学习12月3日中共中央政治局常务委员会会议精神，研究部署贯彻落实工作（书面传达）
		四、传达学习自治区、包头市加强和改进民族工作专题研讨班精神，安排部署贯彻落实工作
		五、传达学习自治区党委书记石泰峰在自治区党委常委会会议暨自治区煤炭资源领域违规违法问题专项整治工作领导小组第四次会议研究专项整治工作时的讲话，研究部署贯彻落实工作
		六、传达学习《自治区党委办公厅印发〈关于规范领导干部配偶、子女及其配偶参与矿产资源开发行为的规定（试行）〉的通知》精神，研究部署贯彻落实工作
		七、传达学习石泰峰同志在自治区落实党风廉政建设责任制工作领导小组会议上的讲话精神和全市落实党风廉政建设责任制领导小组会议精神，研究部署贯彻落实工作
		八、听取全区2020年有关专项工作情况汇报
		（一）听取区委贯彻落实习近平总书记对内蒙古工作重要讲话精神重要指示批示工作情况汇报
		（二）听取2020年全区工作情况汇报
		（三）听取2020年全区党建工作情况汇报
		（四）听取2020年全区落实党风廉政建设责任制情况汇报
		（五）听取2020年实施乡村振兴战略情况汇报
		（六）听取2020年度脱贫攻坚情况汇报
		（七）听取2020年生态环境保护工作情况汇报
		（八）听取2020年地方政府隐性债务情况汇报

续表2

时间	会议名称	会议议题
12 月 25 日	第一百六十四次会议	（九）听取 2020 年食品安全工作情况汇报
		九、研究审议有关工作报告
		（一）关于 2020 年全区宣传工作情况的报告
		（二）关于 2020 年意识形态工作情况的报告
		（三）关于 2020 年网络意识形态领域情况的通报
		（四）关于 2020 年法治政府建设情况的报告
		（五）关于 2020 年落实中央八项规定精神的报告
		（六）关于 2020 年厉行节约反对浪费工作情况的报告
		（七）关于 2020 年贯彻落实河长制工作情况的报告
		（八）关于 2020 年计划生育工作情况的报告
		（九）关于 2020 年加强党员干部学习和调查研究工作情况的报告
		（十）关于 2020 年整治形式主义为基层减负情况的报告
		（十一）关于 2020 年未成年人思想道德建设工作情况的报告
		十、研究审议《石拐区“十四五”规划项目和 2021 年预算内资金项目储备工作清单》
		十一、研究审议《石拐区领导班子（含副处级）和科级领导干部 2020 年度考评工作方案（送审稿）》
		十二、研究审议《石拐区打造一流营商环境若干措施考评细则（送审稿）》
		十三、听取区属国有企业全面审计工作情况汇报，研究审议《2020 年石拐区属国有企业深化改革实施方案》
		十四、研究审议喜桂图新区城市供水运营管理移交相关事宜
		十五、研究审议《石拐区优化社会投资简易低风险工程建设项目审批服务的实施意见》
		十六、研究审议《关于解决石拐区不动产登记中有关问题的办理意见（送审稿）》
		十七、研究审议《石拐区不担当不作为领导干部认定和组织处理具体实施办法（试行）》
		十八、其他事宜

续表2

时间	会议名称	会议议题
12月29日	第一百六十五次（扩大）会议	一、苏木、镇、各街道、区直机关、工业园区、物流园区、教育系统和公安分局党(工)委书记进行述职发言 二、每名党（工）委书记述职后，区委书记高闻何点评 三、区委副书记张海、区委宣传部部长赵满义进行综合点评，区委统战部部长赵换连会后书面点评 四、市委组织部组织一科李冬梅点评 五、区委书记高闻何作总结讲话 六、参会人员填写党组织抓基层党建工作情况述职评议表
12月29日	第一百六十六次会议	专题研究审议安全生产相关工作 1. 观看《生命重于泰山》视频 2. 传达学习全国、自治区安全生产电视电话会议精神 3. 听取全区2020年安全生产工作情况汇报 4. 区委书记高闻何讲话
12月29日	第一百六十七次会议暨区委党的建设工作领导小组2020年第二次会议	一、传达学习中共内蒙古自治区第十届委员会第十三次全体会议精神，研究部署贯彻落实工作 二、传达学习中共中央政治局民主生活会会议精神，研究部署贯彻落实工作 三、传达、听取、审议党的建设工作相关事宜 （一）传达自治区党委书记石泰峰在全区党的建设工作领导小组会议上的讲话 （二）听取党的建设工作领导小组2020年工作总结（书面汇报） （三）听取思想建设专项组2020年工作总结（书面汇报） （四）听取组织建设专项组2020年工作总结（书面汇报） （五）听取作风建设专项组2020年工作总结（书面汇报） （六）研究审议《区委落实全面从严治党主体责任清单》 四、听取相关工作汇报（书面汇报）

续表2

时间	会议名称	会议议题
12月29日	第一百六十七次会议暨区委党的建设工作领导小组2020年第二次会议	（一）听取2020年区委政法委工作情况汇报
		（二）听取2020年统一战线工作情况汇报
		（三）听取2020年教师队伍建设工作情况汇报
		（四）听取2020年审计工作情况汇报
		（五）听取区委机构编制委员会2020年工作情况汇报
		（六）听取区总工会2020年度工作情况汇报
		（七）听取团区委2020年度工作情况汇报
		（八）听取区妇联2020年度工作情况汇报
		（九）听取区残联2020年度工作情况汇报
		（十）听取区红十字会2020年度工作情况汇报
		五、研究审议嘎查村党支部书记候选人建议人选事宜
		六、其他事宜

主要工作

【疫情防控与复工复产】

贯彻习近平总书记关于疫情防控重要指示批示精神和中共中央、自治区党委、包头市委决策部署，启动重大突发公共卫生事件一级响应，成立疫情防控工作领导小组和指挥部，全体党员组建尖刀班、战斗队、临时党支部、党员先锋，组织网格员等，启动“挂图作战”防控模式并在全市推广。疫情有效控制后，区委迅速调整工作重心，加快恢复生产生活秩序，在全市率先实行“特派联络员”制度，34名县科级领导干部上门主动服务，制定出台区级扶企政策，全面落实上级各项稳企措施，在要素保障、市场开拓、人才引进、劳动用工等方面全力帮助企业纾难题、过难关，实现应复尽复、能开尽开，整体经济形势逐步回暖。常态防控精准有效。进入常态化防控阶段，构建“外防输入、内防反弹”防控体系，加快推进网格化服务管理标准化建设，2个卫生院和1个社区卫生服务中心设立预检分诊台与留观室，规范设立启用集中隔离场所，聚合酶链式反应实验室建成投入使用，重点人群应检尽检，其他人群愿检尽检。

【三大攻坚战】

脱贫攻坚收官。坚持把脱贫攻坚作为必须完成的硬任务，深入开展“决战决胜百日攻坚”，完成各级巡视、巡察、督查、暗访等反馈问题整改，对建档立卡贫困户开展7轮遍访督查，难点、痛点、漏点全面整改。持续夯实生态环境基础，中央、自治区环保督察等32个反馈问题完成整改，工业固废资源化利用迈出坚实步伐，空气优良达标天数达到88.7%，创历史新高。煤田火区治理取得阶段性成果，林草覆盖率进一步提升。重大风险有效防范。推进基层网格化治理，强化网格力量配备，社会风险管控不断向精细化转变，形成快速响应管控机制。防范化解金融债务风险，严控政府举债行为，多措并举化解政府债务1.77亿元，超额完成全年任务。

【产业转型】

传统产业加速转型。推进企业技术改造和精深加工，工业园区产值突破100亿元大关，高品质铁合金、稀土合金等延链项目开工建设，煤制甲醇项目投产，煤炭资源综合利用率和产品附加值提升。全力推动“四新”经济（“新技术、新产业、新业态、新模式”经济形态）快速发展，新能源汽车换电网生态一体化项目成功落户，五当召机场通过民航内蒙古监管局使用许可审定，29家科技创新型企业进驻包头大数据产业园，工业互联网云项目数据中心、智慧城市等项目建设有序推进，公改铁绿色物流等重大战略型项目取得实质进展。“赵北古长城文化论坛”成功召开，五当召、花舞人间、包头古城等景区知名度、影响力持续扩大，全域旅游经济效益逐步显现。深化“亩均论英雄”改革，持续优化物流园区产业布局，5家“僵尸企业”激活启动，发展活力持续增强。推进农村牧区土地节约集约利用，3000亩高标准农田完成改造，八戒农牧等养殖项目开工建设，“吉忽伦图”“五当粮品”等一批特色自主品牌反响良好，51个村集体经济项目收入582万元，吉忽伦图苏木农

旅融合、五当召镇抱团发展、白狐沟街道村企共建、大德恒街道服务创收的村集体经济发展格局初步形成。

【招商引资】

建立招商引资项目库，明确招商重点。领导干部按图索骥，主动“走出去”到全国各地开展招商引资，与上百家企业对接沟通、洽谈合作。全年签约项目25个、落地22个，协议投资额160.38亿元。

【深化改革】

明确“1+7”国有企业实体化发展思路，制定区属国有企业深化改革实施方案、财务预算管理办法等7个规范性文件，国资、国企监管制度体系持续完善，国有企业实体化运营取得实质性进展。“放管服”改革蹄疾步稳，审批时限和办理环节大幅精简。深入实施“网上办”“马上办”“喜欢办”等服务模式，拓宽群众、企业办事渠道，政务服务事项网上可办率达90%以上。多次召开民营企业家座谈会倾听企业心声，组建助力民企健康发展专班、民营企业之家，真心实意帮助企业解决问题112条，努力打造“开放、开明、开拓、开心、开创”的营商环境，受到自治区专项巡视组认可。坚持以改革统领高质量发展，聚焦重点、难点问题，加强改革研究谋划，82项重点改革任务落实到位，形成“保姆式”服务机制、社区代表会议制度、巡察成果运用等重要改革成果140个，完成苏木镇街道改革，事业单位改革稳步推进，县域社会治理体系和治理能力现代化建设得到全面加强。

【民生保障】

全面落实各级各类惠民措施，足额发放各项政策资金2583万元。集中专门力量解决不动产权登记项目遗留问题，加快住宅不动产权登记，4176户居民的不动产权完成登记。全面提升供给覆盖面和供给质量。苏蒙实验学校、区人民医院完成建设，文化馆、图书馆等文体设施开放使用。深化平安石拐建设，开展“解决信访问题年”专项行动，一批中央、自治区交办的信访事项妥善化解。推进安全生产专项整治、市域社会治理现代化试点和扫黑除恶专项斗争，强化社会治安整治，全年破获刑事案件26起，社会和谐稳定得到有效维护。统筹城乡融合发展，提升城市品质。省道211线石拐段建成通车，15栋老旧小区、120户棚户区完成改造任务，城市精细化管理不断优化，新区道路绿化和小区物业提档升级。启动“全域无垃圾行动”，多措并举开展农村牧区环境卫生大清洁大整治，城乡居民生活环境明显改善。

【民主法治建设】

支持人大、政协及其常委会依法履职、参政议政，在苏木镇、各街道推广民生实事人大代表票决制，票决民生实事项目23个。区政协围绕优化营商环境等重点议题，开展民主监督协商5次，建言献策的质量不断提升。搭建自治区第一座政府与民营企业“连心桥”。全面贯彻党的民族政策，推进民族团结进步创建，爬榆树嘎查村2020年获自治区第六批民族团结进步示范嘎查（村）称号。深入推进区、镇、村三级公共法律服务体系建设，“一村（社区）一法律顾问”覆盖率达到100%。

【党的建设】

全面推进党的政治建设、思想建设、组织建设、作风建设、纪律建设，持续推

动全面从严治党向纵深发展。组织开展“两提三强六推进”教育活动（即：提振精气神，提升执行力；转变作风建强基层党组织，比学赶帮建强基层党组织，强化监督建强基层党组织；教育活动推进素质整体提升，优化配置推进组织健全完备，典型示范推进头雁强劲引领，优化环境推进干部担当作为，广纳贤才推进人才拼搏奋进，提质增效推进党建活力）。将嘎查村（社区）党小组落实到基础网格上，打造“网上党群服务中心”，治理重心持续下移、服务效能明显提升。坚持目标导向、问题导向、效果导向有机统一，分领域细化评选标准，打造“最强党支部”。推进“红色物业”建设，建立社区党组织、物业企业、业委会“三方联动”议事协商机制。推动“书记项目”实施，新区党群服务中心建成投用。坚持思想政治素质好、道德品行好、带富能力强、协调能力强原则，稳步推进嘎查村（社区）“两委”换届工作。注重从基层一线、重点项目、重要工作中考察识别干部，提拔使用干部125人次，选派26名优秀干部进行双向挂职和到社区锻炼。制定人才引进方案和岗位需求计划，招录各领域紧缺专业技能型人才78名，为地区发展提供坚实人才支撑。严格落实中共中央新修订的《党委（党组）意识形态工作责任制实施办法》，区委常委会及时研究部署意识形态工作，各级党组织主动学习、从严落实，9个意识形态重点领域常态化管理，81个网格全覆盖运行，意识形态工作由抽象化转向具体化。区融媒体中心作用凸显，召开新闻发布会16场，在市级以上主流媒体刊发新闻5000余篇（条、次）。突出典型选树，樊元贵获第七届自治区道德模范称号，缸房地村被评为全国文明村镇。以“精准监督年”为抓手，建立完善监督底单、政治生态评价、大数据应用等6项机制，制定《石拐区不担当不作为领导干部认定和组织处理具体实施方案》《石拐区各级党组织和党员干部落实全面从严治党正负面清单》，全年处置问题线索131件，立案27件27人，给予党纪政务处分30人，移送起诉2人，收缴违纪所得5760万元。持续抓好中央、自治区党委巡视和市委巡察反馈问题整改落实，开展区委第七、第八轮巡察工作，实现一届任期内50个单位党组织、21个嘎查（村）社区全覆盖，上两轮巡察反馈问题整改完成率98.3%，全面从严治党向纵深发展。

【内部建设】

制定《党委党组理论学习中心组学习巡听旁听实施细则》，开展区委理论学习中心组（扩大）学习会22次、研讨8次，受教育党员干部达6000人次以上。区委常委会围绕13个重点项目建设和15项重点工作推进，组建28个工作专班全力攻坚。先后召开44次区委常委会、21次专题会议，研究部署推进主要经济指标调度、招商引资、重点项目建设、统编教材推行、中央巡视组交办信访案件化解等一系列关系地区改革发展稳定的重点、难点工作，经济社会各项事业破题推进。区委常委会坚持主动上手、靠前指挥，重大项目重要工作亲自挂帅、亲自督办，推行“清单式、台账式、挂图式”“马上就办”工作机制，灵活运用实地督办、电话督办、会议督办、集体观摩、定期通报、组建专班等多种方式推进工作、狠抓落实，全区各级党组织的执行力、落实力明显提升，各

项工作有效落实。坚持民主集中制，广泛采纳意见、建议，不断提高科学决策水平。严格执行关于维护中共中央权威和集中统一领导的规定，严格落实中央八项规定及其实施细则精神，严格执行请示报告制度，开展营商环境和统编教材工作专题民主生活会，开展批评和自我批评，持续转变工作作风，切实推进整改工作。带头加强学习，着力提高政治能力、领导能力和落实能力，引导全区上下形成进取团结、敢于担当、真抓实干、勇争一流的干事创业氛围。

综合政务

【办文办会】

撰写各类综合文稿180余篇，总字数90万字以上。组织召开全区信息工作学习交流暨业务培训会，刊发《石拐区委工作动态》95期，向上报送各类信息895条（次），采用99条（次）。巩固精文减会成效，全年区委召开的全区性会议和制发的各类文件比上年分别减少20%和11.9%。完成煤炭资源领域违规问题专项整治会议筹办、文件印发、政策法规清理、综合文稿写作等工作。

【督察督办】

全年开展实地督查5次、承办上级各类督查27次，上报《督查专报》98期，印发《落实和反馈》28期、《马上就办》1期，办理网民留言8条。

完成疫情防控期间作战图制作、文稿写作、文件收发、会务保障、督办落实等各项工作，捐款3150元，为守住全区“零疫情”战果发挥了积极作用。

通过集中学、谈心得、看影片、学原文等多种形式，组织全体党员干部认真学习贯彻党的十九届五中全会精神、习近平总书记关于内蒙古工作的重要讲话重要指示批示精神，做到了应学尽学。组织办公室全员轮流领学《习近平谈治国理政》第三卷，开展公文写作培训，并进行了测试、点评。严格执行请销假、公务用车审批、办公用品采购联审联批等工作制度。严格落实民主集中制，坚持“三重一大”事项集体研究、集体决策，主动接受派驻纪检组工作监督，确保决策合法合规。建立“周计划、周通报”制度，每周例会上每名干部通报上周工作完成情况并安排本周工作，在加强办公室内部沟通交流的同时形成分管副主任、股室负责人和普通干部层层盯落实、抓落实的工作运行机制，进一步提升了执行力、落实力。

【机要保密】

印发《2020年石拐区保密机要工作要点》，按时报送自治区实施意见贯彻落实情况，完成2020年高考保密工作任务。完善涉密人员管理制度，规范涉密人员管理流程。完成定密事项报备统计，强化派生秘密和定密责任人管理，规范涉密文件登记运转、管理销毁。加强党政专用视频通信工作，及时改善视频会议室保障条件，全年保障各类视频会议100余场。加强涉密会议管理，完善操作维护规程和业务处理流程。

实施核心密码机房升级改造工程，确保石拐区密码通信基础设施基本达到国家密码行业标准要求。开展密码安全保密自查工作，加大对配套设备的管理力度，加强横向设备监管工作，按期对纪委普密密码机开展巡查，确保密码及密

码设备绝对安全。

组织召开区委保密委员会2020年全体（扩大）会议、电子政务内网建设和管理领导小组会议、密码工作领导小组会议，传达学习中央、自治区党委、市委相关会议精神。召开2020年石拐区领导干部保密警示教育大会，传达上级相关文件，通报全区保密机要检查情况，并组织观看警示教育片。对全区各地区、部门单位涉密工作人员进行保密知识测试，评选优秀者予以奖励。强化思想政治和业务技能学习，组织全区1700多名干部职工参加“忠诚·使命”保密知识线上答题活动，组织全区各部门单位开展保密宣教重点资料征订工作，丰富保密法宣传月活动形式，提高基层工作人员，特别是涉密工作人员的保密意识和保密防范能力。

全力推进电子政务内网建设和管理，全区内网机房改造工程完成验收，通过上级分级保护测评。规范直属机关电子政务内网安全接入，加强技术服务与指导，启用安全即时通信系统，规范管理督查、信息报送系统。加强电子政务内网门户网站管理，组织开展负面信息清理工作，形成常态化工作机制。

加强对机关、单位网络分类指导，和网络计算机终端、涉密单机管理，明确涉密终端单人责任制，健全各单位涉密终端台账管理。针对疫情防控期间保密工作开展专项指导，加强对防控指挥部办公室人员保密教育，严格履行信息公开保密审查和信息发布审查制度。对区煤炭领域违法违规问题专项整治工作和推进国家统编教材使用工作涉及的重点单位分别开展专项保密检查，对不合格单位下发整改通知书要求及时整改到位，消除安全隐患。指定专人负责全区煤炭领域违法违规问题整治工作涉密文件的收文办理工作，确保涉密文件阅办规范和信息安全。2020年，未发生失泄密事件。

【政策研究及改革】

组织召开区委深改委会议2次，审议通过《关于深化石拐区纪委监委派驻机构改革的实施方案》《石拐区深化事业单位改革试点工作方案》等一批重点改革方案。起草制定年度改革工作要点和《关于进一步加强和改进全面深化改革工作的实施意见》等制度文件，建立年度重点改革任务和主要负责人领衔推动任务台账。完成市委政研室约稿4篇，按时上报区委各常委年度调研选题及报告，配合市委政研室到石拐区调研1次。

2020年，92项重点改革任务完成78项，剔除等待顶层设计9项，完成率94%。形成“保姆式”服务机制、社区代表会议制度等改革成果79个。领导领衔推动的改革任务2项，完成1项。

制定年度督查计划，每月书面调度各责任单位改革任务进展情况，开展实地督查1次，督查法院、卫健委等5家单位。

向市委改革办报送信息18篇、采用5篇，信息采用量较上年大幅增长。其中，“保姆式”服务助推项目建设、“三管齐下”狠抓招商引资等改革经验做法得到自治区党委改革办肯定。开展改革宣传，“学习强国”学习平台、《包头日报》媒体刊发石拐区改革经验信息10余篇。推广改革经验做法，编发《石拐改革信息》10期。

（邸琪）

组织工作

【概况】

2020年，区委组织部创新方式、积极推进、切实加强党员干部思想理论武装，不断增强基层党组织政治功能和组织力，优化结构、强化监督，切实抓好干部队伍建设管理，持续抓好人才工作和老干部工作。

2020年，全区党员2400名。中共石拐区基层组织机构设置党（工）委11个，二级党委2个，党总支8个，党支部131个。

【学习教育活动】

持续巩固深化主题教育成果。通过实地调查、查阅资料、定期更新进展等方式紧盯44个问题的督查，完成整改问题43个，尚有1个需持续推动完成整改。组织开展“两提三强六推进”助力巩固主题教育成果。8月，启动为期一年半的“两提三强六推进”教育活动，持续巩固深化“不忘初心、牢记使命”主题教育成果。将主题教育未完成整改问题纳入区级巡察范围，派出专项巡察组对涉及7个党组织问题持续盯住整改。

推行党组织活动“第一议题”学习机制，组织学习习近平总书记重要讲话精神、批示指示和全国两会精神、《习近平谈治国理政》第三卷、党的十九届五中全会、疫情防控、国家安全、三大攻坚战、意识形态、民族工作、全国两会精神等。把党的创新理论作为首课、主课、必修课，利用中国人民大学“直播课堂”、组织系统“党建直通车”、“石拐e党建”微信等多种平台加强党员干部培训，举办各类培训25期，培训党员干部2700人次。

6月，市嘎查村书记培训班观摩缸房地集体经济发展情况　王晶摄

坚持将党章作为干部、党员党性教育和领导干部任职培训的必学内容，各级党组织通过理论学习中心组和党支部专题学习等方式开展集中学习交流，开展“红色家书诵读”活动，提升广大干部的思想认识，树牢“四个意识”。为62个党支部选派“三会一课”观察员，对36个党支部组织生活记录册进行调阅反馈，规范、提高组织生活质量。“七一”期间，通过组织党员宣誓、发放政治生日贺卡、“为党庆生·对党告白”、“脱贫攻坚奔小康·党的恩情永不忘”等150多项活动，教育引导党员增强党的意识及党员意识。

【基层组织建设】

推动县级领导包村、联企和全区科级以上领导干部驻村蹲点制度落实，各级领导干部深入基层开展各类走访、调研700余次，联系解决企业和基层党组织实际困难和问题。注重抓好软弱涣散党组织排查整顿工作，3月和8月，结合扫黑除恶、脱贫攻坚和两委换届等工作，组建4个排查摸底工作组，全覆盖走访嘎查村老党员、村民代表、生活困难人员和信访群众等1623人次，梳理相关线索案件16件，对128名嘎查村（社区）党组织、村（居）委会候选人

初步人选进行联审，未发现软弱涣散基层党组织或需要撤换的初步人选。

推进党建引领基层网格化治理。全区设置216个网格，配备专兼职网格员229人，并设置单元长、联防长636人作为网格工作的辅助力量，构建起全区基层社会治理“一张网”。落实基层党组织在基层治理中领导地位，党组织书记全部担任各级网格长，将嘎查村（社区）党小组落实到基础网格上，以党群服务中心为平台，以服务管理为重点，实现党的建设、安全监管、卫健服务、城市管理等事项的“一核多元”“多网合一”，逐步形成治理重心下移、服务效能提升的党建引领基层社会治理的齐抓共管格局。建立100余个联络服务微信群，打造“网上党群服务中心”，推动民生事项线上线下同步办理，针对嘎查村（社区）年老、低龄的特殊群体，建立包联机制，强化干部、党员帮带作用，做到便民服务全覆盖。扩大基层阵地覆盖面，推进党建“书记项目”，在新区和老区分别打造4000余平方米的喜桂图新区党群服务中心和900平方米的老区党群服务文化活动中心，搭建“思想引领、党群活动、信息对接、资源共享、便民服务”五大服务平台，举办各类培训参观42期，接待150余个党组织，4200余人次参观学习。推行党群服务中心建设全域覆盖，利用“魅力喜桂图”平台开展“我最喜爱的党群服务中心”线上投票活动。推动嘎查村、社区党群服务中心腾退办公用房30间、799.8平方米，让党群服务中心成为城乡治理的阵地和服务党员群众的家园。

开展换届前期准备工作，多次走访摸排，核实嘎查村“一肩挑”候选人初步人选，确保新一轮换届全部实现“一肩挑”；协调区农牧局做好换届前审计工作，完成对17个嘎查村146名相关责任人和集体经济组织的离任审计，并对发现问题抓紧整改；开展政策宣传，嘎查村、社区利用广播宣传60余次、宣传栏宣传27条、张贴横幅31幅，走访宣传1990户，覆盖3884人。注重换届人选质量把关，把每个村至少有2名全日制大专以上学历的大学生作为硬性要求，全面优化班子的年龄和学历结构。

12月，五当召镇厂汉沟举行换届选举

王晶摄

全面落实基层党建质量提升三年行动计划，统筹推进各领域党建提质增效。重新制定嘎查村党组织、党员“双十星”评定实施方案，合理设置评定指标，发挥评定导向作用，引导发挥基层党组织战斗堡垒和党员先锋模范作用。全面开展“最强党支部”创建活动，定期开展调研指导，坚持问题导向，对照标准抓整改，促党支部建设质量水平提升，截至年底，25%党支部达到“最强党支部”标准。实施为民服务“暖心”项目，完善社区党群服务中心各项服务功能，为43名人员进行社区工作

者职业化体系套转并兑现报酬。在全区机关中开展“双服务、双认领”活动，43个机关、企事业单位党组织包联21个嘎查村（社区），主动认领“微实事”44个，300余名党员干部认领“微心愿”232个。理顺党组织隶属关系，夯实国企党建基础，成立2个国企党支部，为7家国企选派党支部书记，强化国企党建工作的领导。结合地区“两新”组织实际，推动“两个覆盖”“双强六好”“六个好”建设，2个“两新”新建党组织，开展“红色物业”建设，推动9个小区成立业委会，选派4名党建指导员为10家物业企业开展党建指导，推动建立社区党组织、物业企业、业委会“三方联动”议事协商机制。

落实发展党员政治审查工作，严把党员发展入口关，通过全程纪实方式，对年内发展的49名党员进行严格审核把关。组织开展全区农村发展党员违规违纪问题排查整顿工作，排查党员656名，查出疑似问题60个，涉及党员58人，逐级审议认定。主动做好国企党员接收工作，为34名国企退休党员转接组织关系。落实党员培训32学时规定，以党务知识实操为重点，提高培训实效性。规范流动党员管理，流出党员每半年报告1次在外情况。

落实上级关于基层党组织经费保障各项要求。调整嘎查村两委干部工资，为2名连续3年评优干部兑现参照事业人员工资待遇，落实46名嘎查村干部享受“三老一专”（农牧民老党员、老干部、老模范和现任专职支部委员）生活补贴政策。推动建立稳定的嘎查村（社区）经费预算保障制度，为嘎查村增加1万元办公经费，村级组织年办公经费9万元，“两新”组织经费全部按要求匹配返还。

坚持抓党建、促中心工作，发挥党员先锋模范作用。坚决打赢疫情防控阻击战，按照区委安排部署，抽调精干力量组建尖刀班81个、战斗队66个、临时党支部44个、党员先锋岗47个，组织全区130多个基层党组织的党员干部参与疫情防控，涌现一大批党员干部抗疫先进事迹，基层党组织战斗堡垒作用和党员先锋模范作用得到充分体现。下拨10万元党费，组织党员捐款29.46万元支持疫情防控。组织全区基层党组织学习习近平总书记关于扶贫工作重要论述精神，组织了覆盖115个党支部、2200余名党员开展168次的组织生活。按照“521”工作法（即区级驻村工作组和帮扶干部入村入户，精准开展“管生活、管思想、管行为、管变化、管持续，整治村容村貌、整治屋院卫生，盯住边缘户”工作，实现党建促脱贫攻坚工作目标化、精准化、科学化）、“1456”督导模式（即：一个扶贫成效督导工作组遍访贫困户；压实两级书记的责任、压实职能部门的责任、压实第一书记的责任、压实帮扶干部的责任；现场对话问答、现场查阅档案、现场研判解决、现场“以考促学”、现场实时“曝光”五种现场办公方式；实现信息互通到位、精准帮扶到位、志智双扶到位、党建引领到位、问题整改到位、长效巩固到位），带领区委督导组和14个专项工作组集中遍访3轮，走访101个建档立卡户，现场解决问题1000多个，组织全区11个有建档立卡户的嘎查村建立“一户一码”的“微贫台”，协调有关政府区长和业务部门解决安全饮水、小额贷款、公益岗位、危房拆除、医疗保障等方面的问

题400多个。加大扶贫队伍保障力度，为扶贫办充实党员干部6名，对考核排名靠前的7名第一书记、3个驻村工作组、9个帮扶单位、21名帮扶干部通报表扬。分别与14个脱贫攻坚专项组所在部门领导班子集体谈话，联合区纪委约谈嘎查村1个、帮扶干部1名。做好脱贫攻坚问题整改工作，建立嘎查村干部包联建档立卡户机制，与17名第一书记谈心谈话，组织帮扶干部每周入户1次、村干部每周入户2次。大力发展集体经济。通过龙头企业带动、土地集约管理、特色种养殖、村企合作共建等多种形式，组织17个嘎查村注册集体经济组织29个，形成“吉忽伦图”“五当粮品”“缸房地”等农产品品牌。实施集体经济项目51个，争取中央扶持发展集体经济项目1个。整合各类扶持资金760万元，嘎查村集体经济收入完成532万元，形成吉忽伦图苏木农旅融合型、五当召镇抱团发展型、白狐沟街道村企共建型、大德恒街道服务创收型的集体经济发展格局。

【干部管理】

推行科级干部政治理论测试制度，对2020年提拔晋升的93名干部开展政治理论和党内法规测试，对测试不合格的责令加强学习意见。对56名试用期满干部开展政治素质考察正反向测评，了解考察对象的政治表现。实行同考察对象面谈制，核实印证干部的思想政治素质。对全区科级领导干部开展基本素质测试，将测试结果列为政治素质考察重要内容，综合分析干部测试情况，形成《石拐区科级领导干部对实现高质量发展的认识、见解和建议》。研究制定《石拐区关于在防控第一线考察识别领导班子和领导干部的实施意见》，探索研究“四步”工作法（主动作为，耕好“责任田”；建章立制，筑牢“制度笼子”；强化教育，筑牢廉政“防火墙”；加强监督，念好“紧箍咒”）考察领导班子和领导干部在疫情防控中的现实表现，火线发展党员7名、提拔干部2名，树立以实战论英雄、凭实绩用干部的鲜明导向。制定《2020年干部教育培训计划》，完善干部教育培训联席会议制度，整合各部门培训资源，研究制定《石拐区科级干部教育培训学时制登记考核办法》。联合九原区和白云区委组织部举办2020年科级干部全覆盖轮训班；联合区纪委监委，在上海大学举办石拐区2020年优秀年轻干部政治素质提升培训班。

贯彻《党政领导干部选拔任用条例》，修订《中共石拐区委管理干部职务名称表》，明确机构改革后的干部职务名称及相关选任程序；制定《石拐区科级领导干部人选实名推荐暂行办法》，拓宽选人用人渠道。贯彻《2019—2023年全国党政领导班子建设规划纲要》，以满足2021年换届需要和实现2023年规划目标，研究制定石拐区党政领导班子建设实施意见。完善来源经历结构。加强和改进选调生、公务员、事业人员工作，2020年新招录人员83名。研究制定《石拐区属国有独资、控股企业领导人员管理办法》，将区属国有企业领导人员纳入区委管理，通过公开遴选报名、谈话调研等方式，为石拐区7家国有独资（控股）企业配备领导干部15名。

选派22名优秀年轻干部双向挂职锻炼，选派4名科级以下优秀年轻干部到社区挂职锻炼。开展优秀年轻干部数字化民主

推荐工作，结合2020年度调研推荐、党（工）委(党组)推荐等多种方式，择优确定一批优秀年轻干部跟踪培养。建立优秀年轻干部管理信息系统。2020年，调整干部5批次、125人次。提拔干部14人，其中，35岁以下年轻干部7名，占提拔干部总数的50%；提拔干部中具有全日制大学本科学历7人、全日制研究生学历2人。

注重平时考核，取消中期集中考核，通过“石拐e党建”平台开展科级领导干部季度实绩报告和季度测评。优化年度考核，修订考评办法，规范“一票否决”项目，设置“个性目标”与“共性目标”考评指标。制定符合石拐区实际的营商环境考评细则，运用考核手段推进石拐区营商环境不断优化。按照市委组织部《关于印发〈不担当不作为领导干部认定和组织处理办法（试行）的通知〉》要求，制定科级干部监督联系工作制度，对不担当不作为问题较真叫板，提振干部的精气神。修订《石拐区干部因私出国（境）审批和因公出国（境）备案管理办法》，管理范围扩大到科级及以下（包括离退休人员）。定期开展领导干部在企业兼职排查和清理工作，从严审批领导干部在企业兼职情形。修改完善《关于进一步做好区委管理干部退休工作的实施意见》，明确职级干部退休流程。按照档案室、阅档室、办公室、数字化室“四室分开”要求，搬迁并改造档案室，配备专职人员管理档案。按照《石拐区关于激励干部新时代新担当新作为的实施办法》，研究符合石拐区实际的公务员评优奖励办法，对2019年度评优的63名公务员进行三等功及嘉奖的审批，发放奖金、证书及奖章奖励。贯彻落实《公务员职务与职级并行规定》，完成干部职级晋升55人。

2020年，区委组织部制定干部管理10项制度措施，形成用制度管人管事长效机制。图为部分制度文件　王晶摄

【人才队伍建设】

结合地区编制空缺和专技管理人才需求实际，通过全市事业单位人员招录平台，招录医疗、教育和信息化等领域紧缺专业技能型人才78名；通过自治区统一招考，招录公务员4名，分派到涉农地区各嘎查村，进行基层实践锻炼。制定2020年人才引进方案和岗位需求计划，拟引进经济建设方面高层次紧缺人才20名，并上报市委组织部人才科，待批复。为2019年度引进的19名“985”“211”人才备案列编，按照岗位需求分别安排到苏木镇和部分区直机关，并进行跟踪培养；调整人才工作小组组成单位，发挥人才引进、服务和保障各项职能作用。建立石拐区人才需求情况和现有人才台账，摸清家底。按照市委组织部“包头域外人才信息统计表”要求，上报石拐区多个领域人才37名。

【老干部工作】

为离休干部、县级退休干部发放《习近平谈治国理政》第三卷、《中华人

民共和国民法典》、《党的十九届五中全会建议学习辅导百问》、石拐区经济社会运行通报等学习资料，保证学习教育全覆盖、组织活动全纳入。选派4名退休干部党员参加全市离退休干部党支部书记（委员）读书班，提升老党员的政治理论素养。为基层征订《离退休干部党支部学习参考》。召开离退休干部发挥作用工作推进会，支持引导关工委、老体协开展工作。向全区离退休人员、五老人员（老干部、老战士、老专家、老教师、老模范）发出共同抗击疫情倡议，引导老干部通过捐款、担任社区巡逻员、创作文艺作品助力抗疫。离休干部和县级退休干部全部参加疫情捐款活动。离休干部杨德捐款5000元，林向云、冯春禄和王占荣各捐款1000元。退休干部安文生的诗歌作品《致敬武汉》《壮行—出征》，以及老年大学教师李桂玲剪纸作品《众志成城、抗击疫情》在包头离退休干部公众号刊发。举办2020年石拐区“魅力喜桂图”全市旗县区老年人乒乓球邀请赛，活动纪念品均为石拐自产农副产品，与区委宣传部、文体局等部门共同组织书画展、摄影展，组织老年文艺团队深入苏木镇开展巡演，以实际行动助力脱贫攻坚。支持配合关工委开展“传承红色基因 致敬英烈人物”“忆红色历史 建时代新功”“庆八一 重温党史传承文明”等活动。离休干部及县级退休干部持续参与捐资助学活动。精准服务离退休干部。落实离休干部各项待遇，全年各大节日慰问离退休干部及遗属70余人次；吊唁病逝老干部2人，日常走访、探望住院老干部30余人次；为离休干部及无工作单位遗属办理生存认证系统录入按时足额发放离休干部及离休干部遗属工资及补贴。及时报销医疗费用，全年报销37.09万元。为1名异地居住离休干部办理丧葬费及遗属生活困难补助；为离休干部及县处级退休干部征订《老年世界》《中国老年》《中国老年报》等报纸杂志。与教育局、各街道办事处、文体局沟通协作，老干部活动中心（老年大学）各项设备设施水平得到普遍提升；聘请区少年宫在职教师兼任书法、合唱、舞蹈、钢琴4个班次的教学，组织教师学习观摩市老年大学课堂教学，全面提高石拐区老年大学教学质量。联合老年体育协会先后举办“石拐区庆国庆 迎中秋老年人棋牌交流活动”、“九九重阳节”老年健步走活动、高血压防治知识讲座，组织2020年全国老年人健步走大联动、包头市离退休干部（老年人）第32届门球交流活动、昆区老年人乒乓球邀请赛等。

石拐区“魅力喜桂图”旗县区乒乓球邀请赛比赛现场

王晶 摄

组织老年大学学员和在新区居住的部分老干部集体观看“学好用好民法典”及“中共十九届五中全会辅导报告”2场离退

休干部网上专题报告会，同时以电话和微信方式组织离退休干部在家观看离退休干部网上报告会。开展中共十九届五中全会专题学习，邀请关工委、老体协等涉老团体及老干部工作者参加学习。

（王晶）

宣传工作

【概况】

2020年，区委宣传部落实“一个责任”、管好“九类阵地”、用好“五个平台”、打造“五支队伍”、建好“两个中心”、办好“两个展览”、抓好“一城一节一学堂”工作，抓提升、固成果、创品牌、上水平，推动宣传思想工作落实落细。

【意识形态工作】

落实党中央《党委（党组）意识形态工作责任制实施办法》，区委常委会专题研究意识形态工作4次，组织各级党委（党组）开展学习4次，将意识形态工作纳入党校各类主体班培训内容。开展非法图书清查等“扫黄打非”专项行动9次，打造17家基层站点，初步构建“扫黄打非”三级管理机制。

【理论学习】

制定《石拐区党委（党组）理论学习中心组学习巡听旁听实施细则》，开展区委理论学习中心组（扩大）学习会22次，受教育党员干部近6000人次。通过激励督促，全区“学习强国”学习平台总体学习情况和“包头微学习”闯关答题人均分数持续位列全市旗县区前列。举办全区“脱贫攻坚奔小康·党的恩情永不忘”主题宣讲比赛，选送的区融媒体中心主播获得全市金牌宣讲员大赛第二名好成绩。组建宣讲人才库，组建草原轻骑兵宣讲小分队，开展基层宣讲巡讲100余场。

10月30日，区委宣传部组织宣传干部开展“寻访红色足迹”活动。图为宣传干部在大青山红色革命教育基地举行向党旗宣誓仪式　冯诗韵摄

【融媒体宣传】

加强区融媒体中心软硬件建设，通过自治区县级融媒体中心建设验收。打造“新闻+政务服务商务”为一体的“美丽石拐”App，完成电视新闻改版，形成集“端、微、抖、快、台、报”功能于一体的融媒矩阵。全年发布新闻报道4000余条，阅读量700余万人次；制作推出抖音等新媒体产品500余个、H5宣传品20个。召开营商环境等新闻发布会16场；在新华社以及市级以上主流媒体刊发新闻5000余篇。制定《石拐区社会宣传阵地宣传内容管理办法（试行）》，在城乡道路沿线等显著地段悬挂宣传条幅近1500幅，制作各类广告牌800余块。完成中央、自治区数字电视、模拟电视、调频广播节目无线覆盖发射任务，常态化检修户户通等设备，推出“村村响”系列广播知识70余期。

加强自治区草原云“美丽石拐”平台建设，将原黄河云“云上石拐”App与自治区草原云“美丽石拐”App合端形成“美丽

石拐”App统一端，完善“美丽石拐”App功能，实现每日多栏目同步更新发布，多条阅读量实现1万-。

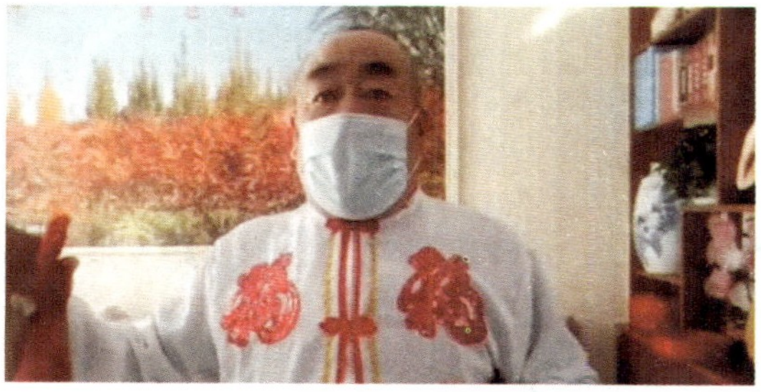

疫情防控期间，文艺志愿者开展线上宣传

彭志强摄

【网信工作】

召开区委网络安全和信息化委员会第二次会议，制定《石拐区各级党委（党组）网络安全工作责任制分工》。监管全区85家政务新媒体和82个属地网站，排查发现并协助处理违法违规网站9家。对全区20个重要信息系统、关键信息基础设施开展网络安全检查并督促整改。包头市互联网行业发展中心落户石拐区，入驻互联网企业1家。

【精神文明建设】

以创建自治区文明城市复评迎检为契机，开展督查调研，解决突出问题150余个。突出典型选树，樊元贵获第七届自治区道德模范称号，五当召镇缸房地村被评为全国文明村镇，厂汉沟村等3个村镇被评为市级文明村镇。组织开展“我们的中国梦”等主题教育实践活动，未成年人参与率达到全覆盖。建成新时代文明实践中心，完成新时代文明实践所、站建设8个，建设“千村示范、万村行动”示范村9个，成立志愿者队伍46支。开展“弘扬乌兰牧骑精神　到人民中间去”基层综合志愿服务活动50余场，受益群众达2万余人次。

【赵北古长城文化论坛】

11月21日，石拐区赵北古长城文化论坛开幕。各旗县区委宣传部、文旅局、文物所负责人和近30位国家级长城文化领域专家、著名学者及文体旅行业领军人物出席论坛。

市人大常委会副主任巴晓雯作讲话，石拐区委书记高闻何致欢迎词。

论坛由中国长城学会学术委员会支持，由包头农村商业银行股份有限公司、内蒙古阿寅勒民族文化传播有限公司、内蒙古蒙文盛文化产业集团公司、内蒙古王府古建筑工程有限公司、包头市喜桂图文化产业投资有限公司共同主办。

中国长城学会常务副会长董耀会作论坛主题报告。中国城市科学研究会城市治理专业委员会副主任委员、北京大学客座教授李忠作专题讲座，北京大学城市与环境学院历史地理研究中心教授唐晓峰，河北师范大学历史学院教授、博士生导师、先秦史学者沈长云，内蒙古自治区考古研究所副所长、研究员张文平，包头市文旅广电局调研员方金良分别发言。

石拐区聘请董耀会为石拐区文化旅游发展顾问。

论坛主旨演讲全程通过新华网、草原云“美丽石拐”App、中国移动和商务直播、抖音、微博“魅力喜桂图”等平台进行同步线上直播，观看人数达上百万人次。

11月22日，与会者在赵长城文化公园实地踏查赵北古长城遗迹　　区委宣传部供图

11月21日，召开赵北古长城文化论坛研讨会。内蒙古考古研究所副所长、研究员张文平主持研讨会。

中国长城学会常务副会长董耀会，北京大学城市与环境学院历史地理研究中心教授唐晓峰，河北师范大学历史学院教授、博导、先秦史学者沈长云，国家社科基金评委、河北省社科院原副院长孙继民，邯郸文化研究所所长、教授侯廷生等国家级长城文化领域专家、学者及文旅界人士以及石拐区部分领导、区有关部门负责人参加研讨会。

研讨会聚焦“铸牢中华民族共同体意识，推进长城国家文化公园建设，讲好石拐赵北古长城故事”主题，深度揭示了石拐区赵北古长城的历史文化、价值定位和社会意义，全方位、多角度地分析探讨了赵北古长城保护传承利用等有关内容。研讨会上，董耀会、唐晓峰、沈长云、孙继民、侯廷生等20多名专家、学者，分别围绕“民俗叙事理论视域下的文化遗产传承与保护—兼论赵北古长城的开发与利用”“研究梳理区域长城资源，推动长城国家文化公园建设”“赵北长城与改革图强精神”“唐代中后期长城边疆地区的边防形式”“战国赵北长城东端起点再探讨”等主题进行研究探讨。

11月22日，石拐区长城国家文化公园建设领导小组第一次会议召开。中国长城学会常务副会长董耀会，河北地质大学长城研究院执行院长、教授彭运辉，邯郸赵文化研究所所长、教授侯廷生，邯郸学院文史学院教授、中国先秦史学会赵文化研究基地秘书长张润泽，包头市文旅广电局调研员方金良，华高莱斯国际地产顾问有限公司副总经理李志鹏等长城文化领域专家、学者及文体旅行业代表，内蒙古自治区文物局原副局长、国家文物局方案审核专家库成员、项目总顾问王大方等赵北古长城国家文化公园规划方案设计组成员参加会议。

区委书记高闻何，区委常委、宣传部部长赵满义出席会议。副区长李秀芳主持会议。石拐区赵北古长城国家文化公园推进工作组各成员单位负责人参加会议。

内蒙古蒙文盛文化产业集团公司董事长孙立东介绍赵北古长城国家文化公园项目情况。内蒙古工业大学经济管理学院副教授、自治区文旅厅专家库专家刘丽娟就《石拐区赵北古长城国家文化公园规划方案》进行汇报。王大方、侯廷生、张润泽、方金良、李志鹏等与会专家依次进行讨论发言。董耀会作总结发言。

各位专家审阅《石拐区赵北古长城国家文化公园规划方案》，并提出建议：石拐区赵北古长城国家文化公园规划建设要处理好5个方面的关系，即赵北古长城与长城国家文化公园之间的关系，规划编制以《长城、大运河、长征国家文化公园建设

方案》和《长城保护总体规划》为依据，功能区设置要符合对长城保护和利用的相关规定；赵北古长城与万里长城的关系，赵北古长城是万里长城不可或缺的一部分，以挖掘文旅产业发展业态为支撑，勾连起中国长城国家民族文化脉络的一体性；赵北古长城与赵文化及中华文明的关系，深入挖掘赵武灵王及“胡服骑射”的历史故事，保护好、传承好历史文化遗产，弘扬中华民族先进文化；赵北古长城与文旅融合产业的关系，体现公园的特色，打造核心竞争力，在保护的前提下融合开发与利用、投入与产出；赵北古长城与观赏性、体验性需求的关系，通过数字化技术手段、影视素材重现、设置互动体验项目等形式，在传播文化的同时，吸引更多的游人，促进长城国家文化公园的建设和赵北古长城旅游发展，造福地方的老百姓。

论坛分现场调研、文化论坛、规划评审3个部分，围绕长城国家文化公园建设背景下赵北古长城在长城中的文化地位和文化价值，赵北古长城石拐段及障城保护价值研究和开发形式等内容进行研究讨论。活动通过“线下活动+线上直播”的形式，解读长城领域前沿、开展学术交流、挖掘历史文化，实现“保护长城资源、开发长城旅游、弘扬长城文化”构想。

（温婕）

石拐区2020年文学艺术作品获奖情况表

表 3

姓名	作品（类型）	所获奖项	获奖时间	颁奖单位
何少华	《阴山古刹——五当召雪景》（摄影）	包头市第十一届文艺振兴优秀作品奖	2020 年 1 月	中共包头市委宣传部
	《快乐童年》（摄影）	第 24 届内蒙古自治区摄影艺术展览纪实类3等奖	2020 年 10 月	自治区文联、自治区摄影家协会
	《午餐》（摄影）	“最暖心主题摄影作品”奖		包头市委宣传部、包头市文联、包头市广播电视台
马岩	《仙女下凡》（摄影）	入选“2018·中国首届‘鄂尔多斯四季美’全国旅游摄影大展”	2020 年 12 月	中国文联摄影艺术中心
	《天马行空》（摄影）	第 24 届内蒙古自治区摄影艺术展览纪实类入选奖	2020 年 10 月	自治区文联、自治区摄影家协会
		第 32 届中国华北摄影艺术展览入选奖	2020 年 10 月	北京、天津、河北、山西、内蒙古摄影家艺术协会
马莹	《香风翠雨情意长》（美术）	2020 年包头市中小学师生“丹青敷彩歌盛世·翰墨流霞颂和谐”书画摄影比赛二等奖	2020 年 7 月	包头市教育局
	《唯有葵花向日倾》（美术）			
王茹	《走进帕米尔高原》（摄影）	内蒙古自治区首届女性摄影展2等奖	2020 年 4 月	自治区文化馆、自治区摄影家
	《古城记忆》（摄影）	在内蒙古自治区首届女性摄影展中展出		
	《暮归》（摄影）	入选“2018·中国首届‘鄂尔多斯四季美’全国旅游摄影大展”	2020 年 12 月	中国文联摄影艺术中心
韩俊伟	《霸王别姬》（面塑）	包头市第十一届文艺振兴优秀作品奖	2020 年 1 月	中共包头市委宣传部

统一战线工作

【概况】

2020年，区委统战部坚持以习近平新时代中国特色社会主义思想为指导，全面贯彻落实中央十九大，十九届二中、三中、四中、五中全会精神和党中央关于新时代统战工作的重大决策部署，自治区党委十届十一次全会和市委十二届十一次全委会精神，突出思想政治引领主线，聚焦为民服务和中心任务，维护社会大局和谐稳定，推进新时代统一战线各项工作。

【疫情防控】

区委统战部统筹协调全区统一战线各领域统战力量。通过宗教和企业家工作群，在全区统一战线各领域传达和贯彻落实中共中央、国务院、自治区、包头市及石拐区关于疫情防控工作会议精神及决策部署。制定印发《关于暂停宗教聚会活动的通知》。通过石拐区企业家群发布疫情防控有关知识，动员广大民营企业做好疫情防控工作，做到战疫与开工复工同步推进。发出捐资捐物倡议书，全区宗教界捐了第一笔爱心款，全区统一战线捐款捐物287万元（其中宗教界捐资7.5万元）。贯彻落实国务院联防联控机制关于做好秋冬季疫情防控工作部署，制定《全区宗教场所加强秋冬季新冠肺炎疫情防控工作方案》，联合区卫健委、公安分局国保大队、属地对全部宗教活动场所疫情防控进行指导。

【思想政治工作】

组织全区统战人士学习中共十九届二中、三中、四中、五中全会，全国两会和习近平总书记关于内蒙古重要指示批示精神、关于统一战线工作的重要论述。加强政治建设，强化全区统一战线思想政治引领，在思想上、政治上、行动上始终与党中央保持高度一致。全年举办培训班5期，参训人员1200人次。10月，在重庆大学举办统战理想信念专题培训班，区宗教工作“三支队伍”、非公有制经济人士、党外代表人士、党外知识分子、新的社会阶层人士等统战成员共29人参训。坚持和完善全区大统战工作格局。制定《石拐区统一战线工作领导小组2020年工作要点》《石拐区统一战线工作领导小组工作规则》。全年召开3次全区统一战线工作领导小组会议、1次全区民族暨统战工作会议及4次宗教工作联席会议，传达、贯彻各级统战部长会议及自治区、包头市宗教工作会议精神，对全区统战工作进行全面安排部署，持续解决统战领域重点、难点问题。

【民族工作】

区委统战部建立全区民委兼职委员制度，形成党委领导、政府负责、有关部门协调配合、全社会通力合作的民族工作大格局。统筹协调推进全区民族自查工作，8月，对全区47家涉民族工作地区、部门单位民族档案进行审核规范，对照自治区统一战线领导小组民族工作自查提纲逐条梳理，形成全区民族工作自查报告，针对存在问题建立整改台账。吉忽伦图苏木爬榆树嘎查2020年获自治区第六批民族团结进步示范嘎查（村）称号。将爬榆树嘎查选树为民族团结进步创建典型，制作以民族团结进步创建带动嘎查脱贫攻坚和乡村振兴的专题宣传片。2020年，区民委争取少数民族发展资金137万元，推动嘎查（村）

集体经济发展，助力脱贫攻坚。

区委统战部与民委联合到吉忽伦图嘎查慰问少数民族群众　　王允一摄

【民营经济统战工作】

率先打造石拐区“民营企业之家”。搭建自治区第一座政府与民营企业的“连心桥”，制定活动日程，每周三安排石拐区主要领导、区委常委、副区长做客“民营企业之家”，为企业纾困解难；编制“民营企业之声”，把民营企业的声音第一时间反馈给区委和区政府，听取优化营商环境的意见和建议，帮助企业快速解决生产经营中存在的问题。召开石拐区民营企业家圆桌会，20余家民营企业负责人参加座谈会，并反馈关于生产要素、营商环境、历史遗留三大类43个问题，针对问题进行归纳和梳理分析。工作专班先后发放摸底表、问卷调查表200份，实地走访企业100余家，面对面座谈14次，收集整理问题121个，协调解决24个。召开优秀民营企业家表彰会、民营企业家圆桌会、税企座谈会等，构建“亲”“清”政商关系。表彰在石拐区综合实力、生态环境、民生福祉等方面做出贡献的企业家，形成长效常态机制。重新调整《石拐区县级领导干部包联服务重点民营企业实施方案》。加强民营经济人士思想政治教育引导。先后深入两个园区开展理想信念教育实践活动，举办《中华人民共和国民法典》专题讲座2次、全国两会精神宣讲2次、传达贯彻习近平总书记在民营企业家座谈会上重要讲话2次，引导全区民营企业家增进政治认同，听党话、跟党走。率先在全市为全区民营企业开展“法治体检”工作。区委统战部联合区委政法委、区司法局召开石拐区建立民营企业法律维权服务联席会议制度暨开展民营企业“法治体检”推进会，为石拐区民营企业进行“一对一”法治体检，下发“体检单”42份，为企业出具体检报告单。为部分企业提供合同、协议审核把关和具体的法律服务，加强《中华人民共和国民法典》《中华人民共和国合同法》《国务院保障农民工工资支付条例》《中华人民共和国劳动法》的学习和宣传。整理编印《中央、自治区、包头市促进民营经济高质量发展政策汇编》，编印《应对疫情中央、自治区、包头市、石拐区支持企业健康发展政策汇编》，助力企业家用好疫情期间制定出台的各项政策，解决存在问题，早日复产复工达产。派专人参加区委巡察办优化营商环境专项巡察和巡察整改“后半篇”工作。对全区涉及优化营商环境的10余家单位开展专项巡察，查找问题112个，派专人参加整改情况验收工作。重视优秀民营企业家政治安排，为其搭建参政议政平台。政协委员届中调整，新调整的18名政协委员中民营企业家10名，占55.5%。

【党外人士队伍建设】

加强党外代表人士队伍建设。年初，召开区委统战部、组织部联席会议，研究石拐

区党外干部使用、管理等方面事宜。全年党外干部挂职锻炼3人次、交流1人次、提拔1人次、职级晋升12人次；更新完善石拐区党外干部数据库和党外后备干部人才库，实现动态调整和科学管理；坚持“政治上信任、事业上支持、生活上关心”原则，建立石拐区党外干部“双走访”制度，全年“双走访”党外干部5人次。

【党外人士联谊】

加强党外知识分子和新的社会阶层人士统战工作。召开学习、贯彻全国两会、习近平总书记重要讲话和十九届五中全会座谈会，并深入交流研讨，加强党外知识分子和新的社会阶层人士思想政治引领。组织部分党外知识分子深入雅化集团内蒙古柯达化工有限公司和内蒙古戎王集团参观学习，为地区高质量发展建言献策。6月，成立石拐区新的社会阶层人士联谊会，把分散的“社会人”变为“有组织的人”，把“统战工作成员”转变为“统战工作力量”。制定石拐区新联会联席会议制度。

做好港澳台同胞和海外侨胞统战工作。建立海外统战对象信息库，常态化实施台胞、台眷慰问。疫情防控期间慰问台眷、台胞3人。

【mw uk 建设】

推进“最强党支部”建设。落实“五化协同、大抓基层”有关要求，开展“两提三强六推进”活动，巩固和深化“不忘初心、牢记使命”主题教育成果。执行“三会一课”、主题党日等制度。开展微实事微心愿活动，区委统战部为鸡毛窑子村生活困难群众送去米、面、油，为村委会配备打印机。创新开展部领导带头领学统战理论知识，适时交流研讨，定期组织理论知识测试。

落实党风廉政建设主体责任和“一岗双责”，构建“一把手”履行第一责任人职责，班子成员履行“一岗双责”职责的党风廉政责任体系。落实中央八项规定及其实施细则和公务用车、财务管理、“三重一大”事项集体决策等制度，开展形式主义、官僚主义自查工作。邀请派驻纪检组参加部“三重一大”事项议定会议，接受纪检部门监督。

加强意识形态阵地管理，强化信息宣传工作，传递统战好声音。1—9月，撰写信息81条，被《内蒙古统战早讯》《包头统一战线黄河云》《魅力喜桂图》采纳62条，信息宣传工作走在旗县区前列。

（王允一）

党校工作

【概况】

区委党校完成疫情防控指挥部网格化包联责任制工作要求，落实《中国共产党党校（行政学院）工作条例》规定，围绕区委中心工作任务，不断提高党校的培训质量和办学水平。

【疫情防控工作】

区委党校按照疫情防控指挥部网格化包联责任制的通知要求，承担神包社区及创业公寓网格员疫情防控工作。组织党员干部劝阻居民出入戴口罩、不聚集聊天；张贴宣传画报20余份，入户摸排人员情况，宣传疫情防护知识。坚守一线开展地毯式排查，对重点防控人员逐户逐人核查登记，发放通行证。利用微信群进行防控知

识宣传，转发疫情防护知识30余条。完成创业公寓门岗值守工作。5名党员志愿捐款700元支持疫情防控工作。

【党建工作】

召开支部党员大会，结合党校工作职责，制定区委党校“三会一课”计划、三项制度、区委党校2020年政治理论学习计划、区委党校2020年党建工作要点等工作计划，修订“三重一大”制度。

组织支部学习37次，开展主题党日活动10次，讲党课3次。召开2020年度民主生活会、组织生活会，开展民主评议党员活动。召开“两题三强六推进”教育活动动员部署会议，查找问题，形成教育活动工作清单、问题整改台账，一件一件地抓，一项一项地改，推动教育活动不断深入发展。按时缴纳党费。

召开党校党风廉政建设专题会议，制定党校党风廉政建设工作计划，组织廉政专题党课1次，组织全体党员干部学习相关知识政策，传达区纪委有关廉政建设文件。召开意识形态专题会议，成立意识形态网格化管理工作领导小组，开展相关工作。

5月20日，党校老师为马场村民宣讲脱贫攻坚有关知识　　孙青兰摄

定期深入包联的五当召镇缸房地村，了解平渠壕村小组生产生活情况，走访贫困户宣传扶贫相关政策。帮助贫困户、村民销售小米35公斤、玉米面50公斤、鸡蛋10公斤。开展“双服务双认领”活动，走访3户贫困户家庭，与他们共度国庆、中秋双节。

【党员干部理论培训】

多形式为基层广大干部群众提供理论学习服务，发挥好宣讲主力军作用。

制定石拐区委党校2020年培训工作计划，举办主体培训班6期、短训班3期。联合区委组织部举办全区科级干部全覆盖轮训班3期，石拐区优秀年轻干部政治素质提升暨主要领导落实全面从严治党主体责任培训班1期，发展对象、新党员、党务工作者暨机关党员轮训班2期，举办中共十九届五中全会精神专题讲座。联合区委组织部、区扶贫办举办石拐区脱贫攻坚培训班。联合区委统战部、宣传部举办宗教工作培训班。联合区委政法委举办推进基层社会治理暨网格化管理工作培训。联合区司法局举办行政执法业务培训班。

以“移动课堂”送学上门深入基层开展脱贫攻坚、全国两会精神、石拐区重点项目暨高质量发展专题宣讲6场次，开展区委党校专题党课基层行宣讲活动6场次，听众110余人次。参加脱贫攻坚微视频宣讲活动2次。

2020年区委党校主体培训情况表

表 4

班次名称	培训时间	学制	培训对象	培训内容	培训人数	办学单位	培训地点	主讲教师
宗教工作培训班	5月22日	半天	全区县级领导，全区副科级及以上领导干部，区委统战部、区民委、党校全体人员，嘎查村（社区）“三委”班子成员，宗教助理员，区税务局、交管大队副科级及以上领导，石拐区基督教两会人员	习近平总书记对于宗教工作重要指示批示精神和《内蒙古自治区宗教事务条例》	约240人	区委统战部、区委党校	D座一楼	包头市委党校讲师韩婷
全国两会精神培训	6月9日	半天	全区副科级及以上领导干部、股级干部、宣传文化系统、党校全体人员、嘎查村（社区）“三委”班子成员、区税务局、交管大队主要领导	全国两会和习近平总书记参加十三届全国人大三次会议内蒙古代表团审议时重要讲话精神专题讲座	457人	区委组织部、区委党校	A座436会议室、基层各站点（16个）	市委党校副教授彭红丽
脱贫攻坚专题培训班	6月23日	1天	石拐区扶贫开发领导小组成员单位主要领导，苏木、镇、各涉农街道主要领导、分管领导及扶贫工作人员新任职苏木镇、街道干部，嘎查村两委班子成员、后备干部，驻村第一书记，“一对一”帮扶干部，区扶贫办全体工作人员	上午：包头市委政策研究室副主任赵志刚作题为《盘活农村集体资源资产，拓宽集体经济发展途径》下午：内蒙古农业大学教授盖志毅作题为《努力实现后扶贫时代贫攻坚玉乡村振兴战略配套衔扶接》；区卫健委宣传讲解健康扶贫政策	约170人	区委组织部区委党校、区扶贫办	D座一楼	赵志刚 盖志毅
石拐区行政执法“三项制度”推进会暨苏木镇街道综合行政执法人员业务培训会	7月8日	半天	行政执法相关单位、部门主要领导及执法人员	推进依法行政　建设法治政府——解读“行政执法三项制度”	约60人	区委党校、区司法局	436会议室	郑娜

续表4

班次名称	培训时间	学制	培训对象	培训内容	培训人数	办学单位	培训地点	主讲教师
全区科级干部全覆盖专题轮训班	8月3—4日，8月6—7日，8月10—11日	3期，共6天	全区副科级以上领导干部	学习贯彻习近平总书记参加十三届全国人大三次会议内蒙古代表团审议时的重要讲话，全国两会精神，十九届四中全会精神等	153人	区委组织部、区委党校	市委党校四楼多功能厅	刘翠玲、崔晓惠、于乐海、剧剑涛、王素英、徐敏娜
石拐区发展对象、新党员、党务干部培训班暨机关党员轮训班	8月18—28日	2期，共8天	全区发展对象68人、新党员60人、党务干部79人、机关党员457人参加培训	党的十九届四中全会、全国两会、中国共产党发展历程与基本经验、疫情防控和经济发展、民法典等内容	664人	区委组织部、区委党校	金政大厦D座二楼	张忠
坚持和发挥区域自治制度优势、筑牢中华民族共同体意识培训班	9月22日	半天	大发街道全体干部职工、部分居民代表、少数民族代表	1. 了解家底，树立正确的国家观；2. 了解家谱，树立正确的民族观；3. 了解家规，树立正确的宗教观；4. 了解家史，树立正确的历史观；5. 了解家风，树立正确的文化观	约50人	大发街道、区委党校	大发街道会议室	包头市委党校韩婷
全区推进基层社会治理暨网格化管理工作培训会	10月10—11日	2天	苏木、镇、各街道政法书记，嘎查村（社区）负责人、网格员，区政法委全体工作人员暨各相关单位、部门分管领导及工作人员	1. 推进基层社会治理深化平安建设，矛盾纠纷排查化解、扫黑除恶、网格员工作任务；2. 社会综合治理矛盾调处平台应用；3. 职场礼仪、职业道德；4. 意识形态工作；5. 公文办理及写作	约100人	区委政法委、区委党校	D座一楼	智慧、秦杰琼、崔晓惠、陈沫、田雨春

续表4

班次名称	培训时间	学制	培训对象	培训内容	培训人数	办学单位	培训地点	主讲教师
石拐区2020年优秀年轻干部政治素质提升暨主要领导落实全面从严治党主体责任培训班	10月18—24日	7天	优秀年轻干部、主要领导	“守责、负责、尽责 落实全面从严治党责任”、“数字时代的变革力量——5G等信息科技在工业互联网的实践与创新”、“深度优化营商环境 推进高质量发展——新形势下招商引资新思路”、“不忘初心、牢记使命——56人嘉兴南湖革命纪念馆 ”现场教学、“创新思维与创新管理”、“学习《习近平谈治国理政》第三卷”、移动教学“中成智谷创意产业园——城市更新、产业转型与新旧动能转换”等课程		区委组织部、区纪委监委、区委党校	上海大学	施凯、吴文巍、凌国平、孙建中、朱明毅、李德等
石拐区学习贯彻党的十九届五中全会精神讲座	11月18日	1天	全区县级干部及正科级以上领导	深入学习宣传党的十九届五中全会精神	约50人	区委组织部、区委党校	A座510会议室	刘翠玲
中共十九届五中全会科级干部轮训	12月12—14日 12月15—17日 12月28—30日 2021年1月6—8日	4期，每期2天	区科级干部	学习习近平总书记在中共十九届五中全会上的重要讲话精神、《中共中央关于制定国民经济和社会发展第十四个五年规划和2035年远景目标的建设》等	217人	区委组织部、区委党校	党群服务中心二楼培训室	张占斌、张建平、贾清、孙杰

【教师队伍建设】

1名教师获聘中级职称。党校每周一理论学习日由4名教师轮流领学，着力提高教师的党性修养、理论修养。

加大教师培训力度，全体教师参加区委理论学习中心组学习、上级党校举办的精品课程讲座、中央党校“网上党校”在线学习等。选派教师走出去充电学习，全方位提高党校教师的理论水平和教学能力。开展全国两会精神、中共十九届五中全会精神、国家扶贫政策宣讲等重点课题备课会4次。集体备课，集体学习，提升教师宣讲的针对性、实效性和影响力。

（李悦）

档案史志工作

【概况】

2020年，区档案史志馆全面完成国家、自治区确定的地方志“两全目标”任务及区委交付的各项工作任务。完成12个普惠安置房项目工程档案、疫情防控档案接收工作；指导11家单位完成档案核查或归档整理。优化档案服务环境，全年接待档案查阅300余人次。

【史志编纂】

2020年，区档案史志馆全面完成国家、自治区确定的地方志“两全目标”。完成100余万字的《石拐区志（1991—2015）》的撰写；6月，通过自治区地方志办专家评审；10月，向自治区地方志办提交终审稿；11月，通过自治区地方志办终审；12月，交付印刷厂正式出版。

4月，《石拐年鉴（2019）》（约58万字）正式出版。6月，完成《石拐年鉴（2018）》（约43万字）补发出版、《石拐年鉴（2020）》（约45万字）初稿撰写，并通过市地方志办专家审核。完成《内蒙古年鉴（2020）》《包头年鉴（2020）》石拐篇撰写任务，总字数约1.6万字。

11月23日，包头市“两全目标”督导组到石拐区督导检查志史完成情况　　曹佳旭摄

承担《石拐区人大志》编纂工作，完成大纲调整、资料补充等工作，展开总纂及文字校阅。

【档案接收与管理】

区档案史志馆转观念、改作风、强服务。对全区各部门单位采取“一对一”指导方式，加强业务指导。上半年，对组织部、纪委、司法局、环保局、民政局、白狐沟街道办事处、大德恒街道办事处7家单位进行专项业务指导。指导12个普惠安置房861卷图纸3874幅项目工程档案整理，完成交接上架工作。完成区委办公室（2017年）、政府办公室（2017年）、环保局（1988—2019年）、纪委监委（2015—2018年）、区人大（2007—2011年）5家单位文书档案进馆前核查工作。指导煤炭领域专项整治工作领导小组完成65个煤矿千余件文件资料归档。

8月，区档案史志馆开展全区精准扶贫

档案整理培训工作，指导区扶贫办公室、五当召镇、吉忽伦图苏木、区教育局及五当召镇新曙光村、白草沟村精准扶贫档案按照综合管理类、精准施策类、精准识别类、精准脱贫类4类规范整理归档。

【疫情防控】

做好档案服务，记录战“疫”。制定归档规范性文件，由区新冠肺炎疫情防控指挥部办公室印发全区，并选派2名业务骨干全程跟踪服务防控指挥部办公室及各个工作组，确保相关档案资料应归尽归。2020年，区档案史志馆接收新冠肺炎疫情防控工作指挥部发文211件、收文180件；接收疫情防控排查组档案51盒。区新冠肺炎疫情防控工作指挥部查阅利用99件。

【档案利用】

全年接待档案查阅303人次，文件2684卷、48233件，目录115本。涉及婚姻、退伍、棚户区、沉陷区、破产企业、区志编纂等各个方面。其中，煤炭整治查阅利用58人次，为相关部门、单位提供文书档案26637件44卷、目录115本、会计凭证276卷，为全区有序开展煤炭资源领域违规违法问题专项整治工作提供档案信息支撑。

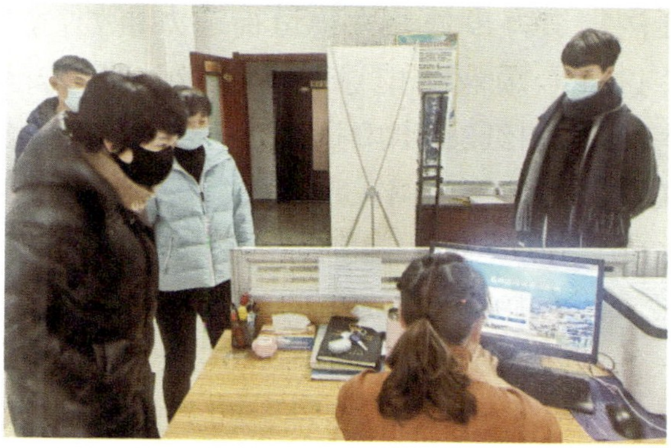

12月28日，区档案史志馆为居民提供个人档案查阅服务　刘芳摄

【法治宣传】

开展“档案见证小康路、聚焦扶贫决胜期”主题系列宣传活动纪念“6·9”国际档案日。开展档案文化进机关、进企业、进校园、进社区、进农村“五进”宣传活动，发放宣传资料500余份。梳理权责清单、政务事项，按时按要求完成“七五”普法工作。

12月4日，区档案局在喜桂图新区开展普法宣传活动　曹佳旭摄

【脱贫攻坚】

区档案史志馆主要负责人作为驻村工作队队长，深入到脱贫攻坚帮扶点五当召镇新曙光村，走访慰问帮扶对象，传达扶贫政策，开展扶贫调查，完善扶贫档案。发挥“一对一”帮扶干部示范引导作用。开展“双服务、双认领”，区档案局为帮扶村销售并购买农副产品5000余元，并开展秋收帮扶活动。

（尹锡芳）

关心下一代工作

【概况】

2020年，全区各级关工委认真学习贯彻中共十九届四中全会精神，紧扣区委、区政府的中心工作，紧抓服务青少年的正

确方向，坚持服务青少年，开展富有特色的各项主题教育活动。

【爱国主义教育活动】

线上弘扬红色基因。清明期间，包头市第十五中学、石拐区第一中学、新石拐小学等学校关工委组织开展以“传承红色基因 致敬英烈人物”为主题的线上教育活动，观看国家公祭活动、学校降半旗致哀、网上文明祭祀、献花写信留言、主题广播宣讲等。区关工委印发《致广大“五老”同志弘扬雷锋精神 凝心聚力抗击疫情倡议书》。与区教育局联合印发《致全区中小学生在抗疫中向雷锋同志学习的倡议书》。

线下聚焦红色基因。区关工委协同团委、妇联等五个部门深入石拐旧区开展“争做新时代雷锋 我为奉献者奉献”主题活动，慰问抗疫防控一线的干部职工。举着“践行雷锋精神 我们共同战疫 学雷锋志愿服务活动”“请关爱一线防疫人员”条幅，走访慰问工业园区、吉忽伦图苏木等5个疫情防控卡点。各级关工委先后送去价值8000元的酒精、口罩、水果、香肠等用品。协同区文体局及工青妇等开展“缅怀英烈 弘扬抗美援朝精神”“忆红色历史 建时代新功”“庆八一 重温党史 传承文明”等主题线下实践活动，带领同学们参观党群文化展厅、新时代文明实践中心，聆听革命先烈的红色故事，回顾了解石拐区的历史沿革、党建发展和社会变化。在中秋、国庆期间，协同老干局、教育局开展“魅力金秋硕果累累喜迎国庆 传承美德居安思危光盘行动”主题教育活动。协同石拐街道办事处关工委、欣望社区党支部看望了90岁高龄的抗美援朝老兵，送去鲜花和礼物表示慰问和祝福。以“中华魂·科技托起强国梦”为主题，区关工委、大发、大德恒办事处关工委在戎王羊绒文化产业园组织开展“科教兴国筑牢中华魂 科普教育放飞中国梦”主题活动，带领孩子们参观陨石馆、羊绒文化博物馆、羊绒生产工艺体验实验馆，了解羊绒文化史、发展史及各生产流程，一起体验DIY（英文Do It Yourself的缩写，意思是自己动手制作）手工羊绒制作，动手制作属于自己的羊绒毛毡画。

2020年石拐区关工委主题教育活动开展情况统计

表 5

“五老”报告团数总数（新增）（人）	“五老”报告员数总数（新增）（人）	场次		听众数		组织青少年参观红色教育基地或展览（次）	中华魂主题读书活动		
		线上（次）	线上（次）	线下（人）	线上（人）		购读（本）	活动（次）	参加（人）
3（2）	8（2）	11	4	593	426	7	300	16	1546

注：“五老”报告团数：区级1个，大发、大德恒各1个，共3个

【金秋助学】

金秋助学已成为区委、区政府常态性工作。三任区委副书记、关工委名誉主任连续7年亲自主持召开金秋助学协调会，部署安排相关的工作任务。政府副区长、关工委主任连续8年组织召开金秋助学发放仪式。2020年金秋助学发放仪式上，区委、人大常委会、政府、政协分管关工委工作的县级领导分别为内蒙古亚新隆顺特钢有限公司、包头市国惠工贸有限公司等6家私营企业颁发“最佳爱心企业奖”，11家相关部门和企业为128名贫困学生发放助学金28万元。区民宗局主动参加金秋助学活动，加强少数民族地区贫困学生的帮扶力度。区委、人大常委会、政府、政协办公室主要领导参加金秋助学协调会听取工作汇报，为总体活动提供后勤保障。参与金秋助学活动的部门由上年的22个增加到2020年的29个。

按照专项关爱基金管理办法做好基金管理。全区各级关工委成立以来共计资助贫困学生1282人，发放救助金213.6万元。

【青少年法治教育】

围绕“关爱明天 普法先行”等主题开展教育活动。联合司法局、团委等部门开展“弘扬宪法精神 维护宪法权威”“关爱生命 关注安全”法律知识进校园活动。“6·26”禁毒日与区禁毒办、检察院等部门开展“珍爱生命 远离毒品 争做时代好少年”主题教育活动，参与活动的20多个部门和部分“五老”（老干部、老战士、老专家、老教师、老模范）观看在北京召开的全国禁毒工作表彰会视频。暑假期间，协同司法局、文化局等部门开展“学法用法让青少年内化于心 遵法守法让青少年外化于行”主题教育活动，制作“民法典是青少年生命全周期的权益保障”“民法典为未成年人保驾护航”等主题展板。参与“普及民法典 护航新生活”专场晚会，区关工委选送的少年宫舞蹈《夏日阳光》、大发街道办事处“五老”表演的电信诈骗小品《追求》、相声《我和民法典》得到群众的好评。2020年，各级关工委组织参与法律知识宣传56场，受教育青少年3320人次，发放《中华人民共和国宪法》《中华人民共和国未成年人保护法》等资料5420余册，发放宪法等知识答卷1510份。

第四届“关爱明天、普法先行”普法教育活动开展情况一览

表6

法制副校长数（人）	“五老”普法指导员数（人）	宣讲场次（场）	受教育人数（人）	禁毒宣传教育次数（次）	法治教育基地			联帮联教		网吧监督		
					数量（人）	受教育青少年（人）	“五老”参与人数（人）	帮教青少年数（人）	其中：帮扶吸毒青少年数（人）	劝阻未成年人进入网吧数（个）	举报黑网吧数（个）	提出建议数（条）
8	8	9	4200	5	5	3050	320	0	0	0	0	0

注：全区有法治教育基地5个，分别为包头市第十五中学、民法典公园、法治公园、区档案局、区党群服务中心

【好家教好家风主题活动】

贯彻落实习近平总书记关于“注重家庭、注重家教、注重家风”重要指示精神，深化家庭美德和文明家风建设，探索开展“五老”弘扬好家风好家教主题活动的新途径。“六一”儿童节，与工青妇等部门在花舞人间景区内联合开展传承好家风好家教、新型冠状病毒防控知识竞赛、少先队员重温入队誓词、搭建爱心桥、点亮微心愿、霍比特城堡奇妙之旅系列活动。卡通人物“代言人”石娃和乖娃（石拐的音译）宣讲“好家教 好家风”漫画展第一季在花舞人间景区开展，以石娃乖娃对话形式讲述先进人物好家风、好家教故事。各部门志愿者带着来自残疾家庭、留守家庭、单亲家庭、身着红军服的“小红军战士”以及他们的家长共70余人参加活动，聆听关工委青年志愿者的讲解，参加安排的各项活动，并收集孩子们的“心愿卡”，各部门按照征集到的“心愿卡”为孩子们送上心愿礼物。活动辐射过路青年2200余人、家长3100余人。利用星期日休息时间协同大发、大德恒街道办事处在喜桂图社区中心路口开展“‘五老’弘扬好家教好家风”宣传展示活动，带领辖区小学生、家长、“五老”80余人分别学习全国孝老爱亲模范、石拐区矿务局退休职工朱清章用真诚奉献唤醒沉睡31年植物人母亲的故事；全国孝老爱亲模范提名奖获得者、自治区孝老爱亲道德模范、石拐区白狐沟街道脑包沟村张二玲用40年含辛茹苦为亲人撑起一个特殊的大家庭的故事；包头市孝老爱亲道德模范、石拐区大德恒街道后营子村樊元贵30多年将一个没有血缘关系的脑瘫儿抚养长大的故事。

6月1日，石拐区“五老”代表以及身着红军服装的小战士、家长、青年志愿者等70余人参加在花舞人间开展的“庆‘六一’传承家风关爱儿童”主题实践活动　贾娇摄

【抗击新冠肺炎疫情】

下发《致石拐区全体“五老”关于防控新型冠状病毒感染肺炎的倡议书》《致石拐区“五老”关于践行雷锋精神 齐心协力战疫情的倡议书》。石拐区“五老”组成一支平均年龄62岁、每天12小时昼夜轮班的特别巡逻队，同街道干部、社区工作者投身卡口管控、路面巡防、体温测量、信息登记、引导劝告、站岗值守、消杀防疫等群防群控工作中。协助街道、办事处拿着大喇叭向居民宣讲科学防疫和科学卫生保健知识；158位“五老”在疫情防控中捐款3.16万元。退休老干部司宗学在抗击疫情期间向党支部缴纳1000元特殊党费并第一个报名支援抗疫防控阻击战，企业退休老职工樊裕敬把省吃俭用攒的10000元捐给武汉抗疫一线的医护人员，老党员郝守忠一家祖孙三代都投身于疫情防控，坚守各自阵地；“五老”们还创作书法、篆刻、剪纸、绘画、快板、说唱等作品鼓舞士气。累计参与志愿服务1012人次。

3月5日，区关工委协同团区委开展“践行雷锋精神 我们共同战‘疫’”主题活动　贾娇摄

【内部建设】

为基层关工委和“五老”印发中共十九届四中全会决定单行本35册，协同文明办等部门深入吉忽伦图苏木开展“文化三下乡”活动，现场为“五老”骨干发放单行本30余册。送四中全会精神进校园，会同团委、妇联等部门把四中全会的重要意义、总体目标、重点任务和教育工作有关联的内容制作成展板，在包十五中、石拐一中等学校巡展。与此同时，各学校也利用班团会、学校的大屏幕、微信公众平台在校园中宣传学习。

扩大五好基层关工委覆盖面，巩固五好关工委创建成果，开创基层工作新局面。构建起区—苏木镇街道—嘎查村（社区）三级关工组织体系的纵向联动活动机制，促进基层关工委组织和工作的双覆盖。全区29个基层关工委全部达到五好基层关工委标准。邀辖区党员、团员、学生举办“传承红色基因 争做时代新人”专题视频讲座，开展“以学习优秀共产党员滕逸鹤和赵镛先进事迹”为主题的党日活动、“霞披夕阳情无限 霜染秋风叶正红”健步走活动，开展党史国史学习教育、“童心灵动·四点半课堂”等服务性的活动。区教育局关工委会同辖区办事处关工委开展“奏响疫情防控”系列教育活动，区民营企业亚新隆顺关工委会同辖区街道办事处关工委开展“众志成城　共克疫情”系列主题活动。区关工委会同团区委联合召开“宣传工作暨通讯员写作培训会”，邀请包头市关工委副秘书长王景涛就《如何扎实做好新时代宣传工作提升写作能力和水平》进行系统培训。全年累采信息49篇，报送信息51篇，其中，《中国火炬》杂志采用4篇，《内蒙古关心下一代》杂志采用2篇，《包头关心下一代》杂志采用1篇，“包头关心桥”微信公众平台采用24篇。

（张小晶）

老年体育文化工作

【概况】

2020年，区老年体协在区委组织部、老干部局、区文体广电旅游局及各街道、苏木、镇的帮助和支持下，举办多项老年人文体活动，实现“老有所乐”。

【新冠肺炎疫情防控】

下发《关于积极应对疫情做好近期工作的通知》，提出外防输入、内防反弹，开展居家科学健身、分散健身，确保老年人身心健康安全的要求。发挥老年人在抗疫工作中的作用，为全民“战疫”助力加油。全区老年人主动为抗击疫情做了力所能及的工作。有的主动捐款，有的发挥各自的特长为坚守一线人员义务理发，有的参加社区巡逻，还有的发挥文化艺术特长，谱写万众一心抗击疫情的诗歌、剪纸等作品。安文生的诗歌《致敬武汉》《壮

行——出征》，李桂玲的剪纸《众志成城、抗击疫情》等作品在包头离退休干部公众号刊发。

【脱贫攻坚】

组织老年文艺团队深入苏木镇开展巡演，通过文艺的形式宣传石拐区“决胜全面小康、决战脱贫攻坚”取得的成果和重要意义。参与区委宣传部安排的“决胜全面小康、决战脱贫攻坚”系列文体活动。举办全市旗县区老年人乒乓球邀请赛、全区书画艺术展等活动。利用文体活动推销和助销农产品，为脱贫做贡献。

【老年体育文化活动】

根据疫情防控情况，本着“外防输入、内防反弹”原则，开展多项老年体育文化活动。

9月17—18日，联合组织部老干部局、文体广电旅游局在体育馆举办2020年石拐区“魅力喜桂图”全市旗县区老年人乒乓球邀请赛。来自昆区、青山区、东河区、固阳县、达茂旗、市老干部活动中心及石拐区的16支男女代表队85人参加了团体和个人单项的比赛。

2020年石拐区“魅力喜桂图”全市旗县区老年人乒乓球邀请赛比赛现场　　区老体协供图

9月29日，联合区委组织部老干部局在区党群服务中心举办“石拐区庆国庆、迎中秋老年人棋牌交流活动”，活动内容有中国象棋、跳棋、扑克，来自全区的80多名老年人参加活动，共同庆祝祖国华诞和中华传统佳节。

10月23日，庆祝“九九重阳节”（老年节），联合大发办事处、区委老干部局在喇嘛河畔共同举办老年健步走活动。同日，应昆区老年体协、老干部局邀请，组队参加昆区老年人乒乓球邀请赛，取得团体第4名。

10月26—30日，组队参加市老年体协、市老干部活动中心举办的包头市离退休干部（老年人）第32届门球交流活动，石拐区老年门球队员取得第7名。

11月12日，组织健步行队伍参加由中国老年人体育协会主办，内蒙古自治区老年体协、包头市老年体协承办的“2020年全国老年人健步走大联动”在奥林匹克公园包头分会场举行健步走活动。

此外，全区各街道社区老年文体组织，也都开展不同形式的体育文化活动。

（张福中）

石拐区人民代表大会

【概况】

2020年，区人大常委会就重点工作、重大事项向区委请示报告8次，区委主要领导作出重要批示指示6次，自觉把党的领导贯穿于人大履职工作全过程各方面。有效行使决定权和任免权。作出决议决定5件，任免国家机关工作人员4次、48人，并组织任命人员进行任前法律知识考试和宪法宣誓。加强任后监督，听取了民政、司法等5个政府组成部门主要负责人的述职报告，并进行满意度测评。全年召开主任会议18次、常委会9次，听取审议“一府一委两院”专项报告17项，提出审议意见17件，对2部法律法规贯彻实施情况进行执法检查，开展视察调研和专项调研18次，建立了区人民政府向区人大常委会报告国有资产管理情况的制度，始终做到人大监督工作与区委决策部署同频共振、同向发力。邀请代表列席常委会会议8次、120人次，组织代表参加视察调研、执法检查、政情通报、旁听法院案件庭审400余人次，1件代表议案、76件建议全部办结并答复代表。全面推进民生实事项目代表票决制（会商制），试点开展城区街道社区代表会议制度，在政务大厅设立“人大代表接待岗”。

【十六届三次人代会】

4月27—28日，石拐区第十六届人民代表大会第三次会议召开。会议由大会主席团常务主席、执行主席魏强主持。大会应到代表127人，实到代表119人，符合法定人数。

十六届三次会议会场

“魅力喜桂图”App

区长李新春作政府工作报告。常务副区长李智作石拐区人民政府2020年民生实事候选项目情况的报告。书面审查石拐区2019年国民经济和社会发展计划执行情况与2020年国民经济和社会发展计划草案的报告、石拐区2019年预算执行情况和2020年预算草案的报告。

大会通过关于石拐区人民政府工作报告的决议、关于石拐区2019年国民经济和社会发展计划执行情况与2020年国民经济

和社会发展计划的决议、关于石拐区2019年预算执行情况和2020年预算报告的决议、关于石拐区人民代表大会常务委员会工作报告的决议、关于石拐区人民法院工作报告的决议、关于石拐区人民检察院工作报告的决议。

会后，新当选人员进行宪法宣誓。

【常委会会议】

区十六届人大常委会第十四次会议

1月10日，区十六届人大常委会第十四次会议举行。区人大常委会组成人员共30人出席会议，会议由区人大常委会主任魏强主持。区政府副区长云晓清，区法院院长马湛盛，区检察院检察长马艳丽，区人大常委会办公室，吉忽伦图苏木、五当召镇人大主席团，大磁街道、白狐沟街道、大德恒街道人大工委，区政府办公室、区民政局、区司法局、区商务和科技局、区文体旅游广电局、区政务服务局等有关部门负责人，部分区人大代表、各地区人大工作联络员列席会议。

会议听取和审议区人民政府关于石拐区2019年财政预算调整方案的报告；听取和审议区民政局、区司法局、区商务和科技局、区文体旅游广电局、区政务服务局主要负责人述职报告；听取和审议区人大常委会代表资格审查委员会关于代表资格审查情况的报告（草案）；通过有关人事任免事项；听取关于接受郑瑜等6位代表辞去石拐区第十六届人民代表大会代表职务请求的议案，审议区人大常委会关于接受郑瑜等6位代表辞职请求的决议（草案）。

会议通过区人民政府《关于石拐区2019年财政预算调整方案的报告》，区人大常委会代表资格审查委员《关于代表资格审查情况的报告》。会议对区民政局、区司法局、区商务和科技局、区文体旅游广电局、区政务服务局主要负责人述职报告进行满意度测评，结果均为满意或基本满意。会议通过区人大常委会关于接受郑瑜、杨育林、郭梅、白婧、马绿叶、王礼6人因工作岗位调整和个人原因辞去代表请求的决议。朱存贵、杨广林、李显飞、刘雪峰4人因工作变动，代表资格自行终止。

会议通过区人民检察院检察长马艳丽关于提请免去张建英、杨祚兰2人职务的议案；通过区人民法院院长马湛盛关于提请任命贾玉枝等32人为人民陪审员的议案。区人大常委会主任魏强在会上为新任命人员颁发任命书。

区十六届人大常委会第十五次会议

1月21日，区十六届人大常委会第十五次会议举行。区人大常委会组成人员25人出席会议，会议由区人大常委会主任魏强主持。列席会议的有副区长云晓清，区法院院长马湛盛，区检察院检察长马艳丽以及区人大办公室、区政府办公室、区委组织部等有关部门负责人。

会议表决通过关于接受市十五届人大代表于洪坤辞职请求的决议，补选李宏强为包头市第十五届人民代表大会代表。

按照选举法规定，会后，区人大常委会将辞职请求的决议报包头市第十五届人民代表大会常委会备案，将补选结果报包头市第十五届人民代表大会常委会代表资格审查委员会审查。

区十六届人大常委会第十六次会议

4月8日，区十六届人大常委会召开第十六次会议举行。区人大常委会组成人员25人出席会议，区人大常委会主任魏强主持会

议。列席本次会议的有区法院院长马湛盛、区检察院检察长马艳丽、区人大常委会办公室主任贾利刚。

会议表决通过关于接受市十五届人大代表乌恩孟和辞职请求的决议。按照选举法规定，区人大常委会将决议报包头市第十五届人民代表大会常委会备案。

区十六届人大常委会第十七次会议

4月23日，区十六届人大常委会召开第十七次会议举行。区人大常委会主任魏强主持会议，副主任姚永爱、岳建斌、李凤鸣、李庆忠及委员共25人出席了会议。区人大常发会办公室主任贾利刚，吉忽伦图苏木人大主席李瑞强，五当召镇人大主席郭孝嵘，大德恒街道党工委副书记、办事处主任王佐，区纪委派驻纪检组组长韩玲兰列席会议。

会议听取和审议《石拐区第十六届人民代表大会常委会代表资格审查委员会关于个别代表的代表资格审查的报告（草案）》《石拐区第十六届人民代表大会常委会关于召开石拐区第十六届人民代表大会第三次会议的决定（草案）》，听取和审议石拐区第十六届人大第三次会议议程（草案）、日程（草案）、主席团和秘书长名单（草案）、主席团常务主席名单（草案）、各次全体会议执行主席名单（草案）、副秘书长名单（草案）、列席人员名单（草案）、石拐区第十六届人民代表大会第三次会议议案审查委员会组成人员名单（草案）、石拐区第十六届人民代表大会第三次会议计划预算审查委员会组成人员名单（草案）、代表提出议案截止时间的决定、石拐区第十六届人民代表大会第三次会议议案审查处理暂行办法（草案）、石拐区第十六届人民代表大会第三次会议选举办法（草案）、石拐区政府民生实事项目人大代表票决办法（草案）、石拐区第十六届人民代表大会第三次会议议事规则（草案），听取、审议和通过《石拐区第十六届人民代表大会常委会工作报告（稿）》。

会议表决通过刘广义、王峰辞去区十六届人大常委会委员职务的请求，表决通过孙鉴、董颖、王佳佳辞去区十六届人大代表职务辞职请求。

区十六届人大常委会第十八次会议

5月27日上午，区十六届人大常委会第十八次会议举行。区人大常委会组成人员29人出席会议，区人大常委会主任魏强主持会议。区委常委、副区长李智，副区长、公安分局局长张占良，区法院院长马湛盛，区检察院检察长马艳丽，区人大常发办公室，区政府办公室，大磁街道、白狐沟街道、大德恒街道人大工委，区审计局，区司法局，区纪委第一派驻组等有关部门负责人，部分区人大代表，各地区人大工作联络员列席会议。

会议审议通过区人民政府《关于2018年区本级预算执行和其他财政收支审计查出问题整改落实情况的报告》、区公安分局《关于“七五”普法工作情况的报告》、区人民法院《民商事审判工作情况的报告》、区人民检察院《刑事检察工作情况的报告》，并作出相关审议意见。

会议审议通过区十六届人大常委会2020年工作要点。

表决通过关于接受邵伯能等2人辞去代表职务请求的决议。

区十六届人大常委会第十九次会议

7月16日，区十六届人大常委会第十九次会议召开。区人大常委会主任魏强主持会议。区人大常委会组成人员29人出席会议。副区长云晓清、李秀芳，区法院院长马湛盛，区检察院检察长马艳丽，区人大常委会办公室，区政府办公室，大磁街道、白狐沟街道、大德恒街道人大工委，区发改局，财政局，自然资源局，区纪委第一派驻组等有关部门负责人，部分区人大代表，各地区人大工作联络员列席会议。

十六届人大第十九次常委会会议

“魅力喜桂图”App

会议审议通过区人民政府《关于2020年上半年国民经济和社会发展计划执行情况的报告》《关于2020年财政预算调整方案的报告》《关于全区行政事业性资产管理情况的报告》及关于《石拐区国土空间总体规划》编制进展情况的报告，并作出相关审议意见。

会议审议通过有关人事任免事项，决定任命贾世琦为副区长，并颁发任命书。

区十六届人大常委会第二十次会议

9月24日，区十六届人大常委会第二十次会议举行。区人大常委会主任魏强主持会议，副主任姚永爱、岳建斌、李凤鸣及委员共24人出席会议。1名副主任、4名委员缺席。

副区长云晓清、盖宇，区人民法院院长马湛盛，区人民检察院检察长马艳丽，区人大常委会办公室，区政府办公室，大磁街道、白狐沟街道、大德恒街道人大工委，区财政局，自然资源局，市生态环境局石拐分局，区纪委第一派驻组等有关部门负责人，部分区人大代表，各地区人大工作联络员列席会议。

会议听取和审议区人民政府关于2019年石拐区财政决算和2020年上半年预算执行情况的报告、关于政府性债务化解情况的报告、关于水污染防治法审议意见贯彻落实情况的报告、关于矿山治理与恢复工作情况的报告，听取和审议了区人大常委会检查组关于大气污染法执法检查情况的报告，表决通过上述报告。会议还听取3名被评议法官履职情况的报告。

区十六届人大常委会第二十一次会议

11月6日，区十六届人大常委会第二十一次会议举行。区人大常委会主任魏强主持会议，副主任姚永爱、岳建斌、李庆忠及委员共24人出席会议。

区人民法院院长马湛盛、区人大常委会办公室主任、区纪委第一派驻组负责人列席会议。

会议审议通过人事任免事项。

区十六届人大常委会第二十二次会议

11月27日，石拐区第十六届人大常委会第二十二次会议举行。区人大常委会主任魏强主持会议，副主任姚永爱、岳建斌、李凤鸣、李庆忠及委员共52人出席会议。委员请假6人。

副区长云晓清、盖宇，区人民法院，区人民检察院，区纪委监委，区人大常委会办

公室，区政府办公室，白狐沟街道、大德恒街道人大工委，区发改局，审计局，自然资源局，扶贫办，公安分局，区纪委监委第一派驻组等有关部门负责人，部分区人大代表，各地区人大工作联络员列席会议。

会议听取和审议区人民政府《关于石拐区“十三五”规划实施情况及“十四五”规划编制情况的报告》《关于打赢脱贫攻坚战工作情况的报告》《关于国有自然资源资产管理情况的报告》《关于扫黑除恶专项斗争工作开展情况的报告》《关于2019年区本级预算执行和其他财政收支审计情况的报告》《关于区十六届人大三次会议代表议案、建议、批评和意见办理情况的报告》；听取《区人大常委会评议工作组关于开展法官、检察官履职评议工作情况的报告》《对被评议法官履职评议意见》，并对被评议法官进行了满意度表决，表决结果为满意。

会议表决通过人事任免事项，魏强向新任命国家机关工作人员颁发任命书，举行新任职人员向宪法宣誓仪式。

区十六届人大常委会第二十三次会议 12月10日，石拐区第十六届人大常委会第二十三次会议举行。区人大常委会主任魏强主持会议，副主任姚永爱、岳建斌、李凤鸣、李庆忠及委员共26人出席会议，区人大常委会办公室主任、区纪委第一派驻组负责人列席会议。

会议接受孙建彬辞去包头市第十五届人民代表大会代表职务的请求。

【常委会主任会议】

石拐区第十六届人大常委会2020年决策部署情况表

表7

时间	会议名称	会议内容
1月6日	第三十二次主任会议	一、研究人事任免事项：法院关于提请任命贾玉枝等32人为人民陪审员的议案
		二、研究人事任免事项：检察院关于提请免去张建英、杨祚兰2人职务的议案
		三、研究区人民政府关于《石拐区2019年财政预算调整方案的报告》
		四、研究关于6个政府组成部门进行述职事宜（城建工委负责人社局、司法局，民法工委负责文体局、民政局，财经工委负责政务服务局、商务局）
		五、研究城乡建设工委关于石拐区2019年脱贫攻坚工作报告的审议意见
		六、研究法工委关于石拐区人民检察院生态检察工作情况报告的审议意见
		七、研究财经工委关于《石拐区企业国有资产管理情况专项报告》和《关于2018年度本级财政预算执行和其他财政收支的审计工作报告》的审议意见
		八、汇报区十六届人大代表补选结果
		九、研究区十六届人大常委会代表资格审查委员会关于对代表资格审查情况的报告（草案）
		十、研究区人大十六届十四次常委会议召开事宜

续表7

时间	会议名称	会议内容
1月21日	第三十三次主任会议	一、研究关于接受于洪坤辞去包头市第十五届人民代表大会代表职务请求的议案，审议区人大常委会关于接受于洪坤辞职请求的决议（草案）
		二、研究和审议提请补选李宏强为包头市第十五届人民代表大会代表的议案
3月26日	第三十四次主任会议	一、研究“一办四委”2020年工作要点
		二、研究区人大常委会工作报告
		三、研究区人大常委会2020年工作要点
		四、研究在市民大厅设立“人大代表接待岗”事宜
		五、研究全区“人大代表之家”星级申报及自查评定情况
		六、研究区人大常委会对部分法官、检察官开展履职评议及对2018年参加履职评议的法官检察官进行“回头看”工作相关事宜
		七、研究开展《包头市人民代表大会常务委员会监督司法工作办法（试行）》贯彻落实情况工作调研相关事宜
4月8日	第三十五次主任会议	一、研究关于接受乌恩孟和辞去包头市第十五届人民代表大会代表职务请求的议案，审议区人大常委会关于接受乌恩孟和辞职请求的决议（草案）
		二、研究区十六届人大常委会第十六次会议筹备事宜
4月21日	第三十六次主任扩大会议	一、研究区人大常委会代表资格审查委员会关于对个别代表资格审查的报告（草案）
		二、研究关于接受刘广义等5人辞去职务请求的议案
		三、研究区十六届人大第三次会议相关事宜
		1. 十六届三次人代会议议程、日程和有关事项的通知 2. 十六届三次人代会议主席团和秘书长名单、主席团常务主席名单、各次全体会议执行主席名单、副秘书长名单、代表提出议案截止时间的决定，石拐区第十六届人民代表大会第三次会议议案审查委员会组成人员名单和议案审查处理暂行办法（草案），石拐区第十六届人民代表大会第二次会议议事规则（草案）、区政府民生实事项目人大代表票决办法（草案）和列席人员名单
		四、区第十六届人民代表大会常务委员会工作报告（稿）
		五、研究区十六届人大第十七次常委会议相关事宜
		六、研究区五当召镇人大召开例会的有关事宜
5月21日	第三十七次主任扩大会议	一、研究区人民政府关于2018年区本级预算执行和其他财政收支审计查出问题整改落实情况的报告
		二、研究《石拐区人民政府向区人大常委会报告国有资产管理办法》
		三、研究区人民政府关于“七五”普法工作情况的报告
		四、研究区人民法院关于民商事审判工作情况的报告
		五、研究区人民检察院刑事检察工作情况的报告

续表7

时间	会议名称	会议内容
5月21日	第三十七次主任扩大会议	六、研究区十六届人大三次会议期间代表所提议案、建议批评和意见转办相关事宜
		七、研究区第十六届人民代表大会常务委员会 2020 年工作要点（草案）
		八、研究区十六届十八次人大常委会会议相关事宜
5月26日	第三十八次主任会议	一、关于接受王威辞职请求的事宜
		二、关于接受邵伯能辞职请求的事宜
		三、关于将王威、邵伯能 2 人辞去代表职务请求的议案列入区人大常委会第 18 次会议议题的事宜
6月8日	第三十九次主任会议	一、研究关于对《石拐区人民政府关于 2018 年区本级预算执行和其他财政收支审计查出问题整改落实情况的报告》的审议意见
		二、研究关于对《石拐区人民政府关于“七五”普法工作情况的报告》的审议意见
		三、研究关于对《石拐区人民法院关于民商事审判工作情况的报告》的审议意见
		四、研究关于对《石拐区人民检察院刑事检察工作情况的报告》的审议意见
6月23日	第四十次主任会议	一、研究 2020 年区本级民生实事人大代表票决项目监督方案等相关事宜
		二、研究“人大代表接待岗”工作方案等相关事宜
		三、研究关于中共包头市石拐区委常委会 2020 年工作要点征求意见的事宜
7月10日	第四十一次主任会议	一、研究区人民政府关于石拐区 2020 年上半年国民经济和社会发展计划执行情况的报告
		二、研究区人民政府关于全区行政事业性资产管理情况的专项报告
		三、研究区人民政府关于 2020 年财政预算调整方案的报告
		四、研究区人民政府关于《石拐区国土空间总体规划》编制进展情况的报告
		五、研究人事任免事项
		六、研究区人大十六届十九次常委会相关事宜
8月14日	第四十二次主任会议	一、研究《区人民政府关于石拐区 2020 年上半年国民经济和社会发展计划执行情况的报告》的审议意见
		二、研究《区人民政府关于全区行政事业性资产管理情况的专项报告》的审议意见
		三、研究《区人民政府关于〈石拐区国土空间总体规划〉编制进展情况的报告》的审议意见
9月1日	第四十三次主任会议	一、研究区人大常委会调研组赴甘肃省甘南藏族自治州夏河县学习考察情况汇报
		二、关于召开全区四级人大代表履职培训会相关事宜
		三、魏主任安排区人大常委会 2020 年 9 月工作事宜

续表7

时间	会议名称	会议内容
9月21日	第四十四次主任会议	一、研究区人民政府关于全国水污染防治法审议意见的贯彻落实情况的专项工作报告
		二、研究区人大常委会城建环资农工委关于大气污染法执法检查情况报告
		三、研究区人民政府关于矿山治理与恢复情况的专项工作报告
		四、研究区人民政府 2020 年前一阶段预算执行情况的工作报告
		五、研究区人民政府关于政府性债务化解情况的专项工作报告
		六、研究被评议法官履职情况报告
		七、研究关于召开十六届二十次区人大常委会议相关事宜
		八、通报市人大对石拐区“五星、四星代表之家”考核评定结果情况，研究石拐区“三星级代表之家”候选名单
10月21日	第四十五次主任扩大会议	一、研究《区人民政府关于 2020 年上半年政府性债务化解情况报告》的审议意见
		二、研究《区人民政府关于 2019 年石拐区财政决算和 2020 年上半年预算执行情况报告》的审议意见
		三、研究《区人大常委会执法检查组关于〈中华人民共和国大气污染防治法〉执法检查情况报告》的审议意见
		四、研究《区人民政府关于对〈中华人民共和国水污染防治法〉审议意见贯彻落实情况报告》的审议意见
		五、研究《区人民政府关于矿山地质环境恢复治理工作报告》的审议意见
		六、研究区人大常委会民法工委关于《石拐区人民代表大会常务委员会关于聘请监督司法工作咨询专家的办法（试行）》（征求意见稿）
		七、研究十六届人大第二十一次会议议题等事宜
11月5日	第四十六次主任扩大会议	一、安排部署区人大常委会 11 月工作
		二、研究 2019 年度全市星级“代表之家”集中授牌及表彰相关事宜
11月6日	第四十七次主任扩大会议	研究区人民法院关于提请免去杨晓丽职务的议案
11月20日	第四十八次主任扩大会议	一、研究区人民政府关于 2019 年区本级预算执行和其他财政收支审计情况的报告
		二、研究区人民政府关于石拐区“十三五”规划实施情况及“十四五”规划编制情况的报告
		三、研究区人民政府关于打赢脱贫攻坚战工作情况的报告
		四、研究区人民政府关于国有自然资源资产管理情况的报告
		五、研究区人民政府关于扫黑除恶专项斗争工作开展情况的报告
		六、研究《对被评议法官、检察官履职评议意见（草案）》，听取《区人大常委会评议工作组关于开展法官、检察官履职评议工作情况的报告》

续表7

时间	会议名称	会议内容
11月20日	第四十八次主任扩大会议	七、研究人事任免事项 （一）研究区监察委员会关于提请程晓军任职的议案 （二）研究区人大常委会选任联工委关于提请孙鉴等人任免职的议案 （三）研究区人民政府关于提请马斌等人职务任免的议案 八、研究区人民政府关于区十六届人大三次会议代表所提意见、建议和批评办理情况的报告 九、研究十六届人大第二十二次会议相关事宜
11月20日	第四十九次主任扩大会议	研究区人民政府关于2019年区本级预算执行和其他财政收支审计情况的报告

【党建工作】

组织理论中心组学习13次，认真领会习近平总书记关于黄河流域生态保护和高质量发展、决战脱贫攻坚、加强和改进民族工作、在内蒙古代表团审议时的系列重要讲话精神，自觉运用习近平新时代中国特色社会主义思想武装头脑、指导工作、推动实践。始终以习近平新时代中国特色社会主义思想统领人大工作，重点围绕习近平总书记关于坚持和完善人民代表大会制度重要思想、对地方人大及其常委会工作重要指示等精神以及中共十九届五中全会精神，开展专题研讨，撰写心得体会，不断深化新时代坚持和完善人民代表大会制度的认识，努力把学习成果转化为做好决定任免、依法监督、服务代表、自身建设的生动实践。执行党组工作条例、党组落实全面从严治党主体责任规定等党内制度。坚持民主集中制原则，召开党组会议11次，对“三重一大”事项集体研究。召开党建暨党风廉政建设工作会议，与人大工作同研究、同部署、同落实，做到“两手抓、两不误、两促进”。严肃党的政治生活和组织生活，召开加强和改进民族工作专题民主生活会，对标对表习近平总书记关于民族工作的重要论述、推广普及国家通用语言文字的重要指示精神，深刻查摆问题，认真加以整改，中华民族共同体意识更加牢固。加强意识形态阵地建设，建立三级网格11个，组织专题学习2次，公众号推送人大工作动态、代表履职知识、民法典小知识、推进民族工作、推广双语教学等信息80余期。在市人大、区人大两级微信公众号推送区人大代表履职风采故事，唱响新时代人大工作主旋律。

【监督工作】

针对防范化解重大风险，听取审议区人民政府关于政府性债务化解情况的报告，加强了对政府隐性债务和新增债务资金使用情况的监督。针对精准脱贫，听取审议了区人民政府关于打赢脱贫攻坚战工作情况的报告，提出巩固脱贫成果，建立长效扶贫机制的建议。针对污染防治，开展大气污染法贯彻实施情况执法检查，听取区人大执法检查组关于大气污染法执法检查情况的报告，听取审议区人民政府关

于贯彻执行水污染防治法审议意见落实情况的报告，推进问题的整改落实。针对矿山环境存在的问题，听取审议区人民政府关于矿山治理与恢复审议意见贯彻落实情况的报告，提出了制定中长期治理规划，积极争取国家政策资金的建议。

8月28日，区人大常委会执法检查组就全区贯彻落实《中华人民共和国大气污染防治法》情况进行执法检查　　“魅力喜桂图”App

加强计划预算的审查，审查批准区人民政府关于2019年国民经济和社会发展计划执行情况与2020年国民经济和社会发展计划的报告、关于2019年区本级预算执行情况和2020年预算的报告，听取审议关于2020年上半年国民经济和社会发展计划执行情况的报告、关于2020年上半年预算执行情况的报告，更好地发挥计划和预算对经济社会发展的促进作用。听取审议关于2018年区本级预算执行和其他财政收支审计查出问题整改落实情况的报告、关于2019年区本级预算执行和其他财政收支审计情况的报告，强调要高度重视审计查出问题，加大整改落实力度，杜绝“屡审屡犯”现象发生。听取审议关于“十三五”规划完成情况和“十四五”规划编制情况的报告，强调要准确把握面临的机遇和挑战，精准确立发展方向和思路，科学制定发展举措和路径，绘好“十四五”规划发展蓝图，持续推进地区实现高质量发展。

听取审议区人民政府关于全区行政事业性资产管理情况的报告、关于国有自然资源资产管理情况的报告，强化了人大对国有资产的监督，为进一步摸清家底、盘活资产奠定了坚实基础。听取审议了区人民政府关于国土空间总体规划编制情况的报告，提出要加强顶层设计、科学统筹谋划、合理布局空间的建议。与区政协联合开展优化营商环境视察调研，提出要坚持问题导向、服务指向，采取更加积极有效措施，进一步优化营商服务环境，构建亲清政商关系。开展城市环境建设与管理专项视察调研，强调要注重精细化管理，不断创新建设管理方法，塑造城市特色风貌，打造宜居宜业环境。

11月19日，区人大常委会组织市、区两级人大代表对全区民生实事项目实施情况进行集中视察活动　　“魅力喜桂图”App

【民生福祉】

区十三届三次人代会期间，收到代表议案1件，批评、意见、建议76件，议案和重点建议由常委会副主任和常委会组成人员领衔督办，其他建议纳入常态化办理。听取审议区人民政府关于区十六届人大三次会议代表所提议案建议办理情况的报告

并进行满意度表决。政府有关部门在规定时限内全部办理完毕，答复率和满意率均为100%。

全面启动民生实事项目代表票决制（会商制）工作，制定民生实事项目实施监督方案，对项目实施全程监督。实施的10件区级民生实事项目完成6件，其余项目正在积极推进；吉忽伦图苏木4件民生实事项目、五当召镇5件民生实事项目全部完成，得到了群众高度认可和好评，人民群众切实得到了实惠。民主议政会议制度（涉农街道）在大德恒、白狐沟街道有效推进，社区代表会议制度（城区街道）试点工作在大发、石拐、大磁街道相继开展，形成议政代表、社区代表与人大代表共同会商街道民生实事的新形式。

【法治石拐监督】

听取审议区人民政府关于“七五”普法情况的报告、关于扫黑除恶专项斗争开展情况的报告，区人民法院关于民商事审判工作情况的报告，区人民检察院关于刑事检察工作情况的报告，促进严格执法和公正司法，营造良好的法治氛围和稳定环境。开展法官、检察官履职评议工作，听取区人大常委会评议工作组关于开展法官、检察官履职评议情况的报告，通过被评议法官履职评议意见，切实增强了法官政治意识、责任意识和人大意识。

【代表工作】

举办四级人大代表履职能力提升培训班1期、赴外地培训代表4期，培训代表和人大工作人员260余人（次），代表履职意识明显增强。常委会、一府两院坚持定期给代表寄送《中国人大》《内蒙古人大》杂志及法院报刊，使代表能够及时了解政情社情。主动适应新时代人大工作的新要求，组织苏木镇、街道人大负责人赴甘肃省开展考察，学习借鉴先进经验和创新做法，推动全区人大工作创新发展。

按照标准化、规范化、特色化要求，开展代表之家提档升级工作。经市人大验收评定，吉忽伦图苏木、五当召镇、白狐沟街道、石拐街道、大发街道、大德恒街道等6个代表之家被授予五星级代表之家称号，爬榆树嘎查、缸房地村、白草沟村、亚新隆顺集团4个代表之家被授予四星级代表之家称号，大磁街道、青山村、厂汉沟村等3个代表之家被授予三星级代表之家称号，进一步搭建好代表履职载体，推动代表进“家”开展活动，密切同人民群众的联系。

在学习借鉴外地先进经验的基础上，7月，在区政务大厅设立“人大代表接待岗”，制定工作方案、办理流程、记录簿、留言簿等相关制度，拓宽代表履职渠道，延伸代表履职触角，“面对面”听取并及时反映群众的意见要求。

9月8日，区人大常委会举办人大代表和人大工作人员履职能力培训会

“魅力喜桂图”App

【内部建设】

在新冠肺炎疫情防控中，常委会领导

深入一线检查督导，机关干部奔赴卡点值守防控，各级人大代表立足岗位履职奉献，为打赢疫情防控战贡献人大力量。在助力精准脱贫行动中，常委会班子成员坚持定期到帮持贫困户家中走访联系，深入了解贫困户实际困难和需求，开展脱贫帮扶工作。做好包扶企业、双服务双认领、人大代表走访等工作，深入基层一线调查研究，摸清实情、了解民意、收集意见和建议，解决困难和问题，为民服务更加有力。高度重视信访工作，常委会领导班子成员主动群体，积极化解矛盾纠纷，人民群众合法权益得以 保障。

执行《中国共产党章程》《中国共产党廉洁自律准则》《中国共产党纪律处分条例》，不断强化责任意识、红线意识、底线意识。加强风险点防控，通过签订党风廉政建设目标责任状，排查“一办四委”廉政风险点，防范于未然。加强警示教育，观看视频片《永远在路上》《以上率下》，以反面典型事例教育提醒党员干部。严格遵守中央八项规定精神，认真贯彻《石拐区激励党员领导干部干事创业正负清单实施细则》，加强公务用车、办公用房管理，有序开展办文办会、视察调研、代表培训等工作，行政运行更加规范、精简、高效。

推进《石拐区人大志》编纂工作，召开志书初审工作会议，完成初稿70余万字。持续开展区十六届人大常委会公报编印工作，编印2020年度公报2期，收录区人民代表大会及其常务委员会行使监督、决定重大事项、选举和任免国家机关工作人员等职权活动。参与市人大工作研究会课题研究，高质量完成课题《创新基层人大工作方式 实施街道社区代表会议制度》。

10月30日，召开《石拐区人大志》初审会

“石拐人大”App

【人大代表接待岗】

7月3日，区人大常委会在区政务大厅设立人大代表接待岗。接待岗由各代表小组轮值，每周二、周五上午各安排2～3名代表在政务大厅代表接待岗窗口值班，由区政务服务局指派1名工作人员协助代表做好现场接待记录。接待岗主要负责接待到政务大厅办事群众提出的意见、建议，收集涉及石拐区经济建设促进各方面工作发展的建议、意见。代表接待岗作为服务全区群众的平台，拓展人大代表联系群众的渠道，受到群众认可。2020年，共有5个代表小组、96人次参加接待工作。收集到涉及民生建设、治安管理等各类建议意见8件，并已全部答复办理。

代表与来访群众交流，倾听诉求，记录情况，对反映的相关问题，能现场解决的当场解答；暂时不能解决，需要进一步提交给有关部门的，进行解释并详细记录后转交给相关部门，并做好跟踪回复工作。除了周二、周五接待岗值班以外，空岗期间群众也可通过填写留言簿的形式反映问题，在接待日，代表根据留言簿上群众登记的相关信息联系、回访，按照相关

工作职能将群众建议转交有关部门，督促解决，并将办理结果及时反馈给群众。

【综合政务】

撰写区人大常委会工作报告及区十六届人大三次会议相关文稿，完成大会承担的各项任务。起草常委会领导各类活动讲话及其他文字材料。筹备党组会、常委会、主任会、理论中心组学习会等各类会议。协调组织主任集体视察、专项调研、执法检查、代表建议督办等各类活动12次。陪同区人大主要领导深入苏木、镇、街道就基层人大工作情况开展调研，掌握第一手资料，形成贯彻落实代表法、开展民生实事代表票决制、社区代表会议制度等调研报告。

加大对常委会重点工作落实情况的督查力度，围绕常委会开展对法律法规贯彻执行情况、经济社会发展情况、城乡建设和环境保护情况、民生实事落实情况的监督，以及对一府、一委、两院专项报告审议意见等做好组织协调工作，推进常委会决议及审议意见、主任会议议定事项以及领导批示、交办事项落实。

（许钰）

石拐区人民政府

施政纪要

【决策部署】

2020年，石拐区人民政府召开18次政府常务会议，就全区各项工作作出重要决策部署。

2020年石拐区人民政府常务会议决策部署情况表

表8

时间	会议名称	会议内容
1月7日	第一次常务会议	传达贯彻中共内蒙古自治区第十届委员会第十一次全体会议暨全区经济工作会议和中共包头市第十二届委员会第十一次全体会议暨全市经济工作会议精神
		研究审议《在区委十三届十八次全会暨全区经济工作会议上的讲话（送审稿）》
		听取石拐区2019年度重点项目和指标完成情况及2020年重点项目策划及指标安排情况的汇报
		研究审议《石拐区2020年春节、元宵节系列活动方案》
		研究审议《石拐区2020年春节期间走访慰问活动方案》
		听取凯越露天煤矿火区治理及日常工作监管有关情况的汇报
		听取北镁科技、瑞川水泥2家工矿企业退出大青山自然保护区及生态恢复工作进展情况的汇报
		研究花舞人间景区周边地上物征收补偿相关事宜
1月21日	第二次常务会议暨生态环境保护专题会议	学习传达1月12日全国生态环境保护工作会议精神
		观看生态环保警示教育片，传达贯彻落实《包头市落实自治区生态环境保护督察反馈意见》；研究审议《石拐区落实自治区生态环保督察反馈意见整改任务及整改措施清单方案》
		听取自治区生态环保督察典型案例整改进展情况的汇报

续表8

时间	会议名称	会议内容
1月21日	第二次常务会议暨生态环境保护专题会议	听取2016年以来中央环保督察反馈问题整改工作进展情况的汇报
		听取自治区生态环境保护督察交办群众信访举报问题办理情况的汇报
		听取关于石拐区公共火区治理进展情况的汇报
		研究审议调整石拐区土地储备委员会领导小组成员相关事宜
		研究春节前支付各类款项有关事宜
2月14日	第三次常务会议	传达学习贯彻2月12日中共中央政治局常务委员会会议精神和2月13日中央应对新冠肺炎疫情工作领导小组会议精神，观看视频《来自天津宝坻的警报：超乎想象的危险传播链！》；听取石拐区新冠肺炎疫情防控工作情况的汇报
		研究审议《关于应对新冠肺炎疫情支持中小微企业稳定发展的若干措施》；听取园区企业开复工及疫情防控工作情况和新建项目手续办理情况的汇报
		听取石拐区债券资金争取情况的汇报
2月28日	第四次常务会议	传达学习贯彻习近平总书记在2月23日统筹推进新冠肺炎疫情防控和经济社会发展工作部署会议和2月26日中共中央政治局常务委员会议上的重要讲话精神；听取全区疫情防控和复产复工情况的汇报，安排部署下一步工作
		传达贯彻自治区、包头市关于统筹推进新冠肺炎疫情防控和经济社会发展工作会议精神；传达贯彻2月21日自治区扶贫开发领导小组会议精神
		1. 听取脱贫攻坚工作情况的汇报；研究审议《石拐区2020年脱贫攻坚工作要点》 2. 听取污染防治工作情况的汇报；研究审议《石拐区2020年污染防治工作要点》 3. 听取债务化解工作情况的汇报 4. 安排部署下一步工作
		研究审议《关于包头市华为工业互联网云数据中心建设及运营战略合作协议》有关事宜
		研究石拐区高标准农田建设资金拨付事宜
		研究审议《关于包案领导定期召开会议研究信访事项的制度》
		听取石拐区编外人员申请调动工作单位的汇报
		研究审议石拐区“云眼卫士”建设项目有关事宜
4月17日	第五次常务会议暨区疫情防控指挥部第十七次会议	传达贯彻4月8日中共中央政治局常务委员会会议精神和4月13日中央应对新冠肺炎疫情领导小组会议精神，听取全区近期疫情防控和复产复工情况汇报，安排部署贯彻落实工作

续表8

时间	会议名称	会议内容
4 月 17 日	第五次常务会议暨区疫情防控指挥部第十七次会议	传达贯彻 4 月 14 日国务院常务会会议精神，研究审议《关于精准抓好常态化疫情防控、支持企业健康发展、稳定经济运行的若干措施》，安排部署贯彻落实工作
		传达贯彻自治区党委书记石泰峰调研巴彦淖尔市、包头市疫情防控和经济社会发展工作指示精神和包头市两会会议精神，安排部署贯彻落实工作
		研究审议《石拐区 2020 年政府工作报告》《石拐区 2019 年国民经济和社会发展计划执行情况与 2020 年国民经济和社会发展计划（草案）的报告》《石拐区 2019 年预算执行情况和 2020 年预算（草案）的报告》
		研究审议 2020 年拟实施民生实事项目
		研究审议《石拐区“无废城市”建设实施方案（征求意见稿）》
		研究审议《关于推进全区露天矿山综合整治工作的实施方案》
		研究审议《2020 年国家和自治区少数民族发展资金项目报告》
		研究住建领域有关议题： 1. 听取关于拨付采煤沉陷区治理项目滞纳金的报告 2. 听取关于实施市廉政教育基地周边地质环境治理工程的报告
		研究审议《石拐区开发临时性公益性岗位工作实施方案》
6 月 5 日	第六次常务会议	听取石拐区第七次人口普查工作情况的汇报
		研究审议《石拐区推进房屋产权登记办证工作实施方案》
		研究审议《关于解决蓝天城烂尾楼历史遗留问题的实施方案》
		研究包头市石拐区云计算服务项目协议有关事宜
		研究关于设置中小学校、幼儿园校医室及配备卫生专业技术人员有关事宜
		听取石拐区驻包部队随军家属安置任务的汇报
		研究审议《石拐区社会宣传阵地宣传内容管理办法》
		听取工业园区北镁渣场清理工作进展情况的汇报
		研究石拐区部分已供应土地拟收回的处置方案
		听取关于政府性基金项目支出列入暂付款和石拐区 2020 年财政预算调整方案的汇报
		研究资金拨付有关事宜： 1. 关于拨付标准化 PCR 实验室建设经费事宜 2. 关于拨付尾矿库安全风险评估经费事宜

续表8

时间	会议名称	会议内容
6月5日	第六次常务会议	3. 关于拨付清理后营子村拆迁工地建筑垃圾事宜 4. 研究近期重点项目重点工作拨款事宜
6月17日	第七次常务会议	听取全区苏木镇、街道下放行政权力事项清单情况的汇报
		听取中央环保督察及“回头看”反馈问题整改落实情况的汇报
		听取北镁科技、瑞川水泥退出大青山自然保护区工作情况的汇报；研究审议瑞川水泥退出大青山自然保护区协议
		听取解决房地产历史遗留问题进展情况的汇报
		研究重点工作资金拨付事宜
7月20日	第八次常务会议	研究防汛抗旱有关工作： 1. 传达学习贯彻习近平总书记两次对防汛救灾工作作出的重要指示精神 2. 传达学习贯彻7月17日中共中央政治局常务委员会研究部署防汛救灾工作会议精神 3. 传达学习贯彻7月8日国务院常务会议部署进一步做好防汛救灾工作会议精神 4. 听取全区近期防汛工作情况的汇报，安排部署下一步工作
		研究安全生产有关工作： 1. 集中观看安全生产警示教育片 2. 传达贯彻习近平总书记关于安全生产工作的重要指示精神 3. 研究《石拐区安全生产专项整治三年行动实施方案》（总方案） 4. 研究《石拐区安全生产专项整治三年行动实施方案》（分解方案） （1）研究《石拐区学习贯彻习近平总书记关于安全生产重要论述专题实施方案》 （2）研究《石拐区落实企业安全生产主体责任三年行动专题实施方案》 （3）研究《石拐区危险化学品安全专项整治三年行动实施方案》 （4）研究《石拐区冶金企业安全专项整治三年行动实施方案》 （5）研究《石拐区煤矿安全专项整治三年行动实施方案》 （6）研究《石拐区非煤矿山安全专项整治三年行动实施方案》 （7）研究《石拐区消防安全专项整治三年行动实施方案》 （8）研究《石拐区道路运输安全专项整治三年行动实施方案》 （9）研究《石拐区城市建设安全专项整治三年行动实施方案》 （10）研究《石拐区各功能区安全专项整治三年行动实施方案》 （11）研究《石拐区危险废物安全专项整治三年行动实施方案》

续表8

时间	会议名称	会议内容
7 月 21 日	第九次常务会议	听取 2020 年上半年全区经济形势工作情况的汇报，安排部署下半年重点工作
		听取 2020 年上半年法治政府建设情况的汇报，安排部署下一步工作
		听取 2020 年上半年民族工作情况的汇报，安排部署下一步工作
		听取全区未成年人思想道德建设工作汇报，安排部署下一步工作
		听取关于进一步规范洗煤企业运营监管标准情况的汇报
		研究五当召镇缸房地村供电改造有关事宜
		研究债务化解工作及资金拨付事宜
8 月 19 日	第十次常务会议	传达学习贯彻 8 月 17 日国务院常务会议精神和李克强总理关于做好新增财政资金直达市县基层直接惠企利民工作的讲话精神，安排部署贯彻落实工作
		传达学习自治区绿色矿山建设推进会议精神，听取自然资源局关于全区绿色矿山建设情况和《采煤沉陷区综合治理规划（2020－2024）》编制情况的汇报；研究审议石拐区申请纳入《自治区采煤沉陷区综合治理规划》备选项目情况有关事宜，安排部署下一步工作
		传达学习全市重大项目建设暨优化营商环境观摩推进会会议精神，研究审议《关于加快推进政府投资项目前期工作优化审批流程的通知》和《石拐区政务区块链应用合作协议》，安排部署贯彻落实工作
		听取石拐区上半年食品安全工作情况的汇报，安排部署下一步工作
		研究审议《市委第十一巡察组反馈意见整改落实方案》
		研究审议涉煤领域规范性文件清理有关事宜
		研究包头市廉政教育基地后勤服务用房及西侧生态护坡工程项目有关事宜
		研究审议石拐区编外人员申请调动工作单位有关事宜
		传达《呼和浩特局包头市人民政府关于恢复包石线运营的会议纪要》精神，听取石拐区工作进展情况的汇报，安排部署下一步工作
		研究近期重点项目、重点工作拨款事宜
9 月 9 日	第十一次常务会议	传达习近平总书记在经济社会领域专家座谈会上的讲话精神，听取石拐区“十四五”规划编制情况的汇报，安排部署贯彻落实工作
		传达学习《民意调查——包头市营商环境方面存在的问题及对策建议》文件精神，研究审议《石拐区优化营商环境行动方案》，安排部署贯彻落实工作

续表8

时间	会议名称	会议内容
9月9日	第十一次常务会议	研究审议《石拐区60万吨/年固体废弃物高值化综合利用项目投资协议》
		研究审议《石拐区社区工作者职业体系套转实施方案》
		研究6万头生猪养殖项目有关事宜
		研究绿源洁环保环卫产业公司、交管大队、驻区部队营房供暖改造有关事宜
		研究包头前途大宗畜产品交易有限公司国有股权退出事宜
		研究石拐区文旅和大数据产业发展战略有关事宜
		研究重点项目、重点工作拨款事宜： 1. 研究《石拐区无主尾矿库污染防治方案》编制费用拨付事宜 2. 研究石拐区中小学聘用督学有关事宜
9月25日	第十二次常务会议	研究部署全区秋冬季新冠肺炎疫情防控有关工作： 1. 传达9月22日市政府迎接国务院联防联控机制秋冬季新冠肺炎疫情防控专项督查工作部署视频会议精神 2. 传达学习《关于印发内蒙古自治区新冠肺炎疫情防控集中隔离场所建设方案的通知》《内蒙古自治区秋冬季新冠肺炎疫情防控工作方案》《包头市秋冬季新冠肺炎疫情防控工作方案》 3. 研究审议《石拐区秋冬季新冠肺炎疫情防控工作方案》《石拐区突发公共卫生事件应急预案》《石拐区新冠肺炎疫情防控集中隔离场所建设方案》，听取全区疫情防控工作情况的汇报，安排部署下一步工作
		传达学习贯彻自治区、包头市稳投资及重大项目建设调度会议精神，安排部署贯彻落实工作
10月10日	第十三次常务会	传达9月28日中共中央政治局会议精神和习近平总书记在教育文化卫生体育领域专家代表座谈会上的重要讲话精神，研究2020年前三季度经济运行及重点项目推进情况，安排部署下一步工作： 1. 听取全区前三季度经济指标完成情况及重点项目进展情况的汇报 2. 听取近年来全区一产、二产、三产各项指标情况的汇报 3. 听取全区各有关部门特别国债、专项债券使用情况的汇报
		听取近期脱贫攻坚工作进展情况及成果巩固情况的汇报
		听取石拐区国有资产及资产不明房屋建筑资产清查摸底阶段情况汇报和关于调整“新时代信托×蓝海722号单一财产信托”还款计划情况的汇报

续表8

时间	会议名称	会议内容
10月10日	第十三次常务会	研究审议《石拐区部分街镇行政区划调整的实施方案》
		研究教育工作相关事宜： 1.研究石拐区提升教育教学质量所需费用事宜 2.研究审议《关于表彰石拐区2019—2020学年度先进集体及先进个人的决定》
		研究2020年石拐区公开招聘大学生社会服务岗位人员有关事宜
		研究市纪委监委监察建议回复事宜
		研究近期重点工作及资金拨付等有关事宜： 1.研究石拐区加快推进文旅产业发展七项重点工作任务有关事宜 2.研究包头市廉政教育基地东侧山体水土综合治理项目资金有关事宜 3.研究购置机械化清扫车辆事宜 4.研究闽南建材城库房改造工程决算款资金拨付事宜 5.研究其他重点工作资金拨付事宜
11月9日	第十四次常务会议	进一步传达学习中共十九届五中全会精神，研究部署贯彻落实工作
		传达学习10月22日中央政治局常委会议精神和自治区党委书记石泰峰在呼和浩特、包头、鄂尔多斯三市调研并主持召开“十四五”规划编制工作座谈会会议精神，研究审议《石拐区“十四五”规划项目和2021年预算内资金项目储备工作清单》，听取石拐区“十三五”规划目标完成情况及“十四五”规划编制情况的汇报，安排部署下一步工作
		传达学习市委书记孟凡利在“包头学习”群的指示要求和第二百零七次市委常委会议精神，安排部署贯彻落实工作
		传达学习包头信息（第6期）社情分析专报，听取全区近期安全生产工作情况的汇报，安排部署下一步工作
		研究审议《石拐区招商引资高质量发展行动计划》（2020—2022）
		听取全区审计工作情况的汇报
		研究审议《石拐区居家和社区养老服务改革工作实施方案》
		研究审议新能源电动卡车换电设备生产制造及换电站项目投资合作协议书
		研究2020年退役军人安置有关事宜

续表8

时间	会议名称	会议内容
11月9日	第十四次常务会议	研究近期重点工作及资金拨付事宜： 1. 研究更换社会面宣传所需资金事宜 2. 研究编制虎头山青少年生态文明实践基地规划设计有关事宜 3. 研究拨付平达公司部分欠款有关事宜 4. 研究区纪委监委关于参照《包头市本级纪检监察专案经费管理办法》执行相关专案经费有关事宜
12月1日	第十五次常务会议	传达《国务院关于开展根治欠薪冬季专项行动的通知》，听取石拐区相关工作情况汇报，研究部署下一步工作
		听取11月11日区长办公会议督办近期重点工作落实情况的汇报： 1. 土地卫片整改工作 2. 房屋产权办理工作 3. 中央预算内投资项目整改工作
		听取中央巡视自治区反馈信访案件和自治区党委第二巡视组反馈信访事项办理情况汇报，研究部署下一步工作
		研究审议《石拐区属国有企业深化改革实施方案》，听取区属国有企业全面审计工作情况的汇报
		研究审议《石拐区应急储备粮管理办法》，听取全区粮食工作情况的汇报
		研究审议《石拐区优化社会投资简易低风险工程建设项目审批服务的实施意见》
		研究审议《喜桂图新区富力山投资建设项目补充协议》
		研究审议《石拐喜桂图新区城市供水运营管理移交协议书》，听取石拐老区供水情况的汇报
		研究近期重点工作资金拨付事宜
12月23日	第十七次常务会议	集中观看安全生产警示教育片
		传达学习自治区《关于全面加强危险化学品安全生产工作的实施方案》和《江苏响水天嘉宜化工厂"3·21"特大爆炸事故审判结果的通报》，听取全区安全生产专项整治三年行动及近期安全生产工作情况的汇报，安排部署下一步工作
		研究基层安监网格员调整分配有关事宜
12月23日	第十八次常务会议	传达学习12月11日中央政治局会议精神和中央经济工作会议精神，安排部署贯彻落实工作
		开展法治建设专题学习，集中学习《中华人民共和国传染病防治法》

续表8

时间	会议名称	会议内容
12 月 23 日	第十八次常务会议	传达学习近期习近平总书记重要讲话精神，研究审议关于 2020 年法治政府建设情况等 8 个报告 1. 传达习近平总书记在中央全面依法治国工作会议上的重要讲话精神和自治区法治政府建设电视电话会议精神，听取 2020 年法治政府建设情况的汇报 2. 传达 12 月 3 日中央政治局常务委员会会议精神，听取 2020 年脱贫攻坚工作情况的汇报 3. 听取 2020 年实施乡村振兴战略和落实河长制工作情况的汇报 4. 听取 2020 年生态环境保护工作情况的汇报 5. 听取 2020 年地方政府隐性债务化解工作情况的汇报 6. 听取 2020 年计划生育工作情况的汇报 7. 听取 2020 年食品安全工作情况的汇报
		传达自治区和包头市两级加强和改进民族工作专题研讨班会议精神，听取石拐区 2020 年民族工作情况的汇报
		研究审议《关于解决石拐区不动产登记中有关问题的办理意见》（试行）
		研究近期紧急资金拨付有关事宜

【疫情防控】

建立战时指挥体系，构筑起自下而上四级防控网络，在全市率先启动挂图作战，抽调精干力量组建73个尖刀班，发动干群1200余人，拨付疫情防控经费1310余万元，连续奋战90多个昼夜，全面保障百姓生命健康安全，实现“零疫情”。

【经济运行】

统筹推进疫情防控和复工复产，实行区级领导包联和特派联络员制度，制定出台战疫情、保稳定、促发展等各类政策措施140余项，为企业减免税费超4000万元，引导企业应对疫情影响，推动经济企稳回升。克服疫情影响，地区生产总值实现扭负为正；固定资产投资完成25.9亿元，比上年增长13.7%，增速位列全市第一；一般公共预算收入累计完成4.25亿元，比上年增长4.5%，自治区排名提升至56位；城乡居民人均可支配收入分别增长0.8%和8.3%；社会消费品零售总额下降6%。

【三大攻坚战】

2020年，投入扶贫资金1276万元，实施18个扶贫项目，不断强化利益联结机制，脱贫成果更加坚实。深入开展“决战决胜百日攻坚”“大走访大督查”行动，高质量完成上级巡视、巡察、督查、暗访反馈问题整改任务；高标准完成中央及自治区环保督察整改任务，拆除瑞川水泥并完成复绿，大青山国家级自然保护区优化调整取得阶段性成效。煤田火区生态治理工程顺利通过验收；化解债务3.91亿元，清理拖欠民营企业、中小企业账款1.24亿元，超额完成时序进度，有效化解地方债务风险。

【产业结构升级转型】

农牧业提优增效，3000亩高标准农田投入使用，全区农作物总播面积达2.23万亩。希望德康、八戒农牧和家庭农场发展迅速，生猪养殖规模不断扩大。工业经济提档增效，工业园区产值突破百亿元大关。“公改铁”项目（货物运输的主要方式由公路运输转变为铁路运输）取得阶段性成效；坤达鑫40万吨特种高品质硅铁合金、再生废钢铁回收利用、鑫源铸造10万吨精密铸造等一批转型扩能项目开工建设；10万吨甲醇项目竣工验收；500兆瓦光伏领跑者项目全面并网发电。现代服务提质增效，包头五当召通航机场正式运营；草原立新、十倍心意等4个食品加工项目入驻绿色农畜产品产业园；清理盘活“僵尸企业”5家；自治区全域旅游示范区创建稳步推进，五当召国家级森林公园、包头古城、花舞人间、青山印象等景点成为“网红打卡地”，全年累计接待游客77万人次，旅游综合收入达到1.55亿元。数字经济提速增效，专门组建数字产业园区和大数据管理中心，投资1.3亿元的华为移动工业互联网云数据中心初具规模，中兴网信、阿里钉钉入驻大数据产业园，数字经济发展势头良好。

坚持以改革统领高质量发展，累计完成重点改革任务83项，形成各类改革成果141个。在全市率先完成区属国有企业实体化运营改革，推动国有企业做优做强。2020年实施重点项目19个，完成投资24.46亿元；2021年实施重点项目25个，上半年全部开复工，完成投资5.74亿元。对标一流营商环境，持续深化“放管服”改革，率先推行“5+2”周末不打烊政务服务，在全市进行推广；不断强化“网上办”“掌上办”等服务模式，政务服务事项网上可办率达90%。成立规模为10亿元的包头市旗县区政府首支创新产业引导基金，为优质项目提供金融支持。

【城市建设】

创城整改提升和创卫复审迎检工作深入推进，城区环境持续优化。投资1.2亿元的国道210喜桂图新区段（原省道211线）市政道路改造工程建成通车；投入1600万元对新区绿化、美化、亮化升级改造，城区环卫机械化清扫率达76.6%；兴石达、蓝天城等遗留问题化解取得阶段性进展，全力解决喜桂图新区棚改房屋产权办理遗留问题，惠及居民6720户；新区消防站、图书馆、文化馆等公共服务设施陆续投入使用，城区品质显著提升。全面落实《石拐区乡村振兴战略规划》，17个嘎查村全部实现村集体经济收入翻番，厂汉沟村企共建运输服务、缸房地田园综合体、白菜沟黄芪土鸡蛋等集体经济累计实现收入789万元。投入2000万元深入推进农村牧区人居环境整治，农村牧区污水处理站实现中水回用，推广农村牧区卫生户厕1621户，新建改造城乡公厕9座，农村牧区人居环境全面改善。

【民生保障】

2020年，民生领域资金支出9.64亿元，民生支出占比70%以上。优先抓好稳就业工作，带动就业5000余人次，“零就业”家庭动态清零；城乡低保标准普涨到795元，发放各类惠民资金3407万元，惠及群众4.4万人次，城乡居民医保基本实现应保尽保；教育体系日臻完善，坚持“五育”并举，全面发展素质教育，推动公

办、民办教育融合发展，劳动教育走在自治区前列，投资1700万元的睿德幼儿园完成主体建设，教育环境不断优化；公共卫生体系建设进一步加强，推进全民新冠疫苗接种工作，区人民医院建设加快推进；举办包头市首届冰雪季、青山村首届壁画涂鸦大赛等文化活动；完成全国第七次人口普查工作；推进安全生产专项整治三年行动和全国第一次自然灾害普查工作，安全生产形势总体平稳；坚定不移推行使用国家统编教材工作；深入开展“解决信访问题年”专项行动，83件信访积案得到有效化解；全区治安案件查处率100%，刑事案件破案率比上年提高29%，平安石拐建设取得新成效。

【内部建设】

旗帜鲜明讲政治，严格落实意识形态工作责任制，铸牢中华民族共同体意识，不断加强阵地建设、民族事务管理和平安建设。法治政府建设扎实推进，2020年，办结行政复议和行政应诉案件13起，提供免费法律咨询1000余件，群众满意度100%，人大代表建议和政协委员提案全部高质量办结。定期专题研究部署党风廉政建设工作，深入开展人防系统、煤炭资源、供销系统、林草、矿山等领域违规违法问题专项整治，推动党风廉政建设和反腐败斗争向纵深发展。

综合政务

【概况】

2020年，区政府办公室坚持高标准、高质量办文办会，努力提升政务服务水平。督查督办各级党委、政府重大决策部署的贯彻落实及群众关心的热点难点问题。完成自治区、包头市等各级领导的调研视察接待工作，重点做好市委第七轮优化营商环境和第八轮“招商引资”高质量发展对石拐区委的巡察，完成区委常规巡查的整改工作等。

【队伍建设】

2020年，强化理论学习，不断提升办公室综合素质。学习习近平新时代中国特色社会主义思想、《习近平谈治国理政》、《习近平总书记关于民族团结的重要论述》等内容，制定详细的学习计划，运用“学习强国”学习平台、“包头微学习”“魅力喜桂图”各类微信公众号、报纸、杂志等载体，加强党员干部学习教育，提高政治理论水平。

贯彻落实《关于新形势下党内政治生活的若干准则》，坚持“三会一课”、组织生活会、主题党日、谈心谈话等组织生活制度。研究制定《石拐区人民政府办公室2020年党支部“三会一课”学习计划》，先后组织党员干部职工到包头市保密教育实训中心、内蒙古第一机械集团有限公司科研所、区党群服务中心进行参观学习，观看爱国主义题材电影，开展健步行、义务植树等形式多样的党日活动，规范记录组织生活开展情况，增强党内政治生活的政治性、时代性、原则性和战斗性。强化党的政治纪律和政治规矩专题教育，把握正确的政治方向，妥善化解矛盾。

发扬民主，定期不定期召开机关党组会和办公室例会，“三重一大”事项全部提交会议研究解决，广泛征求意见，保证决策的科学化和民主化，发挥强大助力、

共聚合力作用。

【办文办会】

坚持高标准、高质量的办文办会，努力提升政务服务水平。严把公文审核关。严把公文拟稿、审核、会签、签发程序关，对区政府各种汇报材料、政府工作报告、工作总结、工作计划、会议纪要和区政府领导的会议讲话稿等重要材料的起草和审核做到严谨细致，提高公文撰写质量，完成政府工作报告、工作总结等重要文稿230多篇。

强化公文运转，坚持“压缩数量、提高质量”的公文处理原则，文件的收、发、传、送、批、借、存、销等环节做到了程公文处理序化、制度化、科学化。全年共计收文4006件，办理密码电报及涉密文件215件，区政府、办公室发文774件，各级会议通知270件，保证政令畅通，办文效率提高。提升办会质量。全年承办区政府常务会议18次，政府党组会9次，区长办公会98次，推动政府各项工作的开展。

【督查督办】

将《政府工作报告》、人大代表意见建议、政协委员议案提案、民生好事事实等重点逐项细化、层层分解，确保工作任务“横到边、纵到底、全覆盖”，责任明确、无缝连接。建立目标责任制，实现以责任促落实、以责任保成效。强化各级党委、政府重大决策部署的贯彻落实，结合不同时段重点工作开展情况，对全区重点工程、重大项目和重要工作进行督查，并按照领导指示要求，对政府常务会议、党组会议、区长办公会议等会议议定事项有层次、分重点的进行专项督查。全年编发督查通知21期，形成“落实与反馈”32期。

按照“把握大局，围绕中心，突出重点，抓住关键”的工作思路，落实准确、快捷、高效的工作要求，创新督查手段，灵活采取实地督查、跟踪督办、明察暗访、电话检查、联合督查等方式对全区重点工作进行督查督办。

盯住群众关心的热点难点问题和来信来访反映利益诉求，结合代表建议、委员提案办理工作，并通过政府热线、市长信箱交办集中反映的问题，有针对性的进行跟踪督办。全年办理人大代表意见建议76件、政协委员提案议案61件，政府热线交办件303件、地方领导留言板7件、市长信箱10件。全年受理办结群众来信留言29条。及时处理民生微信热线群众反映的热点难点问题。

完成办公室春节、端午、清明、中秋等节假日、疫情防控等重点时段和全年全区政务值班安排，并对重点时期的值班情况进行了抽查。

坚持全员信息报送制度，健全信息报送考核制度，全年累计向市政府报送信息193条。及时汇总领导动态、收集各类部门工作动态、采摘国内重大政策信息，有效拓展信息渠道，为领导科学决策提供参考。

【巡察整改工作】

承接区委第六轮常规巡察和第七轮营商环境巡察。增强抓好整改落实的自觉性，整改工作落实及时、到位。重点做好市委第七轮优化营商环境和第八轮“招商引资”高质量发展对石拐区区委的巡察，客观全面反映全区优化营商环境工作成效。

【其他工作】

做好内部疫情防控工作，完成工会日常各项工作、法治政府建设工作，强化办

公室内部保密制度。规范后勤财务工作。做好公务用车派车系统登记工作，杜绝公车私用。按要求及时填报预决算，做好内控工作，定期进行固定资产的核对工作，做到账、物相符，严防公共财产流失。

为各级领导、部门和群众提供优质服务，确保各项工作推进。参与自治区党委书记石泰峰等3位自治区领导和赵江涛等10余位市领导的调研视察接待工作。配合开展区人大调研视察和区政协开展政治协商活动19次，协调区政府领导和部门定期向区人大常委会报告有关工作25项。

多次到绍卜亥嘎查进行疫情防控物资、脱贫帮扶资金等对口帮扶，解决养殖产业帮扶资金5100元，帮助村集体修缮入村道路，解决村民生产生活困难。

（李超）

政协石拐区委员会

【概况】

2020年，政协石拐区委员会（简称区政协）制定重点协商议题,组织主席会议成员、党组成员和界别委员，围绕脱贫攻坚、推进高质量发展、生态环境保护等重点工作开展调查研究、专项视察，组织实施“精品提案”工程，精选2020年重点督办提案。召开专题议政会议、主席会议专题协商，为全区经济发展议政建言。走访民主党派、工商联、人民团体和无党派人士等。做好县级领导包联企业、“一对一”帮扶、村集体经济发展、驻村蹲点等相关工作。全年召开常委会议4次、主席会议8次、协商调研7次、座谈6次，形成高质量专题调研报告6篇，专题协商报告2篇，协商建议百余条。全年接待自治区、包头市等各级各地政协和友好人士的来访考察15批次、260人（次）。

2020年，区政协七届委员会党组第十四次会议决定撤销1名委员职务。

4月22日，区政协做出《关于表彰优秀政协委员、优秀提案委员和提案承办先进单位的决定》，表彰10名优秀政协委员、10名优秀提案委员、6家优秀提案承办单位。

2020年石拐区政协优秀委员、优秀提案委员、提案承办先进单位一览表

表 9

优秀委员	王芝祥、渠平贵、赵伟、张君、董树雄、王少玲、刘晓明、刘武、姜奇、陆艺萌
优秀提案委员	《关于加强喜桂图新区及小区物业管理的提案》（张学慧）
	《关于进一步加强青少年法治教育的提案》（寇媛）
	《科学规划，加强管理，进一步提升石拐区城市水平，促进转型发展的提案》（于江）
	《关于加强农村牧区建设，大力实施乡村振兴战略的提案》（王利君）
	《关于加强乡镇文化站建设促进乡风文明的建设》（王惠梅）
	《关于打赢精准扶贫攻坚战方面的提案》（王巧俊）
	《石拐旧区旅游资源调查补充、成图、成册的提案》（张如军）
	《关于加强农村环境综合整治的提案》（苏文光）
	《关于加强对资源枯竭型城市转型发展支持的提案》（陈雪飞）
	《关于整改“打包”旅游资源创建AAAAA级旅游景区的提案》（彭志强）
提案承办先进单位	区文体旅游广电局、区农牧局、区住建局、物流园区管委会、区发展和改革委员会、区卫生健康委员会

【政协会议】

2020年，区政协召开全体委员会议2次。

政协石拐区第七届委员会第三次会议 4月26—27日，政协石拐区第七届委员会第三次会议召开。本次会议应出席委员108人，实到100人。

米巧琳代表政协石拐区第七届委员会常务委员会作工作报告。

闫崇润受政协石拐区第七届委员会常务委员会委托，向大会报告政协七届二次会议以来的提案工作情况。

会议听取政协石拐区第七届委员会第三次会议提案审查情况的报告。

区委副书记、区长李新春，区人大常委会主任魏强以及其他县级领导应邀出席大会。神华包头矿业公司、为者常成网络科技有限责任公司负责人应邀出席大会。驻区市政协委员、部分区属委办局领导、部分企业负责人列席会议。

4月27日，会议表决通过政协石拐区第七届委员会关于常务委员会工作报告的决议；通过政协石拐区第七届委员会常务委员会关于政协七届二次会议以来提案工作情况报告的决议；通过政协石拐区第七届委员会第三次会议政治决议。

会议表彰优秀政协委员、优秀提案委员和提案承办先进单位。李新春、王荣、闫崇润分别为获奖委员和单位颁奖。优秀政协委员代表作履职发言。

李新春代表区委对大会成功召开表示祝贺。

米巧琳就如何贯彻落实好本次会议精神及今后的政协工作提出要求。

区政协七届二次会议以来，政协委员提出提案66件，其中，经济工作方面12件，文教卫生方面12件，农牧林水方面11件，社会民生方面11件，道路交通方面5件，生态环境方面2件，城市建设方面8件，其他方面5件。

政协石拐区第七届委员会第四次会议 8月10日，政协石拐区第七届委员会第四次会议召开。会议应到委员107人，实到96人。

区委书记高闻何到会祝贺并讲话。区委副书记、区长李新春，区人大常委会主任魏强以及其他县级领导应邀出席大会。

会议选举白相工为政协石拐区第七届委员会主席；增补王靖涛、周秀林、孙建媛、陈玉霞、张浩、顾鑫、宝音、安慧8人为常委会委员。

【常委会会议】

区政协七届常委会第十次（扩大）会议 4月22日，区政协七届常委会第十次（扩大）会议召开。会议由米巧琳主持。区政协副主席王荣、闫崇润，区政协办公室主任王靖涛，区政协经济委员会负责人孙建媛及10名委员出席会议。

会议传达包头市政协第十三届委员会常务委员会第十三次会议精神；审议通过《关于部分委员辞去政协石拐区第七届委员会常委、委员的请示》《关于增补政协石拐区第七届委员会委员候选人的建议名单》，审议通过《关于召开政协石拐区第七届委员会第三次会议的决定》《政协石拐区第七届委员会常务委员会工作报告》《政协石拐区第七届委员会常务委员会关于七届二次会议以来提案工作报告》；研究讨论《政协石拐区第七届委员会委员第三次全体会议日程》。

区政协七届常委会第十一次（扩大）会议 4月27日，区政协七届常委会第十一次（扩大）会议召开。会议由区政协副主席米巧琳主持。区政协副主席王荣、闫崇润，区政协办公室主任王靖涛、区政协经济委员会负责人孙建媛及10名委员参加会议。

会议听取各讨论组关于政协石拐区第七届委员会常务委员会工作报告和七届二次会议以来提案工作情况报告讨论情况的汇报；听取各讨论组关于政府工作报告及其他报告讨论情况的汇报；听取各讨论组审议会议相关决议(草案)情况的汇报。

石拐区“落实优化营商环境各项部署，进一步加强营商环境建设”民主监督协商会议暨石拐区政协第十二次常务委员（扩大）会议 7月31日，石拐区“落实优化营商环境各项部署，进一步加强营商环境建设”民主监督协商会议暨石拐区政协第十二次常务委员（扩大）会议召开。

会议由石拐区政协党组书记白相工主持。市政协经济委主任付钧，副区长李秀芳，区政协副主席、总工会主席米巧琳，区政协副主席王荣、闫崇润，区政协机关党组书记、办公室主任王靖涛，区政协综合委员会主任周秀林，以及区政协经济界别委员，石拐优化营商环境专题调研组全体成员，区政协经济界别委员，区政府办、区工业园区、区发改委、区自然资源局、区生态环境保护局、区商务科技局、包头市城市共同配送物流园区相关负责人出席会议。

会议听取区政府通报“落实优化营商环境各项部署，进一步加强营商环境”建设情况；区政协经济委主任代表专题调研组作调研报告；调研小组作重点协商发言；区政府领导讲话。

区政协七届十三次常委会（扩大）会议 8月3日，区政协七届十三次常委会（扩大）会议召开。会议由区政协副主席米巧琳主持。区政协副主席王荣、闫崇润及11名委员出席。

会议审议通过《政协石拐区第七届委员会第四次会议议程》（草案）、《政协石拐区第七届委员会第四次会议日程》（草案）；研究讨论政协石拐区第七届委员会主席候选人建议名单、政协石拐区第七届委员会增补常务委员候选人建议名单。

区政协第十四次常委（扩大）会议 8月9日，区政协第十四次常委（扩大）会议召开。会议由区政协副主席米巧琳主持，区政协副主席王荣、闫崇润及10名委员参加。会议研究审议并通过政协石拐区第七届委员会第四次会议选举办法（草案）；提出并研究讨论政协石拐区第七届委员会主席以及增补的常务委员候选人建议名单。

区政协石拐七届十五次常委（扩大）会议 8月10日，区政协七届十五次常委（扩大）会议召开。会议由副主席米巧琳主持，副主席王荣、闫崇润及11名委员参加。

会议听取各讨论组关于政协石拐区第七届委员会第四次会议选举办法(草案)，关于政协石拐区第七届委员会主席、常务委员候选人建议名单，关于推举监票人、总监票人讨论情况汇报并进行表决。

【主席会议】

2020年，区政协召开主席（扩大）会议8次。

区政协七届委员会第一次主席（扩大）会议 1月15日，区政协七届委员会第一次主席（扩大）会议召开。会议由区政协主席王威主持。副主席米巧琳、王荣、闫崇润参加；政协办公室主任王靖涛、综合委员会主任周秀林参加会议。

会议研究讨论区政协七届三次会议筹备工作情况的报告（讨论稿），区政协七届三次会议优秀政协委员、优秀提案委员、优秀提案承办单位事宜；“三重一大”事项。

区政协七届委员会第二次主席（扩大）会议 3月16日，区政协七届委员会第二次主席（扩大）会议召开。会议由区政协主席王威主持。副主席米巧琳、王荣、闫崇润，区政协办公室主任王靖涛、综合委员会主任周秀林、经济委员会负责人孙建媛参加。

会议研究讨论区政协七届三次会议工作报告（讨论稿），区政协七届二次会议以来提案工作报告（讨论稿）；听取近期各项工作推动情况汇报。

区政协七届委员会党组暨第三次主席（扩大）会议 3月26日，区政协七届委员会第三次主席（扩大）会议召开。会议由区政协主席王威主持。副主席米巧琳、王荣、闫崇润及办公室、专门委员会负责人出席会议。会议传达学习中共中央办公厅印发的《党委（党组）落实全面从严治党主体责任规定》；审议通过《石拐区政协2020年党风廉政建设和反腐败工作方案（草案）》；签订政协2020年党风廉政建设责任书。

区政协七届委员会党组暨第四次主席（扩大）会议 6月19日，区政协七届委员会第四次主席（扩大）会议召开。会议由白相工主持。副主席米巧琳、王荣、闫崇润及办公室、专门委员会负责人出席。会议研究审议《中共石拐区委关于进一步加强和改进新时代人民政协工作的意见（代拟稿）》《拟定2020年重点督办提案》《开展营商环境民主监督协商工作方案》等，听取近期工作汇报，安排部署下一阶段工作。

区政协七届委员会第五次主席（扩大）会议 7月27日，区政协七届委员会第四次主席（扩大）会议召开。会议由白相工主持。副主席米巧琳、赵换连、王荣、闫崇润及办公室、专门委员会负责人出席会议。会议研究审议《中共石拐区委关于进一步加强和改进新时代人民政协工作的意见（代拟稿）》《石拐区“落实优化营商环境各项部署，进一步加强营商环境建设”调研报告》；研究审议“清风干部”“清风干部标兵”“清风示范岗”人员名单；听取区政协七届四次会议筹备情况汇报。

区政协七届委员会第六次主席（扩大）会议 8月19日，区政协七届委员会第五次主席（扩大）会议召开。会议由白相工主持。副主席米巧琳、赵换连、王荣及办公室、专门委员会负责人出席会议。会议研究审议《石拐区政协履职工作规则》（征求意见稿）、《石拐区政协党组关于党组成员联系党员委员、党员委员联系党外委员制度》（征求意见稿）；听取政协办公室近期工作汇报。

区政协七届委员会第七次主席（扩大）会议 10月21日，区政协七届委员会第七次主席（扩大）会议召开。米巧琳、

王荣、闫崇润、王靖涛、周秀林、孙建媛出席。会议传达学习习近平总书记在中央党校（国家行政学院）中青年干部培训班开班式上的重要讲话精神，习近平总书记关于巡视工作的重要论述精神；传达学习9月28日中共中央政治局会议精神；传达学习书记孟凡利讲话精神。会议研究近期工作及“三重一大”事项。

区政协七届委员会第八次主席（扩大）会议 11月9日，区政协七届委员会第八次主席（扩大）会议召开。米巧琳、王荣、闫崇润、王靖涛、周秀林出席。会议传达学习党的十九届五中全会精神，安排部署贯彻落实工作；传达学习《习近平谈治国理政》（第三卷）、《习近平总书记关于民族工作的重要论述》、推广普及国家通用语言文字的重要指示精神。会议研究审议《关于加强和改进民族工作专题民主生活会工作方案》；研究撤销杨晓丽石拐区七届政协委员事宜。

【参政议政】

牢牢把握新时代人民政协的性质定位，坚持中国共产党对政协工作的全面领导，深入贯彻落实上级决策部署和区委工作要求，以高标准、严要求，落实区委批准的年度协商计划，聚焦区委中心任务更加精准、与群众关切更加贴近。把区委、区政府的重大决策部署，转化为全体政协委员和社会各界人士的广泛共识和行动自觉。在委员中开展“建言十四五，我为石拐献一策”优秀建言献策评选活动。努力做到区委想什么、政协议什么，政府干什么、政协帮什么，确保政协工作始终与区委、区政府中心工作同步合拍。

贯彻落实区委决策部署安排，在学习贯彻中共十九届五中全会、上级政协工作会议精神过程中，着重用“政协故事”阐释中国特色社会主义制度的显著优势，引导政协委员切实增强“四个意识”、坚定“四个自信”、做到“两个维护”，不断增强思想引领、凝聚共识的政治基础。在政协委员和机关干部职工中开展庆祝包头市政协成立65周年经典诵读展示暨建设“书香政协”委员读书活动，通过赠送图书和委员们倾情朗诵，歌颂中国共产党的丰功伟绩和石拐区经济社会发展的辉煌成就。

坚持以改革创新的理念推进政协工作，组织政协各参加单位和广大政协委员优质高效地开展好各类协商活动，健全完善协商成果办理、反馈、督办机制，确保协商成果落地生效。深入学习贯彻落实自治区、盟市、旗县（市区）三级政协联合开展优化营商环境民主监督专题协商工作的决策部署，组织14名政协委员，成立优化营商环境专题调研组，围绕“落实优化营商环境各项部署，进一步加强营商环境建设”开展专题协商。通过实地走访、问卷调查、座谈研讨、民主监督等方式，梳理出全区优化营商环境建设工作中存在的主要问题及对策建议，并形成高质量的调研报告，供区委、区政府决策参考。

【建言资政】

紧扣区委、区政府的大事要事，改革发展的重点难点，百姓关注的热点焦点，深度调研、专题协商、监督视察，使专门协商机构“专”出特色、“专”出质量、“专”出水平。重点就优化营商环境、教育事业发展、城市整体形象提升等事关全区经济社会发展的热点难点问题，以常委

会议、主席会议、专委会议对口协商等多种协商形式开展多视角、多层面的协商议政活动，在交流中完善建议，在共商中集思广益，在协商中深化共识。召开常委会议4次，主席会议8次，协商调研7次，座谈6次，形成高质量专题调研报告6篇，专题协商报告2篇，协商建议百余条。构建以党委领导、政府支持、政协搭台、各方配合为框架的协商民主新格局，推进协商民主广泛、多层、制度化发展。

【民主监督】

提高民主监督实效。选派35名政协委员担任监督员，参与区政府各部门、司法机关的党风党纪、警风警纪、行风政风等各类日常性的监督工作，履行民主监督职能，促进有关部门工作作风的转变。在区公共法律服务中心建立“政协委员之家”，拓展委员履职平台、创新委员社会实践、完善委员管理制度。将政协委员联络站和政协委员之家建设成为政协组织与群众的“连心室”、收集反映社情民意的“直通车”、委员发挥主体作用的“大舞台”、政协组织与委员之间的“新纽带”。

【提案办理】

通过政协会议、视察调研、政协提案，针对不同阶层、不同群体的利益诉求，及时提出具有针对性、可行性的意见建议，为区委、区政府判断形势、科学决策提供参考，为解决人民群众的切身利益问题资政建言。组织实施“精品提案”工程，努力做好提案的“提、立、办、督、评”等工作，确保提案工作更加规范有序、富有成效。在工作中落实区政协主席会议成员领衔督办重点提案工作机制，提高提案落实率和解决率，提升提案办理协商的科学化水平，加大现场办理、跟踪办理、联合办理力度。密切与党政部门的联系与合作，促进提案意见建议落到实处。七届三次、四次会议以来的61件提案全部办理完毕并答复委员本人，委员满意率97%。

【民生福祉】

推进“务实型”政协建设，履职中从注重“做了什么”“做了多少”向“做出了什么效果”转变。

自觉在石拐区委领导下谋划和推进工作，做到重要工作及时报告、重大事项及时请示、重要议题及时沟通、年度协商计划报请区委批准后实施。印发《石拐区政协履职工作规则》《石拐区政协党组关于党组成员联系党员委员、党员委员联系党外委员制度》，实现党的组织对党员委员的全覆盖、党的工作对政协委员的全覆盖。按照《石拐区政协系统助力脱贫攻坚的实施方案》，号召全体政协委员从产业帮扶、健康帮扶、智力帮扶、科技帮扶、公益帮扶、结对帮扶6个方面投身到助力脱贫攻坚工作中。班子成员定期深入贫困户家中关注贫困户生产生活情况，宣传脱贫攻坚相关政策，为帮扶对象解决实际困难。为贫困户捐款3000元、为帮扶村捐款1万元。深入包联村为村集体经济发展出谋划策，并送去电脑、打印机以及部分健身器材、实用技术书籍等价值4万余元的物资。发挥政协组织在经济建设中的作用，强化政企沟通和协调，更好地发挥招商引资的作用，并将收集到的意见建议进行梳理汇总，向区委、区政府反馈，为更好的推动全区高质量发展建言献策。

【调研视察】

精心设计调研活动内容，改进会议组织形式，邀请党政领导与政协委员面对面参与调研，增强政协调研活动的吸引力。完成脱贫攻坚、公共卫生服务体系、包头古城及花舞人间景区停车场接待能力及规划建设情况等调研视察活动。调研中针对不同界别委员的特点和委员活动小组的划分，合理规划政协各专项调研小组组成人员，通过邀请相关专家参与的方式，确保区政协调研、视察、协商报告等履职成果有见地、有分量，更符合高质量发展的各项要求，得到市、区领导高度重视，成效显著。

【委员工作】

依托委员微信群、委员学习小组等载体，开展正面发声、政策宣传、解疑释惑等工作，在凝聚共识中发挥更大影响力，推动政协工作不断提质增效。在政协主席、副主席联系委员制度的基础上，落实区政协领导走访界别、看望委员制度，及时沟通有关情况，并就共同关心的一些重大问题交换意见，进一步形成畅所欲言、生动活泼、合作共事的良好氛围。全年组织4次委员培训，从全国两会精神、中共十九届五中全会精神、提案撰写、增强政协委员党性修养、提升工作创新与能力等内容，到哈尔滨工业大学的具体实践，对委员进行多角度、全方位的学习培训，引导委员在知情明政中提高服务大局的水平，为开创新时代人民政协事业新局面奠定理论基础和思想基础。引导委员撰写符合区情，具有前瞻性、科学性和可操作性的提案。建立委员履职档案，对委员参与政协会议和调研视察履职活动提出量化指标。完善主席会议成员分工联系专委会，专委会联系界别活动组制度，支持专委会开展特色履职活动，依托专委会开展专项调研活动，统筹安排各界别委员参加政协履职活动，不断提高委员参与的主动性和积极性。加强委员联络服务工作，适时开展走访看望、恳谈交流等联谊活动，增进委员对政协组织的认同感和归属感。

【内部建设】

坚决贯彻新时代党的建设总要求，把党的领导落实到政协履职的各方面、全过程。严格执行民主集中制，认真落实政协党风廉政建设责任制，贯彻领导干部“一岗双责”制度。持续巩固深化“不忘初心、牢记使命”主题教育成果，依托“五化协同、大抓基层”工作机制，深入开展“两提三强六推进”教育活动。定期召开意识形态工作专题会议，切实抓好意识形态工作的组织实施，承担起意识形态工作主体责任，把握工作主动权和领导权。切实发挥好专门协商机构的作用，凝聚最大共识、汇聚坚强合力，为推动石拐区高质量发展聚合力、添动力。

深化“双一流”模范机关建设。加强对区政协网站、微信宣传平台的管理。牢固树立“精品意识”，实现公文分类登记、运转审批、整理归档“零失误”。提高会务服务标准，全年承办各类会议、活动实现“零差错”。修编完善政协常务委员会工作规则、提案工作条例、主席会议议事规则、党风廉政建设责任制实施办法等工作规则和工作纪律，使机关工作更加规范高效。加强与各级各类新闻媒体的通力协作，全年向各类媒体平台发稿50余篇。向市政协报送理论文章16篇，其中

《挖掘鹿城特色资源打造草原旅游名片》《创新协商民主工作机制提升专题协商质量》入选为市政协大会发言。注重加强与上级政协的沟通和联系，以联合联动的方式推动共同提升履职成效和工作创新，多次配合自治区和包头市政协在石拐区开展调研视察和项目督查等活动。接待自治区、包头市等各级各地政协和友好人士的来访考察15批次、260人（次），先后组织人员5批次60人（次）赴兄弟旗、县、区政协进行学习考察和工作交流，为加强地区间的经济文化交流创造条件，搭建相互学习借鉴、共谋发展的广阔平台。

【办公室工作】

动员全区政协委员投身疫情防控阻击战。按照区委安排，区政协主席会议成员开展包联、督导工作，做好区政协机关疫情排查、管理和处置工作。区政协机关全体工作人员分赴街道、社区、物流园区、一级公路等疫情监测点，参与到一线防疫工作。政协机关干部在入户过程中坚决当好“广播员”，每到一户，就及时宣传发放疫情防控资料，为居民登记发放出入证，并与居民签订《坚决执行新型冠状病毒感染肺炎疫情防控措施承诺书》，与外出返乡人员签订自我隔离承诺书，全面做好健康监测、登记上报等保障工作。在包联一级公路执勤过程中，严格落实“一测温、二询问、三查验”的卡点值守规范，重点对进出车辆及乘车人员进行查验登记，严控外来人员进入，防止疫情在辖区交叉感染、传播扩散。

做好各类会议、活动的组织、协调和后勤保障等会务服务工作。2020年，组织召开全委会会议2次、常委会会议4次、主席会议4次、党组会议14次、专题协商会议10余次、各种评议、测评和座谈会10余次，机关每月党组会议、党支部会议等工作会议20次。做好政协石拐区第七届委员会第五次会议各项筹备工作。

制定《石拐区政协关于围绕“落实优化营商环境各项部署，进一步加强营商环境建设”开展民主监督协商工作方案》，组建政协民主监督协商工作组、专题调研组等相关组织机构，并开展各项工作。2020年委派政协委员担任全区行风评议、廉政监督、执法检查等工作监督员15人次。

制定区政协2020年优化营商环境、教育事业发展、田园综合体建设等重点协商议题。

与相关苏木、镇、各街道、部门及各专委会、联络站、界别和委员沟通联系，精心筹划，做好履职活动的组织、协调、后勤保障等工作。2020年，区政协办公室组织、协调完成“公共法律服务体系”“优化营商环境”“石拐区教育事业发展”等专题调研和“石拐区脱贫攻坚‘三落实、三精准、三保障’工作落实情况”“石拐区污染防治攻坚战巩固环保整治成果”等视察活动。协助市政协完成“优化营商环境”等专题调研。完成关于“落实优化营商环境各项部署，进一步加强营商环境建设”等专题协商任务。联系、协调、组织全区政协委员赴哈尔滨工业大学开展第三期政协委员培训学习。

精选2020年重点督办提案6件。加大现场办理、跟踪办理、联合办理力度，促进提案意见建议落到实处。

完善社情民意信息收集、整理、反馈制度，组织开展“政协委员进社区”活

动，收集和反映不同阶层、不同群体的利益诉求，提出具有针对性、可行性的意见建议。

指定专人在区政协党组、机关党组网上学习讲堂和政协委员微信群及时转发习近平总书记关于脱贫攻坚工作重要论述及重要讲话内容，并要求全体干部职工及政协委员进行学习。党组、机关党组中心组深入学习习近平总书记在脱贫攻坚座谈会上的讲话、石泰峰书记在自治区决战决胜脱贫攻坚工作会议上的讲话、孟凡利书记在全市决战决胜脱贫攻坚工作会议上的讲话、高闻何书记在全区决战决胜脱贫攻坚工作会议上的讲话，先后5次学习“深刻理解习近平总书记关于脱贫攻坚的重要论述全力以赴决战決胜脱贫攻坚”“决胜全面小康决战脱贫攻坚”“中国药方——精准扶贫”等宣讲提纲及宣讲课件等。

学习贯彻廉洁自律准则、纪律处分条例、问责条例和党内监督条例等党内法规。举办廉政警示教育专题讲座，开展廉政实地教学，深入推进廉政文化进机关，不断强化党员干部纪律意识、规矩意识。全体党员干部按照相关要求填写干部廉政档案个人有关事项报告表、干部廉政档案个人履历表，如实上报个人事项。

制定《石拐区政协防范化解意识形态工作风险清单》《石拐区政协意识形态工作风险防范预案》《石拐区政协意识形态工作横向（纵向）三级网格》《石拐区政协意识形态阵地管理职责清单》《石拐区政协舆情监督库》等。

定期深入贫困户家中宣传脱贫攻坚相关政策，为帮扶对象解决实际困难。2020年，为贫困户捐款3000元、为帮扶村发展村集体经济捐款1万元。

11月，筹办庆祝包头市政协成立65周年经典诵读展示暨“书香政协”委员读书活动。

（杨光海）

纪检监察

【概况】

2020年，石拐区纪委监委坚持稳中求进工作基调，忠实履行监督职责，正风肃纪，坚定不移惩治贪腐，推动新时代纪检监察工作高质量发展。

【重要会议】

中共石拐区第十三届纪律检查委员会第五次全体会议 4月8日，中共石拐区第十三届纪律检查委员会第五次全体会议召开。出席会议的区纪委委员15人，列席280人。区委副书记、政府区长李新春出席会议并讲话。

全会审议通过区委常委、纪委书记、监委主任王惠代表区纪委常委会所作的《忠诚履职勇担当砥砺奋进谱新篇 为决胜全面建成小康社会决战脱贫攻坚提供坚强纪律保障》的工作报告。市纪委监委第二监督检查室负责人到会指导。

全会总结2019年纪检监察工作，安排部署2020年主要任务。

全会要求，全区各级纪检监察机构深化政治监督，以“两个维护”的实际行动保证党中央决策部署落到实处；持续深化纪检监察体制改革，推动监督体系优势更好地转化为现代化的治理体系和治理能力；践行以人民为中心的发展思想，大力整治群众反映强烈的突出问题；开展“精准监督年”活动，加强对权力运行的监督；持续深化正风肃纪，巩固作风建设成果；巩固深化政治巡察，推动发现问题更好地转化为震慑遏制治本作用；强化“三不”一体进程，巩固发展反腐败斗争压倒性胜利；始终牢记打铁必须自身硬，全力打造忠诚干净担当的纪检监察干部队伍。

全区警示教育大会 9月18日，全区警示教育大会召开。全区近270名党员干部参加。与会人员集中观看廉政微电影《黑砂》。区委常委、纪委书记、监委主任王惠结合片中案例和区纪委监委倒查20年，大排查、大起底发现的14起煤炭资源领域违纪违法案件进行深入剖析。为全体党员干部发放涵盖20个方面94个典型案例的《专项典型案例》及《中央八项规定精神100条纪律红线》等警示教育资料。

会议要求，全区广大党员干部提高政治站位，始终做到忠诚于党和人民。强化自律意识，始终保持清正廉洁的政治本色。压实“两个责任”，推动全面从严治党向纵深发展。纪检监察机关、各派驻机构严格履行监督责任，结合正在开展的“精准监督年”活动、煤炭资源领域违规违法问题专项整治、人防系统腐败问题专项整治等工作，严肃查处政治不过硬、履职不担当、搞形式走过场、庸懒散漫、落

实不力等问题，着力营造风清气正的良好政治生态。

全区警示教育大会 12月24日，全区警示教育大会召开。近300余名党员干部参加。会议邀请包头市委党校教授作了题为《一以贯之坚定不移推进全面从严治党》的专题辅导。组织全区县级领导、科级干部、各嘎查（村）社区“两委”班子成员集中观看《扫黑除恶之打伞破网》警示教育专题片。

会议要求，各级党委（党组）切实将主体责任抓在手上、扛在肩上，把扫黑除恶专项斗争工作作为一项机制化、常态化工作开展，切实巩固扫黑除恶专项斗争成果。广大党员干部深刻汲取违纪违法案例中的教训，时刻摆正自己的位置，清醒地认识到手中的权力是人民赋予的，时刻以党的事业、群众的利益为重，守住底线、不踩红线、不碰“高压线”。

【政治监督】

把学懂弄通做实习近平新时代中国特色社会主义思想作为首要政治要求。2020年，区纪委常委会、理论学习中心组先后18次召开会议，系统全面、及时跟进、联系实际深入学习贯彻总书记重要讲话、指示批示精神及各级纪委全会的决策部署。立足5个方面细化监督台账107项，从监督检查、审查调查、巡察监督3个方面明确任务清单27项，严明政治纪律和政治规矩。疫情防控监督检查中，督查区属部门单位、居民小区、交通站点1239次，督促整改问题79个，提出意见建议13条，对1起3人失职失责问题在全区范围内通报批评；集中开展优化营商环境“大走访”活动，走访企业42家、相关职能部门11个，座谈交流35次，个别访谈18次，发现问题34条。

【专项整治】

推动扶贫领域腐败和作风问题整治。开展督查检查3轮，发现问题23个，下发问题整改通知书16份，针对发现的2项突出问题，向3个部门单位下达督办函，制定《关于对扶贫领域腐败和作风问题相关责任人进行约谈的工作规则》，对走访过程中发现的1名“一对一”帮扶干部和1个村两委班子履职不到位的问题，现场下发约谈通知书，对8名相关人员进行约谈提醒。

6月，区纪委监委深入贫困户家中了解驻村干部工作开展情况　　吴瑜摄

开展扫黑除恶专项整治。组织“点对点”会议5次，受理扫黑除恶相关问题线索2件，均已办结。按照《关于对中央扫黑除恶专项斗争督导“回头看”反馈问题整改方案》要求，对4类、13个具体问题提出整改措施19项，并全部整改销号。第一时间下发《关于开展人防系统腐败问题自查的通知》，梳理排查应收费项目51个，下发30个项目缴费通知书和缴费决定书，下发督办函1份、整改建议书1份，对1起履职不力问题予以立案，问题线索破零。实施“366”挂图作战法（绘制三张图纸：画出实施步骤图、细化工作流程图、挂出《石

拐区煤炭及煤田火区分布图》；制发《石拐区煤炭资源领域违规违法问题专项整治工作领导小组监督责任办公室配套工作制度》，涵盖《请示报告、会议制度》《衔接联动制度》《工作报告制度》《督办落实制度》《档案管理制度》6项制度；制定石拐区煤炭资源领域违规违法问题专项整治立行立改情况表、会商协调情况表、任务推进情况表、问题线索台账、监督督办台账、工作成果情况表等6本工作台账），对主体办13个专项工作组工作推进情况动态监督5轮28次。全面起底、逐项排查2000年以来煤炭资源领域问题线索，通过3轮排查梳理出涉及煤炭领域问题线索74件，立案16件，办结16件，给予党纪政务处分31人；2020年，收到问题线索17件。开展厉行节约反对餐饮浪费督查检查8次、食品安全责任制落实情况监督检查3次，发现问题2个，组成2个督查组到辖区9所中小学幼儿园开展全区通用教材工作监督检查1次，制定《石拐区关于开展冒名顶替上大学问题专项清查处置工作的方案》，推进冒名顶替上大学问题专项清查。

坚持节前提醒与明察暗访并重，在春节、“五一”等重要时间节点，提前下发通知，明确“十四个严禁”（严禁用公款购买、赠送月饼、大闸蟹等各种节礼；严禁违规发放津贴、补贴、奖金和实物；严禁用公款相互宴请、旅游和参与高消费娱乐健身活动；严禁违规收送各类名贵特产及其他礼品、微信红包及其他形式的礼金、消费卡等；严禁违规操办婚丧喜庆事宜或借机敛财；严禁公车私用、“私车公养”及借管理和服务对象的车辆；严禁酒驾醉驾；严禁违规出入私人会所；严禁违规接受管理和服务对象安排的宴请和旅游等活动；严禁参与赌博；严禁搞形式主义、官僚主义；严禁违反换届纪律；严禁违反疫情防控要求等各种违规违纪违法行为等）。对滥发津补贴、公款接待、公车私用等违纪违法问题进行明察暗访，发现问题16个，按照管理权限向上级移交15件，本级办理1件。受理违反中央八项规定精神问题线索13件，立案2件，给予党纪处分1人。颁发《关于形式主义、官僚主义问题自查工作的通知》，组织全区各部门单位开展对照贯彻落实党中央决策部署、履职尽责、服务经济社会发展、联系服务群众等方面自查自纠，受理涉及形式主义、官僚主义问题线索15件，立案2件，办结6件，给予党纪处分2人。发布《石拐区嘎查村（社区）两委换届选举工作中受理信访举报的公告》，畅通信访举报渠道，严肃换届纪律。

【精准监督】

开展“精准监督年”活动，建立完善监督底单机制、大数据应用机制在内的6项机制、22项具体任务。加大派驻机构日常监督力度，参加驻在部门党风廉政工作、“三重一大”等会议80余次，处置问题线索41件，办结33件，提醒谈话5人次，诫勉谈话2人次。推广使用“三务公开+”再监督系统，全方位打造大数据综合监督分析平台建设。2020年，导入信息6400余条，公开发布本年度“三务”公开信息1774余条，下发整改通知书37份，下发督办函5份。链接职能部门工作平台，录入“两个责任”信息2347余条，公开民生领域13项、重点领域10项、专项监督10项，实现对公开内容、公开形式、公开时限自上而

下的实时精准监督。推进基层版检举举报控告系统应用，实现基层全覆盖。

【基层“微腐败”大清扫行动】

2020年，班子成员下访68批次，142人次，接待反映人85人次，排查信访问题56件，下访处置52件。受理检举控告类信访举报23件，初步核实14件，了结19件，立案1件。颁发《基层“微腐败”大清扫行动工作方案》《关于领导班子成员牵头负责清理基层“微腐败”相关线索的通知》，第一轮清扫行动涉及的60个信访举报件全部办结，立案7件，给予党纪处分7人，政务处分2人，组织处理10人，及时将办理结果反馈实名举报人或被反映人所在党组织，反馈满意51件，满意率85%。第二轮第一、二批清扫行动涉及的19个信访举报件办结6件，答复满意度100%。

【反腐倡廉】

2020年，石拐区纪委监委共接收信访举报236件，处置问题线索131件，立案27件27人，采取留置措施5人，给予党纪政务处分30人，移送检察机关审查起诉2人，收缴违纪违法所得款5760万元。运用监督执纪“四种形态”批评教育帮助和处理178人次，第一种形态142人次，第二种形态27人次，第三种形态6人次，第四种形态3人次。深化以案促改，下达纪律检查建议书6份、监察建议书11份。

组织开展廉政警示教育5次，剖析案例28个，观看廉政警示教育片2部，受教育党员干部794人次。颁发《关于加强全区纪检监察机构信息稿件报送工作的通知》，编报信息195条，其中，中央级采用128次，自治区级采用64次，市级采用153次，区级采用39次。

【廉政建设】

对全区各部门的廉政征求意见回复53批次、3335人次。组织全区在职和离退休干部党员、干部、监察对象开展廉政档案建立与更新工作，录入1418名。开展回访教育。回访2019年受处分人员9人，及时掌握、了解受党纪、政务处分党员干部的思想动态，强化对受处分人员的教育管理和关心激励。制定《石拐区各级党组织和党员干部落实全面从严治党正负面清单》，从党组织全面从严治党主体责任、重点党纪党规和“六大纪律”红线、经费及津补贴发放管理等11个方面、379项内容，划出干部担当作为“标线”。强化正向激励作用。完成2019年度石拐区“清风干部”“清风干部标兵”“清风示范岗”“清风示范嘎查村（社区）”评定，在全区范围内择优评定“清风干部”767个、“清风干部标兵”45个、“清风示范岗”32个、“清风示范嘎查村（社区）”7个。

【体制改革与队伍建设】

颁发《关于深化石拐区纪委监委派驻机构改革的实施方案》，明确各派驻纪检监察组归口单位和职责权限，将公安、检察院、法院纳入派驻，规范名称、统一管理，选优配强派驻纪检组力量，理顺工作关系，赋予派驻机构监察权限，健全审查调查工作机制。

提升基层纪检监察机构执纪审查整体质效。督促、指导7个苏木镇（街道）纪（工）委全部配齐独立办公室、谈话室、信访接待室；按照“三专三兼三辅”要求，配备纪（工）委书记、监察办主任7人，专职纪检监察干部21人，兼职纪检监察干部21人，辅助纪检监察干部21人；

在为各地区纪（工）委核定工作经费3万元的基础上，下拨80万元用于基层纪检监察规范化建设，保障办公场所建设、人员、经费等。

强化业务专题培训。按照21条培训需求，归类整理5类10个全年专题，制定《2020年石拐区纪委监委培训计划》，以“周一早课堂”为契机，组织全体纪检监察干部采取“一周一专题，一人一主讲”的形式轮流授课，深入学习十九届五中全会、十九届中央纪委四次全会、自治区纪委十届六次全会精神和18门纪检监察干部培训系列课程。2020年，组织35期培训。分批、分类抽调11名苏木镇（街道）纪（工）委纪检监察干部参加全脱产轮训工作，建立“1+1”传帮带机制，以案代训，提升基层纪检监察干部监督执纪问责能力和综合素质。

（吴志勇）

巡查工作

【概况】

2020年石拐区委巡察办贯彻落实党中央、自治区党委、包头市委和区委关于巡察工作的部署要求，加强组织领导，不断提升监督质量，狠抓落实整改，巡察利剑作用彰显。按照区委有关工作要求，完成2020年巡察工作。

【疫情防控督查工作】

配合纪委监委全力做好疫情防控监督检查和纪律保障工作。组织传达学习上级应对疫情工作的有关文件精神，并对疫情防控监督执纪问责工作作出安排部署。巡察办全员分配到7个专项监督检查组中，按照《石拐区纪委监委应对新型冠状病毒感染肺炎疫情工作监督检查分工及日程安排》对全区苏木（镇）、街道和所辖嘎查村（社区）以及区属职能部门在疫情防控工作中履职情况进行“地毯式”专项监督检查。

1月28日，区委巡察办在神包家园小区开展疫情防控督查工作　王颖摄

【理论与业务学习】

开展理论和业务学习，不断提升干部政治理论水平和巡察工作质量与水平。利用每周五学习例会组织巡察机构全体干部开展政治理论学习，对中共十九大精神，十九届四中、五中全会精神，习近平总书记参加十三届全国人大三次会议内蒙古代表团审议时的重要讲话精神及上级巡察机构相关文件精神开展专题学习。加强巡察业务学习，选派巡察干部参加包头市第八轮巡察专题培训班。巡察办主任参加第六期全国市县巡察办主任提级培训班。

【“巡察质量提升年”活动】

结合活动要求，从聚焦全面从严治党新形势、巡视巡察工作新要求、巡察工作监督新重点等方面开展大讨论，引导全体巡察干部主动参与，自觉融入，提升巡察干部的责任感、使命感和获得感。加大巡察干部教育培训力度，制定年度培训计

划，利用每周五学习例会，集中学习研讨《违反中央八项精神问题清单》《“四风”问题主要表现》等各类资料，强化思想素质和业务水平，提高发现问题能力。严把问题发现关，抓好信访举报受理、问题线索管理，对接做好查办结果移交工作；严把报告质量关，把提升巡察报告质量作为重点，全面落实巡察工作问题清单和底稿制度，提升底稿运用质量，强化对巡察报告的支撑。

【第七轮、第八轮巡察工作】

全面推动区委第七轮、第八轮巡察工作。第七轮巡察派出1个专项巡察组，对区政府办公室等10个单位党组织开展优化营商环境专项巡察；同步市委派出1个交叉巡察组对履行人防工作职能的部门开展人防系统腐败问题专项治理，并对区卫生健康委员会及区商务和科技局2个单位党组织开展常规巡察。第八轮巡察对区自然资源局、区退役军人事务局、区医疗保障局、区政务服务局、区机关事务中心；五当召镇白草沟村、厂汉沟村、青山村；大发街道喜桂图社区、神发社区居委会等10个党组织开展常规巡察，实现本届区委任期内巡察全覆盖。11月10日，第八轮巡察结束入驻，巡察工作领导小组准备听取各组巡察工作报告。

全力做好巡察“后半篇”文章。成立由区委巡察办牵头，巡察组、组织部、宣传部、纪委监委骨干为成员的巡察整改成效量化验收组。验收组分别采取听取汇报、查阅资料、座谈了解等方式，对区委第五轮、第六轮常规巡察的19个被巡察单位党组织开展巡察督查整改验收，整改完成率98.4%；验收组从巡察整改责任落实情况、任务落实情况、整改报告情况、整改工作创新情况4个方面进行量化验收打分，被评定为“好”的党组织13个；被评定为“良好”的党组织有6个。全程对接市委对石拐区煤炭领域违规违法问题及落实招商引资责任制。

2020年石拐区巡察工作基本情况统计表

表 10

轮次	被巡察单位名称	巡察方式方法情况(次)		听取汇报次数(次)	组织谈话(人次)	查阅资料件数(件)	走访调研次数(次)	召开座谈会次数(次)	立行立改问题(个)		巡察发现问题数量(个)	提出意见建议数量(个)	建议了解关注(个)	建议参考(个)	数量(个)	办结数(个)
		常规	专项						发现数	整改数						
第七轮常规巡察	区卫健委	1		1	13	1900	2		3	3	10	6	1		10	
	区商务和科技局	1		1	11	1400	1		2	2	9	5	1		9	1
第七轮人防系统专项巡察	住建局		1	1	10	1800	5	1	1	1	18	5			18	
第七轮优化营商环境专项巡察	区政府办、区发改委、财政局、人社局、自然资源局、住建局、农牧局、商务和科技局、市场监督管理局、政务服务局		10	10	20	1750	14	13	2	2	21	11			21	
第八轮常规巡察	区医疗保障局	1		1	19	485	1	0	2	2	10	5			10	
	厂汉沟村	1		1	13	375	3	1	0	0	15	8			15	
	白草沟村	1		2	15	527	2	0	1	1	16	8			16	
	青山村	1		2	10	427	2	0	0	0	14	9			14	
	区机关事务中心	1		1	5	1150	1	1	2	2	8	5			8	
	区退役军人事务局	1		1	4	520	1	1	1	1	8	5			8	
	大发街道喜桂图社区	1		1	5	2360	2	1	1	1	9	7			9	
	大发街道神发社区	1		1	7	1150	2	1	0	0	12	7			12	
	区自然资源局	1		1	18	7800	5	1	1	1	10	7		1	10	
	区政务服务局	1		1	10	3000	2	1	1	1	10	7		—	10	
合计		12	11	25	160	24644	43	21	17	17	170	95	2	—	170	

【巡察数据信息化建设】

打造巡察数据档案管理室。配强巡察机构办公设备，办公设施配备台式电脑10台，数据室国产笔记本电脑、高拍仪、扫描仪各1台，文件柜7个。按照自治区党委、包头市委关于巡视巡察在数据档案建设一体化运行的有关部署，打造巡察数据管理室，推进档案信息化基础设施建设。加快查阅区、办公区、档案存储区3个功能区的建设工作。做好档案数据联通工作，连接市委巡察办提供的标准网络版档案软件管理系统，完成软件配备工作。2020年，完成数据档案管理室硬件设备采购及软件安装。

【巡查文化建设】

多层面营造巡察文化氛围，夯实巡察文化底蕴，打造走廊特色文化阵地。制作“创新工作”“巡视巡察作用”“巡察团队风采”“巡察永远在路上”等文化墙7处，展现巡察风采，展示务实作风。

【巡察宣传】

扩大巡察工作宣传效应。利用政府门户网站，纪检监察网站，“魅力喜桂图”“清风喜桂图”微信公众号，区广播电视台，党政大楼LED电子显示屏等媒体及平台发布巡察公告和巡察动态，在“魅力喜桂图”微信公众号中开辟“聚焦巡察”专栏，宣传巡察工作的必要性和重大意义。全年发放巡察资料100余份、《巡察工作手册》79本、信息10条。

（李文琦）

军　事

人民武装

【概况】

2020年，石拐区人民武装部（以下简称区人武部），以习近平新时代中国特色社会主义思想为指导，深入贯彻　习近平强军思想，全面贯彻落实上级决策部署，着眼“完善国防动员体系”目标任务，坚持以铸牢军魂为根基，以备战打仗为中心，端正工作态度，纯正部队风气，坚持问题导向，狠抓工作落实，完成疫情防控、民兵整组、战备训练、新营区建设搬迁、国动部深化民兵调整改革检查考评回头看、民兵训练基地二期建设工程。

【疫情防控】

2020年，在石拐区委、政府的统一部署下，1月下旬至3月中旬，组织基干民兵参与全区45个点位设卡，组织专武干部、民兵骨干对8个小区等60个点位进行消杀，有效保证区人民的生命和健康安全。区人武部法治委员赵义民按照区委常委到包联点夜间值班工作安排，带领干部职工蹲点指导吉忽伦图苏木防控工作，与一线人员并肩战斗，鼓舞干部群众的工作热情。

【组织第一期基干民兵军事训练】

2020年，区人民部推进按纲施训落地落实，针对辖区山林茂密、清明防火形势严峻的实际，3月23—29日，区人武部采取集中组训、任务驻训的方式，组织民兵森林草原防火分队进行集中强化训练，打响包头军分区民兵训练“第一枪”。训练按照理论辅导、装备操作、综合演练、考核总结4个步骤实施，先后完成共同基础、专业和任务行动11个训练课目。训练期间，遴选优秀民兵骨干担负教学管理任务，邀请包钢医院急诊科医护人员现场讲授卫生急救知识，聘请石拐区消防大队专业技术骨干到队教学，包头军分区司令员郭春杰、战备建设处处长张润彪到地具体指导。3月25日，协调石拐区自然资源局、应急局联合开展森林草原灭火军地综合演练，有效提升民兵应急分队遂行任务能力，为全面做好辖区春季森林草原防火准备奠定坚实基础。

【组织基干民兵集合点验】

2020年，为全面掌握民兵组织整顿工作落实情况，提高民兵建设质量和遂行任务能力，5月21日至6月2日，区人武部利用两周时间，采取走访了解、听取汇报、查阅资料、拉动点验等方式，对全区17支基干民兵分队组织结构、人员编组、装备配备、制度机制等整组重点工作落实情况进行全面检查验收。通过检查，进一步摸清

部队底数，查找出存在问题，并有针对性地进行整改提高，为下一步民兵军事训练的全面展开，提升全区基干民兵应急应战能力奠定坚实基础。

5月21日至6月2日，组织基干民兵集合点验。图为基干民兵集合点验现场　　张旭摄

【组织基干民兵体检】

6月2—5日，区人武部组织2020年度新入队基干民兵和年度参训对象进行体格检查。体检主要核查民兵健康状况、既往病史、有无传染病等情况，重点检查身高、体重、血压、血常规及肝、胆、脾、胰、双肾彩超等项目。区委、区政府大力支持民兵体检，克服疫情影响、财力紧张的现实困难，调拨专项经费予以保障；石拐社区卫生服务中心主动配合，逐人逐项检查、核查，确保年度民兵编组质量，为后续军事训练、遂行应急应战任务奠定基础。

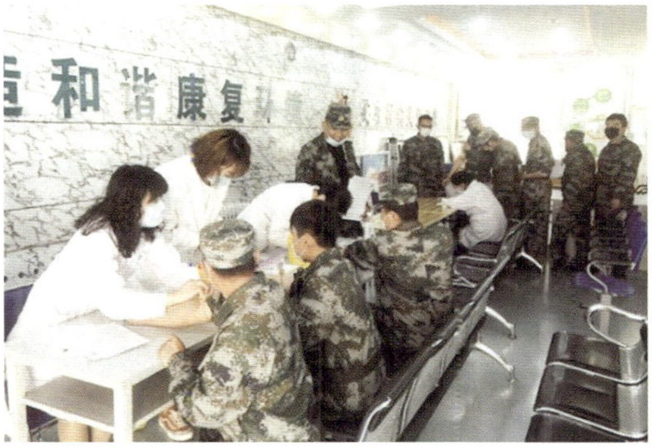

新入队基干民兵和年度参训对象体格检查现场　　张旭摄

【组织基干民兵集中训练】

区人武部3月下旬、9月下旬，采取集中组训、任务驻训的方式，分两批组织基干民兵160人次进行集中强化训练，其间协调石拐区自然资源局、应急局联合开展防汛、防火、抗震等专业技能训练，组织森林草原灭火军地综合演练，有效提升民兵应急分队遂行任务能力。

【助力决战脱贫攻坚】

2020年，区人武部投入10万元发展壮大新曙光村肉羊养殖项目，流转土地700亩发展种植业，筹措资金148万元购置农机具，用于自身生产和租赁增收，持续跟进“一对一”帮扶，监督村集体经济收益分红，让每一户贫困户增收。

【组织第二期基干民兵军事训练】

为全面检验民兵队伍组织建设情况，进一步加强民兵练兵备战意识，9月19—30日，区人武部根据训练工作计划，结合各编兵单位实际情况，采取封闭训练的方式，在反恐维稳与抗震救灾训练基地组织民兵各专业分队进行集中强化训练。训练聘请老兵协会中优秀教练员担负教学训练任务，按照理论辅导、示范讲解、分组练习、考核讲评4个步骤组织实施，先后完成军兵种常识、军事理论、手榴弹投掷、卫生与救护、单兵战术基础、抗震救灾、森林草原灭火等训练科目。该次训练是石拐区深化民兵调整改革的具体实践，为锻造一支平时服务、急时应急、战时应战的民兵队伍奠定坚实基础。

【新曙光村第二届农民丰收节】

9月29日，石拐区人武部对口帮扶的贫困村新曙光村在金秋时节迎来第二届农民丰收节。在各类作物丰收观摩现场，来自

各乡镇街道代表，现场监测土豆产量，目睹科学种植给农民带来的大丰收。区委书记高闻何、区长李新春、人武部政委赵义民等与农民代表一起品鉴农产品，察看品种土豆收获情况，了解新品种土豆的种植优势。“共庆农民丰收、践行乡村振兴”，此次丰收节营造氛围调动社会各界投身乡村振兴的积极性、主动性、创造性，对实施乡村振兴战略起到烘托和推动作用。

【组织基干民兵复训补训】

推进按纲施训落地落实，进一步落实民兵遂行任务能力，12月16—18日，区人武部采取集中组训方式组织民兵应急分队和专业分队进行复训补训。训练囊括大纲要求的8个科目，涵盖军事训练、政治教育2块内容。训练期间，遴选优秀教练员担负教学保障任务，周密组织教学训练，严格训练期间管理，确保军事训练效果质量。训练达到预期训练目的，完成年度训练任务。

【区人武部新营区挂牌搬迁仪式】

12月18日，区人武部在新营区隆重举行挂牌搬迁仪式，包头军分区司令员郭春杰、副司令员孟应奇，石拐区委书记高闻何，区委副书记、区长李新春及区人大、政协主要领导出席了搬迁仪式。仪式中，郭春杰对石拐区人武部新建综合楼落成搬迁表示祝贺，并代表军分区党委对人武部的发展建设提出殷切期望。军分区领导、石拐区领导共同为区人武部综合楼揭牌。

（张旭）

区人武部新营区挂牌搬迁仪式现场　张旭摄

人民防空

【追缴人防易地建设费】

2020年，对23个未足额缴清项目，分别下达《缴费通知书》《缴纳防空地下室易地建设费决定书》。对于拒不缴费、不申请行政复议、也不提起行政诉讼的项目，依法申请人民法院强制执行。11月23日，向石拐区人民法院递交第一批6个项目强制执行申请。

【规划编制】

与设计院多次对接，提供相关材料、数据等资料，完成《石拐区城市人民防空工程总体规划（2021—2035）》初稿编制工作，以实现人防工程建设规划有效纳入石拐区国土空间总体规划。因国土空间规划编制工作未完成，缺乏上位规划的指导，后续工作暂停。

【人防系统腐败问题专项治理】

按照自治区纪委关于深化人防系统腐败问题专项治理工作要求，有序开展全区人防系统腐败问题专项治理工作。

3月，配合石拐区纪委、自治区人防办、自治区纪委、包头市纪委、包头市

人防办、白云区交叉巡察组、包头市委巡察办、包头市审计局、石拐区审计局等部门对石拐区人防工作的巡察、检查、审计等，对发现的问题立行立改，并长期坚持。

【人防工程管护】

按照“以建为主、应建必建”的原则，依法落实结合民用建筑修建防空地下室要求，结合“优化营商环境”工作，进行网上“一站式”审批，精简审批环节、压缩办理时限，提高政务服务效率。

与质监站成立监督小组，监督在建人防工程的质量，在工程实体质量、防护设备质量等方面，落实人防工程质量监督制度，确保人防工程的建设质量。

加强早期人防工程维护管理。落实日常巡察、检查制度，消除安全隐患。2020年，维修2处漏水点、6条供电线路。

7月，区人防办及质监站对在建人防工程进行质量监督检查　　区住建局供图

执行国家财政法规与人防财务管理制度、《中华人民共和国政府采购法》和石拐区政府采购有关规定，科学编制采购预算，专款专用，确保人防经费使用合规、合法。

【人防宣传教育】

2020年，接待8批次、200余人到区人防宣教馆参观、学习，并组织开展多项人防宣传活动。4月4日，鸣响全区防空警报，哀悼抗击新冠肺炎疫情斗争牺牲的烈士和同胞；5月6—12日，开展以“提升基层应急能力，筑牢防灾减灾救灾的人民防线”为主题的“5·12”防灾减灾宣传活动；8月中旬，结合石拐区消夏文化节、恒大麓山音乐节开展人防宣传活动；9月，开展人防宣传月活动，在主要城区及居民聚集区张挂宣传条幅，在政府大楼LED大屏和花舞人间LED大屏滚动播放科教片及宣传片，在街道办事处和社区向人民群众发放防空防灾知识手册及现场解答防灾应急知识等，传播防空防灾、自救互救应急知识，增强人民群众的灾害风险防范意识。

（杨明瑞）

法　治

政法工作

【概况】

2020年，区委政法委树立总体国家安全观，做好各重要节点的排查、预警、稳控工作。持续开展扫黑除恶专项斗，组织开展各类专项行动，严厉打击各种违法犯罪行为。夯实基层基础建设，化解社会矛盾隐患，维护社会安定。使平安石拐建设落到实处。

【维稳工作】

树立总体国家安全观，加强人民防线建设，注重情报搜集研判。加强反恐维稳处突。落实“三见警”，紧盯重点区域领域，确保石拐区未发生重大暴恐事件。加强反邪教工作。开展反邪教警示教育集中宣传15次、专题讲座1次。开展常态化摸底排查和分析研判，深入帮教对象家中开展教育转化去存量。

【社会安全】

做好新冠肺炎疫情等重要节点的排查、预警等工作，走访各类人员8000多人次，处理各类矛盾隐患125件次。接收中央巡视组交办信访案件40件；年内化解27件，移交纪委调查1件，对接移交包头中级人民法院1件，推动解决中11件。加强重点人员管控。按照“四位一体”包案机制建立稳控化解台账，定期分析研判，制定教育转化、打击处理工作预案，加强源头管控。健全完善重大不稳定问题清单制度，开展社会稳定风险评估，建立重大事项申报备案制度，全年未发生因评估不准而影响项目实施的涉稳情况。

2月7日，政法委党支部进行主题党日活动，组织党员深入各卡口，对战斗在“抗疫”一线的干部职工和志愿者进行慰问　　李瑶摄

【扫黑除恶专项斗争】

区委常委会、政府常务会议先后26次传达部署推动任务落实，促进履职尽责。落实中央督导“回头看”反馈问题5个方面

32项整改措施，按要求完成中央、自治区、包头市督导反馈问题41个，巩固和完善扫黑除恶专项斗争成果。2020年，公安机关受理线索144条，办结142条；打掉涉恶团伙2个，打击处理9人，破获刑事案件12起。检察机关批准逮捕涉恶犯罪3件3人（其中1件2人分两次报捕），提起公诉2件8人；审判机关受理2件8人，审结2件8人，给予党纪政纪处分10人。持续深化综合治理。部署推进“行业清源”专项行动，建立信息互通、协作配合等制度机制，强化重点整治。2020年，金融、矿产资源、乡村治理、住建等行业部门未发现行业乱象相关问题线索，未发现嘎查村党组织软弱涣散、涉黑涉恶势力把持基层政权现象等重点问题。

【社会治安】

组织开展“云剑”“亮剑”“追逃一百天”等专项行动，打击电信网络新型违法犯罪、盗抢骗、毒品及经济类违法犯罪行为。2020年，破获电信网络犯罪案件6起、盗抢骗案件7起、毒品案件8起，化解经济类犯罪积案58起。开展公共安全隐患和突出治安问题排查整治，强化消防、道路交通、安全生产、食品药品等领域安全监管，严密守护校园安全，强化特殊人群服务管理。全年未发生个人极端案事件和重特大公共安全事故。2020年，公安机关累计立各类刑事案件95起，受理各类治安案件55起。检察机关受理批捕案件14件，受理起诉案件52件。审判机关受理刑事案件57件，受理民事案件382件。

【社会治理】

制定《石拐区关于全面加强网格化建设的实施方案》，重新调整优化网格设置135个，招聘专职网格员41名。2020年，全区有专兼职网格员159名，奠定基层网格化治理基础。健全完善社会治安防控体系。拟建云眼卫士智能相机，与公安机关视频监控平台联网应用。推进市域社会治理现代化试点建设，印发《关于推进市域社会治理现代化深化平安石拐建设的实施方案》，成立由区委书记任组长的工作领导小组，提出3个方面主要任务，明确基本要求、分值、牵头单位、责任部门和完成时限，确保工作任务责任到人、落实到位。推广应用石拐区社会治理矛盾纠纷化解平台。截至2020年年底，平台录入户籍人口、流动人口、出租房屋等各类信息15000余条。推进矛盾纠纷多元化解中心建设，在区信访局建立多部门派驻，集信访接待、法律咨询、诉前调解等于一体的矛盾纠纷多元化解中心，力求将矛盾纠纷化解在萌芽状态。

10月10日，区委政法委召开新任职网格员培训会 李瑶摄

【“4·15”反邪教宣传】

4月15日，是我国第5个“全民国家安全教育日”。区委政法委在金政大厦楼前广场开展“抵制邪教渗透维护国家安全”反邪教宣传活动，共发放宣传册2500份，

张贴宣传海报30份，悬挂横幅2幅。

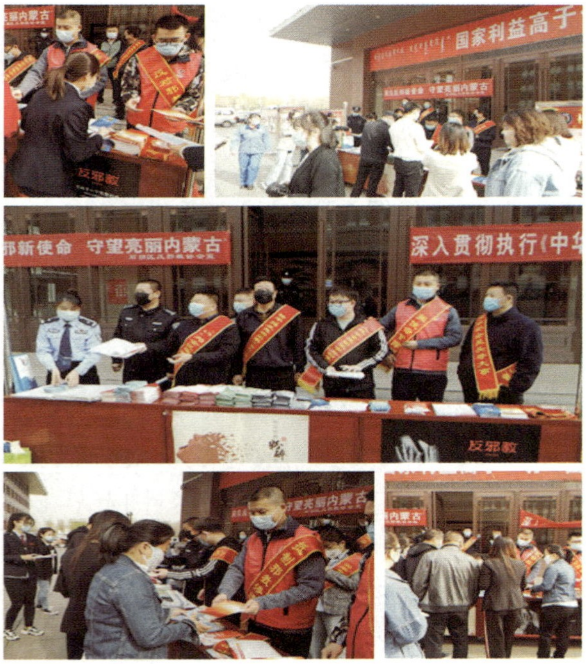

4月15日，石拐区反邪教宣传活动喜桂图新区现场　　李瑶摄

【政法队伍建设】

全面推进政法队伍素质提升专项行动。2020年，开展政治轮训4期，理论学习36次，培训政法系统干部、干警500人次，对照“五查五看”（五查：查自查自纠是否做到全覆盖，思想发动是否广泛深入；查组织查纠措施是否有效，是否发现新的违纪违法问题线索；查案件线索核查是否到位，清除害群之马成效是否明显；查顽瘴痼疾是否得到有效整治，存量问题是否基本消除；查“自查从宽、被查从严”是否落实到位。五看：政治性是否得到提升、纯洁性是否得到提升、“免疫力”是否得到提升、队伍风气是否得到提升、宗旨意识是否得到进一步提升），排查检视问题68条，健全完善“六个方面”长效机制（即：建立健全政治督察、纪律作风督查巡查、“协管”、“协查”等机制；建立健全领导干部易地交流任职、执法司法关键岗位和管理人财物重点岗位定期轮岗交流等长效机制；完善侦查权、检察权、审判权、执行权运行制约监督机制；建立健全信息化智能化管理和阳光执法司法、案件审查评查的长效机制；建立健全素质能力提升和政法干警人才梯队培养的长效机制；建立健全权益保障、容错和激励、强制公休轮休、奖励表彰、优抚优待等关心关爱长效机制）建设,实现政法干部、干警长效常治。

（王巧枝）

公　安

【概况】

2020年，石拐分局以防范化解各类风险为首要责任，做好新冠肺炎疫情防控，深化扫黑除恶专项斗争、“放管服”改革、维护社会治安等重点工作，推进“坚持政治建警全面从严治警教育整顿”，铸造“四个铁一般”的石拐公安队伍。

【管理体制调整】

按照石拐区委、区政府《石拐区森林公安机关管理体制调整工作实施方案》，8月，原石拐区森林公安局转隶石拐公安分局，更名为石拐公安分局森林公安大队，并完成管理体制调整工作。

【廉政建设】

制定《2020年分局落实党风廉政建设主体责任工作计划》，召开党风廉政建设大会2次，开展警示教育活动8次，健全完善廉政档案194份，签署《廉政承诺书》93份，组织开展各级廉政谈话16次，选树“清风干部”1人，“清风标兵”3人，开

展“六个排查”、违纪违法案例“回头看”专项活动1次。严格执纪，对2名党支部书记予以免职，对1名干警、1名辅警予以全局通报批评，对1名科级领导干部上报市局党委建议免职。

全体干辅警签署承诺书和自查事项报告194份，召开征集意见恳谈会11场，入户走访803户，发放意见表1332份，梳理汇总53项顽瘴痼疾，并整改完成，制定并完善工作措施18项，制定24项户政办证中心政务服务措施和19项优化营商环境举措。

【维稳工作】

加强反邪教工作，保持对邪教组织的严打高压态势。加强反邪教宣传教育工作，注重反邪教阵地建设，建立反邪教“人民防线”。

全面摸清管控重点人口底数、掌握动态，最大限度做好辖区反恐防恐工作。年内走访辖区常住人口2376人次，发放宣传资料1500份，检查出租屋254家次，排查流动人口1575人次。与五当召旅游区、雅化集团柯达化工厂有限责任公司、凯越煤矿、医院、党政机关视频联网，对辖区学校安装一键式报警系统，指导所有加油站、旅店业安装管控系统，提高信息化应用能力和水平。年内，组织开展安全检查9次，检查单位56家次、要害部位62处，下发隐患整改通知4份，全力确保安全。依托反恐工作情报信息平台及各警种与行业部门现有数据，整合汇聚数据资源，落实常态化关注核查。开展反恐宣传，推动反恐怖宣传“进企业、进单位、进社区、进学校、进家庭”，发放宣传资料800份。

开展维稳常态化管控。运用系统内部“情行一体化”合成作战平台，提高日常维稳研判、防控预警、稳控处置、打击违法工作能力。依托“微扁平”调度指挥机制，深度融合公安、乡镇街道、涉事单位工作合力，落实动态监测、触网预警等工作。

【打击违法犯罪】

2020年，辖区刑事案件发案95起。其中，“两抢一盗”案件33起，电信诈骗案件50起，经济犯罪案件1起，毒品犯罪案件1起，其他案件2起。破获各类刑事案件26起，破获“两抢一盗”案件9起，破获电信诈骗案件7起，破获毒品案件1起，破获其他案件8起，重大责任事故案件2起。全年刑事打击处理36人。

受理及查处各类治安案件55起，同比下降14%，受理和查处率均为100%；打击处理违法人员43人。

实施“云剑”行动，打击电信网络新型诈骗。多部门多警种联动，形成防范打击犯罪的整体合力。年内破获案件7起，抓获犯罪嫌疑人9名，其中，抓获网上逃犯6名，移送起诉案件3起；冻结账户201户，其中银行卡158户、支付宝账户48户，冻结金额698.16万元。“两升两降”（发案、案损双下降，打击人数上升、破案数上升）发案上升13%，抓获人数下降28.5%，破案数上升250%，挽回损失上升100%。

实施“亮剑”行动，打击传统盗抢骗犯罪。年内，破获案件9起，抓获犯罪嫌疑人3人，移送起诉1人。

打击整治涉毒违法犯罪。按照市局禁毒大收戒长效机制的部署，开展禁毒宣传教育。全年通过教育进课堂、国际禁毒日宣传、禁毒流动课堂、发放宣传单、播放宣传片等活动，普及和宣传禁毒知识。按

照自治区级禁毒办下发的《关于做好2020年禁种铲毒工作的通知》要求以及包头市“利剑—20”禁种铲毒行动实施方案，全力巩固石拐区“零种植”“零产量”成果，通过标语、板报、发放宣传册的形式，加强禁种铲毒的禁毒宣传，踏查田间地头，确保无非法种植。发挥“污水验毒”在禁毒工作中的特殊作用，开展污水检测工作。根据包头市禁毒委员会《关于与中国海洋大学开展“污水验毒”工作长期合作的通知》，在喜桂图新区一号污水泵站采集污水7组，送往中国海洋大学进行“污水验毒”。

严打经济类犯罪。全年受理、立案1起，清理积案2起，完成“清积案”经侦专项行动。年内，协查案件10起，核查人员125人，取证6人，运用违法资金查控平台查询涉案账户9个，续冻涉案账户17个。组织开展以打传销、防非法集资为内容的经侦宣传，悬挂横幅2幅、摆放宣传展板2块、张贴(发放)打传宣传单1000余份，录制2条“与民同心•为您守护”的主题宣传视频，通过“魅力喜桂图”、包头新闻网官方抖音号、石拐公安微信公众号等新媒体推送宣传。

【扫黑除恶专项斗争和煤炭资源领域违规违法问题专项整治工作】

扫黑除恶方面，核查线索144条。其中，2018年和2019年度共134条线索全部办结清零。2020年，新增10条线索，其中已办结和申报办结9条。打掉恶势力团伙1个，涉恶团伙1个，3人以上涉恶个案2起，已全部做出生效判决，查封财产130万元全部执结完毕。年内，抓获乌海市公安局上网追逃的涉黑犯罪嫌疑人1名。

煤炭资源领域违规违法问题专项整治方面，对2000年以来侦办的涉煤案件及线索进行彻底排查，梳理涉煤案件10起，线索7条，其中，办理6条线索，办理中1条。年内,接收公安厅下发煤炭领域违法犯罪线索3条，并全部办结。

【执法规范化建设】

健全完善了双向选择、轮岗交流、优先提拔使用基层和实战单位民警的选人用人机制，建立新入职干警到基层所队工作制度。按照“两队一室”警务模式，对派出所办公区域、人员配置、装备保障进行统筹改造。后营子派出所案件调解室建设全市首个视频证据播放系统，在治安案件调解过程中，向双方当事人播放执法记录仪收集的证据资料，为还原案件事实，提高调解成功率奠定坚实基础。

全面规范执法办案场所和案管中心建设。新建230平方米执法办案中心和300平方米标准化技术室，设置独立办案功能区间12个、实验室及物证档案区间7个。其中档案室采用全国最先进的排风、除湿、避光等技术，物证室建设标准达到全市一流水平，规范执法流程、涉案财物管理和物证档案保管工作。依托科技化信息平台，执法办案中心实现对各分办案中心（区域）的实时监控管理，对案件办理实时通报监督，每月下发执法质量通报。制定《案件管理中心工作规范》《案件卷宗管理规定》《案件审核工作规定》等规章制度，规范案件管理中心的日常运行。

【人口管理】

做实第七次全国人口普查的户口整顿工作。建立冻结人口档案，采取入户核对、走访、网上比对等，历经3个月完成第七次全

国人口普查户口整顿任务。户口整顿共过滤、维护常住人口信息2736条，登记、注销、核签、维护暂住人口信息3782条，寄住人口900人，办理死亡注销139人，清理冻结户籍12人，删除重复户口33人，解决出生未落户和无户口人员5人，办理其他户籍业务3673件，提供咨询300余次。

2020年，全区户籍人口46231人，常住人口24000人，流动人口1364。

2020年，全区办理出入境47人。

【动植物保护与林区治安】

维护候鸟等各类野生动物种群及栖息地安全，防范非法捕猎猎杀候鸟等野生动物的行为发生。在候鸟大规模迁徙和集群活动的季节及野生候鸟及其他野生动物保护的关键期，在全区范围内开展保护候鸟行动。执勤民警深入石拐区林区，针对性的开展打击整治，组织力量加强巡逻防控，震慑不法分子，教育群众，为候鸟等野生动物创造安全栖息地和生存环境。加大力度排查野生动物集贸市场、餐馆饭店、“农家乐”、野生动物驯养繁殖场所，严查各种收购或食用野生动物的现象。2020年，森林公安大队救助猎隼2只、白尾鹞1只、苍鹰1只、雕鸮1只、野生狍子1只、狗獾1只。开展保护野生动物及候鸟专题宣传活动1次，对辖区内饭店、超市、肉食店、养殖场等场所进行入户宣传，悬挂横幅10条，发放宣传单500余份。

关键季节、节日进行防火安全检查。春防期间，在全区范围内集中开展火灾隐患排查工作，多次组织人员深入重点林区、工矿企业进行防火检查，解决和纠正其他火灾隐患问题。开展森林防火的宣传教育，在重点位置张贴《内蒙古自治区森林草原防火条例》《石拐区人民政府关于实行森林草原防火戒严的命令》《石拐区人民政府关于石拐区森林草原重点区域实施防火戒严的通告》，出动人员137人次、车辆64辆次。发布《石拐区森林公安局关于做好“清明节”期间森林草原火案查处有关工作的通知》，成立执法办案领导小组负责全区“清明节”期间森林草原火案查处工作，规定清明节“前三后四”期间刑警队及派出所增加备勤警力。对重点林区、旅游景区、自然保护区等区域进行“拉网式”巡查，强化野外火源管控力度。2020年，大队办结火灾行政案件19起。

按照自治区公安厅森林公安局《关于做好“昆仑2020”专项行动有关工作的通知》，制定《石拐区森林公安局“昆仑2020”专项行动方案》，从6月20日起，在全区范围内开展“昆仑2020”专项行动，统筹安排力量，实地走访、入户调查、明察暗访，对全区范围内的征占用林地项目和野生动物重点监管场所进行前期排查摸底。开展“雷霆”国际行动和保护候鸟行动，森林公安大队结合“昆仑2020”行动，进行工作部署，细化行动方案，明确任务分工。2020年1—9月，办理各类涉林案件21起，其中刑事案件2起（办理中）、行政案件19起。

【新冠肺炎疫情防控】

贯彻落实上级党委关于疫情防控工作的部署和安排，抽调警力配合相关部门，做好居民小区、园区卡点、火车站执勤任务等工作。利用大数据对外地返包人员及外省、境外入蒙人员进行核查管控，做到

日清日结。全年核查高中低风险地区入蒙返包人员近万人次，其中在石拐区160人，国外及港澳台地区返回石拐的9人。

强化人群管控，重点加大流动人口管理。组织干警深入辖区重点单位，小区出入口张贴通知及流动人口自动登记、居民信息自助登记、居民小区进出人员自助登记二维码，指导群众规范扫码登记，扎实做到人员流动可知可控。防止病毒传播和疫情扩散，重点围绕餐饮住宿、洗浴、物流寄递等营业场所和金融机构、煤水电生命线工程及加油站等重点单位开展专项检查，及时发现整改薄弱环节和存在的问题。

加大涉疫违法行为的惩教力度。疫情期间，处理3起涉疫行政案件，教育处理3人。加大社会面排查管控。围绕防风险、护安全、战疫情、保稳定工作任务，组织警力对寄递物流、药店、超市等社会面进行逐一清查，依法打击邮寄、销售假冒伪劣医护、消杀用品器材违法犯罪活动。配合市场监督管理部门清理整治哄抬物价问题。

（白亦晨）

交通管理

【概况】

石拐交管大队管辖范围为石拐行政区内所有道路（行政区代码150205），总长380千米。

辖区国道1条、省道2条、县道3条、乡道3条、村道16条、城区道路19条等。与2019年同。

【疫情防控】

大队推进常态化防控工作，争取政府支持，创新防控方法做到“外防输入，内防传播”并借鉴疫情防控经验做好“鼠疫”防控。第一时间启动《突发事件应急预案》，全员停休、全员参战，配合石拐区相关部门设立3个疫情监控点，采取大队领导包点、中队长负责制度，严查入区车辆；科学精准施策，提升核查效能。高效创新“扫码快速通行”，为保障辖区快速复产复工，相继推出“货车远端扫码，近端快速引导”工作经验，被人民网、新华社等媒体转报，创新扫码登记受到上级领导认可，严防病毒输入取得实效。健全制度机制，提升防控方法。落实警员体温检测日登记，家属出行情况日报告，严抓大队办公区、备勤区、食堂区、会议区消毒；秋季防疫，加强对事故处理人员、巡控人员、疫情检测人员和接处警人员对涉疫事件和警情的专业处置培训，落实外出报备制度，做到零感染、零传播。

疫情防控期间，石拐区交通道口检查

“魅力喜桂图”App

【路面管控】

“减量控大”取得实效。推进“猎鹰行动”“道路交通隐患大排查”“超限超载专项整治”“扬尘污染”等专项整治工作强化现场执法能力。多点位开展路面查控。各警务区协同作战，采取流动巡逻与固定执勤相结合方式，查处非机动车违法

1409起、行人违法970起，摩托车违法960起，国省道9类3166起、农牧区3类违法950起，危化品车违法8起、旅游客车违法17起。高强度开展扬尘污染治理。集中优势警力，以“警企共治、警民联防、标本兼治”为原则，创新应用“加减乘除”工作法，以国道、省道、县道为主，辖区企业以工矿企业为主，强力整治渣土车、运煤车、粉煤灰运输车等建筑工程车辆，纠违1938起。高密度进行隐患排查。将重点车辆运输企业、场站作为重点，加强源头管理。其间，深入“两客一危”运输企业开展交通安全隐患大排查27次，向区政府下达整改建议21条。

【智慧勤务】

适应“大数据+网格化”勤务大势，依托支队智慧化、可视化、实战化的交通管控大平台推进“316+N”勤务模式（打造情指融合、情指一体、情勤联动的三级勤务指挥体系，基础勤务、卡口勤务、铁骑勤务、支点勤务、视频巡检勤务、夜间勤务六类立体勤务高度协同、互为补充，全方位的网格覆盖，深入推进“交巡一体化”勤务。实现“一警多能、多警联动、齐抓共管”）。完成大队机构改革，将4个岗勤中队整合为3个警务区，对5年以上岗勤民警进行岗位轮换，对股级干部进行岗位交流，推进网格化管理，在辖区设网，网中有格、格中有责，最大限度将警力向一线倾斜。7月，指挥分中心正式运行，大队抽调人员组成专班，加强指挥调度、视频巡检、研判分析、违法筛选工作，在科技应用、视频指挥、勤务管理、精准查缉等方面实现突破。处理各类警情764起，同比增长55.2%，无延误或投诉，稽查布控系统应用受到支队连续通报表扬。全年处理逾期未年检398笔，驾驶证信息异常97笔，检查登记重点车辆1741辆，消除历史违法未处理1127笔。完成一队一品牌创建。按照支队统一部署，大队对接市路政支队，在辖区三岔口开展非现场治超处理，打破治超中执法过程烦琐，用时较长，且存在人为干扰因素多局限性，提升治理效能。

【“放管服”改革】

打击整治非法中介，规范窗口服务。扩建业务大厅，改造服务环境，设置导办员，维持大厅秩序，并针对群众办理的业务进行答疑解惑，增加工作透明度，宣传车管工作规定和流程，让办事群众最大限度了解车管工作，让“求人”没必要、“被人求”没空间、非法中介没市场。打造“马路边的车管所”。7月，智慧岗全面开展业务，群众就近即可办理违章缴费、期满换证，领取检验合格标等业务。截至年底，办理驾驶证业务44笔，机动车业务15笔，电子违章处理150余起。结合“千警进万家、恳谈访民情”活动，进社区进企业宣传“交管12123”线上车驾管业务，与辖区企业建立“家门口的车管所”微信群，实现便民服务、安全宣传“零距离”；完善设备更新。投入使用“警医通”体检一体机，将烦琐耗时的去医院体检、排队、再去办理换证业务，变成“一站式”全程语音提示，操作简单方便，群众仅需5分钟即可完成全流程自助体检，有效解决群众换证体检多跑路、重复排队的问题，打通服务群众的“最后一公里”。

【车驾管业务办理】

2020年，石拐分所共办理驾驶证业务

796笔，其中，摩托车业务158笔，补换驾驶证557笔，三年无事故81笔；机动车业务7729笔，其中，注册登记168笔，转移登记981笔，油改气30笔，抵押登记5954笔，车辆年检596笔；受理“首违免罚”业务18笔；办理记满12分业务29笔；共处理非现场业务10580笔；收缴罚款18.4326万元。

【道路执法】

全年办理行政案件221笔，包括无证95笔，饮酒70笔，准驾不符25笔，准驾不符33笔，驾驶报废车27笔，行政拘留24人；刑事立案23起，其中醉驾20起、交通肇事3起，刑事拘留11人；共处理各类交通事故259起，简易事故242起；一般事故17起,其中死亡事故4起。

【业务培训】

开展安全防护、法律培训4次，与公交治安分局建立工作机制，邀请公交治安分局业务骨干进行业务培训，强化客运、货运、物流寄递等行业监管，提升对网约车、快递车、共享车等新业态的车辆在营运中发生、与营运相关、市区公交站点和场站内发生的刑事案件、治安案件、治安事件处理水平。

【涉案车辆排查】

规范执法记录仪使用，确保“一案一码”办案、执法全程摄录。集中对涉案车辆组织开展执法办案专项清查整治，排查待报废车辆65辆，全部履行返还公示手续。2020年，新增涉案车辆27辆，依法清理22辆。与区公安分局联合作战抓获吸毒人员3人，实现警种由“单一型”向“复合型”转变。

【交通事故处理】

精准开展伤员救助和矛盾调解，拓展部门合作。大队与包头市中心医院急诊科、包头市铁路医院急诊科、包头市扶贫医院急诊科3家医院科室签订先行抢救绿色通道意向书，保证受伤人民群众得到第一时间治疗，并主动开展交强险垫付、快支付和抢救费用垫付工作，解决医院后顾之忧，确保人民群众生命安全最优先。结合践行“枫桥经验”，化解群众矛盾，落实交通事故调解“网上数据一体化”工作。

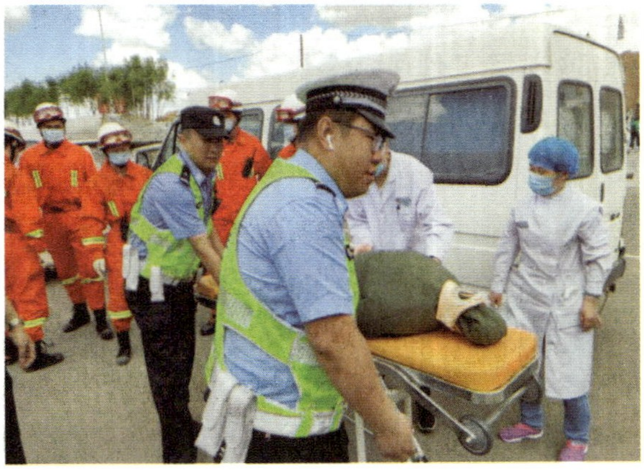

5月26日，石拐交警大队开展事故急救演练　　石拐交警大队供图

【交通安全宣传教育】

对“两客一危”驾驶员、大中型客货运驾驶人、电动三轮、四轮车驾驶人、中小学生等重点人群开展安全教育培训；强化毒驾教育宣传，抽部分企业驾驶员进行尿液及毛发检测。发挥“双微平台”作用，开展交通安全宣传，利用各类微信群，向广大交通参与者发送内容精简、主题突出的交通安全信息600余条，开展执法大直播18次，发布原创微视频9条；加强与新闻媒体的平台搭建和融合。大队通过报刊、广播、电视、网络等宣传平台，刊播各类新闻信息稿件38篇，其中，国家级报道4篇，自治区级报道13篇，市级报道10

篇，新媒体报道20篇。上传并被支队采用信息208篇。

（宋佳乐）

消防救援

【概况】

2020年，石拐区消防救援大队履行监督管理责任，落实安全生产责任制，有效遏制较大以上火灾事故的发生，确保辖区火灾形势稳定，保障辖区人民的生命安全。

【消防安保工作】

全年接警出动30次，出动车辆52辆次，出动指战员263人次，抢救被困人员6人，抢救财产价值74.9万余元。

【消防监督检查】

全年检查单位171家，发现火灾隐患105处，督促整改火灾隐患106处，下发责令改正通知书76份，下发行政处罚决定书4份，责令“三停”单位1家，罚款2.26万元。

【打通“生命通道”集中攻坚行动】

贯彻落实自治区总队关于组织开展打通“生命通道”集中攻坚行动方案文件精神。联合多部门开展打通“生命通道”攻坚行动，摸排公众聚集场所29家，摸排住宅小区9个，设立路面标识40处，标牌12块。

【复工复产消防安全指导】

加强疫情防控期间重点单位的消防安全，对复工复产企业进行消防安全指导服务，通过微信、短信等线上发布渠道，推送消防安全知识。大队监督人员在线指导检查复工企业消防安全工作，保障特殊时期企业安全有序复工复产，确保社会面火灾防控形势平稳。

【全员岗位大练兵】

开展全员岗位大练兵工作，按时组织各中队指战员开展体能训练和业务技能训练，备战支队体能挑战对抗赛，提高指战员体能和业务技能水平。深入消防安全重点单位开展演练48次，制定重点单位预案30份，开展景区巡查工作40余次，出动消防摩托车60辆次。

【消防专项整治工作】

开展危险化学品专项工作。深入辖区危险化学品企业开展专项检查，完成危险化学品企业消防安全评估工作。

根据《包头市消防救援支队消防安全专项整治三年行动实施方案》，成立领导工作小组，联合民政、教育、医疗卫生、文博等单位开展消防安全专项整治3年行动。

【消防安全培训】

开展消防安全培训工作。深入辖区派出所、街道（乡镇）消防工作指导工作，组织开展全区党政机关、行业部门、国有企业、社会单位以及消防监督人员的消防安全培训工作。

推进防火工作社会化进程。组织企事业单位负责人召开消防工作会议4次，组织开展辖区重点单位消防安全约谈并签订承诺书，开展消防安全培训工作3次，分析辖区消防安全形势，压实工作责任，落实消防安全责任制。

【消防安全教育】

提高全民安全消防意识，在春耕、清明节等火灾高发期、防震减灾宣传日、安全宣传月活动及“11·9”消防宣传月，开展消防集中宣传7次，发放消防宣传资料

500余份；深入社区张贴消防安全宣传海报200余份；利用户外宣传LED屏播放消防安全宣传视频60余次；利用微信网络平台发送消防安全视频和短信200余条。

（郭璇）

检 察

【概况】

2020年，石拐区人民检察院坚持“稳进、落实、提升”检察工作主题，围绕石拐区经济社会发展大局，以“四大检察”“十大业务”的实效服务全区经济社会发展。全年向区委、区委政法委专题报告工作7次。

【新冠肺炎疫情防控】

与区人民法院、公安分局联合发布《关于严厉打击新型冠状病毒感染肺炎疫情防控期间违法犯罪行为的通告》，防范、震慑涉疫情违法犯罪活动。检察长驻守监测点、包联地区和包联企业，落实防控责任，26名检察人员深入社区参与一线联防联控，入户排查314户、1000余人。

【“生态检察”工作】

通过系列小专项活动带动生态检察整体推进，定范围、划领域、找目标，做精、做细、做实小专项。开展野生动物保护、尾矿库安全监管等小专项活动，打出组合拳，深化“生态检察”品牌效应。《创建生态检察品牌守护“喜桂图”》经验材料在《检察日报》、新华网等国家级媒体刊登。

开展尾矿库综合治理小专项活动，对尾矿库进行航拍 区检察院供图

【打击经济犯罪】

参与整顿和规范市场经济秩序，打击破坏市场经济秩序犯罪。依法起诉非法经营期货案主犯胡某某（涉案金额2亿多元，受害人数众多，在全市有重大影响）。

胡某某非法经营期货案庭审现场

区检察院供图

加大对涉众型经济犯罪打击力度。依法办理一起利用快手平台实施诈骗行为的犯罪案件，该案作有罪判决。

制定《石拐区人民检察院服务区重大项目建设推动经济高质量发展的9条意见》。严惩影响重大项目推进和企业正常生产经营的违法犯罪活动，起诉张某某、张某某重大责任事故罪，娄某某、高某某、王某某重大责任事故罪。严惩敲诈勒索企业违法犯罪活动，公诉人首次通过远

程视频庭审的方式出庭支持公诉，被告人当庭表示认罪伏法。严厉打击盗窃企业财物犯罪，起诉一起盗窃企业逆变器案件。在“12309”检察服务大厅专门开通服务民营企业发展的“绿色通道”，建成服务民营企业工作站，设立涉民营企业信访案件专门接访窗口，对损害民营企业及民营经营者合法权益的控告、申诉，实行快速流转、专人负责、交办督办，为企业寻求法律咨询、权利救济提供更为便捷高效服务。搭建服务民营企业微信平台，发布涉企典型案例、相关司法解释150余条。

【刑事检察工作】

2020年，受理审查逮捕案件13件17人，受理移送审查起诉案件50件55人。立案监督2件，撤案监督3件，侦查活动监督案件2件2人，追诉漏犯1人，发出纠正违法通知书2份。固阳县公安局原政委高某某贪污、高利转贷案，因案情复杂，上级院指定管辖到区检察院办理，案件作出一审判决。

【民事检察工作】

全年办理民事监督案件30件，提出检察建议19件，再审检察建议1件，提请抗诉4件，市检察院支持抗诉2件。再审检察建议和提请抗诉实现“零”突破。开展对法院民事调解案件的专项评查活动，针对评查出的问题向法院提出检察建议8件。

【行政检察工作】

全年办理行政监督案件25件，其中，社会治理类16件，非诉执行监督9件，提出社会治理类检察建议15件，行政机关整改并回复15件，提出执行监督类检察建议9件，均整改并回复。

【公益诉讼检察工作】

全年受理公益诉讼案件线索17件，发出诉前检察建议15件。突破行政公益诉讼案件办理的空白领域，发现国有土地出让领域案件线索5件，发出检察建议5件。发现国有财产保护类案件2件，督促行政机关收缴罚款案件1件，发出检察建议1件，挽回国家经济损失5万元。开展“公益诉讼守护美好生活”专项活动，发现食品药品安全领域案件线索1件，发出检察建议1件。

【内部建设】

统筹深入开展“严整改、促提升、树形象”纪律作风整顿教育活动、全市政法队伍素质提升专项行动、王某某案反思整改专项行动和田某某案“以案促改”工作。通过自查自纠、发放征求意见函广泛查摆问题，坚持立行立改。聚焦具体问题，建立整改台账，明确整改责任，有针对性地逐个提出整改措施。向“草原检察官”潘志荣学习。

坚持落实防止过问或插手、干预案件“三个规定”。坚持领导干部述职述廉、谈心谈话制度，加强检察队伍日常监督管理，持之以恒整治“四风”。每季度研究部署党风廉政建设，开展廉政风险点排查，举办“廉洁奉公守初心、严明办案担使命”警示教育宣传月活动，推动检察干警强化廉政意识、筑牢廉政防线。

落实入额院领导带头办案要求，院领导自办案件218件。依托检察院“1带N”提素能补短板共成长人才培养计划，开展业务培训。注重发挥领导带头示范引领作用，检察长率先开讲。注重用好指导性案例和典型性案例这个“活教材”，利用“检答网”问诊“疑难杂症”，提升干警

综合素能。

自觉接受外部监督。检察长向区人大常委会作生态检察、刑事检察工作报告，报告高票通过。邀请各级人大代表、政协委员参加“检察开放日”活动2次，邀请人民监督员监督检察工作2次。

【脱贫攻坚】

3名检察干警用心、用情开展“一对一精准帮扶”，帮扶贫困户实现稳定脱贫。党支部与吉忽伦图苏木联合开展“双服务、双认领”结对共建活动，筹集资金5万元为15户困难老人更换窗户。党员认领“微心愿”，解决群众实际问题。

（张红霞）

法　院

【概况】

2020年，区法院秉持“司法为民、公正司法”工作理念，以执法办案为第一要务，服务保障地方经济社会发展，满足新形势下人民群众对法院工作的新要求新期待。

全年受理各类案件742件，比上年下降17.6%；审（执）结708件，结案率95.4%。综合结案率等司法核心指标和“一站式”诉讼服务质效评估体系在全市法院名列第一，多元化纠纷解决机制建设在自治区法院系统名列前茅。

【新冠肺炎疫情防控】

区法院应急处置及时到位。实施人防、技防、物防、安防“四位一体”工作体系和“五个一律”（即：疫情防控一律做好“两检”登记、诉讼服务一律做好群众接待、司法业务一律倡导线上办理、网上开庭一律连线到人、党员干部一律提前上岗）工作措施。党员干警带领3个突击队和1个尖刀班分别深入包联的4个村庄与社区进行6轮网格化排查防控；为地处偏远的村民送去蔬菜250多公斤、煤炭8吨；党支部、团支部发动干警为疫区捐款3600元，受到区委的肯定和表扬。依托互联网、大数据，全面开启“指尖立案”“云端审判”“智慧执行”，确保疫情防控与司法服务两不误，《包头日报》和包头电视台进行专题报道。向市律师协会发出司法建议书，倡议加快推进专业律师事务所的互联网法律服务平台建设，实现与人民法院网上司法工作对接，进一步提高工作效能，得到积极回应。

2月1日深夜，区法院领导与包石一级公路疫情检查点执勤干警一起执勤　　区法院供图

【扫黑除恶】

以“六清”（线索清仓、逃犯清零、案件清结、伞网清除、黑财清底、行业清源）为目标，坚决贯彻“黑财见底”专项任务，成立涉黑恶案件财产处置专班，缜密排查，深挖线索，有案必查，除恶务尽，以高度的政治自觉深度推进扫黑除恶专项斗争。结合疫情防控落实入户排查、值勤守卡任务的同时，在嘎查村、社区开

展“扫黑除恶”专项宣传，持续营造扫黑除恶的强大声势。在全市政法工作会议上，区法院作了典型发言。

【刑事审判】

聚焦庭审实质化，认真贯彻非法证据排除、律师辩护全覆盖等法定原则，推进以审判为中心的刑事诉讼制度改革，严把案件质量关。全年审理刑事案件57件，其中危险驾驶罪案28件，占49.1%。工业园区和老区重大责任事故、危险驾驶和故意伤害案件呈现多发态势。严惩职务犯罪，深入推进反腐败斗争，对固阳县公安局原政委高某某、五当召管理处原负责人苏某某、原高速公路交警裴某某等职务犯罪案件进行公开审理并宣判。

【民商事审判】

探索分类办理专业审理与繁简分离相结合工作模式，全年受理民商事案件486件，审结462件。

以优化营商环境为己任，梳理企业易发、多发矛盾纠纷特点和经营管理中存在的法律风险，及时向本地企业发放风险提示告知书，制定《关于为培育法治化营商环境提供司法保障和服务的意见》《疫情防控期间企业法律指导》，帮助企业提升风险意识、完善经营管理，增强为企业法治体检效应。为民营企业提供全面司法保护，审慎运用查封、扣押、冻结等强制措施，努力促进企业规范有序依法经营。3月，某公司申请冻结石拐区2家企业、4个账户、4700万元资金，在疫情防控的特殊时期，区法院考虑到企业复工复产的艰难形势，把“六保”“六稳”作为头等大事，主动释明，即时解封，保障涉事企业复工复产急需资金和工人工资的发放。

处理商事纠纷，维护公平有序的市场秩序。聚焦“一站式”诉讼服务质效评估体系建设，推行网上立案、在线调解、视频庭审等诉讼服务新模式，畅通全流程司法业务网上办理，实行民商事案件繁简分流，推进简案快审、繁案精审、分调裁审，组建专班，搭建司法绿色通道，为企业经营纾困解难。审理合同、劳动争议、物权、商品房买卖等商事纠纷298件。

发挥小额速裁的便捷作用和诉调对接的“直通车”功能，悉心阐明法律责任、道德责任、社会责任，坚持情理交融、化解纷争，办理交通肇事、侵权损害等案件40件。

【执行工作】

全面推行智能化“非接触式”执行，实行智慧执行网上办案，运用网络执行系统开展查控工作，年内网络查控期限内发起231次，运用电话、短信、微信等方式与当事人沟通联系500余次，维护当事人合法权益。加大执行力度，强化执行措施，力保执行到位。受理执行案件256件，执结246件，执行到位金额8046.4万元，有财产可供执行案件执结率98.45%，发布失信被执行人名单182个，限制高消费90人次，震慑并促动一批违约失信者主动履行义务。持续开展为劳动者护航行动，开辟绿色通道，依法为46位农民工执行到位劳动报酬134.7万元。

【矛盾纠纷化解】

全面推进微信预约立案、网上查询、电子支付等信息化诉讼服务，依托人民法院诉讼服务平台，实现网上诉调对接，使“互联网法庭”成为常态，全年，网上立案109件，跨域立案34件，在线调解76件。

传承发展新时代“枫桥经验”，构建多元化纠纷解决机制，与区总工会联合成立劳动争议诉调工作室，推动道交一体化平台上线运行，加强与妇联、司法局、劳动监察等部门有效衔接，将矛盾纠纷化解在基层，全年诉前化解社会矛盾纠纷73件。

7月27日，区法院法官在少年法庭利用人民调解平台调解案件　　区法院供图

【阳光司法】

加强信息化建设，实现庭审直播、同步录音录像、司法文书上网、电子卷宗随案生成。深度推广庭审语音识别、文书智能纠错、“法信”智能推送等应用，为法官办案、群众诉讼提供智能辅助。深化阳光司法，在中国裁判文书网公布法律文书590份，以公开促公正立公信。推行网络直播庭审，直播案件138件次，观看量37402人次，让在线庭审成为群众监督司法工作新平台。

【司法民主】

把自觉接受人大工作监督和政协民主监督及社会监督作为公正司法的重要保障，强化人大意识，专题报告民商事审判工作，接受区人大常委会对法院工作和法官的专项评议，及时补强短板弱项。落实代表委员联络机制，运用信息化平台推送法院工作信息，即时反映法院工作动态，即时办理代表委员建议意见，不断汇聚法院工作的精神力量。贯彻司法民主，按照最高人民法院人民陪审员“倍增计划”和区人大的工作部署，报请区人大常委会审议新任命人民陪审员32名，并举行就职宣誓仪式。

【队伍建设】

坚持“以党建带队建促审判立公信”工作思路，以“政治理论学习课堂”为载体，专题学习习近平法治思想，开展“两个坚持”专题教育，增强干警的党性意识、政治意识和社会主义法治意识。开展“不忘初心、牢记使命”教育及“双服务、双认领”微心愿活动，为孤寡老人送去煤炭4吨。组织专题培训，坚决守好司法意识形态主阵地，铸牢中华民族共同体意识。开展队伍素质提升专项行动，开设党建专栏“石法党建+”、“法治习语”和每日一“典”专栏，让e时代“掌上学”成为干警筑牢理想信念、提升政治素养、强化职业精神的新空间新要领。开展“以案释德、以案释纪、以案释法”警示教育和以“严整改、促提升、树形象”为主题的纪律作风教育整顿，教育干警勤修身、严立戒、常知足、慎用权，筑牢拒腐防变思想防线，以正风肃纪凝聚人心。开展审务督察和专项检查，严格执行防止干预司法“三个规定”，落实任职回避制度，发放“三个规定逐案排查登记表”，随案件流程填写并入卷存档，落实廉政风险点及防控措施，切实加强司法监督。

10月16日，区法院开展“双服务双认领”党日活动　　区法院供图

【脱贫攻坚】

加大驻村工作组工作力度，帮助农村基层组织协调解决实际困难，巩固延伸扶贫成果，区法院帮扶绍卜亥嘎查孵化养殖基地持续发力，对口帮扶56户山区留守村民发展鸡禽养殖，经济效益初现；选派法律专业团队与包联的青山村开展法治共建，对村办农场、种植养殖、写生基地等新业态进行现场法律指导，为地区发展助力，提升村民获得感。

（付文静）

司　法

【概况】

2020年，区司法局把防控风险、服务发展和补齐短板摆在突出位置，提高司法行政工作能力和水平，履行维护社会大局稳定、促进社会公平正义、保障人民安居乐业职责使命，为推动石拐区经济社会高质量发展提供法治保障。

9月，区司法局被自治区、包头市妇联评为第五届全区维护妇女儿童权益先进集体；区司法局法治文化体验馆被包头市司法局命名为包头市法治宣传教育基地。

【“七五”普法工作】

2020年是“七五”普法收官之年。5月27日，石拐区第十六届人民代表大会第十八次会议听取、审议并通过区政府“七五”普法工作报告。

五年来，石拐区普法依法治理工作始终按照“区委领导、人大监督、政府实施、全社会参与”工作机制，从组织领导、法治宣传教育、保障经济社会发展、普治并举等环节入手，坚持普法与法治实践相结合，深入推进严格执法、公正司法、全民守法和推进法治国家、法治政府、法治社会一体化建设，着力提升干部职工法律素养和广大群众法治意识，扩展法治宣传教育广度和深度，为推进国家治理体系和治理能力现代化，为地区经济社会科学转型、加快发展营造良好的法治环境。

【法律服务】

深入推进公共法律服务体系建设。在全区范围内实行“一村（社区）一法律顾问”法律帮扶模式，为21个村（社区）配备法律顾问，建立微信群，法律顾问工作覆盖率100%。完成区、苏木镇街道、村（社区）三级公共法律服务实体平台体系建设任务。开展“法治”体检活动。召开物流园区、工业园区专场推进会为辖区42家企业提供了免费法治体检活动，为民营企业接种“法律疫苗”，开出“法律处方”。加强农民工维权工作。联合区人民法院、劳动人事监察大队等部门召开联席会议，为劳动关系、雇用关系不明确的40多名农民工确认法律关系，依据相关法律探索新的维权道路。全年办理法律援助案件99件；其中，刑事案件22件，民事案件77件，针对信访问题律师解答16件，接

待来人来访500人次，为当事人代写法律文书100余份。2020年，区司法局经验推广类文章《包头市石拐区法制护航 助力优化营商环境》在《法治内蒙古》刊登。

【政府法治】

提高法治工作审查和备案质量。2020年，共审查合同103件，防范和化解政府合同中潜在的法律风险；面向全区组织开展“优化营商环境”“野生动物保护”“民法典”3次规范性文件清理工作；印发《关于做好2020年度行政规范性文件全面清理工作的通知》，其中继续有效文件1件、废止文件17件、失效文件2件。开展煤炭资源领域违规违法问题专治整治工作。贯彻落实习近平总书记关于内蒙古自治区煤炭资源领域违规违法问题开展专项整治的重要指示精神，落实自治区、区委、区政府部署要求，成立煤炭资源领域违规违法问题专项组的政策法规清理小组。召开煤炭资源领域专项整治规范性文件清理工作部署会，要求相关单位上报规范性文件、执行类文件，复审文件90份。做好行政执法公示制度、执法全过程记录制度、重大执法决定法制审核制度“三项制度”。严格规范各执法行政主体事前、事中、事后的执法行为。制定《关于加快推进行政执法信息公示工作的通知》，梳理汇总本部门、机关行政执法信息公示内容。召开行政执法“三项制度”推进会暨苏木镇街道综合行政执法人员业务培训会，提高全区行政执法队伍的法律业务素质和执法水平。集中评查区住建局、区森林公安局等9个行政执法部门2019年度办结的行政处罚案卷，随机抽取办结行政处罚案卷33卷，评查合格33卷；并通报评查结果。颁发《关于行政机关负责人出庭应诉的指导意见（试行）》，压实行政机关负责人履行法治建设第一责任人职责。

2020年，选任瑞安律师事务所等5个知名律所组成新一届区政府法律顾问团。组织政府法律顾问，对规范性文件、合同等进行合法性审查。一般审查期限不超过24小时，疑难复杂文本72小时，各律师事务所均在规定期限内修改、出具合法性审查报告。全年配合区政府及各部门、单位审查各类合同文件156件，审查规范性文件14件，各类合同法律事务144件，涉及新签约项目32个。

【人民调解工作】

健全人民调解组织，加强人民调解员队伍建设，形成多层次、宽领域、全覆盖的人民调解组织网络体系。12月16日，区司法局组织召开区人民调解协会成立大会，来自各级人民调解组织的14名会议代表出席会议。会议审议通过《石拐区人民调解协会章程（草案）》《石拐区人民调解协会选举办法（草案）》等相关规章制度，选举产生协会第一届会长、副会长、秘书长。全区成立5个专业性行业性调解组织、7个苏木镇街道人民调解委员会和21个社区（村）人民调解委员会，建成117人的大调解队伍。

2020年，开展矛盾纠纷排查51次，排查发现矛盾纠纷7件，预防纠纷2件。调解矛盾纠纷98件，调解成功97件，调解成功率99%，协议履行率100%。

2020年石拐区司法局人民调解案件情况统计一览表

表11

地区	调解案件总数（件）	调解成功（件）	疑难复杂案件（件）	调解协议涉及金额（万元）
五当召镇	11	10	—	0
大发街道办事处	19	19	0	0.5
大磁街道办事处	14	14	0	0.1
大德恒街道办事处	15	15	0	0
石拐街道办事处	20	20	0	6.25
吉忽伦图苏木	15	13	0	1.9
白狐沟街道办事处	14	12	2	17.4
下级上报总计	108	103	3	25.15
本级上报总计	109	104	3	27.45

【社区矫正】

2020年，建立并推进“菜单式”社区服务管理模式。根据社区服刑人员的特长、技能、年龄和身体状况，制作不同的社区服务“联系单”，实行“人性化”管理。宣传《中华人民共和国社区矫正法》（以下简称《社区矫正法》）。协调区法院、区检察院、区公安分局及企业讲解《社区矫正法》，发放《社区矫正法》500余本，促进机关单位与企业对社区矫正工作的了解与支持。各司法所通过在线学习平台和分散学习方式，组织社区矫正对象点对点学习《社区矫正法》，增强在刑意识，确保社区矫正对象学习教育不因疫情影响而间断。每周一社区矫正大队和各司法所工作人员进行《社区矫正法》学习以及新文书的熟练运用，规范社区矫正工作，全面提升石拐区社区矫正工作水平。加强信息研判分析。各司法所对各类社区矫正信息、情况做到及时报告、及时处置。加强对重点社区矫正对象的摸排管控，通过社区矫正风险评估、研判分析等方法，开展“大排查”“大走访”活动，召开矫正工作小组成员座谈会，了解严管、普管类社区矫正对象的生活情况和社会活动情况，要求监护人切实发挥作用，确保社区矫正人员不再违法犯罪。组织社区矫正对象开展雷锋月志愿服务活动、扫黑除恶法治宣传教育活动以及开展矫正法暨禁毒宣传活动等，帮助他们积极改造自我，践行社会责任。2020年，开展审前调查评估14人次，在册16人，安置帮教接收9人，全部登记在册，无脱管、漏管和重新犯罪情况发生。

【新冠肺炎疫情防控】

通过“学习强国”学习平台召开会议安排部署。成立疫情防控工作领导小组，下设4个工作组，制定应急预案，先后召开党组会议1次、局务会3次，传达学习上级会议精神，研究部署疫情防控工作。制定

《2020年秋冬疫情防控工作实施方案》《石拐区司法局疫情防控管理制度》《石拐区司法局新型冠状病毒肺炎疫情工作应急预案》。印发《石拐区司法局关于开展2020年全国两会期间及疫情防控后期和疫情后社会矛盾纠纷排查化解工作实施方案》，排查化解疫情后企业复工复产期间劳动争议、合同违规、债权债务、劳动用工、工资社保、工伤赔偿等涉疫情纠纷。做好特殊人群管控工作，将1—4月的集中劳动教育改为线上进行。落实监狱刑满释放人员“必接必送”制度，疫情防控期间接回刑满释放人员2名。局主要领导带队，组织7名工作人员报名参加疫情防控尖刀班，下沉到三岔口嘎查，落实出入登记、测查体温等要求，严把过往车辆管控，做好疫情防控。派专人协助绍卜亥嘎查开展疫情防控；在化工厂幸福大院开展疫情防控和对群众宣传教育和排查。深入全区7个司法所，慰问奋战在疫情防控一线的司法所工作人员。围绕疫情防控和企业复工复产所面临的突出法律问题，深入企业召开警示会，为企业解答相关法律问题，并为企业送上法律指引和复工指南等。通过“石拐普法”微信公众号，开设“晴杨普法微声音”“双语普法”“战役普法”等专栏，推送疫情相关信息和法律知识，为打赢疫情阻击战提供法律服务。

【公共法律服务】

完成石拐区法律服务中心、7个法律服务工作站、21个法律服务工作室建设。10月17日，中国“1+1”援助律师到岗服务。2020年，办理法律援助案件125件，其中，刑事案件25件，民事案件100件，针对信访问题律师解答20件，接待来人来访1000人次，为当事人代写法律文书100余份。

助力企业复工复产。疫情防控期间组织律师召开企业防控法律责任警示会，先后对防控不力、造成新型冠状病毒在企业传播的法律风险、生产、销售伪劣商品类犯罪、扰乱市场秩序类犯罪应承担的法律责任等问题作讲解。为内蒙古亚新隆顺特钢有限公司等14家复工复产企业送去“及时雨”。

以司法局帮扶联系企业为试点，在全区开展服务民营企业“法治体检”活动，召开物流园区、工业园区专场推进会，为辖区42家企业提供免费法治体检活动。为民营企业接种“法律疫苗”，开出“法律处方”，受到企业的好评。

在全区范围内实行“一村（社区）一法律顾问”法律帮扶模式，为21个村（社区）配备法律顾问，全区法律顾问覆盖率100%。建立微信让法律顾问成为村干部身边的“法律参谋”、村集体经济“法律助手”、村民生活的“法律专家”，解决服务群众“最后一公里”的问题。

10月15日，制定《石拐区司法局优化营商环境行动方案》，细化司法局各科室职能。制定区司法局优化营商环境10条措施，在重点维护中小投资者合法权益、开展“减证便民”行动、提升公共法律服务平台作用、提高律师服务市场主体水平、拓展公证服务主体的广度和深度、打造涉企法律援助新机制、加强涉企行政执法监督，提供多元化纠纷解决途径、加强人才培养教育、营造尊法敬法守法的社会环境等方面进行创新和细化。

2020年石拐区司法局法律援助情况表

表12

法律援助案件批准总数	已结案件总数	挽回损失或取得利益总数	未结案件	案件分类							
				妇女	残疾	农民	农民工	老年人	未成年人	少数民族	外国人或无国籍人
件	件	万元	件	件	件	件	件	件	件	件	件
161	124	180	0	10	1	22	91	0	0	0	0

【公证工作】

受疫情及公证制度改革等因素影响，公证处由每天值班改为每周四值班，上半年办理公证案件60余件、咨询100件。在办理1起继承案件中遇到包头市和石拐区不动产登记和收税不一致的地方，公证员了解情况后第一时间与税务部门及不动产登记部门沟通，为当事人减少几万元的税费，也预防税务部门及不动产登记部门及当事人之间不必要的麻烦。

【法治宣传】

打好“七五”普法收官战。开全区“七五”普法总结验收迎检暨争创全国法治宣传教育先进城市“五连冠”工作动员大会，对全区“七五”普法总结验收迎检工作进行安排部署。策划“七五”普法成果展示专题片《普法，我们一直在路上》。举办第三届“法治乌兰牧骑”文艺演出。以“法律十进”为载体，以宪法宣传为主线，组织开展疫情防控、扫黑除恶专项斗争、“4·15”国家安全日、“6·26”国际禁毒日等集中宣传活动20余次，发放各类宣传资料手册3万余份。加强法治文化阵地建设。打造法治文化体验馆，采用现代多媒体技术，融宪法宣誓体验、法律法规知识、智能普法机器人、实景体验VR等于一体，用现代教育手段引导居民学习掌握法律知识。在《包头日报》、《包头晚报》、《内蒙古法制报》、内蒙古长安网、内蒙古掌上12348等媒体发表相关信息70余篇。开展民法典学习宣传活动。成立民法典巡回宣讲团，年内举办专题讲座12场次，发放宣传册页5000余份，受众3000余人次。深入工业园区、物流园区企业，对民法典进行全方位解读，并根据企业实际需求，重点讲解相关章节内容。采取“124”工作法（制定“一个”宣传方案，打造“两块”宣传阵地，利用“四种”宣传形式广泛宣传民法典），开展学习宣传民法典活动，组织本单位职工自编自导自拍自演公益普法MV《民法典版莫吉托》，并被“学习强国”学习平台采用。

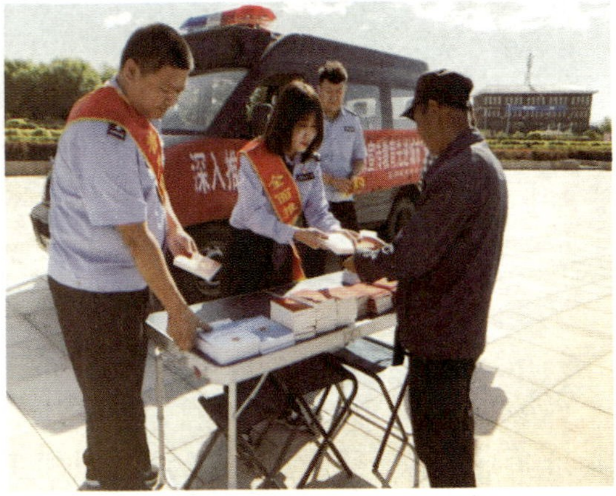

9月8日，区司法局在石拐区道德文化广场开展民法典宣传活动　　德力格尔扎亚摄

【脱贫攻坚】

资助帮扶村绍卜亥嘎查6000元，用于购置电脑及复印、打印一体机各1台。疫情防控期间，指派工作人员24小时值守幸福大院检查站、协助村委会做好农村牧区领域疫情防控工作建档登记工作的同时，为村民提供被褥2套、棉衣2件、日常食品和口罩及价值1500元的消毒物资；对绍卜亥嘎查117户、225人进行一般农户入户排查，帮助包联嘎查村销售小米、土鸡等农产品，解决其销售困难问题，为推动绍卜亥嘎查早日完成脱贫攻坚以及乡村振兴各项工作奠定坚实基础。

落实人民调解、举行法治讲座、提供活动场地等7个服务项目，组织机关干警和社区矫正对象在毓营小区开展环境卫生整治志愿服务活动，在神发社区开展民法典讲座活动等。

（潘晴杨）

群众团体

总工会

【概况】

2020年，石拐区总工会紧扣决胜全面建成小康社会、决战脱贫攻坚、打赢新冠肺炎疫情防控阻击战，坚持稳中求进工作总基调，深化工会系统党的建设，推进产业工人队伍建设改革和工会改革创新，完成各项工作任务。

2020年，全区基层有工会70个，会员总数8600人。

【基层组织建设】

深入实施基层组织建设扩面提质行动，提升组织建设质量。投放入会宣传资料，扩大工会组织和工会工作有效覆盖。抓好“五大领域”（指建筑施工行业、快递物流行业、现代农业合作社、家政服务业及开发园区五大领域）建会和“八大员”（指货车司机、快递员、保安员、家政服务员、网约送餐员、护工护理员、商场信息员、房产中介员）入会工作。全年“八大员”新增会员220人，开展2020年“八大员”入会暨慰问活动，将商用混凝土园区货车司机、物业服务公司餐厅服务员及家政服务员、保安员等吸纳到工会组织中。完成机关事业单位建会全覆盖，新增非公企业建会5家。推进工会组织和工会会员实名制工作全覆盖，2020年，采集实名制信息2700余人。5月，开展会员普惠活动，向全区会员发放五当召等3个景区门票9000张，票面价值30万元，有效应对疫情影响，助力石拐区旅游企业复工复产。

加强“六有”工会建设（指有依法选举的工会主席，有独立健全的组织机构，有服务职工的活动载体，有健全完善的制度机制，有自主管理的工会经费，有会员满意的工作绩效六条标准），推进工会组织规范化建设工作。在苏木、镇、街道、园区工会中开展“双创优”活动及“职工之家”建设、“会员评家”活动。2020年，全区各街道及园区工会联合会达到二类创建标准。

【帮扶救助】

区总工会开展各种帮扶困难职工、职工互助保障等工会品牌工作。

元旦、春节期间深入企业、劳动现场、职工家中开展“冬送温暖”活动，慰问企业一线职工、窗口单位职工、环卫工人等523人，送去慰问品价值10.2万元。疫情防控中，向重点工作部门拨付专项资金11万元，为区疫情防控指挥部干部职工送去1万余元慰问品。落实上级工会疫情防控专项资金14万元，全部拨付至苏木、镇、

街道工会。

开展“春送岗位”活动，与区就业局联合举办2020年石拐区“稳就业”专场招聘洽谈会暨“就业红娘”服务活动。

开展2020年“致敬劳动、情系盛夏”送清凉系列活动。先后到大德恒街道大庙村委会、三维集团公司、五当召旅游开发有限公司、绿源洁环卫产业公司、石拐区交警大队、苏蒙实验学校二期建设工程施工工地、瑞川水泥拆除现场7家企事业单位，看望慰问680余名一线职工，为他们送去绿豆、冰糖、山楂、绿茶、花茶、矿泉水等防暑消暑慰问品，价值6.61万元。

开展2020年金秋助学活动，帮助5名困难职工子女圆了大学梦，发放助学资金1万元。

开展“困难职工帮扶”活动。定期进行困难职工入户摸底、数据库更新工作。6月，通过自治区总工会城镇困难职工解困脱困工作成效第三方评估。全年发放困难职工帮扶资金8.9万元，其中，上级工会资金2.2万元，区本级资金6.7万元。

加强职工互助保障扩面工作，2020年，全区职工互助保障参保职工2152人，超额完成市总工会年初下达1500人任务。

6月1日，区总工会联合团区委、区妇联、区残联、区关工委在花舞人间景区开展“关爱儿童、筑梦未来”庆六一主题活动　吴娜娜摄

【服务劳模、工匠】

开展劳模评选表彰工作，提高劳模服务管理水平。2020年，推选1名自治区级劳模、1名市级“五一劳动奖章”，推选1家单位为包头市级“五一劳动奖状”。元旦、春节期间，走访慰问困难劳模7人，送去慰问金7000元；“五一”劳动节期间，走访慰问自治区级劳模和包头市级劳模共10人，发放慰问金13000元。8月，根据《内蒙古自治区人民政府关于改善提高市级劳动模范和先进工作者待遇的意见》《包头市人民政府关于印发改善提高市级劳动模范和先进生产（工作）者待遇意见的通知》要求，向4名自治区级和市级农牧民劳模发放荣誉津贴5400元。10月，组织市级及以上劳模44人进行体检。

发挥劳模带头作用，深化劳模（职工）创新工作室创建工作。5月，创建命名1个区级劳模（职工）创新工作室。12月，获评包头市劳模（职工）创新工作室。印发《2020年全区劳动和技能竞赛工作计划》，在全区倡导广泛深入持久地开展劳动和技能竞赛，推进产业工人队伍建设改革，调动广大职工的创造热情和奉献精神。

8月26日，市总工会对包十五中张青祥劳模（职工）创新工作室进行检查验收　倪振恺摄

【维护职工合法权益】

扩大工资集体协商、集体合同签订覆盖面。深入包头德康农牧有限公司等20家正常生产企业，指导企业开展签订集体合同工作。2020年，石拐区有12家企业单独签订集体合同并送人社局审核备案。培育石拐工业园区为行业性集体合同典型，提升签订质量。物流园区签订区域性集体合同涵盖企业17家，工业园区行业性集体合同涵盖企业22家。覆盖企业数较2020年增加50%。提升石拐区集体协商专职人员业务能力，举办1期集体协商工作培训班，60余人参加培训。

推动落实农牧民工欠薪报告制度，解决拖欠农牧民工劳动报酬和社保转移接续等问题。成立大庙村农民工服务站。按照市总工会及相关部门工作要求，依托石拐区职工服务中心平台建立劳动争议纠纷人民调解委员会，与区司法局联合下发《关于建立石拐区劳动争议纠纷人民调解委员会的实施意见》。

深入企业开展《中华人民共和国民法典》《保障农民工工资支付条例》宣讲活动。在各建筑工地悬挂安全生产挂图、《保障农民工工资支付条例》宣传展板30余块。深入企业开展构建劳动和谐关系月宣传活动，发放《中华人民共和国工会法》《职工维权手册》《工会法律法规文件》500余册。以预防生产安全事故和控制职业病危害为重点，开展“全区安全生产月”宣传活动。组织20家企业开展2020年石拐区“安康杯”竞赛活动。组织3名职工组成石拐区代表队，参加2020年度“劳动托起中国梦·法治烛照职工心”全市职工法律知识竞赛，获第三名。

【职工业余文化生活】

以“中国梦·劳动美”为主题，开展重大节日、重要时间节点主题活动的策划、举办。3月，举办2020年庆祝“三八”妇女节暨“最美逆行者”投票评选活动，集中展播全区50余名奋战在疫情防控一线的女职工“战役”事迹，并给予鼓励。“六一”儿童节，联合团区委等部门在花舞人间景区开展“关爱儿童、筑梦未来”庆“六一”主题活动，陪伴困难职工子女度过自己的节日。9月，与五当召景区管委会在五当召景区联合举办“全民健身·助力全域旅游”——第六届全区职工健步行暨拔河比赛。10月，与区文体旅游广电局、团区委、区妇联联合举办第四届“喜桂图杯”五人制足球赛。11月，与区文体旅游广电局联合举办石拐区“赵北古长城杯”羽毛球比赛。

改、扩建原有市级职工书屋，升级建成全国总工会职工书屋。

【内部建设】

加强工会干部培训工作，参加市总及区内组织的各类培训；开展本级学习培训，举办一期全区基层工会干部业务培训班。

推进工会工作与“互联网+”深度融合，加紧加快智慧工会工作平台建设。2020年，完成平台主体构建，平台分设基层组建、会员管理、职工维权等7大板块，采取“整体规划、分步实施、集中管理、归口负责、责任到人”的建设管理模式。开始会员实名制录入工作及上线调试工作。加大线上活动举办力度，策划开展庆祝中国共产党成立九十九周年暨“强意识，查隐患，促发展，保健康”——“安康杯”线上知识竞赛、《中华人民共和国

民法典》有奖知识竞赛等活动，活动宣传推文阅读量2.5万余次，参与量5.5万余人次，微信公众号吸粉8800余名。

完善工会财务、资产和经费审查审计监督工作。召开石拐区总工会经费审查委员会三届三次全体会议，听取财务人员关于2019年工会经费收支决算、2020年工会经费收支预算的情况汇报，并安排部署2020年经审工作。区总工会经费审查委员会委托会计事务所、经费审查委员会委员，完成对石拐区总工会本级、行政事业单位工会、雅化集团内蒙古柯达化工有限公司、包头云海金属有限公司、包头市烟草公司石拐区卷烟营销部进行工会经费规范化检查。

（赵鑫）

中国共产主义青年团

【概况】

2020年，团区委加强基层团组织建设，贯彻落实中长期青年发展规划。开展青少年宣讲教育、志愿者活动，服务生态文明建设。

2020年，共青团石拐区委有下级组织198个。其中，团委8个，团工委10个，团总支7个，团支部167个，毕业生团组织6个，无待接转团支部。有乡镇街道团委7个。全年新建社会领域团组织65个。

2020年，石拐共有团员1069人，新增团员234人。28周岁以下保留团籍党员17人，超过28周岁保留团籍的团干部201人。

2020年，2名团员获共青团内蒙古自治区委员会、内蒙古自治区青年志愿者协会称号。

【组织建设】

有效扩大团组织覆盖面，2020年新建社会领域团组织65个，率先完成全市建团任务。组织开展“对标定级”工作，91个基层团（总）支部对照班子建设、团员管理、组织运行、作用发挥四个方面进行自查分析，对标对表，为提升团工作水平奠定基础。

加强团干部队伍建设。分领域、分业务开展团干部培训3场，团干部素质明显提高。强化团组织储备优秀青年干部的职能，积极向上选树推荐优秀青年。2020年，2名青年受到自治区团委表彰，1名青年受到市团委表彰，6个集体被团市委评为先进典型。

严把发展团员入口关，2020年，中学新发展团员64名，初中团学比控制为20%，高中团学比控制为48%，新发展团员全部录入“智慧团建”系统。与区委组织部沟通，落实推优入党制度，实现团组织推优入党数量占到新发展党员总数的40%。

召开石拐区青年工作联席会议第一次全体会议，研究印发《石拐区贯彻落实〈自治区中长期青年发展规划（2018—2025年）〉实施方案》、联席会议议事规则等，构建整体性、协同性和衔接性的青年发展政策体系和实施机制。完善团代表发挥作用机制。依托党群服务中心，建成团代表联络站，发挥委员、代表作为服务青年工作的基础力量，发挥团代表联络站“人才库”“思想库”“资源库”作用。联合区教育局，规范学校少工委配置，全区5所中小学召开少代会，完成少工委换届选举工作。规范学校少先队标识、入队程序、队日活动等。

加强团机关自身建设。按照巡查整改要求，完善团费收缴手续，实现全程无现

金收缴，向上级团委上交团费6783元。

【青少年宣讲教育】

开展“与法同行健康成长”法治宣传进校园、“珍爱生命远离毒品争做文明青少年”禁毒宣传等活动。讲授预防网络诈骗、杜绝校园欺凌等主题团课2场，引导青少年提高自我安全防范意识，增强法治观念。

开展“青年大学习”网上主题团课34期，累计1.3万余人次参与，参与率13次在全市排名第一。开展青年热议活动7场，围绕《习近平总书记给北京大学援鄂医疗队全体90后党员回信》、《习近平总书记寄语新时代青年》、中共十九届五中全会精神等内容，89名青年精彩发言刊发公众号。开展“践行守望相助理念铸牢中华民族共同体意识”专题系列活动，组织670余名小学师生及家长到包头市科技馆参观，增强民族自信，铸牢中华民族共同体意识；组织初、高中70余名学生赴石拐区党史党建展厅感悟红色历史，增强民族自豪感、使命感。

在学雷锋日、“五四”、“六一”、国庆节等重要节日，开展传承雷锋精神、弘扬好家风、践行勤俭节约等主题团队日活动10余场，覆盖500余人。

6月1日，团区委开展“关爱儿童、筑梦未来”庆“六一”实践活动　雷嘉玲摄

邀请市级家庭教育专家刘东为石拐区学生家长开展亲子沟通方式、构建和谐亲子关系等方面青少年心理健康专题辅导。邀请包头市著名心理学教授李红霞为初三、高三学子进行“快乐迎考”的考前心理讲座。

【青少年志愿者活动】

号召青年投身爱国卫生运动，组织30余名志愿者对新区道路、小区、楼道卫生进行了清理。践行绿色环保理念，青年志愿者赴包头市青年生态园开展“保护母亲河 争当‘河小青’”主题党团日活动，植树30棵。

青年志愿者在包头市第十五中学设“12355”考生服务站，助力高考。

搭建青年联谊平台，开展“缘聚七夕 浪漫相约”交流活动；提升西部计划志愿者归属感、责任感，召开“与梦为伍 即刻出发”2020级西部计划志愿者迎新会，并做好工资发放、社保缴费等保障事宜；开展“创意青年浓情中秋”手工制作等活动。

【社会服务】

服务疫情防控。招募社会青年志愿者48名，组建3支突击队到各乡镇街道参与卡点执勤、入户排查、卫生消杀、宣传劝导等工作，缓解基层人手短缺的问题。向上争取物资，先后10余次慰问防疫一线，累计送去防疫物资价值5000元、应急食品价值2000元。通过线上演讲比赛、志愿者表彰、典型示范推荐等，鼓励青年在为人民服务中茁壮成长，1名青年志愿者荣获自治区优秀志愿者称号。

服务脱贫攻坚。关爱家庭困难青少年，通过“春暖朝阳”“金秋助学”等活动发放慰问金1.8万元；关爱特殊儿童，为

20名儿童完成微心愿；助力大德恒村集体经济发展，组织30余名青年志愿者参与苜蓿地除草。

通过转载就业信息、推荐优秀创业青年参加创新创业人才训练营等提升全区青年创业就业工作水平。对接青年需求，联合华图教育机构，免费在石拐区开展考试讲座并发放各类考试用书200余套。

（雷嘉玲）

妇女联合会

【概况】

2020年，石拐区妇女联合会（以下简称区妇联）履行引领联系服务职能，团结动员全区妇女在疫情防控阻击战、脱贫攻坚战、全面建成小康社会目标任务中贡献半边天力量。

2020年，全区建立苏木、镇妇联组织7家，行政村（嘎查）、社区妇联组织19家。

【新冠肺炎疫情防控】

号召全区广大妇女投身到抗击疫情工作中去，动员女企业家捐款10万元、广场舞协会捐款0.22万元；高频次、广覆盖发布疫情信息80余条；策划开展“抗疫中，寻找最美的你”抗击疫情先进巾帼典型征集活动，推出“巾帼抗‘疫’”专栏，慰问疫情防控表现突出女性32人。

【妇联改革工作】

落实妇联改革任务，实施“县级妇联改革破难行动”，制定《石拐区妇联轮值副主席工作制度》《石拐区妇联执委工作制度》，有序开展石拐区妇联第十次妇代会筹备工作，召开为期2天的区妇联第九届四次执委（扩大）会议，就如何做好新时代妇女工作进行系统学习，还组织广大执委和基层妇干、群众代表实地参观包头市大数据、联众创业孵化、华为工业互联网云、绘宇测绘、“政务服务+区块链”等重大项目，让群众体会石拐区招商引资取得的重大成就，进一步理解区委提出的发展战略，提高自身素质，为石拐区高质量发展贡献巾帼力量。

【脱贫攻坚】

实施“巾帼脱贫行动”。发展妇女手工业，开展2期“保就业促脱贫——巧手手手工坊”培训活动；组织辖区有劳动能力农牧民妇女，开展新型职业农牧民网络教育培训2期；持续开展好家政服务再就业培训、“春风送岗位”等活动。

【“巾帼暖心行动”】

做实节日节点慰问工作，慰问辖区内的贫困大病妇女、单亲妈妈、“两癌”妇女、女环卫工人、困境留守儿童、最美军嫂、优秀教师百余人次；开展女性免费体检活动和农村妇女“两癌”筛查，深入偏远嘎查（村）开展“送医送药送健康”活动；持续开展“金秋助学”企业献爱心活动，为7名“春蕾女童”发放资助金0.7万元。

1月17日，开展“春暖朝阳”新春送温暖慰问大病妇女活动　　区妇联供图

【“巾帼维权行动”】

与区法院共同签发《家事调解实施细

则》，前移维权关口；发挥妇女维权站、婚姻家庭纠纷调解室、公益律师、巾帼志愿服务队作用，全年接待、调解7起婚姻家庭纠纷案件。在“三八”妇女节、“全国助残日”、“6·26”国际禁毒日等节日节点开展宣传活动，发放宣传材料、现场咨询等，宣传《中华人民共和国妇女权益保障法》、《中华人民共和国反家庭暴力法》、《中华人民共和国未成年人保护法》、“两癌”检查等相关知识；组织各级妇联干部、执委、巾帼志愿者在全区开展防范中小学生个人极端事件排查和送温暖工作。连续走访辖区内住户4000余家。参与全区普法宣传，在石拐区一中、包头市第十五中校内开展宪法、未成年人保护法和“珍爱生命 远离毒品”宣传活动。

【宣传教育】

全年深入基层妇女组织调研5次，形成报告3篇，收回线上线下调查问卷200余份，针对家校共育和少年儿童心理健康问题，邀请专家举办“科学家教进万家”大型家庭教育公益讲座1场。

开展巾帼大宣讲62场，覆盖人数1317人；组织女性恳谈17场，358人次参与；举办线下妇联干部培训班2期，线上“习近平用典讲习会”宣讲10场。

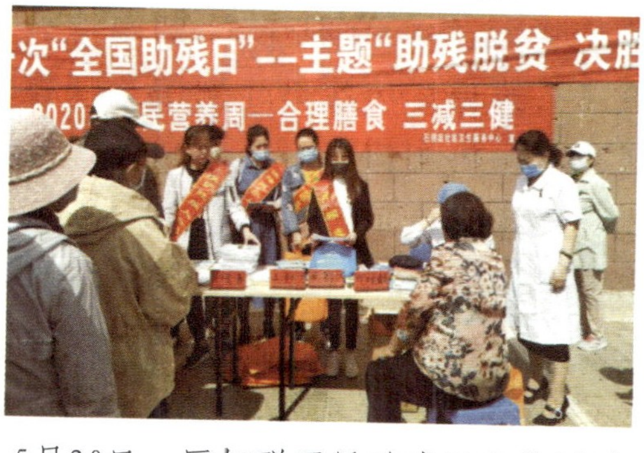

5月20日，区妇联开展助残日宣传活动

区妇联供图

发挥妇儿工委办职能，持续推动妇女儿童“两规划”实施，召开培训会、督察反馈会，推进统计监测指标达标；协调推动相关部门落实自治区督查“两纲”工作提出的整改事项。

实施“家家幸福安康工程”。2020年，寻找“最美家庭”34户、“抗击疫情最美家庭”2户；开展以“相伴共阅读，共抒家国情”为主题的亲子阅读活动共4场、家风家教宣讲活动2次；在党群服务中心开展“光盘行动我承诺”签名接力活动。

（王兆炜）

工商业联合会

【概况】

2020年，石拐区工商业联合会（以下简称区工商联）贯彻中央、自治区、包头市委和区委关于民营经济工作的重大决策部署，发挥工商联的职能，在全区经济发展、社会稳定中发挥了应有的作用。

2020年，召开优秀民营企业家表彰会，表彰对石拐区综合实力、生态环境、民生福祉等方面做出贡献的企业家。

政协委员届中调整。新调整的18名政协委员中，民营企业家有10名，占比55.5%。

推荐内蒙古亚新隆顺特钢有限公司和包头经纬能化有限公司上榜内蒙古百强企业。

【理论学习】

提高服务民营企业的理论水平，全面贯彻落实中共十九届五中全会精神、习近平总书记新时代中国特色社会主义思想、习近平总书记视察内蒙古时的重要讲话精神、《关于加强新时代民营经济统战工作的意见》，参加区委中心组学习、参加自

治区、市委工商联举办的各类培训班等，利用“学习强国”学习平台、“包头微学习”App，在学懂弄通做实上下功夫。引导干部职工树立“四个意识”、坚定“四个自信”、落实“两个维护”，加强思想政治引领。

【意识形态工作】

发挥“三个带头”“三个亲自”作用，履行领导班子主体责任。2020年，全年参加理论中心组学习12次、专题研讨2次。组织民营企业家在重庆大学工商行政管理学院开展理想信念专题培训，深入两个园区开展理想信念教育实践活动，举办《中华人民共和国民法典》专题讲座2次、全国两会精神宣讲2次、传达贯彻习近平总书记在民营企业家座谈会上重要讲话2次，引导全区民营企业家增进政治认同。

7月28日，区工商联深入到工业园区送学《中华人民共和国民法典》　　区工商联供图

【新冠肺炎疫情防控】

整理中央、自治区、包头市扶持民营经济发展政策，编印《中央自治区包头市促进民营经济高质量发展政策汇编》，编印《应对疫情中央、自治区、包头市、石拐区支持企业健康发展政策汇篇》，助力企业家用好疫情防控期间制定出台的各项政策，解决存在问题，早日复产复工达产。

疫情防控期间，向全区非公经济人士发出捐资捐物倡议书，累计捐资捐物287万元。

【优化营商环境】

优化全区民营企业发展的法律维权服务环境。在全市率先为全区民营企业开展“法治体检”工作。区委统战部、区工商联联合区委政法委、区司法局召开石拐区建立民营企业法律维权服务联席会议制度暨开展民营企业“法治体检”推进会，并为石拐区民营企业进行一对一“法治体检”，下发“体检单”42份，为企业出具体检报告单。打通地区民营企业与市工商联民营企业法律维权平台“通道”，提供市级法律维权服务。

参加区委巡察办开展的优化营商环境专项巡察工作。专项巡察全区涉及优化营商环境的10余家单位，查找问题112个，通过问题整改，为全区构建“政策最优、服务最好、办事最快、成本最低”的营商环境打下基础。

调整《石拐区县级领导干部包联服务重点民营企业实施方案》。全年收到县级干部包联表37份，收集问题41个，协调解决7个。成立助力民营经济健康发展专班，本着“有求必应，无事不扰”的原则进行工作。先后发放摸底表、问卷调查表200份，实地走访企业100余家，开展面对面座谈14次，形成调研报告1篇，收集整理问题80个，解决43个。

召开石拐区民营企业家圆桌会，20余家民营企业负责人参加座谈会并反馈关于生产要素、营商环境、历史遗留三大类43条问题。经归纳梳理分析，协调解决24条。

【创新工作】

打造“民营企业之家”。按照“三有一同时”工作原则，办事有歇脚处，遇困难有反映地，反映问题有倾听人，问题反映同时有部门及时跟进、解决、反馈，让民营企业家有话回家说、有事回家办。

搭建自治区第一座政府与民营企业“连心桥”。石拐区工商联按月制定日程，每周三石拐区主要领导、区委常委、副区长做客“民营企业之家”，定期为民营企业纾困解难。“连心桥”搭建以来，共收集问题21个、协调解决5个，其他问题交办相关部门。

编制“民营企业之声”和问题交办单。民营企业家在“连心桥”和“民营企业工作微信群”反映的问题、意见和建议，通过“民营企业之声”第一时间传递到主要领导和分管领导处，通过问题交办单安排给相关部门，帮助企业快速解决生产经营中存在的问题；帮助政府及时了解民营企业和民营企业家的所思、所想；帮助建立民营企业家心中的“有为”政府，为石拐区打造另一张亮丽名片。

（曹婕）

文学艺术界联合会

【概况】

2020年，区文联全力推进文艺工作建设、文艺品牌打造、文艺志愿服务、文艺人才和阵地建设等中心工作，团结和引领全区广大文艺工作者听党话、跟党走，肩负起新时代文艺使命。

【文化活动】

搭建文艺平台，发挥文联阵地建设。加强“文艺学堂”公益学习交流平台阵地建设，发挥各协会作用，按照文艺学堂全年工作计划，推进每周四下午书法、绘画、音乐、摄影、民间艺术及文学创作等文艺活动，以“决胜全面小康　决战脱贫攻坚”“跟着老师学”“文艺进校园”等为主题开展活动36次。

7月23日，在石拐区举行迎八一“书画进军营　共叙鱼水情”慰问活动现场　区文联供图

开展走基层惠民活动。春节期间开展“我们的中国梦”——文化进万家活动，走进校园、苏木、镇、村送春联活动。邀请“最美”——2020—2021呼斯楞•李德戈景走遍内蒙古千村百场巡回演出团队走进亚新隆顺演出，邀请市文联文艺家走进石拐区开展“深入生活、扎根人民”暨石拐区建区70周年采风创作活动。

9月15日，文艺采风创作活动在亚新隆顺钢铁公司举办　何少华摄

与区退役军人事务管理局联合举办翰墨飘香鱼水情迎“八一”书画进军营慰问活动。组织区文艺志愿者走进青山村开展“文艺下乡携手小康”书画笔会活动。开展“弘扬乌兰牧骑精神 到人民中间去”基层综合志愿服务活动40场次。组织区摄影家协会和文学创作协会到旧区、新区进行采风创作。与扶贫办联合举办“决战全面小康 决胜脱贫攻坚”摄影作品展活动，举办第二届“墨香喜桂图描绘新时代”书画作品展暨《奋进·光辉·蝶变——纪念石拐区建区70周年文学作品选》新书发布会。

【文艺战疫】

全区文艺工作者、爱好者创作了反映奋战在疫情防控一线的白衣天使和有关工作人员的感人事迹的书法、美术、文学等作品，在“魅力喜桂图”微信公众平台以“文艺战疫”为主题推出专栏9期。书法作品《大爱无疆》入选“同呼吸、共命运——民革中央画院抗击疫情主题作品网络展”；摄影作品《疫情期间的快递小哥》《先锋战士肖像》《午餐》《布控》《战友情深战役情》等在人民网内蒙古频道“众志成城 战‘疫’必胜”摄影作品展播中，点击量达50.3万次；文学作品《疫情中的反思》在华人头条内蒙古频道发表；美术作品《百草千骏》在华人头条内蒙古频道中展播。

【组织建设】

采取“走出去”与“请进来”的方式，争取上级文艺工作者到石拐区进行采风、笔会、授课。开展“我们的中国梦”——文化进万家包头市文联书画家走进石拐采风创作笔会暨石拐区“迎新春”书画笔会活动，邀请摄影名家开展摄影拍摄技巧培训活动。

【新时代文明实践文艺志愿项目】

开展新时代文明实践文艺志愿项目试点工作。经市文联推荐、石拐区申报，区吉忽伦图苏木、五当召镇、大发街道及9个村（爬榆树嘎查、三岔口嘎查、吉忽伦图嘎查、缸房地村、新曙光村、青山村、喜桂图社区、神发社区、马场村）被选为试点项目，并完成前期工作的部署和培训。

【文艺创作】

庆祝石拐建区70周年，展示石拐区科学转型发展取得成果及人民群众奋发进取的精神面貌，编撰《奋进·光辉·蝶变——纪念石拐区建区70周年文学作品选》；王茹摄影作品《我的世界》《海市蜃楼》在首届宫园墅杯摄影大赛中获优秀奖，《走进帕米尔高原》在视觉影像——自治区首届女性摄影展中获二等奖，《古城记忆》入展视觉影像——自治区首届女性摄影展，创作的多个视频被包头文艺采用；马岩摄影作品《天马行空》在第三十二届中国华北摄影艺术展览获入选奖、在第二十四届自治区摄影艺术展览中获纪实类入选奖；韩俊伟面塑作品《蒙古族搏克手》入选自治区第二届民间手工艺精品展。

（温婕）

石拐区 2020 年文学艺术作品获奖情况

表 13

姓名	作品（类型）	所获奖项	获奖时间	颁奖单位
何少华	《阴山古刹—— 五当召雪景》（摄影）	包头市第十一届文艺振兴优秀作品奖	2020 年 1 月	中共包头市委宣传部
何少华	《快乐童年》（摄影）	第二十四届内蒙古自治区摄影艺术展览纪实类三等奖	2020 年 10 月	自治区文联、自治区摄影家协会
何少华	《午餐》（摄影）	“最暖心主题摄影作品”奖	2020 年 5 月	包头市委宣传部、包头市文联、包头市广播电视台
马岩	《仙女下凡》（摄影）	入选“2018·中国首届‘鄂尔多斯四季美’全国旅游摄影大展”	2020 年 12 月	中国文联摄影艺术中心
马岩	《天马行空》（摄影）	第二十四届内蒙古自治区摄影艺术展览纪实类入选奖	2020 年 10 月	自治区文联、自治区摄影家协会
马岩	《天马行空》（摄影）	第三十二届中国华北摄影艺术展览入选奖	2020 年 10 月	北京、天津、河北、山西、内蒙古摄影家艺术协会
马莹	《香风翠雨情意长》（美术） 《唯有葵花向日倾》（美术）	2020 年包头市中小学师生“丹青敷彩歌盛世·翰墨流霞颂和谐”书画摄影比赛二等奖	2020 年 7 月	包头市教育局
王茹	《走进帕米尔高原》（摄影）	内蒙古自治区首届女性摄影展二等奖	2020 年 4 月	自治区文化馆、自治区摄影家协会
王茹	《古城记忆》（摄影）	在内蒙古自治区首届女性摄影展中展出	2020 年 4 月	自治区文化馆、自治区摄影家协会
王茹	《暮归》（摄影）	入选“2018·中国首届‘鄂尔多斯四季美’全国旅游摄影大展”	2020 年 12 月	中国文联摄影艺术中心
韩俊伟	《霸王别姬》（面塑）	包头市第十一届文艺振兴优秀作品奖	2020 年 1 月	中共包头市委宣传部

残疾人联合会

【概况】

2020年，石拐区残疾人联合会（以下简称区残联）发挥“代表、服务、管理”职能，开展残疾人精准康复服务、救助、信息数据动态更新等本职工作。按照区委、区政府以及市残联的有关工作部署，参与疫情防控、精准扶贫等工作。

2020年，全区基层残疾人组织苏木、镇、街道残联7个，社区、村（嘎查）残疾人协会21个；专门协会7个。

2020年，全区残疾人总数2676人。其中，视力残疾329人，肢体残疾1385人，智力残疾296人，精神残疾272人，多重残疾31人，听力残疾314人，言语残疾49人。

【残疾人精准康复服务】

把残疾人康复放在业务工作的首位。与五当召镇、吉忽伦图苏木卫生院和石拐区社区卫生服务中心沟通协调，推动残疾人家庭医生签约服务；开展残疾儿童救助工作，救助残疾儿童5名；开展0～20岁残疾中学生摸底并建立档案。

【脱贫攻坚】

贯彻落实习近平总书记关于做好贫困残疾人脱贫攻坚工作指示精神，做好脱贫攻坚和环保专项整治工作，49名（2020年新办证3人）建档立卡残疾人贫困户实现正常脱贫。

【新冠肺炎疫情防控工作】

残联全体领导干部职工，奔赴五当召镇缸房地村、石拐区祥和残疾人托养中心、大发街道等多个卡点，为疫情防控一线人员送去手套、口罩等防护用品及牛奶、八宝粥等慰问品；先后到毓营、腾昂小区入户排查，并为居民发放出入证；到神包家园卡点值守，对常住居民及外来人员、车辆进行登记。

【残疾人救助】

开展救济扶贫送温暖活动。投入13万余元对263名贫困残疾人进行慰问。

两项补贴（困难残疾人生活补贴和重度残疾人护理补贴）制度实现最大限度全覆盖。全年累计3402人享受重度护理补贴，2002人享受生活困难补贴。

实施“阳光家园”计划和残疾人就业创业扶持补贴工作。14人在祥和残疾人托养中心和幸福养老院进行集中托养，包头市青青养殖专业合作社申报残疾人就业创业扶持资金。

开展残疾人辅助器具适配工作。市残联辅具中心对石拐区有辅具需求的残疾人进行评估，共计15人。通过爱耳日、助残日等节日集中为53名残疾人发放包括助听器、盲人手机、防走失腕表、轮椅、防压疮床垫等辅具39件。

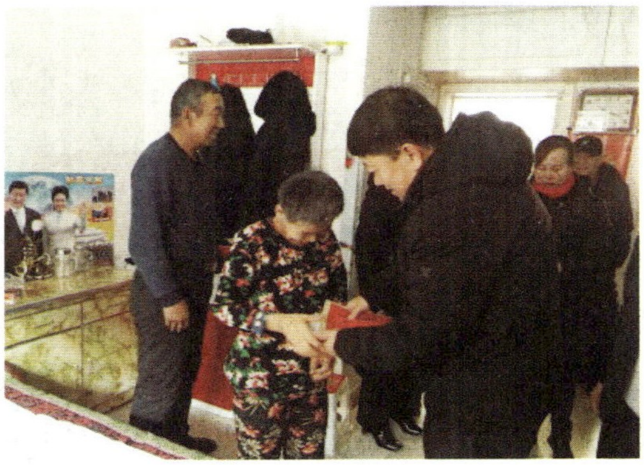

1月19日，区委、区残联领导慰问喜桂图新区贫困残疾人杨粉团　　　区残联供图

开展康复救助。4名贫困白内障患者实施复明手术，为3名残疾人办理下肢假肢救助。

征收残疾人就业保障金205户、150.38万元。

【信息数据动态更新】

采取入户与电话调查相结合的形式，完成手机App录入残疾人基本服务状况和需求信息数据动态更新工作。全区调查2628人，入户率64.13%，App采集率100%。

【残疾人证换领】

2020年，有1316名残疾人证到期，已为900余名到期换领残疾人填写残疾人证申请表，并通过与石拐区卫生服务中心、包头市朝聚眼科医院、包头市第六医院协调，448名残疾人完成残疾人证到期换领。

全年残疾人证核发新证151名。

【残疾人辅助性就业机构建设】

保障智力、精神及重度肢体残疾人的劳动就业权利，促进石拐区残疾人辅助性就业发展。2020年5月，按照自治区残联等9个部门《关于发展残疾人辅助性就业的实施意见》以及包头市相关工作目标要求，制定设立残疾人辅助性就业机构实施方案。拟建包头市石拐区残疾人辅助性就业服务中心。

（孙玥）

红十字会

【概况】

2020年，石拐区红十字会接受抗疫款物捐助338.53万元，接受“博爱一日捐”19.5万元；发放各类救助款物价值13.9万元。弘扬人道主义精神，开展“红十字博爱送万家”送温暖活动等，发挥党和政府人道救助领域助手作用。

2020年，区红十字会下属基层组织7个。

【新冠肺炎疫情防控】

制定《石拐区红十字会关于新型冠状病毒的肺炎疫情防控方案》《石拐区红十字会关于开通防控新型冠状病毒感染肺炎捐赠款物公告》，接受救助资金、物资并及时向市红十字会上报。2020年，接收资金40笔、263.23万元，物资16批次、价值75.3万元，均转交石拐区疫情防控指挥部（资金移交石拐区财政局、物资移交石拐区发改局）。

在疫情防控期间，用普爱基金购买3M口罩、84消毒液，定向捐赠后营子村委会1000个3M口罩，其余物资定向捐赠石拐区疫情防控部；区红十字会向石拐区疫情防控指挥部申领防疫物资口罩200个、84消毒液（500毫升/瓶）60瓶全部调拨区红十字会对口帮扶地区；区红十字会到包联社区值班、入户排查、宣传。3月，区红十字会到包联社区值班执行12小时制（8点到20点）连续值班20天。

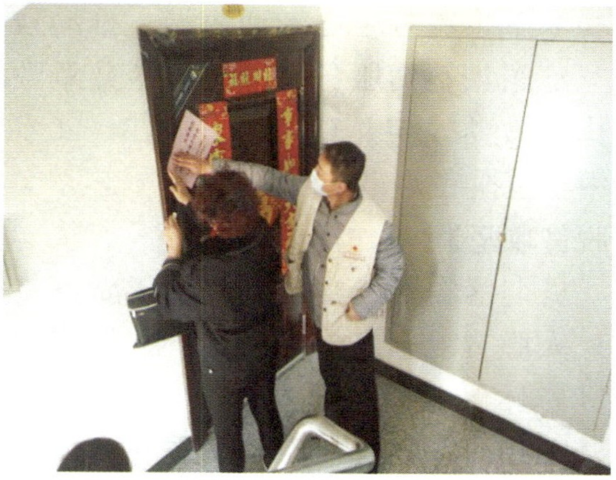

疫情防控期间，区红十字会工作人员在包联社区进行抗疫检查　　周利婷摄

【救助工作】

1月3日，启动2020年“红十字博爱送万家”送温暖活动，为石拐区受灾群众、下岗职工、残疾人、重症患者、低保家

庭、孤寡老人、一线环卫工人等弱势群体及关心支持红十字事业的造血干细胞捐献者共300户家庭送去价值6.3万元救助物资（每户价值210元的米面油）。

向20户大病致贫家庭发放大病救助金5.5万元，为3户（大病）特困家庭发放救助金0.9万元。其中，“普爱基金”救助1户2000元，“博爱一日捐”救助22户6.2万元。

1月6日，启动2020年“红十字光明行”活动，联合包头市朝聚眼科医院在全区开展免费眼病集中筛查活动并建立眼健康档案604份；为6名贫困白内障患者实施复明手术10例，补贴手术费6000元。

8月27日，启动，“博爱一日捐、助你上大学”活动，向12名大学生发放救助金2.1万元。其中，“普爱基金”救助5名共计1万元；“博爱一日捐”救助7名共计1.1万元。

【培训工作】

全年举办培训班4期，其中，应急救护员培训班3期103人培训（第1期32人，大德恒街道；第3期24人，区纪委；第4期47人，区法院），普及性培训班培训1期38人（第2期，大发街道）。

在区纪委监委举办的应急救护员培训班课堂情景　　刘勇强摄

【“三献”工作】

宣传造血干细胞捐献、遗体器官捐献、献血知识。6月，完成市红十字会下达的16例血样采集、登记和入库任务；自愿登记器官、遗体捐献2人。

【筹资工作】

收到52个行政事业单位干部职工“博爱一日捐”捐款18.5万元；收到1家企业为“普爱基金”捐款1万元。

【宣传工作】

开展“5·8”世界红十字日、“5·12”防震减灾日、“6·14”世界献血日、世界急救日等宣传，编发信息54期，网站发布信息54条次。

【红十字青少年工作】

“红十字博爱周”活动期间，在区属各学校举办红十字知识及应急救护培训和人道文化传播点，利用广播、板报、主题班会、手抄报和社会服务等形式，在学生中开展红十字人道、博爱、奉献教育。

【资金、抗疫物资争取】

争取包头市红十字会大病救助金3万元，棉帐篷5顶、折叠床5张、棉被10床。

【脱贫攻坚】

开展“红十字博爱送万家”送温活动，为五当召镇受灾群众、下岗职工、残疾人、重症患者、低保家庭、孤寡老人、一线环卫工人等弱势群体40户家庭送去了温暖。联合包头市朝聚眼科医院开展“红十字光明行”活动，开展免费眼病集中筛查活动，为五当召镇厂汉沟东梁小队贫困白内障患者实施复明全面筛查。

（周利婷）

经济综合管理

计划管理与统计

【概况】

2020年，区发展和改革委统筹推进经济社会发展工作及疫情防控期间各类防控物资的接收、管理、调拨。加强宏观综合谋划和全区经济监测分析工作，完成各项统计调查工作及第七次人口普查摸底工作。全力推进重点项目建设及项目储备。牵头开展“十四五”规划编制工作。完成煤炭专项整治政策法规类文件清理工作等。

【驻村帮扶工作】

中秋节、国庆节之际，对三岔口嘎查7户贫困户开展走访慰问送温暖活动，为他们送去爱心月饼和牛奶。开展“双服务”“双认领”活动，认领三岔口嘎查和大磁社区“微实事”1项、“微心愿”14个。为认领的大磁社区7户贫困户送去7吨煤炭，价值5494元。

党员干部为疫情防控捐款1.358万元，帮助三岔口嘎查开展疫情防控工作。

计划管理

【疫情防控应急物资保障】

做好疫情防控物资保障工作，加强疫情防控期间各类防控物资的接收、管理、调拨。全年采购、调拨、组织捐赠共筹措各类物资44种、10万余件；其中，医疗医护物资32种，生活物资9种，食品物资3种。

做好物资分发“管家”。本着“一线优先、保障需求”“保重点、保薄弱”的原则，截至11月18日，发放各类消杀物品11984升，各类口罩95470个，各类手套、脚套8361双，各类防护服5585件，各类体温计、测温枪171个，各类食品、饮品2649箱。

做好物资捐赠“管家”。加强与市级相关部门对接力度，与爱心企业及各界人士联系沟通。2020年，收到30余家爱心企业和爱心人士捐赠物资价值709997元。

【经济指标】

2020年，地区生产总值按可比价格计算，完成57.46亿元，同比增长0.2%。三次产业比重为1∶75∶24。其中，第一产业增加值0.9亿元，同比增长2.6%；第二产业增加值42.71亿元，同比增长0.6%；第三产业增加值13.85亿元，同比下降1.4%。

地区固定资产投资259587万元，增速13.7%；工业总产值同比增长6.7%；社会消费品零售总额同比下降6%；城乡居民人均可支配收入44648元，同比增长0.8%，

农牧民人均可支配收入19042元，增长8.3%，城乡收入比为2.34%，比上年缩小0.16个百分点。

【项目建设】

全年实施19个市级亿元以上重点项目，年内计划投资23.81亿元，至11月底，全部开复工，开复工率100%，完成投资24.46亿元，完成年度计划投资的102.7%。立项手续办结率100%，规划手续办结率94.7%，国土手续办结率94.7%，环评手续办结率89.5%。四项手续办结项目17个，占全部项目的89.5%。2020年，已竣工8个，完成投资12亿元。

2020年，全区实施重点项目48个，年内计划投资30.69亿元。年内，有开复工项目33个，开复工率68.8%，完成投资26.27亿元，完成年度计划投资的85.6%。其中，1亿元以上重点项目26个，年内计划投资28.74亿元，开复工项目20个，开复工率76.9%，完成投资24.67亿元，完成年度计划投资的85.8%；亿元以下重点项目22个，年内计划投资1.95亿元，开复工项目13个，开复工率59.1%，完成投资1.6亿元，完成年度计划投资的82.1%。

26个亿元以上重点项目竣工9个，完成投资12.51亿元，亿元以下重点项目竣工6个，完成投资0.94亿元。

强化“十四五”项目库建设。根据《西部地区鼓励类产业目录》《关于扩大战略性新兴产业投资培育壮大新增长点增长极的指导意见》和包头市重点产业链、重点产业集群范围，结合国家政策导向、中央投资方向和自治区重大战略，谋划石拐区“十四五”规划项目112个，预计总投资560.78亿元。

【粮食储备】

全区有涉粮经营粮食专营店7家。根据石拐区实际情况制定、调整、完善年度应急体系预案。根据居民棚户区改造搬迁、新旧区域分布，调整网点布局。重新测算粮食应急网点，根据实际需要进行增减设置，并与应急网点签订承诺书，明确权利与义务。

【深化改革】

严格按照程序进行项目审批备案工作。简化手续、提升效率，明确标准、缩短流程，变审批为服务。全年完成项目立项71个，较上年同期增加21个项目，其中审批类项目13个、备案类项目58个，涉及房地产、旅游、环保、基础设施等行业。除1个涉密项目外，其余全部通过内蒙古在线审批平台办理，网上办结率100%。

开展采煤沉陷区及资源枯竭地区自评工作。按照国家发改委要求，编制报送《包头市石拐区重点采煤沉陷区综合治理工程试点自评报告》《包头市石拐区资源型城市可持续发展自评报告》，系统总结2017以来全区在采煤沉陷区治理、资源枯竭方面所做的工作、取得的成绩、总结的经验、存在的问题及下一步工作重点、“十四五”规划发展思路及工作建议，为国家发改委评估以及下一阶段工作开展提供科学依据。

【规划编制】

牵头开展“十四五”规划编制工作。5月，区政府印发《关于报送国民经济和社会发展第十四个五年规划纲要资料的通知》《石拐区国民经济和社会发展第十四个五年规划纲要编制工作方案》（以下简称《规划纲要》），成立编制领导小组明

确区发展和改革委牵头，启动石拐区“十四五”规划编制工作。在全区范围内通过座谈、讨论、查看档案资料等方式向各单位收集资料，并在网上公开向社会各界广泛征求《规划纲要》编制意见和建议。委托第三方专业机构，组成专家团队实地调研石拐区，着手起草《规划纲要》文本。经4轮项目征集、3轮实地调研、2轮材料收集、1轮征求民意，历时5个月，初步完成《规划纲要》文本（征求意见稿）。开始向区属各部门单位及社会相关专业人士征求意见，结合十九届五中全会精神，对《规划纲要》（征求意见稿）进行修改。

调查与统计

【统计业务】

重点做好决策咨询服务和统计资料的开发应用，按月编制《石拐区主要经济指标一览表》，按季度编写《石拐区统计信息季报》，分季度报送全区经济运行情况，为领导决策提供服务。2020年，撰写季度经济运行分析16篇；编辑经济指标反馈月报10篇；石拐统计微信公众号发表统计经济指标数据36篇。完成《2020年石拐区领导干部手册》数据收集及校对、编印、发放。

【统计调查工作】

开通电子记账功能，分析全区居民收入情况，找出石拐区居民与市平均水平的差距；完成石拐区第四次全国经济普查公报编制工作；配合自治区统计局完成工业、服务业、贸易业等企业的执法检查工作；对吉忽伦图苏木、五当召镇、大德恒街道和白狐沟街道4个涉农地区的统计人员进行业务培训。完成夏季牧业调查数据录入工作。按照上级要求，对全区8个乡镇、街道、园区统计工作站进行规范化要求。

根据《住户调查实施过程数据质量管理工作规范（试行）》《住户调查应用系统使用管理规范（试行）》和《内蒙古住户调查数据质量管理工作规范实施细则》，开展城乡居民现状调查。2020年，调查居民200户、488人。其中新样本户100户、246人。开通电子记账功能，开通率89%。根据样本数据推断总体，分析石拐区现住居民的收入情况，并找出石拐区居民与全市平均水平差距。

【易地扶贫搬迁】

完成易地扶贫搬迁核查验收工作。7月15日至8月1日，按照包头市发改委关于报送易地扶贫搬迁相关工作报告、《内蒙古自治区发展和改革委员会〈转发国家和发展改革委员会办公厅关于组织开展“十三五”易地扶贫搬迁全面评估核查工作的通知〉》要求，印发《石拐区“十三五”易地扶贫搬迁全面评估核查工作方案》，成立由区政府分管副区长任组长的“十三五”易地扶贫搬迁全面评估验收工作领导小组。采用现场验收的方式对全区易地扶贫搬迁2个集中安置点及42户搬迁户完成核查验收。8月10日，《石拐区“十三五”易地扶贫搬迁评估核查自评价报告》《石拐区“十三五”易地扶贫搬迁县级自查验收表》《石拐区“十三五”易地扶贫搬迁集中安置区自查验收表》上报自治区发展和改革委。同日，发展和改革委自评报告和验收表已录入国家发展和改革委易地扶贫搬迁评估核查信息系统。

完成易地扶贫搬迁生态修复工作。全

区易地搬迁建档立卡贫困户腾退的宅基地完成生态修复工作。同步搬迁户腾退的宅基地完成土地平整工作，达到自然修复条件。

第七次全国人口普查

【组织领导】

2月28日，成立石拐区第七次全国人口普查领导小组及各专项工作组。截至5月20日，吉忽伦图苏木、五当召镇、各街道办事处所属17个行政村、4个居委会全部成立领导小组。

石拐区第七次全国人口普查领导小组召开2次工作领导小组会议，对第七次全国人口普查工作开展进行了全面动员，传达了国务院、自治区和包头市第七次人口普查领导小组工作会议精神，通报石拐区工作进展情况，安排部署下一阶段工作；覆盖领导小组各成员单位及普查工作人员300余人次。

区发改委（统计局）建立周调度制度，收集各地区机构、经费、人员、办公场所落实情况，掌握各地区普查工作开展情况，及时开展实地督导，有效解决工作推进中存在的问题。

【工作保障】

全区选聘普查指导员和普查员260名，主要人员构成是街道办事处工作人员及网格员、乡镇工作人员及村委会委员。

给普查指导员和普查员配备口罩、手套、手电筒、塑料夹板、手提袋等物资；为每名普查指导员和普查员上3个月的意外保险。

制定摸底阶段每人300元，正式入户阶段短表每人2元、长表每户10元，指导员每人600元，行职业编码每人600元的标准，财政到位资金30万元（包括PAD等设备采买、宣传、人员补助）。

按照《全国人口普查条例》和《国务院关于开展第七次全国人口普查的通知》要求，结合人口普查工作方案、《国务院第七次全国人口普查领导小组办公室等四部门关于做好第七次全国人口普查经费保障工作的通知》精神，区人普办按照普查员、普查指导员补助标准方案，进行“两员”补助足额发放。

【普查宣传】

在入户登记前加强宣传，引导群众支持和配合普查工作，为普查工作开展营造舆论环境。全区制作专题展板16块摆放在各村委门口，在各主要路口悬挂横幅80余幅，通过发放宣传页以及彩铃、抖音小视频等宣传新媒体手段，宣传人口普查的目的意义、方式方法等。9月25日，举行统计开放日暨第七次全国人口普查集中宣传活动，提升辖区内群众对人口普查的知晓度和配合度。

【试点工作】

6月，按照包头市统一安排部署，确定喜桂图社区滕昂小区、马场村委会亿和家园小区为人口普查综合试点，实施人口普查全流程演练。喜桂图社区试点小区登记报送98户、188人，马场村委会试点小区登记报送60户、156人。

【业务培训】

9月14—22日，完成全区计划内260名普查员及普查指导员业务培训工作，详细讲解人口普查的全部流程；包括第七次全国人口普查方案、第七次全国人口普查工

作细则、普查摸底工作、普查登记工作、普查表填写及指标解释、普查比对复查工作、普查质量控制工作、普查数据采集报送情况——平台端、普查数据采集报送情况——动端、综合业务培训考试等内容，参训人员通过业务考试获得上岗资格。

【摸底调查】

10月11日，石拐区第七次全国人口普查摸底工作启动。区人普办统一部署69名普查指导员和191名普查员对全区190个普查小区常住人口和户籍人口进行入户摸底。至10月31日，全区摸底登记35751户、64273人（未剔重）。其中，石拐街道登记3404户、6977人，大发街道登记7723户、10221人，大磁街道登记3686户、6493人，原五当沟街道登记2028户、4007人，白狐沟街道登记2876户、5507人，大德恒街道登记5452户、10357人，五当召镇登记4680户、10292人，吉忽伦图苏木登记3534户、7218人，工业园区登记2368户、3201人。

10月，区人普办对摸底表进行入户核查

区发改委供

【正式登记】

至11月15日，全区正式登记36651户62713人（未剔重），其中，石拐街道登记3493户、6711人，大发街道登记7781户、10214人，大磁街道登记3691户、6435人，原五当沟街道登记2044户、3935人；白狐沟街道登记2947户、5502人，大德恒街道登记5624户、10102人，五当召镇登记4994户、10026人，吉忽伦图苏木登记3671户、6535人；工业园区登记2406户、3253人。

【长表登记工作】

11月16－30日为长表登记工作时间。普查长表抽样框为普查区的短表填报住户，由国务院人口普查办公室统一抽取。本次抽取石拐区符合长表登记范围的1133户进行入户普查。其中，石拐街道登记78户，大发街道登记430户，大磁街道登记23户，五当沟街道登记10户，白狐沟街道登记41户，大德恒街道登记184户，五当召镇登记116户，吉忽伦图苏木登记78户，工业园区登记173户。

普查长表登记期间，乡级普查办公室同步组织对登记工作质量进行检查。

【比对复查工作】

11月16日至12月10日，进行核对复查工作。在普查登记期间，以公民身份号码为依据，通过对普查登记数据内部、普查登记数据与其他行政记录之间进行一致性和完整性检验，查找人口错登、漏登问题，并组织普查员开展查疑补漏、核实登记，提高数据准确性和科学性。其反馈内容有漏报的户籍人口、错填身份号码的人口、现住地未登记的户籍外出半年以上人口、漏报低龄人口的住户。同时户籍漏报数据仅推送至县级以上普查机构；身份号码错报、现住地未登记的户籍外出人口及低龄人口问题以户为单位推送至小程序端。

完成内部比对问题核查信息4734条。其中，户籍地核查清单2437人；居住地核

查清单2297人。

完成户籍漏报错填人口核查补登信息520条。其中，漏报核查清单441条，居住地核查清单79条，推送错填核查清单260条。完成低龄漏报人口核查信息348条。

经比对复查，石拐区登记人口为63712人（未剔重），较短表登记结束时点增加999人。其中，实有人口24260人，较短表登记结束时点增加907人；户籍人口45817人，较短表登记结束时点增加250人；出生人口259人，较短表登记结束时点增加11人；死亡人口239人，较短表登记结束时点增加6人。

【行职业赋码】

12月1—31日，开展行职业赋码工作。12月16日，按照《普查行职业编码工作细则》要求，完成对长表住户1197人的行职业赋码工作，比规定时间提前15天。之后开展复核，对存在疑义的编码报市人普办确认。

【长表复查与质量控制】

区人普办按照制度要求，在普查区内抽选一定比例长表作为复查对象进行质量验收工作。对不符合质量验收标准的，在验收时不予通过，由被验收地区返工后重新进行验收，直至达到规定的质量验收标准。

价格监管

【价格、收费监测】

疫情防控期间，每天12时前完成全区蔬菜和粮油肉蛋等重要民生商品市场和价格日监测，实时掌握新冠肺炎疫情防控期间石拐区重要商品市场价格变化情况，向政府及有关部门反馈价格监测动态信息100多条。完成五当召景区门票监审调查工作，制定疫情期间五当召景区临时门票价格，保障广大游客的利益。联合印发《石拐区收费项目目录清单》，要求全区行政事业性收费单位每年4月报送上年度收费情况，实行收费公示制度，严禁各收费单位在目录清单之外擅自设立收费项目，随意扩大收费范围、变相提高收费标准，2019年全区行政事业性收费项目保留10项。

【信用体系建设】

组织召开全区信用体系工作部署会议，对全区的信用体系工作进行再安排再部署。形成政府推动、全社会广泛参与的社会信用体系建设新格局。全面落实“双公示”工作。全面梳理行政许可和行政处罚事项目录；建立健全行业“红黑名单”管理及报送机制，参照国家、自治区、包头市有关部门制定的“红黑名单”认定标准和《内蒙古自治区信用红黑名单发布制度》以及《石拐区信用红黑名单发布制度》，定期在“信用石拐”网站进行公示。

10月28日，石拐区信用体系建设领导小组在金政大厦D座开展石拐区企业“诚信万里行”宣讲会　　区发改委供图

区价格认证中心按照《内蒙古自治区价格鉴证操作规程》及相关文件，配合区司法机关开展涉案物品价格鉴定。2020

年，为委托单位出具价格认证结论书6份，涉及金额32.25万元。

（区发改委办公室）

审 计

【概况】

2020年，区审计局依法履行审计监督职责，推进审计监督全覆盖。坚持党对审计工作的集中统一领导，召开中共石拐区委审计委员会第二次会议。2020年，1个项目被包头市审计局评为优秀审计项目三等奖。

2020年，区审计局开展审计和审计调查项目12个，审计查出管理不规范金额2.44亿元，查出以非金额计量问题1个，移送审计查出案件线索2件。

11月27日至12月4日，石拐区审计人员开展对固阳县委组织部党费审计工作　区审计供图

【同级审计】

完成2019年度财政预算执行和其他财政收支情况的审计。发现少编预算收入2102.55万元、支出预算编制不细化16828万元、预算未编制债务发行费13万元、应缴未缴公共预算收入1448.14万元4个问题。

【经济责任审计】

完成石拐区扶贫办（2017年7月至2020年6月）3名主要领导干部任中（离任）经济责任审计。发现的主要问题是使用不规范票据报销，在审计期间已整改。

完成石拐区自然资源局负责人任期经济责任履行情况审计。发现超过规定范围和限额使用现金合计191649.4元、不动产账户发放职工困难补助金额17000元（2017年3月至2018年8月）、未入固定资产合计315180元；使用不规范票据报销合计7696元4个问题。

【领导干部离任（任中）审计】

完成石拐区自然资源局土地资源审计。发现主要问题是对违规占地处理不及时。

【专项资金审计和审计调查】

开展专项资金审计和审计调查。完成红十字会“博爱一日捐”审计。完成石拐区灭火工程资金审计调查。完成大数据审计。

完成石拐区2019年保障性安居工程资金投入和使用绩效审计，发现应缴未缴国库非税收入45.87万元、应收未收公租房租金18.6万元2个问题。

完成全区人防系统腐败问题专项治理审计。通过审计石拐区人防系统腐败问题专项治理，发现住房和城乡建设局26个项目存在欠缴人防易地建设费。

完成促进优化营商环境专项审计。重点审计清理拖欠民营企业中小企业账款的情况，抽查单位1家，抽审资金3620.97万元。

完成4个社区居委会换届前的财务审计。发现部分固定资产未入账，开展的文体活动购置的衣物、发放的奖品缺少领用花名表，部分使用旧版的定额发票报账3个问题。

开展石拐区应对新冠肺炎疫情防控资金和捐赠款物专项审计。

2018—2020年石拐区审计局审计工作综合情况表

表14

指标名称	计量单位	合计	2020年	2019年	2018年
一、审计单位	个	36	9	17	10
审计	个	36	9	17	10
二、审计查出主要问题金额	万元	3709	66	1047	2596
违规金额	万元	241	1	80	160
损失浪费金额	万元	—	—	0	—
管理不规范金额	万元	3466	64	966	2436
三、审计发现非金额计量问题	个	31	8	17	6
四、损益（收支）不实	万元	27	—	27	—
五、审计发现侵害人民群众利益	万元	—	—	—	—
六、审计期间整改金额	万元	649	45	604	0
七、审计报告和专项审计调查报告	篇	36	9	17	10
八、审计处理情况	—	—	—	—	—
审计处理处罚	万元	935	20	909	6
其中：应上交财政	万元	18	18	—	0
应缴纳其他资金	万元	201	—	201	—
应调账处理金额	万元	715	1	708	6
移送处理事项	件	13	—	9	4
司法机关	件	—	—	—	—
纪检监察机关	件	6	—	2	4
有关部门	件	7	—	7	—
移送处理金额	万元	728	—	23	705
司法机关	万元	—	—	—	—
纪检监察机关	万元	715	—	10	705
有关部门	万元	12	—	12	—
九、审计处理结果落实情况	—	—	—	—	—
审计促进整改落实有关问题资金	万元	728	20	708	—
其中：增收节支	万元	18	18	0	—
已上交财政	万元	18	18	0	—

续表14

指标名称	计量单位	合计	2020年	2019年	2018年
已调账处理金额	万元	709	1	708	—
十、审计成果利用情况	—	—	—	—	—
审计提出建议	条	23	23	—	—
提交审计信息	篇	4	4	—	—
审计专题、综合性报告	篇	—	—	—	—
信息简报	篇	4	4	—	—
其中：重要审计信息	篇	2	2	—	—
十一、被批示、采用审计信息	篇次	4	4	—	—
审计专题、综合性报告	篇次	—	—	—	—
信息简报	篇次	4	4	—	—
其中：重要审计信息	篇次	2	2	—	—
十二、被审计领导干部	人	15	4	8	3
十三、交办、配合事项	件	—	—	—	—
十四、审计机关	个	3	1	1	1
县级审计机关	个	3	1	1	1
十五、审计人员	人	33	12	11	10
县级审计机关	人	33	12	11	10

【新冠肺炎疫情防疫工作】

与区财政局联合颁发《关于进一步规范新冠肺炎防控资金使用管理的通知》，规范疫情防控资金使用管理、提高使用效率；提前介入对疫情资金的跟踪审计。全体干部职工严格执行带班值班制度，确保疫情防控期间24小时专人值守。

【其他工作】

按照区人大常委会要求，报告2018年区本级预算执行和其他财政收支审计查出问题的整改情况。对部分整改和未整改的问题，加大督促力度，限时整改，确保整改到位。

帮助吉忽伦图嘎查村民发展村集体经济。贯彻落实区委组织部党员“双服务、双认领”活动，为嘎查内3户困难家庭送去米面油、药品等慰问品，帮助1户困难家庭销售红皮土豆400公斤。

（郭晓雪）

市场监督管理

【概况】

2020年，石拐区市场监督管理局多层次、多方面加强风险监测、加强监管协调。服务经济社会发展、保障和改善民

生。深入推进登记便利化。提升监管能力，保障食品、药品及特种设备安全。

2020年，全区共有食品生产经营单位284家。其中，食品生产企业6家，1家正常生产，5家均处于停业状态；食品流通企业166家，食品餐饮商户112家。

药品批发企业3家，药品零售企业12家，医疗机构数24家(社区、卫生院、卫生室、个体诊所)。

全区商户总数2619户，从业人员总数10448人，注册资本总额2911220万元。

【食药安全监管】

落实区委、区政府和市局下达的目标责任，开展元旦、春节和元宵节、劳动节、国庆节期间食品安全专项检查。重点检查肉、菜、水果、饮料、儿童食品等重点品种和节假日期间的热销食品和高风险食品，对经营户证照、索证索票、进销货台账、食品检验及食品退市制度等相关内容进行检查。完成两会期间餐饮食品安全保障任务及“五一”、端午、中考、高考、国庆等重大活期间食品安全保障检查。

4月，区市监局配合市局在山城集贸市场检查小食品摊贩　　区市监局供图

开展全区食品生产加工小作坊专项整治及旅游景区及沿线食品安全专项检查工作，对石拐区小作坊重新梳理登记，进行集中整治。食品抽检和农产品快速检测工作稳步推进中，全年承担并完成450批次抽检任务，其中，食用农产品抽检任务260批次，食品抽检任务190批次。保障抗疫药品、医疗器械的安全供应。加强日常监督检查重点对和疫情相关的药品、医疗器械、消杀产品进行严查，打击假劣药品医疗器械经营行为。

加强药品监管工作及医疗器械监管工作。对疾控中心、疫苗接种点进行全覆盖检查。4月起，每月对辖区内二类精神药品经营企业检查一次，重点检查企业对二类精神药品购进销售、入库管理、票账货的一致性问题。在全区内排查网络销售药品专项检查，未发现有违规违法网络销售药品行为。开展中药饮片专项整治，督促企业完成自查自纠工作，对3家零售企业、1家医疗单位进行突击检查，已责令医疗机构限期整改。开展无菌、植入医疗器械专项整治，按照市局对专项整治工作的统一部署，13家医疗器械经营使用单位完成自查整改，并提交自查整改报表。在食品药品安全综合治理和各专项整治行动中，全局出动执法人员226人次，出动执法车辆90辆次，检查食品生产企业6家次、农贸市场22个次，检查食品经营单位151户次、餐饮企业112家次、药品化妆品销售20家次，下发《责令整改通知书》5份。全年无区域性系统性安全事故发生，无严重违法违规行为。

11月，区市监局执法人员对通元药店购进销售、入库管理、票账货进行日常监督检查工作　曹利和摄

【特种设备监管】

印发《2020年元旦、春节期间特种设备安全大检查实施方案》及《2020年“五一”、“六一”、端午节日期间特种设备安全大检查工作方案》，对全区特种设备安全工作进行再安排、再部署，做好本辖区内重点领域、重点场所、重点单位特种设备的安全监察工作。加强日常监督检查工作，系统、全面地安排部署全年特种设备安全监察工作。开展多项专项整治工作。出动执法人员202人次，执法车辆40台次，检查使用单位98家次，检查设备281台（压力管道359米）。排查发现特种设备安全隐患12项，整改消除安全隐患12项；发出特种设备安全监察指令3份，完成整改3件。

开展多项特种设备安全监察培训活动。树立安全发展的理念，杜绝重特大特种设备事故的发生。

开展特种设备安全宣传活动。制定《石拐区市场监督管理局关于印发〈2020年“安全生产月”和“安全生产万里行”活动实施方案〉的通知》，开展各类特种设备安全宣传活动。利用宣传单、宣传口袋、宣传书籍等宣传形式，有针对性的对特种设备安全事故的防范应对措施进行宣传。

【商事制度改革】

推进“多证合一”改革，只需填写“一张表格”，向“一个窗口”提交“一套材料”，全年办理“多证合一”82户。

推行无介质全程电子化及无介质电子营业执照。办理网上名称核准415户，无介质电子营业执照108户。

市场主体登记注册工作。全区新发展各类市场主体共259家（户），从业人数739人，注册资本427480万元。其中，企业97家，从业人数420人，注册资本426365万元；农民专业合作社6户，从业人数55人，成员出资总额480万元；个体工商户156户，从业人数264人，资金数额635万元。

【市场经济秩序监管】

制定《石拐区市场监督管理局2020年煤炭、成品油、车用尿素及天然气监督抽检计划》，联合包头市产品质量计量检测所对石拐区9个加油站开展油品、车用尿素抽样工作，共计抽取：35#、0#车用柴油，92#、95#车用汽油以及车用尿素溶液28个批次，实现油品检测全覆盖，检验结果全部合格。

印发《石拐区市场监管局关于印发开展危险化学品产品质量安全隐患排查工作实施方案的通知》，安排部署危险化学品和危险化学品包装物及容器产品生产许可证获证企业自查以及现场检查，对存在问题企业，要求一周内整改完毕。

石拐区众凯机动车安全技术检测有限公司及石拐区春雨机动车检测有限公司进行认证检查工作。经检查上述2家公司均有违法行为，对其进行行政处罚，各处罚金

1万元。开展2020年元旦、春节计量监督检查工作。检查集贸市场1家、公平秤1台、商店超市16家、加油站9家、医疗卫生单位5家、餐饮单位20家、电子计价秤60余台、戥秤5个、加油机20余台件，发现未进行周期检定电子计价秤1台，督促其进行整改，未发现使用检定不合格计量器具和破坏计量器具准确度等违法行为。

开展扫黑除恶专项斗争。加大重点领域市场监管力度，聚焦与群众日常生活密切相关的重点产品、重点行业、重点问题开展专项整治，集中监管力量治理市场乱象。全年通过开展执法行动及宣传活动，集中滚动排查共计各类市场主体300余户，未发现涉黑涉恶线索及涉黑涉恶人员欺行霸市、强买强卖、变相传销、不正当竞争、制售假冒伪劣商品等行为。

【知识产权保护】

提高石拐区万人有效发明专利拥有量。实施专业性的指导与服务，加快在审发明专利的授权进程。2020年，石拐区有发明专利企业4家、各项专利59件（其中，著作权专利54件，实用新型专利5件），达到自治区规定的到2020年每万人有效发明专利拥有量3件的标准。

开展“铁拳”“蓝天”等知识产权保护行动，严厉查处商标、专利、地理标志侵权假冒行为和疫情防控期间知识产权保护工作。出动知识产权执法人员58人次，检查批发零售市场、集贸市场等各类经营主体98户次。

【新冠肺炎疫情防控】

成立新冠肺炎疫情防控领导小组，制定《石拐区市场监督管理局防控新型冠状病毒感染的肺炎疫情工作方案》《突发公共卫生事件应急预案》。

开展集贸市场、食品经营户、餐饮单位监督检查工作。对辖区范围的农贸市场、餐饮单位、超市、食杂店进行监督检查，督促所有食品经营单位做好消杀工作。为经营户发放消毒物资，为辖区部分超市发放额温枪，出动执法人员820人次，检查农贸市场122户次，超市食杂店272家次，职工食堂16家次，未发现有活禽宰杀、违规售卖野生动物经营户，未发现有乘机囤积居奇、哄抬物价行为。对各类商铺的逐一排查，达不到疫情防控要求的，均暂停营业。对4家超市实施停业整顿处罚。

12月，区市监局对存在问题的冷链食品进行封存　　区市监局供图

继续推进冷链环节核酸检测，保障冷链食品安全。落实国务院联防联控机制有关要求，坚持人、物同防，严防死守，严格执行进口冷链食品消毒证明查验制度，凡不能提供消毒证明的，一律不能上市销售，对来源不明的进口冷链食品依法进行查处，最大限度降低疫情输入风险。配合疾控中心进行核酸检查，检查冷链进口食品10批次、国产冷链食品30批次、环境56份、冷链人员35人，均为阴性。

开展药店、医疗器械经营单位专项检查，检查12户，3户停业。规范药店分类管理，打击药店“挂证”、阴凉柜摆放未启

用等行为。对药店销售退烧药、止咳药等要求实名登记，并进行跟踪观察，如有接触史或发热症状立即上报。加强药品、口罩、防护用品等价格管控，重点打击不明码标价、哄抬物价等行为；严禁哄抬价格，扰乱市场价格秩序。

开展疫情防控期间电梯安全检查工作，印发《关于加强疫情防控期间电梯安全管理的通告》，张贴公告50余份，要求做好消杀工作，确保疫情防控期间电梯安全运行。

率先要求超市、餐饮单位、药店等落实工作人员晨检、佩戴口罩上岗、进店消费者测体温、室内消杀等制度。签订并张贴《价格承诺书》60余份，在全区底店张贴《预防新型冠状病毒感染的肺炎公告》等通告、宣传、提示1200余份。要求市场（超市）主办方、餐饮单位严格落实索证索票、建立台账制度等，严防未经检疫的肉食品、海鲜鱼类及进口冷链食品流入市场、餐桌。

深入企业、商铺底店、农贸市场等开展复工前检查和服务工作。督促各单位落实主体责任，确保防控机制到位。强化人员管理，员工排查到位。提前做好准备，防护措施到位。落实防控要求，内部管理到位。营业场所疫病防控到位。全区市场、食堂及餐饮全部复产，并严格落实疫情防控要求。

【消费者权益保护】

区消协共受理消费者投诉30件，处理30件，挽回经济损失3500元，消费投诉回复率100%。“12315”信息平台转办16件，处理16件，处理率100%。

【煤炭资源领域专项整治工作】

按照区委、区政府《石拐区煤炭资源领域违规违法问题专项整治工作实施方案》和《石拐区煤炭资源领域违规违法问题专项整治监督检查工作实施方案》，开展煤炭资源领域违规违法问题专项整治任务。

年内，通过自治区市场监督管理局提供和区市监局梳理，排查出涉及煤炭的企业208家。其中，2000年以前117家，2000年以后存续及新注册的煤炭企业91家。所有2000年以后的煤炭生产企业均按照一企一档留存。

坚持日清、旬报和“双报告”制度，按时向主体办、监督办上报排查情况。

分别向区属各相关部门和包头市、九原区、东河区、土右旗市场监督管理局去函或回函，进行工作对接。

对自治区督导组下发的137家企业排查任务，区市监局通过档案查询、外调等方式，核查企业相关档案资料，按要求上报相关资料。按照区纪委监委要求，上报企业登记注册变更相关信息。

【清除“黑加油站”“流动加油罐车”】

巩固大气污染防治专项治理成果，执行蓝天保卫战三年行动计划。按照《石拐区贯彻落实自治区生态环境保护督察反馈意见整改方案》要求，成立清除“黑加油站点”“流动加油罐车”工作领导小组，制定《石拐区市场监督管理局关于清除“黑加油站点”“流动加油罐车”工作的实施方案》。2020年，区市监局出动执法人员57人次、车辆33辆次，全覆盖检查石拐区范围内的大型停车场、各类煤场、矿场、大型建筑工地、废弃厂房、物流园区、工业园区以及县乡公路，无“黑加油站点”“流动加油车罐车”。年内，区市监局就包头市北海贸易有限责任公司大庙

加油站涉嫌销售不符合保障人体健康和人身、财产安全的标准和要求的工业产品一案进行处罚，依据《中华人民共和国产品质量法》第49条规定，没收违法所得及罚款，共计109264.86元。

组织区商务、公安、交通、应急部门开展联合检查。全年组织开展联合排查4次，出动执法人员30余人次、车辆10辆次。发现凯越煤矿储备矿用柴油油罐车2辆，每辆储量30吨，每周送一次，属自用柴油，质量检验分析报告，发票、营业执照齐全。未发现“黑加油站点”“流动加油车罐车”。

依托包头市质检站、自治区化工院的数据支撑，对全区所有油品及车用尿素实现全覆盖，无遗漏检测。检验结果全部合格。

（刘渊）

应急管理

【概况】

2020年，区应急管理局履行安全生产职责，开展安全生产宣传、安全隐患排查。提高应急管理、应急保障及综合防灾减灾救灾能力，有效应对处置突发问题，坚决遏制重特大安全事故发生。

2020年，全区发生安全事故8起，死亡7人。其中，安全生产事故4起，死亡4人；道路运输事故4起，死亡3人。

【安全生产】

发挥安委会和9个专项检查整治工作组作用，落实党政领导责任、属地管理责任、行业监管责任、企业主体责任、综合监管责任和基层网格员责任。区委常委会召开专题常委会1次，听取安全应急工作汇报5次；召开政府专题常务会1次，听取安全应急工作汇报6次；党政一把手带队检查32次，县级领导带队检查128次；常态化召开安全生产月例会10次、专家查隐患30多次、安全警示教育10次、专家讲座1期，专题培训1期、安全宣传10余次。推进基层网格员安全监管，全覆盖推进安全生产责任保险，对企业进行分级分类管控。由县级领导带队9个检查组按“七个务必全”要求开展安全生产检查，年内，检查2402家次，发现隐患1687处，完成整改1613处，剩余74处隐患正在整改中。下达整改通知189份行政处罚15家，处罚金40.06万元。

加强景区、学校、集贸市场、敬老院等人员密集场所安全检查，深化道路交通、食品药品、危化品等领域安全监管，突出企业生产、建筑施工等行业隐患治理。

区安委办牵头邀请各行业专家开展燃气领域、建筑施工领域、游乐场所、校园安全4个专项整治。其中，燃气专项整治检查企业8家，发现4类、12个问题，全部整改；建筑施工领域检查建筑工地2处，发现22处隐患，全部整改；游乐场所专项整治检查花舞人间景区内玻璃栈道（滑道）项目1个，发现问题10个，全部整改；校园安全专项整治，发现安全隐患3处，全部整改。2020年，开展各行业领域各类安全生产检查5671户次，发现隐患1723条，完成整改1649条，74条隐患正在整改。

【安全生产专项整治】

推进安全生产三年专项整治。制定三年行动计划总方案和2个专题方案。7月20日，政府常务会专题听取各牵头部门安全生产三年专项整治方案编制情况的汇报；7月23日，印发《石拐区安全生产专项

整治三年行动方案》（1个总方案、13个分项方案），下设由政府分管副区长任组长的9个专项整治工作组和1个常务副区长任组长的工作专班，采取周调度、旬会商、月报告机制。制定隐患问题和制度措施清单，召开安全生产专项整治三年行动视频宣讲会1次、专项宣传活动3场、推进会3次。安全生产例会专门听取农牧、消防等6家牵头单位阶段性汇报。2020年，累计上报各类隐患总数721条，完成整改684条，整改率94.9%。

摘编习近平总书记关于安全生产、应急管理、防灾减灾救灾等工作重要论述，在区委理论中心组学习中作专题讲座1期，制作安全生产宣传教育视频，向行业监管部门和企业宣传习近平总书记关于安全生产的重要论述。

【安全隐患排查】

加强公共安全隐患排查和安全预防控制，全面抓好安全生产、应急管理、网络安全、食药安全等工作，坚决遏制重大安全生产、公共安全事故发生，推动平安石拐建设迈上新水平。

认真落实党政领导责任、属地管理责任、行业监管责任、企业主体责任、综合监管责任和基层网格员责任，常态化召开例会、县级领导带队检查、专家查隐患、执法检查、安全警示教育、安全宣传+专家讲座、应急演练，全覆盖推进安全生产责任保险，对企业进行分级分类管控，落实煤炭资源领域专项整治、安全生产专项整治三年行动、火区治理复垦三个专班推进三项工作，认真组织实施安全生产专项整治三年行动，加大防火、防汛、防震物资采购和自然灾害普查前期相关工作，开展安全和应急宣传五进活动。

6月10日，区应急管理局在苏蒙实验学校、石拐区蒙古族小学开展防震应急疏散演练活动　王川摄

【企业安全管理】

督促1家企业履行安全设施设计“三同时”（建设项目安全设施必须与主体工程同时设计、同时施工、同时投产使用）手续，督促3家企业完成安全生产标准化建设，督促10家企业履行完成应急救援预案备案工作，常态化推进安全生产标准化动态达标检查和标准化提档升级工作，凯越、凯通均达到标准化三级。聘请专家30多次，对辖区冶金行业、煤矿、危化行业开展专项检查工作。疫情防控期间，下发《石拐区企业复工复产宣传手册》100余份，指导企业复工复产27家。按照“依法依规、实事求是、注重实效”的原则，调查一般生产安全事故4起，结案2起。引入第三方安全管理专业团队1家，参与企业安全管理，解决不会管、管不好的问题。

【安全生产月宣传】

安全生产月宣传形式多样。“5·12”防灾减灾宣传活动现场，摆放各类防灾减灾知识展板、发放防灾减灾应急手册、宣传单、纸杯、纸巾、扑克、水杯等，向广大居民群众宣传防灾减灾常识和应急避险技能。在内蒙古亚新隆顺特钢有限

公司以“消除事故隐患、筑牢安全防线”为主题开展“安全生产月”宣传咨询日活动。开展安康杯竞赛、安全宣传五进等宣传活动。举行安全法治文艺会演1场，参与包头市应急广播“应急之声”宣传1次。制作安全生产事故警示教育视频，利用微信公众号、抖音公众号、企业微信群开展各类安生产宣传，推送各类安全警示教育微视频100多条。对107名基层网格员开展履职培训。常态化开展安全生产警示教育10次。

“5·12”防灾减灾宣传活动喜桂图新区现场　　王川摄

【应急救援】

加强应急救援指挥大数据平台和应急救援队伍建设，健全完善应急体系，强化应急演练，提高应对处置能力，提升综合防灾减灾救灾能力。

全年召开防汛防火防震部署会议9次，调整防火、防汛、防震工作机构，公布汛期河道部防责任人和包片防火责任人。开展汛情隐患排查40余次。开展防火工作，组织1368人次站山头、守路口；出动车辆296台次，检查各类车辆1000余台，没收火源1500余个，查处造成火情火灾的违规用火23起，罚款15900元；接受自治区防火工作互检1次。

发布石拐区防汛抗旱应急预案；开展防汛应急预案综合演练3次，其中，大型综合演练1次，防火演练2次（包括跨区域联合演练1次），组织为期一周的防灭火集中训练1次，防震应急演练4次。

采购25类防汛抗旱应急物资、7类防灭火应急物资、12类其他基本应急物资。开展了自然灾害普查前期工作；严格落实领导带班和24小时值班值守制度，关注安全生产、汛期、火情和各类灾情，准确掌握和及时报送相关信息；综合应急抢险队伍，武装部直属部队，社会综合应急力量三类应急队伍时刻保持备战状态。

【公共煤田火区治理】

推进10处公共煤田火区治理，开展绿色矿山建设。

6月，石拐区4处火区复垦入场开工。按时间要求，倒排工期，挂图作战，分组落实，专班推进。指定专人采取驻场监理、每日跟进、周调度、半月会商方式跟进落实，取得了阶段性成果。12月，一标段李家沟西部复垦区，1、2、3号采坑排土场全部覆土，完成播撒草籽，等待验收。东部火区1号治理区采坑北侧坡削坡已完成；采坑内回填覆土大约完成70%。2号治理区东部完成坑底削坡、回填、覆土工程，完成坑内南侧挖除明火工程、新增东侧北面岩石壁修建工程及沿裂隙注浆工程80%。二标段毛忽太火区、三标段五当沟火区、四标段长汉沟火区采坑和排土场完成覆土、播撒草籽工程，等待验收。加大绿色矿山建设工作，凯越露天煤矿东排土场一期植树50亩，植树3000棵；东排土场二期植树340亩，植树24000棵，其中经济林3000棵（山桃、山杏、李子）。井田内南

帮完成治理320亩。12月1日火区治理工作专班、甲方、审计单位、监理单位、施工单位、设计单位六方代表组成验收工作组对李家沟等4处火区进行工程联合验收，经各方代表实地查验，4处治理范围内火区治理基本达到第一阶段治理要求。

【新冠肺炎疫情防控】

区应急局紧急从市应急管理局协调急需应急救援物资帐篷20顶、棉衣80件，采购护目镜100个、多功能橡胶手套200副、消毒液200千克、棉大衣120件、口罩1000只等应急防控物资，第一时间送达苏木、镇、各街道办事处。启用全区森林草原防灭火无线指挥网络，减少感染机会；协调企业捐资、捐物，为集中隔离场所等一线疫情防控单位保障防护物资以及生活必需物资，为全区疫情防控工作提供了坚强的应急保障。

【应急救援演练】

开展危化、冶金、民爆等多行业安全生产突发事故应急演练。开展山洪灾害、中小学生防震防火应急救援演练和应急避险演练。组织跨区域综合防灭火、防汛联合应急救援演练。

【应急保障】

全面梳理全区应急物资、应急队伍、应急预案，采购防火、防汛、防震等基本应急物资，对应急队伍基本情况进行全面摸底、分类，对未进行评审的预案加紧推进速度，开展自然灾害普查前期相关工作。

【行政审批事项改革】

营造亲商助商安商的营商环境。协调、配合推动消除亲商助商安商“中梗阻”，落实服务企业“最后一公里”。全面梳理行政审批事项，“危险化学品经营许可证”办理时限缩短至2个工作日，申请材料缩减至7项，其他无法律、法规依据或无实质性作用的，原则上全部予以取消，可以合并的一律合并。

（郭璇）

工业与信息化

工业

【概况】

2020年，全区有规模以上工业企业26家，工业总产值同比增长6.7%，增加值增速0.5%，增幅在全市排名第二。

规模以上工业产值呈“一升三降”态势。钢铁产业方面，内蒙古亚新隆顺特钢有限公司自6月起生产规模和产量逐步提高，企业产值同比增长31%，带动全区工业总产值增长18.4个百分点。铁合金产业整体不景气，销售市场萎缩，行业性限电次数增加，全年产值同比下降8%。煤炭洗选业方面，神华能源有限公司（生产地位于鄂尔多斯市，纳税主要在稀土高新区，仅有产值登记在石拐区）本年开采工作面减少，产值从四季度开始逐步恢复正增长，增速达到2.4%。煤炭洗选行业受凯越露天煤矿持续停产影响，产值同比下降15.1%。炼焦产业受疫情影响，市场需求量较上年同期大幅减少，产品单价持续走低，炼焦产业产值同比下降7.6%。

工业产品产销衔接良好。规模以上工业产销率为105.7%，同比下降2.1%。

利润总额增速降幅明显收窄。全区规模以上工业企业营业收入同比增长2.5%，利润总额同比下降33.8%，环比增长3.5%。

【复工复产】

新冠肺炎疫情发生后，发布各类通告22个，指导企业科学有序复产复工。制定《关于应对新冠肺炎疫情支持中小微企业稳定发展的十二项措施（试行）》，最大程度降低疫情对企业影响。通过微信群、电话联系、入企宣讲等方式，向企业负责人传递国家、自治区、包头市关于疫情防控及复工复产的各项政策，按照《内蒙古自治区人民政府关于支持防控疫情重点保障企业和受疫情影响生产经营困难中小企业健康发展政策措施的文件》精神，帮助3家企业减免电费滞纳金，推动企业尽快复工达产增效。

在全市率先建立政府组成部门“特派联络员”服务企业制度，由9名县级领导干部、25名科级领导干部对应服务重点企业，深入实施服务企业“特派联络员”“五个一”举措，形成从企业复工复产达效到后续企业高质量发展全程“保姆式”服务体系。制发特派联络员包联企业牌匾50块，并全部安装至企业。2020年，25位特派联络员深入企业172次，企业提出问题69个，帮助解决50个，解决率72%，19件正在推进中。

【安全生产工作】

建立健全相关制度，落实光伏、民爆、煤炭(经营)、电力安全监管主体责任，强化执行力。根据发改委安全监管点多、面广、行业跨度大的工作特点，制定工业企业安全生产责任制度、安全生产检查制度等安全生产制度汇编，提高工作人员执行力。与相关企业签订责任状，落实行业监管责任。对光伏、民爆、煤炭、粮食、电力行业开展安全大检查，全年安全检查、督查21次，查出并整改各类安全隐患20个。

【环保督查整改】

按照整改目标及时限要求，完成2020年中央及自治区环保督查反馈问题中涉及区发改委的4个问题整改。2018年，中央环保督察"回头看"反馈问题中涉及区发改委的问题1个，完成整改并销号处理；年内对该问题进行再排查巩固，规范洗选煤企业生产经营秩序，防止扬尘污染问题出现反弹。自治区生态环境保护督查反馈问题中涉及区发改委的3个问题，全部销号。

【煤炭整治专项工作】

完成政策法规类文件清理工作。对2000年后制发的涉及煤炭资源所有规章、规范性文件，批复、函、会议纪要等执行类文件，分类整理，建立清单。整理文件3284份，其中执行类涉煤文件111份。明确煤炭资源配置项目范围和条件。按照自治区反馈的煤炭资源配置项目清单、2009年《内蒙古自治区人民政府关于进一步完善煤炭资源管理的意见》中明确的资源配置项目范围，石拐区暂未排查出涉及的煤炭资源配置项目。

【工业企业升级改造】

按照《包头市民营钢铁企业升级改造方案》要求，编制起草《石拐区民营钢铁企业升级改造方案》，督促亚新隆顺制定升级改造方案并按要求开展相关工作。2020年，备案工业项目48个；协调相关部门为升华资源和鑫源铸造办理产能置换手续和节能审批。

【违法违规企业清理整顿】

全面排查、记录中（工）频炉企业，未发现地条钢生产企业。

牵头开展"散乱"企业清理整顿、行业协会清理、民营企业欠款清理等工作，并按要求推进，落实区委、区政府交办的工作任务。

信息化工作

【网络保障与安全维护】

保障电子政务外网，确保电子政务外网安全稳定运行，及时消除运行过程中发现的安全漏洞和病毒，修复电子政务线路与终端问题。年内，检修电子政务线路50余次。同中国联通、中国电信等公司重新签订线路租用合同，优化相关线路，延伸电子政务线路到街道、苏木和镇。

配合主办单位、联系运行商和网络维护人员，确保赵北长城论坛、事业编考试等大型活动网络和通信正常。

建立机房管理制度。定期对电子政务网进行杀毒，石拐区政府门户网站和五当召网站按照等保要求进行部署。依托网络安全院士工作站，定期培训智慧中心工作人员。进行国产可替代化工作，更换区政府办和区委办办公电脑和打印机。

【重点项目】

推动石拐区供水二期、党政办公OA、

中国中药材产业链等项目的信息化工作。供水二期进入验收准备，办公OA通过初验，中国中药材产业链服务器进行二次部署，推动钉钉、空天地等项目的落地。

【数字经济发展】

参与包头市“十四五”规划，在智慧城市、数字经济发展等方面提出若干条可行建议；拟定《石拐区数字经济发展实施方案》；按照区委要求，成立数字经济专班，推动全区数字经济发展。

【工业信息化】

按照石拐区人民政府办公室《关于印发〈石拐区“散乱污工业企业综合整治专项行动方案〉的通知》，10月，将包头市狼牌破碎机械厂和包头市金蚂蚁矿山机械有限公司被列为石拐区“散乱”工业企业，均为拟关停取缔类企业并整治完成，并将销号台账上报至包头市工业和信息化局。

按照《包头市民营钢铁企业升级改造方案》要求，编制起草《石拐区民营钢铁企业升级改造方案》，督促内蒙古亚新隆顺特钢有限公司制定升级改造方案并按要求开展相关工作，对进展情况定期进行调度。

按照包头市工业和信息化局文件要求，发文通知各相关单位对石拐区所有涉及中（工）频炉企业进行全面排查及记录。全区未发现地条钢生产企业。

2020年，备案工业项目56个。协调相关部门为升华资源和鑫源铸造办理产能置换手续和节能审批。

石拐区列入《包头市重点行业实施强制清洁生产审核企业名单》共有6家企业，不定期推进企业开展情况并督促企业尽快完成清洁生产审核工作。

【大数据产业园】

2019—2020年，总投资1.7亿元，完成大数据产业园全部基础设施和基础配套工程。年内，产业园已入驻26家企业。

2020年，石拐区与华为公司、移动包头分公司签订三方合作协议，启动机房L1层建设，石拐区通过率先购买云服务的方式，形成服务合同，以支撑移动、华为方面落实投资、启动项目。空天地智能一体化管理体系项目，实现平台功能，前端采集端在逐步完善，展示中心已搭建，实现森林监测、河长制辅助管理、防洪分析、重点项目（场地）空间规划管理、重点区域私挖盗采监管系统、数字化一体展示平台等创新功能。申报一般债券争取资金。

包头市区块链应用创新中心项目，已在公租房推广应用，准备整合石拐区优质数据资源和技术积累，在政务服务、司法存证、农产品溯源等领域推动区块链技术融合，实施“区块链+政务服务平台”建设，项目已得到自治区政务服务局和大数据局支持。

包头市党政机关信息化创新项目，重点围绕信息化创新开展企业入驻、产品展示、测试验证、系统适配、技术交流、体验合作，可服务全市及西部地区的党政机关、国有企事业单位、设备生产厂商、系统销售和集成商、软件开发商，已入驻目录企业30家。

市民政局组织实施的包头市社会组织创新创业示范基地项目落户大数据产业园。2020年，开展基地建设。基地建成后，将引进20～30家包括行业协会商会、公益慈善组织、社会服务机构、志愿服务组织等不同业态的社会组织提供专业服

务，为数字经济与实体经济、社会治理深入融合提供场景。

包头市互联网行业发展中心，包括包头市互联网行业联合会、包头市品牌形象直播基地、包头市互联网行业智慧党群服务中心、包头市网络人士展示服务中心、互联网企业（网络社会组织）园区5个部分。

（区发改委）

工业园区

【概况】

石拐工业园区有入园企业56家。2020年，生产企业24家。全年用电量29亿千瓦。年度生产总值107.4亿元，首次突破产值百亿元大关。年度利税额3.02亿元。

完成工业园区企业内全国人口第七次普查与复核工作，园区调查统计3197人。

【主要经济指标】

2020年，16户规模以上企业，实现工业产值105亿元，同比增长16%；销售收入103亿元，同比增长15%；工业增加值36亿元，同比增长15%。用电量28亿千瓦，同比增长7.6%。上缴税金3.1亿元，同比下降11%。

内蒙古亚新隆顺特钢有限公司特钢生产

王玉凤供图

【重点项目】

参加全市招商工作布置会，梳理亚新隆顺上游、下游，左右配套服务的全产业链。赴河北旭阳焦化公司考察，对石拐区建设焦化项目可行性向区委、政府提出具体的建议；对制药项目进行条件分析，给区委提供建议，和北京景泰投资公司互传资料。11月，投资2.2亿元的内蒙古和百泰能源有限责任公司10万吨甲醇项目试生产；投资18亿元的70万吨铁合金生产项目，坤达公司2台炉基础工程，完成地基开槽，进行强夯和回填换土工作。清理“僵尸企业”工作，进行企业基本信息收集、认定工作。投资1.2亿元包头市鑫源铸造有限公司年产10万吨稀土合金精密铸造环保治理升级改造项目进行料场封闭工作；投资4500万元的年回收加工80万吨废旧钢铁项目属亚新隆顺公司配套项目，完成厂房主体框架建设，进行电气系统安装及生产设备购置；投资1500万元的包头市春雨机动车报废拆解有限责任公司汽车拆解项目一期工程建设完成，包括拆解车间、存储车间各1座，待验收。成立专班推进煤层气项目初探论证，亚新H型钢项目在自治区进行产能置换公告，正协调产能指标和用地事宜。

包头市春雨机动车报废拆解有限责任公司建设的报废机动车拆解项目　王玉凤摄

【70万吨特种铁合金基地配套基础设施建设】

由内蒙古坤达鑫特种合金材料有限公司和包头云海金属有限公司建设的70万吨特种铁合金基地配套基础设施建设工程估算总投资3472.116万元，建设工业给水管道740米、生活给水管道740米、污水管道4217米及加压泵站，排水沟长度为2580米，建设道路2713米及配套路灯、绿化工程。向自治区财政厅争取政府专项债券资金2000万元，向自治区工信厅争取专项资金630万元。完成项目立项批复、环评批复、规划选址和用地意见。工程建设项目完成地形地貌测绘、平面规划设计、土地勘察、施工设计、社会稳定风险评估等前期工作，并完成项目建设施工工程、污水管网安装工程施工单位和监理单位的招投标工作，11月，开始施工。

70万吨特种铁合金项目基础设施建设施工现场　王玉凤摄

【园区基础设施升级改造工程项目】

项目估算总投资15596.82万元。包含新建工业园区供水管道、维修园区内道路、增添环卫设施和医疗卫生设施等工程，建成后将缓解工业园区生活用水、工业用水不足问题，彻底改善工业园区环境卫生状况。向财政厅争取政府专项债券资金8000万元。年内，完成项目立项批复、规划选址和用地意见，进行医疗卫生设施、工业园区垃圾转运站和公共卫生间的选址等前期工作。

【包石铁路恢复开通项目】

推进工业园区经济高质量发展，优化调整货物运输结构，降低产品运输成本，开展包石铁路恢复工作。该项目初步完成《包头市石拐工业园区铁路专用线方案研究》《投融资咨询报告》等。11月，呼铁局对项目可研进行审查，待审查意见反馈。

【园区规划编制】

协助区自然资源局开展空间规划编制工作，提供工业园区相关材料，谋划开展石拐工业园区空间规划编制工作。协助区农牧局开展“引水入石”项目建设，修编工业园区水资源论证报告。协调上级生态环境部门落实固废处置场一期、二期环保验收销号工作。2月，园区规划环评获得自治区生态环境厅正式批复。

【环境卫生整治】

按照石拐区新冠肺炎疫情防控工作指挥部《关于全区开展爱国卫生运动的通知》和区爱国卫生运动工作部署会议要求，组织工业园区30多家企业召开爱国卫生运动工作会议，采取定期不定期地对企业卫生整治活动开展督察与检查，保证园区企业清理不留死角。配合区应急管理局、区水务局人员对一、二园区河道进行集中巡查，排除隐患或加快整改。迁移二园区凯旋肥业门前河道内联通、移动、供电线杆，移植河道内树木，清淤疏浚河道，修筑防洪堤坝和过水路面，解决二园区凯旋肥业门前河道存在多年的泄洪不畅问题。

【安全生产】

履行安全生产监管职责，落实安全生产宣教工作，突出安全隐患排查治理，强化企业安全生产主体责任。全年召开各项工作会议13次，聘请专家对园区生产企业进行安全隐患排查50余次，排查隐患801条，完成整改801条。指导各企业开展“三级培训”工作园区45家停产企业、23家在产企业开展非法违法经营行为排查和人员密集型场所安全隐患排查，督促23家在产企业全部完成房屋质量鉴定工作。

【新冠肺炎疫情防控】

1月，按照区疫情防控工作领导小组的统一部署，加强疫情防控组织领导。园区党工委成立由党政主要领导任组长、班子成员任副组长，入园企业主要负责人、园区直属各部室干部职工为成员的工业园区抗击新冠肺炎疫情防控工作领导小组。党工委多次召开专题会议，印发《石拐工业园区〈坚决打赢新型冠状病毒感染肺炎疫情防控阻击战工作方案〉的通知》《石拐工业园区管理委员会关于做好新型冠状病毒疫情防控工作的通知》等文件，对疫情防控工作进行部署、分析、研判。

落实园区网格化包片、包联工作机制，按照“外防输入、内防反弹”的工作要求，派出包联企业网格员26名，对61家建成企业开展全覆盖摸底排查。紧盯企业有无境外、湖北省、武汉市、北京市等中高风险地区返回人员，动态化排查返回园区人员信息和行程及旅居史，认真开展摸排和登记造册工作。落实企业主体责任，及时向企业通报上级有关疫情工作部署，督促企业切实做好本单位疫情防控工作，要求对进出企业的人员进行信息登记、体温筛查，企业上岗人员实行每日体温监测正常后方可上岗，对职工食堂的管理，严格执行分餐制，减少人员聚集。对企业办公区、职工宿舍、生产区实行每日两次的集中消毒。启动24小时值班制、日报告和零报告等工作制度，设立2个疫情防控监测点，对进出园区企业车辆和人员采取交通管制与疫情防控体温筛查、集中消杀、信息登记等工作，杜绝外来货运司乘人员与单位职工的密切接触。

加大疫情防控知识的宣传和引导，号召企业职工自觉佩戴口罩，勤洗手，勤消毒，做好自身安全和自我防控。利用园区党建微信群、企业家微信群、电子邮箱、电子屏宣传疫情防控相关政策和专业知识。向各企业印发宣传条幅215副。

全体干部职工取消春节假期，奋战在疫情防控第一线。成立“尖刀班”连续奋战93个日夜，日排查车辆达800余辆，排查人员4200人次。

依据《关于精准抓好常态化疫情防控、支持企业健康发展、稳定经济运行的39条措施的通告》，采取多项强有力的措施帮助企业复工复产达效，实施“保姆式”服务企业活动，切实解决企业在生产发展中的实际困难。针对重点项目，成立工作专班，推动工作落实。

【社会治理】

深入辖区企业了解生产、经营状况和企业是否拖欠农民工工资等情况，把矛盾化解在萌芽状态。2020年，受理信访案件12件，办结10件。开展信访矛盾隐患大排查8次，纳入台账管理事项1项。开展扫黑除恶宣传活动。设立2处大型宣传牌、发放各类宣传资料1000余份，督促各企业悬挂

条幅40余副。定期排查、集中排查、重点排查、滚动排查相结合，未发现涉黑涉恶现象，也未收到群众举报。加强园区反邪教工作的组织领导，开展“反邪教宣传进企业”活动。开展“反邪教宣传月”活动，向企业职工宣传反邪教知识，防范打击邪教破坏和非法宗教活动，全力维护政治安全。集中张贴海报、发放宣传单1000余份，为各企业制作、悬挂宣传条幅50副。制定工业园区网格化管理实施方案，合理划分企业网格。开展“企业非法经营、生产大排查”和“流动人口大排查”行动，排查停产企业45家、在产企业23家，排查流动人口1770人。

（王玉凤）

【工业供水】

2010年5月，内蒙古水务投资集团有限公司和内蒙古兴源水务集团有限公司共同投资组建股份制企业内蒙古开源供水有限公司。注册资本金2000万元，内蒙古水务投资（集团）有限公司占股60%，内蒙古兴源水务集团有限公司占股40%。

内蒙古开源供水有限公司主要负责包头市石拐工业园区供水工程的建设及运营管理。

石拐工业园区供水工程包括水源井2眼、加压泵站5座、清水池7座、水处理厂1座、各类阀门井46座，输配水管道51070米，以及机电设备配套等，供水能力3.0万立方米/天。

2020年，完成供水620.9万立方米，实现收入3509万元，上缴水资源税和其他税费1934万元。

（马建林）

电　力

【概况】

2020年，石拐供电分局确保疫情防控期间电力保障。加大设施管理与维护，生产、工程稳步推进。实现安全监管全覆盖。全年电网整体运行情况良好，未发生任何人身、设备及信息事件，累计实现安全生产9438天。优化电力营商环境，全年累计完成17亿千瓦时。

【安全生产指标】

全年电网整体运行情况良好，未发生任何人身、设备及信息事件，实现安全生产300天长周期，实现安全生产9438天。

全年配网跳闸9次，用户侧跳闸29次。

全口径供电可靠率（包括农村）99.92%，口径平均停电时间为6.6小时/户；城市供电可靠率99.98%，城市平均停电时间为2.09小时/户。

综合电压合格率完成91.24%，其中，B类电压合格率完成98.93%，C类电压合格率完成99.96%，D类电压合格率完成74.83%，未完成局下达的综合电压合格率≥99.5%，B、C类电压合格率≥98%，D类电压合格率≥95%的计划指标。

【主要经营指标】

全年售电量完成17亿千瓦时，同比减少1亿千瓦时。完成年计划的87.2%（主要原因：1—4月园区高耗能企业受疫情影响大面积关停，10—12月受调度指令开展有序用电和错避峰用电30次，影响售电任务指标）。

受多边交易户每月完成交易电量情况影响，全年完成平均电价305.64元/兆瓦

时，较年度计划减少5.29元/兆瓦时，较上年同期减少5.80元/兆瓦时。

配网公用线路线损率0.49%，较年度指标0.65%有所下降，同比下降0.23%。综合线损0.03%，较年度指标0.13%有所下降，较上年同期下降0.02%。

营业外收入完成2.32万元，完成年度指标的77.33%（未完成主要原因为中小用户疫情期间采取保电措施免收违约金）。

全年累计发行6.67亿元，电费回收率完成100%，上缴率完成117.32%（剔除三磊欠费因素）。

全年无“12398”及“95598”投诉、无意件工单。“95598”受理业务323件、营业厅受理诉求113件，主因为费控充值失败、电表故障及限电咨询能。

2020年成本预算完成95.7%，完成全年指标。

【新冠肺炎疫情防控与电力保障】

根据疫情防控需要，完成管辖范围24个测温点的临时接电工作，25名党员通过线上线下自愿交纳党费6625元。深入一线指导督促管辖企业复工复产，深入排查安全隐患，提升电力供应可靠性水平，保证优惠政策落实到位。

3月，在喜桂图新区防疫监测点登记疫情防控点用电情况，保障石拐地区疫情防控关卡等重点区域的电力供应　　尹自立摄

【安全生产】

完成2020年度安全目标任务指标。未发生人身轻伤事故，未发生七级、八级电网、设备、信息事件，未发生违规外联事件。实现安全生产300天长周期。

完成石拐分局2020年安全责任清单的编制。开展安全生产“全覆盖”、防范人身提级监管、安全生产巡查以及安全生产常态化大检查，全年迎检7次，发现安全生产问题31项，完成整改28项。

严格执行内部准驾证制度和派车单制度。每月对所有车辆进行例行检查，杜绝“带病”车辆上路行驶。按周期定期对车辆进行维护保养，确保车辆状态良好。对所有持内部准驾证人员进行交规考试。每季度集中组织驾驶员召开一次交通安全培训。

每季度以班组为单位进行《中华人民共和国消防法》学习，普及消防知识，利用春秋季生产安全大检查对各班站、开闭站、库房（包括电源）等要害部位进行消防安全检查，对存在火灾隐患的库房、场所进行整改，统一摆放易燃物品。完成2020年石拐分局生产办公楼的消防技改项目，取得石拐消防大队消防指导意见复函。

【设施管理与维护】

制定春秋查、内外查工作计划，对管辖区域内的14条、158千米架空线路进行全面的巡视消缺，发现三类缺陷42处并全部消除。完成中考、高考及重要节假日等各类大型保电16次，出动车辆23台次、保电人员48人次。完成喜桂图变开闭站小修、箱变、环网柜、围栏小修任务及无人机巡检工作；通过“一强四化”班组劳动竞赛验收。完成2020年配电自动化覆盖率、上线率，进入安装调试运行工作。完成2020年配电网工程项

目施工，生产大修一批、二批工程等。配合完成东梁220千伏输变电工程110千伏线路及220千伏线路清障及保护性施工工作，保证光伏企业并网接入。完成配电网“十四五”规划项目储备并展开前期工作。

完成2020年4条架空线路清扫工作，继保动作2次，正确率100%；制定并执行反事故措施，完成率100%；城镇中压配网联络率到达92.3%；计划储备项目报2022年实现联络率100%。2020年，城镇中压配网转供率69.2%、城镇中压配网绝缘化率完成86.3%（2019年九原分局移交3条架空线路有8.5千米裸导线，计划2022年通过改造实现绝缘化率100%）；自动化覆盖率完成95.45%；配网中压故障停电率（全口径）完成0.70次/百千米·年。带电作业完成38.65%、带电作业完成11次、三、四类带电作业完成1次。危急缺陷无、严重缺陷1项（后营子变914后园线10#杆避雷器引线断裂已处理）、一般缺陷均完成指标。生产计算机违规外联合规率完成100%；内网计算机防病毒软件安装率完成100%。生产大修工程资金计划完成率100%、生产大修项目结算率完成100%。

年度配网工程严格按照工程管理制度执行，未发生各类违章事件，未发生人身安全事件。各项施工任务均已竣工并完成结算审计工作。负责承建的配网自动化工程涉及4台开闭站数据线传送设备（二遥型），全部投入使用，设备运行正常，数据传输准确，是包供第1家完成开闭站安装及运行的供电分局。

【电力营销与服务】

开展优惠政策宣传，监督转供户退费至终端户、配合价监局完成降价及降税审计。配合公司完成市场化用户电量电费发行，按要求收取代理服务费，严格依照文件要求金额比例收取用户承兑兑票。

石拐工业园区企业受疫情及系统频繁限电影响，出现启动暂停不平稳现象，分局领导深入一线指导督促管辖企业复工复产，排查安全隐患，提升电力供应可靠性水平，为石拐工业园区争取保电指标，制定新的有序用电方案。执行大工业用户七天预购制度。对管辖参与多边交易用户所报电量和实际电量对比后算出奖罚金额，并与各售电公司进行确认。对用户进行预购电费的催收，月度预收电费均达到800万元。针对大用户采取一企一策，实时跟踪反馈重点用户缴费情况，通过电费缴纳、安全用电情况等动态管理，降低欠费风险。针对中、小型用户，开展精细管理攻坚战促回收工作，对月用万元以上信誉较差用户实行电费预购制度。加大多渠道缴费宣传力度，拓宽收费渠道，推广微信缴费、银行代收、自助机缴费等方式。

开展营销服务领域突出问题专项治理工作，发现问题7项、711个，完成整改690个；法院未结案无法整改问题1个，其他均为持续整改问题；共追退电量507935千瓦时，追退电费97.26万元。修（制）订营销各类业务细则、流程等18项，杜绝各类营销问题重复发生。

按月召开营销关键指标同业对标及服务质量分析会，明确班组、个人责任，实现营销各类小指标稳中有升。开展月度自查，并在月度会上通报检查结果计入绩效考核。分局修制订制定《石拐分局95598业务管理细则》《石拐分局营业抄核收管理标准》《石拐分局营业厅管理细则》《石

拐分局优质服务投诉举报处理管理细则》《石拐供电分局网格化服务管理工作实施细则》《石拐分局劳务派遣收费人员岗位职责》《石拐分局营业电费管理标准流程图》等营销服务细则、流程共7项。开展用电安全宣传12次、供电开放日2次、新建小区智能费控表轮换及使用注意事项宣传4次、电价政策宣传6次、客户座谈会3次，对转供电用户逐户宣传、按月清理转供电加价行为并督促转供电主体退费到位。全年无投诉。

【业务受理】

推行“三零”服务，配合政府、客户对预增项目及复起负荷全力推进，编制《石拐分局2020年增供扩销方案部署》，提供“保姆式”服务，全面优化营商环境。分局受理“三零”服务线上报装率名列前茅。配合协调办理业扩报装流程，把潜在负荷及时转化为售电量。

开展网格化服务平台业务受理。2020年，共建25个网格化服务管理群，覆盖所有管辖用户，向客户发布计划停电、临时停电信息、电价政策及相关用电安全知识等，为用户提供24小时服务。定期派专人在社区和各自然村为居民进行宣传摸底，检查线路接线是否正常，查看用电设备是否陈旧老化、功耗大，给用户讲解用电常识。降低了用户投诉、诉求概率，营业厅现场受理业务量明显减小。石拐分局优质服务工作被地方电视台、分局B级厅现场取材，在“包头发布”、《包头晚报》、《内蒙古电力报》及“魅力喜桂图”公众号上传播。

【用电检查与管理】

落实用电检查稽查管理，重点对管辖重要客户以及园区专线客户下厂检查；依据《内蒙古电力公司用电检查》等相关文件，编制制定《石拐分局客户侧事故跳闸治理送电制度》《石拐分局电力客户事故调查分析与处理制度》等制度。定期召开客户侧事故跳闸安全运行分析会；建立、备案承装、承试、承修企业和试验人员的档案，保证试验合格率。

提升供用电合同管理水平，多次组织各营销班组成员开展供用电合同专项培训，并组织考试，增强合同相关的风险防范意识，提升全局供用电合同的管理水平。全年合同签订正确率达100%，对无法签订的用户信息，上报至属地发改委备案并协调配合处理。

【智能化应用】

石拐分局智能电能表覆盖率95.99%，运行电能表16242块，运行智能电能表15591块。智能电能表远程通信率94.27%，远程缴费充值成功率100%，远程抄表成功率93%，远程保电任务成功率85.37%。

开展MIS系统内查、现场专项计量整治，缩短计量故障处理时间和用户装表接电时间，减少电量损失。

11月13日，分局工作人员在缸房地幸福大院宣传智能费控表使用方法　　郭永权摄

【职工教育培训】

确保各项活动、节日期间以及作业现场安全稳定。多次组织安全及业务培训，邀请各处室技术专工及各分局专业人士进行现场培训。2020年，职工教育培训计划完成率100%，大型办班12次，培训量487人次/天，培训率100%，2020年，普考参与率和通过率均为100%。落实培训工作。加强内训师、技术员及各班组配合。采取灵活方式，落实培训任务。以现场培训为主导模式，以外派轮训为载体，集中培训与分散学习相结合，短期培训与专业培训相结合，理论学习与实践锻炼相结合，现场操作与组织宣讲相结合。

【亮点工作】

B级客户服务中心获“包头市十佳文明示范窗口”称号，完成自治区文明单位网上资料申报工作。攀登者职工创新工作室通过公司验收。“一强四化”班组检运班通过包头供电局验收检查。全市第一家完成安装调试数据线传送设备自动化设备项目。

7名普考参考人员100%通过，成绩优秀率均居参考单位前列，电力电缆和装表接电2个专业均分成绩87.2分，1名职工获得包供技能大赛电力电缆专业第六名，石拐分局获得优秀组织单位称号。

5月起，引入大疆多旋翼无人机，实施无人机巡线计划，对辖区10千伏、6千伏配电线路展开全面巡视工作。累计巡视线路26千米，发现缺陷23处。

（吕瑞娇）

农牧水利

【概况】

全年农作物总播种面积2.03万亩，投入化肥、农药、农膜605吨，完成3000亩高标准农田建设任务；耕地地力保护补贴面积1.6万亩，金额181.5万元；农业承保面积7893.9亩，保费22万元；设置耕地质量监测区5个、培肥改良试验监测区2个。全年牲畜存栏总头数为80272头（只）；发放农牧民补贴（草原奖补资金）763人、190.75万元。开展农作物病虫害防控、动物疫病防控、检疫等日常工作。建设3个年出栏4800头的家庭牧场；争取资金392万元，建设苜蓿示范基地2个、争取2020年生猪规模化养殖场建设补助项目1个；成功引进内蒙古尚科动物疫病诊断中心项目。

【新冠肺炎疫情防控】

疫情防控期间共动员280人次，累计排查车辆3.4万台次，劝返车辆2100余台，发放消毒药品1000余袋。

农牧业工作

【农业工作】

高质量完成3000亩高标准农田建设任务。与安华保险合作开展农业保险工作，全区承保7893.9亩，保费收入22.08万元。发放耕地地力保护补贴面积共16545.19亩，补贴金额18.15万元；玉米、马铃薯、大豆生产者补贴种植面积共14479.81亩，补贴金额15.32万元。推进耕地质量保护与提升，设置耕地质量监测功能区5个，设置培肥改良试验监测功能区2个。完成土壤采集与监测调查工作,根据市农业技术推广中心提供坐标点位，采集土样17份、果实3份，配合市农业技术推广中心进行测土配方施肥采样地块基本情况调查、农田氮磷流失监测与调查。通过统防统治和绿色防控技术推广，全年农作物病虫害绿色防控覆盖面达到40%以上，病虫害综合防控效果达到80%以上，粮食作物病虫害损失率控制在5%以下，经济作物病虫害损失率控制在10%以下。

完成包头市廉政教育基地东侧山体水土流失治理项目，项目总投资1810.17万元。

【畜牧工作】

内蒙古奥东牧场有限公司阿塔沟6万头生猪养殖项目、包头市八戒农牧有限责任公司2.4万头商品猪养殖项目、三岔口1万头雷香猪养殖项目和3个年出栏2400头的家庭农牧场建设项目全部开工，其中2家已具备关猪条件，着手引进种猪。

争取资金102万元，申报2020年高产优质苜蓿示范基地建设项目2个共1700亩，完成全部种植任务。争取项目资金200万，申

报畜禽粪污资源化利用整县推进项目。争取资金90万元，申报2020年生猪规模化养殖场建设补助项目1个。

引进投资3000万元的内蒙古尚科动物疫病诊断中心项目，办理企业入驻相关手续和实验室建设。

与太平洋保险公司合作，完成1220头种猪、9300头育肥猪投保工作。年内，完成生猪理赔14.262万元，能繁母猪理赔4.8万元。

【人居环境整治工作】

开展村庄清洁行动。增加垃圾箱、垃圾池、垃圾转运站等消杀频次，投入消毒药17箱、背负式喷雾器7个、手持高压喷雾器20个，配备31名专职消杀员对农村170座公厕开展消毒保洁。为17个行政村、52个自然村安排保洁员57名，90%以上的村庄实现常态化保洁，共清理农村生活垃圾2588吨，清理村内沟渠42千米，清理畜禽养殖粪污等农业生产废弃物780吨。

设置垃圾池、垃圾箱、垃圾桶等存放容器500余个，新建曙光新村生活垃圾转运站1座，全区6座生活垃圾转运站正常运行，嘎查村生活垃圾收运体系实现全覆盖，日均清运生活垃圾约30吨、餐厨垃圾约2吨。推行分散式污水处理一体化设施，实现改厕与污水处理有效衔接，在五当召镇、大德恒街道部分村庄已完成安装57户，后续继续推进。

实施完成102座公厕配电改造工程，运行正常。户厕改造完成1621户，普及率52.3%，超额完成三类地区全面建成小康社会32%的目标要求。

【农村牧区经营管理】

推进农村牧区土地承包经营权确权登记颁证工作。国土二调集体耕地面积6.3万亩，二轮土地承包面积4.9万亩，2016年调查承包农户5662户，实际可确权农户3914户。已完成确权耕地面积5.48万亩，占二轮承包面积的110.2%；已完成确权承包农户数3838户，占可确权承包农户数的98%；完善土地承包合同3838份，发放证书3682本，证书发放率为95.9%，证书发放均已登记在册。

完成农村牧区集体产权制度改革清产核资工作。落实《内蒙古农村财务管理办法》，在各乡镇农村经济服务中心建立“农村集体资金专户”。

开展农资打假专项整治工作。出动执法人员16人次，出动车辆8台次，发放宣传单800份。

完成800批次的农畜产品抽检速测任务，所有送检农畜产品指标均显示合格。

水 利

【行政执法】

强化水行政执法力度，开展水事违法陈年积案“清零”行动，征收水资源税910.24万元。全年收缴水土保持补偿390.72万元。

【防汛抗旱】

对21个雨水情、墒情监测站及37个预警广播站进行维护保养，确保雨水情及预警系统发布准确及时，汛期派专人24小时值班值守，确保安全度汛。投资1000万元的山洪沟防洪治理项目完成主体工程建设。完成2018年山洪沟防洪治理。

【河长制工作】

完成38条乡镇级河湖划定工作，在全

区17处主要入河口安装监控设备，对水事违法行为实时进行监控管理；投入资金80余万元，疏浚治理河道8千米，清理煤矸石、生活垃圾及建筑垃圾3万余吨。

【水利工程】

推进重点项目“引水入石”工程，保证园区企业正常生产。所有管道基本铺设完成（约24千米）。青山村二级泵站安装已全部完成。花圪台水库内泵站取水口建设基本完成。一级泵站办公楼除内外装饰外基本完成，正在进行内部设备安装，供暖设备安装。

争取资金188.4万元，对86个自然村的集中饮水工程进行维修养护，共实施高位水塔清洗及维修3座，铺设输水管道7.4千米，新建水源井4眼，维修水源井2眼，维修检查井4座，铺设供电线缆0.7千米，配套水泵5台套，安装供水水箱2个，安装净水设备65台套，维修净水设备52台套。

扶贫工作

【概况】

全区建档立卡贫困户156户、299人，其中，脱贫享受政策100户、199人，脱贫不享受政策56户、100人，无脱贫监测户、边缘户，因病致贫占比65%，60岁以上占比61%，普通劳动力仅有39人。2018年底，建档立卡贫困人口全部脱贫。2020年，贫困户人均纯收入14353元。

2020年，召开区扶贫攻坚领导小组会议9次。为17个行政村派驻驻村工作组，建立县级领导、科级干部、优秀年轻干部“一对一”帮扶建档立卡贫困户责任制度，实现扶贫包联“全覆盖”。14个脱贫攻坚专项推进组进一步加强本行业扶贫工作的规划落实和工作指导。

2020年初石拐区建档立卡贫困人口分布情况

表15

乡镇	嘎查村	建档立卡合计	脱贫（享受政策）	脱贫（不享受政策）
吉忽伦图苏木	爬榆树嘎查	16户、23人	10户、15人	6户、8人
	三岔口嘎查	11户、22人	8户、15人	3户、7人
	绍卜亥嘎查	22户、42人	13户、25人	9户、17人
	白菜沟嘎查	15户、29人	13户、26人	2户、3人
	小计	64户、116人	44户、81人	20户、35人
五当召镇	缸房地村	23户、53人	20户、46人	3户、7人
	白草沟村	8户、15人	3户、5人	5户、10人
	新曙光村	26户、58人	18户、42人	8户、16人
	厂汉沟村	15户、23人	14户、21人	1户、2人
	青山村	1户、2人	1户、2人	0

续表15

乡镇	嘎查村	建档立卡合计	脱贫（享受政策）	脱贫（不享受政策）
	小计	73户、151人	56户、116人	17户、35人
大德恒街道	大庙村	1户、2人	1户、2人	—
	开洲窑子村	8户、13人	0	8户、13人
	鸡毛窑子村	12户、19人	0	12户、19人
	小计	21户、34人	1户、2人	20户、32人
白狐沟街道	五当沟村	2户、5人	2户、5人	—
	小计	2户、5人	2户、5人	—
全区	合计	160户、306人	103户、204人	57户、102人

【巡视反馈问题整改】

对照认领中央巡视“回头看”、2019年国家成效考核、中纪委实地踏查调研、自治区脱贫攻坚督导调研、2020年国务院督查等提出的9项整改任务、152个反馈问题，制定整改措施253条，并完成全部整改。建立户、村、区问题清单，整改完成户级问题505个、村级问题54个、区级问题11个。成立专项督查组，按照“357”工作清单（讲党恩、讲政策、讲变化；算收支明白账、算政策支持账、算产业扶持账、算保障兜底账、算长效增收账；看吃穿、看教育、看医疗、看住房、看饮水、看面貌、看环境），采取“1456”督导模式（即：一个扶贫成效督导工作组遍访贫困户，压实四种责任，五种方式现场办公，实现六个到位），遍访全区建档立卡贫困户，梳理户、村、镇、区档，完成7轮遍访督查，发现、整改问题529个。

【精准帮扶】

聘请第三方机构对全区建档立卡贫困户住房逐村逐户核查，全区贫困户未C、D级危房。

改善苏木镇2个卫生院和13个一体化卫生室医疗卫生服务条件，通过流动巡诊为偏远地区群众提供基本医疗服务，落实“先诊疗、后付费”政策及“一站式”结算等政策措施，贫困人口建档率100%，家庭医生签约率100%。组建家庭医生服务团队22个，累计送药9.71万元。

开展普通高校家庭经济困难学生入学资助活动，为5名建档立卡贫困户在校大学生每年发放1万元助学金。

投资188.4万元，对18个村的安全饮水工程进行维修。共计维修供水管道4700多米，新打井2眼，修建检查井8座，配套水泵4台，维修清洗水塔3座，铺设供电线缆776米，安装供水水箱2座等，对20个村新安装净水设备35台，确保贫困户安全饮水。

组织培训5期，参加57人次。开发公益性岗位32人，其中护林信息员10人、绿源洁保洁员10人、受疫情影响开发贫困户公益性岗位10人、贫困大学生公益性岗位2人。

推进新一轮退耕还林工程，覆盖贫困

户27户、58人，发放补助资金22.5万元；中央财政森林生态效益补偿涉及贫困户18户、36人，发放补偿资金0.25万元。

加强扶贫与低保政策的衔接，实施5000元“急难”救助。为贫困户发放低保金35万元，代缴基本医疗6.3万元。

推进“五进”活动，分别与区教育局、物流园区、工业园区、机关事务中心签订2020年消费扶贫协议书。建立区、镇、村消费台账，为吉忽伦图苏木三岔口嘎查蒙薯帮农种养殖农民专业合作社和五当召镇缸房地村众志诚成农产品农民专业合作社开展扶贫产品认定。统筹建立消费扶贫专馆。

开展项目扶贫。推进白狐沟小型光伏发电、爬榆树优质肉牛养殖等15个入库扶贫产业项目，扶贫产业项目实现贫困户全覆盖。其中德康生猪育肥一场、二场项目完成投资840万元，建成后分别可达到年出栏4800头育肥猪。与全区100户、199人全部建立利益联结机制，保证有劳动能力贫困户实现当地就业务工，无劳动能力贫困户享受兜底保障。

【防返贫致贫】

制定《石拐区脱贫攻坚风险防控预警实施方案》，全面排查贫困人口收入情况，锁定三级监测户，对于转移性收入较高家庭重点监测。投入270万元建立“防返贫基金”、投入20万元建立“防贫保”，一旦出现疑似新增，第一时间给予帮扶救助。2020年，发放了防返贫基金4767.4元。

【扶贫资金管理】

2020年，安排财政专项扶贫资金769万元。其中，上级下达696万元，区本级73万元。全年支出753.7万元，项目支出率98%。聘请第三方机构梳理2014年以后各级各类财政专项扶贫资金，实地核查所形成资产，根据核查结果，建立资产明细“三本账”，统一进行移交确权，防范扶贫资产闲置、流失等。加大扶贫小额信贷政策宣传力度，对18～65周岁的建档立卡贫困户进行摸底，掌握准确底数，为符合条件且有意愿的贫困户5户办理小额信贷，实现贫困户“应贷尽贷”。

【扶贫档案整理】

组织召开2020年精准扶贫档案培训班，区档案局、扶贫办分别就精准扶贫档案管理规范和精准扶贫档案管理归档范围进行培训讲解。完成2014—2019年扶贫档案整理。

（张鑫玉）

交通 邮政

道路交通

【概况】

完成2020年“四好农村路”建设项目。完成石拐区开州窑子村、后坝村、鸡毛窑子村、榆树沟村共计3.3千米“四好农村路”建设项目，提升石拐区自然村通硬化路率。

实施乡村公交全覆盖项目。开通喜桂图新区至旧石拐教师及职工通勤车，持续运营喜桂图环线公交37路支线，将7路车向北延伸至五当召，向南延伸至脑包沟村，全区实现15个具备条件的建制村全部通公交，并完成2020年石拐区好事实事任务。

【道路维护】

马留沟道路治理工作。完成马留沟道路3.7千米环境整治，整修路基路面提升行车安全性，增设排水设施解决以往因排水不畅导致的路面翻浆、淤泥拥堵现象，从根本上解决道路扬尘问题，圆满完成2020年交通污染防治攻坚战任务。

修复包石一级公路护坡。对包石一级公路全线护坡逐一进行排查，修复因夏季多次连续强降雨导致的30余处受损护坡，确保包石一级公路安全畅通。

完善公路安防工作。对境内23座桥梁护栏进行了全面排查、修复、粉刷施工；在五当召镇和爬榆树嘎查平交路口及事故易发地安装减速带6条、爆闪灯5套；全面排查、整治境内限高限宽装置及检查卡点，严格执行上级专项整治实施方案；对境内交通标志标牌进行查漏补缺，并增设标志标牌41块。

【包石一级公路管护】

后坝隧道收费站2020年征收车辆通行费3564万元，比上年增长30.4%。疫情防控期间，收费站严格落实为期2个月的免费通行政策。

优化后坝隧道行车环境，隧道内更换769盏LED灯，改善驾驶员出入隧道口视觉舒适性，提高行车安全性。

联合消防部门、区交管大队开展隧道应急演练，预防出现突发事故，增强应急组织和协调能力，迅速实施救援，使生命财产损失降到最低。

【路政执法】

扎实开展治超工作。对全区企业用车进行摸底排查，并深入企业宣传法律法规，对源头企业进行监管，签订承诺书、责任状，超限超载现象明显降低。

疏导交通保障新区畅通。国道210线5—10月建设期间，路政队员在二园区24小时值班，劝导车辆分流包石一级公路，缓

解喜桂图新区内交通压力，并利用轮休时间完成局内各项工作。

加大公路巡查力度。重点整治侵占、损坏公路、公路用地、公路附属设施及其他违法违规行为，提高公路通行能力，保障公路安全畅通。

（张鑫玉）

交通运输管理

【概况】

2020年，石拐运管所完成各项工作任务，贯彻上级文件相关要求，保证辖区道路运输市场秩序正常。

【质量信誉年度考核】

5月，对辖区内35家货运企业进行年度质量信誉考核。分别从运输安全、经营行为、服务质量、社会责任和企业管理5个方面对货运企业进行综合测评，重点检查企业车辆技术档案和相关安全生产制度执行情况，同时对货运企业提出整改要求，提高货运企业运输服务质量。经考核，评出AAA级企业3家、AA级企业32家。

【营运证年审换证】

2020年，辖区正常营运车辆761辆，经营业户47户，全年新增车辆128辆。换发道路经营许可证31本，换发道路运输证115本。

【货运市场监管】

与辖区内各道路运输企业签订2020年度安全生产责任状。每月对辖区内所有道路运输企业进行安全生产监督检查工作，检查企业安全生产相关制度的完善和落实情况。分别从企业资质、驾驶员从业资质、车辆安全技术状况、企业动态监控平台使用、运单规范使用等方面对危货企业进行全面的安全生产监督检查。

贯彻落实《道路运输车辆动态监督管理办法》，保证所有危险品运输车辆北斗监控功能正常使用，通过监控平台设置监控超速行驶和疲劳驾驶的违章处理情况，保证上线率、入网率达到100%。严格要求企业配备2名以上监控人员对车辆运行进行实时监控。安排专人负责定期对监控公共平台进行核查，及时掌握车辆违法记录，情况严重者依法给予处罚。年内，3家危货企业因监控平台违章处理率未达90%，分别受到相应的行政处罚。

【安全生产标准化工作】

完成危货企业安全生产化达标工作。督促并帮助辖区危货运输企业内蒙古飞鸟物流有限公司完成安全生产标准化达标工作，4月通过验收，完成标准化达标工作。2020年，辖区3家危货运输企业均完成安全生产标准化达标工作。

【打击非法营运】

贯彻执行上级有关扫黑除恶专项工作的要求，对辖区内大型物流园区、货运站场、大型物流集散地进行广泛宣传和认真排查。全力保证辖区内道路运输市场扫黑除恶宣传无死角，扫黑除恶线索排查无遗漏。出动执法人员76人次，执法车辆38辆次，检查车辆162辆，线索摸排道路运输企业32家，危险货物运输企业3家。张贴宣传标符26个，宣传展板1个。

（赵军）

邮　政

【概况】

中国邮政集团有限公司内蒙古自治区

石拐区分公司（以下简称为邮政石拐分公司）下设石拐区环城路邮政所、石拐区德恒路邮政支局、石拐区吉忽伦图苏木邮政所3个营业所和石拐区分公司投递部1个投递部。

邮政石拐分公司开设6个投递段道，投递范围覆盖石拐城区全部及17个行政村。其中，5个建制村一周5频，6个建制村一周3频，4个建制村一周2频，2个建制村一周1频，日投递里程380千米。所有党报党刊都能按时限送达。

【经营情况】

全年完成收入346万元，增幅达到3.55%。金融业务、寄递业务、集邮与文传业务均超额完成任务目标，其中金融收入占比达到52.7%，提升4.7个百分点。

【业务拓展】

复工复产开始后，第一时间走进村社、厂区开展各项主题活动共计13场。其中，“党建+金融”进村社信息治理活动3场，走进亚新厂区促协同发展客户回馈大型活动2场，一月一主题客户答谢会8场。

图为石拐分公司联合亚新隆顺特钢开展“中秋情系亚新，共建邮政情谊”主题活动现场　　马超摄

7月1日，邮政石拐分公司联合石拐区白狐沟街道办事处开展“真情服务暖人心，信息治理进乡村”主题党日活动，同时为行动不便的人群完善个人信息，保障客户资产安全。

7月1日，邮政石拐分公司联合石拐区白狐沟街道办事处开展“真情服务暖人心，信息治理进乡村”主题党日活动现场　　马超摄

8月7日，邀请部分老年人走进大自然，开展以“致青春、忆岁月”为主题的采摘活动。

（郝林）

联通通信

【概况】

1998年9月，设立内蒙古自治区包头市石拐区邮政局和内蒙古自治区包头市石拐区电信局；2002年5月，电信进行南北拆分重组，北方九省一市划归中国网通，石拐区网通公司成立；2008年10月，中国网通与中国联通正式合并，并正式统一更名为中国联合网络通信有限公司石拐分公司（以下简称石拐联通公司）。

【经营情况】

2020年，石拐联通公司总收入470万，其中物联网收入6万元，专线收入28万元。总用户数4700户，固话用户数1600户，移动用户数3100户。基站总数90个，其中，

5G基站15个，4G基站42个，4G终端2400户。

（刘文龙）

移动通信

【概况】

1999年9月，中国移动通信集团内蒙古有限公司石拐区分公司成立。

【经营情况】

2020年，中国移动通信集团内蒙古有限公司石拐区分公司拥有通信用户2万户，全年总收入1000万元，完成集团信息化收入100万元，建成4G基站70座。

（张永英）

城乡建设与生态环境保护

城乡建设

【概况】

2020年，区住建局完成神华集团包头矿业公司农林处“三供一业”移交改造工程。喜桂图新区消防站建设投入使用。实施完成崇德大街、吉忽伦图大街等5条街道的绿化工程，现绿化管线铺设、乔木、灌木种植等。完成2020年棚户区任务。组织实施完成石拐老旧住宅小区改造项目。开展新区住宅小区环境提档升级工程完工验收。集中开展房屋产权办证工作，推动普惠区住宅小区、亿和家园等7个住宅小区办理不动产权证。组织包头市石拐广源投资有限公司与包头市供水公司开展喜桂图新区供水移交前期工作。建设完成村镇污水治理工程6个污水处理站点并投入使用。制订《石拐区商品房预售资金监管办法》。组织实施房地产开发项目5个，规划建设总面积101.8万平方米，基本建成约57万平方米。推动物业企业信用评价体系建设，完成全区6家企业和16个住宅项目纸质备案工作，录入包头市物业服务企业信用评价系统。健全城乡环卫一体化公司化运营机制，全力做好环卫基础设施建设，完成《石拐区环卫设施专项规划》初稿编制；开展道路扬尘治理、城乡环境卫生集中整治行动。

【城市建设项目】

石拐喜桂图新区消防站建设项目。项目占地面积6500平方米，建筑面积5204平方米，总投资约1850万元。完成办公楼和附楼建设、内部装修、二次管网及道路铺装、围墙栏杆、大门和消防泵站建设。

根据中央环保督察组“回头看”和自治区环保督察组反馈问题，组织石拐区污水处理厂运营单位对污水处理厂已有预反应区和主反应区进行清淤和更换生化污泥，调整工艺运行，确保达标排放。对全线污水管线进行维修改造，启用中水管网收集工业园区生活污水，替换二园区佳蒙铜厂至10号检查井之间所有原管网，在企业生活污水进入新管网的接入口建设15座沉砂池，并投入使用。更换污水处理厂进口老化COD（化学需氧量的简称）、氨氮设备，完成设备已经调试与环保验收，开始正常运行。通过公开招标确定污水处理厂污染源自动监控设施运营单位，并签订合同。

编写《石拐区污水处理提质增效三年行动方案》。6月，编写《石拐工业园区供水污水管网建设项目可行性研究报告》。在一园区建设生活用水给水管线4730米、

工业用水中水（把排放的生活污水、工业废水回收，经过处理后可以再利用的水）管线6058米、生活污水管线长5160米及管网的附属配套设施；新建道路5600米。在二园区建设污水管线8500米及管网的附属配套设施。建设石拐通用航空产业园污水管线1000米、中水管线5080米及管网的附属配套设施。更新石拐区污水处理厂设备，完成总氮提标改造工程，进入设备调试运行。完成二园区污水管网设计、事前绩效评估、技改施工图等。

【棚户区搬迁安置遗留问题工作】

2020年，为滨河新区民馨家园丢失安置协议书的居民，开具安置说明的有18户；办理交费建档的有2户；配合普惠区办理产权查询旧房屋信息15户。

石拐采煤沉陷区综合治理项目3个安置小区产权办理。其中，东河欣愿佳园办理1189户，未办16户。九原民悦家园办理1044户，未办120户；完成退费15户，约3.85万元。龙苑小区办理完成自提档手续263户，未办583户；维修资金逐栋报送包头市维修资金管理中心进行分户结转。

房地产管理

【老旧小区改造】

2020年，投资400万元完成石拐街道办事处辖区污水改造及外网更换，实施外墙保温、涂料及屋面防水等建筑节能改造，并进行地面、路面硬化及部分区域绿化工程；进行资料整理及结算审计工作。

投资363万元改造139户，采用货币化安置方式完成改造面积0.88万平方米。签订拆迁协议124份。

实施住宅小区环境提档升级。改造新区9个住宅小区，主要改造内容包括：为所有小区安装休闲座椅；为创业家园和桃园新居建设车棚3处；更换保障性住房小区桃园新居、创业家园单元门73套；安装小区行人门禁14套；更换、增设垃圾桶289个；小区楼道粉刷单元399个（普惠区小区326个单元，保障性住房小区73个单元）；各小区开展绿化补植；维修毓营小区南面水泥墙；为颐康新城和安居家园小区安装车辆出入识别系统；为普惠区、安居家园、颐康新城、亿和嘉园施划停车位。

图为改造后的法治文化公园　区住建局供图

【公租房管理】

组织2017年公租房轮候家庭摇号分配，轮候的2017年住房困难家庭全部解决。完善7户公租房住户手续。上门催缴拖欠租金超6个月的156户住户，催缴租金19.6万元。维修部分公租房因污水管断裂造成地面下沉问题。

【商品房销售监管】

规范房地产开发企业经营行为和房地产市场秩序，制定《商品房预售资金监管办法》。

4月16日，石拐区商品房预售资金监管系统上线。2020年，监管中朵上东郡、恒

大麓山庄园、富力山3个项目、1265套，监管资金5.71亿元。依法办理商品房预售许可，预售许可2020套，总面积27.21万平方米；办理商品房网签备案115余次。开展公共维修资金收缴工作，收缴资金788.8万余元。其中，普惠五区300万元，神包家园232余万元，颐康新城新交存资金256.8万余元。

建设工程监督管理

【建设工程管理】

根据包头市公共资源交易管理办公室转发的《包头市政府办公厅关于印发包头市建设工程全流程网上电子招投标工作实施方案的通知》要求，加强对招标项目的监督管理，招标过程保证2名及以上监管人员在市公共资源交易大厅行业监督室在线监管、招标代理公司现场办公。全区建设工程招投标项目在市公共资源交易中心进行，所有评标流程及标准全部按照市级标准执行，工程项目全部在建设工程全流程网上运行。2020年，进行6个工程的招投标事项。

2020年，发放施工许可证18个，其中包括中朵上东郡建设项目、恒大麓山庄园、紫贵华府小区等。

办理5项建设工程的竣工验收备案表。

筹划开展建设工程联合验收事项。完成包头市联合验收的资料、流程表和参加部门名单收集。按照市级工改平台进度要求完善石拐区联合验收网上审批申报程序。

【“一金三制”落实情况】

全区新开工项目强制开展“自治区建筑业从业人员实名制管理服务信息平台”的录入工作，按照《内蒙古自治区建筑工人实名制和工资支付管理办法》开展“一金三制”（一金：农民工工资支付保证金；三制：农民工实名制、农民工工资专用账户制、农民工工资银行代发制）工作。2020年，全区维权公示牌设立100%，在建工程施工企业农民工专户开设100%。约谈部分建设工程实名制管理、银行代发制未落实企业，提出整改要求，整改不合格的企业上报市住建局，录入诚信平台。

【行政收费】

根据自治区人民政府《关于暂停收缴建设工程社会保障费有关事宜的通知》要求，自2018年1月1日起，对区域内新开工的建设项目，暂停收缴建设工程社会保障费。梳理完成住建局社会保障费专户账面结余的待划拨资金，并以电话和公告形式通知相关企业办理。2020年，尚有4笔款项无人划拨。

2020年，收缴5个项目市政公用设施建设配套费562.8409万元。根据《关于精准抓好常态化疫情防控、支持企业健康发展、稳定经济运行的39条措施的通告》，全区房地产建设企业市政配套费缓至2020年9月30日前缴纳。2个项目未缴纳。

按照《内蒙古自治区建筑工人实名制和工资支付管理办法》《内蒙古自治区建筑工人实名制和工资支付管理办法实施细则》要求，退还各参建单位缴纳的农民工保障金。2020年，退还6个项目179万元。账面余额447.75万元。

【审批制度改革】

开展工程建设项目全流程审核事项清理工作。梳理权利事项364项。其中，行政

许可17项；行政确认2项；行政给付2项；行政处罚271项；行政监督检查51项；行政征收3项；其他行政权力18项。

按照营商环境有关政策措施简化、优化行政权力事项流程及材料清单。商品房预售许可审批时限由法定时限10个工作日缩短至4个工作日，新建民用建筑地下防空工程审批时限由法定时限15个工作日缩短至5个工作日。施工许可证审批时限由法定时限15个工作日缩短至3个工作日，申请材料由24项缩减至10项，并重新制定2020年施工许可证服务告知单。

全区所有建设工程图审均在包头市图审中心审查，所有建设工程消防设计及验收事项均在市住建局办理。

4月，按照市住建局要求，新建民用建筑地下防空工程审批、人防建设意见书、建设工程质量监督登记表、施工许可证、建设工程竣工备案表5项工程审批事项进行网上审批，全年网上办结17项审批事项。

【一体化平台建设】

在政务网上公开权责清单及权利事项，借助政务网、大数据等技术平台支撑，先后将行政权力事项逐一录入石拐区政务平台、自治区政务服务管理平台、国家“互联网+监管系统”、包头市公共资源交易中心、石拐信用平台、包头市建筑市场监管与诚信信息平台、内蒙古商品房预售审批系统等电子平台上运行，减少审批事项人为干预。

【遗留问题解决】

喜桂图新区房屋产权登记证办理，完成尚若小区、豫馨小区、滕昴小区、毓营小区办理工作，转入不动产办理。

对石拐区蓝天城、商业中心、大宗畜产品交易城、棚户二期、颐康新城等9个项目催收市政配套费，对拒不缴纳的单位提出行政强制执行措施。

市政管理

【绿化养护】

2020年，完成城区绿化养护面积135.75万平方米。其中，道路绿化养护面积42.37万平方米，公园绿化养护面积90.7万平方米，广场绿化养护面积2.78万平方米，单位绿化养护面积1.9万平方米。养护植物包括乔木157416株，丛植灌木9178株，片植灌木331672平方米，地被39663平方米，草花104245平方米，草坪155092平方米，攀缘植物2300 株。

绿化补植完成崇德大街道路两侧10.5米景观绿化带和4.5米人行道铺装建设，绿化1382米，面积约19453平方米；并埋设1.6米深绿化给水管道。吉忽伦图北侧6米景观绿化带建设，绿化1182米，绿化面积约5330平方米；并埋设1.6米深绿化给水管道。玉衡路间距5米种植行道树，绿化1138米。德泰路间距5米种植行道树，绿化1390米。青年公园护坡乔木、灌木以及点缀开花亚乔木种植，绿化面积19170平方米，并埋设1.6米深绿化给水管道。

图为绿植养护补植　　区住建局供图

绿化管护提升，对城区绿化带、分车带绿篱进行高标准、艺术性修剪，加班加点抗旱保苗，移栽行道树108棵，绿篱150平方米，补栽桧柏113棵、行道树55棵，补植红叶李40000棵、水蜡10000棵，金叶榆45000棵、丁香3000棵。开展清除城区缺株断档、黄土裸露等工作，喇嘛河广场新铺5500平方米草坪，种植花卉300平方米，政府广场种植花卉900平方米。

【市政设施维护】

2020年，维修路面砖20余处，修补路面砖600多平方米；维修路面塌陷区域3处、180平方米。更换井圈井盖90余套，维修40余处。喇嘛河制作栏杆70米，路缘石维修400米；对崇德大街实施道路灌缝13123米；对广场等硬化区域维修200平方米。对1#、2#污水泵站进行大规模维修；检修路灯信号灯箱10座，检修路灯1000余处，更换路灯电缆2000米、高压电缆400米、灯头90盏、驱动210个。

城市公用服务

【管网抢修与维护】

与上游企业对接，保障水源、热源供应稳定，提前对设备、管网进行检修，故障进修抢修15次，建立日常巡查排查制度，为居民维修300余次，保障全区居民用水、用暖安全。供暖期前3日（10月12日）为石拐区居民供暖。

【便民服务】

与中国兵器内蒙古第一机械集团有限公司签订线上智能缴费系统合作协议，应用“互联网+大数据”等功能，完成供暖线上智能缴费系统编制，开始试运行；优化营业厅营业时间，除部分法定节假日外，每日均可缴费，为客户提供便利。实施宝丰科技中小企业创业园二次供热管道工程。

【国有企业改革工作】

按照《2020年石拐区属国有企业深化改革实施方案的通知》要求，加快对接包头市颐康置业有限责任公司和包头市石源博能售电有限公司代管工作，做好五当生活服务公司划归工作，确保旧区居民供水、供暖安全。

《石拐喜桂图新区城市供水运营移交协议书》通过政府常务会、区委常委会审议，待石拐区人民政府与包头市水务（集团）有限公司签署协议后，加快与包头市自来水公司对接完成供水移交工作。

【燃气安全管理】

对辖区内81家餐饮场所、6家燃气企业进行安全大检查，发现安全隐患19条，责令当场或限期整改19条，整改率100%；对餐饮燃气用户进行抽查5次，抽查相关用户33家，发现、整改隐患5家。检查新区中小学幼儿园燃气安全，未发现安全隐患。

开展双节期间安全大检查工作，部署节前安全生产和值班安排，监督各企业“十一”假期期间值班安排，并上报至区住建局备案。

依照《城镇燃气管理条例》《包头燃气管理条例》，对辖区内运营的1家液化石油气站（石拐鑫龙液化气换气站），3家汽车加气站点（中北石油CNG加油站石新站、石兴，包头市昊宇新能源有限责任公司石拐后坝加气站）进行安全检查；检查包头燃气公司石拐服务站应急预案、安全责任制度以及巡线、安检记录等资料。抽查企业操作记录、操作人员资质、人员实时在岗情况、预警等相关设备的维修巡检记录等，核实企业运行情况是否完全符合安全生产规范。对相关流程记录不完善、工作环节缺失以及责任落实不到位的，下达整改通知书，责令限期整改。全年对各企业进行安全检查5次。

图为区住建局燃热办工作人员在换气站进行安全检查区 住建局供图

全面部署节前安全生产和值班安排，确保“十一”期间安全生产稳定，同时监督各企业“十一”假期期间值班安排，并上报至区住建局备案。

【燃气安全宣传】

参加安全生产月咨询日活动，制作燃气安全知识宣传单进行发放，制作燃气安全知识展板进行安全宣传。组织相关涉气企业对群众及用户、单位开展用气安全宣传。

城乡环卫一体化工作

【概况】

全区城乡有清扫保洁道路147万平方米，可实施机械化清扫面积107万平方米；管理7座生活垃圾转运站、12座水冲公厕、7座旱厕。正常运行大型清扫清运车辆42辆、电瓶清运车54辆。

全区城乡环卫一体化工作，由区卫生管理站、农牧、执法等部门和7个街镇、3个园区（景区）负责全区环境卫生的指导监督考核管理工作，包头市绿源洁环保环卫循环产业有限责任公司统筹负责全区城乡环卫扫清保洁、生活垃圾清运处置、公厕运营维护等工作。全区生活垃圾实行“村（居）镇（街）收集，公司转运”模式，由公司统一收集清运到转运站压缩后运往东河垃圾场和石拐老区磁化处理站进行无害化处理。

【新冠肺炎疫情防控】

结合开展“爱国卫生运动”，以“治脏、治乱、治差”为重点，开展嘎查村、社区、企业等区域外围重点部位环境卫生整治工作。制定实施“321”分类消杀标准（一线环卫工、公共卫生间、生活垃圾转运站、环卫之家按照早中晚消杀三次；环卫车辆按照出车交车消杀两轮；垃圾桶、垃圾箱等环卫设施每日全部消杀一遍）。

【道路扬尘治理】

制定《石拐区道路扬尘治理工作实施方案》和《石拐喜桂图新区和老城区道路清扫作战图》。针对省道211施工，大型车辆绕行康庄大道情况，开展洒水降尘机扫行动，4辆洗扫一体车及2辆洒水车进行降

尘作业，出动高压清洗车对路肩石、灯杆等道路两侧公共设施进行清洗。

图为公卫站洒水车进行道路扬尘治理区

公卫站供图

【垃圾清理专项整治】

开展城乡环境卫生死角清理行动，清理全区道路两侧、村庄垃圾杂物，出动环卫工人3.1万余人次、环卫车辆2500余次，清理卫生死角800余处。对人流量较大的路段、商业中心、公交站点、广场、商场、超市与饭店门口、绿化带进行巡回拾捡，加大巡回清运力度，对花舞人间、花舞宝格特等景区周边道路进行除杂草、冲洗路灯杆等处置。

区公卫站清理春雨检测站两侧垃圾区

公卫站供图

开展非正规垃圾堆放点排查整治。对5处非正规垃圾堆放点逐一排查，完成整改销号工作，完成率100%。

【农村牧区环境卫生管理】

农村人居环境网格化运行，实现环卫管理常态化。将全区10个苏木镇街道、园区（景区）划分为10个网格，整合网格内执法、环卫等职能部门责任人为成员，所有乡镇包村干部、嘎查村（居）干部和环卫工人全部纳入网格员，形成环卫管理网格化运行机制。编制《石拐区城乡环卫设施专项规划》，合理规划城乡生活垃圾处置体系。加强生活垃圾收运处理基础设施建设。全区设置垃圾存放容器（垃圾池、垃圾箱、垃圾桶等）1500余个，生活垃圾定点存放清运率100%；6座生活垃圾压缩转运站正常运行；包头市环卫产业有限责任公司建设的百吨转运站投入运行。全区所有嘎查村生活垃圾收运体系实现全覆盖，日均清运生活垃圾约30吨，餐厨垃圾约2吨，统一进行无害化处理，无害化处理率100%。2020年，全区新建3座、改造6座固定式水冲厕所，并投入使用。

【生活垃圾分类】

按照《包头市主城区生活垃圾分类工作实施方案》要求，推进垃圾分类进校园、进社区，在喜桂图新区投放100个两分类垃圾桶，在喜桂图新区所有居民小区和学校配置22个垃圾分类示范窗。

城市管理综合执法

【自治区环保督查问题整改落实】

石拐区后营子村拆迁工地建筑垃圾堆被列入2020年全市165个重点整治任务之一，区城市管理综合执法局自查摸排裸露渣土堆和建筑垃圾点位9处。

印发《石拐区道路和建筑垃圾扬尘治理工作实施方案》，清理9处自查的建筑垃圾和渣土堆。完成后营子拆迁工地点位清

运。加大对建筑垃圾、生活垃圾及餐厨垃圾运输车辆无覆盖物，造成路面抛、洒、滴、漏等违法行为打击力度，处置20起不规范拉运行为。

5月，区城管执法局开展渣土车专项整治行动 区住建局供图

【市容环境和公共秩序整治】

重点整治市场、校园周边秩序、不规范店招和户外广告、乱贴乱画、乱停乱放、破损宣传牌匾条幅、偷乱倒焚烧垃圾等行为。2020年，处置不规范经营行为380余起，清理破损广告牌匾、橱窗广告180余处，清理破损店招牌匾30余处，清理占道经营110余处，清理破损条幅120余副，清理商铺门前乱堆乱放600余处，清理“三乱”小广告1100余处，清理裸露土堆及垃圾65处，清理河道垃圾4处，覆盖墙体及围挡广告160余处，打击散煤销售流动经营行为3起，查处乱倒垃圾1处，整治小区环境卫生6处、公共卫生间环境卫生5处。签订门前三包责任书325份，下达限期责任整改通知书24份。

4月，区城管执法局清理破损店招牌匾 区住建局供图

疫情防控期间，对影响交通、存在安全隐患的占道与流动摊贩、跨门经营商户进行规范，引导至临时划定的便民点售卖，划定临时便民点2处。

针对建筑工地存在围挡设置的高度与材质不符合标准、广告设置老化、残缺或脱落，广告内容不符合规定要求、未按照工地文明施工要求设置或占用城市道路、破坏市政和绿化设置围挡等问题进行督办，对6个工地提出整改意见8项，完成整改6项。

【大气污染防治】

制定《石拐区城市管理综合执法局关于开展露天烧烤集中整治工作的实施方案》，宣传露天烧烤对环境产生的污染，定点定时巡查，接到举报，第一时间到达现场处置。按照“三定两统一”（定经营时间、定经营地点、定经营要求；统一桌边摆放小垃圾桶和大垃圾桶，统一红地毯和遮阳棚）要求规范管理烧烤经营商铺。2020年，整治6起不规范露天烧烤行为。联合区市场监督管理局开展餐饮油烟专项治理行动，对不符合规范的3家餐饮服务单位依规完成整改。印制《禁止燃放烟花爆竹》《燃煤散烧治理》《扬尘污染治理》

等宣传资料，张贴通告12张，发放宣传单500余份。

【控违拆违】

以“控增量清存量”为目标，加大控违拆违力度。全年城区发现并处置违法建设1处，清理存量违建1处。

【优化营商环境】

按照市城管执法局关于推行轻微违法行为“首违不罚”的实施意见，出台石拐区《关于在城市管理综合执法领域推行轻微违法行为“首违不罚”告知承诺制度的实施方案》，梳理细化涉及建设工程、市容环境卫生、建筑垃圾、建筑工地噪声污染、绿地管理5类、6项免予行政处罚的轻微违法行为。制定告知承诺制适用流程和告知承诺书（包括违法行为告知和当事人的承诺）。

【规范行政执法】

推行阳光审批，推进行政许可审批项目进“窗口”，坚持“放管结合、优化服务”，缩短审批时限。执法队员工作期间一律规范着装，执法过程中使用文明用语，执法车辆遵守交通规则，按照规定指示停放等，全年通报16起不规范行为，并约谈提醒相关人员。全年未接到“12319”转办的群众反映的投诉问题。

【宣传工作】

组织法律法规宣传活动8次，制作户外宣传标语8条，并组建文明传播微信群，转发石拐区网信工作群要求转发内容。进行扫黑除恶宣传20余次，印发宣传材料400余份。

质量监督工作

【农牧区住房安全工作】

开展全区建档立卡贫困户和低保户、农村分散供养特困人员、贫困残疾人（合称四类重点人群）住房安全性鉴定、系统录入、核验和排查工作。3月，组织工作人员和第三方鉴定机构工作人员，对吉忽伦图苏木、五当召镇、大德恒街道办事处、白狐沟街道办事处4个涉农地区的四类重点人群住房安全性进行鉴定，走访建档立卡贫困户157户、其他三类人群235户。所有建档立卡贫困户住房信息如期录入农户档案信息检索系统内。指导培训乡镇住房安全保障核验工作人员。

3月，区质监站开展农村四类重点人群住房安全性鉴定、排查工作　　区住建局供图

聘请包头钢铁学院建筑科学研究所专家为石拐区白狐沟、大德恒、五当召镇、吉忽伦图苏木4个涉农地区排查工作联络人和各村排查工作人员进行住房安全鉴定培训。全年排查31户。

【违法建设违规审批专项清查】

按照自治区住建厅、包头市安委会和石拐区安委会关于开展违法建设违规审批专项清查工作有关要求，督促全区各机

关、国有企事业单位进行既有建筑物排查工作。2020年，全区有28个单位（属地）上报排查房屋879间（栋）。

【建筑工地扬尘治理】

根据《石拐区住建局2020年污染防治攻坚战工作方案》《贯彻落实自治区生态环境保护督察反馈意见整改方案》等文件精神，加强建筑工地扬尘治理监督巡查力度，与施工单位在开工前签定扬尘治理责任状，要求施工单位严格按照“六个百分百”施工规范（即：工地周边100%围挡，物料堆放100%覆盖，出入车辆100%冲洗，施工现场地面100%硬化，土方开挖100%湿法作业，渣土车辆100%密闭运输）进行施工，督促各施工单位严格落实施工工地现场管理“六必须”和“六不准”（即必须打围作业、必须硬化道路、必须设置冲洗设施、必须湿法作业、必须配齐保洁人员、必须定时清扫施工现场；不准车辆带泥出门、不准高空抛撒建渣、不准现场搅拌混凝土、不准场地积水、不准现场焚烧废弃物、不准现场堆放未覆盖的裸土），对落实不到位的建筑工地，要求停工限期整改。

【建筑工地质量监管】

2020年，全区重点建设项目有恒大麓山庄园、喜桂图富力山建设项目、中朵·上东郡建设项目、紫贵华府小区建设项目、喜桂图新区消防站建设项目等。

检查各项目施工过程、工艺是否符合规范，监督抽查工程分部分项验收程序、结构的原材料试验、见证取样等情况，对存在问题下发整改通知书，经复查合格后再进行下一步工序。

检查各施工企业安全生产许可证办理及延期情况，安全管理机构、安全管理制度等落实情况，管理人员持证及特殊工种证书、企业与各项目部签订安全生产责任状情况。抽查企业的安全宣传和对作业人员进行教育培训、建筑机械特种设备管理、对专项施工方案等。

7月，区质监站进行日常检查　区住建局供图

【质量和安全监督注册登记办理】

根据包头市的要求，质量监督注册登记在包头市工程建设项目审批管理平台进行线上审核办理，安全监督注册登记在区住建局质监站审核办理。

全年完成富力山项目05、09地块，中朵·上东郡一期1～12#，恒大包头市美百纳国际社区项目一期别墅1～30#、32～47#、49～54#、56～57#楼工程，恒大麓山庄园大门、S—2#～6#楼、20～30#楼质量和安全监督注册登记办理。

【“无废城市”建设】

根据《包头市“无废城市”试点实施方案》的要求，推进石拐区“无废城市”建设，控制固体废物源头减少量和资源化利用，抓好固废污染源的处理工作。石拐区城镇新建民用建筑全面执行绿色建筑标准要求。2020年，新建绿色建筑面积占城镇新建民用建筑面积比例90%，星级建筑比例逐年

提高。10月30日，包头市住建局水电、暖通、设计、图审等各专业专家对石拐区建设项目进行绿色建筑与建筑节能考核。

（杨明瑞）

自然资源管理与保护

【第三次全国土地调查及成果公布】

全国第三次土地调查（2017年启动，2019年12月31日结束），按照国家及自治区要求，完成统一时点更新工作的内业图斑解译、外业工作底图制作、核查工作、图斑举证和数据库建设等工作。完成图斑总数量为32284个，统一时点更新外业核实图斑8606个，其中举证图斑数量为6589个。2020年8月，成果数据库上报自治区；2020年8月28日及9月19日分别收到国家反馈意见。完成国家、自治区和包头市检查督导的问题图斑及自查自纠发现的问题图斑全部整改；2020年10月，完成整改数据库上报，已通过自治区、国家内业核查。

根据2018年土地变更调查统计结果，2018年全区土地总面积78541.58公顷，其中，农用地60564.30公顷，占土地总面积的77.11%；建设用地3661.52公顷，占4.66%：其他土地14315.76公顷，占18.23%）。国有土地面积1904.96公顷，占全区土地总面积的2.43%（农用地为90.08公顷，占国有土地面积的4.73%；建设用地为1803.64公顷，占国有土地面积94.68%；其他土地为11.24公顷，占国有土地面积面积0.59%）。

第三次全国土地调查中，石拐区面积为78372.03公顷，其中，林地面积为40952.89公顷，占全区52.25%。

全区查明资源储量的矿产主要有3种，分别是煤（39736.1万吨）、铁(2124.9万吨)和石墨(149万吨)；其他矿产资源为硅石、煤层气、高岭土等。

根据2019年林业资源监测结果，全区林地面积64786.56公顷，其中森林面积27015.14公顷（乔木林地面积10204.90公顷，特殊灌木林地面积16810.24公顷）。活立木蓄积量275870.16立方米，森林覆盖率35.40%。石拐区五当召国有林场总面积为76.03万亩（含大青山保护区面积54.62万亩）。

石拐区草原确权面积为15.39万亩，属于山地草原，占全区国土总面积的1.3%，全部位于吉忽伦图苏木辖区内，为其他草原。

据不完全统计，石拐区有野生脊椎动物218种，其中，国家Ⅰ级保护野生动物4种，国家Ⅱ级保护野生动物20种，包括雀鹰、秃鹫等。比较常见的有狍子、狐狸、雉鸡等。

石拐区水资源分为地表水和地下水两部分。地表水除正沟长年有少量流水外，其余均为季节性河流。地下水主要分布在几条大的沟谷内，埋藏深度一般在1.5～3.0米，储量为1819万立方米，水质较好，主要接受大气降水入渗补给，以泉水的形式泄出。

【政策法规宣传】

在土地日、清明节等重要节点开展资源保护、森林防火等宣传工作。在辖区界设置标志牌，交通要道悬挂宣传标语条幅。2020年，在全区范围内开展森林草原防火宣传活动8场次，出动宣传人员300余人次，出动宣传车辆60台次，发放宣传册0.3万余册、宣传单8万余份、宣传纸巾盒2万余份，悬挂横幅20余副，播放宣传音频1万余次。通过微信、公众号、防火码小程

序、内蒙消防云直播等新媒体向广大群众讲解有关防火知识。多种形式宣传野生动植物保护的法律法规。

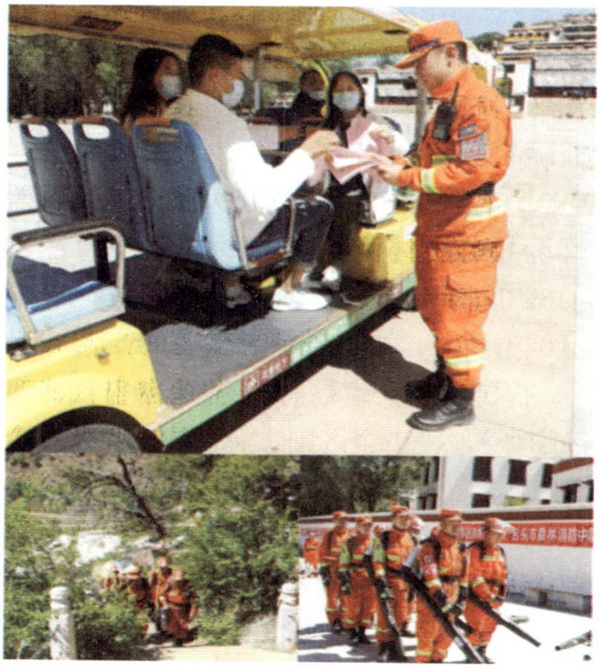

6月13日，自治区森林消防总队、包头市森林消防救援中队联合石拐区自然资源局、内蒙古五当召旅游开发有限公司在五当召风景区开展主题为“云游内蒙古——森林防火进景区”直播森林草原防火宣传活动　　郑越敏摄

【建设用地保障】

2020年，全区取得自治区新增建设用地批复11个，区政府新增建设用地批复1个，面积共计71.5347公顷；石拐区2020年第七、第九批次开始组卷工作。石拐区2020年第五批次完成组卷工作并上报市自然资源局审查。石拐区2020年供地计划107公顷，供应土地53.7003公顷，出让面积39.7007公顷，成交价款约1.87亿元。梳理全区“批而未供土地”原因并上报至区政府。

【不动产登记】

在石拐区市民大厅开设3个不动产登记办事窗口，并实现与税务局一窗受理。印制13个登记类型的办事指南等服务资料1000余份，制作不动产登记申请审批表样表、授权委托书式样等，方便群众办理业务。

减少审批环节和报件资料，首次登记业务压缩至5个工作日，一般登记业务压缩到3个工作日，查封登记、抵押权注销登记实现即时办理。

全年颁发不动产权证书667本，颁发不动产登记证明598个，办理预告、预抵押、查询、查封、注销等登记业务543项。全力推动石拐区普惠安置住宅小区登记发证工作，发放不动产权证书372本，其中，满庭芳小区（腾昂小区）发证334本，水云天小区（尚若小区）发证38本。

规范农村宅基地申请办理不动产登记证书条件，执行“一户一宅”确权登记，按照规定面积标准登记发证。完成吉忽伦图苏木爬榆树嘎查西村试点发证工作，颁发“房地一体”不动产权证书44本。完成五当召镇新曙光村114户土地确权及首次登记公告、公示，按程序完成发证工作。

【耕地保护】

完成石拐区政府、各涉农乡镇办事处及行政村签订耕地保护责任状工作；按照基本农田相关文件要求，委托相关单位实地核实，征询各乡镇、苏木的意见，按照相关文件要求进行修改完善，确定整改补划完成面积324.56公顷，并形成报告上报市自然资源局。开展坚决制止耕地“非农化”全面排查工作，初步成果报至区政府；开展基本农田“非粮化”专题调研工作；开展第三次国土调查耕地质量分等专项工作，依据第三次国土调查耕地质量技术规程，委托相关技术单位对耕地实地取

样，并按照自治区要求，将样本邮寄到天津，进行生物多样性、pH值和土壤有机质含量土壤地性质检测。

1月10日，区自然资源局工作人员在鸡毛窑子村开展农村乱占耕地建房专项整治宣传活动　　刘欣鹭摄

开展农村乱占耕地建房专项摸排工作，按照《关于开展农村乱占耕地建房数据汇交平台用户注册和行政区划调整的通知》及《农村乱占耕地建房数据汇交平台摸排信息采集报送系统用户操作手册》要求，区自然资源局及各苏木、乡镇办事处完成人员设置及行政区划工作。按照农村乱占耕地建房问题摸排技术思路进行自主筛查，筛查69个问题图斑，对国家下发图斑进行筛查，筛查280个问题图斑。各苏木、乡镇办事处领取所属区域图斑，组织相关工作人员对“住宅类房屋”“公共管理和公共服务类房屋”“工矿、仓储、商服、旅游等产业类房屋”逐项摸排，并按照要求按时上报。

推进新一轮退耕还林工程，落实第一轮退耕还林补助政策。根据农民自愿、政府引导原则，在安排新一轮退耕还林任务时，重点向扶贫开发任务重、贫困人口较多地区倾斜。2015—2016年，实施新一轮退耕还林任务1.2万亩；其中，覆盖贫困户面积562.102亩，人口27户58人。完成2020年补助资金22.4840万元审核，通过一卡通发放。

争取扩大公益林补偿面积，提高公益林补偿标准。石拐区纳入中央财政森林生态效益补偿范围内的国家级公益林13.72万亩，石拐区享受中央财政森林生态效益补偿的公益林涉及18户、36人，补偿面积161.7亩，2020年补偿资金2546.775元，通过一卡通发放。

【植树抚育和生物灾害防治】

制定《石拐区乡村绿化美化设计方案》。石拐区大庙村、青山村被评为自治区级乡村绿化美化达标村。完成招投标项目8个，完成对石拐区吉忽伦图苏木、五当召镇、大德恒街道办事处易地扶贫搬迁项目实地验收，签发合格证8份。

制定《石拐区林业有害生物监测实施方案》《石拐区林业有害生物防治计划书》及山楂粉蝶、天幕毛虫、辽东龟铁甲和双条杉天牛等主要林业病虫害防治预案，根据虫害实际情况，拟采购无公害药剂30件。在疫区调入苗木种植区域悬挂美国白蛾诱捕器9个、松材线虫诱捕器20个，实现疫区苗木种植地点全覆盖；并定期巡查监测，实时掌握有害生物发生态势，及时发布预测预报，病虫情信息及时上传下达，测报准确率90%。

【生态建设】

完成2018、2019年度石拐区森林抚育15000亩，总投资149.735万元，并通过检查验收。石拐区2017年、2018年森林植被恢

复，总价款96.9899万元，造林面积463.693亩，完成该项目整地任务。石拐区2019年第二批造林补贴低质低效林改造总价款189.8万元，造林面积20000亩，进入整地阶段。石拐区2017年森林植被恢复，总价款179.41万元，造林面积76.0834公顷，处于施工准备阶段。完成2019年重点区域绿化1000亩自查工作，并上报市林草局。2020年义务春季植树任务，栽植油松1580棵。大青山南坡修复工程春季补植各类苗木18300棵。

按照苗木检疫工作职责和要求，外调造林苗木严格复检查验“两证一签”（指根据《中华人民共和国种子法》规定,在林木种苗的出圃、调运、使用过程中需持有“苗木检验证”“苗木检疫证”“苗木产地标签”）；2020年，开具检疫要求书44份，查验各工程外调造林苗木15批次0.1万株。完成有害生物越冬成活率情况调查、发生期发生量专项监测调查，设置诱捕器29处，并定期巡查监测，实时掌握有害生物发生态势。抽查全区1个造林工程、1个国营苗圃。测量5处造林现场、造林假植地，苗木总体合格率为98%。

【执法监察】

制订非煤矿山安全专项整治三年行动实施方案。巡查辖区内易发生随意挖沙、采石、取土、毁林毁草、违法占地或其他自然资源违法行为的重点区域。2020年，开展动态巡查780余次，下达责令停止违法行为通知书26份，土地案件立案26起，矿产案件立案0起，林业案件立案20起。巡查企业及矿区日常有无超层越界及矿区以外有无滑坡隐患，易发生私挖盗区有无采坑、滑坡安全，全年巡查80余次，出动170余人次。开展违建墓地、大棚房和别墅排查整改工作。以大青山国家级自然保护区为重点关注区域，不留死角开展清查整治工作。对下发的疑似图斑进行核查及研判，按时上报核查结果，未发现违建别墅问题。

加大围封禁牧巡查和打击力度，与齐抓共管部门合作，主动出击、严防死守、突击检查。特别针对偷牧、夜牧行为，采用蹲点看守、突击检查和夜间巡查等工作措施，使辖区内的偷牧、夜牧现象得到有效控制。开展禁牧宣传，出动500余人次，车辆40余台次，组织10余次日间和夜间突击检查集中行动。查处违规养羊户7户，上缴罚金0.85万元。

【地质灾害防治和地质环境治理】

加强地质灾害隐患排查和防治工作。4月，完成全区地质灾害隐患点摸底调查，确定8个地质灾害隐患点；5月，编制完成《2020年度石拐区地质灾害防治方案》，并报区政府审核向全社会发布。推进矿山地质环境治理项目工作。包头市国惠洗煤有限责任公司自筹资金，按照治理方案对脑包沟村老虎沟废弃采坑进行治理。通知大青山南坡内已被取缔的矿山企业开展地质环境恢复治理工作。完成白狐沟2个废弃矿渣的治理工作。

【大青山保护区森林资源管护】

2020年，全区发生火情32起，查处案件16起，处罚16人，未产生重特大火情及人员财产伤亡等情况。开展日常防火培训演练，培训300余人次，防火实战演练2场次，联防演练1次。特邀包钢三医院医师讲解自救以及第一时间救人专业应急防护知识。修订完善防扑火工作预案，落实24小

时值班值守和火情报告制度，防火检查做到无死角，防火巡护做到全覆盖，防火责任做到全落实。采取防火宣传、检查、巡查和隐患排查等有针对性的预防措施，从源头上控制野外火源，强化森林防火重点区域、时段、人群的监管，加大违规野外用火违法行为的打击力度，最大限度地减少一般森林火灾发生。

7月3日，区自然资源局举行森林消防知识培训　　白昆吾摄

加强各类自然保护地建设管理，推进生态恢复治理。按照石拐区人民政府关于《拆除瑞川水泥和生态环境恢复治理工作方案》要求，9月，完成拆迁和生态恢复治理工作，上报销号。按照《自然资源部国家林业和草原局关于做好自然保护区范围及功能分区优化调整前期工作有关的函》要求，推进优化整合工作。配合上级部门逐步推进大青山自然保护区管理机构、人员编制转隶工作；完善各个管护点周边绿化及配套设施、推进公路沿线、道路两侧可视范围内和保护区实验区内的生态恢复工作。

开展森林抚育绿化工作。适时组织人员对赵长城、五当召周边人工林区进行抚育、浇水。9月，在人工林区进行秋冬季打冻水工作。

定期维护14台动物红外监测仪器。保护区野生动植物栖息地环境有效改善，出现狍子、草原雕、狐狸、石鸡、獾子、松鼠、野兔、环颈雉（野兔）等多种动物活动痕迹。全年收集到有效视频118段、照片130余张。制作动物照片档案，为保护区制定有针对性的保护管理措施和开展科学研究提供原始资料和科学依据。

加强政策法规宣传力度，增强公众生态保护意识。全年编辑报送《大青山保护区工作动态》信息18篇；其中被“魅力喜桂图”采纳1篇，《包头日报》采纳1篇；参与全区性集中宣传活动2次，出动宣传人员260余人次，车辆110余台次，发放各类防火宣传材料660余份，翻新宣传牌16处，粉刷3处管护点大字。在辖区内安装26套（保护区内14套）太阳能红外语音播报器，引导民众自觉珍惜、保护自然资源。

五当召林场（管理站）拥有无人机2架、持证队员3名。采取人工巡护与无人机巡护相结合的方式，解决地面巡护死角问题，确保发现私挖盗采等破坏辖区内资源的违法行为能早发现、早上报，并跟踪处理结果。全年出动巡护车辆210辆次，其中节假日巡查及夜查60余次，出动人员1470余人次，下达责令停止违法行为通知书10份，上报石拐区自然资源局5起，上报内蒙古大青山国家级自然保护区管理局包头分局2起。解决林区特殊区域管护能力不足问题，安装高清摄像头，指定专人负责。

【扫黑除恶专项斗争和信访工作】

按照上级扫黑除恶专项斗争工作要

求，组织专人对土地、矿产资源违法案件及信访案件进行梳理，建立线索排查清单台账。2020年，接收区公安分局转办线索6条，均已调查答复，上报市自然资源局、市自然资源监察支队相关违法案件统计表、情况说明等10余份，并核查留档。

全年受理信访事项7件次（其中，区信访局交办3件，市自然资源局转办2件，区纪委监委信访室交办2件），答复5件，非涉黑涉恶；办理中2件。

【规划管理】

全年办理各类规划审批手续113件，核发用地和规划意见8件，审批修建性详细规划设计方案9件，给定规划设计条件74件，建设用地规划许可证9件，建设工程规划许可证12件，规划核实意见书6件，配合区产权遗留办为新区5个小区出具同意保留的函。

报请审批《包头石拐工业园区二园区控制性详细规划修改方案》《包头市石拐区中心城区控制性详细规划地块（SGKG—01）修改方案》，获石拐区政府批复。按照自治区整改要求，5月，启动修改《石拐区及五当召镇土地利用总体规划》，取得自治区批复。解决例行督察限期整改图斑；10月，再次启动修改《石拐区及五当召镇土地利用总体规划》，完成召开听证会、整改内容相关支撑性材料、技术报告的编制，请示已上报包头市人民政府。制订《石拐区国土空间总体规划编制工作方案》并成立领导小组；4月24日，完成包头市国土空间总体规划编制招标工作；完成三线划定初稿，开展资料收集更新和底图制作工作；编制大纲报送包头市规划设计研究院完成初审；村庄规划专题部分完成村庄分类和布局，经石拐区2020年第3次规委会研究探讨。

（李晓敏）

【野生动物资源保护】

维护候鸟等各类野生动物种群及栖息地安全，防范非法捕猎猎杀候鸟等野生动物的行为发生。在候鸟大规模迁徙和集群活动的季节，和野生候鸟及其他野生动物保护的关键期，在全区范围内开展保护候鸟行动。执勤民警深入石拐区林区，有针对性地开展打击整治，组织力量加强巡逻防控，震慑不法分子，教育群众，为候鸟等野生动物创造安全栖息地和生存环境。加大力度排查野生动物集贸市场、餐馆饭店、“农家乐”、野生动物驯养繁殖场所，严查各种收购或食用野生动物的现象。2020年，森林公安大队救助猎隼2只、白尾鹞1只、苍鹰1只、雕鸮1只、救助野生狍子1只、狗獾1只。开展保护野生动物及候鸟专题宣传活动1次，对辖区内饭店、超市、肉食店、养殖场等场所进行入户宣传，悬挂横幅10副，发放宣传单500余份。

【森林防火】

关键季节、节日进行防火安全检查。春防期间，在全区范围内集中开展火灾隐患排查工作，多次组织人员深入重点林区、工矿企业进行防火检查，解决和纠正其他火灾隐患问题。开展森林防火的宣传教育，在重点位置张贴《内蒙古自治区森林草原防火条例》《石拐区人民政府关于实行森林草原防火戒严的命令》《石拐区人民政府关于石拐区森林草原重点区域实施防火戒严的通告》，出动人员137人次，车辆64台次。颁发《石拐区森林公安局关于做好“清明节”期间森林草原火案查处有关工作的通知》，成立执法办案领导

小组组织全区清明节期间森林草原火案查处工作。对重点林区、旅游景区、自然保护区等区域进行“拉网式”巡查，强化野外火源管控力度。2020年，办结火灾行政案件19起。

（白亦晨）

生态环境保护

【概况】

2020年，包头市生态环境局石拐区分局树立“绿水青山就是金山银山”理念，以环境质量改善为核心，以打好打赢蓝天、碧水、净土保卫战为契机，以中央、自治区生态环境督察整改为突破口，加大环境执法力度，全力推进生态文明建设高质量发展。

【污染物排放治理】

包头经纬能化有限公司特别排放限值改造达到排放限值要求；内蒙古亚新隆顺特钢有限公司二期烧结、二期竖炉、一期竖炉完成超低排放改造；

10月底，市生态环境局相关领导检查凯通煤矿整改情况　　敖红霞摄

推进挥发性有机物污染治理，包头经纬能化有限公司安装27套VOC（即会产生危害的一类挥发性有机物）回收系统并投入使用。

成立石拐区扬尘污染治理工作领导小组，印发实施《开展春季扬尘污染专项执法行动及工业企业堆场料场扬尘整治持续推进工作方案》。对建筑工地扬尘污染、拆迁工地扬尘污染、道路交通扬尘进行责任分工。按照《石拐区建筑工地扬尘治理实施方案》要求，强化建筑工地扬尘治理监督巡查力度，督促各施工单位严格落实施工工地现场管理“六必须”和“六不准”。列入全市整治的拆迁工地扬尘治理的后营子村点位完成清理工作。石拐区自查出的铜铺窑拆迁工地，全部完成清理。加强日常巡查，加大打击建筑垃圾、生活垃圾及餐厨垃圾运输车辆无覆盖物，造成路面抛、洒、滴、漏等违法行为，全年处置15起不规范拉运行为。区环卫部门定时定期清扫、洒水进行道路降尘作业，抑制扬尘污染。加强“散乱污”企业清理整顿，全区9家“污”类企业，清理整顿全部销号；牵头编制《石拐区燃煤散烧综合整治工作方案》并上报区政府审议。加大对喜桂图新区、五当召景区、环境敏感区域及工业园区新建、改建、扩建35蒸吨（锅炉的供热水平，一般用t/h来表示）及以下的燃煤锅炉和喜桂图新区10蒸吨/小时及以下燃煤锅炉、茶水炉、经营性炉灶、储粮烘干设备、窑炉等全面排查，未发现有此类情况；完善非道路移动机械摸排摸底调查和编码登记工作，完成辖区内24家工业企业94辆车辆的非道路移动机械登记；按照包头市生态环境局统一部署，开展排污许可证核发工作，完成企业自行登记管理类排污许可证83个；配合包头市生态环境局核发重点管理类排污许可证14个，简化

管理类排污许可证12个。石拐区所有在产企业全部做到持证排污；修订印发《石拐区重污染天气应急预案》；推进工业企业精细化治理和管控。

11月16日，包头市发布重污染天气黄色预警。石拐生态环境分局检查企业应急减排措施执行情况　　敖红霞摄

2020年，全区有效监测天数315天，优良天数276天，优良天比例为87.62%，比上年优良天数达标率提高2.2%，石拐区空气质量连续3年高于85%的市年度目标要求。

【水源地保护】

加强集中式饮用水水源地保护区工作。重新划定水源地保护区，上报自治区人民政府。编制《石拐地下水水源地划分技术报告》，区住建局按照《包头市石拐区集中式饮用水水源地规范化建设项目实施方案》，完成水源地规范化建设工作。石拐区污水处理厂总氮超标问题，完成CASS池（分预反应区和主反应区。在预反应区内，微生物能通过酶的快速转移机理迅速吸附污水中大部分可溶性有机物，经历一个高负荷的基质快速积累过程，这对进水水质、水量、pH值和有毒有害物质起到较好的缓冲作用，同时对丝状菌的生长起到抑制作用，可有效防止污泥膨胀；随后在主反应区经历一个较低负荷的基质降解过程）清淤和生化污泥投加工作，总氮提标改造方案通过专家论证，并已入场施工；加大6处农村污水处理站运行管理，确保运行安全规范、水质达标排放；助力“引黄入石”工程，协调市生态环境局和区属相关部门，加快环保手续的办理进度；入河排污口专项排查喜桂图雨水排口4处、工业园区雨水排口5处，未发现非法废水排放口。

10月，区环保分局开展石拐区地表水、饮用水水源地水质监测工作　　敖红霞摄

【土壤污染治理】

开展土壤详查工作，共计详查地块48个，其中，企业地块47个，尾矿库地块1个。根据筛查结果，完成对全区14个地块进行土壤采样布点及现场采样工作，并根据土壤监测结果确定地块土壤是否存在污染。全面摸排辖区内规模畜禽养殖场，要求养殖场设立专用的畜禽医疗废弃物贮存场所、畜禽干粪贮存场所和污水贮存池等畜禽废弃物贮存场所，实行专人管理，做好登记。按照《石拐区“无废城市”建设试点实施方案》，推动石拐区“无废城市”固废物联网建设工作，实施工业固体

废物全过程监管。2020年，全区3家企业纳入包头市固废物联网系统。其中包头经纬能化有限公司、包头市绿源洁环保环卫循环产业有限责任公司完成现场施工，筹备验收工作。印发《关于做好厂区车辆保养、设备检修产生的废机油等危险废物规范化管理的通知》，重点督促企业设备检修、车辆保养产生的废机油的规范化管理，全区有38家产废机油企业纳入“内蒙古自治区固体废物管理信息系统”。推进企业清洁生产审核，石拐区强制清洁生产审核6家，建议开展清洁生产审核2家。

【环保督察及“回头看”反馈问题整改】

2016年以后，中央环保督察反馈问题及督察期间群众投诉、举报案件和全国人大大气执法检查、自治区巡视反馈生态环境方面问题涉及石拐区的39个。其中，无须整改的问题7个，完成整改32个（销号31个，履行销号手续中1个）。自治区环保督察反馈问题涉及石拐区整改任务17个。完成整改15个；其中销号14个，履行销号手续中1个（为大青山自然保护区工矿企业退出问题，与中央环保督察及“回头看”反馈问题重复）；剩余问题2个（“水权转让工作严重滞后，违规取水时有发生”，“引水入石”工程完工后将彻底解决工业园区供水问题。“雨污混接、污水直排问题”。已完成项目可研、项目立项审批，按基建程序推进中）。

【环评审批】

做好生态环境机构改革涉及行政审批事项的承接。编制环境影响登记表的建设项目全部由建设单位网上自主备案。9月1日，取消建设项目竣工环境保护验收许可，全部由建设单位自主验收。实行疫情期间促进复工复产环评审批工作。2020年，全区涉及1亿元以上重点项目19个，审批17个，推进中项目2个。完成6家企业固废方面的环境保护竣工验收。遏制以迎接生态环境保护督察等名义采取“一律关停”“先停再说”等敷衍应对做法，通过对全区工业企业“拉网式”排查摸底，对未达到环保要求的企业，实施“一厂一策”整改落实。推行“互联网+政务服务”。全面推进网上申报受理，实行重大项目“领帮办”制度。按照“流程最优、时限最短、资料最少”原则，将环境影响评价报告书、报告表审批时限，由国家规定的60天、30天统一压缩为3个工作日。优化生态环境执法方式，提升执法效能。将“双随机、一公开”监管作为环境执法的重要抓手，严禁滥用自由裁量权。深入推进“互联网+监管”，运用在线监控、高空视频等信息化手段开展非现场检查，实现对守法企业的“无事不扰”，做到“执法一次，全面体检”。

【第二次全国污染源普查】

补齐全面建成小康社会的生态环境短板。按照包头市普查办统一安排部署，完成石拐区污染源普查工作验收，助力包头市普查工作取得全自治区第一名的优秀成绩。结合石拐区普查工作实际情况，将全区污普档案进行分类管理（管理类411件、污染源类124卷、污染源综合类169件、声像实物类194件），完成市污普办对石拐区普查工作档案的验收工作。

【环境质量监测】

开展石拐区地表水、饮用水水源地水质监测工作。将饮用水水源地水质超标情况报送石拐区人民政府，着手安装饮用水

水质净化设备。按照《国家重点监控企业自行监测及信息公开办法（试行）》要求，根据国家重点排污单位名录及核发排污许可证企业名录，录入“内蒙古自治区污染源管理共享平台”涉企业21家；完善自行监测方案并备案7家，督促编制完善监测方案14家，按照方案开展自行监测工作，做好信息公开。按照核发排污许可证的企业总数25%的比例进行自行监测专项工作检查抽查工作，抽查企业10家，查出问题23个，下达限期整改通知书，要求尽快整改；开展农村生活污水处理站出水水质监测工作。按照市生态监测站统一安排部署，对石拐区5个日处理20吨以上的农村生活污水处理站出水水质（化学需氧量、氨氮、总磷、总氮、悬浮物、pH值6项指标）进行一年两次采样监测；开展石拐区集中隔离场所转移废水“余氯”监测4次；对石拐区城镇污水处理厂开展出水在线监测数据比对工作，比对结果符合标准偏差要求；完成石拐区“十四五”生态环境监测规划编制、工业企业环境统计填报和生态环境监测基础能力统计信息填报工作；完成石拐区年度应急演练工作。联合内蒙古亚新隆顺特钢有限公司开展应急执法调查和应急监测演练工作，提高环保分局对应急事故的处置、响应能力；开展排污单位自行监测帮扶指导。按照《关于加强2020年全市排污单位自行监测帮扶指导工作的通知》，对全区2020年前核发排污许可证的7家企业开展自行监测现场评估，查出问题9个，要求限期完成整改工作。随机抽取区污水处理厂开展帮扶指导，检查问题12个，现场评分81.5分，属于较为规范范围，要求其加强管理，立即整改问题，做好自行监测工作。

【环境执法监察】

加强污染源日常监管和专项检查执法力度，通过抽查、巡查、自动监控、“双随机”等方式，根据群众信访举报，结合“散乱污”“扫黑除恶专项斗争”“2020年春季扬尘专项行动”“2020年自治区督查”“2020年入河排污口专项排查”“拉网式排查整治专项行动”等专项行动，出动检查人员约800人次，出动检查车辆400车次，检查企业600家次，立案查处环境违法行为38起，处罚金额171万元。

7月，环保执法检查　　敖红霞摄

【信访工作】

2020年，区环保分局共受理信访案件15件，均为市生态环境局转办案件。其中，“12369”转办案件9件，微信平台转办案件5件，政府热线案件1件。信访案件查处率、结案率、回复率均为100%，信访案件较上年减少53%。

【煤炭资源领域违法违规问题专项整治】

全面排查石拐区“三类矿产资源领域”，全区涉矿企业3家，即包头市石拐区凯越露天煤矿、包头市凯通矿业有限责任公司和包头市宝源煤焦有限责任公司。定期对上述3家企业环评手续、是否存在超标排放、污染防治设施运行、“三同时”制

度（2015年1月1日开始施行的《中华人民共和国环境保护法》第41条规定：建设项目中防治污染的设施，应当与主体工程同时设计、同时施工、同时投产使用）落实等问题开展现场检查，发现问题均在时限内完成整改。

【安全生产】

开展“突出环境问题与环境风险隐患整治”和环境监察执法大练兵。执行重大节假日24小时专人值班和关键岗位领导到岗带班制度，实行重点行业领导带队检查制度。疫情期间，加大对医疗废弃物处置的监管频次，严格执行对医疗废弃物的监管流程制度。对重金属、危险废物、尾矿库、重点污染源企业等的环境管理制度和环境应急预案、应急处理设施运行情况等进行全面检查，确保全区环境安全。2020年，环境安全大检查出动人员145人次，检查各类企业45家。

【扫黑除恶专项整治行动】

开展生态环境行业乱象专项行动，从生态环保扫黑除恶的5个方面8类问题，对重点问题进行全面排查；发现行业乱象问题15个，全部整改；下达行政处罚案件15个，罚款金额65.8176万元；从信访案件、行政处罚案件、中央环保督查反馈问题及“回头看”反馈的群众举报问题着手，结合“双随机”（随机抽取检查对象、随机选派执法检查人员）“环保利剑”“环境安全隐患大排查”等专项行动和日常检查，开展涉黑涉恶违法犯罪线索摸排工作，未发现涉黑涉恶线索。

【宣传教育】

以“美丽中国·我是行动者——用心用情靓鹿城 无废在路上”为主题，举行2020年环境日环保宣传暨环保以案释法活动。开展法治宣传教育。

（敖红霞）

商贸 物流

商 贸

【概况】

2020年，区商务和科技局突出抓好利用外资、外贸出口、电子商务示范基地建设、社会消费品零售经济和安全生产等商务重点工作，坚持问题导向和发展导向，务实创新推动商务工作持续健康发展。

2020年全区外贸出口额816.7万美元。全区电商交易总值14640万元。

2020年，固定资产投资同比增长13.3%，社会消费品零售总额比上年下降6%。

【新冠肺炎疫情防控】

1月25日，落实主副班制，保证每天一位局领导在岗，每天至少2人值班；1月29日开始两班两倒，保证50%人员在岗，其他人员处于随时待命状态。派出1名工作人员，加入到大发街道办事处一线排查工作中，帮助办事处协调购买防护用品。组成2个工作组，深入辖区内小超市、粮油店、五金杂货店、饭店、宾馆及加油站等服务业场所检查督促防控工作，为9家正常运营的加油站发放18个消毒喷雾器和9桶84消毒液。疫情期间，全区78家小超市中规模较大的45家正常运营（其中新区30家，老区15家），个别蔬菜价格较春节前还略有下降。

1月20日，区商务和科技局工作人员为北海加油站值班人员购买蔬菜等日用品并送到大庙收费站　　刘志强摄

深入各加油站点和超市等服务场所，送去宣传资料，现场张贴画报；在群里不断发送相关资料。协调解决华源加油站运输油料车辆受阻问题。

【招商引资】

区委书记、区长亲自带队外出考察，接待到石拐区考察的企业代表，过问项目进度细节。分管副区长参与项目对接洽谈、项目会商协调、参观考察、项目选址、协议起草、研究审议、项目建设等。人大、政协领导结合自己分管工作，找项目、促落地。

健全完善招商引资制度。完成《石拐区招商引资高质量发展行动计划（2020—2022年）》，建立石拐区招商引资联席

会议制度和石拐区党政领导班子成员招商工作情况台账，形成石拐区招商引资工作责任分工。制作石拐区招商引资宣传片，调整编制《石拐区招商引资储备项目库》形成9大类产业链、109个项目，编制修改《石拐区投资指南》、石拐区招商引资PPT。制定印发《石拐区商务和科技局合作招商标准化闭环流程服务工作管理办法》。

2020年，市下项目签约目标任务5个；其中，10亿元以上项目1个，协议资金总额30亿元；招商引资到位资金17.42亿元。完成项目签约25个，完成年计划的500%；其中，10亿元以上项目3个，完成年计划的300%；协议资金总额152.33亿元，完成年计划的508%。引进国内区外资金19.5亿元，完成年计划的112%。

【商品贸易】

全区大米、食用油、蔬菜、成品油等生活必需品供应充足。区市场运行监测系统监测显示，肉类、禽类批发价格呈下降态势，季节性蔬菜价格平稳并略有下降。

为4家上报信息数据企业争取市级津贴5800元。

【成品油零售经营监管】

2020年，成品油检证权限下放。

区商务和科技局对5家社会加油站进行年检初审，为4家加油站办理变更手续，为1家企业办理换发证书手续。争取内贸流通服务业发展专项资金14.88万元。

【安全生产】

2020年，多次召开安全生产工作会和宣传教育动员会。开展“安全生产月”活动，召集加油站站长参加安全生产、经营基础管理培训学习，对加油站员工进行消防安全知识培训。1—11月，出动检查人员200余人次，车辆30余台次，检查相关企业100余家次，发现、整改问题5处。

【包头大数据产业园】

启动包头华为工业互联网云项目，5000万元的硬件设备到位。启动空天地智能一体化管理体系项目，实现平台功能，前端采集端逐步完善，搭建展示中心，申报一般债券争取资金。实施包头市区块链应用创新中心项目。完成包头市党政机关信息化创新项目，入驻目录企业30家。包头市社会组织创新创业示范基地项目，引进行业协会20余家。启动包头市互联网创新基地，入驻企业2家。

12月14日，区商务和科技局在石拐区大数据中心A座会议厅召开高新技术企业认定、科技中小企业备案、项目申报实操培训会

区商务和科技局供图

（朱蒙蒙）

包头市城市共同配送物流园区

【概况】

2020年，包头市城市共同配送物流园区（以下简称为物流园区）进行机构整合，不设内设机构。保留物流园区综合事

务服务中心，为事务管理的公益一类事业单位，机构规格为股级；不调整事业编制，即保留原有的事业编制9名；主要职能职责为贯彻执行国家相关的法律、法规以及区委和政府关于发展物流园区的方针政策和决策部署。

6月29日，物流园区管委会牵头组织新区各政府职能部门、物流园区企业共同举办物流园区2020年庆“七一”暨石拐区第一届政企联盟微马拉松健身赛活动，17家区属单位、企业280人参赛。

12月，制定《包头市城市共同配送物流园区管委会现代商贸物流业提档升级实施方案》。

2020年，物流园区纳税企业54家，完成税收2278.1万元。

【新冠肺炎疫情防控】

疫情防控期间，管委会全员到岗，绘制作战图，实施网格化管理，深入园区企业一线，发放宣传资料，落实企业各项防疫工作要求，严密排查企业开复工情况、人员返岗情况及企业各项防疫措施落实情况，对重点运营的顺丰速运、京东物流、和邦医药及顺信达4家企业实施专人值守，上报人员摸排日报表，及时整改防疫薄弱环节。

响应区政府号召，参加义务献血活动。疫情期间物流园区未出现阳性样本或感染人员。

落实属地防控责任，开展全方位排查，开展爱国卫生运动、环境整治工作，清理历年积存垃圾约3662立方米，园区45家企业实现100%复工复产。

各企业配合落实各项管控制度，成立义务车队、慷慨解囊捐资捐物。包头市鑫泰电力安装有限责任公司向石拐区红十字会爱心捐赠10万元，内蒙古国益瑞康医药有限公司向石拐区捐赠免洗型手喷消毒液150瓶，内蒙古和邦医药物流有限责任公司向包头慈善总会、石拐区政府先后捐赠橡胶手套、75%酒精、95%酒精、藿香正气胶囊和双黄连口服液等价值总计4.4万元的急需防疫物资，石拐区水泥建材集中加工园区向石拐区疫情防控指挥部捐赠5000个口罩、28把体温枪等应急物资，包头市煜龙建筑材料有限责任公司向石拐区捐赠了手套1000双、5000毫升装75%医用酒精10桶及5升装84消毒液100桶。

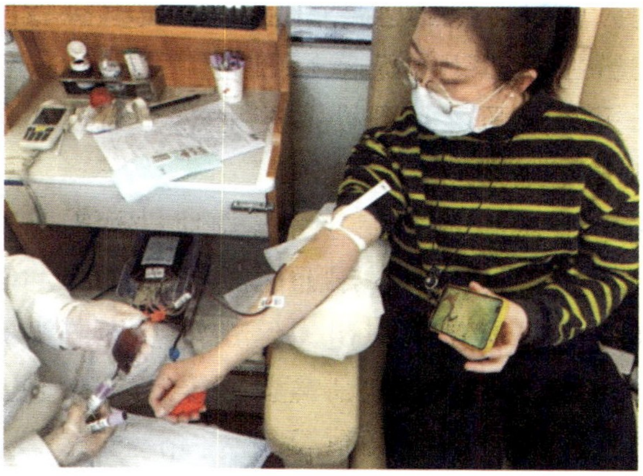

4月3日，石拐区组织全区广大干部职工开展“疫情防护，献血有我”义务献血活动。图为物流园区职工义务献血

物流园区管委会供图

【“僵尸企业”清理】

物流园区16家“僵尸企业”，通过司法程序清退1个，履行司法程序中1个，实现招商盘活4个，达成意向2个，属地移交1个，通过招商重组、破产清算等方式实施清理中7个。

【争取资金】

为2家企业争取政策性扶持资金110万元（其中，和邦医药50万元、生一物流

60万元）。争取水泥建材园区基础设施配套建设专项债券807万元。对接金融机构提供7家企业资金需求3900万元。

【优化营商环境与招商引资】

制定园区优化营商环境工作方案，向企业公开水、电、热等公共服务事项标准25项；为企业提供法治体检、劳动用工、金融支持等服务事项，落实重点项目专班调度制度、“特派联络员”服务企业制度，解决完善12家企业土地手续问题，化解宝峰中小企业创业园等矛盾纠纷问题，偿还民营企业债务670万元。

引进新项目8个，总投资额5.14亿元。对接洽谈韵达物流园等10个项目预计投资规模10亿元，外出考察3个项目，达成初步合作意向3个，进入项目预审阶段。

【重点项目】

承担全区5000万元以下重点建设项目4个，均完成立项、规划及土地手续，办理规划工程建设许可证和环评批复手续。其中：包头草原立新肉类食品加工项目总投资6000万元，总占地面积约55亩，项目建设期限为12个月，主要建设生产车间、库房、综合楼、冷库、食品加工生产线等设施；项目建成后预计可实现年产值5000万元、年税收250万元，可解决就业200人。

内蒙古沅参岛海参深加工速食产品生产建设项目总投资5000万元，占地面积约10亩，总建筑面积6000平方米，计划建设生产车间、库房、综合楼、海参粥包装生产线等设施。该项目建成后预计可实现年产值6000万元、年税收600万元，解决就业80人。

内蒙古十倍心意食品有限公司奶制品与饼干生产项目总投资1500万元，占地面积约10亩，总建筑面积6000平方米；建设期限为12个月。主要建设原料库、生产车间及自动化生产线、包装生产线、成品库房、综合楼、展示厅等设施；项目建成后可实现年产值5000万元、年税收650万元，解决就业60人。

内蒙古启明中药饮片加工项目总投资1550万元,总占地面积约10亩，总建筑面积6000平方米，计划建设中药饮片生产车间、原料库房、综合楼、技术研发中心等设施。该项目建成后预计可实现年产5000吨中药饮片、产值4500万元、年税收150万元，解决就业150余人。

【安全环保工作】

制定《物流园区安全生产专项整治三年行动方案》。组织开展安全环保专题培训5次，聘请专家指导检查2次，检查企业45家120余次，发现整改问题70处。推进实施“无废城市”建设试点工作，初步形成年处理钢渣30万吨、粉煤灰70万吨产能。提升园区基础设施、绿化水平，制发《物流园区环境卫生和公共秩序管理办法》《建材园区物业管理办法》。

【综合治理】

落实社会综治属地管理责任，组织开展扫黑除恶、宗教摸排、扫黄打非等专项行动，对社会综治、意识形态阵地实施网格化管理，网络文明传播率100%。认领、完成上级巡视巡察反馈问题整改事项9项（自治区级3项、市级6项）。

（吴艳）

石拐区通用航空产业园

【概况】

2020年4月，石拐区通用航空产业园（以下简称通用航空产业园）各项建设项目复工复产。开拓直升机作业、无人机培训等各项业务。通过中国民航内蒙古监管局使用许可审定。开展基础设施建设，机场建设项目争取自治区疫情专项债券资金500万元。

【基础设施建设】

完成通用航空产业园正式用电设计、施工。5月，组织专家评审通航产业园正式用电设计方案，根据评审意见修改设计方案，节约施工、设计费用近20万元。9月，用电施工完毕，具备送电条件。

完成蓄水池二次设计。安装蓄水池加压泵站及连接主管网工程，供水工程基本完成。

完成生态修复工程17公顷，植树1万余棵。其中，4月30日，全区机关事业单位为通航产业园生态修复工程义务植树1500余株。

完成对外连接环线1号通往机场方向、4号路、3号路道路工程以及配套给排水工程，完成环线1号路部分、2号路、5号路土方及基础工程。

4月，审查通过《通用航空产业园景观绿化设计方案》。9月，依据设计开工建设环线1号通往机场道路、4号道路护坡、航道下端护坡及中心景观、道路沿线山坡绿化等工程。

【机场运营】

机场气象设施复装完毕，空管设备全部安装调试完毕。五当召通用机场4月复工建设，6月通过质检站竣工验收；注册成立内蒙古通航机场管理有限公司，8月入驻机场，负责机场行业审定和运行工作。12月，五当召机场通过民航内蒙古监管局使用许可审定，五当召通用机场通航运营进入倒计时。

12月9日，五当召机场通过民航内蒙古监管局使用许可审定。图为验收会现场

于江供图

【业务拓展】

开拓直升机作业、无人机培训等各项业务。2架直升机全年飞行时间298小时41分，完成飞行项目17个；其中农林喷洒虫害防治项目11个，飞播造林项目1个，空中游览项目4个，飞行员流转项目1个；全年完成合同总额228.805万元。

加强宣传，扩大招生范围。无人机培训全年招生、培训60余人。

与北京和协导航科技有限公司签约，在五当召机场开展无人机测试业务；与该公司签订无人机产品代理合同，负责本地区无人机销售。与中国航空油料集团公司签订五当召机场油料保障协议，中国航空油料集团公司派驻2台航空油料保障车进驻机场。获得中国航空器拥有者及驾驶员协会（AOPA）授权颁发的无人机培训资质，与包头轻工职业学院等院校开展校企合作，建立无人机专业职业及学历教育。取得中国民航局《通用航

空企业经营许可证》《运行合格证》，成为民航运营单位，获得中国民航局批准的直升机私照培训资质。石拐五当召低空旅游项目被国家发改委、国家旅游局命名为全国首批通航旅游示范单位。石拐通航机场获得国家体育总局授予全国第二批航空体育飞行营地称号（国家航空体育运动飞行实训基地）。

9月30日，“飞越秦直道”动力三角翼比赛，五当召机场为赛事终点站　　于江供图

【招商引资】

对接常州工学院推进航校项目，提供石拐旧区原包头市第十五中学校区基本情况资料，进一步满足项目落地需求，常州工学院也正在修改航校方案。对接西北工业大学，推进无人机带弹打靶试验项目。对接区人武部，将尽快组建石拐区无人机民兵队伍，报送机场资料争取建立包头军分区无人机培训基地。

（于江）

供销合作

【概况】

2020年，区供销社构建为农服务体系、壮大社有企业、夯实基层基础，推动全区供销事业高质量发展，在乡村振兴中发挥更大作用。全区供销社开放办社企业、基层供销社营业总收入4826万元，实现利润1050万元。

2020年，建立农民专业合作社1个、村级综合服务社3个。

【新冠肺炎疫情防控】

1月27日，区供销社主要领导担任石拐区新冠肺炎疫情防控工作指挥部综合协调组副组长，负责日常工作。2名党员主动到大发街道办事处报到，认领任务，参与社区疫情防控工作，协助办事处做好各类表格的统计上报、社区楼道环境消毒、营造卫生健康居住环境等防控工作。对接包联单位吉忽伦图苏木爬榆树嘎查，开展排查人员信息录入，录入信息2000余人次；参与疫情入户摸排工作。逐户走访、摸排爬榆树西村和爬榆树幸福大院100多户村民，动员村民签订坚决执行新型冠状病毒感染肺炎疫情防控措施承诺书。抓好疫情期间春耕备耕农资供应工作。调查了解化肥、农药、棚地膜等农资用品，将农资市场供求情况和疫情防控期间石拐区基层供销社生活物资供应情况及时上报市供销社。

【农副产品营销】

5月，与区邮政局合作，在吉忽伦图供销社开展邮政配套业务和快递收发服务，服务农牧民生产生活物资网购。通过邮政快递寄售小米、黄芪、红薯、金花葵、牛肉等农副产品，价值9000余元。7月，支持吉忽伦图供销合作社建设电商平台，配备价值1万余元的会议电视和办公桌椅，建立和发展农产品网上销售，推动实现农副产品线上线下销售的高效便捷服务。

5月26日，区供销社与区邮政局合作，在吉忽伦图供销社开展邮政配套业务和快递收发服务。图为爬榆树嘎查通过线上线下销售的农副产品　　王雨晴摄

【基层组织建设】

7月，在吉忽伦图苏木绍卜亥嘎查、爬榆树嘎查和大德恒街道办事处大庙村，发展农民专业合作社1个、建立村级综合服务社3个。

图为新成立的农民专业合作社村级综合服务社　　王雨晴摄

12月，成立社有资产管理委员会，完成社有企业和社有资产经营管理公司的批复和兼职审批备案，注册成立包头市喜桂图社有资产经营管理有限责任公司，刻制公章和财务专用章，开设银行帐户。筹备设立农资和农副产品扶贫直销中心。

【业务合作】

与包头市绿源洁环保环卫循环产业有限责任公司、包头市绿缘生态开发有限责任公司和2个农民专业合作社签定开放办社协议，建立合作关系，为拓展服务领域、壮大服务组织、增强服务能力奠定了基础。

【宣传工作】

引导农牧民增强环保意识，认识“两薄”塑料制品的危害。10月，区供销社干部职工深入基层供销社、村级综合服务社、农资产品经销点开展专项自查工作；深入缸房地村、爬榆树嘎查向村民开展宣传，发放“抵制‘两薄’塑料制品，让生活更健康更环保”倡议书300余份，营造治理塑料污染良好氛围。

【扶贫工作】

深入爬榆树嘎查西村，了解常住户的家庭基本情况、生产生活情况。入户走访调查常住农牧户63户，逐户填写《农牧户摸底清查信息采集表》，分类填写社保、低保、地力、三项补贴（良种补贴、种粮直接补贴、农资综合补贴）、种养等收入情况。深入吉忽伦图苏木爬榆树嘎查和五当召镇缸房地村，调研了解村集体经济发展情况，协调指导2个基层供销社脱贫攻坚工作。

（郭丹）

财税 金融 保险

财 政

【概况】

2020年，受新冠肺炎疫情、国家减税降费等因素影响，全区财政工作遇到前所未有的困难和挑战。区财政局着力在区域经济、财税征管、“三保”（保基本民生、保工资、保运转支出）保障、财政改革、防范风险五个方面攻坚克难，财政运行逐季好转，预算执行总体良好。

【一般公共预算收支情况】

2020年，全区一般公共预算收入完成4.25亿元。上级下达各类补助资金5.78亿元，地方政府一般债券转贷收入2.56亿元（新增一般债券转贷收入5810万元、再融资一般债券转贷收入1.98亿元），上年结转5989万元，全区一般公共预算收入调整为13.19亿元。

2020年，一般公共预算支出完成9.60亿元，债券还本支出1.98亿元，上解支出4279万元，一般公共预算支出调整为12.00亿元。

收支相抵，一般公共预算结余1.18亿元。其中：全区一般公共预算收入完成4.25亿元，完成年度预算99.1%，比上年增加1821万元，增长4.5%。其中：税收收入完成3.58亿元，增长11.6%，占一般公共预算收入的84.3%；非税收收入完成6656万元，下降22.3%，占一般公共预算收入的15.7%。

全区一般公共预算支出完成9.60亿元（包含上级转移支付），同比增加6152万元，增长6.8%。其中，一般公共服务支出完成1.38亿元，国防支出完成30万元，公共安全支出完成3674万元，教育支出完成7347万元，科学技术支出完成63万元，文化体育与传媒支出完成5362万元，社会保障和就业支出完成1.60亿元，医疗卫生支出完成3096万元，节能环保支出完成835万元，城乡社区事务支出完成1.98亿元，农林水事务支出完成8808万元，交通运输支出完成1329万元，资源勘探工业信息等支出完成630万元，商业服务业支出完成507万元，金融支出完成579万元，自然资源海洋气象等支出完成3658万元，住房保障性支出完成2292万元，粮油物资储备支出完成122万元，灾害防治及应急管理支出完成592万元，其他支出完成740万元，债务付息支出完成6761万元，债务发行费用支出完成12万元。

【政府性基金预算收支情况】

2020年，全区政府性基金收入完成1.98亿元，上年结转357万元，上级补助收

入131万元，抗疫特别国债1.02亿元，地方政府专项债务转贷收入1.54亿元，全区政府性基金总收入为4.59亿元。全区政府性基金支出3.98亿元、地方政府专项债务还本支出1874万元、收支相抵，政府性基金预算年终结余4239万元。

【社保基金预算收支情况】

2020年，全区社保基金收入3550万元，全区社保基金支出完成3550万元，其中：用于行政事业退休人员工资3317万元，划转职业年金归集户233万元，年底未结余。

【国有资本经营预算收支情况】

全区区属企业处于亏损状态，无利润上缴本级财政，石拐区暂未编制国有资本经营预算。

【地方政府债券收支情况】

2020年，自治区财政厅下达石拐区新增债券19310万元。其中：新增一般债券5810万元，主要用于大青山南坡绿化（蒙草）、农村牧区人居环境整治工程、白草沟“四好农村路”路面翻修工程、石拐区民兵训练基地维护整修二期工程、包头大数据双电源工程等全区重点项目建设；新增专项债券1.35亿元，拨付3500万元用于石拐区医院医疗设备配套建设项目、拨付8000万元用于工业园区基础设施升级改造项目、拨付2000万元用于工业园区70万吨特种铁合金基础设施项目建设。

【政府债务化解情况】

2020年，全区隐性债务化解任务1.63亿元，全年实际完成化解政府隐性债务1.77亿元，超额完成0.14亿元，获自治区化债奖励600万元。全年清理政府部门及其所属机构拖欠民营企业中小企业账款1.24亿元，无分歧账款全部清理完毕。

【财税领域改革】

村级会计核算中心、国有企业会计核算中心正式上线运行，管理进一步规范。

加快建成全方位、全过程、全覆盖的预算绩效管理体系。其中，事前绩效得到了包头市财政局肯定。通过对省道211（力德南路—国道210段）道路改造工程、包固线马场段临时铺路建设，石拐区污水处理厂（总氮）提标改造，石拐区水源地保护水质净化，社区党群服务中心、新时代文明实践中心建设4个项目进行绩效目标前置评价，节约资金648万元。

完善政府采购平台，提高采购交易率。配合升级政府采购管理系统，确保采购项目在线备案、审批和审核，实现网上全流程办理。全年政府采购项目754项，计划采购金额1.62亿元，实际采购资金1.13亿元，节约资金4900万元，节约率30%。

【财政管理】

各类民生资金拨付审批工作。核拨2020年玉米、大豆及马铃薯生产者补贴资金128.55万元，并开展项目绩效目标考评工作；核拨低保资金1062万元，高龄津贴138.69万元，“三支一扶”计划补助资金332.39万元，民生公岗补贴275.23万元。拨付退役军人各类资金495万元，企业离退休人员养老、补助金1.98亿元；拨付教育资金3065.76万元。拨付医疗卫生事业资金4732.08万元,涉及基本药物制度补助、基本公共卫生服务补助、鼠疫防控专项补助等50余项补助。

【专项检查】

排查梳理2009—2019年度农村危房改造资金，涉及资金1698万元；完成中央预

算内基建项目实地督查工作。全面梳理18个项目，整改6个资金支付率低的项目；完成非税、法治、会计、内控等业务检查8次，完成区住建局、自然资源局、社保局、教育局、卫生局及各群团组织等行业专项检查30余次。

5月，市财政局到石拐区进行扶贫专项资金督查　　王佳慧摄

【固定资产管理】

向人大专题汇报行政事业单位固定资产管理情况。配合开展全区闲置房屋建筑清查。对10个重点单位进行年度固定资产清查监盘工作。完成固定资产月报和年报报送工作。完成6个单位机构改革资产化转工作。组织完成专项课题调研报告《石拐区行政事业单位国有资产管理问题的探索及建议》。

【煤炭领域相关工作】

参与煤炭领域相关工作前期问题核查工作。4月，担任煤炭领域问题核查工作第四小组组长，完成12件问题核查工作及资产损失评估工作。7—12月，开展煤炭领域资产损失评估工作，完成3个批次59家煤炭企业的损失评估工作，筹备召开资产损失评估工作推进会3次，全面完成上级要求的各项目标任务。

【新冠肺炎疫情防控资金保障】

统筹安排资金，保障资金需求。核拨疫情防控资金916.17万元；其中，接收使用红十字会捐款262.22万元。优化审批流程，保障资金效率，建立采购“绿色通道”政策，保障防控物资财力及时迅速下达。加强使用监管，保障资金安全，要求每日上报资金使用情况，提高资金使用效率和透明度。

【存量房交易评估】

完成石拐区建成区存量房交易评估工作。10月，全区信访工作会议安排此项工作；12月，召开专题听证会，月中完成录入评估信息工作。

【财政集中收付】

完成国库集中支付电子化管理改革及国库集中支付电子化对账系统上线，降低行政成本，提高支付效率。

2020年，大部分资金实现直接支付。国库集中收付中心完成集中支付资金6.99亿元、7485笔。其中，财政直接支付资金6.33亿元、6332笔，直接支付率90.57%；授权支出6585.3万元、1153笔，授权支付率9.43%。

7月7日，区财政局举办国库集中支付电子化改革业务培训会　　王佳慧摄

协调财政局各科室、各预算单位、各记账公司、内蒙古中普方信会计师事务所算科对区政府往来资金进行梳理调账。配合市纪委、市公安局、市财政局完成火区治理资金检查。

提前与记账公司、财政局各科室联系，保证每月18日前全区代发工资支付到个人账户。

（李月明）

税务

【概况】

2020年，石拐区税务局在落实“六稳”“六保”、助力企业复工复产、优化营商环境、煤炭资源领域集中整治、税收工作等方面获得石拐区委、区政府的表彰性通报。代表石拐区接受包头市“七五”普法验收，被包头市依法治市委员会授予包头市普法宣传教育基地称号。

2020年，石拐区税务局被自治区党委、自治区人民政府命名为第九届内蒙古自治区文明单位标兵。被石拐区党委、区人民政府授予创建自治区文明城市先进集体——实地点位先进集体、区“学习强国”优秀组织单位、区巾帼文明岗、第六批全区民族团结进步示范区示范单位等荣誉称号；5名个人获优秀党务工作者、“学习强国”先进个人、践行“四力”先进个人、敬业奉献道德模范等荣誉称号。

【组织收入】

2020年，石拐区税务局累计组织各项税费收入8.63亿元，比上年增收317元，增幅0.4%。其中：税收收入7.00亿元，比上年减收856万元，减幅1.2%；中央级税收收入2.33亿元，比上年减少2323万元，减幅9.1%；公共预算收入3.74亿元，比上年增收4173万元，增幅12.6%。

2020年、2019年分税种累计入库对比分析表

表16

类型	序号	税费种	2020年（万元）	2019年（万元）	增减额（万元）	增减幅度（%）
税收收入	1	增值税	31618	32826	-1208	-3.7
	2	消费税	0	0	0	—
	3	其他税收收入	0	158	-158	-100.0
	4	企业所得税	3805	11390	-7585	-66.6
	5	个人所得税	8291	2938	5353	182.2
	6	资源税	6662	10076	-3414	-33.9
	7	城市维护建设税	2311	2152	159	7.4
	8	房产税	863	1413	-550	-38.9
	9	印花税	1162	984	178	18.1
	10	城镇土地使用税	2915	6684	-3769	-56.4

续表16

类型	序号	税费种	2020年（万元）	2019年（万元）	增减额（万元）	增减幅度（%）
	11	土地增值税	661	381	280	73.5
	12	车船税	103	13	90	692.3
	13	耕地占用税	9715	40	9675	24187.5
	14	契税	915	672	243	36.2
	15	环境保护税	770	639	131	20.5
	16	车辆购置税	171	452	-281	-62.2
		税收收入合计	69962	70818	-856	-1.2
规费基金和社保费收入	1	教育费附加	945	899	46	5.1
	2	地方教育费附加	612	529	83	15.7
	3	文化事业建设费	0	0	0	—
	4	残疾人就业保障金	153	198	-45	-22.7
	5	水利建设基金	1912	1259	653	51.9
	6	税务部门罚没收入	4	9	-5	-55.6
	7	工会经费	215	205	10	4.9
	8	煤炭价格调节基金	0	0	0	—
	9	社保费收入	12461	12030	431	3.6
各项费款合计			16302	15129	1173	7.8
税费合计			86264	85947	317	0.4

【减税降费工作】

围绕“六稳”“六保”工作总要求，克服经济税收下行压力，落实“四力”（优惠政策落实要给力、“非接触”办税要添力、数据服务大局要加力、疫情防控工作要尽力）要求，服务全区经济恢复发展和企业复工复产。通过钉钉在线直播、“纳税人云课堂”等方式，向辖区内可享受疫情相关优惠政策的企业进行政策、办税注意事项解读等“云”辅导；抽调业务骨干成立包联企业“特派联络员”，深入石拐区57户重点税源企业，开展实地调研走访，保障企业税收优惠应享尽享，推动重点企业复工复产达效；通过大数据分析，为受疫情影响存在外销困难的企业提出“出口转内销”的营销思路，建立和打通产业链条，引导和推进辖区企业间加强合作、产供联手、走出困境、实现双赢。

全区新增减税降费3553万元，其中2020年出台的支持疫情防控和经济社会发展税费优惠政策新增减税降费1779万元。

【纳税服务】

落实中共包头市委员会包头市人民政府印发包头市打造一流营商环境若干措施。实施现场答疑、首问责任、延时服务、智能叫号、智能申报、智能办税等服

务，推出增时服务、就餐服务、优先服务、开通绿色通道等便民服务举措。设置24小时自助办税服务区，并在办税服务厅、主楼办公区2楼、东区办公区设置3处电子税务局申报区，21台自助办税电脑为纳税人办税提供选择性、便捷性和及时性服务。打造退抵税费并联工作模式，统一企业申请环节，压缩退抵税费办理时间，提高退税费工作效率。开展“非接触式”办税，做好疫情防控期间的纳税服务工作，全力为开工复工的纳税人缴费人提供办税保障：向纳税人告知185项“非接触式”网上办税清单，引导纳税人缴费人通过“非接触式”渠道办税缴费；利用微信、钉钉等软件引导纳税人缴费人选择电子税务局、手机App、自助办税终端、邮寄发票等“非接触式”服务渠道办理，减少现场人工办理次数，最大程度降低交叉感染的风险；在石拐区官方微信公众号“魅力喜桂图”设置疫情期间税费优惠政策专栏，在税宣月期间持续每日发布税费政策，打通“非接触式”办税服务“最后一公里”，让纳税人缴费人“足不出户”体验优质高效的办税缴费新服务。配合石拐区委、区政府加大招商引资力度，在税收方面做好宣传辅导。

【煤炭领域专项整治】

按照石拐区委、区政府、区纪委监委和包头市税务局各项安排部署，成立石拐区税务局煤炭资源领域违规违法问题专项整治工作领导小组。领导小组办公室定期召开专题工作会议30次，参加政府相关工作会议20次，研究解决专项整治工作中出现的各类问题，提出完善措施和推进意见。3月，全局在职人员、退休人员、辞职人员完成党政机关、事业单位在职人员、国有企业中层以上管理人员违规投资入股矿山情况报告表和承诺书的填报工作，纪检组协助人事部门完成报告表初审工作。协调自治区人行、包头市不动产登记中心，联合区公安局、市车管所、区交警大队、区住建局、区自然资源局、区财政局等，通过查询账户、冻结存款、查封财产、司法协助等手段，共同维护税法尊严。2020年，完成8户欠税煤矿企业欠缴税款5983.98万元的清缴入库，受到石拐区煤炭资源领域违规违法问题专项整治工作领导小组办公室的通报表彰。

【绩效管理】

转变工作思路，对承接市局指标全面梳理分析，关注量化计分法指标的决定作用，以考核时点为依托，研究考核指标。做好“工作创新”项目申报。开展“党建+”党日活动、税法“八进”（进报纸、进广播、进电视、进活动、进讲座、进校园、进大厅、进企业）活动，创建普法宣传教育基地暨税收历史博物馆等，实现党建工作和税法宣传工作的高质量发展。加强与市局沟通联系，实现各项承接指标在全市排名的提升和领先。

2020年，完成市局考评26项指标，考评比例60%。产生扣分项9项，失分8.65分，获得加分项1.5分。

【普法宣传教育】

按照“七五”普法“谁执法、谁普法”的要求，开展税法“八进”活动。在不同时间节点围绕不同主题开展特色活动，讲解税法、宣传税法、普及税法。在“宪法宣传周”期间，携手《内蒙古法制报》《包头日报》等多家媒体记者，开展宪法宣誓、召开

座谈会、走访企业、有奖知识竞赛和制作《宪法在我心中》公益宣传片等“宪法宣传周”活动。开办纳税人学堂、法治讲堂等一系列惠及纳税人、服务纳税人的税收普法平台，推送普法工作向纵深推进。借助报纸、微信、钉钉直播等形式向纳税人宣讲法律法规政策文件；通过纳税服务热线为有需求的各类办税主体答疑解惑。通过多种途径开展法制宣传教育。落实行政执法“三项制度”，推动普法宣传教育向法治应用实践效果转变。通过印发制度文件汇编丛书、组织参加专题培训、购置相关硬件设备、搭建并完善信息化数据平台等形式，推动行政执法公示、执法全过程记录、重大执法决定法制审核制度落实，确保税收征管法治化、规范化持续提升。

石拐区税务局开展税法“八进”活动。图为蒙古族小学的孩子们参观石拐区税务局税收普法教育示范基地暨税史博物馆　　傅雨辰摄

【税源管理】

按照《税源管理工作职责优化实施方案》和《税收征管规范》的要求，遵循“分类管事，分级负责，因事设岗，分工协作”原则，对各部门管理职责进行合理划分，明确税源管理工作职责，分解税收执法权力，强化监督制约，防范基层执法风险，实施“固定管户”向“分类管事”转变，5月启动新职能工作。纳税人分类以行业优先，兼顾规模，同时考虑纳税人信用、风险和特定业务类型。针对管户少且相对集中的特点，打破地域限制，整合税源管理人力。

推进“信息管税”。依托包头市大数据中心和石拐区智慧城市建设，利用国土、林业、农牧等部门的相关数据信息进行分析比对，计算实际应缴纳的耕地占用税面积。2020年，石拐区智慧税务管理平台中的GIS税收监测管理系统上线且运行正常。

（郭晓锋）

国有资产监督管理

【概况】

2020年，国资委以疫情防控常态化管理为基础，全面做好“六稳”，落实“六保”工作，狠抓国资、金融目标任务落实，各项工作取得一定进展。

【国企改革工作】

按照“1+7”实体化发展思路，全面推进国有企业改革，组建国企改革专班，厘清改革思路。2020年，1家母公司和7家子公司全部开始实体化运行，组织完成公司章程变更、股权变更及内部制度建设等工作。制订《区属国有企业深化改革实施方案》，按照行业相近和业务相关的原则，对企业进行重组、注销、代管、退出股权。2020年，由实体化企业代管公司11家，退出股权企业8家，实行“一套人马，几块牌子”的管理运行模式，初步搭建“集中统一监管、企业自主经营、经营管理规范、功能定位准确”的国资工作格局。印发资产清产方案，完成清查摸底阶

段的工作，初步统计473个建筑物，面积47万平方米，有账面价值的3.6亿元。

【国企监管】

会同区委组织部起草《关于加强石拐区国有独资、控股企业高层管理人员选聘管理工作的意见（试行）》，全面落实党管干部的原则，完善区属国有企业高层管理人员选拔任用机制。2020年，完成15名企业高层领导人选聘。全面梳理企业人员及岗位情况，严格进人管控，完成7家实体化企业内设部门、岗位职数和下一年度用工计划的核定和审批工作，并完成招聘人员的审核、备案工作。提升企业职业经理人管理能力。国企负责人任命后及时召开新任职领导干部大会，对国企高层领导人进行岗前专题培训，对企业资产确权划转、股权变更、企业定位发展规划等14个重点工作进行统一安排部署，形成“周报告月调度”制度跟踪督办，加快企业负责人角色转换。组织9名企业领导人参加中国职业经理人大讲堂内蒙古峰会学习培训。建立石拐区国有企业负责人到市大型国有企业集团挂职制度。

按照石拐区区属企业负责人经营业绩考核办法，制订企业负责人2020年度经营业绩考核目标，突出效益效率，强化“业绩升、薪酬升，业绩降、薪酬降”。制订《石拐区国资委出资人监管权责清单》，明确国资委10项审批事项、15项监管责任和14项备案管理事项。各国有企业履行相关重大事项向国资委报审报备工作程序。建立《区属集中核算国有企业资金支付事前审批管理办法（试行）》等系列国有企业财务集中核算制度，企业所有收支活动纳入财务机构统一管理，降低财务风险隐患。完成区属国有企业2018、2019年度全面审计工作。

【招商引资】

发挥国有企业招商主力军的作用。重点在12条产业链，在延链、补链、强链方面找到发展机会。包头市联众大数据科技有限责任公司与内蒙古科技大学团队对接，引进“科技+安全生产”智力成果。包头市鑫银担保有限责任公司（简称鑫银担保公司）发挥内蒙股权交易中心包头办事处作用，培育包头市绘宇测绘服务有限责任公司、为者常成网络科技有限责任公司在自治区科创板挂牌，促进企业直接融资。包头市石拐广源投资有限公司对接收购有管道等基础设施施工资质的企业，拟战略入股扩大经营范围。包头市绿源洁环保环卫循环产业有限责任公司（简称绿源洁环保环卫公司）打包煤矸石综合利用、危废处置项目，拓展经营空间；与内蒙股权交易中心就股权混改事宜进行探讨。发挥内蒙古恒久通资产管理有限公司（简称恒久通资产管理公司）作用，与中财融商(北京)资本管理有限公司对接，就石拐区成立重点产业基金开展论证工作。与包头农村商业银行股份有限公司、鄂尔多斯银行、工商银行、兴业银行达成战略合作意向，拟签订战略授信协议，战略授信额度达150亿元。

推进内蒙古金融资产交易中心落户石拐，搭建金融融资平台。全力推进石拐区内蒙古金融资产交易中心落地事宜，成立筹备专班，多次与内蒙股权交易中心协商对接落地事宜。

【化解政府债务】

全区政府金融机构债务约17亿元，均

在区属国有公司名下。与财政部门配合协作，将全部政府债务按期限、还款银行分类统计。2020年，政府需偿还各债务银行4.8亿元（本金3.87亿元，利息0.93亿元）。每季度汇总本季到期债务本金和利息情况及时上报政府提前研究，确保按期还本付息。截至5月底，区国资委与8家债务金融机构进行对接洽谈，通过各种途径完成约2.9亿元的贷款展期，占全年应还债务本金总额的75%。

【煤炭资源领域违规违法问题专项整治】

成立以国资委主要领导为组长的5人专项工作小组，召开2次专题工作调度会议，传达上级会议精神，安排部署阶段性工作。制订工作指南、工作方案，细化工作任务、开展排查工作。从工商登记信息入手，经与市场监督管理局、自然资源局等多方数据查询、登记，比对形成第一版基础数据，初步研判确定排查户数106户。按照自治区核查组要求，对下发的137户企业名单进行筛查比对，先后到神华包头能源有限责任公司、青山区、固阳县等地走访调查，收集资料，调阅档案，摸清涉煤企业情况。协助核查组完成87户涉煤企业核查表填写工作，提交自治区核查组。比对、清查和梳理包头市专项整治工作领导小组主体责任办公室移交核查发现问题清单和包头市财政局移交国有资产损失评估企业清单，建立问题整改台账，与区工作组就每个问题进行共同研判，确定可以销号的逐一履行销号手续。

【新冠肺炎疫情防控】

召开国资国企系统新冠肺炎疫情防控工作部署会，成立国资委疫情防控领导小组，落实防控要求。发挥区属国有企业服务能力。绿源洁环保环卫公司、石拐区五当生活服务公司全力保障人民群众的供热、供水基本生活需求；绿源洁环保环卫公司全面开展垃圾处理、公厕消杀等工作；内蒙古五当召旅游开发公司落实景区人流管控措施，做到疫情防控与复工复产两不误；鑫银担保公司落实国家疫情防控金融扶持政策，服务小微企业复工复产。国资委领导班子参与白菜沟嘎查夜间值守工作，为卡点一线人员送去方便面、八宝粥、火腿肠、矿泉水等生活物资。通过“魅力喜桂图”、银行自媒体等渠道向社会公布辖区4家驻区金融机构疫情期间营业时间，方便群众办理业务，减少人员聚集。建立国资国企疫情排查工作微信群，组织排查汇总上报防控指挥部，全年排查72000人次。

【金融监督管理】

履行“7+4”地方金融监督管理职责（“7”指小额贷款公司、融资担保公司、区域性股权市场、典当行、融资租赁公司、商业保理公司、地方资产管理公司；“4”指地方各类交易场所、开展信用互助的农民专业合作社、投资公司、社会众筹机构）。2020年，石拐区有2家小贷公司和1家小额担保公司。其中，包头市石拐区生元小额贷款有限公司因连续两年未参加年度考评，根据内蒙古自治区地方金融监督管理局《关于审计署反馈小额贷款公司相关问题的整改方案》的文件要求，全面分级分类监管，该公司被划入Ⅳ类公司，向包头市金融办申请取消该公司的经营资格。另一家小贷公司和小额担保公司未发生非法集资等相关违反规定的经营。制订金融统计分析制度，加大日常监管密度，

防范发生系统性风险。落实自治区交易场所管理办法，协调辖区内2家企业名称含“交易所”“交易中心”企业退出；1家办理注销相关手续；1家采取强制措施在国家企业信用信息公示系统以企业的统一社会信用代码代替名称向社会公示。依据包头市非法金融放贷专项整治行动方案的要求，排查辖区内名称及经营范围中含有“基金”“理财”“金融”“资产管理”“财富管理”“投资管理”“金融服务”等字样的29家公司，联系到24家，未发现存在不按规定经营及非法金融放贷活动的线索。根据包头市非法集资陈案善后的工作要求，与法院等部门联合调查陈案1起；3月，完成善后工作。

【防范金融风险宣传】

组织开展宣传月活动，利用线上线下各类宣传媒体，多形式、多渠道、多层次开展宣传活动；推动宣传教育进机关、进企业、进学校、进家庭、进社区、进村组，特别做好基层社区、村组嘎查的宣传教育工作。根据《包头市非法集资举报奖励暂行办法》规定，设立非法集资举报奖励资金，鼓励广大市民遇到非法集资线索及时进行举报。

【中小微企业融资】

建立融资需求数据库。召开“政银企”对接会两场，50余家企业、10家银行参加，达成贷款意向1000万元；推动银企对接常态化，建立完善“政银企”对接便捷化、常态化机制。推行金融顾问制度。将银行机构中的信贷经理作为金融顾问，推动金融顾问深入企业，提供“一对一”“面对面”的专业金融服务。梳理各金融机构涉企惠企金融政策、产品，制订细化服务指南，汇总印发《石拐区助力小微企业金融服务汇编》，向企业及各金融机构精准推送。发挥区属国有控股企业恒久通资产管理公司直接股权投资和鑫银担保公司融资担保作用，成立重点产业引导资金，以股权投资方式对外投资，重点投向新能源、新材料、节能环保、高端装备制造、大数据云计算、生物科技等领域。为落户石拐的优质产业、企业提供金融支持，解决初创企业、实体经济融资难融资贵问题。

【金融扶贫】

加大金融扶贫政策宣传力度，先后2次抽调精干力量入村入户踏查，为建档立卡贫困户逐户发放宣传挂历，“一对一”讲解贷款政策，提供扶贫贷款零距离服务。全面掌握有贷款需求贫困户信息，应贷尽贷。全区尚在法定劳动年龄内的49户83人建档立卡贫困户，发放贷款5户，暂无贷款意向41户，因智力残疾不符合贷款条件的3户。加强贷后监管工作，形成常态化管理机制，坚持每月回访贷款服务对象，跟踪贷款流向，及时纠正、规避风险。对扶贫小额贷款的村档、镇档进行实地督查，提出整改意见，帮助完善相关资料。

3月17日，区国资委对符合金融扶贫小额贷款条件的贫困户进行入户走访　　张蕊摄

【国企党建】

开展主题为“真情传递大爱，奉献诠释职责”演讲比赛活动，弘扬抗击疫情勇于奉献的先进事迹；到包联点白菜沟嘎查开展点亮微心愿助力微梦想慰问活动，为5户困难群众送去价值1500元物品；帮助白菜沟嘎查销售鸡肉、牛肉等。

【安全生产】

落实安全生产责任制，加大监管国有企业监督检查工作力度，彻底排查各类安全隐患，严防安全生产事故发生。全年共召开安全生产例会10次，安全生产演练1次，安全生产集中宣传活动1次。

【国企退休人员社会化管理】

按照《包头市人民政府办公室〈关于印发包头市国有企业退休人员社会化管理实施方案〉的通知》和《石拐区人民政府办公室关于印发〈石拐区国有企业退休人员社会化管理实施方案〉的通知》精神，区国资委牵头开展相关工作。2020年，与21家驻地中央企业、自治区级企业和市属国有企业对接，按照居住地就近提供服务原则，接收退休职工55名，档案移交石拐区社会保险事业管理局管理。

（赵雨萌）

金融、保险机构

包头农商银行石拐中心支行

【概况】

包头农商银行石拐中心支行（以下简称石拐中心支行）位于喜桂图新区，设综合管理部和业务发展部2个部门，下辖营业部、后营子支行、五当召支行3个营业网点。石拐支行代理石拐区国库业务和财政及中收付业务，是包头市唯一一家既代理县级国库又代理财政集中支付业务的农信机构，石拐区财政局和集中收付中心驻设石拐中心支行。包头农商银行培训中心设在石拐支行办公大楼内。

【业务经营】

2020年，石拐中心支行各项存款日均余额15.24亿元，理财2251万元，合计15.46亿元。其中零售存款日均余额10.64亿元，较年初增加1.67亿元；对公存款日均余额4.60亿元。其中公司存款日均余额6656万元；机构存款余额3.93亿元。各项贷款余额6.83亿元，其中零售贷款余额2.69亿元；公司贷款余额4.15亿元。表内不良贷款余额6589万元，较年末不良贷款压降任务超1.05亿元。各项收入2834万元，其中贷款利息收入2794万元，中间业务收入40万元。

【队伍建设】

2020年，石拐支行开展“知己知彼”大讨论活动。先后召开研讨会议2次、阶段性总结会议2次、总结会议1次，开展客户座谈会12次、客户调研活动18次，演讲比赛1次。大讨论活动凝聚全体员工共识，营造干事创业的环境，激发工作热情，夯实企业发展的思想认识基础。

2月25日，石拐中心支行党支部走进爬榆树村慰问困难群众，带去口罩、消毒液等防疫用品及慰问品 陈敏摄

【代理国库监管】

1月26日，支库工作人员即到岗拨付抗疫资金。专设疫情防控财政资金划拨绿色通道，保证疫情防控资金的及时拨付到位。疫情期间拨付防控资金673万元，涉及预算单位37家，确保石拐区各单位防疫资金的使用。

作为石拐区财政及中收付代理银行，上线财政集中收付电子化系统，完成集中支付电子化改造。2020年，完成直接支付业务8393笔，金额3.76亿元，授权支付3976笔，金额9401.68万元。石拐支库累计完成收入业务329173笔，金额11.46亿元，退库业务28782笔，金额794.47万元，支出业务29839笔，金额15.82亿元，更正业务580笔，金额9285.92万元，履行代理国库监管和服务职能。

2020年，石拐代理支库参加人民银行经理国库35周年知识竞赛暨国库标准化建设培训班竞赛活动。获笔试和抢答环节双第一名的成绩　　陈敏摄

【商品房预售资金监管】

2020年，对接石拐区区委、区政府及区财政局、住建局，按照《石拐区商品房预售资金监管办法》的相关要求，跟进辖区内房地产业推行预售资金监管工作。召开碰头会6次，形成可行性报告，4月13日，开立资金监管账户。2020年，先期准入的中朵·上东郡项目和恒大麓山庄园项目监管资金5000万元，发放个人住房按揭贷款82笔，金额3000万元。资金监管系统上线以后，资金账户的落地后，推动支行零售贷款业务（一手房按揭贷款业务）、零售存款业务、渠道业务（特约商户、网银、手机银行、短信业务、微信银行）的增长，将引流和培育新客户增长，助推支行零售转型。

【业务发展】

2020年，对接石拐全域教育业、物流业、农牧业、旅游业等行业企业，实施跟踪和服务并举，实现机构类存款3.93亿元。支行开展小微企业和普惠金融客户内蒙古东奇面粉有限责任公司、包头市建华禽业有限责任公司、包头市明远食品有限责任公司、包头市领航粮油贸易有限公司、内蒙古和邦医药物流有限责任公司信贷业务。全年投放支持小微企业再贷款27笔，金额5602万元；国开行转贷款91笔，金额867万元。对辖内6个乡镇、苏木、街道共计15个行政村开展整村授信工作，覆盖周边居民，开展“走村入户上门回访”工作模式，对已授信未用信、有需求未授信、授信额度不足等情况进行整体摸排，重点激活授信未用信目标客户，提高授信用信率。全年整村授信实际用信432户，用信金额2388万元。8月，石拐中心支行营业部派出6名工作人员，深入石拐区苏蒙实验学校开展代收学费业务，设立现金缴费区、微信及支付宝缴费区、POS刷卡缴费区。收费819户金额700多万元。

8月，石拐中心支行营业部工作人员，在石拐区苏蒙实验学校开展代收学费工作现场
石拐中心支行供图

【金融扶贫工作】

按照推进并落实扶贫小额贷款工作要求，召开现场培训会，开展扶贫小额信贷资金投放。接受包头银保监局和中国人民银行党委巡查组对金融扶贫工作督查各1次。完成贫困户信用档案建立100户，投放扶贫小额贷款5户，金额23万元。

【业务培训】

按周、按月开展培训学习，内容涵盖全部业务。召开以“优质服务展窗口形象 文明服务树农商品牌”为主题的文优培训会议，梳理文优服务存在的问题，按月检查文优服务工作。

【安全保卫工作】

夯实支行安全保卫工作，构筑安全保卫屏障，打造平安银行。2020年，完成支行消防演练、防抢预案演练40余次，开展安全保卫培训学习40余次。开展节假日安全保卫检查5次，日常安全设施检查每个网点每月一次。

（包头农商行石拐支行）

蒙商银行股份有限公司石拐支行

2020年4月30日，蒙商银行股份有限公司石拐支行（简称蒙商银行石拐支行）成立。注册地为内蒙古自治区包头市，注册资本200亿元。蒙商银行石拐支行由存款保险基金管理公司会同建设银行、徽商银行、内蒙古自治区财政厅、包头市财政局以及部分有实力的国有企业联合发起设立。该银行定位于城市商业银行，经营范围限定于内蒙古自治区内，主要服务内蒙古地区经济社会发展。

2020年4月30日，包商银行股份有限公司接管组发布公告，经包商银行接管组报请中国人民银行、银保监会等相关监管机构批准，包商银行拟将相关业务、资产及负债，分别转让至蒙商银行石拐支行和徽商银行。包商银行原个人存款、对公存款和同业负债等分别由蒙商银行石拐支行、徽商银行承接后，各项权利及业务办理不受影响，并由存款保险基金依法保障。

2020年度，蒙商银行石拐支行存款总额2.17亿元。其中，储蓄存款1.58亿元，对公存款5924.92万元；贷款总额181.7万元。

（蒙商银行石拐支行）

中国人民保险集团股份有限公司石拐支公司

【概况】

2020年，保费收入1118万元，赔款827万元，亏损240万元。

推动车险模式变革，提升保费规模。调整业务结构，重点发展家自车、非营业客车等优质业务；提高附加险的渗透率和保足保全率，逐步剔除高风险营业货车、出租车、特种车业务，降低高赔

付车型占比。

【续保业务】

加强业务人员续保管理，用好续保管理工具，利用提前续保政策，引导业务员和客户提前续保，强化续保团单管理，加强新增及竞回业务考核，降低内部流转，确保销售费用的有效利用和业务健康发展。

稳续保促新增。重视与当地政府、企业合作关系，参加政府组织的各项会议、活动，建言献策，宣传公司品牌优势，得到地方政府和企业的信赖和支持。承保石拐区突发公共卫生事件应急救助保险和石拐区政府救助保险。

【商业非车险业务】

商业非车险业务实现新突破。加强销售人员的培训和政策支持，提升业务技能和销售技能；依托与当地政府良好关系，对内稳续保、对外拓新增竞回，使公司在商业非车险业务上取得发展。2020年，新增客户包头市永盛成百货有限责任公司、内蒙古铁花文化产业投资有限责任公司2家。

【服务工作】

树立“以客户为中心”理念，将“变革、创新、转型”的理念融入到客户服务工作中，宣传人保品牌，推进客户各项增值服务，提高客户的认知度，让客户体验和感受到人保推出的各项服务，有效增强客户黏性。7月，在喜桂图新区商业中心举办“办保险赠送头盔”活动。

【风险防控】

开展法律、法规、监管规定及公司各项规章制度的宣传、学习、教育工作，开展内部反洗钱监督、检查、自查工作，落实主体责任，要求全员依法合规经营，有效规避经营风险，提升全员合规意识。

（范海英）

科技 教育

科 技

【科普宣传与活动】

1月22日，石拐区2020年文化科技卫生“三下乡”活动在吉忽伦图苏木进行。先后5次开展“乌兰牧骑”宣传活动，在活动现场发放科普书籍500册，环保宣传袋700个，推动新农村建设。

开展全国科技工作者日活动，在政府大厅显示屏宣传“5·30”全国科技工作者日。在微信公众号上开展科普宣传。

完成2019年石拐区科普统计工作和2020年科普信息员网上培训工作。

在五当召镇、大德恒等办事处举办6期实用技术讲座，其中，内蒙古农业大学教授、硕士生导师张润生在五当召镇开设大田作物病虫害讲座。

完成“全国科技活动周”和“全国科普日”宣传活动。在8月23—29日活动周期间，区商务和科技局、区科技协会工作人员先后到石拐区物流园区管委会和园区企业绘宇测绘服务有限责任公司（简称绘宇测绘）、为者常成网络科技有限责任公司（简称为者常成公司）、内蒙古子义明泽科技有限公司（简称子义明泽）等高新技术企业，开展科普宣传和科技政策宣传活动，向企业工作人员宣讲《包头市促进科技创新工作十条措施》，发放《包头市促进科技创新工作十条措施》宣传资料80余份，发放《科普知识宣传手册》《新冠病毒肺炎防控知识手册》200余册。

9月19—25日，在喜桂图新区开展以“决胜全面小康，践行科技为民”为主题的科普日活动。活动期间，在政府大厅滚动播放“全国科普日”宣传片，在喜桂图新区社区悬挂条幅，并对社区居民发放《科普知识宣传手册》100余册，环保购物袋130个，受众人数为80人次。

6月，区商务和科技局开展科普宣传活动。图为工作人员发放科普宣传资料

区商务局供图

【科技项目申报】

依托石拐区大数据产业园等重点产

业，加快推进石拐区高新技术企业的发展。包头大数据产业园发展列入自治区大数据产业总体规划；为者常成、绘宇测绘等16家大数据企业入驻产业园区。协助绘宇测绘入选国家级中小企业名单。

深入企业进行项目实地考察，完成高新技术企业信息采集工作，帮助企业申报高新技术企业科研经费，拨付《2020年第一批自治区科技成果转化专项资金预算的通知》30万元。争取内蒙古自治区科技创新引导项目资金30万元（火区爆破耐高温炸药生产工艺技术项目研究）。

2020年，征集13个项目成为包头市科技发展计划项目储备项目。推荐包头市绘宇测绘服务有限责任公司“石拐区空天地一体化信息服务平台项目”申报自治区2020年科技计划项目。推荐为者常成“基于工业物联国产坦克模型组装智能制造示范模拟生产线数字孪生系统研究”，雅化集团内蒙古柯达化工有限公司（简称柯达化工）“火区爆破耐高温炸药生产工艺技术的研究”申报2020年科技创新引导奖励资金项目。推荐绘宇测绘、为者常成公司和柯达化工申报包头市创新引领型民营企业和包头市科技“小巨人”企业。

石拐区绿缘生态科技创新科技特派员工作站通过自治区科技厅备案。

【科技创新大赛和机器人竞赛】

12月23日，由石拐区商务和科技局、石拐区教育局主办，苏蒙实验学校、内蒙古九方智慧教育科技有限公司承办，石拐区5所中小学参加的科技创新大赛和机器人竞赛活动在苏蒙实验学校小学部成功举办。

有来自全区5所学校的100余名选手同场比赛，比赛项目分为机器人竞赛项目和创新竞赛项目。设有小学组、中学组。机器人竞赛项目包括液压机械臂、迈拓斯项目、空气动力学模型—纸飞机项目。创新竞赛包括3D打印笔、主题搭建项目。

图为比赛现场　　　　区商务和科技局供图

比赛开始前指导老师做竞赛项目内容介绍，为同学们讲解器材的使用方法和安装事项，使同学们对竞赛内容有了初步的理解，之后在老师的指导下，同学们充分发挥自己的想象力，利用提供的器材设备，将自己独到的创造力转化为一件件有趣的科技作品。赢得在场老师、评委好评。

出席活动的领导为获奖学生、优秀辅导教师、优秀组织单位、最佳集体展示单位、优秀服务单位颁发奖项，并为获奖学生颁发奖品。

（朱蒙蒙）

教　育

【概况】

2020年，石拐区教育局贯彻落实党的教育方针，落实立德树人根本任务，深化教育综合改革，提升教育教学质量，全区

教育事业迈上新台阶。

2020年，全区各类办学机构9所；其中，公办教育教学机构7所，民办教育机构2所。全区有普通高中1所，教学班12个；义务教育阶段初中3所，教学班57个；义务教育阶段小学3所（含九年一贯制1所），教学班44个；幼儿园2所，大中小班10个；少年宫1所。全区公办学校教师总数347人，其中专任教师236人，学历合格率100%。2020—2021学年，学生总数4548人。

教育教学管理

【疫情防控】

区教育局认真落实疫情防控各项工作，及时调度安排，全面压实责任。各学校幼儿园（含民办）加强与区卫建委的沟通联系，形成学校—医院联防机制，学校—疾控中心—卫健委信息互通机制，并按照“一校三案十制度”开展工作。落实疫情防控工作各项措施，每日严把入口关，坚持每日晨午晚检“零报告”“日报告”，加强学校重点部位消杀工作，开展校园爱国卫生运动及师生就餐测体温，错峰、错段、分散就餐、上下学等各项工作，各中小学校运行井然有序。压实工作责任，区教育局与各校签订疫情防控责任状和承诺书，区教育局局领导、股室长包联学校并经常深入学校进行检查指导，重点检查门卫值班值守、课堂教学、课下活动、教室、食堂、宿舍等重点部位的消杀工作，并督促学生课下不聚集，及时发现和解决存在的困难和问题。协调区卫建委、市场监督管理局等部门定期不定期深入学校食堂、宿舍、教学楼、隔离室等重点区域进行指导检查，严防公共卫生事件在校园内发生。确保返校学生心理健康，各学校落实“四个一”和持续完善6个机制（班主任与所有学生谈一次话、与学生家长见一次面、安排一节心理健康课、每周组织一次文体活动；建立全面排查机制、建立关爱帮扶机制、建立教育干预机制、建立协调联动机制、建立信息通报机制、建立督查问责机制），各学校合理安排教学计划，开展教育疏导，释放学生心理压力。各校未发现异常情况。

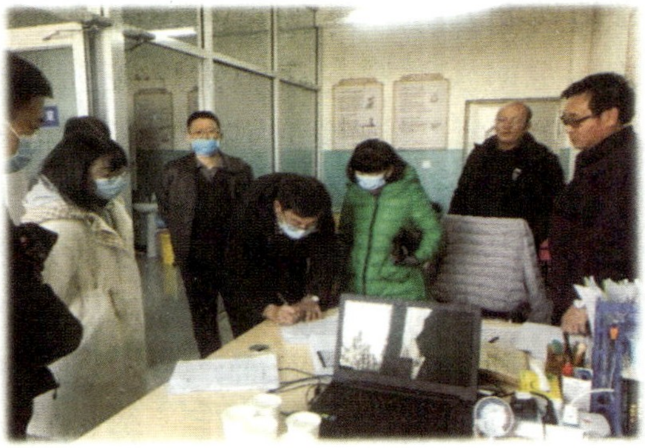

3月，区教育局教学疫情防控工作检查

区教育局供图

【校园建设】

苏蒙实验学校一期工程续建项目投资5000万元，建筑面积18094平方米，一期续建基本完成，二期工程进行前期手续办理和规划设计。投资1700万元新建睿德幼儿园，建筑面积5000平方米，主体和二次结构全部完成。富力小学项目总投资约5000万元，建筑面积18000 平方米，完成选址和设计方案，开始基础工程建设。区教育局配合恒大中学项目出具相关证明，向总部申报项目资金。投资1003万元，实施完成“义务教育薄弱环节改善与能力提升”项目。完成2020年自治区财政专项彩票公益金520万元的提升学前教育功能申报

工作。

图为睿德幼儿园建设工地　　区教育局供图

【学校管理】

制定印发《石拐区教育局关于2020年春季延期开学期间教学工作实施方案》《石拐区教育局领导定点包校方案》《关于发挥家长学校作用做好师生心理疏导工作的通知》，全面规范学校管理、教育教学、师生心理健康等方面，推动学校健康发展。制订《石拐区2020年义务教育段延期开学期间线上教学指导意见》《石拐区线上教学巡课要求》《关于规范和加强开学复课工作的指导意见》，完成线上教学巡课180余节，撰写巡课报告12篇，开展线上教研活动9次，深入各校开展复课教学指导6次。组织全区初中9个学科复习课示范研讨活动，强化中考复习备考。完成2019年石拐区中小学教学工作专项考评的汇总与各校考评反馈意见报告，安排部署2020年特岗教师报名、教师资格考试、中高考报名工作。完成教育系统2020年岗位聘用、职称评审、水平评价申报、教师资格认定、自治区、包头市级先进集体和个人的评选推荐等工作。制订完善《中小学校（幼儿园）办学质量综合评估及奖励办法》《关于加强石拐区教育系统人才引进储备的实施意见》。组织为期4天的暑期教师全员培训，参与人数390余人次。开展师德考核、宣誓、培训等师德师风建设相关工作。完成全系统教职工的养老保险、职业年金核算、差额补缴及养老保险准备期工资核算、缴费申报等各项工作。民办学校义务教育段招生纳入属地统一管理，消除"考试择优掐尖"招生现象。执行学籍管理规定，对全区中小学、幼儿园学籍实行统一管理，一生一籍。

图为区蒙古族学校科技课　区教育局供图

【德育工作】

开展包头市第四批中小学文明校园申报，评选表彰2019年全市中小学德育工作先进集体和先进工作者。参加学雷锋志愿服务、清明节网上祭英烈和烈士陵园祭奠、抗疫情"静待花开"系列直播课程学习。开展各中小学返校复学心理健康教育系列活动，申报评选包头市普通中小学"五好学生""优秀学生干部"和"先进班集体"、石拐区第二届"十佳新时代好少年"暨第五届美德少年；举办"丹青敷彩歌盛世翰墨流霞颂和谐"书画摄影展、"迎接少代会，争做好队员"主题系列活动；各中小学召开中国少年先锋队第一次

代表大会，成立少工委，举行“爱祖国 家乡美”庆“六一” 百米长卷现场绘画比赛、“美好生活劳动创造”读书等活动。

【教育督导】

为每所学校增派责任督学，完成日常挂牌督导工作，做到责任督学挂牌督导制度化、常态化。制定《石拐区义务教育学校标准化等级评估实施方案》，完成2020年义务教育学校标准化等级评估第一阶段资料上传与自评以及网络问卷调查工作。增派责任督学，深入各中小学、幼儿园进行疫情防控与学校周边环境检查与指导，保障中小学、幼儿园正常复课复学。召开石拐区2018 年国家义务教育质量监测报告解读暨结果应用推进会，召开结果应用联席会，完成该监测报告结果应用整改工作，并形成整改报告。完成2020年国家义务教育质量“科学与德育”两门课程监测工作。完成包头市教育督导委员会对石拐区人民政府履行教育职责督导评价工作。起草制定《石拐区县域学前教育普及普惠发展创建实施方案》，完成学前教育普及普惠评估前期准备与自评工作。完成2020年办园行为督导评估工作。配合市教育督导评估中心指导包头市第十五中学启动普通高中办学质量综合评价工作。启动2020年包头市普通高中学校积极心理环境指数监测工作前期准备工作。会同市级责任督学对石拐区各中小学、幼儿园“疫情防控及开学复课准备工作”“线上教学和课堂教学一致性评价”“开学复课后师生减负情况和心理健康教育情况”等进行督导检查。

【校园安全管理】

召开石拐区教育系统2020年扫黑除恶专项斗争工作推进暨学校安全稳定工作会议，签订安全责任状，有效保障校园安全。办理学校食堂食品安全责任保险，落实校长陪餐制度，中小学、幼儿园都使用净水设备，并定期进行消毒检测。将安全教育纳入学校课程计划，全面开展交通、消防、防溺水、食品、危化品安全宣传及中小学复学心理健康教育活动。参加石拐区2020年“国家安全日”“安全生产月”宣传咨询日活动，并在各校园进行相应的宣传活动。联合区应急管理局，开展防震、紧急疏散逃生演练及消防知识培训。疫情期间每天检查校园值班值守情况，每周开展一次安全隐患排查，形成台帐上报区安委会和市教育局，发现问题及时整改，消除各类安全隐患。开展扫黑除恶宣传进机关、进校园、进家庭活动。构建线上线下、课里课外、校内校外立体宣传模式。配合区纪委监委派驻组，开展扫黑除恶和校园安全专项督查，加强师生法治教育，师德教育，做好行为偏差学生帮教转化工作，严防师生参与涉黑涉恶违法犯罪。

4月，开展防震、紧急疏散逃生演练及消防知识培训　　区教育局供图

【教育扶贫】

落实教育惠民政策。继续实施十五年免费教育，受益学生1354人。发放家庭经济困难寄宿生生活、寄宿生免费午餐补助、减免幼儿保教费、普通高中学生学费

减免金额182.11万元，享受国家助学金167人，金额16.7万元。重点做好石拐区建档立卡贫困学生义务教育阶段就学情况台账和义务教育阶段贫困生辍学管理动态数据库，召开控辍保学专项部署会。制订印发《石拐区教育局义务教育阶段残疾儿童少年送教上门工作方案》，确保适龄残疾儿童享有接受义务教育的权利。

【教师队伍建设】

全年培养入党积极分子9人，党员转正2人。前三季度上缴党费5.73万元，申请上级党员教育培训补贴资金1.92万元，为苏蒙实验学校党支部申请下拨上级党组织建设党费1.12万元，党组织建设补助资金4200元。在疫情防控中，苏蒙实验学校11名青年教师主动加入疫情防控工作中，并递交了入党申请书。全区教育系统积极发动党员捐款1.5万元。组织推荐包头市教育系统“弘扬爱国奋斗精神、建功立业新时代”楷模人选2人，“鹿城教坛先锋”人选2人。制订《石拐区教育系统信息宣传工作考核办法（试行）》，宣传各校园好经验、好做法，2020年，累计报送信息200余篇。

2020年暑期教师全员培训现场

区教育局供图

（陈慧娟）

中学教育

包头市第十五中学

【概况】

2020年，包头市第十五中学（简称包十五中）新增12名在编教师，教职工总数71人，其中专任教师49人。2019—2020学年毕业120人。2020—2021学年招生167人；全校12个教学班，在校生总数453人。

【师德师风建设】

树立3位老师为师德典型，把师德建设放在教师培养的首要位置。落实石拐区教育系统中小学幼儿园师德师风考核办法。加强师德师风建设，落实立德树人根本任务，培养敬业爱岗的精神。巩固师德建设和教育行风专项治理成果。

推进学校队伍建设，通过改“教学评”一致性原则为“学评教”一致性原则。先学后评再教成为常规课堂教学行为，教师从教学目标出发，通过设定问题情境，让学生通过自学、对学、互学、群学，完成学习任务，达到学习目标、提高学习效率。2020年，学校教师在包头市教育局组织的各类教学比武中获一等奖2人、二等奖11人、三等奖1人。

【教育教学管理】

创建包头市劳模创新工作室，获包头市总工会通过。集中部分优秀教师，为学校的发展出谋划策。提出“生活习惯保健康、行为习惯促发展，学习习惯提能力”的习惯教育发展理念，“三个习惯”的教育理念深入师生的教学活动中。

高考成绩取得历史性突破，普文、普理本科上线人数41人，首次超过艺体本科上线人数，普通理科提分幅度列包头市第

二位，超出市教育局预测人数20倍，普通理科一本上线人数3人。学业水平成绩大幅度提高，所有学考科目在自治区位列100名左右；其中，80%的学科跨入100名以内，个别科目在50名或前20名。

高一年级招生167人；高二年级转入学生55人，与机电工业学校合办的综合班180人全部招满。

学校知名度在包头范围内大幅提升。接受包头电视台教育频道、包头市广播电台98.1频道访谈，《包头日报》《包头晚报》先后5次对综合班以及学校办学理念、特色办学成果进行采访报道。

【校园建设】

争取上级资金300万元，维修和绿化学校操场。投资100多万元，大规模维修学校房顶、门窗、校舍。投资11万元，更新艺术体育教室设备。

完成包头市教育局关于普通高中办学质量综合评价体系初评工作，上传资料780份，其中大项目资料48件，小项目资料67项。完成区级文明校园验收工作，获评市管区文明学校；被推荐参加包头市文明校园的评比工作。

【校园安全】

学校成立安全工作领导小组，制定各类安全工作制度，落实各方面安全工作责任人及工作职责，排查校园设备的安全隐患。强化保安队伍建设。加强进出校园人员、车辆的监管，规范人员、车辆的进出登记手续。做好学校建设项目全面开展后运输车辆的进出路线、建筑物的堆放、工地安全管理等工作的规划，确保师生人身和财产安全。

做好校园法制教育工作。开展新学期安全教育第一课、节假日安全教育10分钟、学生心理健康和青春期教育、道路交通安全、食品安全、防溺水教育、防火安全和季节疾病防控等专题讲座。关注课堂教学安全，加强化学药品管理，定期组织应急逃生演练。

加强饭堂人员及宿管员的管理，定期进行饭堂人员健康检查，规范食品采购，做好厨房卫生监控，定期将采购食材送专业机构检测，落实采购物品索证制度和饭菜留样制度，建立完善台帐制度，抓好饭堂膳食和卫生管理，每天进行检查和登记。加强宿舍学生管理，落实考勤工作，发现问题及时汇报，确保学生住宿安全。

（张青祥）

石拐区第一中学

【概况】

2020年，石拐区一中教职工总数75人，其中专任教师46人。2019—2020学年毕业98人，2020—2021学年招生98人；全校9个教学班，在校生总数266人。

【教学管理】

完善和落实常规检查工作。复课初，对教学计划、备课、上课、教案、课后反思、听课、作业批改、辅导、考试等各个教学环节提出明确要求和检查方法。不定期检查、专项检查与综合检查相结合。注重“寓教于心、寓教于情、寓教于乐”。

开展“教学评一致性”高效课堂教学改革，完成《初中先学后教少教多学课堂教学模式应用的研究》课题。要求已立项的市级课题研究老师人人上示范课。参加校际教研会、同课异构、石拐区中青年教师基本功大赛。派多名教师外出上海、呼

和浩特、集宁等地观摩培训学习，推动学校教研教改活动的深入开展。

毕业班组织专题课，得到家长和学生的好评。适当延长优等生夜自习学习时间，督促优等生早起早学，尽可能高效利用好时间；帮扶临界生和偏科学生。2020年中考，重点高中上线15人，普通高中上线37人，艺术特长考取3人，实现低进高出。

【第二课堂】

以乡村少年宫为平台，第二课堂为载体，依据学生的爱好兴趣，把每周三下午的后两节课作为学生的活动课。学生们根据自己的兴趣爱好自由选择一个小组（舞蹈、合唱、葫芦丝、美术、书法、阅读、科技、足球、篮球、田径、跳绳），因材施教、张扬个性；举行文艺会演、书画展示、小型运动会等。

【德育工作】

以立德树人为培养目标、《朝读经典》为校本课程。通过诵读、实践、竞赛、作品展览、艺术实践的形式坚持不懈培育和弘扬社会主义核心价值观，引导广大师生做社会主义核心价值观的坚定信仰者、积极传播者、模范践行者。不求个个升学，但求个个成人，培养合格的社会主义建设者和接班人。

把育人理念落实到学生学习、生活的全过程。教学区、住宿区、就餐区、活动区等都制定合理规章制度和温馨标语提示，让孩子们懂规矩、懂做人、明事理，从小就做一个遵规守纪的中学生。

制定《石拐区第一中学校内微信群管理暂行办法》《石拐区第一中学举办报告会、研讨会、讲座、论坛管理办法》。加强未成年人思想道德建设，开展各项活动，营造良好宣传氛围。加强政策法规教育，利用课间操加强政策法规教育宣传，抵制非法宗教渗透，联合区团委、区关工委等部门对学生进行各种形式的普法教育。

（张宝才）

小学教育

新石拐小学

【概况】

2020年，新石拐小学（以下简称新石小）在职教职工47人，其中专任教师33人；2019—2020学年毕业学生21人。2020—2021学年招生23人，全校6个教学班，在校生总数142名。

【德育工作】

健全和强化德育领导机构。成立德育领导机构，并夯实各负责人的职责要求，加强考核，促进德育工作的安排与落实。

开学初制订德育工作计划，主题活动安排和少先队工作计划，避免德育工作开展的随意性和盲目性。坚持日检查周评比工作。学校一直把值日检查作为学校德育管理的一项重要内容。要求值周领导、教师履行好值周职责，对课间纪律、校园卫生、值勤巡查、放学路队和学生到校情况等方面加强检查，发现问题及时处理。每周班务主题，开展各项班级活动，在班内以板报、演讲、召开主题班队会等做好宣传教育工作。开展卫生先进、文明班集体评比，强化班级管理，促进班级进步。

加强教师师德的考评，学校通过家长、教师、学生、校委会等民意测评来考核教师。

【教学管理】

规范教案，定期抽查，坚持提前一周备课。教师对学生作业全批全改，一月一检查一公布，对不认真负责的教师在全体教师会上通报批评。每次考试，实行交叉监考，严肃考风考纪，促进良好学风的形成。

教学工作实行量化管理，科学评价教师的各项工作，从备课、课堂教学、早操、课间操、早晚辅导、作业(检测)的批改、教学成绩、教育效果、课外辅导、后进生转化等方面对教师进行全面考核，作为教师评优的依据。

组织教师与公园路小学开展结对共建活动，培养学校任课教师的科研意识。

围绕课堂深化教研，依托教研优化课堂。组织教学能手上观摩课，其余教师上公开课。组织语文组、数学组课堂竞赛活动。毕业年级升学考试成绩优异。疫情期间送书上门，为线上教学保驾护航，沟通家校之间的情感。

【校园安全】

建立健全安全工作机制。成立安全工作领导小组。健全安全各种制度及防范应急预案。开展防范措施的演练。建立安全监控台帐，对校园内外安全状况做到心中有数，对隐患的排查与整改及时到位。设定岗位专人负责安全管理，表册记录翔实，检查到位。签订安全责任书，发放告家长书。

开展传染病的预防，制定传染病预防计划。新冠肺炎疫情、水痘等常见季节传染病的防控常态化，建立《三方案十制度》，落实不定期检查制度。

落实节假日安全值班制度。加强食堂、宿舍的管理，确保师生饮食安全和身体健康。对公寓坚持夜查制度，确保学生住宿安全。

【校园文化建设】

利用红领巾广播站对学生进行教育，学生踊跃投稿，利用每周一的国旗下演讲等活动；发挥公示专栏作用，及时公示学校事务。利用传统节日开展少先队活动。

开辟校园专栏、文化墙、横幅等文化阵地，取得包头市级文明校园的称号。以校园花池为实践基地，教育中高年级学生松土、浇水、施肥、下种、除草、护花等一系列劳动，培养学生的劳动技能和意识，陶冶学生的情操。

以体育促教学，精心打造“一校一品”花样篮球。利用课间操及体育课时间，集中训练花样篮球。配合音乐，激发同学们打球的美感和积极性。获“内蒙古自治区嗨动校园之星”称号。

【校园建设】

2020年，增加学生宿舍，满足路远学生住宿要求。改造水房、厕所，更换暖气及管道，更换照明灯。增设宣传栏，粉刷校园墙面，改造校园围栏。

（赵慧）

幼儿教育

明德幼儿园

【概况】

2020年，明德幼儿园教职工总数22人，其中专任教师18人。2019—2020学年毕业27人，2020—2021学年招生13人。全园有大中小班3个，学生总数50名。

【校园安全】

加强日常健康监测和管理，严格按照

幼儿园“三方案十制度”做实做细卫生、消毒、通风工作，保证师幼的身体健康。

组织教职工参加疫情防控专题培训；开展“幼儿一日生活模拟演练”；上好每周幼儿安全教育课，组织幼儿学习防溺水、防汛、食品安全、防雷击等安全知识教育活动；组织全体师生进行防汛应急逃生演练和防震紧急疏散演练，提高全体人员的自救能力和幼儿园处理突发事件的能力。

【教学教研活动】

在学前教育宣传月、端午节、建党节、国庆节、重阳节等不同时间节点，开展“特殊时光　不一样的六一”亲子绘画活动，“五彩端午　传承文明”古诗朗诵、五彩绳编织活动，“七一”童心向党——小英雄故事、“爱满重阳”等活动，丰富幼儿的生活经验，培养幼儿热爱祖国的品质。

第一学期，开展以“科学防控疫情”为主题的教研活动。根据幼儿已有经验，确定教育目标，重点加强幼儿个人防护和卫生习惯的培养；第二学期，教研重点围绕美术、体育开展教研工作，提高教师根据月主题设计集体教学活动的能力。

开展教师观摩课、公开课、课堂教学评比活动，促进教师相互学习，提升教师教研水平。

【家园共育】

疫情防控期间，利用钉钉群线上指导幼儿生活学习；五月，在家长微信群开设家长微课堂，每周分享解决幼儿情绪及心理问题的有效方法，引导家长关注幼儿心理情况；推送市教育局“静待花开”的家长学校课程，让家长向专家们学习最新的教育理念及育儿方法，提高家庭教育质量。

利用国庆、中秋双节，对幼儿园少数民族家庭进行家访活动；继续举行家长开放日活动，让每位家长感受幼儿半日活动，了解幼儿在园生活情况；活动结束后，园领导班子、班级教师与家长座谈，共同研讨家园合作的策略，提高家园共育成效。

召开家长委员会、膳食委员会，征求家长对幼儿园管理、教学工作的意见和建议；向全园家长发放师德师风调查问卷、膳食调查问卷，了解家长对保教人员工作的满意度及幼儿伙食满意度。

（冯霞）

润德幼儿园

【概况】

2020年，润德幼儿园在职教职工43人，其中，专任教师30名（园聘教师19名，区聘教师7名，在职老教师4名），教辅人员11名（厨房6名，门卫及安保3名，保洁2名）。2019—2020学年毕业幼儿86名。2020—2021学年招生57名，全园大中小班7个，在园幼儿193名。

【校园建设】

暑假期间重新装修大班层面教学楼，封闭全体大楼阳台，使幼儿园环境更温馨、更儿童化。学校局域网得到完善，基本实现无纸化办公。计算机网络做到班班互通、高初级互通，园部资源共享提高管理透明度，增强管理效益。

【师资队伍建设】

倡导教师研讨教养艺术，提高课堂教学质量，厚实实际基础，鼓励教师“人人

有潜力，个个能成功”，激励团队配合，提升教学质量。狠抓重点教师的培养、重点课型的研究，强化教师专业发展过程中的具体目的和履行步骤。充分运用表彰、鞭策、激励等机制推进教师成长，指引教师向着各级名师的目标奋进。用明确的目标鼓励教师，不断用阶段性的目标引导教师，用积小胜为大胜的方法，不断加强教师的工作成就感，使教师迅速成长。

【家园共建】

强化教师服务意识。将心比心，处处为家长着想，解决家长后顾之忧。分批召开个性化家长会，做好个别家长工作，重点家长差异对待。发挥家委会的作用，幼儿园重大举措充分征求家长意见，让家长民主加入幼儿园的治理。利用微信做好广大家长的宣传、沟通、引导工作。对全园教职工进行安全意识强化教诲，强化“人人讲保险、事事讲安全、时时讲平安”意识。开展教职员工、幼儿家长、幼儿身体状况、心理素质、特殊病史的排查活动；严格执行家长持卡接送制；加强家长接送幼儿车辆管理。增加备餐间、更衣室，保障卫生保险工作常态达标。

【园务管理】

重新明确和细化教师一日工作流程，制订符合幼儿园发展的相关制度。重视宣传工作，从班级小型活动到园所组织的大型活动，都会制作宣传材料转发到班级群及微信朋友圈，让没有参与其中的家长了解幼儿在园生活情况。组织家长进行亲子活动，请家长参加每月的主题活动等。

6月10日复学，幼儿园成立疫情防控领导小组，统一指挥开展疫情防控各项工作；建立幼儿入园测温通道，设置隔离室等。开园前，多次进行全园卫生消杀工作。开园后，每日严格执行幼儿错峰入园、离园制度，严禁家长进入幼儿园，幼儿每日进行两次的体温测量，确保做到疫情有效防控。

开展主题墙研讨活动；开展教师公开课、评课活动。规范教师教案格式、内容。注重教学质量的提高和区域活动的组织。

【后勤保障】

安保人员把好门卫关，兼任咨询接待、报名、安全和维修检查、运送物品、厨房帮忙等。

注重食堂食品卫生工作。保证全园幼儿和教职工的伙食，吃得安心、放心。

【校园文化建设】

丰富幼儿和老师的校园文化生活，2020年，先后举办每月一次的生日宝宝主题生日会、中秋节主题活动、重阳节主题活动、师生冬季健康活动教师建构大赛、教师“热爱家乡”朗读比赛、家长参与的亲子粘贴画活动、家长教育讲座以及最受家长喜爱的“家长半日开放”活动及疫情安全健康教育等。

（王海萍）

民族教育

石拐区蒙古族小学

【概况】

2020年，石拐区蒙古族小学（以下简称区蒙小）在职教职工48人，其中专任教师45人；2019—2020学年毕业46人。2020—2021学年，招生89人，全校12个教学班，在校生总数372名。

【教学工作】

完善学校教学常规要求，加大管理和检查力度。严格执行课程计划，按照课程设置，开齐学科，开足课时。落实教学“六认真”。组织2次教学“六认真”（认真备课、认真上课、认真布置与批改作业、认真辅导、认真组织考试、认真组织课外活动）工作检查。深入开展推门听课活动。开学初，教导处协调各教研组负责人，开展推门听课活动。听课结束及时反馈，共同探讨如何有效开展课堂教学。同时检查被听课老师的教学设计和学生作业。10月，举行“家长开放日”活动，涵盖学校晨读、大课间、课堂教学、互动交流等内容。让家长走进校园，走进课堂，了解学校的管理与发展趋势，了解课堂教学和课改动向，搭建家校教育交流沟通的平台。

图为区蒙小学生体育课跳绳训练

区教育局供图

利用教研组活动和“走出去，请进来”两级学习平台，进行基于课程标准的课堂教学培训，教师阅读教育刊物、观看名师课堂实录，摘录业务笔记，利用各类优秀网络培训资源，加强研修。为青年教师创造学习机会，继续推行“师徒结对”，发挥老教师、骨干教师的引领作用。制订共建计划，加强与实验小学的共建合作。学校语数英三科教师赴实验小学参加“教学评一致性”展讲活动，感受实验小学浓厚的教科研氛围，学习实验小学先进的教学理念。

以“教学评一致性”课堂教学实践研讨为重点，各教研组坚持每周一次教研活动。开展教学观摩活动，“以教促研、以研促教”。11月4—6日，开展课堂大比武活动，10位教师参加展讲，从备课磨课到上课说课，教学目标明确，教学重点突出，教学形式多样，调动学生的学习积极性，体现以学生为本的教育理念。立项课题研究稳步开展。本着课题研究为学校发展服务、为教师发展服务、为学生发展服务的思路，与教学常规工作紧密结合；语文传统文化课题结题，英语小班化课题稳步推进中；区级足球课题结题，并获市级足球课题立项。

3位教师参加市青功赛分别获一等奖和二等奖。5位教师参加区级教学大比武，取得优异成绩。四年级参加包头市第七届中小学诵读比赛获优秀奖，指导老师获优秀指导教师奖。1名老师参加包头市第六届双语教师才艺大赛，获综合优秀奖。学校体育队在区级越野赛中获团体二等奖。区蒙小语、数、英三科教师参加区名师工作坊活动，并代表石拐区进行教学展示、同频互动及专题讲座。

【德育工作】

坚持规范的升旗仪式。每周一全体师生国旗下讲话，区蒙小都要求每个值周中队精心准备，确立教育主题。定期在少先队辅导员群里交流工作，坚持在队员中贯彻执行《中小学生守则》《小学生日常行

为规范》，纠正学生中的不良风气。坚持每周上班队会活动课。根据各节庆日开展少先队主题活动，布置、落实、开展主题班队会。规范少先队阵地建设，学校打造标准少先队室。加强少先队组织建设，召开中国少年先锋队石拐区蒙古族小学第一次少代会，成立由学校领导、大中队辅导员、家长代表及少先队员代表组成的学校少工委，在党建带动下，学校少先队工作得到重视和加强。

少先队值周中队每天都对队员的考勤、日常纪律、仪容仪表、中队卫生、班会、路队和楼道纪律等一系列学生日常管理工作、文明礼仪工作进行落实、检查。检查结果积分作为班级考核依据。

组织丰富多彩的少先队活动。组织学生观看抗美援朝电影纪录片、参观包头市科技馆。2020年，开展清明节扫墓活动、学雷锋主题活动、新生开学典礼活动、“争做新时代好队员”主题活动；各班级开展“预祝包头市第四次少代会胜利召开”“向国旗敬礼，歌唱祖国”“五小活动”“洒扫应对，日行一善”“争当环保小卫士”等不同形式的主题活动；开展“动感中队创建”为主题的队会、学习中共十九届五中全会精神主题班队会等。

【校园安全】

加强对安全教育工作的领导，校长直接抓，副校长具体抓，学校综治办、办公室、教务处、具体分工负责组织实施。建立安全保卫工作领导责任制和责任追究制。将安全保卫工作列入各有关处室的目标考核内容，并进行严格考核，严格执行责任追究制度。学校与处室和班主任层层签订责任书，明确各自职责。与学生家长签订安全责任书，明确家长应做的工作和应负的责任。建立健全定期检查和日常防范相结合的安全管理制度，以及学生管理、门卫值班、巡逻值班、防火防灾、食品卫生管理、防火安全管理、体育器材检查、健康体检等规章制度。在校外开展的社会实践活动坚持就近、徒步原则。

组织开展一系列道德、法制教育活动。开展安全教育周活动，组织学习安全教育工作文件，对校内易发事故类型、重点部位保护、工作薄弱环节、各类人员安全意识与安全技能等方面开展安全大检查。利用班会、少先队活动、活动课、学科渗透等途径，开展防溺水、防交通事故、防触电、防食物中毒、防病、防体育运动伤害、防火、防盗、防震、防骗、防煤气中毒等安全知识和技能教育。利用学校广播、LED屏、黑板报、悬挂横幅、张贴标语等进行宣传，举行主题班会、讲座、安全手抄报等形式开展丰富多彩的安全教育。推行一周安全报告，学校利用周前会议和周一升旗活动时间，小结上周安全工作，强调安全事项。通过致家长的一封信，增强家长的安全意识。通过教育提高广大学生的安全意识、安全防范能力和自我保护能力。提倡走读学生步行上学，对学生骑车上学情况进行清查，严禁学生骑“三无”(无刹车、无铃、无牌照)自行车上学。汛期，全面检查校舍安全；配合市卫生局检查学校食堂、饮水卫生。冬季，检查电线和家属区防火隐患。

（王昕）

民办教育

石拐区苏蒙实验学校

【概况】

2020年12月，中国育才教育集团入驻接管苏蒙实验学校。2020年，学校选拔80余名新任教师。全校教职工200多名，专任教师总数160多名教师；2020—2021学年，初一年级招生900名，小学部各年级新增600余名学生；全校38个初中教学班,在校生1836人；小学教学班26个，在校生953名。全校学生总数2789名。

2020年，区苏蒙学校先后获“民办教育鼓励奖”“ 2019年包头市中小学生冬季越野赛暨阳光体育冬季长跑活动体育精神文明奖”等多项称号。

【校舍建设】

9月，新建的2栋宿舍楼、3栋教学楼投入使用。初步建成容纳4000人左右的现代化、花园式学校。学校拥有现代化多媒体教室、多功能报告厅、美术馆、舞蹈馆、音乐馆、图书室、创客实验室、公寓式宿舍、篮球场、网球场、塑胶运动场等硬件设施。教室、活动室安装触摸互动式一体机，装备有百兆教学网，全面实行智能化教学。

【教师队伍建设】

学校领导班子及各级管理队伍基本完善，中层干部预备人选20余名，负责学校初、小部政教、教学、办公室、校园综治工作。坚持民主集中制领导方式。每周召开一次校委会、校行政会、班主任会，查漏补缺、互通有无，发挥集体协作、民主集中的效果。规章制度向着科学化、人性化的方向不断完善。

利用每周一次的集体备课、教研,通过“青蓝工程”、听、观课等，提升教师的业务水平。

通过参加包头市“基于课程标准的教学”语、数、英三科示范课研讨活动，石拐区各科研讨活动使教师对于课程标准从“双基”到“四基”有了全面的理解。

2020年12月，参加石拐区课堂教学大比武，苏蒙学校获一等奖教师3名，获二等奖教师2名，获三等奖教师2名。

“请进来、走出去”，多次派教师赴包头市各中学听、观优质课；参加魏书生班主任工作讲座、中学生心理疏导等专题培训。

小学部形成以常态课诊断、以观摩课亮相、以公开课引领、以教研活动提升共进的4步走模式。

周考、月考、期中期末考试前培训教师，详细说明周测内容、周测的难易程度等。考后召开成绩分析会，客观总结，引导教师反思提高。

开学召开教师例会，与每位教师签订师德师风承诺书。日常通过部门责任落实、教研组活动、全体教师大会、设立专门纪律委员及家长与社会监督等措施，引导、教育广大教职工行得正、做得端。做到不体罚或变相体罚学生、不接受礼品礼金等。

【教育教学工作】

采用“先学后教，当堂训练”的教学模式，严格规范教师授课程序，充分培养调动学生学习的主动性和积极性，狠抓学生的“四清”落实（堂堂清、日日清、周周清、月月清），减轻学生课外负担，确保学生学习效果。

通过晨读、课间读、午读、夜读、自

读等方式，让学生强化诵读和基础知识的巩固，有的放矢，服务课堂，课内课外一齐抓，确保学生听得会，学得深。

通过周末实践操作，小测验的方式，检验学生对知识的掌握情况，为下一周的备课和教学内容的安排奠定基础，从学生的需要讲，为达到学生的会而教。

小学部推出一周一星评价体系。通过“学习之星、文明之星、读书之星、艺术之星、礼仪之星、劳动之星”等星级评价，促进教学质量逐步提升。

【德育工作】

树立科学的教育观，以“和而不同、美美与共”为原则，以爱国主义教育为重点，基本道德规范教育为基础，把国学经典诵读和学生的养成教育有机结合起来，以学生全面发展教育为目标。引导学生“学礼仪，懂感恩，知善恶，立品树德”，德育特色初步形成。

加强班主任的业务培训和实践指导，每周日召开班主任会，扩大经验交流，鼓励班主任发挥自己的特长并组织落实好主题班会。

举办作文大赛、国旗下的演讲等活动，扩大育人途径。将课堂教学作为德育工作主阵地，在日常管理中，渗透德育教育，真正达到事事、时时育人。

按照相关的制度，每周对班级、宿舍进行内务、清洁评比，公布结果，评出“文明寝室”“卫生班级”，颁发奖状与流动红旗。

树立对光荣旗手崇敬感，培养学生争当旗手、争当国旗护卫队员。本学期，中、小学部组建国旗班各1个。

开学前，举办为期十天的社会实践活动。规范学生言行，感受集体的力量，接受爱国主义、国防教育，以准军人的标准时刻要求自己。

评选感动校园十佳教师、十佳学生，引导广大师生、家长、社会各届人士了解学校，理解教师，为师生立标杆，增强看齐意识。

开好家长会，实现家校联合育人。

严格执行《中学生守则》《中小学生日常行为规范》，完善学校的《奖励加分办法》。

【校园文化生活】

着力打造特色活动课程，学校开设书法、绘画、手工、舞蹈、声乐、器乐、足球、篮球、乒乓球、棋艺、科技等特色社团近30个。2020年6月，举办初中部篮球比赛，举行少先队入队仪式。9月1日，举行开学典礼，教师节表彰大会，初中部拔河比赛，跑操比赛。10月，初中部教师公开课活动，教职工拔河比赛，初中部社会实践活动，获石拐区职工五人制足球赛团体冠军。11月，开展石拐区秋冬季疫情防控知识培训；参加包头市啦啦操比赛获得第二名；12月，初中部举行接力比赛、“唱响班歌共圆苏蒙梦”活动；小学部举办社团嘉年华活动。

【校园安全管理】

建立、完善学校管理制度，形成安全工作“一岗双责”制。成立校安全小组、紧急事件处理小组，制定相关的制度和保障机制，形成“无间隙”安全管理制度。

成立以校长为组长的学生管理领导小组，制定值周教师值班制度，生活管理教师24小时值班负责督促管理，形成各部门协助共管态势。

2020年，完成防鼠疫工作、学生体检工作；举行安全知识讲座；聘任兼职法治副校长，不定期进行普法知识讲座。

（黄振宇）

翰林中学

【概况】

2020年，原菲尔兹中学更名为翰林中学，并搬迁到新校园（原后营子中学校址）办学。学校占地面积5.9万平方米，拥有标准化操场和必备的艺体设施器材，配备实验室、计算机室、阅览室、音乐教室等标准化功能室。

2020年，翰林中学在职教职工46名，其中，专任教师33名。2019—2020学年，无学生毕业；2020—2021学年招生68人，全校10个教学班，在校生总数283人。

【平安校园建设】

防控新冠肺炎疫情，采取“停课不停教，停课不停学”等多种措施，把疫情对教学的影响降到最低限度。全年未发生师生安全事故，未发生恶意闯进校园事故，未发生火灾、设备等事故。实现“平安校园”目标。

【教育教学管理】

制定翰林中学师德规范条例、翰林中学教职员工考勤制度、翰林中学教学常规、翰林中学班级量化考评细则、翰林中学教职员工奖惩办法、翰林中学学生奖惩条例、翰林中学学生一日常规等一系列规章制度，保证学校各项工作有规可依，有章可循，使各项工作步入正常化和规范化轨道，避免工作随意性，解决干孬干好、干多干少一样的问题。制订岗位职责，实行责任追究制。

坚持“谁先进向谁学”。举办大量听课、评课活动，校长亲自辅导老师讲课技能；初二与初一老师结对学，促进青年教师进步。

教学常规管理。对任课教师从备课、上课、批改作业和课下辅导等教学的各个环节提出了明确、具体的要求，并及时督促、检查和考核。通过集体备课、推门听课、研究课、示范课和业务培训等多种形式的教研活动，提升任课教师的教学水平。以构建“基于课程标准的教学评一致性”高效课堂教学模式为抓手，进行课堂教学改革。在石拐区中小学幼儿园教师课堂教学大比武中，翰林中学选派的2名选手夺得全区第一名。

【德育工作】

抓住“立德树人”这一教育的根本任务，建立健全党团和少先队组织，充实德育工作队伍，配备专兼职德育干事。实行“教学育人、管理育人、服务育人”全员育人的德育工作机制。以《翰林中学学生一日常规》为抓手，深入贯彻落实《中小学生守则》《中学生日常行为规范》。通过团队活动、国旗下的演讲、主题班会（安全、心理、理解、感恩等）、文明行为监督岗、庆祝国庆节、教师节等活动，寓德育于活动中，增强德育工作的实效性。

强化师德意识。放弃“一打就好”的陈旧思想，按照教育部《中小学校学生违规行为惩戒实施暂行办法》，做到不打骂学生，言行端正，不负师名。

成立“家长委员会”参与学校管理；聘请“家长督学”监督学校工作；线上召开“全员家长大会”汇报学校重大事件。组建家长微信群方便家校快速联系。

【后勤保障】

以“为师生服务，办实事、求实效、讲节约”指导后勤工作，遵循“一切为了教学，为了师生”的服务理念，后勤管理工作规范化、制度化、科学化。及时维护与管理水、电、暖，教学物资供应及时、充足。

创建健康食堂。制订加强餐厅管理实施方案，列明检查考核制度，执行《中华人民共和国食品卫生法》，通过每餐留样、就餐环境、餐具消毒、营养搭配、领导陪餐、健康证管理6大环节进行过程监督，实现健康食堂目标。构建“敬静净”餐厅文化。

创建以“温暖的家”为主题的宿舍文化。“定置管理”，箱子、脸盆、鞋子排一排；“半军事化”管理，被子“豆腐块”、床单“平坦坦”；个性寝室文化，每间寝室都提供展示学生个人学好的作品展示栏。

（李凤杰）

校外教育

石拐区少年宫

【概况】

2020年，石拐区少年宫在职教职员工11人，开设舞蹈、美术、书法、钢琴、声乐等免费等公益课程。2020年，为美术教室添置20套桌椅。

【新冠肺炎疫情防控】

成立疫情防控领导小组，落实防控责任，细化防控措施，制订防控工作方案和应急预案。成立应急救援、宣传通信、后勤保障等多个专项工作组，实施教职工在岗值守、情况排查日报、防控检测消毒等制度，严肃防控工作纪律和责任落实，各项防控工作有序开展。

疫情期间停课不停学。少年宫各科教师调整授课方式，以网络直播、录制小视频、微信讲解、作业打卡等多种形式为学员进行线上授课。发挥少年宫艺体课程的专业优势和特点，调适与放松紧张的心理；在科任教师指导下，学员们创作很多以抗疫为主题的音乐、美术、书法作品。

6月4日，石拐区教育局评估组对石拐区少年宫进行开学复课准备情况的评估检查。督导评估组对少年宫复课准备工作中的机制建立、方案制定、应急处置、物资保障、清洁消毒、隔离区域、出入管理、教学准备等各项工作进行细致督查，确认石拐区少年宫具备开课条件。6月12日，学员报道，13日全面开学复课。秋冬季节，流感、水痘、诺如病毒等传染病呈高发易发状态，少年宫制定应急预案与应急处置流程，严格执行功能室消杀、体温测量、缺勤追踪等制度。

【教学活动】

坚持公益性教学，每周开设舞蹈、美术、书法、钢琴、声乐等免费公益课程，鼓励各年龄段孩子参加少年宫各类活动，所有活动场所、器材全面向学员开放，专业教师授课。

疫情防控期间，少年宫停止所有线下课程，部分生源流失。保证少年宫长期、长效发展，留住优质办学机构与教师。经教育局同意，2020年，免收合作办学机构管理费，且2021年管理费由2019年的30%降至20%。

携手区文联开展音乐进社区等公益体验活动。与石拐区老干局（老年大学）共

享共建，区少年宫派出3位老师，并提供场地、设备，为老年大学开设舞蹈、声乐、书法课程。

在2020年包头市中小学生师生“丹青敷彩歌盛世，翰墨流霞颂和谐”书画摄影比赛中，美术组教师组织学员参赛，上报学员作品30余幅，教师作品6幅，并取得优异成绩。

举办少年宫学员迎新年游艺活动。设猜谜、套圈、桌面足球等十余个活动项目，全体教师学员在欢快的氛围中迎接新年。

（郭进祥）

文化 体育 旅游

【概况】

2020年，区文体旅游局围绕创建国家、自治区全域旅游示范区和打造休闲旅游目的地工作，双向融合“旅游+”与“+旅游”，加大旅游产品供给数量，提升核心吸引物质量，提高服务保障水平；不断提高公共文化服务和公共体育建设水平，努力建设文化、体育强国。

【新冠肺炎疫情防控】

传达区疫情防控指挥部办公室《关于暂停和取消公众聚集性活动的紧急通知》《关于做好新型冠状病毒感染的肺炎疫情防控有关工作的通知》。按照旅游和文化市场疫情防控要求，关闭辖区内景区、星级乡村接待户并落实监管措施。及时落实复工复产各项措施，做好景区开放工作，在景区内安装人流监控设备，实现远程管理，指导防控工作，落实预约、限流、错峰等疫情防控措施。

【脱贫攻坚】

通过五当召景区、花舞人间景区、宝格特包头古城项目建设和景区运营，带动周边农牧民近600人就业，增收约120万元。利用青山村、吉忽伦图嘎查新村绘画写生基地、鸡毛窑子红色党建基地、五当驿站、三岔口驿站等接待点，发展乡村旅游，带动周边30户贫困户人均增收近1000元。投入10万元，扶持三岔口蒙薯帮农种养殖农民专业合作社，带动4个自然村发展村集体经济经营产业，吸纳建档立卡贫困户8户15人，人均增收500元。开展脱贫攻坚巡回演出10场，送电影下乡200余场，覆盖全区所有村（嘎查）、社区。

【扫黑除恶专项工作】

开展行业清源和建章立制工作。针对旅游市场重点检查敲诈勒索、欺行霸市、强买强卖等违法行为34次。文化市场重点检查非法出版物、未成年上网、涉黄涉赌，检查文化场所50家次。

【优化营商环境】

传达学习《优化营商环境条例》等相关文件精神，持续推进简政放权、放管结合、优化服务；按照“四减两优”要求，完善权利服务事项，梳理467项权利清单。提升行政审批效能和改进服务水平，承诺承接22项行政审批服务事项全部为“一次办”，实现“最多跑一次”，营商服务环境得到提升。

文化工作

【文艺创作】

围绕全面建成小康社会、建党100周年、精准扶贫、文化振兴、扫黑除恶、疫

情防控等主题内容，组织广大文艺工作者创作书法、美术作品150余幅，文学作品50篇、摄影作品900余幅，其中扶贫题材的100余幅；创作《奋进·光辉·蝶变——纪念石拐区建区70周年文学作品选》，制作抖音、快手等短视频作品24件。

【公共文化服务】

贯彻落实《中华人民共和国公共文化服务保障法》，强化公共服务体系建设，7月，区文化馆、图书馆正式对外免费开放。10月，区文化馆通过国家三级文化馆（县级）评估验收。缸房地村、青山村、马场村三个村史馆完成布展大纲设计和内部装修工程。区文化馆深入基层开展农村文化大院辅导4次，乌兰牧骑组建3支演出队。

开展“弘扬乌兰牧骑精神、到人民中间去”和纪念中国人民志愿军抗美援朝出国作战70周年，弘扬伟大的爱国主义和革命英雄主义精神志愿服务演出43场。在疫情期间，组织乌兰牧骑队员推出网上云演出活动，全面适应新形势下文化传播需要和广大群众精神文化需求。全年举办消夏文化节大型演出7场，惠及3万余群众。

区乌兰牧骑在五当召镇缸房地村演出

区文体局供图

【文化活动】

协调市文联，开展呼斯楞•李德戈景走遍内蒙古千村百场巡回演出。开展石拐区“决战全面小康、决胜脱贫攻坚”摄影作品展、第二届“墨香喜桂图描绘新时代”书画作品展等各类文艺活动36场。出版《奋进·光辉·蝶变——纪念石拐区建区70周年文学作品选》。开展书法、绘画、摄影等文艺学堂活动36次。组织起草《石拐区加快推进文旅产业融合发展工作实施方案》，推动编制《石拐旧矿区产业转型开发规划》等专项规划，抓好在建的花舞宝格特等文旅项目，向自治区申报五当召景区等3个文化产业项目，组织参加自治区文化产业（线上）博览交易会。举办石拐区赵北古长城文化论坛，持续推进赵北古长城国家文化公园建设。

【文物保护工作】

五当召文物保护工作。2020年，清点、核查全寺文物，适时掌握文物数据，了解文物现状。开展壁画数字化工作。对寺庙壁画进行数字化采集，为后续壁画的保护修复以及活化利用奠定基础。为一级可移动文物建档立卡，完善档案信息。制作专业的收藏展览柜保护、收藏经版，并派专人进行管理；购置专业收藏柜，为文物档案开辟独立档案室。完善《消防安全应急预案》，保护范围内严格控制使用明火，减少大殿内游客燃香，广场香炉安排专人负责看护；与工作人员、僧人及僧房住户签订防火责任书。按照《夏季防洪应急预案》《文物防盗应急预案》等，落实安全生产责任制。完成全部消防灭火器年度更换工作，争取大型消防车1台（8吨水、2吨泡沫，满载10吨）；定期派人检查

消防设施设备器材，维护保养消防车、备用发电机等，定时对消防栓、灭火器等消防设施设备进行安全性能检查检测，发现问题及时解决，杜绝不具备消防性能的设施设备存在；增强消防应急实战能力。消防人员每周开展两次体能锻炼和实战培训。开展文物消防安全警示教育活动，观看警示教育片、发放宣传册、观摩消防演练等；开展常识宣传，在广场醒目位置设立消防安全警示标识，张挂消防安全宣传横幅，引导工作人员、僧人群体和广大游客树立消防安全意识。全年组织各岗位消防安全责任人员、自动消防设施操作人员、专职消防管理人员和文物保护人员参加消防安全演练4次，派出工作人员轮流参加文物安全工作培训班。对寺庙核心区和东西沟河槽两侧，定期进行环境整治，培植花草树木、清理垃圾、疏通河槽、改善绿化，优化寺内环境。对东三楼地面及门窗进行修缮、外墙淋白，保护文物古建筑安全；推进文化修复馆建设，为后续五当召可移动文物修复工作奠定基础。

投资300余万元，实施赵北长城遗址保护工程项目。完善盟市级以上文物保护单位“四有”档案，开展重点文物保护单位日常巡查工作。贮备编制大发近现代建筑群保护修缮工程、祁家大院贺龙办公（指挥部）旧址保护工程、鸡毛窑子石窟遗址保护项目方案。

【文化市场综合行政执法】

建立网格员制度，守好演艺场所、文化馆、图书馆、旅游接待场所、文艺活动、草原书屋等文化阵地。加大对文化市场监管力度，围绕“清源、固边、净网、护苗、秋风”五大专项行动全力落实扫黄打非执法工作。定期召开研判会，对文化、体育、旅游各项活动开展可能产生的风险全面研判，对各类论坛、展会可能出现的风险提前介入，做到关口前移，重心前置。

6月23日，区文体旅游局联合多家执法队伍对花舞人间景区、戎王景区、宝格特包头古城开展端午节前安全生产大检查　　王冬摄

运用“互联网+监管平台”，围绕安全生产、扫黄打非、疫情防控等工作，全年针对各类市场出动执法人员420余人次，检查140次，其中与公安、消防等部门开展联合检查3次。及时向景区下达整改通知2份。

体育工作

贯彻落实《石拐区全民健身实施计划（2016—2020年）》，完成自治区验收初评工作。开展全区体育场地、体育设施、体育面积普查，全民健身活动状况调查工作，并形成调查报告。举办石拐区第四届“喜桂图杯”五人制足球赛和“赵北古长城杯”羽毛球比赛。组织参加2020年内蒙古自治区广播体操推广暨包头市第九套广

播体操大赛，荣获二等奖、三等奖。实施2020年民生好事实事项目，投资200万元，建设全民健身体育广场，包含2个五人制笼式足球场、1个篮球场、2个门球场及部分体育路径。为包头首届冰雪季策划了少儿平衡车雪地赛、雪地拔河比赛内容的趣味运动会，丰富冰雪季体育活动。

10月，区文体旅游局开展全民健身活动状况调查。图为调查人员在五当召镇新曙光村调查　　鹿莉珠摄

旅游工作

【概况】

全年接待游客77.32万人次，门票收入802.32万元，综合收入1.55亿元。上半年受疫情影响，但后期持续发力，接待游客总人次占全市的10.29%。

【营销宣传及创建国家全域旅游示范区】

利用做客包头广播电视台综合广播（AM558、FM94.9MH）、召开新闻发布会、制作宣传片、发放宣传单、邀请专家授课、旅游直通车体广告等方式开展宣传推介。组织记者深入景区采风，利用各类媒体发表推文24篇。组织景区参加各类展会宣传18场。9月，与内蒙古赫浦旅游发展有限公司签订全域旅游合同。4月，石拐区全域旅游与旅游安全工作新闻发布会在石拐区新闻发布中心举行，区文体旅游广电局、五当召景区管委会、区卫生健康委员会新闻发言人，先后就石拐区全域旅游、五当召文化旅游区创建国家AAAAA级旅游景区、疫情防疫期间旅游安全等重点工作情况进行新闻发布，并就景区管理运营、规划发展和疫情期间防控措施、应急预案等工作情况作答。五当召文化旅游区、花舞人间、包头古城、戎王羊绒产业园等旅游景区相关负责人，《包头日报》、包头广播电台、《包头晚报》、包头新闻网、石拐区融媒体中心、“魅力喜桂图”、“云上石拐”、《石拐新闻》等新闻媒体参与发布会。包头市旅行社协会和石拐区文体旅游广电局开通惠民全域旅游直通车，邀请包头市部分居委会主任、援鄂医护人员等80多名市民体验石拐区一日游。参观游览包头古城、戎王羊绒博物馆、缸房地村，大发矿区旧址老街、喜桂图新区5处景点。

5月，包头市旅行社协会和石拐区文体旅游广电局开通惠民全域旅游直通车　　区文体旅游局供图

完成创建材料的梳理和汇编工作。补助资金32.88万元，新改建旅游厕所6个，完成A级景区内的所有厕所定点检查及地图标注工作。争取上级专项资金80万元。

【文旅融合】

拟定石拐区加快推进文旅产业融合发展2020—2021年度重点工作意见，本着“跳出石拐、发展石拐，依托主城、融入主城，放眼全国、借力全国”的工作思路，围绕“三升、三转、三新、三进”（三升：文旅融合、现代商贸物流、农牧林水提质升级；三转：推进传统产业钢铁、合金、煤焦化转型升级；三新：培育发展新基建、新能源、新材料；三进：实现数字经济、科创成果转移转化、高等教育康养的引进做大）产业导向，聘请第三方编制《石拐区文旅和大数据产业发展战略研究》《石拐旧矿区工业遗产保护和开发规划》《喜桂图新区城市风貌提升规划》《喜桂图新区旅游提升方案》《虎头山青少年生态文明实践基地规划》《赵北长城国家文化公园》等上位规划和具体项目规划，形成功能互补、业态不重、产业链延展、各有侧重的项目贮备结构。11月，与华高莱斯国际地产顾问（北京）有限公司签订《石拐区文旅产业和大数据产业发展战略咨询服务项目》合同。

（张雅婷）

五当召景区

【概况】

2020年，五当召景区管委会办公地由喜桂图新区金政大厦搬迁至五当召景区。修订、完善管委会例会制度。

2020年，接待游客10.27万人，门票收入223.13万元，完成综合旅游收入370.14万元。

【新冠肺炎疫情防控】

按照自治区、市、区关于疫情防控工作统一部署，成立管委会和旅游公司新型冠状病毒感染的肺炎联防联控工作领导小组，研究部署疫情防控工作。执行24小时值班制度，设置公共卫生监督员。向群众发放宣传材料400余份，不间断通过微信群、公众号等方式转载温馨提示短视频、疫情防控小知识，确保五当召景区外无输入内感染。复工复产后，游客实行互联网或电话的方式实名预约购票。

景区管委会进行疫情防控工作检查部署

张桂波摄

【景区建设】

按照区委五当召景区建设专班方案，修订专班职能，召开专班推进会2次。加强五当召景区基础建设，将餐饮中心电锅炉，改造为燃气锅炉，锅炉房主体已经完成；完成上水系统新管线改造；完成景区

南大门第二轮方案；重新铺设餐饮中心东侧护坡和广场的排水管道。专人负责推动五当召手续办理工作。国家森林公园修筑项目环境影响评价完成在《包头日报》、吉忽伦图嘎查公示程序，上报包头市生态环境局评审。按照《石拐区创建五当召国家AAAAA级旅游区服务质量与环境质量任务分解表》开展逐项自查工作。五当召景区成为自治区首家拥有智慧旅游人脸识别系统示范景区，实现人脸识别二次入园和实名制购票。

9月4日，五当召景区智慧旅游人脸识别系统上线启动仪式　　区委宣传部供图

【文化推广】

争取上级资金10万元，更换景区296根道旗。利用石拐区融媒体和其他旅游宣传媒体加大对五当召景区的宣传力度，召开五当召景区新闻发布会1次，邀请抖音网红达人对五当召景区进行现场直播，受众1000余人。利用抖音APP在“魅力喜桂图”官方账号上发布宣传视频8条。推动出版80万字的《走进五当召国家森林公园》一书，对接内蒙古未名洋文创公司研发五当召文创产品6类50多个品种。推动全国第一部藏传佛教题材15集广播剧《五当召传奇》的录制发行工作。推进五当召景区创AAAAA级文明城区创建工作，发放各种宣传资料2000余册。管委会和旅游公司获得区级文明单位荣誉称号，申报市级文明单位、文明窗口。在景区显著区域，利用LED屏等媒介宣传文明旅游等公益广告，营造创城氛围。参与石拐区组织的文化活动，景区职工在“脱贫攻坚奔小康·党的恩情永不忘”主题宣讲比赛活动中获优秀奖。成立宣传思想工作和精神文明建设领导小组，制定宣传思想工作及精神文明建设工作实施方案和计划，推进“学习强国”学习，健全志愿服务体系，推进五当召景区公共文化设施志愿服务站点建设。

利用传统重大节日开展疫情救护一线医护人员免票、优惠活动。联合区总工会举办石拐区健步行拔河比赛、夏日送清凉等文体慰问活动。

【综治治理】

成立景区政法工作领导小组，建立健全长效机制，制定《五当召景区管委会2020年政法工作实施方案》，执行值班和信息报送制度。按照各级扫黑除恶工作会议部署和石拐区扫黑除恶工作要点，结合五当召景区管委会工作实际，从11个方面制定五当召景区管委会2020年扫黑除恶工作要点，建立扫黑除恶工作台账，未发现“黑导游”“黑中介”、欺行霸市、强买强卖等恶势力相互勾结的现象和问题。成立统一战线工作领导小组，制订民族统一战线工作实施方案和计划。加强与包头市五当召综合保障中心、包头市五当召教务管理委员会的协调合作，并制定三方联席会议制度。

【安全生产】

组织召开安全生产工作专题会议12

次，部署安排安全生产工作。与旅游公司签署安全生产、防汛抗旱、森林防火责任状，制定和完善防汛抗旱工作要点和预案，全面压实企业主体责任。开展消防等安全生产应急预案演练及培训会3次，全面部署并做好汛期前值班安排、隐患排查和物资储备等各项工作，组织开展对景区拉网式安全生产检查12次，对发现的安全生产隐患及时整改。

“五一”长假前，景区工作人员开展安全生产检查　张桂波摄

（张桂波）

卫生与健康

【概况】

2020年，石拐区卫生健康委员会（以下简称为区卫健委）推进医疗卫生体制改革，融合发展卫生和计划生育事业，医疗卫生服务体系日益完善，公共卫生工作持续加强，医疗服务水平稳步提升。成功创建国家卫生县城、国家计划生育优质服务先进单位、自治区慢性病综合防控示范区。

2020年7月2日，按照《中共包头市石拐区委员会机构编制委员会关于撤销石拐区卫生计生综合监督执法局的通知》，石拐区卫生计生综合监督执法局更名为石拐区卫生健康综合行政执法大队，核减3名编制，核定编制10名。

2020年，全区共有各级医疗机构16家；其中社区卫生服务机构1家，乡镇卫生院2家，嘎查村卫生室13家。

综合管理

【医疗项目建设】

区政府与市民政局签订包头市民政福利园区精神理疗康复中心大楼与石拐区医院和妇幼保健所项目合并建设协议。4月，石拐区医院申请政府发行专项债券3500万元，邀请市级医疗专家对采购目录进行论证，开展医疗设备采购。按照二级综合医院标准，完成卫生专业深化设计。对接市民政局协调石拐区人民医院和妇幼保健所项目装修、改造相关事宜，与武汉国药公司、东软集团、九天设计院、移动公司与弱电设计（中冶西北工程技术有限公司）、普瑞康（北京）国际健康管理有限公司、卫心（银川）、绿旗九鼎对接石拐区人民医院合作建设体检中心、餐饮餐厅、5G网络建设、医联体及区域影响中心设计事宜。与市民政局共同起草补充协议。

疾控中心邀请有关专家研究PCR实验室建设相关事宜，完成实验室图纸设计及鼠疫和新冠肺炎病毒核酸检测实验室配套仪器设备采购招标，实验室改造项目招标等事宜。PCR及鼠疫实验室通过包头市卫生计生综合监督执法局验收，并发放实验室备案凭证；已开展核酸检测项目培训，初步具备检测能力，最大日检测量为282份。2020年，疾控中心核酸检测88例。

【新冠肺炎疫情防控】

健全工作机制，强化宣传引导和健康教育。多种方式广泛宣传新冠肺炎疫情防护知识，提升群众的防控意识和防控知识知晓率。全区共计印制发放各类宣传海报、折页、宣传手册、宣传单等4.7万余

份。指导全区开复企业218户次。卫生计生综合监督执法局对学校进行开学前疫情防控监督、指导、检查；检查公共场所3家,全区22家公共场所全部开始营业。按照集中隔离医学观察场所设置标准、在原汇宇测绘办公楼设置集中隔离医学观察场所。累计集中隔离42人，已全部解除隔离。对各类、各中高风险地区返石人员进行核酸检测2259人；分批次安排医疗机构工作人员进行核酸检测，114名医疗机构工作人员完成核酸检测且结果均为阴性。

2月，区卫健委工作人员正在分发宣传资料　　区卫健委供图

石拐区3家基层医疗机构落实预检分诊、首诊医生负责制等相关措施，设立预检分诊台和留观室，对每日就诊患者进行体温检测、询问旅居史、接触史。按照规范要求做好院感控制，加强医护人员培训和演练。累计开展新型冠状病毒肺炎实操演练15次，参加应急演练的医护人员204人次；开展新型冠状病毒肺炎线下培训83次，参加线下培训的医护人员1068人次。加强防疫及基层医护人员对新冠肺炎病例的发现与报告、医疗救治、院感防控、密接管理、个人防护等内容的培训，提高防控和诊疗能力。开展发热病人筛查流程指导培训、预检分诊筛查流程指导培训。3家基层医疗机构和妇幼保健所机构新型冠状病毒肺炎累计排查随访13807次；鼠疫累计排查随访7346次。

区集中隔离点医务工作者进行应急演练

区卫健委供图

社区卫生服务中心和妇幼保健计划生育服务中心分别开通“线上问诊”“电话问诊”平台，对辖区居民进行关于新冠肺炎防控知识24小时线上咨询。落实《关于进一步加强对一线医务人员身心健康关心关爱具体措施的通知》，开展一线医务人员关爱活动。区卫健委党总支、卫健委工会联合会，在疫情防控期间慰问一线医护人员并发放慰问金10000元。推动心理危机干预服务。推动各地区以及教育、公安等重点部门通过举办讲座、团建等多种方式关注广大干部群众的心理健康状况。举办医疗系统心理服务讲座，对医疗服务人员尤其是进驻集中隔离场所的工作人员做好心理疏导服务。医疗物资储备工作。按照要求，做好医疗物资储备，各医疗机构储备一次性医用外科口罩、N95口罩、防护服等防护物资。

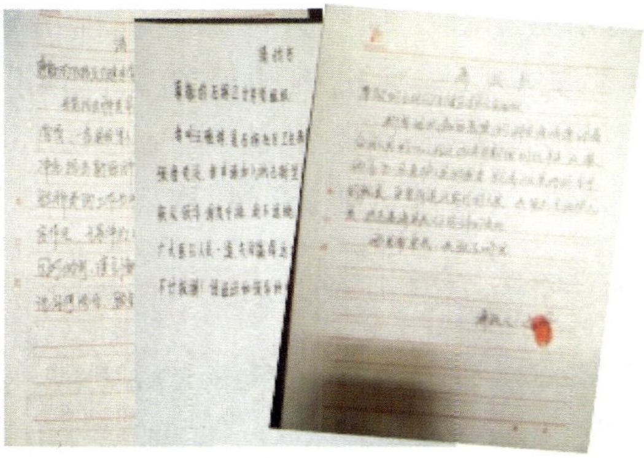

疫情防控期间，区卫健委部分医务工作者的请战书　　区卫健委供图

【健康扶贫工作】

实施健康扶贫“三个一批”行动计划，开展脱贫攻坚挂牌督战，全区贫困户慢性病患者86人，基层医疗机构组建22个家庭医生服务团队，规范贫困人口慢性病医疗管理，提供“送医配药”家庭医生慢病签约服务管理，重点开展慢性病贫困患者签约服务，开展用药指导、定期随访、健康教育管理，开具健康教育处方等。全区建档立卡贫困人口中大病集中救治5人。住院救治27人，医疗总费用36.28万元，医保报销20.89万元。提升基层服务能力。完成五当召镇卫生院1名符合条件人员全科医生转岗培训，填补五当召镇卫生院无全科医生的空白。

【安全生产】

制定《石拐区卫生健康系统人员密集场所安全整治工作方案》，全力抓好新冠肺炎疫情防控期间人员密集场所安全防范，严格把控安全消防工作，定期巡查检查，明确职责、责任到人，以确保全区疫情防控和安全生产形势平稳。每季度对各医疗单位进行安全生产大排查，与自然资源局共同开展安全生产应急演练，提高医疗应急能力。全年未发生安全事故。

【医药卫生体制改革】

全区3家基层医疗卫生机构优先采购和配备国家基本药物。2020年，在自治区药品集中采购平台采购金额40.68万元，响应金额35.11元，配送金额24.97万元。建立专科联盟。五当召镇卫生院、苏木卫生院、社区卫生服务中心加入包头市八医院城市医疗集团，妇幼保健所、社区卫生服务中心加入包钢三医院专科联盟，签订协议，建立帮扶关系。全年开展义诊17次540人，向上转诊9人次。五当召镇卫生院与包头市肿瘤医院建立远程诊断医疗服务，共诊治2人次。

【基本公共卫生服务】

2020年，拨付基层医疗卫生机构197.7万元，拨付率100%。落实开展健康教育、慢性病管理、重性精神病等14项服务项目。2020年，全区居民建立电子健康档案人数30559人，电子健康档案建档率80.2%；发放健康教育印刷资料60种，播放健康教育音像资料27种，设置健康教育宣传栏26个；辖区内孕产妇产后访视率为100%、儿童健康管理率60.64%；建立健康档案的65岁及以上老年人4498人、接受健康管理的老年人1756人，老年人健康管理率41.45%，健康体检1405人；按照规范要求进行高血压患者健康管理的人数1980人，高血压患者规范管理率87.88%；按照规范要求进行健康管理的2型糖尿病患者人数477人，2型糖尿病患者规范管理率73.29%；进行辖区管理严重精神障碍患者人数163人，规范管理率100%。家庭医生签约工作开展情况。全区22支服务团队，签约11227人，签约率29.46%。

【应急工作】

制定《石拐区新型冠状病毒疫情防控工作应急预案》《石拐区新型冠状病毒疫情防控医疗救治工作应急预案》《石拐区卫健委防汛抗旱工作应急预案》《石拐区卫健委五一期间旅游安全应急预案》，印发《石拐区应对2020年秋冬季新冠肺炎疫情医疗救治工作方案》《关于秋冬季新冠肺炎鼠疫等重点传染病防控大培训大演练工作的通知》，开展秋冬季新冠肺炎、鼠疫等重点传染病培训和演练工作。加强应急物资储备、保障类装备，各医疗机构提前做好药品、试剂、防护用品等医疗救治物资储备，区医院使用红会捐赠疫情防控专项经费购买负压救护车1台，接受捐赠救护车1台。开展新冠肺炎医疗救援、安全生产等公共卫生事件应急演练20次。区疾控中心依据《卫生应急基本装备物资储备目录》（2018版）加强应急物资储备、保障类装备，达到目录要求85%以上。

【蒙中医药工作】

推广蒙中医适宜技术，2个卫生院1个社区卫生服务中心全部设立蒙中医馆、标准中医诊室、中药房，提供中医规范化服务。聘请包头市知名蒙医苏亦礼达赖每周一、三、五坐诊。2020年，3家基层医疗机构中医诊疗892人。

【人口与家庭发展】

截至2020年9月31日，全区总人数为28233人（计生统计口径），出生90人，出生率3.19‰，人口自然增长率-1.59‰。2020年，确认农村牧区奖励扶助人数389人，其中60岁以上的260人，58岁81人，59岁48人；全区计划生育特殊家庭人数72人，其中，独生子女死亡31人，三级以上残疾41人。落实计划生育特殊家庭联系人制度，每户特殊家庭确定1名联系人。开展计划生育特殊家庭签约服务，计划生育特殊家庭72人均与现居住地乡镇卫生院或社区卫生服务中心进行家庭医生签约。基层医疗机构全部开通计划生育特殊家庭绿色通道，实现“三个全覆盖”相关服务工作。区社区卫生服务中心举办庆祝中国计生协成立40周年暨“5·29”会员活动日宣传服务活动。

加强流动人口信息平台应用，定期督导基层流动人口平台应用情况，按时上报平台应用进度表，平台应用率、重点信息反馈率等各项指标全部达标。

开展包头市城乡老年人健康养老服务调查工作。五当召镇卫生院与石拐区祥和敬老院签订《医疗服务合作协议书》，为所有老人进行免费体检及新冠肺炎疫情的宣传，赠送常用药品。开展“敬老月”老年人慰问活动。春节期间，走村入户慰问特殊困难和贫困计生家庭15户，共发放慰问金1.5万元。开展计划生育系列保险，全年共1988人办理60周岁以下家庭意外保险；为128名60岁以上老人办理老年人意外保险。

爱国卫生运动

【概况】

成立区委书记、政府区长任组长，区委常委、政府各副区长任副组长，相关部门负责人为成员的爱国卫生工作领导小组。设立爱国卫生指导中心，核定全额事业编制4个。疫情防控期间，区疫情防控指挥部下发《关于开展“爱国卫生运动”的

通知》《石拐区爱国卫生运动委员会办公室关于加强新型冠状病毒感染的肺炎疫情社区防控工作的通知》《石拐区爱国卫生运动委员会办公室关于深入开展爱国卫生运动做好新冠肺炎疫情防控工作的通知》等文件，成立5个督导小组，开展对辖区居民小区、嘎查村、企业（商户）进行全区实地评定工作。

【爱国卫生宣传教育】

开展第32个爱国卫生月和第4个爱国卫生宣传周活动。悬挂爱国卫生运动宣传条幅100幅，疫情防控宣传条幅562条，通过魅力喜桂图公众号、云上石拐、“村村响”大喇叭、微信群、流动宣传车等多种方式广泛宣传新冠肺炎疫情防护知识。共印制发放《致全区人民的一封信——如何预防新型冠状病毒》《石拐区关于预防新型冠状病毒感染的肺炎倡议书》《新型冠状病毒感染的肺炎健康科普知识》《防控知识手册》《防控指南》《明白卡》《给即将返岗人员的防控建议》《科普知识》《企业复工复产健康防护指南》《企业复产复工隔离规范》等各类宣传海报、折页、宣传手册、宣传单等4.7万余份。

开展健康素养促进行动，促进健康教育走进机关、企业、学校、农村社区。推动各地区以及教育、公安等重点部门开展讲座、团建等活动，关注广大干部群众的心理健康状况。举办医疗系统心理服务讲座，对医疗服务人员尤其是进驻集中隔离场所的工作人员做好心理疏导服务。为石拐区机关干部职工、卫生健康系统以及各中小学、托幼机构等开展为期2天半的“口罩下的微笑——健康石拐、阳光心理！”心理健康知识讲座。社区卫生服务中心、五当召卫生院和吉忽伦图卫生院为居民提供义诊、常见病防治、应急自救、安全防范知识培训和健康咨询等便民服务。开展创建“健康家庭”行动，指导家庭正确使用“小药箱”，科学储备和服用药品。开展“预防出生缺陷专题知识讲座”、爱牙日、爱眼日等健康知识主题活动，在每个居民小区设置健康专栏并定期更换。全区健康素养普及率达21.4%，同比提高1.4个百分点。

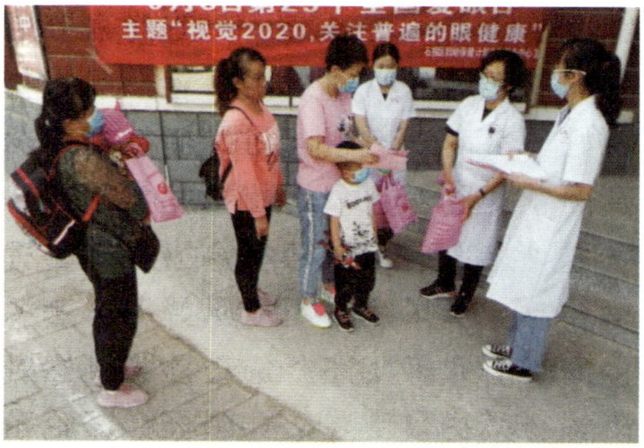

6月3日，区妇幼保健计划生育服务中心开展“第25个全国爱眼日”活动　区卫健委供图

组织开展“世界无烟日”宣传活动，发放宣传品、开展健康义诊、健康指导等。各窗口单位设立宣传标语、标识，共张贴禁烟标识牌1500余个。无烟单位均有禁烟制度和标识。城区内全部取缔烟草广告。召开专题创建无烟单位启动会，创建无烟单位33个，完成自治区2020年创建无烟单位要求。

【环境卫生治理】

投入600余万元新建6座垃圾转运站、购置垃圾转运站压缩设备、机械化清扫车、吸粪车、清雪车、高压输通车等设施设备，更新环卫车辆14台，清扫率、保洁率大幅提高。按《城镇环境卫生设施设置标准》要求设置公共厕所、垃圾箱、果皮

箱，生活垃圾无害化处理率达100%。投资4300万元，在全市率先完成库容82万立方米、125万吨工业园区固废处置场、污水处理厂项目。在全市率先实现城乡环卫管理一体化，成立国有公司绿源洁环保环卫产业公司，统一负责全区环卫保洁及生活垃圾、餐厨垃圾、建筑垃圾、工业固废的清运处理，打造“无废城区”，实现新老城区、3个园区、17个行政村公共卫生和农村厕所日常维护全覆盖。

强化市容市貌整治工作。全面摸查城区主干道路、背街小巷、旧街坊社区、商业中心、“五小”行业（小餐饮店、小浴室、小网吧、小歌舞厅、小旅馆）、公共场所、窗口单位的环卫设施、环境卫生、日常管理、健康教育等情况。制订《石拐区城乡环境综合整治工作实施方案》，确定26项环境综合整治内容，对道德广场、喇嘛河景观广场进行绿化美化亮化，新增绿化面积13300平方米。拆除破损店招及不符合要求的户外广告，清理占道经营，取缔马路市场，规范店外经营。

完成大青山自然保护区采矿权企业清理整顿，并对场地进行覆土整平治理。41家工矿企业中，实地验收39家生态植被恢复情况，2家退出并销号。2020年，全区有效监测天数315天，优良天数276天，优良天比例为87.62%，较2019年同期达标率提高2.2%。

【除害防病工作】

贯彻落实《病媒生物预防控制管理规定》，制定病媒生物防治方案，发放《包头市病媒生物防治指南》。定期组织开展除“四害”动员和技术培训，开展鼠密度监测，对喇嘛河地质公园、沿街各商铺、政府招待所、机关食堂、各学校食堂、校舍等进行消杀，除害防病各项指标均达到或超过规定标准。未发生鼠传疾病和虫媒传染病。2020年，使用鼠炮0.11吨，粘鼠板3757张、毒饵站198个、鼠药517公斤。

贯彻落实《石拐区党政领导干部食品安全责任清单》。组织召开石拐区食品药品安全委员会2020年第一次会议暨食品药品监管工作会议，印发《石拐区2020 年食品安全重点工作安排》。深入开展食品药品安全石拐建设和国家食品安全城市创建工作。将食品安全纳入到“十四五”规划发展和党委、政府工作目标考核，在苏木、镇、各办事处成立了食品药品安全委员会，设立石拐区市场监督行政执法大队。成立以主要领导为组长的食品安全检查组，加大食品安全日常监管力度，加大食品安全专项整治，确保了食品生产、加工、流通、消费等环节的监管落实到位。疫情期间，召开大型冷链食品生产经营单位新冠肺炎疫情防控工作会，部署开展冷链肉制品排查工作，严查冷链食品生产经营单位索证索票，并配合区卫健委完成冷链肉食品企业环境和人员检测采样工作。建立3个快检室，累计完成监督抽检450批次，其中完成监督抽检190批次，食用农产品抽检260批次，完成快速检测任务242批次。全区食品卫生监督覆盖率100%。学习贯彻新《中华人民共和国食品安全法》，组织开展监管执法人员和食品企业从业人员培训活动，累计集中学习52次，培训执法人员和食品企业从业人员800余人次，发放新《中华人民共和国食品安全法》宣传单1000余份。

实施健康水工程，加强水源地保护，

定期对出厂水、末梢水进行水质监测，保证城市饮水安全。投资14.7万元安装42台净水设备，投资9.95万元，维修维护52台净水设备。2018—2020年，利用上级补助资金和本级财政资金246.18万元，招标采购离子色谱仪器、气相色谱仪、荧光分光光度计、连续流动分析仪、低本底αβ等多台水质检测仪器，具备42项检测能力。未发生重大食品安全、饮用水污染及职业危害事故。

建成覆盖全区的传染病报告网络，实现传染病疫情及突发公共卫生事件与市区的网络直报。成立传染病疫情及突发公共卫生事件的应急组织机构，组建应急队伍，制定应急预案，加强健康教育及人员培训，确保早发现、早诊断、早报告、早隔离和早治疗，严防重大疫情发生和流行。制定城区预防接种管理办法，免费实行国家免疫规划项目的预防接种，儿童国家免疫规划疫苗全程接种率、安全接种率、基础免疫建证建卡率均达100%。对0～7岁居住满3个月以上的流动儿童及辖区入托、入学新生进行“预防接种证”查证、补证、补种工作，建卡建证率达100%。全区疫苗供应、冷链及运输实行规范化管理，所有预防接种人员均持证上岗，安全注射率达100%，未发生预防接种事故；未发生甲、乙类传染病暴发疫情，无院内感染引起的重大疫情或导致的死亡事故。

【公共场所卫生管理】

落实《公共场所卫生管理条例》。公共场所均实现卫生许可证张挂上墙，从业人员“五病”患者调离率达100%。城区所有公共场所均设置禁止吸烟的标语牌和讲究卫生的警示语，各窗口单位有垃圾箱、果皮箱，有专人保洁。

推动农村牧区“厕所革命”工程。完成农村公厕改造102座，全部为全自动免冲洗原位生物降解搅拌式公厕，覆盖1个示范创建乡（大德恒街道）、5个示范创建嘎查村（开洲窑子村、缸房地村、新曙光村、爬榆树嘎查、吉忽伦图嘎查）。卫生户厕改造1478户，普及率48%，超额完成三类地区全面建成小康社会32%的目标要求。

2020年，爱卫办各成员单位全面启动爱国卫生运动，发动各部门干部职工、党员、人大代表、群众志愿者，对居民小区、街道小巷等重点区域、公共场所，进行了“地毯式”清理。投入近14.6万人次，投入机械1万余台次，处理生活垃圾约1.1万余次，餐厨垃圾约900吨，地区环境卫生综合整治成效明显提升。

妇幼保健及生育服务工作

【新冠肺炎疫情防控】

组织开展疫情防控应急演练3次，参加演练15人次。模拟演练安全穿脱防护服，参加演练5人；模拟演练疫情期间为孕产妇等患者开展诊疗服务，参加演练3人；邀请疾控中心工作人员现场指导如何穿脱防护服，参加演练7人。

9月，参加在石拐区疾控中心组织的全区新型冠状病毒感染的肺炎和布鲁氏菌病防控知识培训，妇幼保健所参加培训2人。

对进入中心所有人员，在分诊台处测量体温并询问登记姓名、电话、出行史、接触史及是否有感染新冠肺炎、鼠疫的相关症状等内容；佩戴口罩，落实“一米线

等候”措施，合理安排就诊时间、控制就诊人员数量，避免人员聚集。规范医务人员穿戴工作服、医用口罩、正确选择和佩戴防护用品；各诊室、检查室定期开窗通风、定期使用紫外线灯消毒。严格按照医疗废物管理工作要求处理医疗废物。

2020年，组织托幼园所教师开展新冠肺炎疫情防控知识培训讲座2场，讲解秋冬季托幼园所新冠肺炎疫情防控相关知识。参加培训讲座30余人次。通过大厅电子显示屏滚动播放疫情防控知识，发放宣传资料、张贴海报等方式开展疫情防控宣传教育。

【医疗卫生保障】

为辖区准备怀孕的城乡妇女，包括流动人口免费提供增补叶酸服务。2020年，叶酸发放203人，目标195人，发放率104%。

在婚前医学检查、孕前优生健康检查、女职工体检时，进行预防艾滋病、梅毒、乙肝母婴传播宣传教育活动，发放宣传资料，讲解预防艾滋病、梅毒、乙肝母婴传播知识。2020年，免费为孕妇“艾梅乙”检测31人；免费孕前优生检查52对，任务数45对，目标完成率116%。

【妇幼保健工作】

2020年，完成育龄妇女免费“妇女病普查”1459人；应查1116人，实查1459人，普查率130%。发现患病人数725人，患病率49.69%。其中，“两癌”筛查987人（乳腺癌筛查773人，宫颈癌筛查214人），乳腺癌筛查发现患病129人，其中乳腺增生115人，乳腺结节14人；宫颈癌筛查确诊2人，HPV阳性22人，TCT异常12人。

5月20—21日，区卫健委妇幼保健站开展免费婚检，并发放宣传资料袋及资料、宣传围裙、叶酸、避孕药具等　　区卫健委供图

孕产妇及7岁儿童以下系统管理服务由社区卫生服务中心、乡镇卫生院承担。2020年，全区产妇110人，活产数112人，孕产妇死亡0人；产妇产后访视110人，访视率100%；新生儿访视112人，访视率100%。全区7岁以下儿童668人，保健管理630人，保健管理率94.31%。3岁以下儿童314人，保健管理311人，保健管理率99.04%。婴儿死亡人数2人（其中新生儿1人）。

2020年，婚前医学检查人数357人，婚检率为92.49%，患病人数31人，患病率8.68%，其中患指定传染性疾病4人。为育龄群众提供国家免费避孕药具2750人次。

2020年，为辖区各托幼园所189名儿童入园体检，为区明德、润德幼儿园114名在园儿童体检，儿童体检人数303人。2020年，入园开展幼儿保健知识教育讲座1次，组织专业医师为幼儿家长讲解育儿知识，普及儿童保健知识。28名幼儿家长参加培训。面向入园儿童及家长开展讲座10余次，重点普及儿童保健知识和3～4岁儿童

常见疾病的预防知识。

对润德、明德幼儿园在园教师进行健康体检，并对体检合格者发放托儿所幼儿园工作人员健康证。2020年幼师体检人数48人，发放合格证44人，暂缓发证4人。

10月15日起，开展女职工体检工作。聘请市级医院超声专家进行彩超检查，检查项目包括宫颈癌早期筛查（TCT+HPV）、一般常规体检、超声检查（乳腺、子宫附件等）、化验室检查等17项健康检查，其中16项为免费检查项目，宫颈癌早期筛查为自费优惠检查项目。完成对716名女职工体检；对发现异常项的，由专业医师给予诊疗建议和健康指导。

【妇幼卫生工作督导】

对照《包头市基本公共卫生服务项目考核办法（试行）》要求，组成督导考核组对社区、乡镇卫生院开展基本公共卫生服务情况督导2次，并对出现的问题提出整改意见。对润德幼儿园、明德幼儿园进行督导2次，并提出督导意见及建议。

按照上级部门要求，收集、报送各项妇幼卫生统计数据，及时纠正存在的问题，保证报表质量。加强信息统计人员培训，提高报表填报的规范，按时上报月报表、季度报表，报表资料并按统一规定存档保存。

【妇幼健康知识宣传】

开展免费药具发放及宣传服务，深入全区各村居、嘎查，利用大型节假日摆放宣传展板，发放宣传资料及避孕药具，设立咨询台等。

2020年，开展爱眼日、全民营养周、预防新生儿出生缺陷宣传活动；在消夏晚会进行妇幼健康知识、母乳喂养周、托幼园所保育员育儿知识宣传，在女职工体检时，进行婚育知识、孕前优生健康知识、预防出生缺陷知识、儿童保健知识宣传等。全年开展各类妇幼健康知识宣传活动共26次，受益人群500余人，发放宣传资料3000余份。

开展免费“送医、送药、送健康”活动、“服务百姓健康行动”、全国大型义诊周活动、“民族团结助力脱贫攻坚，各族人民携手共进小康”等各项活动，为广大群众免费提供妇科问诊及检查、彩超检查等服务，发放宣传资料、摆放健康知识展板、医务人员讲解健康知识等方式积极宣传普及妇幼保健知识，其间深入乡镇村居开展义诊活动及宣传活动10余次，发放各类宣传资料3000余份。

5月13日，区妇幼保健计划生育服务中心深入吉忽伦图苏木爬榆树幸福大院，为当地的妇女免费开展“三查”，现场讲授妇科病防治、生殖健康知识　区卫健委供图

【计生宣传与服务】

5月29日，区计生协会联合区卫健委在石拐区社区卫生服务中心举办庆祝中国计生协成立40周年暨“5·29”会员活动日宣传服务活动。邀请区疾病预防控制中心、妇幼保健计划生育服务中心为群众普及优

生优育、避孕节育、亲子早教、性与生殖健康保健、性病艾滋病预防等知识。

春节期间，区卫健委对辖区内15户计划生育特殊家庭、农村部分计划生育家庭奖励扶助家庭以及计划生育困难家庭进行慰问，为他们送去慰问金、春节对联等共计15000元。

参与区关工委组织开展的石拐区2020年“金秋助学”活动暨助学金发放仪式。对石拐区5名女大学生，每人发放2000元助学金。

贯彻落实包头市计划生育协会、中国人寿包头分公司《关于持续做好2020年包头市计划生育保险工作的通知》，邀请中国人寿保险公司人员开展业务培训，组织开展广泛宣传，深入基层入户走访，普及计生家庭意外保险知识。2020年，为全区2057人办理60周岁以下家庭意外保险；为133名60岁以上老人办理老年人意外保险。

疾病预防和控制

【新冠肺炎疫情防控】

组织召开专题部署会，疾控中心工作人员有序开展流调、随访、指导、采样检测和培训。流调密切接触者、重点疫区到石拐区人员33人，随访6人，排查鉴别29人，排除密切接触者2人。技术指导卡点、集中隔离点还是企业复工、职工返岗123次700余人次。

开展新型冠状病毒咽拭子采样工作，采集2398份标本，送市疾控检测。

对医疗机构、企业、学校、街道办事处等部门工作人员开展技术培训26次670余人次。举办医护人员应急演练7场，100余人次参与。

加强疾控机构新冠肺炎病毒核酸检测能力，争取专项资金180万元，建成石拐区首个新冠肺炎病毒核酸检测实验室并配套较先进检测仪器。核酸检测重点人群、环境、冷链食品420份。

做好应急物资储备工作，储备大量防护、消杀、采样和检测物资。

【传染病防治】

2020年，全区无甲类传染病报告，无重大传染病暴发流行。全年报告乙类传染病7种、112例，丙类传染病4种、8例。较上年减少2种、50例。

全面推进疾病控制机构、定点医疗机构、基层卫生机构分工明确、协调配合的“三位一体”新型结核病防治服务体系建设。报告结核病病人38例，转诊24例，患者住院14例，转诊到位率100%。落实初诊和疗程末胸片免费政策，开展痰涂片、痰培养检测及结核病分子生物学检测技术工作。对20名教师和29名学生开展结核菌素皮试。

开展高危人群性病、艾滋病干预和检测，对380名从业人员开展VCT检测。全区管理艾滋病感染者1人，完成病人配偶BCT、结核病筛查及病人的CD4检查和随访工作，随访管理率及抗病毒治疗率均为100%。

开展了野外鼠密度监测。监测面积累计35平方千米，发现鼠洞27个，均为陈旧性鼠洞，未搜索到活鼠、其他鼠迹以及死鼠、死兔等啮齿类动物。未超过国家野外鼠密度2只/10公顷的要求。与历史鼠疫疫源地东河区、九原区签署毗邻旗县（区）鼠疫防控联防联控工作协议，落实鼠疫疫情联防联控机制。对各中小学校、医疗机

构、各街道办事处、机关事业单位相关单位工作人员进行鼠疫防控知识培训。争取上级资金改建52平方米的鼠疫实验室，并招标采购荧光PCR仪等检验仪器，对辖区561名高危人群进行布病主动监测，查出阳性血清25人。建档率100%，回访率100%。

【地方病防治】

制定《石拐区地方病防治专项三年攻坚行动方案》，对全区所有自然村进行氟、砷水质监测，共监测75份，水样未超标。开展碘缺乏病监测，监测8～12岁儿童尿碘、盐碘200人份。采集、检测13份孕妇盐碘、尿碘样本。对辖区内200户居民食用碘盐及1家盐库108份样本进行碘含量检测。

【免疫规划】

依法开展预防接种，“五苗”全程接种率均保持在95%以上，扩免疫苗接种率达到90%以上。开展入托入学儿童预防接种查验工作，查验率100%，补种率96.4%。6月，“扫码接种”系统正式上线，实现疫苗扫码与出入库类型关联，追溯信息与疫苗流通和使用同步。为有需求人群订购570支二类疫苗。

【水质监测】

开展6个城市监测点、8个农村监测点枯水期与丰水期水质监测。开展脱贫攻坚25个自然村水质常规指标检测。投入153万余元，购置多台水质检测仪器，安装实验室通风净化设施，水质检测能力达到42项。

【学校卫生监测】

开展全区学生常见病和健康影响因素监测与干预工作。对1047名学生的近视、龋齿、肥胖、营养不良、脊柱弯曲异常等常见病及青春期发育情况进行监测。对4个学校24个教室开展噪声、照度、课桌椅、黑板等环境监测。

【慢性病防治】

开展全民健康生活方式“三减三健”专项行动，倡导积极的健康生活方式。完成自治区慢性病综合防控示范区的创建。

【卫生应急处置】

规范处置2起水痘疫情，进行流行病学调查、个案调查、采样分析、防控指导，有效控制水痘疫情的蔓延。完善《石拐区疾病预防控制中心卫生应急预案》，对应急物资及装备进行添置和更新。举办鼠疫、新冠肺炎、传染病突发应急事件处置培训和演练，提升中心应急处置水平。

11月6日，石拐区卫生健康委在金政大厦召开石拐区公共卫生监督员、流调队员、消杀队员相关专业知识培训会　　区卫健委供图

【实验室管理】

参加国家级PCR和自治区盐碘、尿碘、艾滋病、梅毒的质控考核，取得合格证书。

卫生健康综合行政执法

【卫生监督】

监督检查辖区内25家医疗机构的医疗卫生、传染病防治等。办理医疗机构处罚案件10起，其中罚款案件3起，警告案件

7起。全区各医疗单位均取得“医疗机构执业许可证”并效验，均在登记范围内开展诊疗活动。未发现出具虚假医学证明及出卖、转让、出借“医疗机构执业许可证”现象。区社区卫生服务中心、妇幼保健计划生育服务中心、疾病预防控制中心和2家乡镇卫生院，均按照许可科目开展诊疗活动，未聘用非卫生技术人员，未出租、外包科室。

依法对区疾病预防控制中心、社区卫生服务中心和妇幼保健计划生育服务中心3家医疗单位进行传染病疫情报告监督检查；3家医疗卫生机构均设专职人员进行传染病的上报与自查工作，网络直报运行正常，设有疫情登记本。按规定执行首诊负责制，使用门诊日志、疫情报告登记本和统一的传染病报告卡，疾病预防控制机构建立疫情管理制度，有疫情报告、咨询电话。

依法对区内社区卫生服务中心、疾病预防控制中心、妇幼保健计划生育服务中心和2家卫生院的消毒产品进行监督检查。5家医疗机构均有消毒产品生产企业和经营企业许可证，抽检的消毒产品均在有效使用范围期限内，并设置专职人员负责消毒管理工作，定期开展消毒与灭菌工作。

依法对辖区内16家医疗单位进行医疗废物处置专项检查。各医疗单位均建立医疗废物管理组织、制度和应急方案；医疗废物使用专用医疗废物收集容器存放，医疗废物暂时贮存、转运、登记记录完整。16家医疗机构转运医疗废物1345.22千克；其中，感染性医疗废物882.9千克、损伤性医疗废物457.32千克、其他医疗废物5千克。

【职业病防治监督】

按照《包头市尘肺病防治攻坚行动方案》要求，重点监督检查辖区内粉尘危害较重的建材、商砼企业，对12户未按规定落实职业病危害防护措施和相关制度的企业给予警告处罚，并要求限期整改。

【公共场所卫生监督】

全区持有公共场所卫生许可证共有23家；其中，理发14家、美容4家、旅店4家、浴池1家。

2020年，按照《公共场所卫生管理条例》《公共场所卫生管理条例实施细则》要求，重点针对公共场所疫情防控情况开展监督检查，就各场所消毒、顾客登记、健康证、消毒产品索证等情况进行监督检查。复工期，要求被监督单位签订“美容美发场所复工营业承诺书”。

加强和规范全区量化分级工作，对区内13家公共场所重新进行量化分级工作，评定B级11家、C级2家。

各公共场所均建立健全各项规章制度，有专门的卫生管理人员和卫生档案。对检查中存在的问题下达卫生监督笔录和意见书。全年制作监督笔录、卫生监督意见书分别为31份。立案并查处1家未取得“公共场所卫生许可证”，擅自开展住宿活动的旅店。

举办公共场所从业人员新冠肺炎、鼠疫防控培训班1次，参加人员20余人。向从业人员发放传染病及鼠疫防疫知识宣传单百余份。

【学校卫生监督】

2020年，全区中、小学校6所（11月，景开中学二校区迁出石拐区），托幼机构2所。

完成全区中小学校、托幼机构的日常性监督工作。完成并上报国家下达的1所学校随机监督抽检工作。复课后，组织人员检查指导各中小学校、托幼机构卫生工作计划、领导负责制、传染病防控应急预案、晨午检制度、传染病疫情发现信息登记与报告制度、学生因病缺勤病因追查与登记制度、学生健康管理制度、通风消毒制度、生活饮用水、传染病疫情暴发等突发公共卫生事件应急处置工作方案等制度的落实情况。

4月，邀请包头市第三医院专家对全区7所学校、2所托幼机构的相关负责人、保健医生、卫生协管员进行鼠疫、新冠等传染病的知识培训；10月，对全区7所学校、2所托幼机构的相关负责人、保健医、宿管老师、班主任、安保人员及负责学校卫生的相关人员在石拐区苏蒙实验学校报告厅讲解水痘、新冠、鼠疫、诺如病毒等常见传染病的防控知识及学校卫生监督的相关内容，参会人员300余人。

在新冠鼠疫防控期间，为学校托幼机构发放宣传张贴画40余份，宣传单300余份。全年监督检查80余次，下达监督笔录、意见书各28份。

【生活饮用水监督】

全区从事集中式供水的单位为石拐区供水站、五当生活服务有限公司供水站2家。

2020年，依据《中华人民共和国传染病防治法》《生活饮用水卫生监督管理办法》《生活饮用水集中式供水单位卫生规范》《生活饮用水卫生标准》等相关法律法规及规范性文件的要求，对2家集中式供水单位进行日常性监督检查。供水单位均制定组织机构、卫生管理制度、岗位责任制及水污染事件应急预案等，水源有防护，供水设施能定期清洗、消毒及检测；均能提供有资质的第三方出具的常规项的水质检测报告。管供水人员持有健康证，单位定期开展卫生知识培训。邀请包头市第三医院专家为管供水人员、卫生协管人员进行传染病知识的培训。

社区卫生服务

石拐区医院

【预检分诊】

社区卫生服务中心预检分诊排查10581人，新型冠状病毒性肺炎0人，疑似鼠疫患者0人；开展线下新冠肺炎疫情防控知识培训28次，累计培训500余人次；新型肺炎疫情防控实操培训6次，培训100余人次；开展新冠肺炎疫情应急演练4次，参与60余人；社区中心家庭医生马大夫24小时进行新冠肺炎疫情线上咨询170人次。

【宣传培训】

在全国儿童预防接种日、国际护士节、世界高血压日、世界家庭医生日、世界无烟日、全国爱眼日等节日，开展免费义诊12次，义诊600余人次。对辖区居民进行新肺炎冠疫情防控知识与健康宣教25次，1370人次，发放防控知识宣传资料8000余份。

开展鼠疫防控培训10次，培训210余人次，联合新冠肺炎疫情防控，举办鼠疫防控健康宣教4次，受众120余人次。

社区卫生服务中心公众号，随时发布健康信息、健康知识、官方信息、医讯、工作动态情况。

【石拐区医院建设项目】

2020年，支付项目工程款800万元，累

计支付1300万元。

争取到位2020年专项债券3500万元，用于石拐区医院医疗设备采购。完成网上采购CT和DR等医疗设备申报，开展设备参数论证事宜。

2002年，完成大多数墙体拆除；1～5层地面打垫层、找平；病房刮白；整改受结构柱影响入口门过道较窄的病房及卫生间；完成卫生间墙砖、便池、面盆及户门选定。地下一层开始铺地砖。

【岗位练兵】

提升突发公共事件应急能力。以新冠肺炎疫情、鼠疫防控为主要内容，开展“理论+实操”岗位大练兵，其中理论考试2次，实操模拟6次，应急演练6次。

【网上药品采购】

社区卫生服务中心和辖区5个一体化村卫生室严格实施药品采购“两票制”、基本药物制度和药品零差率销售。2020年，参加药品网上集中采购17.85万元，基本药物配备8.82万元，基本药物占比61.90%。

【医疗服务】

完成石拐区重大会议、活动，景区节假日，教育、人事部门大型考试及纪检部门等医疗保障任务。

聘请包头市名蒙医苏奕礼达赖，开展药浴、沙疗、针灸、拔火罐、放血等五疗传统疗法。全年蒙医门诊160余人次。

服务范围内5家村卫生室全部开通城乡居民门诊药费报销系统。社区中心城乡居民医保报销统筹支付24771.34元，自费总费用269519.68元，城镇职工医保25869.73元；门、急诊诊疗人次3435人次；严格规范诊疗行为，医疗责任事故为0；院内感染率为0；法定传染病报告率为100%；常规器械灭菌合格率为100%。

【基本公共卫生服务】

强化服务意识，量化指标，实施绩效考核。2020年，建立城乡居民健康档案20477份，建档率90.4%；65岁及以上老年人体检2374人。

【家庭医生签约服务】

2020年，社区中心提高签约服务质量，引导居民患病后第一时间问诊自己家庭医生。“5·19”世界家庭医生日，组织开展“携手家医，共同抗疫”系列宣传活动，提升家庭医生签约服务知晓率、获得感。全年家庭医生签约8943份，签约率39.4%；重点人群3886人，签约3536人，签约率91.0%。

【健康扶贫】

社区卫生服务中心服务范围贫困户共计5户12人，全部实现家庭医生签约服务，免费健康体检，发放健康小药箱，每季度入户填写慢性病鉴定手册、健康扶贫管理手册；每月20日为喜桂图辖区国贫户区内鉴定慢性病1人送医送药，全年免费送药价值1871元。

【健康检查】

配合政府相关部门进行应急演练10次；进行从业人员健康体检631余人；结核病初步筛查1237人；辖区残疾人免费鉴定552人；完成驾驶人员健康体检306人；男职工体检231人；民兵体检183人；驻村第一书记体检20人；网格员体检43人。

3月12日，石拐街道办事处社区卫生服务中心为返岗复工农牧民工进行健康检测

区卫健委供图

五当召镇卫生院

【疫情防控】

组织召开关于新冠肺炎与鼠疫防控工作的部署会议与疫情防控知识学习会议，培训全体职工及村卫生室负责人疫情防控专业知识和技能，签署疫情防控工作责任状。严格执行预检分诊工作，设立独立发热患者通道和隔离室，严格按照规定对就诊患者测量体温，登记详细信息，按照《包头市使用居民电子健康码开展新冠肺炎和鼠疫疫情预检分诊工作方案》通知，实行电子健康码预检分诊。做好应急物资的储备，实行24小时值班制度。

【健康扶贫】

开展2020年贫困家庭医生签约和续约工作。管理五当召镇已脱贫享受政策住户54户108人，贫困户慢病患者50人，慢病送药24人。每月定期为贫困户慢病患者送医送药，每月对慢病管理人群进行健康随访，更新并完善相关档案文件。

【基本公共卫生服务】

2020年，常住人口家庭医生签约4375人，签约率36.57%。截至2020年，累计建立居民健康档案10878份，建档率91%。按时随访孕产妇、老年人、慢病患者等。每月定期为65岁及以上老年人进行免费体检，2020年，为878名老年人进行体检。完成服务范围内儿童一类、二类（手足口、水痘）疫苗接种及流感疫苗接种工作。开展肺结核患者健康管理工作，设置健康教育宣传栏并定期更换内容，组织开展健康素养调查工作，2020年，完成健康素养调查问卷300余份。协助完成卫生监督协管相关工作，上报传染病及突发卫生事件。

【基本医疗服务】

与包头市肿瘤医院（原包头市第七医院）建立互联网诊疗服务，通过相关检查结果给予确诊意见及用药建议。包头市肿瘤医院的专家定期坐诊，开展“优质服务基层行活动”。开通老年人就医便利绿色通道。2020年，城乡医保门诊1545人。引进4名医护人员，加强镇卫生院外科服务能力，成立妇科门诊，解决当地群众“看病难”“看病远”的问题。

【村卫生室管理】

落实卫生室基本公共卫生服务工作，制定村卫生室工作制度。对全镇6所卫生室进行年度考核和全面性的整改，在4家村卫生室开通医保报销系统。每周到位置偏远且常住人口偏少的脑包沟村开展流动医疗服务。

【药品采购及医疗垃圾处置】

制定药房管理制度，实行药品零差率售药，执行规范集中采购、统一配送的基本药物采购机制，落实药品公示板块，公示药品名称、厂家、价格等信息。对卫生院及村卫生室医疗垃圾处理工作进行规范管理。组织专人参加医疗机构废弃物综合

治理工作培训学习等。

【安全生产】

2020年，制定安全生产实施计划，建立安全生产台账，完成上级部门安排的任务。同时要求医院各科室落实责任，分工协作，明确目标要求，部署安全生产检查工作。按照医疗废水排放标准要求，定期维护医疗废水处理系统，实行医疗废水和污水无害化处理。定期举行安全生产大检查工作，对医疗服务工作和消防安全作出具体整改，完成卫生院及各村卫生室灭火器更换；定期检查安全通道；维修加固卫生院大院停车场等。

吉忽伦图苏木卫生院

【体检及健康指导】

按照区政府、区卫健委统一工作部署，苏木卫生院与区疾病预防控制中心抽调医疗专业技术人员组成医疗体检队，进村入户开展农牧民健康体检及布病筛查。医疗体检队下乡入户19次，为65岁以上老年人体检约300人次；对散居或行动不便的农牧民进行入户健康检查和基本公共卫生服务工作。对筛查出的慢性病、布病给予健康指导和采取治疗措施。

1月2日，吉忽伦图苏木政府组织开展三下乡活动。苏木卫生院为农牧民提供免费测量血压、健康咨询等　　区卫健委供图

【基本公共卫生服务】

完善农牧民健康档案，开展了电子健康档案管理，加强家庭医生签约、履约工作，宣传电子健康档案网络查询方法。2020年，常住农牧民3700人，建立电子健康档案数3350人，建档率90.54%。老人健康管理823人，老年人核定体检数272人，年体检300人，体检率77.31%；高血压规范管理349人，糖尿病规范管理72人，严重精神疾病规范管理33人，0～6岁儿童健康管理率、肺结核患者规范服药率均达90%以上。

【医保服务】

完成所辖卫生室门诊药费报销定点医疗机构审批、卫生室平板电脑医保联德系统与基层医疗机构信息医院管理信息系统（Hospital Information System，HIS）对接工作。

【医护人员队伍建设】

招聘医护专业技术人员7人。其中，医师5人（临床医学专业4人，中医学专业1人），护士1人，药师1人。

【健康扶贫】

为辖区国家级贫困户农牧民41户80人，开展上门免费健康体格检查，并完善基本公共卫生服务档案、建立健康体检档案、入户随访档案；完成40名（市级15人，区级25人）贫困人口45种慢性病鉴定工作（其中送药19人）；为2名严重精神障碍患者免费、上门送药、健康指导。对国贫户农牧民开展健康知识视频讲座和现场讲解各类健康问题，发放健康知识小手册、日常生活用品等宣传品。

【健康宣教及布鲁氏菌病筛查】

对辖区嘎查村委会干部开展健康检查

和健康教育相关知识宣教。按照《包头市人间布鲁氏菌病监测方案》的要求，配合区疾控中心进行235人份布鲁氏菌病采血检测，对发现疑似病例及时转诊三医院和市疾控中心进行确诊治疗。针对重点人群广泛开展布病防治知识宣传，提高农牧民布鲁氏菌病防治知识和自我保护意识。

【基本药物采购】

苏木卫生院和下辖2个嘎查卫生室全部实施基本药物网络招标采购和零差率销售。药品配送响应率低，配送不及时，制约该院医疗服务工作。

（吴丽霞）

社会服务与管理

民族 宗教

【概况】

2020年，区民委深入持久开展民族团结进步创建活动，全力维护少数民族群众合法权益，加强社会上蒙汉两种文字并用管理工作，强化清真食品市场管理，营造和发展民族团结社会稳定的良好政治局面。

1月16日，国家民委公布第三批中国少数民族特色村寨命名名单，石拐区爬榆树嘎查列入名单。

2020年10月，爬榆树嘎查被自治区党委宣传部、统战部、自治区民委命名为第六批全区民族团结进步示范嘎查（村）。

2020年，全区户籍人口46861人，有蒙、回、满、藏等15个民族。全区共有少数民族人口2440人，占人口总数的5.2%；其中蒙古族有1692人，占少数民族人口69.3%。

【抗击新冠肺炎疫情】

遵照区委、区政府统一安排部署，重点做好民族地区抗疫工作。区民委深入到三岔口、爬榆树、绍卜亥、吉忽伦图、白菜沟等5个嘎查宣传疫情防控知识、张贴宣传标语。为坚守奋战在一线的嘎查干部群众赠送84消毒液、医用酒精、一次性手套、电暖气、夜光路桩、方便面、水果等慰问品，为帮助嘎查干部群众打赢疫情防控阻击战提供支持。在包联神发社区、蓝天城、数字花苑进行疫情防控宣传和执勤工作。为全区各单位和部门翻译抗疫宣传标语50条，为全区各防控点翻译30余条蒙汉文并用宣传标语。

【民族政策宣传教育】

组织开展石拐区全市第12个民族政策宣传月、第12个民族蒙古语文法制宣传周、全市第37个民族进步活动月活动。

5月19日，联合区委统战部、区政法委在喜桂图新区社区广场开展大型户外宣传教育活动1次，发放《中华人民共和国民族区域自治法》等法律法规宣传材料2000余份，民族政策宣传手册500余份；发放印有蒙汉两种文字宣传标语的手袋600余个，宣传毛巾300余条。摆放宣传展板8个、悬挂宣传条幅20余条，LED显示屏不间断滚动播放宣传标语33条，设立民族政策宣传咨询台2个。利用微信平台宣传《内蒙古自治区蒙古语言文字工作条例》等政策法规。

5月19日，石拐区民委联合区委统战部、区委政法委在喜桂图新区社区广场开展石拐区第十二个民族政策宣传月启动仪式　卢卓溢摄

7月3日，联合区委统战部、区司法局在喜桂图神发社区开展全区第12个蒙古语文法制宣传周活动，发放宣传资料、民族政策手提袋、印有“中华民族一家亲”蒙汉并用宣传标语的围裙，共发放1000余份日用品和宣传单；设立民族政策咨询台。到爬榆树嘎查开展宣传和调研。在微信公众号链接市民委官方网站“蒙古语文政策法规”“民族政策法规”内容；在“魅力喜桂图”官方微信平台上连续发送《城市民族工作条例》等法律法规。在多家媒体发表《石拐区法制宣传唱响民族团结主旋律》《石拐区开展第十二个民族蒙古语文法治宣传周活动取得实效》等新闻稿件。区蒙小在内蒙古新闻——大律师网发表《石拐区蒙古族小学唱响民族团结主旋律》稿件。

9月14日，联合区委统战部、区司法局和大发街道办事处，在喜桂图社区举办全区第37个民族团结进步活动月启动仪式，向各族人民群众发放《中华人民共和国宪法》《中华人民共和国民族区域自治法》等法律法规1000余份，发放印有蒙汉两种文字宣传标语的围裙1000余条。

按照民族团结进步创建工作“八进”要求（进家庭、进机关、进社区、进乡村、进学校、进企业、进寺院、进军营），区民委在“一周两月”活动中，会同区委统战部派员到区人大、区蒙古族小学、区医保局、退役军人事务局、内蒙古五当召旅游开发公司、石拐教堂、五当召、神发社区、五当召镇政府、神包家园住户家庭、驻区部队、神发社区及住户家中、爬榆树嘎查互助幸福大院、新曙光村、顺丰快递、京东快递、荣邦物流等单位、部门、场所、企业，深入宣传党的民族政策和相关法律法规。与区委统战部共同邀请包头市委党校教师为全区领导干部作了党的民族宗教政策专题辅导。联合区委宣传部、区委统战部利用“魅力喜桂图”微信平台在全区组织开展“铸牢中华民族共同体意识”民族政策有奖知识竞赛活动，普及民族政策和法律法规知识。

向区委宣传部、区委统战部、市民委上报信息71条（篇），其中多条被《包头日报》、市委统战部、市民委、内蒙古新闻网采用。在区民委微信公众号推送信息90余条。

【城市民族工作】

开展城市民族工作，巩固城市民族工作社区化服务管理成果，打造城市民族工作样板示范社区，命名一批亮点示范社区(嘎查村)。配合上级部门开展城市民族工作调研。完善城市少数民族流动人口基础台账，探索城市少数民族流动人口管理和服务的新方法、新途径，实现动态管理、实时监控。

【清真食品市场管理】

联合区委统战部（区宗教局）、市场

监督管理局等执法部门及五当召镇和各街道办事处，定期进行清真食品检查工作，强化全区清真食品市场监督管理，要求生产或经营清真食品的企业及个体工商户及时办理年检手续，维护广大清真食品消费者的合法权益。同时，也以“双随机、一公开”形式多次对全区范围经营清真食品的企业、饭店、超市专柜、商铺进行联合执法检查，以商户倒逼异地生产企业进行整改的方式，使石拐区清真食品市场得到有力规范和净化，为维护广大清真食品消费者合法权益提供保障。

【民族发展与脱贫攻坚】

助力全区脱贫攻坚工作，区民委向上级争取少数民族发展项目，共争取到自治区级、市级少数民族发展资金137万元。其中，帮助爬榆树嘎查发展集体经济争取到41.3万元，帮助绍卜亥嘎查发展集体经济争取到20万元，帮助厂汉沟村发展集体经济争取到20万元，帮助青山村发展集体经济争取到20万元，帮助大庙村发展集体经济争取到13.7万元，帮助吉忽伦图嘎查发展集体经济争取到12万元。

11月10日，区民委和区委统战部、区妇联、神发社区联合举办石拐区少数民族传统手工艺技术培训班开班仪式　　苏雅拉摄

助力少数民族聚居地区社会建设。爬榆树嘎查继2019年被国家民委评为“第三批中国少数民族特色村寨”之后；2020年10月，被自治区党委宣传部、统战部、自治区民委命名为“第六批全区民族团结进步示范嘎查（村）”。为石拐区以“民族团结进步创建”带动乡村振兴工作提供宝贵经验，为创建“全国民族团结进步示范市”提供新的支点。

【蒙古语文工作】

贯彻实施蒙古语文政策法律法规，加强社会上蒙汉两种文字并用管理工作，确保蒙、汉文的并用率、准确率、规范率实现达标。集中整顿喜桂图新区康庄大道等主干道商户牌匾和宣传标语蒙汉文并用情况，规范200余个商业牌匾和300余条宣传标语的蒙古文字。

4月7日，区民委对全区范围内社会市面蒙汉文两种文字并用情况进行检查　　郝晨晨摄

组织翻译人员参加自治区级、包头市级蒙古语文培训班，提高蒙汉文翻译水平。完成蒙古语文翻译中心2名蒙汉兼通工作人员的招录手续办理工作。帮助各单位、企业、个人翻译蒙汉文1000余条。

【宗教事务管理】

提高依法管理宗教事务水平。制定《石拐区关于中央宗教工作督查反馈意见整改实施方案》和整改台账，持续做好中央宗教工作督查“回头看”反馈意见整改

落实工作：将宗教工作纳入区委政府重要议事日程和区委理论中心组、党校培训计划及区委巡察工作要点。强化培训，提升业务能力。承办1次区委中心组（扩大）学习会，举办宗教工作“三支队伍”和三级网络专题培训班，实现全区宗教干部培训全覆盖。加强宗教团体考核管理，指导石拐区基督教办会和4所宗教场所对2019年工作进行考评。首次启动全区民间信仰调研工作，掌握全区民间信仰现状。坚持以“导”的方式做好宗教工作，引导宗教中国化方向。持续推进宗教界教风建设各项工作，指导基督教两会开展“双月”学习活动；召开石拐区基督教协会“4•15”全民国家安全教育日座谈会。组织石拐区基督教协会成员召开复活节座谈会；召开石拐区宗教界学习全国两会和习近平总书记重要讲话精神座谈会；组织石拐区基督教界教职人员到包头市革命遗址开展爱国主义教育实践活动。进一步推动基督教中国化。加强《内蒙古自治区宗教事务条例》学习宣传工作。2020年是宗教政策法规学习年，区委统战部通过微信公众号开设专栏、借助司法局的“晴杨普法微声音”等宣传条例内容，提高做好新形势下依法管理宗教事务工作水平。提高信教群众依法治教、依法传教、依法信教意识。持续整治宗教领域重点难点问题。落实宗教管理4个专项治理工作方案。联合区委政法委、公安分局国保大队、乡镇各街道开展联合执法8次。在传统节日开斋节期间，走访慰问辖区信教群众。组织召开石拐区农村宗教工作专题会，依法管理农村宗教事务，促进农村牧区和谐稳定。加强宗教领域安全管理。邀请第三方对石拐教堂房屋进行安全性鉴定，颁发《关于进一步加强宗教领域汛期安全生产工作的紧急通知》，并对辖区全部宗教活动场所进行安全排查，发现和排除隐患5处。安排部署国庆、中秋双节期间常态化教堂安全检查工作。赴宁夏银川和锡林浩特参观学习宗教管理先进经验和做法。

（区民委）

【五当召宗教活动管理】

保持与拉卜楞寺洞阔尔活佛府的沟通联系，关心、关怀活佛及随行人员的学习生活，为他们提供经费及人力保障；安排专人负责活佛的出行工作，保障活佛的出行安全；为活佛的参政议政工作提供会议通知、文字材料、出行等保障；定期前往拉卜楞寺看望活佛及随行人员。

按照《五当召教职人员学习培训制度》，安排全体僧人每日早经按时学习诵读经文。组织全体僧人集中学习，并按要求派出僧人轮流参加培训，学习《宗教事务条例》、习近平关于宗教工作的重要论述等，始终坚持宗教的中国化方向。在全体僧人中，开展爱国主义教育活动，通过学习、参加慈善活动（“爱心”助圆大学梦活动、为贫困地区捐款、抗疫募捐）等，筑牢僧人的爱国爱家爱教思想。依法规范和加强宗教活动场所的管理，开展教风年建设活动，推动“民族团结进步进寺院”活动，铸牢宗教界人士中华民族共同体意识。

按照程序完成五当召第六届民主管理委员会换届选举工作。完善民主管理委员会民主管理制度，每半个月召开1次班子成员会议，每月召开1次全体僧人会议，对全

寺开展重大宗教佛事活动、财务等重要事项集体研究决定，并通报重大事项，强化寺庙民主化管理。

疫情防控期间对僧人每日进行排查、登记、体温测量、防疫知识宣传；发放防护、卫生防疫用品等，送上肉类、水果、蔬菜等生活物质；对行动不便、就医困难老人及病人，安排专人协助他们纾解困难，提供生活和就医方面的便利；东沟河槽东侧修整出农业用地1000余平方米，用于蔬菜种植，年产蔬菜3000余斤，可供僧众近半年食用；修缮存在安全隐患和破旧的僧房，全部僧房安装暖气和内层窗户。

（五当召综合保障中心）

民　政

【概况】

2020年，区民政局依据自治区政府制定的赋予苏木、镇、街道行政权力事项清单，将城乡低保、特困人员、临时救助、高龄津贴审批、发放下沉到苏木、镇、街道。完成石拐区社会组织脱钩工作。

2020年，通过信息比对、大数据共享等手段，帮助石拐区离散家庭从江西南昌寻找到失散亲属1起1人；将滞留石拐区20多年的山西籍流浪人员1人送回原籍与亲人团聚。

【新冠肺炎疫情防控】

制定石拐区民政局防控工作方案、应急处置预案、疫情防控措施等规范性文件。成立养老、殡葬、社会组织、婚姻登记、基层社区、社会救助6个工作组，并互为备用，以电话、微信、实地察看等方式全力做好民政局各领域防控工作。指导4个社区（26个网格、14个住宅小区）、17个嘎查村开展疫情防控工作。

通过走访、网络、电话等形式对全区11家社会组织自我防控情况进行督查，转发防疫知识和温馨提示，指导社会组织有序参与防控工作。指导各基层，对因疫情造成生活困难的家庭实行先行救助。

落实服务企业“特派联络员”制度，按照区委区政府工作安排，为蒙鹿电力安装公司、鑫泰电力安装公司服务。2家公司均在3月初复工复产。

开通社区疫情防控线上服务与心理健康咨询平台，指导社区运用微信群和热线咨询电话等手段，做好社区防控、心理疏导、危机干预、情绪疏解和心理支持等服务工作。

【社会福利工作】

2020年，全区享受两项补贴残疾人1341人，按照100元/人·月发放标准，发放补贴162.09万元；享受“三民”补贴38人，按照1208元/人·月标准，发放57.47万元；农村牧区65岁以上老年人1786人，按照800元/年·人标准，发放养老补差142.88万元。

开展信息比对，提高低保对象的准确率。全年核对133批次，涉及数据4093户、8193人；预警反馈13批次，涉及数据109户、109人。

全区城乡低保对象782户、1238人，按照低保政策750元/月·人的保障标准，发放低保金和各类补贴1061.58万元。

全年发放“三无”、“五保”、特困人员等各类补贴202.9万元。其中，按照城市“三无”供养标准1600元/人·月，农村牧区“五保”供养10000元/人·年的标

准；为79名特困人员发放生活费和各类补贴134.9万元；按照护理补贴标准完全丧失生活自理能力1144元/人·月，部分丧失生活自理能力440元/人·月，为65名特困人员发放护理补贴68万元。协助医保局提供低保及特困供养人员名单。

全年发放各项救助资金47.6万元。下发临时救助资金29.4万元，受救助62人次；2020年金秋助学，为26名困难学生发放救助金5.2万元；下拨苏木、镇、街道办事处临时救助备用金13万元。

【脱贫攻坚】

深入全区17个行政村对100户201人贫困人员进行入户调查。2020年，全区纳入低保保障范围贫困户39户66人，低保金发放33.83万元；1人纳入特困人员，发放2020年1—3季度供养金0.75万元。

【基层组织建设】

根据石拐区委组织部新一届嘎查村（社区）“两委”换届前期摸排工作安排部署，对石拐区在任嘎查村“两委”干部情况进行底数摸排，同在任嘎查村（社区）书记主任进行谈话，为新一轮嘎查村“两委”换届选举工作打下基础。指导17个嘎查村完成选前经济责任审计。分级培训300余人次，印发260份换届选举流程图、换届资料汇编等。逐村细化“一村一策”，对各地提供24小时换届指导服务。2020年，全区各嘎查村社区均已完成选委会推选、选举办法制定，大部分地方完成选民登记、报名等环节工作。

制定规范嘎查村监委会、村规民约、居民公约、村民议事会、红白理事会等相关指导意见。印发《关于制定或修订村规民约和居民公约的工作方案》《关于在嘎查村中进一步健全完善红白理事会制度的实施办法》。完成全区17个嘎查村村规民约修订完善工作。

【婚姻登记】

2020年，办理婚姻登记831对。其中，结婚登记282对；离婚登记122对；补发结婚登记414对；补办离婚登记13条。整理、装订2019年、2020年婚姻档案2000余份。

【儿童福利】

春节慰问孤儿2名、困境儿童115名。发放慰问金1000元/人。

2名孤儿享受孤儿生活补贴1700元/月，全年发放4.08万元生活补贴和物价补贴。为1名符合条件的孤儿发放“福彩圆梦孤儿助学工程”补助资金1万元。

新冠肺炎疫情期间，慰问无智能手机影响上网课困境儿童1名，送去华为手机1部，价值1000元。“六一”儿童节，走访慰问石拐区建档立卡贫困儿童8名，为他们送去书包、学习文具及米、面、油等慰问品。

9月，根据《包头市关于进一步加强事实无人抚养儿童保障工作的实施意见》，印发《石拐区农村牧区留守儿童关爱保护和困境儿童保障工作局际联席会议制度》《石拐区事实无人抚养儿童工作保障实施办法》。核查全区困境儿童，按照认定办法和程序，对符合条件的困境儿童纳入事实无人抚养儿童保障范围，并落实基本生活保障。2020年，全区有6名事实无人抚养儿童，按照社会散居孤儿1700元/人·月基本生活补贴标准，与已享受的最低生活保障金补差发放。三、四季度发放生活补贴3.03万元。

在大发街道喜桂图社区启动农村留守儿童和困境儿童政策宣讲进村（居）活

动。乡镇、街道儿童督导员，村（居）儿童主任，部分困境儿童以及儿童家长40余人参加宣讲活动。

【殡葬管理】

成立石拐区清明节群众祭扫工作应急指挥部。区民政局全体领导干部放弃节假日休息，分3组值守云鹤墓园、九龙园公墓、华洋公墓、基督教墓地，劝返集中祭扫人群。开展祭扫问题隐患大排查，排查消除用电用火隐患，清明节期间无火灾事故发生。在滨河新区8个小区、喜桂图新区8个小区、石拐旧区等地张贴《石拐区关于2020年清明节期间暂停集中祭扫活动的公告》，发放《同心战役文明祭扫倡议书》，倡导家庭追思会、网络祭扫等现代祭扫方式。通过网络等渠道广泛宣传石拐区疫情防控和清明节祭扫服务管理政策措施。4处公墓关闭祭奠服务场所，采购鲜花6000余束，由97名工作人员代替家属敬献鲜花，劝返祭扫人员123人。

中元节期间，区民政局殡葬管理所工作人员到公墓值班值守，在路口为前来祭祀的群众指挥行车路线，错峰祭祀。开展鲜花换烧纸业务，为祭祀群众提供焚烧桶，确保安全祭祀。

7月，花舞人间项目区，2座坟墓迁入公墓；10座无主坟，先行迁移到政府指定公墓。9月，配合内心光伏发电项目，南福永居11座坟墓迁往华洋公墓。

10月，开展“文明寒衣节　真情暖冬日”宣传活动，在各公墓悬挂文明祭祀宣传横幅，开启电子屏、橱窗宣传等。

推进违建墓地专项整治成果巩固提升行动，根据《内蒙古自治区关于开展安葬（放）设施违规建设经营专项摸排工作的通知》精神，摸底调查全区涉及的3个公墓及3处集中安葬点，并录入殡葬系统。

【老龄及福利工作】

完成2020年政府好事实事区民政局承担的建设5个养老服务站和2个日间照料中心。其中，石拐区老年养护中心，六层框架结构，建筑高度23.8米，包括厨房餐厅360平方米、一层大厅及医疗室510平方米、四层老年园林景观休闲厅600平方米，其余为老年生活休闲配套、居住房间，总床位数220张；完成大德恒居家社区综合服务中心装修及食堂配套设施，总面积500平方米；利用石拐区旧区医院改建欣望居家社区综合服务中心，面积3000平方米；新建喜桂图社区居家社区养老综合服务中心，面积1000平方米。按照《关于开展养老院服务质量建设专项行动》要求，达标率93%。

通过互助幸福院，实现部分农村留守老人、“空巢”老人“离家不离村”的养老服务模式，健全社会保障体系，逐步提高低保、“五保”、社保、医保等补助水平，确保入院老人生活水平和生活质量稳定提高。

春节期间，为困难群体发放慰问金11.25万元，给祥和老年公寓老人们送去价值2000多元春节礼品和2万元的慰问金，给包头市幸福养护中心的老年人送去5000元慰问金。国庆、中秋送月饼活动，慰问老年人5000元，给祥和老年公寓老人们送去价值1000多元节日礼品。

【社区工作者职业化工作】

根据《包头市社区工作者管理办法(试行）》《关于建立全市社区工作者职业化薪酬体系的实施办法（试行)》要求，重新

测算石拐区46名社区工作人员和网格员薪酬待遇。完成石拐区社区工作者职业体系套转工作。执行套转实施方案、社区工作人员考核办法，通过第三方开展笔试，指导街道完成面试、民意测评和考核。完成43名社区工作人员职业化认定和薪酬、保险待遇测算、建档工作。2020年7月，全部兑现职业薪酬，月均报酬由3020元提升至4237元。完成174名离任困难居委会干部认证，发放补贴16.7万元。

【区划调整】

全面推进部分街镇行政区划调整工作。历时10个月，形成《石拐区部分街镇行政区划调整方案》，破解新旧区人口分布不均、群众办事不便、公共服务资源不均衡等掣肘城市社区管理问题。与市局协调沟通，完成大磁社区划归大德恒街道并更名备案工作。指导相关街道，完成街道、社区交接工作。完成石拐区划专家征集和专家库建设，区划调整方案通过专家论证。通过政府购买第三方服务，完成区划调整风险评估，完成石拐区县级、乡镇级、嘎查村级区划界线勘查工作。

开展行政区划界线规范工作。邀请市局，联合土右旗、东河区民政部门，开展脑包沟同盛茂边界争议问题划定工作。完成青山区与石拐区行政区划界桩成果联合勘查工作。

开展不规范地名整治工作。更正规范普惠区5个小区名称不规范、小区楼栋号错误等问题，重新设置小区名称标志和楼栋号牌。

（刘婷）

人力资源和社会保障

【概况】

2020年，区人社局落实就业政策，健全社会保障体系，做好人事人才工作，推动人社领域持续健康发展。综合行政执法大队重新规划机构人员配备，适时调整工作重心，成立“四队”“两办”“一院”（受理中队，建管中队、新区中队、旧区中队、劳动关系办公室、综合办公室和劳动人事争议仲裁院）。

【新冠肺炎疫情防控】

区人社局成立人社局新冠肺炎防控工作领导小组，党员干部主动到马场村报道，成立马场村临时党支部，所有党员都佩戴党徽，亮明身份，展开防疫工作。

张贴公告、悬挂横幅、发放宣传单向村民宣传疫情形势的严峻性。全局党员干部日夜坚守检测卡点一线，担当起疫情防控的宣传员、排查员、检测员和心理疏导员。

人事管理工作

【人才信息库建设】

利用人才引进和公开招聘报名资源，拓宽人才认定范围，采集专业技术人才、高校毕业生、社会工作人才等信息，逐步完善人才信息资源库，共采集各类人才信息1190条，其中研究生学历184人、本科学历714人、专科学历292人，涉及教育、财会、语言、计算机、工商管理等专业。

【机关事业单位改革工作】

2020年，完成石拐区全部74家单位3039人的系统数据入库和数据审核工作，

所有单位均使用新系统进行缴费计划核定，其中有57家单位1457人使用新系统核定应付计划，发放退休待遇。

【职称制度改革】

根据《2020年全市职称改革工作安排意见》，完成2020年度企事业单位127名专业技术人员职称资料审核工作；44人完成职称评审申报，83人完成考核认定资料审核并上报至市人社局专技科。按类别分，企业71人，事业56人；按申报级别分，初级89人，中级29人，高级9人。

7月23日，2020年石拐区职称评审认定及岗位管理政策解读培训会　　葛磊摄

【人才引进】

事业单位公开招聘引进人才10名，招聘教育、卫生、文化、食品等专业技术人员72名。

完成2020年石拐区原有31名专职网格员考试考察工作，相关考察材料统一上报区网格化建设工作领导小组审核。面向社会公开招聘41名专职网格员，吸纳优秀高校毕业生和具有群众工作经验的中青年人才充实到苏木、镇、街道工作。

贯彻落实包头市人民政府《关于印发包头市2020年高校毕业生“就业启航”专项行动实施方案的通知》精神，面向社会公开招募220名大学生社会服务岗位人员，促进高校毕业生就业。

根据《包头市“三支一扶”高校毕业生管理办法》，引导和鼓励高校毕业生到石拐区农村牧区基层从事支教、支农、支医和扶贫工作，并加强督查指导和服务管理，不定期前往各服务单位检查人员在岗情况，重视服务期间安全管理工作，做好年度考核和服务期满考核工作。

【干部人事档案数字化管理】

按照市委组织部要求，率先实现库房面积达标和“四室”化建设（档案库房、数字档案室、阅档室、办公室四室分开），配备防盗门窗、灭火器、温湿度表、监控等硬件设施，达到档案室“八防”标准。

发挥计算机在干部人事档案保管、保护及利用方面的作用，提高现代化管理水平，干部人事档案管理中心实现在职人员档案数字化管理。

贯彻执行《包头市干部人事档案集中管理办法（暂行）》，按要求完成教育、卫生、住建系统的干部人事档案接收工作，接收1714卷，审核1534卷。完成28卷晋升干部人事档案、62卷公务员档案及12名区属国有企业领导人员档案整改工作。

社会保险工作

【主要工作指标】

2020年，全区城镇职工养老保险参保人数16944人（含公务员、退休人员），完成市下目标102.69%；城乡居民养老保险参保人数13049人。征收企业养老保险费3546万元，机关事业养老保险费3317万元，工伤保险费34.16万元，城乡居民养老

保险费725万元，职业年金124.6万元。全区企业离退休人员5509人。养老金支出1.47亿元。

2020年，发放企业退休金14714万元，机关事业单位退休金11395万元，城乡居民养老保险待遇987万元。

按照包头市社会保险费核定稽查中心的要求，10月开展2020年度社会保险费差额调整工作，涉及全区参保单位268户，参保人4286人。

【精准扶贫】

保障建档立卡人员和贫困边缘户的待遇申领及养老保险代缴在疫情防控期间不受影响，要求各基层劳动保障平台通过网络和电话等非直接接触途径，3月提前开始人员名单核实工作，确保本年度代缴工作和待遇发放的正常运行。

2020年，完成代缴615人，代缴金额92500元。其中，新农保394人（“五保户”1人，低保户139人，重症残疾199人，计划生育特殊困难家庭3人，建档立卡人员52人），城镇居民221人（低保户107人，重症残疾111人，建档立卡人员3人）。

按照人社部、自治区人社厅关于为60周岁以上应保未保贫困人口享受基本养老保险待遇的有关会议精神，区人社局协调各乡镇劳动保障平台，下发人员核查比对名单。主动与工商银行协调，实现银行上门开通银行卡服务，做到服务群众“最后一公里”。2020年，将104位符合条件人员全部纳入保障范围。

了解贫困户情况，摸清贫困户养老保险待遇发放情况。5月，走访全部贫困户，同贫困户确认代缴情况和养老金金额。考虑到部分贫困户存在居住地偏远、身体条件差等客观问题，为贫困户开展上门生存认证服务。

【生存认证】

4月，实行生存认证线上线下同步预约制度。每日在公众号放出25个预约名额、在市民大厅窗口放出25个即时办理名额。2020年，完成养老保险领取待遇资格认证9199人，其中手机认证通过人数6954人，指静脉认证通过人数为2245人。2020年起，全区各机关企事业单位退休人员均可通过手机App认证。

避免养老保险待遇领取资格认证（生存认证）造成人群聚集，全局实行生存认证线上线下同步预约制度。为解决老年人对手机操作不熟悉的问题，全局党员干部每日提前半小时到岗，推迟半小时下班，在市民大厅门前广场做人群引导工作，为到场老人提供手机认证指导。考虑到部分退休人员居住地偏远、身体条件差等客观问题，不方便到市民大厅进行生存认证，人社局机关党总支组织党员深入社区为部分退休人员开展上门生存认证服务。

【阶段性减免社保费】

贯彻落实党中央、国务院关于阶段性减免企业社会保险费的决策部署，根据自治区及包头市相关规定，联合石拐区税务分局，推进阶段性减免企业社会保险费工作。

参加社会保险的各类企业、各类社会组织单位和民办非企业单位、以单位形式参保的个体工商户，均列入三项阶段性减免社会保险单位缴费部分的实施范围。其中，中小微企业、以单位形式参保的个体工商户，2020年的单位缴费予以免征;大型企业及其他单位2020年1—6月的单位缴费减半征收。

11月20日，社保局深入企业进行社保政策宣传 葛磊摄

根据自治区数据库数据和区社保局系统自行筛选数据统计和包头市人社局《关于转发自治区人社厅做好阶段性减免企业社会保险费经办工作有关事宜的通知》文件要求，完成对204家企业大中小微的分类划型，全年已为101家企业办理退费手续，共退费61.4万元。

【养老保险制度改革】

6月，与区财政局联合出台《关于区属机关事业单位养老保险制度改革准备期财务对账事宜的通知》。各单位依据《机关事业单位养老保险制度改革对账清单（养老保险、职业年金）》对账汇总表开始收缴需补缴金额，需补缴金额收齐后将一并汇入区财政局。2020年，各单位基本完成准备期需补缴金额费用的缴纳工作，社保局开始与财政局核对准备期应缴总费用，并缴纳准备期差额部分，尽快完成准备期后“中人”退休待遇重新核算、职业年金虚账做实、待转出人员的转移工作。

调整养老待遇发放途径，按照市人社局相关文件要求，离休人员、遗属人员相关待遇及离退休人员一次性待遇需交由原单位或主管部门管理，并负责发放相关待遇。核实整理全区离休及遗属人员名单及待遇情况。

8月，全区职业年金参与自治区投资运营，参与运营金额161.17万元。

完成全部74家机关事业单位3039人的系统数据入库和数据审核工作，所有单位使用新系统进行缴费计划核定，其中57家单位1457人使用新系统核定应付计划，发放退休待遇。

【线上咨询】

石拐区社会保险事业管理局微信公众号自上线运行以后，致力于业务查询、信息公开、局务介绍等多方面功能的完善和运行，全面系统地将石拐区社会保险事业管理局的各项工作进行了公开。2020年，公众号关注人数3788人，推送文章93篇，受理灵活就业人员线上退休申报6次。

就业工作

【就业概况】

2020年，全区实现城镇新增就业451人，完成市下目标150.3%。失业人员实现再就业192人，完成市下目标320%。就业困难人员实现就业72人，完成市下目标104%。城镇登记失业率控制在3.9%以内。农牧民转移就业4010人，完成市下目标100.3%。其中，6个月以上3280人，完成市下目标102.5%。发放创业担保贷款1001万元，完成全年目标任务的100%。

【政策性就业】

2020年，全区就业困难人员实现灵活就业226人，享受灵活就业人员社保补贴110.01元。2020年，招募大学生公共服务岗位上岗18人，社区民生志愿者招募上岗10人，疫情期间临时性公益性岗位上岗

26人、建档立卡贫困劳动力公益性岗位上岗12人、就业困难公益性岗位上岗11人。至年底，社区民生志愿者、大学生公共服务岗位、就业困难公益性岗位等人员在岗169人，全年发放岗位补贴617.3万元，社保补贴151.6万元。

【创新创业】

2020年，阳光创客创业园、包头古城创业园有创业企业109家，带动就业500余人。

石拐区阳光创客创业园执行企业孵化3年优惠政策，孵化成功到期企业，执行退出管理制度。2020年，阳光创客创业园有创业企业71家，使用创业公寓78套，带动就业638人（高校毕业生78人；农牧民工240人；其他人员320人）。全年实现税收223.78万元。

对符合条件个人或企业发放创业担保贷款、贴息标准按现行规定执行，严格落实各项保障政策，年度发放创业担保贷款63户、1001万元，带动就业200余人。

推进石拐区中小企业人才储备工作，实地走访考察有意申报人才储备的企业，全年储备毕业3年内高校毕业生51名，涉及9家中小企业。全年为1户符合条件的企业发放一次性创业补贴0.5万元。

【就业扶贫】

2020年，组织开展拉网式摸底排查，3次深入基层贫困户家中，对全区建档立卡贫困人员进行入户摸底工作；石拐区劳动年龄内建档立卡贫困户35户、62人，实现就业创业36人，其中旗县区外务工5人、旗县区内务工31人，石拐区建档立卡贫困户均选择就近就地实现就业，无外出务工需求。按照就业形式可划分为：单位就业9人，灵活就业3人，自主创业1人，公益性岗位安置23人（石拐区自然资源局安置5人，绿源洁环卫公司安置6人，人社就业部门安置12人）。有就业意愿贫困劳动力均实现就业。

【就业服务】

2月15日至4月15日，举办以“战疫情、稳就业、春风暖人心”为主题的“春风行动”网络招聘会。持续更新网络招聘活动信息，为各类求职群体在疫情防控期间提供不限时段、足不出户、高效优质的就业创业服务。全年征集石拐区用工企业170余家，提供岗位3600多个，为企业发布招聘信息67批次，通过区人民政府网站、区人社局门户网站、就业局微信公众号发布招聘信息，推送信息点击量26340次；利用失业动态监测企业群、企业招聘群、基层工作群转发微信公众号发布的岗位供求信息。针对信息平台相对薄弱的村、苏木筛选有针对性的岗位信息，通过纸质宣传材料，提供近距离的信息告知服务，便于农牧民及时找到适合的岗位、解决企业用工需求。

5—6月，就业局工作人员先后到6家企业做就业创业政策宣传，到企业宣传“稳就业”政策 葛磊摄

以“服务企业招聘，稳定群众就业”为主题，开展线下“稳就业”专场招聘洽谈会暨“就业红娘”服务活动。落实“就业红娘”“以工代训”“支企稳岗”等就业创业政策，收集企业招聘信息，拓宽招聘信息来源,有针对性地为各类人员定向投放岗位信息，使失业人员、高校毕业生、农牧民工、退役军人到企业找到合适岗位。

【培训工作】

就业培训工作。举办创业培训7期，培训186人，完成全年任务186%，成功创业137人，完成全年任务457%，带动就业402人,完成全年任务383%。城镇职业技能培训30人，培训后就业20人，完成全年目标任务120%。农牧民转移技能培训136人次,完成全年目标任务272%。技能扶贫培训57人次。家庭服务业培训52人，完成全年任务104%。职业技能鉴定50人，完成全年目标100%。

职业技能培训。提升“以工代训”和企业职工技能培训工作。全区11家企业申领以工代训职业培训补贴84.6万元，惠及326名企业劳动者。就业局工作人员多次到包头市和邦医药有限公司、包头市希望花舞人间生态农业园有限公司等7家企业，宣传关于推行企业新型学徒制和企业职工技能提升培训等政策。包头市威高医药科技有限公司和包头市绿源洁环保环卫循环产业有限责任公司根据自己企业的需求开展职工技能提升培训班。

通过“稳就业”政策促进家庭服务业发展，及时审核家庭服务促进就业券兑付资金及入户补贴录音资料1600余份。2020年，发放家庭服务企业享受入户服务补贴18.84万元。为千名失业人员、就业困难人员和疫情防控期间做出突出贡献人员发放价值20万元促进就业券。

【失业保险工作】

落实失业保险扩围政策，助力企业稳岗发展。

2020年，有25家企业享受到约43.99万元的支企稳岗补贴，惠及企业940人；帮助失业人员线上线下申领失业补助金。全年初审失业补助金人员197人，累计线上线下符合领取失业补助金人员106人；为13名领取失业金人员办理报销基本医疗保险费申报手续，涉及资金约2万元。

提升失业动态监测工作人员和企业经办人员业务工作能力，推进企业享受稳岗返还政策，11月，举办失业动态监测、援企稳岗培训班，79家企业90多名企业工作人员参加培训班。

进行2020年底失业动态监测企业的调查及失业动态监测企业样本的调整。预计剔除11户企业新增11户监测企业，2021年的失业动态监测企业共计79户。

失业保险完成征缴人数3112人，完成征缴金额106.77万元。分别完成全年征缴目标任务的100%、106%。

综合行政执法

【劳动保障监察】

2020年，接待群众来访2362批次，协调欠薪案件80起，涉及人数1794人，涉及金额2375.9475万元。下达各类法律文书146份。

对全区12户集体合同及工资集体合同、16户区域集体合同、13户行业集体合同进行审查备案及网上备案，并将审查结

果公示到门户网站，上报市人力资源和社会保障局公示，审查率100%。

全区劳动用工备案企业788家。无有效用工企业数397家；单位地址不详无法核实的企业数111家；录入系统有效用工企业数215家；劳动用工备案率92%（目标75%），在岗职工备案率（动态保持90%以上）101.36%，劳动用工网上备案审查率100%。

报送有效期内和谐劳动关系单位2户（雅化集团内蒙古柯达化工有限公司、内蒙古亚新隆顺特钢有限公司），欠薪黑名单1户（通辽市诗淼科技有限公司），在信用包头系统中予以公示。

全年办理劳动仲裁案件98起，涉及人数98人，涉及金额662.32万元。其中正式立案处理57起（包括裁决29起，调解21起，决定6起，不予受理1起），案外协调处理41起。仲裁机构线上办案率100%（目标70%），劳动人事争议调解成功率63.91%（目标60%以上），仲裁结案率99%（目标90%以上），仲裁终结率70.1%（目标70%以上），完成自治区四率工作目标。

“两网化”系统内累计录入有效用人单位270户，发布检查计划17条，录入监察记录155条，书面审查115条，电子地图标注用人单位251户。

全年接待工伤认定咨询50件，受理工伤认定申请17件，撤销2件，认定工伤案件15件，1件调查中。

按照市人社局对企业薪酬调查填报工作部署，针对下发的部级35户用人单位样本和自治区级3户用人单位样本，逐个落实人社部下发的样本企业经营状况，制作培训资料，并对企业填报人员进行一对一专业培训。通过电话、微信、远程操作演练等方式对企业填录过程中存在的问题逐一解决，对使用计算机填录有困难的企业提供现场帮助。录入、上报准确数据。

对仅有的2家劳务派遣公司（包头市政帮劳务派遣有限公司、内蒙古好力劳务派遣有限公司）实行长期监管，针对存在的问题下达整改通知书，派出工作人员专门指导其在用人、用工方面科学管理、规范运作，减少劳动纠纷。

开展本年度全区用人单位“一户一档”工作，督促用人单位建立用人信息收集存档工作。全年建档135户，其中含建筑工地6户。

【劳动保障书面审查工作】

3月15日至6月10日，开展用人单位劳动保障书面审查工作，书面审查用人单位68户，涉及劳动者5151人。规范全区用人单位劳动用工管理，加大拖欠农牧民工工资问题根治力度，推动劳动保障监察“两网化”管理，规范用人单位劳动用工行为。

【清理整顿人力资源市场秩序专项行动】

根据包头市人力资源和社会保障局、市场监督管理局《包头市开展清理整顿人力资源市场秩序专项执法行动实施方案》，石拐区自5月底开始开展清理整顿人力资源市场秩序专项执法行动，发放宣传资料180余册，就相关法律法规向企业宣传1次，联合市场监督管理局出动执法队伍12人次，检查企业13家。

【根治欠薪冬季专项行动】

落实中共中央、国务院“六稳”“六保”要求，贯彻实施《保障农民工工资支付条例》，确保农牧民工按时足额拿到工资，制定《石拐区2020年度根治欠薪冬季专项行动工作方案》，并于2020年11月

15日展开根治欠薪冬季专项行动，石拐区根治拖欠农牧民工工资工作领导小组召开6次专题调度会议，对专项行动进行专题部署。综合行政执法大队以劳动监察专报形式定期上报欠薪隐患和案件，抄报分管副区长、抄送各行业主管部门，确保实现“两清零”“一个全覆盖”“三个不发生”。

【宣传工作】

制定《石拐区学习宣传贯彻实施〈保障农民工工资支付条例〉工作方案》，制定《保障农民工工资支付条例》宣传月活动策划案，深入全区所有建筑项目和劳动密集型企业，开展送法上门活动。利用微信公众号的宣传作用，发布条例原文、解读重点章节、公布案件实例，全方位、多角度开展宣传。

6月18日，人社局综合行政执法大队到企业进行人社政策宣传　　葛磊摄

6月18日，综合行政执法大队4名工作人员在内蒙古亚新隆顺特钢有限公司开展工伤保险宣传活动，通过摆放宣传展板、发放宣传资料和现场答疑解惑。摆放专栏展板1块、发放宣传资料100余份，就工伤认定申请材料及流程、工伤保险待遇等问题进行讲解和答疑，扩大工伤保险政策法规的社会知晓度。开展复工复产政策宣传工作。通过微信公众号发布“疫情期间劳动用工权威解答”等一系列时政方针，编写《致返石拐务工人员的一封信》，宣传疫情防控要求、防控措施和有序用工等内容，并张贴于各企业醒目位置。7月，组织80余家企业开展为期1天的劳动保障法律法规专题培训，特别邀请市劳动人事争议仲裁院、市工伤保险科专家授课，对标法律法规要求，帮助企业合法用工、纠错避险，提高源头化解矛盾的能力，现场发放300余册培训材料。8月，石拐区协调劳动关系三方委员会组织区人社局、总工会、工商联开展主题为“构建和谐劳动关系，营造良好用工环境”的宣传活动，深入建筑工地施工现场，面对面与农民工交流，手把手指导合法维权，并为农民工免费发放慰问品30余份、维权宣传手册100余份。10月，开展主题为“工伤政策进万家，惠民惠企零距离”宣传活动，在中朵上东郡施工现场，悬挂横幅、张贴海报、发放宣传资料、现场答疑，宣传工伤保险知识和工伤保险条例，重点就工伤认定、劳动能力鉴定、工伤待遇等问题做详细宣讲。同步深入企业开展宣传咨询答疑活动。12月，组织开展为期10天的入企宣传和培训，印制《中华人民共和国劳动合同法》《保障农民工工资支付条例》等培训资料3类计300余份，促使用人单位自觉遵守劳动保障法律、法规，按时足额支付劳动者工资；帮助农牧民工学法、懂法，在权益受到侵害时，通过正确方式和法律渠道维护自己的合法权益。

全年，通过石拐区劳动保障监察大队微信公众号，发布案件办理流程3项、法律

法规5条、各项宣传信息24条。

（贾凡）

医疗保障

【概况】

2020年，石拐区医疗保障局强化为民服务意识，履行尽责，完成区委、区政府以及市局交办的各项目标任务。

2020年，扩大转诊转院范围和缩短异地就医备案期限，由原来的4个城市扩大为全国范围，为参保群众异地就医提供更多选择。

【医疗保险缴费】

2020年，全区城乡居民参保2.67万人、缴费810万元，全区参保基本达到全覆盖。启动2021年度城乡居民基本医疗保险个人缴费工作，全区7所中小学中有5所完成缴费工作，苏木镇、街道缴纳约700人。

【医保基金支出】

全区参保居民享受医保待遇累计1088人次，医保基金支出248.25万元。贯彻落实包头市城乡居民高血压、糖尿病门诊用药保障机制工作要求，为15名“两病”患者完成申报鉴定工作。

【医保基金安全维护】

制定《2020年石拐区开展“打击欺诈骗保，维护基金安全”集中宣传月活动实施方案》《石拐区2020年医疗保障基金专项治理工作实施方案》。开展石拐区“打击欺诈骗保维护基金安全”集中宣传“五进”活动（进经办机构、进定点医疗机构、进定点零售药店、进党政机关、进乡镇街道）。联合区药监局、卫健委等部门对“两定”机构进行5次稽查，对存在问题的机构及时下达整改通知书，在全区范围内营造了打击欺诈骗保良好的舆论氛围。

定期组织召开基金运行调度会，分析研判待遇审核、药费报销、基金到账等具体事项，确保医保基金安全稳定运行。与区属“两定”医药机构签署医保服务协议，明确医保监管工作重点，提高区医保定点机构服务质量和水平。

【医保服务】

督促指导石拐区3家“两定”医疗机构完成“4+7”扩围药品采购申请电子签章并签订电子协议。2020年，全区共采购“4+7”药品2283.96元，配送1739.48元，入库金额1708.83元。

完成全区9家“两定”医药机构医保编码申请注册工作。

10月，区医保服务大厅医保业务受理窗口

王俊杰摄

部分报销结算工作由OCR系统（OCR：英文Optical Character Recognition的简称。文字识别系统，通过检查纸上打印的字符，然后用字符识别方法将形状翻译成计算机文字的过程）扫描录入，提高报销的准确率及结算时间。

将国家异地就医备案小程序接入石拐区医保局微信公众号，办事群众通过微信

公众号实现异地就医备案申报，在工作日当天就可完成备案。

对照《全区医疗保障经办政务服务事项清单》，梳理服务事项11项，精简6项办事流程，公务员、“文革”伤残、生育报销资金由拨付单位改为拨付个人，简化办事流程。

【脱贫攻坚】

为全区103户204人建档立卡贫困人员全额代缴2020年度城乡居民基本医疗保险，为65名建档立卡贫困户购买商业保险，做到“不漏一户、不落一人”，实现应保尽保。

组织召开脱贫攻坚调度会4次、分析研判会2次，对全区建档立卡贫困户进行5轮大宣传、大走访、大排查，摸排健康扶贫医保兜底情况及医保档案资料等，2020年，为建档立卡人员累计报销兜底689人次，基金支出约14.62万元。

5月，市医保局到石拐区视察健康扶贫工作，在建档立卡贫困人员家中了解情况
郝成成摄

在医保大厅设立“一站式”即时结算窗口，为建档立卡贫困户提供基本医疗保险、大病保险、医疗救助等“一站式”服务。建立全区所有建档立卡慢性病贫困人员慢性病档案，2020年，为87名建档立卡人员完成慢性病申报鉴定(市级鉴定39人，区级鉴定58人，市区两级交叉10人)。

【医保惠民政策宣传】

全方位宣传医保惠民政策。印发宣传材料、网络媒体宣传、入村入户入校宣讲，持续加大医保政策的宣传工作力度。组织开展由驻村工作组、“一对一”帮扶干部、村医等参加的医保扶贫政策培训会。

（张珈瑜）

政务服务

【概况】

2020年，石拐区政务服务局（以下简称为区政务局）贯彻上级关于“放管服”改革及政务服务工作的系列决策部署，整合政务服务资源,深化“一网一门一窗一次”改革，构建完善政务服务体系,推动政务服务向大厅进驻、向线上迁移、向基层下沉。力争构建流程简化、服务精细、环境舒适、办事便捷、群众满意度高的政务服务平台。

2020年,区政务局服务大厅到访群众50466人，办件总量37383件。

12月1日，在区政务大厅门外，区政务局工作人员搀扶行动不便老人　　和静婷摄

【"放管服"改革】

理顺"放管服"体制机制。制定《2020年全区推进政府职能转变和"放管服"改革工作要点》《2020年全区深化"放管服"改革优化营商环境工作分工》《贯彻落实〈石拐区优化营商环境行动方案〉实施方案》。召开深化"放管服"改革优化营商环境专题会议3次，督促各地区、各部门进一步推进工作落实。

【政务服务标准化建设】

对照政务大厅标准化建设要求，结合自治区、包头市督导组反馈问题清单，持续对窗口人员行为规范和工作纪律、大厅布局、窗口规范等方面进行整改，建立一次告知、首问责任、限时（承诺）办结、顶岗补位等一系列制度汇编成册。9月，将各项规章制度、扫码查阅办事指南、高频事项二维码、监督投诉方式以及文明服务用语全部制成宣传展板在大厅进行公示。利用大厅触摸屏播放审批事项办事流程、窗口摆放宣传资料和业务办理指南，方便群众及时了解政策及业务流程。

12月18日，自不动产中心开始办理房本后，窗口工作人员为群众提供咨询、办理服务
和静婷摄

推进"三减两优"改革（减环节、减材料、减时限，优流程、优服务）。2020年，权责清单动态调整后保留174项行政审批事项。对照《2020年包头市取消下放行政权力事项目录》重新梳理石拐区权责清单，取消行政权力212项，下放行政权力40项，共梳理权责清单5964项，公共服务事项221项，市政公用服务事项20项，变相审批梳理163项，中介服务事项23项，依申请事项405项，"最多跑一次"事项清单262项，较2019年增加36%；"四办"事项清单734项，其中"马上办"295项、"网上办"79项、"一次办"305项、"就近办"55项，比上年增长89%。完成苏木镇、街道赋权事项72项，并全部向社会公开。

【政务服务信息化建设】

完成自治区一体化在线政务服务平台事项认领录入工作，全区28个部门认领的687项政务服务事项全部录入自治区平台并公布。完成自治区第一、二批精细化复用事项清单中5个部门的可复用事项共157项。11月，对全区17个部门政务服务事项进行第三批精细化梳理编制工作，推动一体化平台与各厅局自建系统真正实现数据同源共享，实现更多政务服务事项"一网通办"。2020年，完成16部门324项精细化梳理复用。推动政务服务事项网上可办率达到90%以上，承诺办理时限压缩不低于60%，实现"应上尽上、全程在线"。

推广"蒙速办"政务服务App，实现自助端多场景、多终端应用，在政务服务大厅设立"鹿城之窗"、24小时自助办税等自助终端，方便群众就近办事、就近缴费。

搭建石拐区"区块链+政务服务"应用平台，让数据多跑路，让信息更可靠。

推进"互联网+监管"。按照"谁审

批、谁监管，谁主管、谁监管”原则，对全区地方性法规和政府规章设定的监管事项进行梳理，形成目录清单。2020年，监管事项认领521项，编制检查实施清单213项，为24个部门开通49名执法人员账号。

【“一站式”服务工作】

推进政务服务“三集中、四到位”工作，推行“一窗式”综合受理改革。17个事项少、办件量少的部门政务服务事项全部进驻综合窗口，实现“前台综合受理、中台专业支撑、后台分类审批、窗口统一出件”的前中后台协同审批模式，变“企业群众窗外跑”为“工作人员窗内跑”。除涉密和对场地有特殊要求的事项外，736项政务服务事项（含市政公用服务）进驻政务大厅（分大厅），进驻率98%以上。依托“包头政务服务网”，推出“网上办”“预约办”等多种服务方式，年内，各窗口预约业务达180余件，办理各类审批及服务事项17000余件。

12月30日，企业在办理完新开办业务后，收到公章免费刻制及税控盘赠送的“企业大礼包” 和静婷摄

对于只需要进行形式审查的简单办理事项，全面推行“即到即办”。2020年，梳理政务大厅政务服务“一次办结”事项清单161项。根据地区实际，编制具有石拐区特色的“一件事一次办”服务事项目录，实现关联事项“并联办理”，提升审批效能，减轻企业负担。整合“套餐式”服务的共性材料，合理编排个性材料，推行“一份办事指南、一张申请表单、一套申报材料”工作模式，变“一事一流程”为“多事一流程”，打通事项办理链条。在梳理完成5项“套餐式”服务清单的基础上，推出近50个“一件事一次办”事项。搭建“石拐区民营企业发展服务平台”，设立重点项目会商机制的咨询服务窗口、政策兑现窗口、企业开办专区和工程建设项目自助申报服务专区。组织相关部门开展一窗受理、办理政策兑现事项，集中解决企业群众诉求建议，宣传石拐区招商引资优惠政策。全部申报事项可以网上办理，方便企业办事。全年办结20项网上审批事项。

【人大代表接待岗】

7月3日起，“人大代表接待岗”正式入驻石拐区市民大厅。这是包头市首个在市民大厅设立的“人大代表接待岗”。人大代表接待岗设置5个代表小组。于每周二、周五上午，安排2～3名区人大代表在政务大厅定点接待群众，记录受理群众在政务大厅办事过程中遇到的困难和问题，以及群众反映的涉及石拐区经济发展的相关意见建议。区政务服务局负责转交有关部门督促解决，并将办理结果反馈给群众。

7月17日，人大代表第四小组值班人员在“人大代表接待岗窗口”接待群众咨询

和静婷摄

2020年，“人大代表接待岗”受理民生建设、治安管理等各类群众建议8件。

【工作督查】

严明工作纪律，加强监督检查。落实巡查、考勤管理和考核制度，建立全员巡查工作制度，采取领导带班巡查和责任人例行巡查相结合的形式，每天到大厅各窗口不定时督查不少于4次，督促检查窗口人员落实《窗口人员行为规范》，按规定着装，亮证挂牌上岗。对发现问题及时督促整改，从根源上杜绝了上班时间聊天、购物、玩游戏等违纪行为的出现。

【网站建设与服务】

依托石拐区政府门户网站，公开各类政府信息1443条，发布转载政策解读稿60条，原创解读稿16篇。办理依申请公开信息5件，区长信箱办结15封，并将回复时限压缩至5个工作日内，得到包头市政务服务局通报表扬。依据国务院信息公开栏目新标准，对网站政务公开栏目进行升级改造，新版信息公开栏目共设28个子栏目，涵盖医疗卫生、民生、三大攻坚战、政府公报等群众关注度高的政府信息。根据《国务院办公厅关于全面推进基层政务公开标准化规范化工作的指导意见》要求，对照国务院部门制定的试点领域标准，编制并公开石拐区25个重点领域政务公开标准目录，推动各部门持续做好信息公开工作。印发《2020年石拐区政务公开工作要点》。结合政府网站、蒙古文政务网站和政务新媒体主要目标和重点任务，每月对政府网站运维情况进行监测检查，掌握网站建设发展整体情况，指导各部门针对突出问题加大整改力度。2020年，区人民政府门户网站连续检测成绩平均分在90分以上，政府网站平均日访问量2000多人次，比上年平均日访问量上涨超过100%。自查整改各类敏感信息、错误信息322条。蒙古文政府网站原创翻译文章110篇，转载文章170篇。2020年上半年政府网站和政务公开绩效考核在10个旗县区排名第一。

【宣传工作】

通过媒体、门户网站、“两微一端”、LED大屏幕等载体，宣传党的基本理论、方针政策，展示石拐区“放管服”改革举措和优化营商环境成效，让企业群众及时了解最新的改革动态和办事途径，大力营造人人关注、人人参与、人人宣传的营商环境建设氛围，凝聚人心、集聚力量。2020年，编发信息62篇，微信公众号43期，发布信息210余篇。6月10日，推送的《石拐区简政放权激发市场活力》信息被《包头日报》采用。

【专项工作】

开展脱贫攻坚线上线下宣讲活动6次，6月19日，区政务服务局工作人员邢鑫参加宣传部组织的石拐区脱贫攻坚宣讲活动，并获优秀奖。开展扫黑除恶专项斗争宣传，通过张贴宣传单、摆放宣传手册及宣

传彩页、LED大屏、门户网站专栏等载体深入扫黑除恶的目标与意义。

【巡查反馈问题整改落实】

落实十三届区委第七轮优化营商环境专项巡察整改工作。8月12日，召开会议，集中传达反馈问题清单，就整改工作进行全面安排部署。制定巡察整改方案，明确整改内容、责任分工。对标《关于巡察区政务服务局党组的反馈意见的通知》中反馈的3方面8个问题和3方面意见建议，结合实际制定8条具体整改措施。8个问题全部整改完成。同时召开专题会议，推动工作落实。

（王淑娟、邢鑫）

退役军人服务

【概况】

2020年，区退役军人事务局组织开展“最美退役军人”学习宣传行动，全面提升退役军人服务管理工作水平。协助组织部门做好退役军人党员组织关系接转，完成各项退役军人服务工作。

疫情防控期间，组建退役军人救援志愿服务队1支，退役军人报名参与服务人数12人，上岗4人。

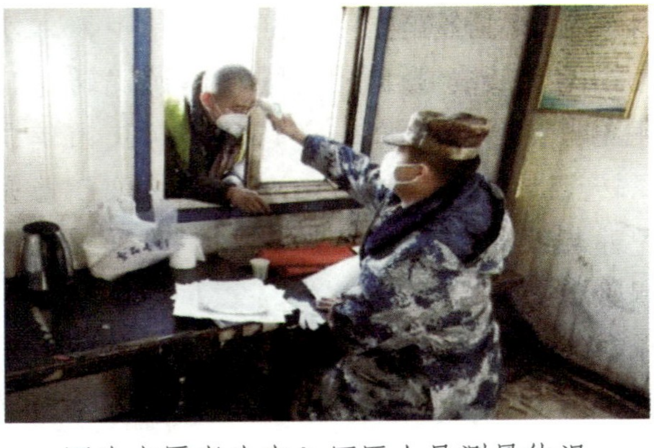

图为志愿者为出入厂区人员测量体温

区退役军人事务局供图

11月27日，召开区委退役军人事务工作领导小组2020年第一次会议，审议通过《中共石拐区委员会退役军人事务工作领导小组成员单位退役军人工作职责》《中共石拐区委员会退役军人事务工作领导小组成员单位联络员工作职责》《中共石拐区委员会退役军人事务工作领导小组工作规则》《关于做好新时代退役军人工作的分工方案》等，建立健全退役军人服务保障工作运行机制。

邀请15名书画家走进军营，开展迎八一“书画进军营，共叙鱼水情”活动，共向部队官兵捐赠书画作品400余幅。“八一”、春节等节日走访慰问退役军人，发放慰问金12.4万元。

【服务体系建立】

落实“五有目标”，组建退役军人服务中心和退役军人服务站。截至2020年，建成1个中心、28个服务站。其中，区级服务中心1个，苏木乡镇(街道)级服务站7个，嘎查村(社区)级服务站21个。并按照“统一牌匾标识、统一挂牌时间、统一实体运行”的要求，完成人员设置、牌匾悬挂、职责确定等工作。学习河北裕华区退役军人服务中心的先进做法，争取资金30万元，先后打造大庙村、大发街道和区退役军人服务中心3个精品服务场所。制作“石拐区退役军人服务保障体系组织机构示意图”；建立相关工作制度；制定部分工作流程，推动各项工作有序开展。

图为区退役军人服务中心大厅

区退役军人事务局供图

【双拥创城工作】

4月24日，召开石拐区双拥创城工作推进会，布置相关工作。完善补充双拥材料；在康庄大道摆设双拥宣传标语；5月，完成自治区双拥考评组考评工作。

【服务工作】

先后举办2期退役军人业务培训班，提升基层工作人员业务水平。完成退役士兵社保接续工作。全区受理退役军人社保办结率100%。

2020年，发放伤残军人伤残抚恤金、在乡复员军人及各类退伍军人优抚金、60周岁农村籍退役士兵生活补助金共计104.2万元。发放各类优抚对象门诊救助资金4.7万元；悬挂光荣牌703块，为3名老战士颁发“庆祝中华人民共和国成立70周年纪念章”。

（张茹）

信　访

【概况】

2020年，石拐区信访局坚持以人民为中心的发展理念，打造“阳光信访”“责任信访”“法治信访”，统筹协调各方资源力量，全面完成各项目标任务。

【接访工作】

2020年，区联合接访中心接待人民群众来访428批次、1292人次。

12月7日，二手房群体访政策解释工作现场

任元摄

【来信来访及网上信访工作】

2020年，受理上级转办、网上投诉、来信来访等信访139件；按期办结率为100%，群众满意率为79.07%，参评率79.07%。

收到上级转办来信55件，其中中央巡视组交办11件，国家信访局转送37件，自治区转送6件，包头市转送1件。信访部门及时受理55件，事权部门及时受理54件，及时受理率为96%；事权部门按期办结43件，办理中12件。

办理群众网上投诉60件，其中，本级11件，上级转送49件（国家信访局转送17件，自治区信访局转送17件，包头市信访局转送15件）；信访部门与事权部门及时受理49件，及时受理率为96%；事权部门按期办结57件，办理中3件。

受理群众来访信访事项24件。其中，国家信访局转送3件，自治区信访局转送10件，包头市信访局转送11件。信访部门与事权部门及时受理24件，及时受理率为

96%；事权部门按期办结21件，办理中3件。

【网上信访宣传工作】

4—6月，区信访局开展国务院《信访条例》修订实施15周年宣传月活动。悬挂宣传横幅、摆放宣传展板、发放宣传手册4000余份，通过广播宣传、群众咨询、现场讲解等形式宣传，提高广大群众网上信访宣传知晓率，宣讲“阳光信访，法治信访”的多项好处，引导群众树立“多动手、少跑腿”的信访理念。

【领导接访包案工作】

2020年，全区县级领导接访总数174批次473人次。信访事项领导包案62件，合计80件。均转办到各责任单位，按责任单位上报情况，出具答复意见书52件，信访人主动撤销1件。

【矛盾隐患排查工作】

开展“矛盾隐患排查化解”专项行动，实行月排查、季度集中排查和特殊时期零报告制度，对排查出的矛盾纠纷和信访问题分类建立台账，排查横向到边、纵向到底、不留死角。全年开展社会矛盾纠纷排查化解工作11次，排查出信访矛盾隐患240件。其中，化解17件，程序性办结166件，疏导2件。

【信访履职审计工作】

联合区纪委、区委组织部工作人员组成工作小组对15家区联席会议成员单位主要责任人开展信访履职责任审计工作。结合信访履职责任审计清单，重点对基础业务规范化，信访矛盾隐患排查、化解，领导干部下访等情况进行审计，采取查阅档案资料、随机抽查、带案审计等方式进行，完成2020年基层领导干部信访履职责任审计工作。9月，向区委、区政府汇报总体审计报告。

【信访工作专项行动】

开展集中治理重复信访、化解信访积案专项工作暨推进“解决信访问题年”专项行动工作。按照《全市开展“解决信访问题年”专项行动工作方案的通知》文件精神和具体要求，4月17日，区政府召开石拐区信访联席会议暨社会矛盾隐患风险排查和“解决信访问题年”专项行动动员部署会议，研究审定“解决信访问题年”专项行动方案，专题研究“解决信访问题年”专项行动相关事宜。专项行动开展以来，办结自治区交办27件、包头市交办2件重点信访事项。中联办集中治理重复信访、化解信访积案专项行动共交办22件，息诉罢访12件，剩余10件按照要求上报办理报告。

【中央巡视组交办信访案件化解工作】

区信访局建立专班、成立工作组，全力支持配合事权部门，开展中央巡视组交办信访案件化解工作。中央第八巡视组移交石拐区信访事项1～6批共43件,动态调整后为41件信访事项，化解35件，未化解6件，化解率85.36%。按照信访事项所属分类：城乡建设类25件，劳动和社会保障类8件，农村农业类5件，卫生计生1件，国土资源类1件，政法类1件。其中，占比最多的为城乡建设类，比例60.97%。梳理去重后，纯案数为35件。

根据自治区要求，将已化解信访事项按程序录入信访信息系统。2020年，已录入系统32件，录入率91.42%。退回1件。

【信访工作规范化】

按照自治区信访局下发的《关于加快建设视频信访系统有关事宜的紧急通知》

要求，便利群众诉求渠道。4月30日，石拐区本级及所辖各苏木镇及街道视频信访系统正式接通运行，实现与自治区、包头市以及全区各苏木镇、街道信访工作机构视频信访系统“四级”全面互联互通。推动“最多访一次”改革。提升信访业务规范化水平，实现让群众合理诉求“最多访一次”。按照“三到位一处理”（诉求合理的解决到位，诉求无理的思想教育到位，生活困难的帮扶救助到位，行为违法的依法处理）总要求，对石拐区民生领域、劳动和社会保障类（农民工工资）、城乡建设类领域信访问题实行首办责任制，缩短受理办理时间，精简优化工作流程，推动群众初次信访一次性化解，一次性办结，一次性落实疏导、教育、帮扶工作机制。把领导接访和定期研究化解信访问题有机结合起来，落实“五个一”工作机制（一案一名包案领导、一个工作小组、一名信息员、一个案卷、一个对策），原则上每月召开1次信访事项研究会，梳理和研究解决群众反映强烈的利益诉求问题。2020年，区主要领导审签《包案领导定期召开会议研究信访事项的制度（试行）》。

（辛磊）

街道（苏木、镇）概览

吉忽伦图苏木

【概况】

2020年，苏木人民政府实施乡村振兴战略，村集体经济实力稳步提升，民生事业持续改善，民族团结进一步夯实。

吉忽伦图苏木辖区户籍人口3100户6423人，常住人口1044户2092人。下辖绍卜亥、吉忽伦图、白菜沟、三岔口、爬榆树5个嘎查。有蒙、藏、回、满、苗等5个少数民族。辖区耕地面积36510.07亩，其中，水地7917.5亩，旱地28592.57亩。实际耕种面积11916.3亩，其中，旱地4186.8亩，水地7729.5亩。

2020年，苏木爬榆树嘎查被自治区党委宣传部、统战部，自治区民委授予“全区民族团结进步示范嘎查（村）”称号。

【村集体经济发展】

2020年，各嘎查集体经济收入全年均突破20万元。特色产业格局初步形成。苏木组织召开乡村振兴战略暨村集体经济发展座谈会，畅通电商大数据与村集体合作社沟通交流渠道，助推产业发展；初步形成以文旅产业为依托，以土地有序流转为基础，特色种养殖为主干的产业发展格局。

三岔口嘎查继续推进土地托管模式，种植马铃薯、玉米、甜菜；盘活使用农具机外出作业；与内蒙古金之钰农业旅游发展有限公司合作构建“三岔口旅游驿站”；与中雷农业生态科技有限公司注册成立“内蒙古吉忽伦图雷香猪生态科技有限公司”，共建雷香猪养殖项目，2021年投入使用。

爬榆树嘎查流转土地500亩，种植5种中草药；发展优质肉牛羊养殖基地项目，购买优质肉牛30头，肉羊149只；年底，存栏肉牛32头，肉羊120余只。

绍卜亥嘎查推进舍饲圈养项目，养殖数量400余只；发展雏鸡孵化项目，2020年，孵化雏鸡5000余只；黄芩种植项目，主要以取黄芩叶生产黄芩山茶为主；饲料加工和农资销售项目完成场地设施建设，购买饲料粉碎机、搅拌机、颗粒机，电焊机等加工设备，完成组装，开始试加工。

白菜沟嘎查肉牛养殖项目，存栏肉牛58头；林下经济建设项目，养殖黄芪鸡、地蹼等家禽；流转村内闲置土地50亩。

吉忽伦图嘎查发展林下黄芪鸡生态养殖项目，购入雏鸡3000只，存栏300余只；发展肉羊肉牛养殖，购入基础羯羊115只，存栏87只。

【社会服务】

推进便民大厅“一窗受理、集成服

务”，按照“统一窗口、统一标识、统一制度、统一管理”要求，窗口办事能力显著提升，2020年1—11月，便民大厅各办事窗口受理业务1826件，办结1826件，办结率100%。选派2名选调生、招聘3名网格员充实嘎查工作。

【三大攻坚战】

对苏木42户贫困户住房进行全面鉴定，确保房屋安全；完成24户易地搬迁贫困户旧址复垦复绿工作；维修检查饮水设备13处，为化工厂幸福大院安置水塔、为爬榆树嘎查乔圪齐村打水井解决季节性缺水问题，为白菜沟和绍卜亥嘎查配备净水设备管理员；为2名建档立卡贫困大学毕业生免试安置公益岗位就业，2名小学生享受学前保育费和交通补助；以村集体经济带动贫困户就业，抓多渠道就业，实现贫困户有劳动能力尽数就业，解决16人就业。为苏木贫困户全额代缴养老、医疗保险。对照中央巡视内蒙古脱贫攻坚专项巡视、巡视“回头看”反馈意见、中央自治区脱贫攻坚成效考核反馈问题，完成苏木全部7项57条问题。新时代文明实践所、站持续开展乡风文明建设，各嘎查全面总结宣传脱贫攻坚工作。研究制定《石拐区吉忽伦图苏木脱贫攻坚风险防控预警实施方案》，全面排查苏木人口收入情况，锁定三级监测户，动态监测各级监测户收入情况，确保不发生新致贫和返贫问题。

人居环境明显改善。建设垃圾收集点138个，日处理30吨垃圾转运站1座，初步实现“户投、村收、乡运、区集中”垃圾处理模式，配备4辆垃圾清运车、20名环卫工人保障村庄日常清洁。组织10余次集中清理垃圾行动，清理垃圾200余吨。建成污水处理站2座，解决爬榆树嘎查西村、吉忽伦图嘎查移民新村近200户村民日常生活污水排放问题。改造环保公厕19座，推广安装免冲洗原位降解一体化户厕120套。组织开展“全域无垃圾”专项整治工作。巩固“264”环保专项整治行动成果，开展“三清一改”工作，村内生活垃圾、污水沟、畜禽粪污等得到有效清理。加强综合执法巡查力度，日常检查与集中整治相结合，对公路沿线随意张贴及喷绘小广告、偷倒建筑垃圾、村内私搭乱建、乱堆乱放等不文明行为坚决予以制止和纠正。苏木、嘎查两级包片工作人员入户动员村民对房前屋后及院内进行清扫和整理，对确有困难的农户，组织新时代文明实践志愿服务队帮助其清扫和整理。落实“河长制”“山长制”，全年巡河、巡山数百次；配合区自然资源局，开展集中整治违规放牧行动，出动禁牧车辆260台次，1600人次，查处20余户违规放牧行为，苏木境内散养羊只数量明显下降。

全面落实区委、区政府关于化债工作安排部署，要求所有政府投资项目在落实资金来源后实施，杜绝新增政府债务。

【民生保障与改善】

投资25万元，为三岔口嘎查、爬榆树嘎查、吉忽伦图嘎查新建太阳能路灯60盏，并对之前损坏路灯进行维修维护；投资1万元资金为白菜沟嘎查修缮厕所；投资6000元为爬榆树嘎查官牛犋村修建排洪渠，修缮受损房屋；出资7000元为化工厂幸福大院粉刷楼道；筹措资金18万元为化工厂幸福大院44户住户更换窗户。

实现城乡低保应保尽保，苏木保障城乡低保对象4525人次，累计发放农村低保

金205.3万元；民政救助36人；发放重度残疾人护理补贴3.7万元；为享受困难残疾人生活补贴的319人，发放资金3.2万元；输出劳动力1004人，其中稳定输出转移6个月以上人数861人，就地转移人数768人，易地转移人数236人；为建档立卡贫困户提供公益性岗位6人，临时性公益性岗位6人。

开展动物“春防”消毒工作，协助兽医进行布病防控，配合农牧局进行防疫消毒，向区农牧局申请消毒液20箱、消毒粉30箱，阻止非洲猪瘟、鼠疫、布病、草地贪夜蛾等疫病及病虫害的侵入。做好春耕备耕工作，协调上级部门争取水泵3台，灌溉水管510 米、变压器1台，灌溉电线100米，维修更换各嘎查灌溉设施。制定苏木2020年防洪抗旱工作预案，严格24小时值班工作，备足备齐防汛物资，对辖区内部分农牧民进行山洪灾害防御知识培训，开展防洪救灾演练。

惠农资金规范管理。完成绍卜亥嘎查和白菜沟嘎查1万亩退耕还林补贴上报工作，发放补贴资金400万元；按照惠农资金发放要求，完成退耕还林补贴上报工作，发放草原奖补资金190余万元。

【社会综合治理】

全年处理信访事项8次。创新矛盾纠纷化解方式方法，破解综治难题，由苏木综治中心牵头,法院、司法所等单位组建吉忽伦图苏木矛盾多元化解中心,为群众表达诉求开启便捷通道。召开安全生产专题会议2次，开展专项检查10余次，组织苏木、嘎查两级安全员做好安全领域风险排查工作，发放安全生产宣传手册百余册。

召开扫黑除恶专题学习会2次，扫黑除恶工作部署会2次；发放宣传单300余份。

【人民武装】

落实党管武装工作制度。召开苏木征兵工作领导小组会议，在各嘎查悬挂宣传标语33条，对辖区适龄青年进行摸底信息比对，获区人武部2020年度征兵工作先进单位表彰。进行民兵整组，完成普通民兵、基干民兵数据库录入。完成高标准基层人武部建设工作。组织民兵参加植树造林、灭火演练、帮助嘎查秋收等活动。

【民族宗教工作】

组织召开苏木加强和改进民族团结专题民主生活会，做好专题民主生活会“后半篇文章”。联合区民委全面开展“一周两月”宣传活动，铸牢民族共同体意识；组织实地排查信教场所10余次，维护民族宗教领域安全稳定。

【文化生活】

各嘎查综合文化站开展一系列文化活动。吉忽伦图嘎查连续4年在农历腊月二十三举办蒙古族祭火文化节活动，传承蒙古族传统文化，推进民族团结进步。邀请乌兰牧骑文艺轻骑兵深入5个嘎查开展扫黑除恶流动宣传。“七一”主题党日活动期间，各嘎查分别组织开展纪念活动；举办苏木第三届消夏文艺晚会，邀请内蒙古师范大学音乐学院和内蒙古师范大学音乐学院乌兰牧骑艺术团为农牧民献上文化盛宴。工会组织开展慰问疫情防控一线人员，组织机关干部开展健步行、拔河等文体活动。

【新冠肺炎疫情防控】

制定吉忽伦图苏木《新型冠状病毒肺炎防控应急预案(试行）方案》《防控新型冠状病毒感染的肺炎疫情工作方案》《吉忽伦图苏木开复工期间疫情防控工作方

案》，成立苏木预防和控制新型冠状病毒肺炎领导小组，制作完成《吉忽伦图苏木新冠疫情防控作战图》，将各村疫情防控责任落实到人。卡点值守2个多月，排查过往车辆万余辆次，人员万余人次；发放宣传资料7000余份，张贴宣传“疫情防控、定点医疗”等相关内容的海报、横幅100余条，签订承诺书1000余份；成立16个尖刀班、15个战斗队、9个临时党支部，发动140余名党员干部、群众、志愿者加入疫情防控工作。苏木248名党员自愿捐款34295元。强化疫情防控组织机构，成立5支消杀队伍、5支流调协查队伍、5支心理干预队伍，开展秋冬季疫情防控工作。研究制定《吉忽伦图苏木人民政府加强秋冬季新冠肺炎疫情防控工作方案（试行）》《吉忽伦图苏木党政机关秋冬季新冠肺炎疫情防控工作方案（试行）》，辖区划分为5个大网格、26个小网格，实施网格化管理。加强同苏木卫生院、嘎查卫生室联系，建立发热病人信息共享制度，加强辖区禽畜管理，开展爱国卫生运动。储备适量防疫物资。苏木及各嘎查通过微信、“村村响”（农村无线调频广播系统）、悬挂条幅标语、入户等多种方式，宣传新冠肺炎和鼠疫防控知识，新冠、鼠疫防控知识累计微信推送500余条、村村响播放300余次、悬挂条幅标语70余条，发放灭鼠药具800余份。

【嘎查“两委”换届工作】

成立专项工作摸排小组，开展前期入户摸底排查工作，进行“一肩挑”政策宣传，动员老党员、村民代表发挥模范带头作用，向村民讲清楚实行“一肩挑”的目的意义，消除群众疑虑，澄清错误认识。利用“村村响”宣传中央、自治区党委、市委和区委关于此次换届全面推行“一肩挑”的政策要求、现实优势和选人标准等。对换届政策利用广播宣传15次、张贴横幅7条，走访宣传238户，覆盖人员498人。对村级后备干部培训2期，共60人次；各嘎查在微信群、朋友圈发布两委换届报名信息。对拟连选连任的嘎查村干部和拟新进入嘎查村两委班子的候选人预备人选，特别是“一肩挑”人选进行梳理、联审。对中央十八大以来农村牧区基层党组织发展党员工作进行全面排查、核实认定和整改处理，确保换届工作顺利进行。利用两委换届摸排，全面组织排查基层党支部作用发挥不明显、战斗力不强等情形。无软弱涣散党组织。

【新时代文明实践活动】

建立吉忽伦图苏木新时代文明实践所和爬榆树嘎查新时代文明实践站，制定组织机构、宣讲制度、管理制度和工作制度，完善各项职能，明确人员职责。苏木新文明实践志愿服务队分别在内蒙古志愿云、志愿包头服务平台注册成功，组织开展志愿服务活动20余次，惠及辖区群众千余人。

10月22日，苏木全体职工在三岔口嘎查开展助农秋收主题党日活动　　梁晓东摄

【依法行政】

推进苏木“三务公开”工作提档升级，编制“三务公开”内容清单，在苏木微信平台公众号上开辟“三务公开”专栏，实现“三务公开”工作数字化、信息化。为苏木5个嘎查统一制作新的“三务公开”公示栏，党务、村务、财务及时公开。监督各嘎查按照要求每月及时做好“三务公开”工作，严格执行“三务公开”三级联审责任制，规范各嘎查“三务公开”制度执行情况。2020年，各嘎查党务公开210条、村务659条、财务169条。坚持依法行政，完善监督管理机制，健全完善便民服务中心各项规章制度，规范办事程序，规范惠农资金发放管理。

【法治宣传与服务】

推进法律援助中心标准化建设，引导干部职工利用法宣在线平台学习法律知识，自觉树牢法治思维；全力做好“七五”验收工作，执行“谁执法谁普法”的责任制要求，配合区委政法委、法院、检察院做好法律宣传工作。抓好人民调解工作，成功调解纠纷8起。

【反腐倡廉】

制定《2020年党风廉政建设和反腐败工作安排》，编制完成《苏木制度汇编》，印发《落实“两个责任”工作记录册》《落实“一岗双责”班子成员工作记录册》等工作手册，督促规范日常工作开展。组织开展党风廉政建设暨警示教育大会4次。开展精准监督年专项活动，惩治微小腐败，相继开展脱贫攻坚、矿产资源、煤炭资源等方面的专项整治工作，摸查苏木20年来煤炭领域案件，发布公告、公布举报电话、设置举报箱收集线索。2019年11月25日至2020年1月10日，接受区委第一巡察组巡察。苏木政府对标反馈问题分析、梳理，形成整改方案。

（姬越）

五当召镇

【概况】

五当召镇下辖5个村、33个村小组，户籍人口4845户10099人，常住人口1688户3678人，党员298人。其中，白草沟村辖白草沟村、后坝、当铺窑子、河北、格亥图、北福永居、南福永居、毛忽太、西梁、三合义10个村小组，常住人口210户418人，村委会驻地白草沟村。厂汗沟村辖前厂汉、中厂汉、后厂汉、陈四窑子、东梁5个村小组，常住人口106户205人，村委会驻地五当召镇卫生院院内。青山村辖大冬瓜、小冬瓜、井子沟、魏君窑、皂火沟5个村小组，常住人口78户157人，村委会驻地井子沟村。缸房地村辖缸房地、猫土塔、羊场沟、木瓜渠、黄土梁、平渠壕、腮大坝7个村小组，常住人口449户1217人，村委会驻地缸房地村。新曙光村辖碱水渠、公忽洞、席麻塔、大发村、毛忽洞5个村小组，常住人口235户472人，村委会驻地大发村。

全镇耕地面积20872亩，人均2.07亩。2020年，五当召镇获国家卫生乡镇称号，缸房地村获第六届全国文明村镇称号。

【农牧业生产】

2020年，实施高标准农田示范建设项目，新增节水灌溉面积2800亩，全镇播种总面积稳定在8300亩左右，玉米、马铃薯、大豆、小杂粮等主要农产品产量稳定

增长。

全年发放耕地力保护补贴、生产者补贴等各类补贴资金96.82万元。修补水渠800米，农业生产基础条件明显改善。

特色种植养殖业蓬勃发展。小米、清水白菜等“一村一品”特色产业初步成形，蔬菜、土豆远售近销，西红柿、黄瓜等大棚作物不断增产，获各界认可。

农村土地经营承包权流转2782.05亩，农牧业生产由传统种植产业向集约化规模化转变。新建2个标准化生猪家庭农场项目即将关猪运营，新曙光生猪养殖家庭农场出栏商品猪3500头，辖区圈养肉羊出栏率显著增长，养殖业快速发展。

【乡村旅游服务业】

内蒙古师范学院、包头市师范学院挂牌青山村绘画写生基地。8月25日，市委书记张院忠实地查看青山村美丽庭院建设情况。与益丰源农业公司合作投资45万元改造厂汉沟村委会旧址建成红色旅游驿站，特色民宿、储藏酒窖、餐饮区、农产品展区建成运营，接待游客旅客2000余人次。

【项目建设】

推进区级重大项目建设。完成采煤沉陷区光伏领跑项目剩余征地补偿，阵列区人工种植地上物评估完成初步测量，进行复核评估。镇光伏服务产业中心与3号项目阿特斯公司签约后期运营维护，实现营业额44万元。完成“引水入石”、70万吨铁合金等重大项目土地征收工作。

【村集体经济】

成立村集体经济推进领导小组，镇领导班子、驻村第一书记、驻村工作组包村推进。争取上级资金560万元，实施绿色农业种产销基地、肉羊养殖、农作物生产全程机械化示范等村集体经济项目。各村集体经济平均突破20万元，新曙光村、白草沟村在50万元以上。开展村集体“三资”盘活利用工作，利用村集体闲置资产资源7处，提升废旧学校、大棚圈舍等集体资产效益。

【精准脱贫】

对标国家“两不愁、三保障”要求及安全饮水和脱贫攻坚普查标准，集中开展“大走访大督查”等专项行动，完成5处住房、38处饮水、19人就业等问题的整改任务。同步按照“五个一批”措施，落实区“357”工作清单，对全镇55户111人建档立卡贫困户精准施策，争取各类扶贫资金500余万元，实施16个产业化扶贫项目，为贫困户返利分红23万元，贫困户人均收入比2019年提高1200元。对贫困人员进行3轮职业技能培训，开展“志智双扶”感恩党、脱贫攻坚宣讲团巡讲等活动。

6月18日，五当召镇新时代文明实践所宣讲队开展田间地头宣讲志愿服务活动 白元昊摄

【民生保障与改善】

全年民生领域资金支出1421万元。投资399.8万元实施公共设施抢修、水毁工程抢修、房屋和管网改造等工程，完成便民座椅、安装减速带等5个民生实事项目，完

成5个村级党群服务中心建设，举办农民丰收节等文体活动20余场次。

全年办理低保135户205人，发放低保金104.11万元；为583位65岁以上老人发放养老救助金46.64万元，为179位80岁以上老人发放高龄补贴15.67万元，为174位重度残疾人发放护理补贴15.66万元，为78位享受低保金的残疾人发放生活补贴7.02万元，为70户困难群众发放临时救助4.75万元,为精简退职、“三民”人员发放补贴5.3万元；为6人办理大病救助，共2.63万元；办理城乡居民养老保险294人；为符合政策的低保户、失独家庭35人和残疾人68人代缴养老保险1.71万元；城乡居民年度医疗保险参保7236人，缴费226.62万元，参保率达到98%；为到龄失地农民办理政策补贴45.08万元；为28名农村户籍60岁以上退伍军人发放生活补贴17.14万元；发放扶助金、独生子女费、计生特困家庭救助金等各类计生补贴28.89万元，连续4年被区政府评为人口和计划生育目标先进单位；解决就业163人次，开发农村公益扶贫岗位4个；多次开展各类义诊、送医送药活动。

【卫生健康服务】

2020年，开展计生贫困家庭救助、奖励扶助、特别扶助、独生子女父母奖励等工作。为3户计生困难户发放慰问金0.3万元，为8名离职10年计生助理员发放生活补贴0.33万元，分批发放奖励扶助金129人20.12万元、特别扶助金11人6.56万元、独生子父母奖励费102户1.58万元。2020年，发放计生各类救助、补贴和扶助金28.89万元。开展计生独家庭意外保险工作。2020年，全镇参保居民857人，其中60岁以上72人。加强人口数据动态管理，实施人口信息动态采集机制。全员人口信息覆盖率、个案信息完整率、准确率、更新及时率等95%以上。开展爱国卫生运动和创建自治区慢性病综合防控示范区工作。将爱国卫生运动宣传和“两疫”防控工作相结合，2020年3月，开展为村民免费“送医、送药、送健康”活动，向村民讲授了防控新冠肺炎、妇女病防治、儿童保健等健康知识；配合区疾控中心完成创建自治区慢性病综合防控示范区的检查验收工作。春节开展“博爱送万家”活动，为困难村民发放米、面、油40份；9月，红十字会举办“光明行动”，为五当召镇134位老年人义诊，筛查白内障、斜视、角结膜病等各种眼科疾病，宣传普及眼科知识，为眼病患者答疑解难。

【人居环境改善】

投资20万元对辖区各村组实施“美丽乡村”村容村貌整治，重点完成“脏乱差”卫生整治、垃圾清运、屋院卫生清理等事项。整治旅游公路沿线、通航机场公路沿线环境卫生，清理整治各村死角垃圾。

推进农村牧区人居环境3年整治行动，推进新曙光、缸房地2个试点行政村“户厕改造”项目，全镇安装生态环保户厕128套，污水处理设施15套，改造公厕53座，在全市验收中获得表扬。争取130.7万元，新建日处理能力30吨的新曙光村生活垃圾转运站。成功创建国家卫生乡镇。

【公共服务】

深化行政审批制度改革,制定详细标准化的办事流程，推进城乡社会救助、特困人员、临时救助、高龄津贴审核审批管理制度改革创新,成立五当召镇城乡社会救助、高龄津贴审批发放工作领导小组。在

镇、村两级推行马上办、网上办、一次办、就近办的“四办”政务服务体系，多项便民事项实现“小事不出村、大事不出镇”，群众办事由“多次办”向“一次办”转变。

整合全镇资源，统一规划、统一部署。便民服务大厅二楼，统一整合到一楼党群服务中心，在窗口集中办理公共服务事项。公布19项公共服务事项清单，制作“五当召镇公共服务事项服务指南”。

【生态环境保护】

加大水源地保护力度，全面推行河长制，设立镇、村两级27名河长，持续在宣传引导、巡查督查、整改治理上下功夫，实现让“河长制”变为“河长治”。引导舍饲圈养和持续保持禁牧高压态势。护林员全年开展护林防火巡查。开展年度植树造林活动，镇、村、组三级干部组成植树造林先锋队，绿化荒山荒坡100余亩。出动防火车辆480车次、2800余人次，扑灭森林火灾40余起，有效保护境内林草资源和生态环境，组织开展19次防汛防火演习，有效增强防火救灾的应急处置能力。

【安全生产】

建立健全镇、村两级安全生产机制，排查走访30余次，排查安全隐患15处，向辖区企业、店铺等发放告知单60余份，全部整改到位。全力做好鼠疫防控、猪瘟防控等工作，辖区未发生疫情。

【社会治理】

强化综合执法水平，建设标准化综合执法局，充实配强执法队伍，推进道路管理、环境卫生等重点工作，清理整顿16处未批先建、私搭乱建的现象。启动乱占耕地建房专项行动，对摸底排查辖区所有占用耕地建房的项目、公共设施、农户房屋等，建立台账。7月3日以后，无占用耕地建房的情况。推进农村房屋安全隐患排查整治，摸底排查全镇公共用房、沉陷区房屋、经营性住房。以新曙光村“爱心超市”为试点，投入5万元建设各行政村积分超市，村民主动参与自治、参加活动、参与劳动的积极性显著提高，“小积分”为创新乡村自治管理提供新经验。

推进基层治理能力和治理体系现代化，建立覆盖3719人的微信服务群，将人员排查、日常服务、帮办代办纳入便民服务，办理业务7000余人次。制定信访登记转办制度和镇领导班子成员带班接访制度，调解各类社会矛盾纠纷12起，答复率100%，化解率100%。开展平安五当召镇建设，实施“雪亮工程”视频监控系统建设。

【退役军人服务】

为农村户籍60岁以上退伍军人发放生活补贴20余万元；2020年6月，完成在百度地图、高德地图地理位置信息采集；参加包头市退役军人事务局举办的“走进新时代退役军人——不忘兵之初 模范兵支书”微视频大赛，拍摄缸房地村兵支书王贵生的模范事迹；为4位抗美援朝老兵申请抗美援朝纪念章；开展“双拥”工作，进行形式多样的宣传活动。

【行政效能】

主动接受人大监督，办理完成镇人大代表建议61件。依托党群服务中心建设，建设高标准便民服务中心和退役军人服务站。完成“七五”普法工作。“三公”经费较2019年下降35%。

（秦燕）

白狐沟街道

【概况】

2020年，白狐沟街道落实常态化疫情防控举措，开展三大攻坚战，强化社会治理工作。完成村级办公场所进行去机关化整改，倡导并开展新时代文明实践活动。注重民生实事项目的实施，村集体经济发展取得长足发展。

街道辖区面积99.69平方千米。户籍人口2523人，常住人口228人。

下辖脑包沟村、五当沟村两个行政村。其中，脑包沟村辖7个村小组，分别为脑包沟村小组、白狐沟村小组、前店村小组、康卜村小组、同盛茂村小组、大西沟村小组、麻迷图村小组，常住人口132人，村委会驻地脑包沟村小组。五当沟村辖6个村小组，分别为古城塔村小组、立甲子村小组、狸猫渠村小组、前五当沟村小组、后五当沟村小组、门头沟村小组，常住人口96人，村委会驻地立甲子村小组。

【疫情防控与复工复产】

新冠肺炎和鼠疫防控工作形成常态。强化组织领导，在全区率先设立24小时值守站点开展疫情防控工作；召开疫情防控工作部署会议，落实常态化疫情防控举措，按照网格化管理保持每天入户排查外来人员，宣传疫情防控风险和知识，做到不落一户、不落一人。及时向辖区企业传递国家、自治区、包头市、石拐区关于疫情防控及复工复产的各项政策，加大对各企业日常巡查监管，帮助企业在最短时间做到防疫、复工两不误。持续加强鼠疫日常防控。野外排查和入户排查相结合，重点排查有无发热病人以及非正常死亡啮齿类动物，并进行广泛宣传。培训学习64人，发放宣传资料460份，投放灭鼠药0.7千克，发放粘鼠板25个、消毒液70千克。全年辖区未发生疫情感染。

疫情防控期间，街道干部进行入户排查
白狐沟街道供图

【三大攻坚战】

脱贫攻坚持续推进。辖区建档立卡贫困户2户5人，正常脱贫，人均年纯收入分别为1.44万元和1.05万元。完成中央、国务院、自治区党委政府各类巡视巡察反馈问题整改17项115条。修缮危房1户。安装集中供水设备3台，分散供水设备17台，发放安全饮水水桶160个，张贴饮水安全取水点宣传标语105张。

落实企业主体责任。每月组织辖区各企业负责人召开安全生产和环保工作例会，要求厂区内原材料、成品材料实行封闭式管理，运输车辆采取加盖苫布等措施避免粉尘污染。厂区出口设置车辆清洗设施、排水和泥浆沉淀设施，出厂前对车辆进行除尘清洗处理，不得携带泥土、煤炭粉尘出厂。严格限制运煤车辆超量装载和超速行驶，防止在运输过程中出现物料遗撒或泄漏，从而减少因车辆碾压而产生的

路面积尘。每日至少有10名环卫工人，清扫运煤车辆途经道路，水车每日沿途洒水降尘，提升道路保洁水平。组织动员属地企业分路段、分片区参与马骝沟道路、河道等各领域环境卫生综合整治和道路养护工作。

7月，在马骝沟开展环境卫生集中整治

白狐沟街道供图

定期开展重大风险隐患排查，围绕风险隐患进行自查10余次，履行政府采购程序，不盲目实施项目，避免盲目负债。制定单位内控制度，加大办公节支力度。

【专项工作】

按照区煤炭资源领域违规违法问题专项整治工作领导小组安排部署，成立街道专项整治工作组，制定详细工作方案，党工委班子成员带队走村入户，做到村老支书（主任）、村小组长、老党员、村民代表、信访群众“五必访”，听取党员群众意见，全面摸排收集违法违规问题线索，并多次组织两村离任老干部、老党员代表、村小组长、部分原煤矿主和现任村两委成员对辖区2000年以来煤矿基本情况进行分析研判。完成脑包沟3号井承包费拖欠问题和石拐区煤炭领域集中整治核查发现问题工作组转交问题整改。

棚户区改造、人口普查取得阶段性成果。完成辖区立甲子至脑包沟公路沿线棚改任务，组织拆除中。争取棚改资金启动五当沟村搬迁。完成脑包沟村、五当沟村和原白狐沟社区1597户2827人人口普查及复查对比工作。

【综治信访工作】

提升群众遵守法律意识，开展各类法制宣传6次，发放宣传资料200余份；健全基层自治机制，完成两村“村民评理说事点”建设。坚持变“上访”为“下访”，街道党工委班子成员带队入户走访调处个访15起，化解普通纠纷15起，受益群众60余人。对中央巡视组、中央信访工作联席会议办公室、自治区交办的重信重访积案班子成员包案化解，全力推进问题解决。

铸牢民族共同体意识，开展“一周两月”宣传活动。组织实地排查22次，维护社会安全稳定。

开展扫黑除恶专项斗争宣传10次，发放宣传物品100余份。

【安全生产】

制定《白狐沟街道关于开展消防安全检查专项行动工作方案》，提升应急管理工作水平。利用微信公众号、知识讲座等，宣传安全生产相关知识，增强各企业安全生产意识；组织辖区16家企业负责人召开安全生产专题会议11次，进行巡查排查60余次，整改隐患20余条。制定街道防洪应急预案，储备防汛物资，并开展防洪应急演练。2020年，辖区未发生安全生产事故。

9月30日，街道在企业进行安全生产检查
白狐沟街道供图

【生态环境保护】

针对私挖盗采行为隐蔽性强、夜间偷挖等特点，采取24小时严密监管措施，组织夜查50余次，按照第一时间发现、制止和上报的要求抓好巡查工作，形成“早发现、早汇报、早制止”的巡查机制。加强围封禁牧政策宣传和教育打击力度，遏制农村养殖户在禁牧区散养牛羊破坏林地资源势头。加强森林防火宣传教育工作，安排街道及两村工作人员24小时在岗，倡导文明祭祀，清明、中元等节日期间累计为350余名群众发放鲜花替换纸钱，防止草原森林火灾事故。

【新时代文明实践活动】

街道新文明实践志愿服务队分别在内蒙古志愿云、志愿包头服务平台注册成功，共组织开展志愿服务活动20余次，惠及辖区群众300余人。辖区两村成立“新时代、新风尚”公益积分超市，为每户常住村民建立积分台账，将疫情防控、环境卫生、矛盾化解、村规民约等落实情况纳入积分细则。

完成机构改革工作及街道、村两级党群服务中心标准化建设，对村级办公场所进行去机关化整改，提升村级办公场所公开透明程度。

【廉政建设】

召开党工委会议专题研究党风廉政建设工作2次，召开警示教育大会2次，开展党工委书记讲廉政党课2次，街道干部职工未发生违规违纪问题。参加区纪委“微腐败”办结案件11件，其中，初核失实了解10件，立案1件。完成“三务公开”上传及再监督工作，确保廉政各项工作落实到位。

【民生实事项目】

人大工委实地走访入户访民情10余次，开展各类联系选民活动10余次，动员人大代表参与新冠肺炎疫情防控工作并动员捐资捐物2.9万余元。

召开街道第一届民主议政会和意见建议答复会，督办票决产生的涉及安全饮水、环保安全、便民服务、改善民生等几个方面的5项民生实事项目，组织民主议政员对会议票决产生的2020年辖区民生实事项目进行现场视察验收，调动代表和议政员参政议政热情，为辖区各项事业发展提供坚强保障。

【乡村振兴】

种养殖发展逐步壮大。2020年，街道种植户75户，种植玉米、马铃薯、大豆等经济农作物698.78亩，发放耕地地力保护补贴7.6万余元。畜禽饲养6367头（只），比上年增长14.3%，出栏率比上年增长34.2%。

村集体经济发展取得突破。五当沟村的无主物料堆清理整治项目，毛收入30万元；以土地入股形式与包头市八戒农牧有限责任公司合作引进1000头种猪的生猪养

殖项目，年收入18万元；投资40万元建成光伏发电项目并入网，年收入5万元；脑包沟村企共建项目收入25万元。打造高标准示范农田300余亩。全面落实河长制工作，按要求巡河，发现问题10余次并及时进行整改。

【社会保障】

发放低保、高龄、重残、退役军人、扶贫、公益林、退耕还林、伤残抚恤、困难居民电价、“五保户”分散供养等各类补助、补贴193.26万元，惠及2000余人。

办理计生保险，独生子女父母奖励、奖励扶助等各类计生业务319人次。

新增城镇就业人数26人，农牧民转移就业405人，完成率为100%。

办理城乡居民社会养老保险各类业务210人次，完成全民参保任务。

【人民武装】

落实党管武装工作制度。组织召开4次党工委会议专题研究武装工作，发放征兵宣传单200余份、悬挂宣传标语10余幅，在包头军分区考评中获得优秀等次。

【群团工作】

工会慰问疫情防控一线人员81人。组织青年大学习大讨论及相关活动40余次。入户走访关爱妇女群众100余人，解决妇女群众烦心事20余件。

（魏瑞娟）

大磁街道

【概况】

11月13日，大磁街道办事处迁往喜桂图新区新时代数字花苑西区办公。12月2日，大磁街道与大发街道交接，正式接管神发社区。大磁街道与石拐街道、大德恒街道、吉忽伦图苏木交接。12月，完成街道办公场所搬迁。

2020年，石拐区部分街镇区划调整后，大磁街道辖区四至为：西、北以喇嘛河为界，南以集贤路为界，东以乌金路为界，行政区域面积4.88平方千米。

大磁街道辖神发社区，管辖神包家园、创业公寓、富力山、芳草地、紫贵华府、蓝天城6个居民小区，常住人口847户1674人；为7511户17072人提供便民服务。

【新冠肺炎疫情防控】

印发《大磁街道新冠病毒感染肺炎疫情防控工作方案》《大磁街道新冠病毒感染肺炎疫情防控应急预案》，成立疫情防控工作领导小组，领导小组分为3个战斗队，分别负责大磁、大发、化工厂3个网格。1—3月，全面入户排查辖区居民，每日排查1次，并持续进行宣传，做到不漏一户一人，发放新冠病毒防控相关宣传资料1000余份；在办事处门前、辖区主要道路、人群密集的区域悬挂张贴标语宣传疫情防控相关知识14幅；街道党群服务中心电子显示屏24小时流动播放疫情防控宣传知识；户外音箱滚动播放疫情防控相关知识音频；街道微信群转发20余次50多个疫情防控视频；街道微信公众平台发布辖区防疫信息，每天转载魅丽喜桂图疫情信息3条；每天为辖区每个居民检测体温，对外来返回过春节、居家自行隔离的居民，每天检测体温两次；为每户家庭房屋、院落、外围尽可能的地方全部喷洒84消毒液、酒精进行消毒；给辖区居民发放口罩；在石拐大桥往大磁方向设置防疫卡点，工作人员24小时轮流值守，对过往人

员、车辆进行疫情询问、登记、量体温。每天15点汇总当日排查数据，建立统计台账，并按要求向石拐区防疫指挥部上报当日排查情况数据。

1月29日，街道干部在大磁社区化工厂进行新冠肺炎疫情防控宣传、检查　　王丽摄

【机构改革】

研究制定《石拐区大磁街道办事处关于深化改革推进基层整合审批服务执法力量的改革工作方案》，细化机构职能职责，承接好上级下放的各项行政权力事项，推进审批服务全民化。组建大磁街道党群服务中心，内设100多平方米便民服务大厅，将原有的民政、计生、就业、医疗、养老、残联、司法、信访8个服务窗口改成综合服务一、综合服务二和绿色通道3个窗口，集中为辖区居民提供服务。将服务事项、职能职责、服务规则等规章制度上墙，方便居民，节约办理时间。

【安全生产】

全面排查治理各种安全隐患，打击安全生产违法行为，预防和遏制各类事故的发生。对辖区内18户企业、超市每周进行1次安全排查，发现安全隐患及时消除。在元旦、春节、清明节、端午节等小长假期间，到居民家中和企业发放安全生产告知书，确保节日期间不出现安全生产事故。成立办事处防汛抗旱领导小组、防汛抗旱救援队，制定《防洪应急预案》。6月起，安排工作人员24小时值班，到辖区内排查，把居住在危房的群众安置到办事处旧院空房中过渡。

【信访工作】

全年接转信访案件7件，解决案件1件，核查办理中2件。

【社会民生工作】

办理低保审批52户77人，纪工委跟踪评审52户低保居民；为137名老人办理高龄津贴4.32万元；发放临时性救助1.05万元；为34名离任居委会主任发放津贴3.36万元，为5名社救人员发放1902元，为1名“三民”人员发放2970元；为2名精减退职人员发放966元；为3名“三无”人员发放1.08万元；发放退役军人光荣牌20个，优恤金5.94万元；为8户居民审批办理公租房。

为4户居民办理生育登记；其中，一孩儿生育登记2户，二孩儿生育登记2户。

办理登记就业失业证9人；办理就业困难认定审核上报5人；安置疫情期间临时性公岗2人。

为辖区57名符合政府代缴条件的重度残疾（二级残以上）低保居民办理养老保险；为374名居民办理医疗保险，收缴费用11.884万元；为51名灵活就业人员办理社保补贴，其中新增6人，正常接续45人；为17名死亡居民办理享受待遇终止。

为116名残疾人办理护理补贴1.16万元，为7名残疾人办理燃油补贴3500元，为3名残疾人办理意外伤害保险，为34名残疾人办理生活补贴3400元。

实施居民议事会确定的民生项目3项。5月，投入社区经费5万余元，美化、绿化大磁社区化工厂幸福大院周边环境，修缮大磁街道办事处旧院居民用房；9月，投入110万元，改造化工厂幸福大院供暖管网；10月，实施化工厂幸福大院供水管网改造，计划投入6万元。

【文化宣传】

2020年，向区委办、政府办、区委组织部、区网信办报送信息60余条，利用街道、社区两级微信平台发布信息40余条。

街道文化站组织开展文艺会演活动1次。1月3日，配合石拐区文化乌兰牧骑演出队在大磁社区党群服务中心开展了歌舞等10多个节目近两个小时的演出。5月15日，配合石拐区委宣传部开展“追忆峥嵘岁月，感悟矿山精神”活动。7月2日，街道全体党员参观石拐区党建文化展厅。7月25日，组织全体工作人员到土默特右旗观摩王老太太故居（位于美岱召镇河子村，王老太太名叫乔培玲，她为民族解放和革命事业作出巨大的贡献，被称为“革命的母亲”。2007年，土默特右旗政府在原址重新修葺王老太太故居，向人们展示乔培玲毁家纾难为革命的一生），接受爱国主义教育。

【民族宗教工作】

街道党工委召开会议研究部署宗教工作，组织学习2次，社区居委会工作人员定期入户走访，进行宗教法律法规宣传教育。在大磁、大发、化工厂3个网格内悬挂张贴横幅3，宣传民族团结进步内容。大磁辖区有信教群众6人，其中常住基督教信徒5人，天主教信徒1人，均正常开展宗教活动。

【人民武装】

组建街道民兵应急排，整理、核实、录入应急排人员各项信息。组织应急排民兵点验1次。2020年，应征入伍适龄青年完成报名、初检、体检、政审、入伍等程序。

【反腐倡廉】

4月13日，组织观看警示教育影片《醉与罚》。6月3日，街道党工委组织召开2020年警示教育大会，传达《关于全市基层“微腐败”大清扫行动包案工作推进会情况和石拐区基层“微腐败”大清扫情况工作汇报》《关于石拐区煤炭资源领域违规违法问题专项整治监督办和审核监督专项组工作开展情况汇报》，宣读给予刘某慧党内警告处分的决定。涉及“三务公开+”再监督平台内容34项，完成上传资料26项80余条。2020年，街道评选清风干部13人，评选清风干部标兵1人。

对党工委及所有工作人员开展“12种问责情形”监督，自查利用名贵特产类特殊资源谋取私利、矿产资源领域突出问题，街道、社区12名党员干部全部建立廉政档案。规范完善基层“三务”公开，全年“三务”公开116件。

（蔚雪峰）

大德恒街道

【概况】

2020年，大德恒街道坚持以经济建设为中心，兴产业强基础，保稳定促发展，

推进全域经济持续、快速、健康发展和社会全面进步。完成中央巡视组、自治区党委巡视组、区委专项巡察组12方面26项反馈意见的整改工作。完成第七次人口普查入户信息采集工作。

大德恒街道设有街道、行政村党群服务中心6个，总建筑面积5346.37平方米。其中街道党群服务中心1个，综合服务事项5类29项；行政村党群服务中心5个，综合服务事项11/23/27类、24/27项。

街道区域总面积162平方千米。下辖大庙、马场、后营子、开洲窑子、鸡毛窑子5个行政村，23个自然村；户籍总数3293户7430人，常住人口1176户2620人，党员220人。

大庙村下辖大庙、榆树湾、三元沟、西胜店、边墙壕5个自然村。常住人口180户400人。耕地面积2596亩，其中，水地1038亩，旱地1558亩，主要种植土豆、玉米、葱等农作物。村委会驻地大庙村。

马场村下辖马场、公益店、大德恒3个自然村。常住人口335户793人。村委会驻地马场村亿和家园。

鸡毛窑子村下辖鸡毛窑子、榆树沟、腮忽洞、梁茂居、前阿塔、后阿塔、壕赖沟7个自然村。常住人口152户286人、区内常住人口13户24人。耕地面积2490亩，其中水浇地996亩，旱地1494亩，主要种植蔬菜、玉米、土豆、葱等农作物。村委会驻地榆树沟。

开洲窑子村下辖开洲窑子、杨家脑包、民族新村、前湾、铜铺窑子5个自然村。常住人口217户439人。耕地面积998亩，其中水浇地399亩，旱地599亩，主要种植蔬菜、玉米、土豆、葱等农作物。村委会驻地开洲窑子。

后营子村下辖一组、二组、三组3个自然村。村内常住人口12户30人、区内常住人口216户427人。耕地面积1832亩，水浇地733亩，旱地1099亩，主要种植玉米、土豆等农作物。村委会驻地颐康小区。

【新冠肺炎疫情防控】

街道办事处全员上岗，应对新冠肺炎疫情。以13个党员先锋岗为阵地，建立30个网格。组织网格员、志愿者180余人，封堵辖区大小道路52条。采取区级领导包片、科级领导包村、村干部包组、村组长包户、单元长（党员代表）包人的五级包干形式，实行网格化管理。发动村社区、网格、小区、楼栋、单元长、居民对出入小区的车辆和人员信息进行核实登记，重点排查湖北返石拐人员、旅游人员、学生等，逐人建立“一村社一台账”，制定“一对一跟踪监测”工作人员职责，精准落实“武汉及省外重点返乡人员隔离观察”的防范机制，对辖区进行5轮多频次排查，全面切断疫情传入。截至9月底，排查8259户次、47989人次。集中隔离5人次，居家隔离106人次，核酸检测18人次，通过微信公众号、“今日头条”等发布简报、工作动态、信息24条，悬挂横幅206条，张贴、发放宣传资料2.3万余份。

抗击疫情中，街道党员捐款50011元。

【重点项目】

花舞人间二期，开展良种场、大瓜地、小瓜地、凯晟沥青厂、陶粒厂、赵二旦煤场、张泉泉煤场、崔立智水厂、争议地、鑫马塑钢加工厂等10余处建筑及土地征拆。完成良种场、大瓜地、赵二旦煤场、张泉泉煤场、崔立智水厂、鑫马塑钢

加工厂等征拆工作，陶粒厂、凯晟沥青等剩余地块与企业达成初步意见。完成省道211征拆涉街道2处区域土地，化解群众矛盾5起。完成“引水入石”项目后营子、开洲窑子、鸡毛窑子村铺设管网占地征拆。完成奥东牧场在辖区鸡毛窑子、大庙370亩建设德康6万头生猪养殖项目土地征租协议签订。

【农牧业生产】

扩大农业设施建设项目覆盖面。加大对18个自然村的羊舍杀菌灭源工作，实现全覆盖。加强鸡、羊、犬、牛口蹄疫、新城疫、三联疫苗注射工作，保证“针不漏畜，畜不漏户，户不漏畜”，覆盖率100%。

加大水利灌溉设施建设项目。争取上级资金13.7万元，完成大庙洪水滩节水灌溉项目；协调上级单位为马场公益店村小组新建200米深井1口，保证村民生活用水和农业灌溉需求。

落实“河长制”。5名河长累计巡河50余人次，未发现河道内违法行为。开展河道清理工程1次。

各项惠农补贴。发放耕地地力保护补贴13.69万元，玉米、大豆和马铃薯生产者补贴15.2万元。

【集体经济】

按照“一村一产业、一村一特色”发展思路，发展村集体经济项目。2020年，街道5个行政村集体经济收入完成105.6万元。

大庙村发展600亩高产优质苜蓿种植；拓展农机具租赁业务，将拖拉机、耕地犁、播种机等农机具出租业务；与辖区企业合作打造屋顶光伏发电项目。村集体经济收入31.5万元。

马场村拓展办公用品销售业务，谋划肉牛饲养，出租农贸大厅用房，发展物业阳光产业。村集体经济收入21.3万元。

后营子村发展校车运营，购置高规格宇通校车4台；5月，与苏蒙试验学校合作开展校车运营工作。开展通勤车服务项目，购置客运通勤车2台，负责接送老区干部职工、学校教职工上下班。开展园林绿化服务项目，与自然资源局对接，浇灌老区指定区域树木。村集体经济收入28.01万元。

鸡毛窑子村入股“三姥爷”养殖园项目，发展骆驼养殖产业。村集体流转闲置土地100亩，发展玉米种植产业，全部销售至三姥爷养殖园，形成产业循环。与辖区光伏企业对接，提供后续光伏板维护服务。村集体经济收入14万元。

开洲窑子村与包头市万禾园林科技有限公司合作，出租集体土地50亩，开展花卉园林培育、销售等。利用花舞人间、包头古城景区区位优势，推动发展“农家乐”项目，依托村委会旧大院、闲置土地出租，为辖区企业供水等村集体经济收入10.7万元。

【综合行政执法改革】

推进改革领域问题整改6项10条，完成街道机构改革和行政执法力量下沉任务。升级打造街村党群服务中心，按照“五个三”标准（指乡村振兴发展治理模式的五个方面。分别为三支队伍：建强“智囊团”、选好“领头雁”、培育“后备军”；三个机制：探索乡村治理新模式、探索权力监督新办法、探索干部管理新方向；三类资金：保障财政资金、撬动金融资金、吸引社会资金；三个提升：提升综合治理中心运转实效、提升网格治理实

效、提升十联户工作实效；三项措施：实施人居环境整治考核、评选“星级”家庭、规范“酒席”操办），全面推动马场、后营子、开洲窑子村等试点村高标准建设，投入资金30余万元，打造党建文化宣传阵地，实现“一站式”便民服务。

11月，大德恒街道便民大厅里居民在办理养老保险　　刘少彬摄

【民生项目实施】

街道人大工委组织各级代表围绕民生实事、辖区重点项目开展3次视察活动。完成民生实事项目。2020年，民主议政会议筛选民生实事项目12条，实施8条；投资230万元，8月全部完成。街道组织30名代表参加石拐区人民法院“关于古顺园合同纠纷”案件庭审、“关于返还原物纠纷”案件庭审等各类旁听活动，提升代表参政议政能力。

【农村人居环境整治】

2020年，按照示范村建设比例，在5个行政村推进户厕安装和公厕改造工作。投资193.37万元，完成户厕建设317户，公厕改造26座，普及率66%，常住人口实现全覆盖。在大庙村投资6000元实施污水处理一体化项目1处。

实施村道硬化。协调区农牧局，为鸡毛窑子、梁茂居2个村小组铺设硬化道路约2千米。2020年，民族新村新增太阳能路灯3套。在颐康新城小区村民集中地段安装休闲座椅8个。推进平安乡村建设工作，投资10万元，在各村出入口安装监控设备16套。

【医疗卫生服务】

完成新农保缴费31.09万元，新参保人员28人。缴纳医疗保险6296人次195.67万元，实现保险全覆盖基本目标。

完成一胎出生登记90人，二胎出生登记64人。计划生育奖励扶助79人，特别扶助1人，并完成生存认证等相关工作。选出街道健康家庭50户、幸福家庭10户；给予健康家庭米、面、油奖励，给予幸福家庭4件套奖励。

【民生保障】

街道享受高龄津贴119人，发放津贴11.42万元；向2名“三民”人员、7名“五保”人员发放补贴70320元。低保在享人员85户152人，发放低保金8.5万元。辖区退役军人109人，其中，优抚对象16人（在乡复员军人2人，病故军人家属1人，60周岁以上退伍军人13人），发放各类优抚补贴6.9万元。

全年向辖区各企业输出劳动力1041人次。

【社会治理】

开展扫黑除恶专项斗争工作。加强宣传，做好动员上报情况，确保“清到底，清干净”。

开展宪法等基本法律法规学习。组织开展“尊崇宪法、学习宪法、遵守宪法、维护宪法、运用宪法”宣传教育活动，进行刑法、民法典等法律、法规的宣传教育，发放《中华人民共和国民法典》100余份，干部职工受教育面100%。完成“七五”普法工作。设置独立办公场所，

按照一级司法所建设要求打造，在“大德恒”公众号设置宣传普法专栏，印制对联、扑克、围裙特色普法宣传品1000余份，保证“七五”普法成果全民皆知。

12月，在社区医院广场举行宪法月宣传活动　　李媛媛摄

【围封禁牧及防火】

重点遏制辖区大青山自然保护区内的偷牧行为，春夏季在辖区草坡投放鼠药，上门告知养殖户实行圈养，以免羊误食鼠药造成损失。清理保护区内养殖户3户。各管片信息护林员加大巡护频次，出动巡逻车辆120余台次，人员500多人次，劝回放牧行为32次，处理非法偷牧行为2起，暂扣偷牧羊3只。

辖区全年发生小范围火情5起。出动防火车辆100余车次，灭火工作人员400余人次。

【安全生产】

强化执法检查。责令辖区2家企业开展整改，4次复查整改效果。召开安全生产例会4次，部署各级安监员加强监督职责，做好安全宣传和预防工作。疫情防控期间，街道每天派专人到各个企业检查人员流动情况并进行体温测量100余次。

【人民武装】

开展民兵训练2次，推荐辖区适龄青年应征入伍。

（王彦昌）

大发街道

【概况】

2020年，大发街道按照稳中求进的工作总基调，完成全年各项工作任务。完成年度民族、宗教、财政、教育、统计等工作。先后获自治区、包头市和石拐区年度各类集体、个人奖项20余项。

街道辖区面积6.5平方千米。辖区户籍人口402户829人，常住人口9749人（喜桂图社区7955人、神发社区1794人）。2020年12月3日，神发社区划归大磁街道。

【公共服务】

提高行政审批效能，推动基层公共服务（“一站式”）全覆盖，实现群众一件事“马上办、就近办、一次办”，街道、社区3个党群服务中心为居民提供“一站式”便民服务、党员教育、关爱帮扶、文体娱乐休闲、志愿服务等。

重新规划、提档升级所辖2个社区的党群服务中心。喜桂图社区党群服务中心的“童心灵动·四点半课堂”“文明实践志愿服务积分兑换项目”“党员微心愿树”和神发社区党群服务中心的“夕阳红美发屋”“温暖夕阳·日间照料中心”“老年人幸福餐厅”“巧手手编织”已成为社区志愿服务品牌，为解决好辖区“一老一小”服务问题提供新思路。

大发街道“童心灵动·四点半课堂”志愿服务项目获包头市第三届志愿服务项目大赛优秀奖。图为四点半课堂开班　　王超霞摄

街道社区与区域党工委成员单位联合开展“点亮微心愿、架起连心桥”、健康讲座义诊、爱卫运动、防震减灾、民族团结政策知识宣讲等志愿服务活动20次，累计覆盖群众6000余人次。党小组建在网格上。街道将辖区138名在册党员细化到28个红色网格中，通过“五微”（微声音、微学习、微承诺、微服务、微议事）党建服务新模式，让党员“红细胞”广泛分布于辖区群众当中，提升党建引领基层社区治理能力。

选举产生新一届的业主委员会。24名社区工作者实现薪酬待遇套改，新招聘7名网格员，完善社区工作者考核制度。做好社区“两委”换届工作，依法依规选好社区“当家人”，夯实基层基础。

【新冠肺炎疫情防控】

大发街道组建“党工委+党支部+网格区片+楼栋+单元”的五级尖刀班，按照网格进行地毯式摸排，做好疫情监测、信息报送、宣传教育、环境整治、困难帮扶等工作。疫情防控期间，街道开展集中排查9次，发动排查人员700余人次；排查41879户次、91724人次。入户签订承诺书3765户、9140人；外来人口1031人（境外5人，自治区以外392人，其他盟市386人，其他旗县区248人）。发放新冠肺炎等各类宣传资料12000余份、张贴宣传海报1600余处，开展爱国卫生运动8次，清理各类杂物、垃圾20余车。

【社区代表会议】

石拐区人大第四代表小组设在大发街道，有区级人大代表24名、市级人大代表2名，社区代表57名，五星级人大代表之家1个，社区人大代表联络站2个。

大发街道在区人大常委会指导下，探索创新基层人大工作，在全市率先试点推行城市街道社区代表会议制度，形成人大代表和社区代表共商社区发展的新局面，为街道民生实事项目代表票决制工作奠定基础。

大发街道制定《社区代表会议制度实施方案》，确定社区代表会议的主要职能、运行机制，明确了代表的构成条件、选聘程序，搭建社区代表参与社区治理新平台，保障人民群众的知情权、参与权和监督权。

社区代表会议制度主要以会议形式开展工作，会议原则每年召开两次。每次需有2/3以上社区代表出席方可召开。每年第一次会议一般在年初召开，讨论本年度办事处的工作安排和拟办的民生实事项目，并提出意见建议；第二次会议一般在四季度举行，听取街道办事处、人大工委全年工作完成情况和民生实事项目办理情况，并进行满意度测评。

社区代表由街道辖区部分基层人大代表、居民代表、企事业单位和社团组织代表及其他社会各界人士代表组成。

社区代表实行聘任制，一般每届任期5年，与乡镇人大代表任期同步。社区代表定期就老百姓关心的民生问题广泛收集民情民意，拉近与群众的距离，密切与群众的联系，畅通民意表达渠道。

2020年1月，大发街道召开第一届社区代表会第一次全体会议。会议为57名社区代表颁发了聘书和代表证件。

会议讨论年度人大工委和办事处的工作安排，通过社区代表对拟实施的民生实事项目进行差额票决。57名社区代表从12个民生实事候选项目中票决确定10项，主要涉及环境美化、公共服务、安全保障、功能完善和设施提升等方面，街道办事处成立了项目推进小组和监督小组，先后5次召开推进会，研究解决具体问题。

2020年，投资近400余万元，完成神发社区党群服务中心建设、使用；平安小区信息化建设项目运行；小区公共照明线路安全项目改造；改造各小区10个车棚、新建3个车棚并投入使用，实行24小时免费开放；各小区增设休闲座椅122个；更换单元防盗门343个；为辖区102户低保户、残疾人减免部分物业费26501元；为辖区209名独居老人安装燃气报警器和一键呼叫设备；为362个单元安装便民公示栏。

【城市管理】

联合区住建局、区执法局，组织物业公司、居委会等有关部门集中执法4次，清理清运楼道内外堆放各类杂物垃圾162车、约512吨。迎接自治区创城、创卫等项检查。

联合区住建局、执法局和辖区物业公司多部门开展私搭乱建、私占绿地等排查整治工作5次，排查58处。对不合格的3家下发整改通知单，张贴排查整改通知书650余份。

开展城市物业小区提档升级工程，更换垃圾桶300个，施划停车位941个，补植绿植1000余平方米，粉刷楼道73个，安装小区车辆门禁系统5个、行人门禁系统15个。

加强防控鼠疫巡查宣传。执行“三报”制度（发现病死鼠、野兔、狐狸、旱獭等病死动物要报告，发现鼠疫病人或疑似鼠疫病人应立即报告，发现不明原因的高热患者和急死患者要报告），定期搜寻绿化带、楼前以及楼道内死鼠，将发现的正常死亡老鼠进行无害化处理，定期投放、维护捕鼠灭鼠药具。

【社会保障】

2020年，完成就业、再就业人数208人，登记失业人数190人，选聘临时性公益岗位7人，办理失业困难人员认定47人，办理社会保险补贴132人，完成全年目标任务110%。

办理城乡居民养老保险政府代缴申报审批补贴408人；办理城乡居民养老保险缴费27人；城乡居民医疗保险参保缴费1801人。

全年发放各种补贴救助金约437万元。惠及低保户222户407人、“三无”人员（指由民政部门收养的无生活来源、无劳动能力、无法定抚养义务人或法定抚养义务人丧失劳动能力而无力抚养的公民）12名、社会救助人员4名、孤儿1名、临时困难人员37名、80岁以上高龄老人153名、历届居委会主任82名、独生子女伤残家庭15户22人、困难学生17名、重度残疾人233名、困难残疾人173名。

【文体活动】

先后举办“万粽壹心·粽志诚成”、“浓情端午粽送爱心”、端午节系列趣味大赛，新时代文明实践志愿者表彰，庆“七一”、迎中秋、庆国庆、民族团结一家亲、重阳节绿色健步行等群众喜闻乐见的文体活动，丰富辖区居民的文化生活。

喜桂图社区开展“迎新春、送春联”活动
王超霞摄

【退役军人服务】

为4名退役军人优抚对象发放补贴近4万元；申领中国人民志愿军抗美援朝出国作战70周年纪念章1枚，登记管理退役军人。组织辖区退役军人开展“我是一个兵”系列主题活动。

【第七次人口普查工作】

3名指导员、35名普查员按时、按要求完成街道9947人的摸底、短表、长表、比对复查工作。

【社会管理】

社区网格精细化管理。按照常住人口数划分为25个网格，每个网格选聘1名综合网格员，各项惠民政策的落实和各项社会事务全部纳入网格化治理，实现民意“零盲点”、服务“零距离”、矛盾“零激化”、帮扶“零缺项”、共治“零缺位”。

处置二手房交易办理事项信访事件。调解居民纠纷5起，化解各类矛盾13余起。开展群众性普法宣传11次，发放宣传材料1000余份。

【安全生产】

实施“领导包片、社区主任包网格、网格包辖区底店、车库、车棚”的安全生产包片制度。对辖区14间车棚、28间车库、138家沿街底店等开展集中安全生产排查150余次；上报处理路面塌陷、墙体剥离20余处。张贴及入户发放《致辖区企业、个体工商户、社区居民安全生产的一封信》600余份，治理各小区内的乱堆乱放现象350余处。发现、整改城市内涝隐患点2处，修复尚若小区3栋有安全隐患的外墙保温。

（贾皓博）

石拐街道

【概况】

2020年，石拐街道以服务群众为根本，以解决民生问题为重点，全力推进街道的各项工作开展，呈现经济发展、社会进步、人民安居乐业、社会和谐稳定的良好态势。

辖区面积7.03平方千米（包括原五当沟街道所辖区域），下设欣望社区。辖区户籍人口5680户12036人；常住人口1055户2425人；另有农户168户420人在辖区居住。

【社区代表大会】

5月28日，石拐街道第一届社区代表大会第一次会议召开。17名社区代表，街道各副主任、社区第一书记，辖区部分区十

六届人大代表、街道机关部分环节干部参加会议。区人大常委会主任魏强应邀出席指导。

大会审议并通过社区代表大会各项规则、《石拐街道2019年工作报告》和《街道人大工委2019年工作报告》。

大会向社区代表颁发聘书。

大会票决5项民生实事项目。

【新冠肺炎疫情防控】

制定《中共石拐区石拐街道工作委员会关于防控新型冠状病毒感染的肺炎疫情工作的方案》，成立领导小组，成立2个尖刀班及街道防疫卡点尖刀班临时党支部。印制《致石拐街道辖区居民的一封信》，干部深入一线摸排登记进行宣传。发挥社区5个网格的网格员、楼栋长、片长以及辖区党员、志愿者作用，织密排查网络，做到排查彻底，不落1户、1人。

组织党员干部认领包联社区“微心愿”，帮助基层群众实现“微心愿”；红细胞志愿队伍，下沉到网格一线，深入到大街小巷，大小楼栋，及时收集反馈各类信息和问题，全面覆盖辖区居民的服务、宣传、引导工作，排查发现并解决社会隐患、消防安全、矛盾纠纷等民生问题。6月，组织召开区域党工委2020年第一次会议，街道社区与成员单位签订《共驻共建项目协议书》13份，组织开展环境卫生清理、专题讲座等活动，形成“资源共享、同步发展、双向服务、双向共赢”工作新格局。根据区人大常委会党组《包头市石拐区民生实事项目人大代表票决制（会商制）工作方案》，召开社区代表大会第一次会议。

【“两委”换届选举工作】

组织制定街道换届选举工作具体实施方案、换届选举时间安排表。12月10日，组织召开动员部署会和培训会；12月18日，召开党员和居民代表民主推荐大会，依法推荐候选人初步人选。组织工作人员开展警示教育大会，通报包头市嘎查村（社区）“两委”换届选举反面典型案例，严肃社区“两委”换届纪律。利用横幅、微信公众号、LED屏、入户走访等形式进行宣传动员，张贴横幅20余条，入户宣传500余人，微信、电话联系100余人，引导群众积极参与换届。

【人民武装】

推进党管武装工作。召开2次专题会议研究武装工作，开展兵役登记工作，登记适龄青年；编组民兵应急排，建立民兵花名册、民兵活动册和请销假登记册，完成民兵整组工作。2020年，开展退役军人信息采集和光荣牌发放工作，登记符合条件的退役军人，发放光荣牌174块。按照“三室一库”建设要求，落实战备物资器材室，配备各项物资器材800余件。完善青年民兵之家，建立健全各项工作制度。

【行政效能】

开展形式主义、官僚主义问题专项整治行动，发现问题39条，及时建立整改台

账，研究整改措施，上报整改落实情况自查报告，完成20条，长期坚持18条，正在整改1条。建立健全党工委会议制度、谈话制度、工作人员考勤、外出制度、值班制度、办公用品采购领取发放、公车使用等各项制度。制定风险点防控措施，开展党风廉政谈话2次。建立接待室、举报箱、廉政监督举报电话，强化监督责任体系。设立“三务公开”宣传栏，及时公开街道、社区党务、财务、政务、低保、就业补贴、计划生育奖励等优惠政策，接受群众监督。

【民生保障】

推进社会保障事业。上报失业登记32人，公益性岗位安置2人，办理发放就失业登记证7本；办理“4050”就业困难人员享受社保补贴61人。提升计生服务水平。开展形式多样的宣传教育活动；为25人办理家庭意外保险，为7户特扶家庭进行生存认证；开展“5·29”计生协会员活动日系列宣传服务活动。完成2020年低保申报工作，辖区享受低保家庭68户、93人，月发放低保金5.7万元。为144名80岁以上老人办理高龄津贴；临时救助25人，发放1.35万元；为43人办理政府对重度残疾人、低保户城乡居民养老保险；办理重度一、二级残疾人护理补贴89人；困难残疾人生活补贴38人；为47名残疾人申报残疾人家庭就业服务券；为4名肢体残疾人申报燃油补贴；申请发放残疾人辅助器具6人；办理残疾人意外伤害保险15人。

【城乡环境整理规划】

2020年，重点开展征收（置换）房屋整理工作。测量旧区固定资产、民房等建筑，对房屋结构、性质等进行登记，整理、规划已征收47户空闲房屋，统筹使用，建设旅游驿站。开展三矿区片、盘山路区片未搬迁居民后续工作。摸底调查沙明公路沿线、原五当沟、盘山路附近等地饮用水不方便居民93户。统一规划辖区内闲置房屋，修缮部分房屋，用于安置饮用水不方便困难居民用房。

【社会综合治理】

公开信访举报电话、安排专人值班接受群众咨询投诉，做好接访工作。贯彻落实全区信访联席工作会议精神，协调相关部门落实信访问题，确保信访件事事有回音，件件有着落，全年受理信访件5件（来信4件、来访1件），出具信访答复意见2件，解决信访事项签订息诉罢访协议4件。

加强扫黑除恶专项斗争宣传力度。街道党工委召开多次会议，专题研究扫黑除恶相关工作，在人员密集场所及居住区通过发放宣传单向居民宣传，辖区共悬挂条幅30余幅，展板12块，广告宣传1块，书写墙体标语、字体安装各一处，发放宣传单900余张、手提袋300余个，张贴海报180余张。建立石拐街道社会治安重点地区和突出问题排查整治表，排查、处理完成35种乱象。

【安全生产】

2020年，召开街道安全生产工作会议15次。定期开展安全生产大检查，坚决预防和杜绝各类事故的发生。检查安全生产经营单位158家，排除隐患2起。全年排查安全隐患1500余次，并全部整改完成。成立防汛工作小组，建立防汛台账，24小时值班，确保辖区居民安全。

【民族宗教工作】

加强党对民族宗教工作的领导，发挥街道党工委主体责任。2020年，召开2次党

工委会议研究民族宗教工作，开展中心组学习2次，统计街道少数民族常住人口数，对“六进”工作推进做了安排部署。开展民族宗教宣传教育活动，利用横幅、发放宣传手册等形式，依法加强对宗教活动场所的管理，全年检查30次，对发现的问题提出整改意见，促进场所的规范化、制度化建设。

【精神文明建设】

形成栋楼为点、街巷为线、网格为面的多角度、全方位、立体化党员志愿服务体系。通过群众“点单”、中心“派单”、志愿者“接单”、群众“评单”的模式，打通服务群众的“最后一公里”。2020年，接单40余次，受益群众2000余人。为辖区137名残疾人提供更好服务，建设爱心助残志愿服务项目，发放残疾辅助器5件；组织红细胞志愿者开展志愿活动25次。发挥社区文体活动宣传阵地作用，组织居民开展各类文体活动13次。

（王利峰）

人 物

王雅宸

王雅宸，新石拐小学学生。她是五年级语文学习委员，班级小队长。在德、智、体、美、劳等方面都表现突出，是一个新时代学生诚信美德的好榜样。

王雅宸从不因为要取得好名次而弄虚作假。有一次，数学考试她得了100分。当老师在课上对过答案后，她发现有一道题老师判错了，就主动站起来说："老师，我这道题做错了，您应该给我减分，不应该拿100分！"老师高兴地夸奖了她，并把分数改成了95分，她的数学成绩由第一名变成了第二名。下课后，有的同学跑来问她："王雅宸，你这样做多傻呀！"她回答说："我们应该做一个诚实守信的人，诚信比成绩要珍贵好几万倍，好成绩要努力学习去取得。"

王雅宸没有轰轰烈烈的事迹，却在平凡普通的小事中处处践行什么叫作"诚信是金"这一准则。有一次妈妈带她到面馆吃面，母女俩忘了付款就回了家。老板也因为生意正忙也没有注意到。王雅宸从妈妈那里拿了钱跑去面馆送钱，向老板连声道歉。面馆的老板很感动，连声夸赞王雅宸小小年纪就能做到诚实有信。

还有一次，王雅宸拿着一个新买的玩具，和同学小芳一起玩，那个同学没有这种新玩具，很羡慕。她答应下次见面的时候给她带一个。几天后，王雅宸回家后拿出一个同样的玩具，妈妈问她怎么又买了一个，她才告诉妈妈，她答应了小芳送她一个玩具，现在买好了，下次见面的时候送给她。几天后的傍晚，妈妈去接她放学，并告诉她晚上要和小芳一家吃饭，这时王雅宸告诉妈妈需要骑车先回趟家，妈妈早已把送玩具的事情淡忘了，因此莫名其妙地问她为什么，那样的话会很绕路的。王雅宸才告诉妈妈，她答应送小芳的礼物还在家中，她已经答应过再见面时送给她，她不能不守信用。母女俩又返回家取了一趟。

2020年5月，王雅宸被评为包头市第九届诚实守信美德少年。

樊元贵

樊元贵，石拐区大德恒街道，83岁，已经退休在家多年。

朋友到南方出差时收养了一个弃婴。1985年2月，因朋友工作忙及家人反对，孩子被交给樊元贵代养。朋友承诺，等孩子稍大一点，会自己吃饭了，就接女婴走。

樊元贵答应了。

起初，朋友每个月还会给樊大爷一家50元的抚养费，慢慢地就不闻不问了。

一年后，樊元贵决定收养这个女婴。后来发现，孩子只会在地上爬。1986年9月，经包头市二医院检查，孩子患双侧脑室扩大引发的脑瘫症。听到这些，朋友也明确表示自己没有能力也不可能接孩子走。由樊元贵决定孩子的留弃。从那时起，樊元贵养育这个孩子30多年。

樊元贵夫妇曾将孩子送到北京解放军第316医院住院治疗2年。可花光所有的积蓄，孩子的病无明显好转。1988年底，樊元贵夫妇带着孩子回到包头。此后，夫妇俩便一边挣钱，一边帮孩子康复。经多年康复锻炼，孩子在11岁时学会了走路。

孩子生活不能自理，樊元贵坚持每天给她按摩半小时，按时送她上卫生间解决大小便。每天起床后做的第一件事情，就是给孩子穿衣服、洗脸、梳头。

孩子自己不会吃饭，肠胃还不好，饭冷了、硬了，就会拉肚子。每一顿饭，樊元贵都要先喂孩子吃过，自己再吃。

为了照顾孩子，樊元贵特意搬了一次家，住在一楼。天气好的时候，带孩子出来晒太阳，锻炼身体。

有人算了一笔账，三十几年来，为了这个孩子，樊元贵花费了十几万元！好多人都觉得樊元贵收养孩子是自讨苦吃。亲戚朋友多次劝说他将孩子送到福利院，儿女们也都觉得他和老伴儿年纪大了，可以把孩子送走了。樊元贵总是狠不下心来，舍不得把孩子送走。“她吃喝拉撒都需要人照顾，冷了热了都不行，我怕离开我了，再没有人会像我这样照顾她，她现在也根本离不开我，在家里我在哪里她都要跟着。”

2020年10月，樊元贵获内蒙古自治区第七届道德模范称号。

郝守忠家庭

2019年底，一场意想不到的疫情从武汉蔓延到全国各地，在这场防疫的关键时刻，郝守忠全家老少三辈、一家四口都战斗在第一线。

儿子郝志刚是幸福大院网格员，积极主动到西村卡点值班；儿媳窦五玲，共产党员，是爬榆树嘎查党支部委员，每日入户排查外来人员；孙子郝窦，共产党员，每日在卡点值班；孙女郝茹玥也当起了宣传志愿者；老伴负责内勤，帮他们按时按点做饭。从正月初三到现在，他们已经坚持了一个多月。

正月初三以来，儿子郝志刚每天晚上9点到第二天早晨9点值班，而妻子的执勤时间是早晨9点到晚上9点。一个多月了，2人的执勤时间不变，一白一晚。窦五玲从接到命令那刻起，就一直在履行着一名党员的使命，义不容辞。

当人们问郝守忠的儿子郝志刚：“你又不是干部，为什么一直坚守在这里呢？”“我也是共产党员呀，在这紧要关头，我不冲在一线怎么能行。”说着，郝志刚拍了拍胸脯，“我还是退伍军人，身体棒着呢。”一夜没睡的他，揉了揉布满血丝的眼睛。可以看到，郝志刚一举一动深受父亲的影响。

郝守忠是一名有着50年党龄的老党员，还是当地有名的“红火人”。几十年来，所有文艺活动，都是由他组织发起并

亲自参与。广场舞、扭秧歌、打坐腔，他样样精通。他创办的文化大院，不仅给当地农牧民带来无数乐趣，也使党心民心更加凝聚。

腊月二十八那天，他从电视新闻里知道有了疫情，当天晚上，就挨家逐户上门通知，反复强调不串门、戴口罩、勤洗手，子女还没回来的，就尽量别回来过年了。

在郝守忠的的感召下，不能回来“参战”的二女儿郝文枝也通过微信转账，从外地捐来了2000元钱，专用于大院里全体老人买菜所需。没有工作也没有固定收入的二女儿一点儿也没犹豫，经与家人商议后，把仅有的这点钱拿出来捐给家乡了。

有钱的出钱，没钱的出力，刚参加工作的郝窦同样从正月初三开始，每天执勤。每天人们在乌兰此老执勤点都可以看到一名身穿迷彩服、佩戴口罩的年轻人正在此站立着。他姿势端庄，严肃认真。尽管此时没有行人和车辆进出，但他依旧身体挺直，一动不动。25岁的郝窦是一名退伍军人，也是共产党员。当人们问到是什么缘由驱使他这么多天一直坚守在这里时，他说：“受爷爷和父母的影响吧”。

看到家人天天都那么辛苦值守在一线，作为一名大学生郝茹玥也自觉当起了疫情防控监督员，她走村串户，只要看到有农牧民三三两两聚集，她就上前劝阻，并讲解疫情防控知识，她因此成了这里有名的“女汉子”。

看到儿孙们一个个很好地坚守在各自的阵地，郝守忠老人喜在心上，乐在眉间，他说：“这就是我们的家风，也是一种忠诚。”就如他的名字一样——“郝守忠”。

郝守忠家庭能积极参与并组织爬榆树嘎查的各项文体活动，户主和成员是活动的组织者，每年组织秧歌队、广场舞、二人台打坐腔等活动，在每年元宵节、“三八”妇女节等重大节日搞文艺演出，到其他村小组进行表演，近年来更是代表苏木政府出席石拐区元宵节会演，得到了区政府、区文体局的一致好评，并荣获三等奖和优秀组织奖。

他们互相尊重，家庭团结、和谐，不参与任何邪教组织，教育子女团结友邻、帮助困难群众，给所有农牧民起到了带头作用，该户给困难户赵德胜家救助衣服共达10多件，给幸福大院老人送了近100副扑克，给幸福大院残疾人做饭、送饭（如爬榆树嘎查互助幸福大院六排一号的李继女，80多岁，残疾人）。

他们不计报酬自愿成为志愿者，参加环境卫生的打扫，义务协助管理爬榆树幸福大院，管理爬榆树嘎查文化大院、文化室工作，义务管理幸福大院的机井抽水等工作。每年郝守忠家庭协助上级政府管理爬榆树互助幸福大院，主动为幸福大院老年人排忧解难，经常为老年住户修理卫生间的上下水管，照料老年病患者，帮有病者做饭、洗衣，与大院老年者谈心了解情况，及时向嘎查委员会报告并协调处理。为嘎查里贫困户送衣服达20多件，鞋10多双，给幸福大院老人送土豆和各种蔬菜，每年果园果子熟了给大院老人送果子，已坚持多年。

张郅林

张郅林，男，11岁，石拐区蒙古族小学四年级一班学习委员，是一位品学兼优，德、智、体、美、劳全面发展的优秀学生。

入队第一天，张郅林时刻以队章作为自己的行为准则，努力使自己成为一名优秀的少先队员。小小年纪就有良好的思想品质，优异的学习成绩，全面发展的综合素质，是一位品学兼优的好学生，被评为优秀班干部。张郅林爱学习、勤思考、爱钻研、求知欲望强，各门功课努力学好，课前能做到认真预习，课堂上认真听讲积极思考，遵守课堂纪律，踊跃发言。课后能保质保量地按时完成老师布置的各科作业。他尊敬师长、团结同学，从老师的辛勤耕耘中，一点一滴积累；从老师的谆谆教导中不断塑造，日益丰满，与同学的相互学习中借鉴提高。他总是把班集体荣誉看得高于一切，日常生活中为班级服务仿佛使命般地印在他的心中。从我做起是他的格言，严格要求自己，做全班的表率帮助有困难的同学，把自己融进班集体。他是大家公认的有责任心的班干部，得到全体同学一致拥护。

刻苦勤奋、勇于担当。他是同学学习的好榜样。张郅林同学作为班级干部，在圆满完成班级各项工作的同时，不忘学生的天职。他是个爱动脑筋的学生，学习上刻苦钻研，勤学好问，而且善于总结，对于学习他有自己的一套方法，有超前、创新的意识，善于灵活掌握知识，重视知识的迁移和各科间的融会贯通，善于由此及彼，举一反三。进入高年级阶段以来，每次考试，都取得了优异的成绩。遇到难题，他总是积极思考，查找资料，不搞明白决不罢休。他的成绩在年级里一直名列前茅。他在不断提高自己学习成绩的同时，还主动帮助学习落后的同学，是个十足的“乐帮派”。为后进生解答疑难，他总是十分耐心地讲解，把同学不会的题一遍又一遍地讲解，直到弄会弄懂为止。这些年来，班上的几名差生在他的热忱帮助下，各方面都有较大的进步。有时，某些同学突然间有事，分担的值日生工作无法完成，他都会主动代他们做好值日生工作。班上若是有同学因生病落下功课，他总是会主动去帮助同学补习。

在家中，他是一个乖巧听话为父母分忧的孩子。从小就习惯了爸爸妈妈忙忙碌碌的工作生活，耳濡目染，从升入班级第一天，就感觉他比其他同龄的孩子成熟得多，这个“小大人”有很强的组织能力，较好的语言表达能力，他能协助老师了解同学思想动态，处理班级内部事务，帮助同学解决学习、生活中的困难，真是名副其实的好助手。

他一直说：“我就要做一辈子都做好事的人。”全面发展的好学生张郅林同学品学兼优，具有远大的理想和爱国主义情怀。从小受家庭影响，他喜欢阅读，嗜书如命，董存瑞、邱少云、黄继光、刘胡兰等英雄人物故事，他熟读成诵，品读古今中外的名人传记，增强了他报效祖国的决心。

2020年5月，张郅林获第九届包头市文明友善美德少年。

张　忠

张忠，吉忽伦图苏木绍卜亥嘎查书记

兼主任。石拐区十六届人大一名基层代表。几年来，他为绍卜亥嘎查的发展尽心尽力，做了自己力所能及的事情。

当选人大代表后，他按时参加区、苏木人大组织的各类学习和培训活动，从不缺席。他认真学习党的方针、政策，学习有关法律法规和人大工作知识，明白人民代表的权利、义务、职责，使自身的政治素质、工作能力不断得到提高。履行代表职责，是张忠最在意的事情。他经常深入基层走访选民，不管嘎查工作再忙、事情再多，都能抽出时间耐心地听取选民反映的各种问题，认真做好记录，并把涉及村民切身利益的共性情况整理成意见和建议，积极提交上级人大按程序办理。

张忠担任村干部多年。他走遍嘎查11个自然村的152户村民，了解每户每个人的情况。走访嘎查村民代表、老党员、老干部，走访困难户、种养殖户、残疾人家庭、受灾农户、危房住户，常常是忙到大半夜，入村一走就是好几天。

绍卜亥东沟村民王生小因蒙草集团治理砂矿造成河道改口，以致住房安全严重受到威胁；绍卜亥嘎查东沟村水井无井盖、安全卫生差，严重影响村民健康饮水；因无护井堤坝保护，村里的几口灌溉井存在被洪水冲毁的隐患。他及时召集村委会成员召开会议商讨解决办法，由村委会雇用装载机对河道进行了整治，改变洪水流向保证村民住房安全。联系石拐区有关单位，对嘎查东村的人饮水井进行筑坝维护，加盖井盖，并给村民安装了室内净水器，保证村民饮水安全。

绍卜亥嘎查地处石拐区的最东端，和土右旗接壤。为了工作方便，张忠买了一辆面包车代步，常年在山路往返。他的车几乎成了村里的公车，村民回村的，出来办事走亲戚的，一个电话张忠总是有求必应，亲自接送。村民欢愉的笑容就是张忠的最大快乐和心愿。

绍卜亥嘎查下辖3个村小组，村里都是留守老人。每年春播，张忠都要给有需要的村民到周边调换籽种，再用自己的车把土豆籽种拉运到各家各户；秋天里，土豆收获以后，再由张忠一车车地拉到市场销售。回头再把销售款一家一家地送到村民手中。几年来，已跑废了两台车。而这一切都是免费的，是他自愿做的。在当今的社会，这样做不光要有经济实力，更多的是要有一颗爱民之心！不是抱着甘于奉献的精神，有几个人愿意做？

除了拉运土豆，他的车还是村民的“快递”工具，为村民买米面、买籽种、购化肥、送饲料、代买日用品、捎人代步、紧急用车、代办养老保险缴费……事情十分繁杂、琐碎。但解人难、救人急，他从不拒绝。他就是村里新时代文明实践活动的最美“志愿者”。

张忠是一名兽医，他一直为村民提供免费的技术服务。为养殖户教授养殖技术，提供技术咨询。村里的养殖户有需要的时候，不管什么时候打电话请求帮助，他总是随叫随到。打针、灌药、骟羔羊、做防疫之类的活儿，他不知干过多少次。

张忠的付出，村民记在心里，连续7年选举他担任村干部。组织上对张忠的工作也屡加褒扬。多年来，他获得了许多荣誉。2014年，获石拐区年度“最美家庭”荣誉。2016年，获包头市妇联颁发的包头市家事金牌调解员荣誉称号；还获得石拐

区优秀共产党员称号。2017年，获内蒙古自治区第九届民族团结进步表彰模范个人称号，包头市民族团结进步表彰模范个人称号；包头市2017年度星级文明户；石拐区2017年度身边最美党员荣誉称号；石拐区2017年度身边好人称号。2018年获石拐区委优秀共产党员称号；获聘石拐区人民检察院公益诉讼志愿者；2020年3月，张忠获包头市第七届道德模范（敬业奉献模范）称号、石拐区第四届道德模范（敬业奉献模范）称号，获包头市、石拐区优秀党务工作者。

荣　誉

2020 年石拐区集体荣誉获得情况一览表

表 17

单位	荣誉名称	获奖时间	颁奖单位
石拐供电分局园区班	安康杯先进班站	2020 年 4 月	包头供电局
吉忽伦图苏木爬榆树嘎查	第六批全区民族团结进步示范嘎查（村）	2020 年10月	自治区党委宣传部、统战部，自治区民委
人力资源和社会保障局	2019 年度自治区创业示范店	2020 年 5 月	共青团内蒙古自治区委员会
	志愿者服务证书	2020 年 3 月	内蒙古自治区青年志愿者协会
	全市人社系统“深学笃行守初心，练兵比武担使命”知识竞赛二等奖	2020 年10月	包头市人力资源和社会保障局
石拐街道欣望社区红细胞志愿者服务队	包头市优秀志愿服务组织	2020 年 6 月	包头市文明办
大发街道喜桂图社区	优秀志愿服务社区	2020 年 6 月	包头市文明办
大发街道“童心灵动・四点半课堂”志愿服务项目	包头市第三届志愿服务项目大赛中获得优秀奖	2020 年12月	包头市文明办
大磁街道大磁社区	包头市文明社区	2020 年 4 月	包头市文明办
包头市石拐区税务局	第九届自治区文明单位标兵	2020 年 4 月	自治区文明办
五当召镇缸房地村	第六届全国文明村镇	2020 年11月	中央文明委
石拐区司法局法治文化体验馆	包头市法制教育基地	2020 年 9 月	市委全面依法治市委员会办公室、包头市司法局
司法局	第五届全区维护妇女儿童权益先进集体	2020 年 9 月	自治区妇联
	包头市第五届全区维护妇女儿童权益先进集体	2020 年 9 月	市委全面依法治市委员会办公室
大发街道	自治区第四次全国经济普查先进集体奖	2020 年 4 月	自治区人社厅、自治区统计局

续表17

单位	荣誉名称	获奖时间	颁奖单位
大发街道喜桂图社区	2019 年度包头市优秀志愿服务社区	2020 年 4 月	包头市文明办
大发街道	五一女职工标兵岗	2020 年 4 月	包头市总工会
纪委监委	2020 年全市纪检监察工作实绩突出先进集体三等奖	2020 年 12月	包头市纪委监委
石拐街道	优秀基层武装部	2020 年 9 月	包头军分区
	五星级人大代表之家	2020 年12月	包头市人大常委会
卫健委	国家计划生育优质服务先进单位	2020 年 12 月	国家卫健委
	爱国卫生银鹿赛突出地区	2020 年 12月	包头市爱国卫生运动委员会办公室
	抗击新冠肺炎无偿献血工作先进地区	2020 年 12 月	包头市中共包头市委、市政府
	慢性病综合防控示范区	2020 年12月	自治区卫生健康委员会
	国家卫生县城（国家卫生乡镇）	2020 年 7 月	国家爱国卫生运动委员会
石拐区总工会	包头市健康细胞创建试点单位	2020年	包头市健康城市工作领导小组
雅化集团内蒙古柯达化工有限公司	包头市五一劳动奖状	2020年	包头市总工会
石拐区文体旅游广电局	内蒙古自治区广播体操推广暨包头市第九套广播体操大赛二等奖、三等奖	2020年11月	内蒙古自治区体育局
石拐区融媒体中心	由中国广播影视杂志社、中经全媒体共同主办的“我和我的祖国”优秀影视作品展评活动中荣获“宣传先进单位”	2020年	中国广播影视杂志社、中经全媒体
	作品《包头市石拐区“摘帽”贫困户的幸福生活》在“草原儿女说——人民的小康”随手拍主题宣传活动中，被内蒙古日报社、自治区旗县级融媒体运营服务中心评为第四期“十佳作品”	2020年	内蒙古日报社、自治区旗县级融媒体运营服务中心
	作品《雅婷的 Vlog》在“主角，请就位！”记者节主题征集活动中，获得内蒙古日报社、自治区旗县级融媒体运营服务中心优秀作品奖。	2020年	内蒙古日报社、自治区旗县级融媒体运营服务中心
	作品《飞“阅”喜桂图》《70 年，石拐区的变与不变》分别获得包头日报社“安利有约 爱上包头”短视频大赛三等奖	2020年	包头日报社

2020年石拐区个人荣誉获得情况一览表

表18

姓名	单位	荣誉名称	获奖时间	颁奖单位
杨昊岳		优秀志愿者	2020年5月4日	共青团内蒙古自治区委员会、内蒙古自治区青年志愿者协会
郭如玥		全区优秀共青团员	2020年5月	共青团内蒙古自治区委员会
贾　婧	区发改委	2020 年度工业生产者价格调查先进个人	2021年1月	国家统计局包头调查队
杨长在	区应急管理局	自治区煤矿安全生产监管工作先进个人	2020年9月21日	自治区能源局
常　铖	石拐供电分局	2020 年度安康杯先进工作者	2020年4月	包头供电局
王淑娟家庭	石拐区政务服务局	全国五好家庭	2020年12月	中华全国妇女联合会
		自治区五好家庭	2020年12月	内蒙古自治区妇联
赵振寰	石拐区人力资源和社会保障局	2019 年度考核评定为“优秀”，记嘉奖一次	2020年12月	中共石拐区委
崔　雪	石拐区人力资源和社会保障局	2019 年度考核评定为“优秀”，记嘉奖一次	2020年12月	中共石拐区委
张　瑶	石拐区人力资源和社会保障局	优秀文明传播志愿者	2020年12月	中共包头市委网信办
孙一丹	石拐区人力资源和社会保障局	网评《且将新火试新茶七十载趁年华》获评优秀作品	2020年12月	中共包头市委网信办
王雅宸	新石拐小学五年级	第九届诚实守信美德少年	2020年5月27日	包头市精神文明建设委员会
张郅林	石拐区蒙古族小学四年级一班	第九届文明友善美德少年	2020年5月27日	包头市精神文明建设委员会
陈　腾	内蒙古亚新隆顺特钢有限公司	第七届诚实守信道德模范提名奖	2020年3月	包头市精神文明建设委员会
张　忠	吉忽伦图苏木绍卜亥嘎查党支部书记	第七届敬业奉献道德模范	2020年3月	包头市精神文明建设委员会
郝守忠杨秀芳家庭	爬榆树嘎查	第二届包头市文明家庭	2020年5月6日	包头市精神文明建设委员会
樊元贵	大德恒街道	第七届全区道德模范	2020年10月	自治区第七届道德模范评审委员会办公室

续表18

姓名	单位	荣誉名称	获奖时间	颁奖单位
赵　鑫	石拐区总工会	包头市优秀网评员	2020年8月	包头市委宣传部
许润喜	雅化集团内蒙古柯达化工有限公司生产车间维修班班长	自治区劳动模范	2020年12月	内蒙古自治区总工会
周小兵	包头云海金属有限公司维修班长	包头市五一劳动奖章	2020年5月	包头市总工会
王淑娟家庭	石拐区政务服务局	全国五好家庭	2020年	中华全国妇女联合会
		自治区五好家庭		内蒙古自治区妇联
许　鑫	包头市公安局交通管理支队石拐交管大队第三警务区指导员	三等功	2020年12月	包头市公安局
张　静	石拐区商务和科技局	2020年度“自治区优秀科技志愿者”	2020年5月	内蒙古自治区科学技术协会

2019年度石拐区“清风干部”一览表（767名）

表19

单位	姓名
区委办公室	岳峰、张荣芳、张男、刘宝玉、孙诗瑶、赵高峰、张伟强、常文杰、拓雅
区政府办公室	郑瑜、王娜、张喜庆、褚翔宇、庞烨鑫、王璐、董旭冉、王焕荣、许飞鸿、谢国惠、徐艺、李超
区纪委监委	张剑华、王磊、程晓军、孙铁、段振生、刘承信、杨进、苏少杰、韩玲兰、陈树钧、孟婕、康旭乐、郝婧、李强、张茜、张楠、吴瑜、李雅欣、胡婧雅、常菲、王佳、李晔峰、张媛、柳阳、云广泽、刘峰、张学多
区委组织部	杜铁军、李静芳、胡颖、王治中、杨成文、段洁茜、马跃、杜静、任昌琨、卢日星、刘媛、李东升、许博超、邵立峰、王晶、贾国利、曹刚、荣华宇、刘林枝、钱智卿、王颖、张鹿楠、薛美珍、卢敏
区委宣传部	哈斯、于玲、李翔、温利中、王卉、薄羽飞、胡永霞、彭志强、李耀斌、徐婷、温婕、左逢鸣、刘洋、丁雪芳、闫卿昆、程兴标、董树田、鹿旭升、王松江、张学飞、赵军、冯诗韵、郭丽、唐亚男、李慧、吴雅婷、曹俊丽
区人大办公室	冯玉战、刘锐、于一锦、苏利明、张佳荣、陈利东、祝杰、王雁
区教育局	沈慧明、国美风、李钊、温春雨、张桂梅、窦建军、周鑫桐、席军、刘芳、贾庆、曾婷、付雪梅、訾宏伟、胡俊峰、杨金梅
区国资委	赵伟、穆雪刚、张洪雁、乔伟建、尹锡阳、赵雨萌、张 慧、张蕊
区供销合作联合社	杨华、王志杰、张利萍、李艳
区委政法委	庞燕、冯斌、李瑶、王婷、代勇强、王超、史佳乐
区委党校	董廷、白云云、孙青兰、崔继承、牛海森
区委统战部	王允一、蔚慧
区民族事务委员会	白丽梅、张笑宇
区医疗保障局	张建春、范莉、赵春燕、郝成成、达古拉、王俊杰
区档案局	周桂梅、尹锡芳、徐丽、康蕾、李红宇、朱鸿雁、张洪松、葛明生
区税务局	贺丽丽
包头市城市共同配送物流园区管委会	李文斌、吴艳、苗来伟、张浩星、王禹、朱玉欢
区信访局	吕帝、宋海军、李强、刘敏、郝利忠、辛磊、吴宏林、刘艳芳、霍雅馨、陈玲、尹雪剑、王磊、石晓彤、马茹、铁少龙、高琦、刘格、董学铭
区委巡察办（巡察组）	权栓柱、孙平平、张超、武斌、张学慧、郭瑞芳、王颖、侯锐、刘炜岭、马治阳、苏星
区政务服务局	王淑娟

续表19

单 位	姓 名
区司法局	付晓飞、杜军、李国栋、张月生、梁鸿雁、范志刚、罗琴、王丽婷、潘晴杨、张惠清
区应急管理局	李新明、姜允成、李晓琳、宫美丽、杨芳、丁川、范翔
区人力资源和社会保障局	赵振寰、高丽生、张伟海、王波、刘慧、马悦、霍利霞、刘凤慧、李博、张瑶、途亚、葛磊、贾凡、李娜、崔雪、李玲、郜伟建、赵雅静、王蔚然、王钰龙、李文婧、王燕、段慧、韩伟、杜瑞平、张烁、崔锡磊、张金龙、史彧洁、吕亚君、格日乐、刘睿倩、张佳琛、温超、赵鑫、张敏、王全、高娜、李俊英、韩鑫宇、樊健、厍晓军、苏跃宽、魏呈、白杰、肖阳、朱博、刘鹏飞、史俊玲、王宽亮、马玉飞、贺艳萍、李永智、孙一丹
区公安分局	刘建刚、王燕蓉、侯永亮、郝东军、曹茹、李宏斌、苗润、董明君、康旭东、刘志武、安光瑞、郝永清、东明、周媛、史伟、李伟、王波、庄虎、郇宇侠、李建平、王汝佳、张雁、高红梅、刘晓璞、张海燕、赵娜、高慧、张倩、刘慧娟、李丹、李党彪、陈素芳、孙玉炜、刘晓乐、谷军峰、张波、马腾飞、吴岩、刘启光
包头市生态环境局石拐区分局	姬东英、李小平、李建刚、韩巧臻、周春义、申小红、郝斯琴、郄晓宇、何正、聂宁、胡志军、敖红霞
区商务和科技局	刘志强、刘广、朱蒙蒙、王磊、李焱、张静、赵鑫河、刘英鹏、赵德芳、王博
区交管大队	刘江涛、邢建国、鲍刚、李东雄、刘伟、李岩、谢元成、宋嘉乐、温永胜、卢丛、许鑫、杨欣、银栋、尹占荣、赵雁杰、曹学政、张超钧、刘占军、张小平、杜洋、白元、田晓强、高智慧、刘义、孟宇
区审计局	刘永珍、王泽亮、吕斗强、高俊英、王真、王媛、乔静、赵依、张波
区人民法院	张鹏飞、苗浩颖、郑海平、司鲁勇、龙彪、赵利勇、范伟、王晖、李志强、郭艳、王敏、乌日娜、梁艳、丁二波、董树茂、王日飞、刘婧、张雪婧、杨园
区退役军人事务局	高心宁
区民政局	郭笑成
区工业园区管委会	贾媛、张建、张斌、陈新宇、严玲、李瑞光、张志成、赵国锋、王玉凤、刘晓艳、祁旭、张铁柱、永莲、渠平贵、海黄虎、席宝忠
共青团石拐区委员会	张盼、白静、莎日姑拉
区总工会	杨勇、包思朦
区妇联	姚鹏
区残联	郭喜生、韩英、牛贵斌
区红十字会	王丽娟
区市场监督管理局	范富春、祁晓峰、周新园、李宏斌、额登朝鲁

续表19

单 位	姓 名
区文体旅游广电局	殷枢平、张利军、曹珠颖
区发展和改革委员会	陈贵忠、杨梓、岳俊、仇衍忠、郭佳涛、齐永胜、周海英、周润发、葛翠娟、王丽娜、王斌、王二燕、孙博、高扬、呼延卿、杨云旭、贾婧、许志春
区卫生健康委员会	王建军、张文献、郭春梅、陈霞、王丽瑞
区住建局	党军威、杨明瑞、王丹娜、唐雪婧、赵智慧、刘帅东、田常青、胡斯楞、李彦龙、王博、周利星、王嘉乐、薛亮、李锦昌、王利红、安晓琴、姚利军、王海波、韩军、贾海峰、刘鹏、吴月中、张继东、郝日东、苗长福、席智洁、郝伟文、王旭
区农牧局	郝美柱、张红、祁晓伟、贾严迪、乔宏斌、郑玉俏、吕建强、王永强、马俊平、武小芳、范淑芳、潘燕、张平平、冯少华、孙雁、王勃、李建军、南兆龙、白波、李建平、张宏伟、张素青、菅文静、孙超、刘文志、杨晓强、邢春春、刘燕、屈广伟、杨超慧、马荣、杨志、董培、李博、李战斌、寇亚男、信曙光
区政协	王靖涛、周秀林、孙建媛、杨光海、李方舟、李慧霞、王悦婷、刘媛、赵军、王疆
区人民检察院	王建华、张玉兰、吕勇、刘宇翔、李丽娜、李亚琴、张敏、李楠、曹霞、田春生、邓悦、侯莹莹、季红敏、杨祚兰、翁雅君、张建英、李俊帝
区自然资源局	墨龙
区财政局	张晓敏、李荣河、齐瑾、邓瑞花、李慧芳、邢研、赵志洁、金琳、梅媛、贾利民、史超、肖峰、刘晶、于春宏、赵海燕、张胜男、张建军、姜峰、白祥、曹伟、于婷、李娜、李琰洁、贺兵、王兰柱、左单单、王佳慧、刘俊兰、那民夫、陈俊平、王晓花、陈帅、王超、赵佳乐、唐颖、李瑞霞、琰露、娜仁托娅
五当召景区管理委员会	吕文彪、马果玲、王少玲、张君、贺旭、樊斌
吉忽伦图苏木	云承泽、李瑞强、杨振坤、刘莉、贾树荣、李松亭、张东升、张云、郎忠毅、辛吉盛、王朋慧、陈嘉乐、张祥、郝冠男、李楠、曹鹏飞、杨向前、王鹤飞、王蒙、王霞、刘尚荣、谢飞、路振敏、李鑫龙、苏日娜、邬亚琪、叶楠、马景春、陈嘉鑫、程瑞、骆昊、刘文艺、姬越、张帅、刘欣杰、白梅花、阿斯日、杨妮、李补全、雷来富、李震、陈娟、刘世军、赵治安、谢美云、王帅、杨婷、郝窦、孙白
五当召镇	苏明、张皓楠、张铁、樊骁睿、曹丽红、王和壮、刘梦禄、王帅帅、李铁柱、王炳铁、张斌、张照林、赵永军、杨建华、张润、李惠、董四根、王孟斐、李静、张亚东、刘旭东、李奋英、王丹丹、赵如斌、侯建华、杨泽、杨忠、常桂香、郝美丽、王玉、郭红艳
白狐沟街道	杨彤、陈永平、吕治国、李彦、李波、张勇、高萌、边钰珺、蔚菲、李俊涛、冯党柱、叶楠、苗座衡、孙丹、郝燕、张欢欢、赵洁、王玉芳、王文宾、任骏嘉、阮东风、窦三明、高磊、郝俊秀、倪帅、贾树生

续表19

单　位	姓　名
大德恒街道	郭泽宏、王跃、高建光、付文静、白银龙、陈文山、刘亭、刘融、苗来广、邢军、郝青、柴芳琳、石文义、孙贵权、柳金荣、张贵田、郭永兵、石存根、张小乐、张跃庭、武栋栋、李春生、马斌、冯勇、丁瑞珍
石拐街道	李雅民、周学良、杨洁、魏博、郭婷、张崇峰、王世芬、孙建春、宁咏梅、李跃、庞欣、于子龙、刘佳颖、赵娜
大磁街道	孙鉴、王利军、徐慧滢
大发街道	李丽娜、祁振东、肖光、刘璐、高亚楠、李沙、白月、贺琰岚、贾皓博、柴娇艳、张钰、王超霞、董丹丹、于雪原、党建锋、赵荣梅、石志云、顾淑青、马旭晶、冯美霞、于晓东、程乐、王倩茹、姜乐、王瑶、彩云、白政旺、苏海燕、冯华、贺彩艳、 朱小娜、刘珍、王蕾、杜继令、陈红、张玉慧、黄泽慧

2019年度石拐区“清风干部标兵”一览表（45名）

区纪委监委2020年8月20日公布

表20

姓名	所在单位及职务
张伟强	石拐区委办公室科员
王 娜	石拐区政府办副主任
郝 婧	石拐区纪委监委办公室
钱智卿	石拐区委编办主任
白丽娟	石拐区第一中学教师
贾志广	包头市第十五中学教师
张 蕊	石拐区国资委科员
李 艳	石拐区供销合作联合社科员
王 超	石拐区委政法委科员
蔚 慧	石拐区委统战部副部长、宗教事务局局长
王俊杰	石拐区医疗保障局办公室科员
康 蕾	石拐区档案局科员
吴 艳	包头市城市共同配送物流园区管委会办公室主任
郝利忠	石拐区信访局来信来访督查股股长
刘 敏	石拐区信访局联合接访中心主任
张学慧	石拐区委巡察办（巡察组）办公室主任
罗 琴	石拐区司法局党组成员、办公室主任
宫美丽	石拐区应急管理局办公室主任
贺艳萍	石拐区就业局科员
周春义	包头市生态环境局石拐区分局环境监察大队副队长
朱蒙蒙	石拐区商务和科技局科员
曹学政	石拐区交管大队民警
王 媛	石拐区审计局审计股股长
张鹏飞	石拐区人民法院副院长
严 玲	石拐区工业园区管委会综合事务服务中心副主任
白 静	共青团石拐区委员会科员

续表20

姓名	所在单位及职务
许志春	石拐区发展和改革委员会科员
郭春梅	石拐办事处社区卫生服务中心科员
郝　翠	吉忽伦图苏木卫生院院长
杨明瑞	石拐区住建局办公室主任
李　龙	拐区城市管理综合执法局科员
王　勃	石拐区农牧局科员
杨光海	石拐区政协科员
李亚琴	石拐区人民检察院综合行政部副主任
贺　旭	包头市五当召景区管委会旅游开发部科员
梁晓东	吉忽伦图苏木人民政府办公室主任
陈　霞	吉忽伦图苏木人民政府扶贫办主任
赵秀娟	五当召镇科员
李延润	五当召镇青山村支部书记
张　燕	石拐街道欣望社区副主任
王彦昌	大德恒街道党政办科员
张有福	大德恒街道大庙村委会主任
李　彦	白狐沟街道纪工委书记
姚志军	大磁街道司法所所长
杜素娟	大发街道喜桂图社区居委会副主任

2019年度石拐区"清风示范岗""清风示范嘎查村（社区）"一览表（39个）

区纪委监委2020年8月20日公布

表21

单 位	清风示范岗、清风示范嘎查村（社区）
区政府	石拐区政府办政务股
区纪委监委	石拐区纪委监委驻政府办公室纪检监察组
区委组织部	石拐区委组织部干部公务员管理室
区教育局	包头市第十五中学教务处
区国资委	石拐区国有资产管理委员会办公室
区委政法委	石拐区委政法委维稳督导办公室
区委统战部	石拐区委统战部民族宗教股
区医疗保障局	石拐区医疗保障局待遇审核股
区档案局	石拐区档案局档案管理股
包头市城市共同配送物流园区管委会	包头市城市共同配送物流园区管委会企业服务岗
区信访局	石拐区信访局联合接访中心
区委巡察办（巡察组）	石拐区委巡察办综合室
区司法局	石拐区司法局公共法律服务中心
区人社局	石拐区人力资源和社会保障局养老保险股
包头市生态环境局石拐区分局	包头市生态环境局石拐区分局党建纪检室
区审计局	石拐区审计局审计股
区人民法院	石拐区人民法院立案庭
工业园区管委会	内蒙古石拐工业园区管委会基础建设部
区卫健委	石拐区社区卫生服务中心农卫科
区住建局	石拐区住建局办公室
	石拐区供水站办公室
	石拐区城市综合管理执法局综合办公室
区农牧局	石拐区农牧局综合执法大队
	石拐区农牧局交通运输股
区政协	石拐区政协办公室
区人民检察院	石拐区人民检察院第二检察部

续表21

单　位	清风示范岗、清风示范嘎查村（社区）
五当召景区管委会	包头市五当召景区管委会售票导服部
五当召镇	五当召镇党群服务中心
白狐沟街道办事处	白狐沟街道办事处党政办公室
	白狐沟街道办事处便民服务大厅
石拐街道办事处	石拐街道办事处党政办公室
大发街道办事处	大发街道办事处党群服务中心
吉忽伦图苏木	吉忽伦图苏木白菜沟嘎查
	吉忽伦图苏木爬榆树嘎查
	吉忽伦图苏木三岔口嘎查
五当召镇	五当召镇白草沟村委会
石拐街道办事处	石拐街道办事处欣望社区
大德恒街道办事处	大德恒街道办事处大庙村委会
大发街道办事处	大发街道喜桂图社区

附　录

重　要　文　件

石拐区新冠肺炎疫情防控指挥部
关于精准抓好常态化疫情防控、支持企业健康发展、
稳定经济运行的39条措施的通告

为深入贯彻落实习近平总书记关于“要坚持稳中求进工作总基调。稳是大局，必须确保疫情不反弹，稳住经济基本盘，兜住民生底线。要在稳的基础上积极进取，在常态化疫情防控中全面推进复工复产达产，恢复正常经济社会秩序，培育壮大新的增长点增长极，牢牢把握发展主动权”重要讲话精神，认真贯彻党中央、国务院和自治区、包头市相关决策部署，落实常态化疫情防控举措，全面推进复工复产工作，进一步优化营商环境，支持全区企业健康发展、全面复工复产达效，全力稳定经济运行，特制定以下若干措施。

一、精准抓好常态化疫情防控

“常态化”是疫情防控“下半场”的基本状态，“疫情防控要慎终如始”。要时刻绷紧疫情防控这根弦，抓紧抓实抓细常态化疫情防控，持续加大对境外返（来）区人员及湖北、黑龙江等重点地区返（来）区人员和无症状感染者精准排查管控工作力度，因时因势完善外防输入、内防反弹各项措施，统筹推进疫情防控和经济社会发展各项工作。

1.牢固树立底线思维。广大干部群众要继续绷紧严控弦、织密防治网，不松懈、不大意，做好较长时间应对外部环境变化的思想准备、工作准备和各方面物资储备，特别是各级干部要提高“治理能力和专业能力”，做好分管领域工作，做到科学防控、专业治理。（责任单位：各地区、部门和单位）

2.加强工作指导。区卫健委、市场监督管理局等相关部门，要认真落实指导和监督责任，督促全区企事业单位严格落实疫情防控责任，落实好工厂车间、经营场所、工作人员等卫生防疫防控措施。同时，要充分发挥职能作用，建立信息共享、相互衔接、协同配合、高效运行的综合监管协调机制，全面排查检查、督促企业和个体严格落实防控措施，做好各自职

责范围内的监督管理和应急处置工作。（责任单位：区卫健委、市场监督管理局等相关部门）

3.落实企业法人及个体主体责任。按照谁经营谁负责、谁生产谁负责、谁用工谁负责的原则，全面落实企业及个体主体责任，企业法人为第一责任人，具体负责人为直接责任人，要因时因势完善疫情防控方案及应急预案，确保防控机制到位、员工排查到位、防疫物资到位、场所管理到位、定期消杀到位、宣传教育到位，合理安排人员流动，减少和避免人员聚集和集体活动，确保职工健康安全。（责任单位：全区各行政及企事业单位）

4.强化联防联控、群防群控。以网格为基础，充分发挥楼栋长、单元长、网格员等群众力量，持续动员全民参与，继续抓好日常巡查、排查工作，精准常态化抓好疫情防控，抓实嘎查村（社区）防控，不断巩固疫情持续向好形势，为广大百姓生命安全和身体健康、经济社会秩序全面恢复提供有力保障。同时，持续加大宣传教育力度，提升广大干部群众自我防护意识，积极引导人民群众做好必要防护，遇到有发烧、咳嗽等异常症状的要第一时间报告，确保做到“四早”。（责任单位：各地区、部门和单位）

5.强化帮扶救助力度。疫情期间，更要关注低保对象、特困人员、孤寡鳏独以及建档立卡贫困人口等困难群体正常生产生活，对基本生活出现暂时困难的家庭，由苏木镇及街道或民政局等部门针对实际情况按规定及时给予帮扶和临时救助，可一事一议加大救助力度。（责任单位：苏木镇及街道、区民政局等各相关部门）

二、全力推进重大项目建设

项目建设是经济发展的“牛鼻子”，抓项目就是抓发展。要把重大项目作为高质量发展的“顶梁柱”、作为经济工作的主战场，千方百计抢时间、抢机遇、抢要素，优服务、优管理、优环境，全力以赴加快推进重大项目建设，迅速掀起重大项目建设新高潮，为稳定经济运行提供有力支撑。

6.加快续建、在建项目开复工。按月细化投资计划，优化施工组织，全程跟踪服务，加大协调力度，争取尽早全部开、复工建设，加快工作进度。（责任单位：区发改委牵头，具体责任单位为各项目主体部门）

7.做实前期准备工作。各行业主管部门要进一步加强重大项目谋划和前期工作，全面落实项目前期协调推进机制，优化审批流程，抓住夯实项目前期工作这个关键环节，统一开展立项、规划、土地、环保、报建、安全等跨前服务，稳定设计方案，主动完成前期工作要件，快速达到前期工作深度，加强前期工作精细管理，加快推动重大项目建设。（责任单位：区发改委、自然资源局、应急管理局、住建局、生态环境分局等部门）

8.做好重大项目储备。充分结合我区发展规划、环保容量和土地指标等综合性因素，深入研究重大项目专项规划、建设方案等，制定今后三年的全区重大建设项目清单。（责任单位：区发改委牵头，政府各组成部门要密切配合）

9.积极向上争取资金。围绕上级预算内投资支持范围，抢抓国务院、自治区发行专项债券机遇，按可准入、可落地、可申报、可持续的要求编制三年滚动投资计

划，及时上报争取。特别要积极扩大有效投资，实施老旧小区改造，加强传统基础设施和新型基础设施投资，促进传统产业改造升级，扩大战略性新兴产业投资。（责任单位：区发改委牵头，政府各组成部门要密切配合）

10.加快政府专项债券使用。加大重点项目推进力度，加快推进专项债券争取和投入使用工作，确保尽快用于在建项目，形成实物工作量。（责任单位：区发改委、财政局牵头，政府各组成部门要密切配合）

三、全面抓好各项要素保障

深入贯彻习近平总书记重要指示精神，认真落实中央、国务院和自治区、包头市决策部署，着力强化政策支持，加强要素保障，发挥政府投资项目的引导和带动作用，激发社会投资活力，在常态化疫情防控中全面推进复工复产达产，恢复正常经济社会秩序，培育壮大新的增长点增长极，努力把疫情影响降至最低，奋力完成经济社会发展目标任务。

（一）援企稳岗类

11.做好企业用工组织保障。持续深入开展“就业服务不打烊、网上招聘不停歇”的线上就业服务，制定网上招聘专区，优先发布企业用工信息，同时通过本地挖潜、余缺调剂等方式，充分满足企业阶段性用工需求。建立用工需求和建档立卡贫困户、本地返乡农牧民工、本地务工人员就业需要协商调节机制，统筹解决好企业复工复产用工需要。开发70个临时性公益性岗位，切实解决建档立卡贫困户、中小微企业失业人员、返乡大学生、无法外出务工的农牧民工等重点人群就业问题。（责任单位：区人社局）

12.企业一次性吸纳就业补贴。进一步加大向企业宣传援企稳岗优惠政策，用足用好政策，让符合条件的企业尽早尽快享受到政策补贴。今年，每吸纳一名高校毕业生、农牧民工、就业困难人员等重点群体就业，且签订1年以上劳动合同并按规定缴纳社会保险费的，符合条件的可按每人1000元给予企业一次性吸纳就业补贴。（责任单位：区人社局）

13.就业创业服务补贴。对经营性人力资源服务机构组织石拐区户籍下岗失业人员、高校毕业生、农牧民工等群体到企业就业，并协助签订1年以上劳动合同、参加社会保险的，按规定给予每人100元的就业创业服务补贴。同时，联系协调培训学校，为企业新入职及其他员工提供实用的免费技能培训服务。（责任单位：区人社局）

14.阶段性减免企业社会保险费。严格按照《关于阶段性减免企业社会保险费的实施意见》（内人社发〔2020〕19号），区人社局会同区税务局做好全区企业社保减免工作。其中，中小微企业、以单位形式参保的个体工商户，2020年2月至6月的单位缴费予以免征；大型企业及其他单位2020年2月至4月的单位缴费减半征收。减免政策执行期为费款所属期。按项目参加工伤保险的，减免期内新开工的工程建设项目，按国家规定享受阶段性减免工伤保险费政策。（责任单位：区人社局、国家税务总局包头市石拐区税务局）

（二）用地保障类

15.加强建设项目用地保障。贯彻落实新实施的《中华人民共和国土地管理法》

要求，完善我区征地补偿操作规程，确保征地工作依法合规、加快推动，为各重大项目和企业转型提供保障。同时，加快经营性用地出让节奏，完善土地供应计划，适当增加年度土地供应量。（责任单位：区自然资源局牵头，苏木镇及各街道全力落实）

16.保持土地市场交易平稳有序。疫情防控期间，对公开招标拍卖挂牌方式出让的地块，现场交易环节要通过网络方式进行。顺延开竣工和投达产履约时间，消除疫情对土地出让合同履约的影响。（责任单位：区自然资源局）

17.提高存量土地投资强度。认真落实我区《关于节约集约用地保障重大项目建设的意见》，精准实施混合用地出让、容积率提升、标准厂房分割转让、绿化率区域统筹等政策，高效利用存量土地，提高“亩产效益”。（责任单位：区自然资源局及相关部门）

（三）政策执行类

18.实施包容审慎监管。依托互联网平台对企业信用修复申请实施网上预审，对纸质资料齐全、符合法定形式的，及时移出经营异常名录、解除法定代表人任职资格限制，做好信用修复服务。对企业存在的未影响疫情防控和人民生命财产安全的问题，可通过行政提示、行政约谈、责令整改等监管方式赋予企业自我纠错的机会，实施柔性执法。（责任单位：区市场监督管理局、文体局等相关执法部门）

19.强化政策执行。严格执行国家、自治区和包头市关于疫情防控支持企业复工复产政策措施，切实减轻企业税费负担，进一步降低企业运营成本，帮助企业缓解资金压力，全力保障企业正常生产，做到“该减免的减免、该降低的降低、该缓缴的缓缴、该顺延的顺延”。同时，各项政策所涉及的部门务必对标对表、对号入座，整合资源、快速落实，对推诿不办、拖拉慢办、找借口、推责任等行为坚决予以问责。（责任单位：各地区、部门和单位）

（四）降本增效类

20.减轻企业成本压力。疫情防控期间，对急需开工建设的医疗疾控、民生保障、扩大有效投资等项目，土地出让金可以延缓缴纳，具体延缓缴纳方式按照《关于应对新冠肺炎疫情促进房地产市场平稳发展的政策措施的通知》（包府办发〔2020〕6号）文件第四条“适当调整土地供应政策”中（二）（四）两项执行落实。（责任单位：区自然资源局、财政局）

21.减免一定时期租金。对承租国有资产类经营用房的中小企业，免收3个月房租。对入驻包头大数据产业园的符合相关发展要求的企业，给予免除一定时期房租的政策（具体时限视产业园发展容量确定）。（责任单位：区国资委、发改委、财政局及相关部门）

22.协助争取技改、扩产补贴。支持企业实施技术改造、扩产增供，帮助企业争取上级重点产业发展专项资金进行补贴。（责任单位：区发改委牵头，各行业主管部门严格落实）

23.延期申报、延期缴纳税款。对受疫情影响申报困难、难以按期缴纳税款的中小企业，申请依法办理延期申报、延期缴纳税款，延缴税款期限原则上为3个月。

（责任单位：国家税务总局包头市石拐区税务局）

（五）扩大内需类

24.拓宽农牧产品市场。对农牧业龙头企业、农牧民合作社、家庭农场等在疫情防控期间滞销的农牧产品，利用电子商务第三方平台、自营平台进行网络销售。（责任单位：区农牧局、吉忽伦图苏木、五当召镇、白狐沟街道、大德恒街道）

25.实施旅游惠民措施。凡持有一周内在石拐区定点餐饮、住宿企业单位每次消费分别满400元、200元的有效支付凭证或支付记录，可享受五当召景区（每满400元）或区内其他景区（每满200元）1张免费门票的优惠政策。（责任单位：区文体局）

26.大力支持文旅产业发展。支持引导旅游服务质量提升，推动全域旅游、四季旅游和文化旅游融合发展，促进消费升级，鼓励支持旅游景区品牌创建，对新评定的国家AAA、AAAA、AAAAA级景区，分别给予一次性奖励10万元、50万元、200万元；鼓励支持农村牧区旅游品牌创建，新创建成为自治区五星级接待户（农区或牧区），给予经营者一次性奖励10万元；对新评定为三星级、四星级、五星级的旅游民宿的，分别奖励人民币3万元、5万元、10万元。同时，凡能固定开通本区“一日游”（五当召景区、花舞人间、花舞宝格特、戎王产业园等）直通车的旅行社，年组织游客不少于5000人次的，给予每人次奖励10元。（责任单位：区文体局）

27.实施教育惠民措施。对于在石拐区投资兴业、买房落户的，本着自愿的原则，如选择在石拐区公办学校幼儿园入学的，可享受从幼儿园至高中阶段实施的十五年免费教育。（责任单位：区教育局）

28.实施乡村振兴惠民措施。扎实推进“四乡工程”（即干部下乡、人才留乡、能人返乡、资本兴乡），大力支持工商资本参与乡村旅游、“农家乐”、特色种养殖业、现代规模化种养殖等项目建设。对符合政策投向的项目，优先申报国家、自治区和包头市专项资金支持。（责任单位：区农牧局牵头，吉忽伦图苏木、五当召镇、白狐沟街道、大德恒街道及区人社局等单位全力配合）

（六）稳定房地产类

29.缓缴城市基础设施配套费。在我区的建筑企业开发的商品房项目，实行城市基础设施配套费缓缴制度，建设单位在申请办理建设工程“施工许可证”时，企业可申请延期缴纳城市基础设施配套费，延期缴纳时间自批准之日起最长不超过9月30日。（责任单位：区住建局）

30.放宽商品房预售许可条件。自2020年4月1日起，对于我区新建商品房项目，房地产开发企业持银行“履约保函”办理商品房预售许可的，在9月30号前暂时取消对主体工程形象进度达到正负零的要求（商业部分办理预售仍需二次结构完成），其他要件齐全即可办理“商品房预（销）售许可证”。项目取得商品房预售许可证3个月内必须开工建设。（责任单位：区住建局）

31.提前拨付商品房预售资金。已选择商品房预售资金监管并取得“商品房预（销）售许可证”的房地产开发项目，房地产开发企业按规定严格执行《包头市石拐区商品房预售资金监管办法》，有监管

资金余额且监管项目的工程形象进度达到正负零及以上的，商品房承售资金托管机构可依据企业的申请，跨一个节点拨付监管资金。每个监管项目（楼栋）只能申请一次，自发文之日起至2020年9月30日止。已按银行履约保函支付托管资金的项目不执行此项政策。（责任单位：区住建局）

32.优化商品房预售资金监管方式。2020年4月1日起至10月30日止，实行商品房预售资金监管的房地产开发项目，对新取得“商品房预（销）售许可证”的项目（楼栋），可选择按照商品房销售入账金额扣除受限金额后的余额拨付监管资金，不按整个楼栋受限金额，实行每月清算（按整月计），监管银行要监督预售资金优先用于工程建设，托管资金中受限金额仍按照各工程节点拨付。（责任单位：区住建局）

33.扩大商品房预售资金监管银行范围。自2020年3月1日起，凡符合有关房地产信贷政策，具备个人住房按揭贷款发放资质和能力的银行机构，可向区住建局申请开展商品房预售资金监管业务，每家银行机构只能选择一家分支机构具体开展此项业务，开展商品房预售资金监管业务的银行机构要严格履行预售资金监管责任，并根据房地产开发企业的选择，与商品房预售资金托管机构签订《商品房预售资金监管委托协议》，对房地产开发项目进行商品房预售资金监管。（责任单位：区住建局）

四、持续优化营商环境

营商环境是一个地区的综合竞争力，实现经济高质量发展，必须在优化营商环境上持续发力。要牢固树立“有求必应、无事不扰”的理念，坚持精准发力，定向施策，主动帮助企业解决面临的困难和问题，特别是服务企业“特派联络员”要严格落实服务企业“五个一”举措，全力支持企业做好各要素保障，以关心企业成长、支持企业发展的实际行动和举措，为企业复工复产、复商复市创造更加优良的营商环境。

34.全面动员抓好招商引资。认真落实石拐区《进一步加强招商引资工作的实施意见》（石府办发〔2020〕5号），建立区领导联系重大招商项目机制，各专项招商小组要主动出击，按照石拐区产业发展布局，聚焦休闲康养、大数据、全域旅游、通航产业、传统产业转型、现代物流业6个重点领域引入优质项目。同时，大力开展以商招商、委托招商，对成功引入优质项目落地的中介机构和“招商人”给予组织或个人招商奖励，奖励金额不超过30万元（具体细则另行制定）。（责任单位：区商务局牵头，各地区、部门和单位全力配合）

35.做好项目融资对接服务。认真贯彻落实防控新型冠状病毒肺炎疫情期间相关金融政策，区国资委（金融办）督促辖区各金融机构严格落实《进一步强化金融支持防控新型冠状病毒感染肺炎疫情的通知》（银发〔2020〕29号）文件精神，全力支持我区合理融资、信贷需求，不得随意抽贷、断贷、压贷，对受疫情影响严重的企业到期还款困难的，可予以展期或续贷。驻区金融机构要开通金融服务绿色通道，简化业务流程，切实提高业务办理效率。（责任单位：区国资委及相关部门）

36.推进“一网通办”，提高审批效

率。进一步规范、精简审批环节和事项，加快完善政务大数据服务体系，优化一体化政务服务平台，大力推行行政审批事项一网通办、一窗通办、一事联办，严格落实“一次性告知”“最多跑一次”等服务模式。积极探索区域评估、标准地供地、容缺受理、告知承诺等审批创新，运用好区域性统一评价成果，审批事项结果互认，推行承诺审批制、“先建后验”，最大限度压缩项目审批时间。同时，个体工商户可将年报时间延长至2020年年底前。（责任单位：区政务服务局、市场监督管理局等部门）

37.优化信用环境。坚持守信践诺，强化政府诚信建设，对企业的承诺要积极兑现，既不打折扣、搞变通，更不能“新官不理旧账”。定期对招商引资项目开展诚信履约“回头看”，督促各地区、部门和单位认真落实合同约定事项，对于不履行合同、逾期不开工、占而未建、慢建久拖项目进行跟踪督办。（责任单位：区发改委、政务服务局、商务局、市场监督管理局等部门）

38.加强司法服务保障。因疫情原因，导致中小微企业由于订单、合同不能按约履行而发生纠纷的，区司法局及各行业主管部门主动对接企业，整合律师、公证、法律援助等法律资源，加大法律服务供给，靠前服务企业。针对困难的中小微企业，积极协调政府法律顾问开展公益法律援助，提供有效的司法指导。同时，各行业主管部门、政法各部门要建立健全涉企矛盾纠纷调解、行政复议、诉讼、仲裁快速处理机制，广泛开展纠纷排查，联合劳动保障、信访等部门开展法律援助，协调化解企业存在的矛盾纠纷。（责任单位：区司法局牵头，各行业主管部门全力配合）

39.全面加强政策宣传。各级各部门及广大干部职工要充分利用各种形式广泛宣传复工复产、复商复市、就业救助等相关政策，切实从企业、群众需求出发，把好事办好办实；同时，全面推广“国务院微信程序”，认真办理政府区长手机短信民生热线交办的关于群众反映问题，深入了解企业和群众需求，从实际情况出发，及时调整政策规定和工作思路，回应群众关切，疏解企业复工复产及群众就业难点。（责任单位：各地区、部门和单位）

以上政策执行期限有明确规定的按规定执行，没有明确期限的至新冠肺炎疫情解除为止。同时，为更好推动各项政策落实，现开通举报奖励通道，鼓励全区企业、客商及广大人民群众，对疫情防控过程瞒报漏报现象、阻碍复工复产行为、石拐区行政权限复工复产政策落实等情况进行举报，凡举报情况属实，对于同类事项第一举报者奖励100元。欢迎广大人民群众监督，便于我们更好地为全区广大人民群众服务、尽责。

投诉举报电话：
疫情防控方面：0472—8710015
复工复产方面：0472—8728213
政策落实方面：0472—8728032
政府区长手机短信民生热线：
15547256836

石拐区新型冠状病毒感染肺炎
疫情防控工作指挥部
2020年4月30日

石拐区部分街镇行政区划调整的实施方案

为了科学合理整合街道社区资源，进一步拓展区域发展空间，优化街道、社区管理体制，提升城乡管理服务水平，加快新老区建设步伐，响应人大代表、居（村）民关于街镇区划调整的意见建议，在多方听取意见的基础上，拟对石拐区街道行政区划、社区归属进行调整，具体方案如下。

一、涉及街道、镇基本概况

（一）大磁街道。始建于1959年，时为大磁公社，1964年改为大磁人民公社；1981年更名为大磁街道，辖属10个居委会；2000年辖属合并为5个社区；2006年辖属又合并为3个社区；2009年辖属又合并为一个大磁社区。街道办事处驻大磁石拐林业大楼内，位于石拐区政府驻地东北方向18千米处。

目前，大磁街道除管辖管理本街道区域和社会事务外，同时代管原大发街道区片和社会事务。总辖面积11.5平方千米（含原大发街道），3688户、7142人，常住79户、149人。

（二）大发街道。民国时期，域内有人开采煤炭，1920年建大发村；1952年设大发乡；1956年设大发镇；1958年设大发街道；1962年改为大发城市人民公社；1981年恢复大发街道；1994年7月辖属32个社区；2000年辖属合并为12个社区；2006年辖属合并为6个社区；2008年棚户区改造时大发街道整体搬迁，域内居民分别迁到滨河新区、喜桂图新区等地；2016年1月，大发街道办事处驻地迁往喜桂图新区，原大发街道区片由大磁街道代管。

目前，大发街道办事处驻喜桂图新区水云天小区，在喜桂图新区规划区域内，总面积7.5平方千米，现辖喜桂图、神发2个社区，375户、797人，常住4291户、9693人。

（三）石拐街道。1956年成立石拐城市人民公社；1981年改为现名；2000年5月辖属13个社区；2005年6月辖属合并为10个社区；2011年辖属合并为2个社区；2015年辖属合并为欣望1个社区。

目前，石拐街道驻地石拐旧区新石拐，辖欣望1个社区，代管原五当沟街道，管辖面积11.5平方千米（含代管五当沟街道），辖区5680户、13657人，常住1055户、2425人。

（四）白狐沟街道。1960年1月设立，隶属于脑包沟管理区，同年3月划归石拐矿区管辖；1961年6月设白狐沟城市人民公社；1979年1月更名为白狐沟街道，时辖8个社区；2009年7月，合并为2个社区，2018年5月辖区内仅存的白狐沟社区划归大发街道。

目前，白狐沟街道代管五当沟、脑包

沟2个行政村，办事处驻地河滩沟，位于石拐区政府驻地东南方向21千米处。管辖区域面积78平方千米（含代管村面积）。原居住居民大部分搬迁至滨河新区及喜桂图新区，目前户籍1430户、5470人，常住161户、250人。

（五）五当沟街道。1962年1月设立五当沟城市人民公社；1963年并入石拐人民公社；1976年重设五当沟城市人民公社；1979年更名为五当沟街道，辖12个社区，2003年合并为8个社区；2009年棚户区改造时，居民整体迁往滨河新区，街道办事处整建制移交包头市高新区管委会。

目前，该街道仅存名，所有社会事务均由石拐街道代管。

（六）大德恒街道。2008年7月经自治区人民政府批准设立，坐落于喜桂图新区，时驻地在区人民政府驻地正东500米处，时辖6个村委会，辖区总面积146平方千米。

目前，街道办事处实际驻地喜桂图新区吉忽伦图大街颐康新城小区，辖大庙、后营子、马场、鸡毛窑子、开洲窑子5个行政村，区域面积119.5平方千米，户籍3293户、8349人，常住1147户、2752人(不含物流园区110人）。

（七）五当召镇。前身为成立于1958年10月1日的国庆乡，2006年2月14日吉忽伦图苏木与国庆乡合并为五当召镇，镇政府驻白草沟村，2012年1月恢复吉忽伦图苏木设置后，五当召镇管辖范围亦恢复原国庆乡范围，时辖区总面积268平方千米，时辖五当沟、厂汉沟、脑包沟、新曙光、缸房地、白草沟6个行政村。

目前，五当召镇政府驻地石拐区政府办公楼旧址，实际管辖厂汉沟、新曙光、缸房地、白草沟、青山村5个行政村，区域面积218平方千米，户籍4845户、10010人，常住1688户、3678人（不含工业园区3219人）。

二、区划调整理由

一是石拐老区现有常住人口规模大量缩减。大磁街道目前常住户仅有79户，149人，成为事实上的空壳街道。按照《中华人民共和国城市居民委员会组织法》第六条规定：“居民委员会根据居民居住状况，按照便于居民自治的原则，一般在一百户至七百户的范围内设立。”而大磁办事处整体常住居民人口还达不到一个居委会的规模，不符合设立街道条件。事实上，整个石拐老区五个街道（大磁、大发、五当沟、石拐、白狐沟）城市常住人口不足1200户、2600人，相当于市区一个居委会规模，特别是大磁街道（含原大发街道）、原五当沟街道仅有数十户散居居民。

二是新区人口不断集聚。随着新区建设步伐不断加快，特别是苏蒙实验学校、石拐区人民医院等优质民生工程的实施，新区常住人口不断集聚，2018年换届以来，大发办事处范围内新增芳草地小区、紫贵华府、富力山、恒大麓山庄园等新建小区，同时原有的兴石达家园、蓝天城小区正在投入使用，亿和嘉园、颐康新城小区非农业户籍人口不断入住，大发街道办事处实际常住人口突破1万人，预计近两三年内，新区各小区人口将达到1万户左右规模。

三是群众办事极为不便。老区的原大发、大磁、五当沟、白狐沟、石拐街道非

常住户籍人口大部分随着沉陷区、棚户区、普惠区改造搬迁到喜桂图新区、滨河新区、九原区、东河区等地。但是办理各项事项必须到旧区去办理，仅来回过路费就20～30元，个别困难群众无力承担，给群众办事造成了极大不便。

四是城乡居民混居，管理困难。大德恒街道亿和家园、颐康新城、中朵上东郡、恒大麓山庄园、山水庄园、兴石达家园区等新建小区非农户籍人口逐年增多，而上述小区全部位于马场村、后营子村范围内。马场、后营子村作为行政村承担城市人口管理功能力不从心，特别是由于村民涉及土地、集体分红等利益问题，村委会将城市户籍人口纳入，村民担心自身利益受损，多次向有关部门呼吁从根本上予以解决，大德恒街道办事处多次要求学习借鉴包头市高新区等地城乡接合部经验做法，在大德恒街道设立社区，彻底解决村委会既管农业户籍人口又管非农业户籍人口的困境。

五是大磁社区换届选举人选不足。第十一届社区两委换届将于2020年11月正式启动，目前自治区对社区两委人员年龄、学历提出了更高要求，而大磁街道大磁社区党支部党员、现有79户常住居民中符合要求的人选屈指可数，加之个人意愿等因素，换届选举面临无合适人选的难题。

六是各街道办事处人员配置与服务人口不相适应。大磁街道、大发街道干部配置相同，而服务的常住居民数量却相差60倍，与形势任务不相适应，人员配置不均衡问题日益严重。

七是白狐沟街道办事处设置不合理。2018年，白狐沟社区调归大发街道办事处后，白狐沟街道办事处仅代管五当召镇五当沟村、脑包沟2个行政村，成为既无社区、也无正式管辖村的特殊街道办事处。

八是相关区划报备手续不全。自治区民政厅2019年下发《内蒙古自治区行政区划手册》显示，石拐区人民政府驻地仍然在石拐街道丁字街，同时，石拐街道驻地、五当召镇政府驻地仍然分别在石拐东梁、白草沟，与实际不符。同时，民政系统行政区域图显示，青山村仍然归属大德恒街道。

三、行政区域变更方案

（一）相关地区行政区域变更方案

将大磁街道迁移到喜桂图新区，将大发街道神发社区整建制移交大磁街道办事处管理。大发街道、大磁街道以望溪路（喇嘛河）为界，其行政区域范围如下。

1.大发街道西以德恒路为界，南以吉忽伦图大街为界，东以望溪路、玉衡道、崇德大街为界，街道驻地瑶光道（石拐区党群服务中心），行政区域面积2.3平方公里，辖喜桂图社区。

2.大磁街道西以望溪路（喇嘛河）为界，南以吉忽伦图大街、紫微大街、集贤路为界，东以乌金路为界，驻地由大磁街迁往康宁路（富力山小区），辖神发社区。原大磁社区居委会建制划归大德恒街道。

3.石拐街道管辖原石拐街道、原大磁街道、原大发街道、原五当沟街道行政区域，驻地由东梁大街迁至丁字街，行政区域面积23平方公里，辖欣望社区。

4.大德恒街道管辖大庙、马场、后营子新村、鸡毛窑子、开洲窑子5个行政村，街道驻地吉忽伦图大街（颐康新城）。原

大磁街道大磁社区建制划归大德恒街道，在大德恒街道城市户籍人口密集地区设置大磁社区。调整后，行政区域面积119.7平方公里。为避免混淆，建议大磁社区在征求居民、村民意见的基础上，进行更名。

5.白狐沟街道正式接收五当召镇脑包沟、五当沟2个行政村。街道驻地河滩沟路，行政区域面积78平方千米。

6.五当召镇管辖缸房地、新曙光、白草沟、厂汉沟、青山村5个行政村，镇政府驻地由白草沟村迁至丁字街，行政区域面积218平方千米。

7.石拐区人民政府驻地由石拐街道丁字街迁移至喜桂图新区巴达嘎尔大街。

调整后各地区区域面积以具有专业资质的第三方测绘机构测绘结果为准，人口、资源环境、人文历史、地形地貌、人文历史等以相关部门数据重新汇总为准，并按相关程序报备。

（二）管理服务对象变更方案

除法律法规、政策规定必须以户籍地办理事项外，打破各街道之间的户籍限制，一般便民服务事项由各社区对各自管辖范围内的非农业户籍人口进行管理服务。不在石拐居住的非农业户籍人口，在区划变更前产生的信访、拆迁等历史遗留问题由原管辖街道办事处负责，待条件成熟，在双方充分协商的基础上，逐步移交现管辖街道。在区划变更后产生的便民服务事项就近由相关社区提供服务，具体调整如下。

1.石拐街道欣望社区管理服务原石拐街道、五当沟街道、大磁街道、大发街道区域内常住人口（1134户2574人）、流动人员，不在管理服务调整后区域内非常住户籍人口。欣望社区办公地点丁字街。

2.大发街道喜桂图社区管理服务区域内［含锦园春（豫馨）、水云天（尚若）、紫薇园（熠辉）、桃花源（毓营）、满庭芳（滕昂）、桃园小区］常住人口（3396户、7892人）、流动人口，为原大发街道非常住户籍人口（2165户，4040人）就近提供服务。社区办公地点设在水云天小区。

3.大磁街道神发社区管理服务区域内（含神包家园、创业家园、新时代数字花苑、富力山等小区，代管芳草地、紫贵华府、蓝天城小区）常住人口（847户、1674人）、流动人口。社区办公地点设在神包家园。为原白狐沟街道、原大磁街道、原五当沟街道、原石拐街道户籍人口（7511户、17072人）提供就近便民服务。

4.大德恒街道管理服务辖区内5个行政村农业户籍人口。新设立的大磁社区管辖服务区域内（含亿和嘉园、颐康新城、中朵上东郡、恒大麓山庄园、兴石达家园等小区）常住非农户籍人口（523户、1602人）、流动人口，建议社区办公地点设在恒大麓山庄园。

5.五当召镇管理服务辖区内5个行政村农业户籍人口。

6.白狐沟街道管理服务辖区内2个行政村人口和常住非农业户籍人口。

区划调整后，如无区政府特殊安排，各街道办事处管辖服务行政区域内新建小区人口。各街道、各社区执法范围根据此次区划调整重新予以确认。各街道辖区常住人口达到新建社区居委会规模后，可依法依规在征求居民意见的基础上，申报成立社区居民委员会。

（三）机构、人员调整方案：

1. 关于涉及街镇人员安置。原大磁社区工作者按照就近、自愿、服务对象相对固定的原则，由大磁、石拐、大德恒街道协商安置。社区“两委”成员根据自身实际和居民认可度，自主选择参与“两委”换届选举。

2. 关于涉及社区办公场所设置。

原大磁街道办公场所、大磁社区公共服务设施作为白菜沟嘎查、绍卜亥嘎查等易地搬迁集中安置村民的集中办公地点和周边城乡居（村）民的公共服务场所。

富力山、恒大麓山庄园社区场所未投入使用前，大磁街道办事处、大德恒街道大磁社区办公场所暂时利用现有社区办公场所或租赁等方式解决。

四、变更后发展定位、目标、方向

响应广大群众呼声，根据人口聚居情况，科学规范街道、社区设置，有助于各街道办事处更好地履行职责，优化公共服务设施建设，提升土地开发利用空间，从根本上提高城乡社区发展水平和服务能力建设，加快城市建设步伐，推动石拐区资源枯竭型地区高质量转型发展。

一是优化城市空间布局，加速融入包头市主城区。依托紧邻包头市人民政府驻地的地理位置优势，变更后，喜桂图新区集聚3个办事处、3个社区，人口不断集聚，为石拐区政治、经济、文化中心。大发街道为新区中心区域，是石拐区人民政府驻地所在。大磁街道整体接收神发社区、大德恒街道设置社区，为全面提升城市精细化管理水平，提升城区品质打下坚实基础。依托全域旅游景点提档升级、苏蒙实验学校等名校入驻、包头市大数据产业园、物流园区等项目和资源，全力打造宜居、宜业、宜学、宜游的自然山城、活力智城、魅力新城。依托包头市第一家康养医院（石拐区人民医院）、包头市民政福利园、包头市社会组织孵化园等资源，承接好全市养生养老产业，建成服务包头乃至更大范围的康养小镇。

二是盘活老区现有资源，让老区焕发生机活力。变更后，石拐街道一个街道管辖原老区四个街道范围，有利于统筹老区范围内各类资源要素，整合具有丰富历史文化内涵的资源，科学编制规划，进一步厘清老区发展方向，按照“宜工则工、宜农则农、宜游则游”理念，推动老区大开发大利用。通过区划调整，合理安排生产、生活、生态空间，努力扩大公共空间，在老区开发建设过程中融入更多的烟火气和人情味。

三是优化街道公共服务设施，加快补齐公共服务短板。随着新区一大批新建小区的建成，城乡居民不断集聚，仅有的两个社区公共服务设施，远远不能满足人们的需求，迫切需要依托设置社区，规划发展社区公共服务设施，就近提供一窗式便民服务场所，解决新区居民服务需求。老区原大磁街道、大发街道、五当沟街道全部划归石拐街道后，由石拐街道与五当召镇、吉忽伦图苏木统筹推进城乡社区治理，优化现有资源，加快补充公共服务短板。同时利用大磁社区原有公共服务设施，解决吉忽伦图苏木白菜沟嘎查、绍卜亥嘎查易地扶贫搬迁后缺乏公共服务设施的难题。

四是打破户籍限制，提升便民服务水平。随着棚户区、沉陷区、普惠区建设，

一部分居民搬迁到新区和滨河新区、九原区，人户分离现象十分突出。随着放管服改革的深入推广，大部分民生事项下放到街道、社区，既使没有下放的事项，也需要通过户籍所在街道、社区办理前置手续。通过合理调整街道区划设置，可以极大方便居民就近办理民生各项事务，特别是一些必须通过街道、社区办理的便民事项，以回应居民群众的呼声。

五是优化干部队伍配置，激发服务居民热情。彻底解决现有街道干部配置不均衡、大磁社区"两委"换届无合适人选等问题，让所有街道干部、社区工作人员充分发挥作用，更好地服务辖区居民。

六是破解城乡接合部社区管理难题，统筹推进城乡一体化进程。通过将大磁社区整建制移交大德恒街道，响应街道、城市户籍人口呼声，填补大德恒街道办事处无社区的空白，彻底解决村委会管理城市户籍人口带来的诸多不便，消除村民担忧，提升社区社会治理效能。

五、实施步骤

（一）广泛征求意见（2020年3月至2020年11月30日）

1. 由区民政局采取书面征求、座谈交流、实地走访等形式向各相关职能部门、相关街镇广泛征求意见，归纳整理，形成初步行政区划调整组织实施总体方案，于2020年8月底前报区人民政府。

2. 大磁、大发、大德恒、石拐、白狐沟五个街道办事处，五当召镇，要通过居（村）民代表大会、问卷调查等方式征求涉及居民意见建议，于2020年11月15日前报区民政局汇总。

3. 通过政府网站向社会公众广泛征求意见，广泛听取意见。对社会各方面提出的意见进行归纳整理、研究论证，充分采纳合理意见，完善行政区划变更方案及配套措施。

4. 形成征求社会公众意见报告，要针对征求到的意见建议，及时进行处置，确保方案实施。

（二）组织专家论证（2020年11月底前）

采取论证会或书面咨询、委托咨询论证等方式，组织专家对行政区划变更的必要性、经济社会效益、可行性、风险、对方案的意见建议等内容进行论证。

（三）风险评估（2021年1月底前）

委托第三方专业机构，通过重点走访、会商分析等方式，运用定性分析和定量分析等方法，重点对当地及一定区域范围内的人口资源、经济发展、行政管理、国防安全、民族团结、文化传承、生活就业、社会保障、基层治理、公共安全、资源环境保护、实施国土空间规划、机构调整和干部职工安置等方面可能造成的影响，以及可能引发的问题进行科学预测、综合研判。

（四）履行相关报批程序（2021年3月底前）

1. 由具有专业资质的专业测绘机构对变更前的行政区划图和变更方案示意图进行绘制。

2. 由石拐区人民政府向包头市人民政府提交关于行政区划调整的申请书，同时附经多方论证的组织实施总体方案。

3. 由区民政局配合各级民政部门，推进手续完善。

六、保障措施

1.成立专项工作组，协同推进。成立由区政府副区长李祥任组长的石拐区部分街镇行政区划变更领导小组，指导协调各街镇、各职能部门统筹推进区划调整、协调申报事宜、指导解决变更过程中产生问题和困难。领导小组下设办公室、数据收集组、意见征集组、风险排查组、综合保障组，组长分别由区民政局、区发改委、区政府办、区委政法委、区财政局领导担任，分工协作，共同推进行政区划变更事宜，共同完成前期准备、风险研判、综合保障等工作。（领导小组人员名单见附件1）

2.准确提供相关数据信息，完善申报材料。由相关职能部门配合领导小组办公室、数据收集组、风险排查组、综合保障组，提供与行政区划变更有关的经济发展、资源环境、人文历史、地形地貌、人口、行政区域面积和隶属关系等情况，

3.事先预见和化解矛盾风险隐患。按要求严格做好风险评估、专家论证、征求社会公众等意见的综合研判。聘请相关专家对方案可行性和风险隐患进行评估、论证。及时制定应对措施，确保变更顺利进行。

4.全力保障区划调整。此次调整，涉及相关街镇党政群机构设置，国有资产、债权债务划转，历史文化传承保护，民生保障和公共服务重新规划、建设、完善等方方面面内容，各相关部门要按照分工，全力予以保障。对涉及第三方机构、专家聘请等经费由区财政局先行予以保障15万元，对大磁街道办事处、大磁社区办公场所所需经费应予以足额保障。

附件：

1.石拐区部分街镇行政区划调整领导小组人员名单

2.石拐区部分街镇行政区划调整领导小组职责分工

石拐区人民政府办公室

2020年2月23日

附件1

石拐区部分街镇行政区划调整领导小组人员名单

组　长：李　祥　区政府副区长
副组长：王旭东　区民政局局长
成　员：岳　峰　区委办公室副主任
李　桐　区政府办公室副科级领导
冯玉战　区人大法工委主任
周秀林　区政协综合委主任
杜铁军　区委组织部常务副部长
梁军平　区委政法委副书记
钱智卿　区委编办主任
高　慧　五当召镇党委书记
巴音巴特尔　吉忽伦图苏木党委书记
李雅民　石拐街道党工委书记
孙　鉴　大磁街道党工委书记
刘斌华　大发街道党工委书记
郭泽宏　大德恒街道党工委书记
杨　彤　白狐沟街道党工委书记
周瑞芳　区发改委城调队队长
祁文青　区公安分局副局长
李　袁　区民政局副局长
张笑宇　区民委副主任
贾利民　区财政局副局长
杨　虎　区自然资源局副局长
庞　宏　区住建局副局长
张　红　区农牧局副局长
赵　伟　区国资委主任

领导小组下设办公室，负责日常工作，办公室设在石拐区民政局，办公室主任由王旭东同志兼任，负责与上级民政部门协调沟通，总体流程和法定事项的运转，申报材料、实施方案的起草，各类材料的汇总，第三方机构、专家、测绘机构的聘任，职能部门意见的征求汇总。以上人员如涉及人事变动，对应自然更替。

附件2

石拐区部分街镇行政区划调整领导小组职责分工

领导小组组长由王旭东同志担任，成员由民政局有关人员组成。负责不定期组织召开领导小组会议，及时研究解决区划调整中产生的具体事宜，指导、协调各街镇、各职能部门统筹推进区划调整。

数据收集组组长由区发改委周瑞芳同志担任，成员由区民政局、自然资源局、住建局、农牧局、区委组织部、区公安分局、各相关街镇、物流园区、工业园区等单位人员组成。负责有关的经济发展、资源环境、人文历史、地形地貌、人口、行政区域面积和隶属关系的简要情况起草；负责行政管理、国防安全、民族团结、文化传承、生活就业、社会保障、基层治理、公共安全、资源环境保护、实施国土空间规划、机构调整和干部职工安置情况数据的收集。

意见征集组组长由区政府办李桐同志担任，成员由四大班子办公室、区委组织部、各相关地区、部门人员组戍。负责通过座谈会、实地走访、书面征求意见、问卷调查等方式征集各街镇村居民意见征集、党代表、人大代表、政协委员、各职能部门意见建议，归纳整理、研究论证，充分采纳合理意见，完善行政区划变更方案及配套措施。负责征求意见报告起草。

风险排查组组长由区委政法委梁军平同志担任，成员由区委组织部、区编办、区委统战部、区发改委、区民政局、区人武部、区民委、区文体局、区人社局、区就业局、区自然资源局、生态环保分局、住建局、区农牧局、各相关地区、部门人员组成。负责配合第三方机构开展风险评估，对行政区划变更实施的风险进行科学预测、综合研判。负责督促第三方机构风险评估报告、专家论证报告的起草。

综合保障组组长由区财政局贾利民同志担任，成员由区委组织部、区编办、区财政局、区国资委、区发改委、区住建局、区自然资源局、区机关事务中心、区民政局、区档案局、相关街道人员组成。负责大磁街道迁移后机构设置调整、人员调整、大磁街道新办公场所协调、社区设置、国有资产交接、社区公共服务设施规划建设、档案管理等事宜。

包头市石拐区民生实事项目
人大代表票决制（会商制）工作方案

为认真学习贯彻习近平新时代中国特色社会主义思想，深入贯彻落实党的十九大精神，使各级人大及其常委会成为全面担负起宪法法律赋予的各项职责的工作机关，成为同人民群众保持密切联系的代表机关，更好地发挥人民代表大会制度优势和作用，进一步推动基层民主建设，按照自治区人大常委会民生实事项目人大代表票决制试点工作现场会的部署要求和《内蒙古自治区党委办公厅关于印发〈关于民生实事项目人大代表票决制（会商制）试点工作方案〉的通知》（内党办发〔2018〕41号）及《内蒙古自治区人大常委会办公厅<关于印发2020年新增民生实事项目人大代表票决制（会商制）试点地区名单>的通知》（内人常办发〔2019〕25号）精神，从2020年开始，在我区区本级、苏木镇、街道全面开展民生实事项目人大代表票决制（会商制）工作。

一、指导思想

以习近平新时代中国特色社会主义思想为指导，全面贯彻党的十九大和十九届二中、三中全会精神，坚持以人民为中心的发展思想，牢固树立新发展理念，认真落实中央部署，充分发挥人大代表主体作用，引导代表有效行使监督和决定等职权，强化人大对政府工作的监督，推进政府民生实事项目决策和实施的民主化、科学化、法治化，确保政府民生实事项目真正成为民生工程、民心工程。

二、基本内涵

民生实事项目人大代表票决制（以下简称代表票决制），是指政府在广泛征求人民群众意见和建议的基础上，提出民生实事候选项目，报同级党委研究后，经同级人大代表在本级人民代表大会会议期间以投票方式选定正式项目，交由政府组织实施，并接受人大代表和人民群众监督的制度。

民生实事项目人大代表会商制（以下简称代表会商制），是指民生实事项目的推荐充分听取街道辖区内各级人大代表、居民代表为主体的社会各界意见建议，通过召开会商会议形成会商意见，作为街道办事处确定项目的决策依据，由街道办事处负责组织实施，并接受各级人大代表和人民群众全过程的监督。

纳入代表票决制的民生实事项目，主要是以政府财政性资金投入为主，由政府在本行政区域内实施的具有普惠性、公益性和社会效益较为突出的民生类公共事业项目，一般应为当年度可以完成的，确需跨年度分步实施的项目，应明确年度阶段性目标。

纳入代表会商制的民生实事项目，是指街道办事处每年组织实施的惠及民生的

实事项目，上级政府为实施责任主体的项目不予列入。

三、基本原则

代表票决制应遵循以下原则：

——坚持党的领导。坚持党的领导、人民当家做主、依法治国有机统一，把党的领导贯穿代表票决制工作全过程，支持、保证人大和人大代表依法行使职权。候选民生实事项目应提交同级党委讨论或党委按照法定程序向人大提出民生实事项目票决建议。

——坚持发扬民主。坚持以人民为中心的发展思想，汇集民智民力，赢得民心民意，尊重人大代表主体地位，最大程度地把人民的意愿体现到代表票决制工作各个环节中去，着力解决人民群众最关心最直接最现实的利益问题。

——坚持规范实施。立足人大自身职能，依法依程序开展工作，不越位、不缺位，做到权限法定、运作规范、程序简明、切实可行。

——坚持稳慎推进。提请票决的民生实事项目应属于当地群众最关心、最迫切、政府有能力解决的问题，坚持少而精、能办几件办几件，不搞政绩工程、形象工程。项目的征集和初定要广泛发扬民主，听取各方面意见。遵循项目运作程序，加强项目前期论证，严把项目关。

——坚持实事求是。实施民生实事项目既要尽力而为也要量力而行，规模大、投资多、周期长的项目不列为民生实事项目进行票决。提请票决的项目必须有明确可靠的资金来源，不得超越区本级和苏木镇（街道）财力违规举债、扩大隐性债务，不得超越限额为债务规模。鼓励和支持区本级、苏木镇（街道）争取和整合上级下达的社会事业、生态环保等方面扶持资金用于项目实施。

四、试点范围和实施路径

我区代表票决制（会商制）工作分两步推开。

（一）先行试点。按照先行先试、逐步推进的原则，2019年石拐区确定大德恒街道作为自治区首批代表票决制（会商制）试点单位。大德恒街道积极探索开展了适合本地区实际情况、具有地域特色的民主议政会议制度和人大代表票决制（会商制）相结合的民生实事项目试点工作。2019年12月中旬安排召开人大大德恒街道工委代表票决制（会商制）试点工作总结会，发现问题、总结经验，为2020年全区民生实事项目人大代表票决制（会商制）工作的顺利开展奠定基础。

（二）全面推开。2020年开始，在区本级和全区苏木镇、街道全面推行代表票决制（会商制）工作。

五、代表票决制（会商制）实施步骤

（一）代表票决制

代表票决制工作分为启动、实施、总结三个阶段，实施阶段又分为项目征集、项目初定、项目审议、项目票决、项目监督、项目评估六个环节。

第一阶段：启动阶段（2019年10月底至11月初）

主要任务是做好各项准备工作。

1.制定实施方案。区本级、苏木镇要根据本方案研究制定各地区实施方案，明确工作环节、具体任务和时间安排，出台相关配套工作制度。

2.建立领导小组。区本级和苏木镇分

别召开部署会，统一思想、提高认识，成立以党委领导同志任组长，人大、政府负责人任副组长，相关部门负责人为成员的代表票决制工作领导小组，协调解决工作中的重大突出问题。

为更好统筹协调、安排部署全区民生实事代表票决制（会商制）工作，成立全区民生实事项目人大代表票决制（会商制）工作领导小组，组成人员如下：

组　长：白相工　区委副书记

副组长：李　智　区委常委、区人民政府常务副区长

姚永爱　区人大常委会副主任

成　员：

吕治国　区人大常委会选任联工委主任

郑　瑜　区人民政府办公室主任

哈　斯　区委宣传部常务副部长、区委网络安全和信息化委员会办公室主任

巴音巴特尔　吉忽伦图苏木党委书记

李瑞强　吉忽伦图苏木人大主席

高　慧　五当召镇党委书记

郭孝嵘　五当召镇人大主席

李雅民　石拐街道党工委书记、人大街道工委主任

贾润刚　大磁街道党工委书记、人大街道工委主任

刘斌华　大发街道党工委书记、人大街道工委主任

杨　彤　白狐沟街道党工委书记、人大街道工委主任

郭泽宏　大德恒街道党工委书记、人大街道工委主任

马　斌　区发展和改革委员会主任

王旭东　区民政局局长

肖　峰　区财政局副局长(主持工作)

杨　勇　区住房和城乡建设局局长

郝美柱　区农牧局党组书记

汤化雨　区文体旅游广电局局长

张　敏　区卫生健康委员会主任

领导小组下设办公室，办公室设在区人大常委会选任联工委、区政府办，办公室主任分别由吕治国、郑瑜兼任，工作人员由各单位抽调。办公室具体职责为：区人大常委会选任联工委负责区本级民生实事项目的大会审议、代表票决、项目评估、监督视察、听取完成情况报告等环节，以及对苏木镇、街道开展民生实事项目代表票决制（会商制）工作的具体指导和监督；区政府办公室负责对区本级民生实事项目启动、实施、总结3个阶段及6个环节的安排部署和协调有关部门组织实施，做好苏木镇、街道民生实事项目与区本级民生实事项目的统筹、沟通、协调。

3.营造工作氛围。区本级和苏木镇充分利用各种媒体、人大代表之家和各类宣传阵地，加强对代表票决制工作的宣传，提升人民群众对代表票决制工作的知晓率和参与度，为有序推进各项工作营造良好的氛围。

第二阶段：实施阶段（2019年11月至2020年底）

主要是抓好六个环节，落实代表票决制各项具体工作。

为确保民生实事项目的可行性，在项目征集和初定阶段要注重发挥政府的主导作用，坚持尊重民意、突出民生、公益均等、普惠共享、量力而行、尽力而为。

1.项目征集环节（2019年11月）。区本级和苏木镇征集项目时，应通过报纸、电视、广播、网络、公示栏等多种途径发

布民生实事项目征集公告，向社会广泛征集项目。也可以嘎查村为单位组织召开民生实事项目征集会，面对面听取群众意见。人大要依托代表之家、代表履职平台、代表主题活动等方式组织代表广泛听取人民群众意见和建议。

2.项目初定环节（2019年12月）。区本级和苏木镇对征集到的项目建议梳理汇总后进行初选，按程序形成候选项目建议方案，提交同级党委常委会（苏木乡镇党政联席会议）研究审定，按程序经区人大常委会（苏木镇人大主席团）会议审议通过后，作为交由同级人民代表大会会议审议票决的民生实事候选项目。

3.项目审议环节（2020年1月至2月）。民生实事候选项目由政府提请每年年初同级人民代表大会会议审议。政府应就候选项目的确定过程和每个候选项目的具体情况（包括项目名称、主要内容、实施主体、投资额度、相关要求等），在全体会议或主席团会议上作出说明，并书面印发全体人大代表。大会应安排必要时间，组织全体人大代表在分组讨论时对候选项目进行审议。政府相关负责人应列席会议，人大代表可向其提出询问，要求其说明情况。

4.项目票决环节（2020年1月至2月）。经审议后的民生实事候选项目在人大全体会议上由人大代表以无记名投票方式进行表决，差额比例一般为20%。入选民生实事项目的得票数应超过全体人大代表半数，从高到低排列后，按照预定的应选数确定，票决结果当场宣布，并向社会公布。各级人大应由人大主席团提出人大代表票决办法（草案），明确候选项目的差额比例、表决方式、项目确定和公布方式等，经人大代表审议、大会表决通过后组织实施。

5.项目监督环节（2020年3月开始至项目结束）。为保证实施民生实事项目的实效性，在项目监督和评估阶段要切实发挥人大及其常委会（苏木乡镇人大主席团）的监督作用。

各级政府要认真组织实施民生实事项目。区人大常委会、苏木镇人大主席团要将民生实事项目的实施运用专项审议、专题询问、集中视察工作列入年度监督工作计划，运用专项审议、专题询问、集中视察、日常督查、实地调研等方式，加强对项目实施情况的监督。各地可采取按项目建立代表监督小组等方式，发挥代表监督作用、加大监督力度、增强监督实效。要督促政府完善民生实事项目推进责任落实、考核考评、决算审计等工作机制。

6.项目评估环节（根据项目进展情况确定时间）。建立以代表为主体、相关专业人员参与的评估小组，对项目实施情况进行评估。区人大及其常委会（苏木乡镇人大主席团）应适时听取和审议政府上一年度民生实事项目完成情况报告，就民生实事项目的完成进度、项目质量及实施效果组织开展满意度测评，测评结果报同级党委，纳入年度相关工作考核内容，并向人大代表公开。对未能如期完成的项目，政府应向人大代表作出解释和说明。对执行不力造成严重后果的，人大应通过询问、质询、特定问题调查等方式进行监督，依法追究有关责任单位和责任人的责任。

第三阶段：总结阶段（2020年底至

2021年初）

主要任务是总结经验，完善机制。

1.报告实施情况。区本级和苏木镇根据民生实事项目完成情况，适时起草民生实事项目实施情况报告，并在区人大常委会会议和苏木镇人大主席团会议上向与会成员作民生实事项目实施情况报告。

2.完善工作机制。区本级和苏木镇人大及时总结代表票决制工作经验，修订完善民生实事项目人大代表票决制工作方案，进一步健全工作机制，规范工作程序。

（二）代表会商制

代表会商制按照启动、项目推荐、项目梳理、项目会商、项目实施、助推和监督五个阶段进行。

第一阶段：启动阶段（2019年10月底至11月初）

召开街道党工委、办事处班子会议研究讨论会商制工作的有关事宜，以辖区内各级人大代表为主，社会各界人士参加，结合各自实际制定会商形式，提出实施意见，确定具体实施方案，建立代表会商制工作领导小组。领导小组由街道党工委书记任组长，人大街道工委主任、办事处主任任副组长，街道党政领导班子其他有关人员为成员，下设具体工作小组，由人大街道工委负责。

第二阶段：项目推荐阶段（2019年11月）

在会商制工作领导小组的领导下，人大街道工委、办事处组织工作力量，充分发扬民主，广泛动员各方力量，应通过报纸、电视、广播、网络、公示栏等多种途径发布民生实事项目征集公告，向社会广泛征集项目。也可以社区为单位组织召开民生实事项目征集会，面对面听取群众意见。人大街道工委要依托代表之家、代表履职平台、代表主题活动、召开座谈会、代表走访选民等方式，广泛征求辖区内各级人大代表和各社区（村）、机关企事业单位负责人等对街道民生实事项目的意见和建议。

第三阶段：项目梳理阶段（2019年11月至12月）

公开征求意见结束后，人大街道工委、办事处将征求到的民生实事项目建议意见进行分类、归并、剔除和筛选整合，形成比较详细的初步候选项目，提交街道党政有关会议讨论，确定后的民生实事候选项目进入“民生实事项目库”。

第四阶段：项目会商阶段（2019年12月至2020年1月）

民生实事候选项目经街道党政联席会议确定后，由人大街道工委根据本辖区制定的会商形式，组织召开会商会议，提交民生实事候选项目，交由参会的人大代表和居民代表及与会人员进行充分的合议会商，并应就民生实事候选项目的具体情况（包括项目名称、主要内容、实施主体、投资额度、相关要求等）在会议上作出说明，通过会商形成会商意见。要紧密结合上级政府的统一部署和具体要求，将会商意见作为街道办事处最终确定项目的的决策依据。确定民生实事项目后，由街道办事处负责组织实施，并接受代表和群众的监督评议。

第五阶段：项目实施、助推和监督阶段（2020年2月至年底）

街道办事处要将确定的民生实事项目进行责任分解，明确责任单位、责任人和

完成时限，形成项目落实计划书，按照计划书做好项目落实工作，做好项目实施台账，并按月向人大街道工委汇报项目月进度情况。人大街道工委要按照计划书形成监督机制，建立项目监督工作小组，落实每个项目的联系代表，明确联系责任，并将计划书印发给每位人大代表，定期组织代表进行视察、专题督查。第二年年初组织人大代表听取全年度项目完成情况并进行测评。人大街道工委要积极组织代表助推民生实事项目的实施，各级人大代表有义务发挥模范带动作用，利用自身优势协助有关部门做好工作。

代表票决制（会商制）工作实施步骤的完成时间，在今后各年度内均以此方案时间阶段要求进行安排部署，不再另行通知。

六、工作要求

（一）加强领导，明确职责

各级党委要充分发挥总揽全局、协调各方的领导核心作用，把党的领导贯穿于代表票决制（会商制）工作的全过程。区本级要在2020年2月底前召开人民代表大会票决民生实事项目，苏木镇要在2020年初召开第一次人民代表大会票决民生实事项目，各街道要和区本级同步时间内完成民生实事项目代表会商制工作。党委要高度重视，建立健全“党委领导、人大主导、政府主抓、代表主体”的工作机制，加强对民生实事项目工作的组织领导。政府及有关部门要切实做好民生实事项目的组织实施，自觉接受人大监督。切实加强区人大及其常委会对苏木镇（街道）的工作指导，确保高质量完成各项工作任务。

（二）广纳民意，夯实基础

民生实事项目人大代表票决制（会商制）工作是一个从项目征集、筛选、票决，到项目实施、监督、评估，最终使人民群众充分得实惠的过程，要建立健全项目征集机制，遵循民生导向，畅通各类征求意见的收集渠道，扩大征求意见群体的覆盖面，按照急需先立、成熟先立、好中选优的原则，科学确定票决项目。坚持少而精的原则，一切从实际出发，不搞规模大、投资多的形象工程。克服懒政怠政现象，应当列入实事工程的不得推托不列。细化量化项目内容，提高人大代表对实事工程的认知度，为票决奠定基础。

（三）广泛宣传，营造氛围

围绕民生实事项目征集、项目票决、项目推进、代表监督等关键环节，加大宣传力度，生动展示民生实事项目给群众生产生活带来的变化，推进全社会认识、参与、支持和监督民生实事项目代表票决制工作，努力营造良好的社会舆论氛围。各级人大代表要积极支持实事工程建设、提升监督境界，正确监督、有效监督，形成推进民生实事项目建设的强大合力。

附件：石拐区2020年开展民生实事项目人大代表票决制（会商制）地区名单

石拐区2020年开展民生实事项目人大代表票决制（会商制）地区名单

表 22

县区	苏木镇	街道	备注
区本级	吉忽伦图苏木	石拐街道	新增
	五当召镇	大发街道	新增
		白狐沟街道	新增
		大磁街道	新增
		大德恒街道	2019 年试点地区

石拐区物业管理办法

（石府发〔2020〕17号）

第一章　总　则

第一条　根据《内蒙古自治区物业管理条例》《包头市物业管理条例》有关规定，为进一步加强物业管理服务，扩大物业管理覆盖面，提升物业管理水平，改善居民群众生活环境，结合实际，制定本办法。

第二章　管理职责

第二条　区住建局履行下列职责：

（一）负责牵头实施全区物业管理，监督指导物业管理服务工作，纠正违法违规物业服务行为，受理物业服务投诉和举报，处理纠纷，引导和扶持物业服务企业实现良性发展。

（二）负责做好物业服务企业的注册、年检和外阜企业的备案。

（三）负责指导街道（镇）、社区、业主委员会等对物业服务项目进行考核考评，制定并完善按季考评、按年考核的具体办法，避免物业服务企业中途退场或弃管，确保物业服务顺利进行。

（四）加强物业服务用房的查验、备案，监督物业服务用房的使用和经营，指导业主委员会追缴流失的物业服务用房。

（五）加强对物业服务企业的监管，对物业服务企业违法违规经营、乱收费等侵害业主合法权益的行为依法进行查处，规范物业市场经营秩序。

第三条　街道（镇）履行下列职责：

（一）负责本辖区内物业活动的指导、监督、协调工作，把物业管理服务工作纳入社区工作考评体系。街道（镇）主要责任人为辖区物业管理工作的第一责任人。

（二）牵头组织成立物业管理联席工作委员会，确定住宅小区物业管理服务模式及发展方向。

第四条　社区履行下列职责：

（一）负责本辖区内物业活动的组织、协调工作，协助成立和规范管理“物业服务其他管理人”组织。

（二）负责组织成立业主大会、业主委员会和居民自管委员会，指导业主大会选聘、解聘物业服务企业。列席业主大会和业主委员会会议。未组织业主大会、未成立业主委员会的小区，社区代为履行业主委员会的职责。

（三）负责指导业主委员会制定《业主管理规约》，组织召开物业管理工作联席会议，调解社区内物业活动纠纷。加强宣传和协调，提高业主缴费意识。

（四）监督和发现私搭乱建行为，发现后及时制止并通过便民服务信息管理系统向相关部门上报。制止无效的须及时组织业主

委员会、业主代表和相关部门人员召开物业管理工作联席会议进行解决并备案。

第五条　区人民法院要针对物业服务费收缴难的诉讼案件开辟绿色通道，通过简易程序予以审理，加快审理速度，降低当事人诉讼成本，提高结案率。

第六条　发展改革委、市场监督管理局、自然资源局、城乡建设、公安、环保、民政、城市管理行政执法、财政等部门，要按照各自职责做好与物业管理活动相关的保障工作。

第三章　业主委员会及业主

第七条　业主委员会履行下列职责：

（一）监督物业服务企业的物业活动，召集业主大会会议，审议物业服务方案，签订《物业服务合同》。

（二）根据业主意见、建议和要求，拟定选聘或解聘物业服务企业及其他管理人的方案，并提交业主大会会议决定。

（三）拟定物业共有部分的使用、收益方案，提交业主大会会议决定。负责督促业主交纳物业服务费，追缴流失的公共财产，也可委托物业服务企业提起诉讼。

（四）负责房屋专项维修资金的组织、筹集和监督使用工作。制定科学、合理的房屋专项维修资金管理使用流程，提高维修资金筹集率，满足业主房屋维修需要，保证物业管理服务工作顺利实施。

（五）负责监督、检查《业主管理规约》的实施，对违反《业主管理规约》的行为进行纠正；协调业主与业主之间以及业主与物业服务企业或者其他管理人之间的关系，调解处理物业活动纠纷。

（六）负责与物业服务企业协商确定业主委员会的办公经费、人员经费，经费列入物业服务费中，由物业服务企业按月或按季度拨付。

（七）建立接待制度，主动接受业主、物业使用人的咨询、投诉和监督，定期将工作情况向全体业主报告。

（八）监督供电、供水、供气、通信、有线电视等部门在小区内进行的维修养护施工。因维修需要临时占用、挖掘道路、场地的，在约定的期限内恢复原状。

第八条　业主或者物业使用人装饰装修房屋时，要与物业服务企业签订《装饰装修协议书》，施工前应向物业服务企业报送图纸，并交纳装修保证金。装饰装修结束后，未违反《装饰装修协议书》的，全额退还装修保证金。

第九条　业主应强化集体观念，树立主人翁意识，遵守《业主管理规约》，不得以放弃权利为由不履行义务。

第四章　前期物业管理

第十条　建设单位在前期物业服务管理中，按照《内蒙古自治区物业管理条例》规定，必须通过公共媒体和网站上发布招标公告，公开招标选聘物业服务企业，不得引入包头市物业服务企业评价系统中“黑名单”的物业服务企业。

第十一条　建设单位在开发建设时，要按有关要求提供物业服务用房和社区“两室”用房。在办理物业交付验收等手续时，应当在区住建局和街道（镇）的监督下向前期物业服务企业移交物业服务用房和《内蒙古自治区物业管理条例》规定

的其它资料。

第十二条　前期物业服务企业应当制定《业主临时管理规约》，对物业的管理、维护、使用，业主利益、应当履行的义务，违反《业主临时管理规约》应当承担的责任等事项依法作出约定，并在销售场所公示。《业主临时管理规约》不得侵害物业买受人的合法权益。

第十三条　建设单位不得收取房屋销售款以外与物业活动有关的费用。

第十四条　解除前期物业服务合同时，建设单位及前期物业服务企业应当与业主委员会、住建局、街道（镇）、社区进行物业共用部分查验交接，并移交下列资料：

（一）物业管理区域划分资料；

（二）建设用地规划许可证和建设工程规划许可证的附件、附图；

（三）竣工验收报告及竣工总平面图，单体建筑、结构、设备竣工图、配套设施、地下管网工程竣工图、消防验收等竣工验收资料；

（四）设施设备的出厂随机资料，安装、验收、使用、维护保养和定期检验等技术资料，运行、维护保养记录；

（五）物业质量保修文件和物业使用说明文件；

（六）业主名册；

（七）物业管理必需的其他资料。

第五章　物业服务

第十五条　物业服务企业在承接物业项目前，要制定规范的《物业服务方案》和《安全责任制度》，避免物业服务企业降低服务标准或中途弃管。

第十六条　物业服务企业在承接物业项目时，要把《业主临时管理规约》和《前期物业服务合同》，连同企业营业执照、包头市物业服务企业信用评价系统评价结果等在物业服务区域内公示。

第十七条　物业服务企业在承接或退出物业项目时，在业主委员会参与下，会同区住建局或街道（镇）社区对共用部位、共用设施设备进行查验、备案。

第十八条　物业服务企业要制定切实可行的《中长期发展服务规划》，充分发挥物业服务企业的专业性和创新性，拓展服务内容，提高服务意识，推动物业管理活动良好运行。

第十九条　物业服务企业要在服务区域内显著位置公示服务项目、服务标准、收费标准、房屋及附属设施设备维修养护责任单位。每季度向业主公示一次经营及收支情况明细，同时上报至区住建局。

第二十条　物业服务企业在做好物业服务的同时，可以拓宽服务市场，扩大物业服务范围，在工作中组织开展评比激励活动，提高整体服务水平。

第二十一条　物业服务企业应当按照物业合同指派项目负责人并明确任职规定，除物业合同另有约定外，项目负责人原则上只能在一个物业服务项目任职。物业服务企业更换项目负责人时，应当提前书面告知业主委员会并进行公示。业主共同决定要求物业服务企业更换项目负责人的，物业服务企业应及时更换。

第二十二条　物业服务企业可以向业主委员会提出协助履行《物业服务合同》的请求，遇有重大问题，可以提请街道

（镇）或社区组织召开物业管理工作联席会议。

第二十三条　物业服务企业可以建立物业服务费滞纳金制度。物业服务企业与业主委员会、业主签订服务合同中约定缴费时限，加收滞纳金等事项。对未入住的业主酌情减收物业服务费。

第二十四条　物业服务企业要逐步在小区内安装监控和门禁系统，加强物业服务活动的管理和安全服务。

第二十五条　区住建局会同辖区街道（镇）、业主委员会按照《石拐区物业服务标准》对物业企业服务质量进行定期考核，对服务不到位的企业，区住建局责令企业限期整改，整改不到位或拒不整改的物业企业，按照《包头市物业服务企业诚信评价管理暂行办法（试行）》的相关规定进行惩戒。

第二十六条　按照《业主管理规约》，由业主委员会委托物业服务企业对物业服务区域内违章违规的物业活动进行监督管理，物业服务企业发现社区范围内的私搭乱建、圈占绿地、占用消防通道等违法违规行为，要及时劝阻并向社区、街道（镇）及有关部门报告。对不作为的物业服务企业要进行追责。

第二十七条　物业服务企业退出物业服务项目时，按照物业管理相关制度，严格退出制度在十五日内向业主委员会或社区移交物业共用设施设备和相关资料（包括物业租赁合同及收支费用明细），对欠缴物业费的业主，由辖区业主委员会（社区）进行追缴，追缴的物业服务费优先用于小区公用设施设备的建设或更新改造。

第六章　制度建设

第二十八条　建立物业管理工作联席会议制度。物业管理工作联席会议由住建局、街道（镇）、社区、派出所、物业服务企业、业主委员会、相关行政管理部门等各方代表组成，由街道（镇）负责召集。

第二十九条　建立并完善物业服务企业诚信管理系统，依托包头市物业服务企业信用评价管理系统平台实现资源共享，强化社会监督。对AAA（80～100分）级优秀物业服务企业给予优先投标权；对B级（50分以下）不合格企业，连续二次信用评价结果等级为B级的物业服务企业将列入黑名单。对被列入黑名单的失信物业服务企业，自综合信用等级公布之日起两年内不予开展新的信用评价工作，禁止企业参加物业服务项目招标、承接新项目，并由区住建局向物业服务项目业主大会提交终止物业服务合同、清退该物业服务企业的书面建议。

第三十条　建立完善物业服务费管理制度。

（一）建立物业服务费“菜单式”收费制度。

细化物业服务费的组成部分，明确物业服务收费项目和标准，规范物业服务收费行为。

（二）建立物业服务费收支和欠费情况定期公示制度

物业服务企业规范财务制度，将物业服务费的应收、实收、欠收及支出等情况进行记账，做到收支账目公开透明，并定期予以公示。

（三）建立困难家庭物业服务费减免

制度。

物业服务企业要建立困难家庭物业费减免制度，根据社区确定的困难家庭和减免证明减免困难家庭的物业服务费，减免的费用由企业作为公益活动自行承担。社区根据相关规定（可参照低保标准等）确定减免困难家庭并出具减免证明。

（2020年5月6日）

石拐区城乡社会救助、高龄津贴审批发放权限下放工作实施方案

为推进城乡社会救助工作、高龄津贴审核审批管理制度改革创新，进一步优化社会救助申请、审核审批程序，全面提高便民惠民服务水平，深化行政审批制度改革，探索行政审批“放、管、服”工作，按照中共包头市石拐区委办公室包头市石拐区人民政府办公室关于印发《石拐区关于深化苏木镇和街道改革推进基层整合审批服务执法力量的工作方案》（石党办发〔2019〕64号）精神，将现行区、苏木、镇、街道两级城乡低保、特困人员、临时救助、高龄津贴审批、发放权限，改革下放为苏木、镇、街道和嘎查村（社区）委员会两级审核审批，临时救助资金发放工作下放到苏木、镇、街道一级直接发放。为确保工作顺利开展，特制定此方案。

一、工作目标

为切实完成城乡社会救助、高龄津贴审批、发放权限下放工作任务，实现城乡社会救助、高龄津贴审批、发放和监督管理职能的有效分离，大力推进社会救助领域改革创新，进一步深化“放、管、服”改革，提高公共服务水平，方便人民群众办事。探索解决城乡社会救助、高龄津贴审批、发放不及时等问题，切实提高救助对象的准确度和审批时效，维护社会救助的公正性，增强群众对救助工作的满意度，实现行政权力规范运行，权责相对统一，审批手续简化，工作效率提高。

二、改革内容

下放事项清单：依据自治区政府制定的赋予苏木、镇、街道行政权力事项清单，将城乡低保、特困人员、临时救助、高龄津贴审批、发放下沉到苏木、镇、街道。

下放基本原则：坚持“简政放权、提高效能、权责对等、权限下移、规范操作、公平公正”的原则，坚持“三变三不变”的原则。“三变”即区民政局由审批变备案，苏木、镇、街道由受理变审批，嘎查村（社区）委员会由协管变审核；“三不变”即对象不变、政策不变、原则不变。

苏木、镇、街道为以上行政权力的实施主体，并承担相应的法律责任。区民政局和其上级部门要加强对苏木、镇、街道和嘎查村（社区）的业务指导和培训，明确工作标准和流程，健全权力监督机制，确保赋权接得住、用得好。

三、政策依据

1.《社会救助暂行办法》（国务院令第649号）、《石拐区最低生活保障对象认定办法》、《石拐区人民政府办公室关于印发石拐区关于建立城乡统一特困人员救助供养制度的实施办法的通知》（石府办发〔2017〕121号）。

2.《民政部办公厅关于开展社会救助综合改革试点的通知》（民办涵〔2018〕111号）、内蒙古自治区民政厅《关于开展社会救助综合改革试点的通知》（内民政发〔2018〕117号）。

3.《中华人民共和国老年人权益保障法》《包头市人民政府办公厅关于印发包头市80周岁以上低收入老年人高龄津贴发放实施办法的通知》（包府办发〔2012〕71号）、《关于实行包头市80周岁以上老年人高龄津贴普惠制的通知》（包老办发〔2017〕20号）。

4.《关于进一步加强和改进临时救助工作的实施意见》（内民政发〔2018〕69号）、《关于进一步加强和改进临时救助工作的实施意见》（包民发〔2018〕68号）、《石拐区关于进一步加强和改进临时救助工作的实施办法(试行)》（石府办发〔2019〕50号）。

5.内蒙古自治区党委办公厅 自治区人民政府办公厅印发《关于深化苏木镇和街道改革推进基层整合审批服务执法力量的实施意见》（内党办发〔2019〕22号）

6.中共包头市石拐区委办公室包头市石拐区人民政府办公室关于印发《石拐区关于深化苏木镇和街道改革推进基层整合审批服务执法力量的工作方案》（石党办发〔2019〕64号）。

四、工作流程

低保审批流程：申请→发放申请须知→提交申请资料→出具受理通知书→填写家庭收入财产声明及如实申报承诺书及家庭经济状况核对授权书→出具核对报告→入户调查→民评→审批→公示→出具批准决定书或不予批准决定书→一卡通发放资金。

临时救助审批流程：申请→发放申请须知→提交申请资料→出具受理通知书→填写家庭收入财产声明及如实申报承诺书及家庭经济状况核对授权书→出具核对报告→入户调查→民评→审批→公示→出具批准决定书或不予批准决定书→发放资金。

特困人员审批流程：申请→发放申请须知→提交申请资料→出具受理通知书→填写家庭收入财产声明及如实申报承诺书及家庭经济状况核对授权书→出具核对报告→入户调查→民评→审批→公示→出具批准决定书或不予批准决定书（符合入住敬老院集中供养的上报民政局审批）→一卡通发放资金。

高龄津贴审批流程：凡具有（石拐区籍户口，年满80周岁的）享受高龄津贴资格的老年人，在自愿的前提下凭本人身份证或户口本原件和复印件三份及近期免冠2寸照片3张到户籍所在地的嘎查村（社区）提出申请，填写《内蒙古自治区80周岁以上老年人高龄津贴申请表》，一式三份→嘎查村（社区）在接到申请后，要认真审查核实→并于5个工作日内完成初审评议，签署审核意见加盖公章，并将申请材料报苏木、镇、街道→苏木、镇、街道收到嘎查村（社区）提交的申报材料后，要在5个工作日内完成申请材料的审批→发放→录入全区80周岁以上老年人高龄津贴信息网络系统。

五、工作职责

（一）区民政局职责

1.严格贯彻执行国家相关法律法规政策，并负责本地区社会救助政策的制定、宣传、贯彻、落实执行。根据实际情况适

时调整和优化相关工作流程，最大程度实现方便基层、方便群众的目标。

2.负责编制社会救助资金年度需求计划，向上级部门申请资金，向苏木、镇、街道及时下拨临时救助备用资金，并对备用资金使用和发放进行监管。

3.加强社会救助工作机构和居民家庭经济状况核对机构建设与管理，做好新申请救助对象和在享救助对象财产核对工作，及时向苏木、镇、街道反馈核对报告。

4.负责组织通过公开招标方式引入第三方社会组织购买社会救助相关服务，帮助基层解决实际问题，统一购买入户核查服务、社会救助事前分类评估及社会化多元救助、社会救助民生专职岗位等服务。同时，对第三方机构服务效果、服务质量等进行跟踪管理和考核验收工作。

5.监督、指导苏木、镇、街道和嘎查村（社区）做好社会救助各项工作，督促其按时限要求及时发放社会救助资金。

6.做好群众咨询、服务工作，并及时处理信访、举报问题，妥善处理社会救助矛盾纠纷。

7.负责社会救助工作有关数据的统计汇总上报工作。

8.做好特困人员集中供养工作。

（二）苏木、镇、街道职责

1.低保、特困人员审核审批发放职责。

（1）苏木、镇、街道是低保、特困人员审批发放的责任主体。苏木、镇、街道行政一把手是审核审批的第一责任人，监督相关工作人员依法依规开展审批工作；苏木、镇、街道分管领导是审批工作的直接责任人，需严格按照相关规定出具审批意见；苏木、镇、街道具体工作人员是具体责任人，负责低保、特困人员救助申请、家庭经济核对、入户、民评、审批、公开公示等具体工作及低保系统、财政系统录入工作。所有经办事项均严格执行“谁签字，谁负责”原则。

（2）苏木、镇、街道要在每月15日前向民政局报送发放低保、特困人员资金明细，由区民政局统一汇总后向区财政局请款，区财政局通过“一卡通”发放低保、特困人员资金。分管领导负责每月15日前完成次月新增对象审批、动态调整及系统审批。

（3）苏木、镇、街道负责对低保、特困人员进行初审及系统录入，每月17日前根据系统报表数据向区财政局核算中心上报次月“一卡通”发放清册；每月25日前向区民政局报送本月社会救助财务台账；次月10日前将低保救助资金足额发放到低保户手中，次月11日前报送低保、特困人员银行流水明细一份。

（4）低保、特困人员档案作为救助资金发放的重要依据，必须严格整理归档，妥善保管，要将救助对象电子档案和纸质档案同时保存，为今后各级审计、调查提供原始凭证。一是电子档案主要根据“石拐区低保数字化审批平台”“内蒙古自治区特困人员救助供养信息管理平台” 中申请要求，准确、完整地录入救助家庭信息、认真上传各项证件及家庭经济状况核对授权书及其他相关证明，相关表格要填写规范，确保电子档案与纸质档案一致。二是低保、特困人员纸质档案要一户一档，根据申请到最后审批中每一步的纸质档案，连同相关材料，完整统一归档。每月20日前将当月救助审批台账报送区民政

局；三是按照谁审批谁存档的要求，妥善保管好申报审批档案、台账和报表。所需要件应完整齐全，不允许随意涂改、变更；四是所有审批档案需留存至少10年，保存应当安全有序，不得销毁。工作人员发生调整变动时，要严格做好档案移交手续，确保档案资料保存完整。

2. 临时救助审核审批发放职责。

（1）苏木、镇、街道是临时救助审批发放的责任主体。行政一把手是审核审批的第一责任人，监督相关人员依法依规开展审批工作；分管领导是审批工作的直接责任人，需严格按照相关规定出具审批意见；苏木、镇、街道具体工作人员是具体责任人，负责临时救助申请、家庭经济核对、入户、民评、审批、公开公示的具体工作及系统录入工作。所有经办事项均严格执行“谁签字，谁负责”原则。

（2）苏木、镇、街道行政一把手负责监管临时救助备用资金的使用，确保专款专用，杜绝挤占挪用现象。分管领导负责在时间要求范围内对救助对象进行审批；苏木、镇、街道要在每年年初向区民政局申请临时救助备用金（2万元），备用金主要针对资金使用在3000元以下的。超过3000元的，提交区困难群众基本生活保障工作领导小组会议研究。①急难型救助对象审核工作在3日内完成。②对支出型救助对象个人自负医疗费用在5000元以上，可按照自负医疗费用30%以上给予一次性救助，要在相关材料收齐后10日内完成。备用金不足时，要及时向区民政局申请新增补足（备用金额根据全区资金统筹分配）。

（3）临时救助档案作为救助资金发放的重要依据，必须严格整理归档妥善保管，要将救助对象电子档案和纸质档案同时保存，为今后各级审计、调查提供原始凭证。电子档案主要根据“临时救助审批”中文书要求，准确、完整地录入救助家庭信息、认真上传各项证件及家庭经济状况核对授权书及其他相关证明，相关表格要填写规范，确保电子档案与纸质档案一致。临时救助档案原件由苏木、镇、街道妥善保存，每月20日前将本月救助审批台账报送区民政局。按照谁审批，谁存档的要求，妥善保管好申报审批档案、台账和报表。所需要件应完整齐全，不允许随意涂改、变更。所有审批档案需留存至少10年，保存应当安全有序，不得销毁。工作人员发生调整变动时，要严格做好档案移交手续，确保档案资料保存完整。

3. 高龄津贴审批职责。

（1）苏木、镇、街道工作人员负责对《申请表》进行审核，核定后苏木、镇、街道留存备案，并建立信息数据库，录入全区80周岁以上老年人高龄津贴信息网络系统，以供随时查询。

（2）高龄津贴的拨付、发放实行年度申报、逐月审批、按季拨付、发放，于每月15日后的3个工作日内完成审批工作并将本月高龄津贴发放花名册及汇总表抄送本地财政局审核发放。

（3）高龄认证工作要求各苏木、镇、街道办事处要在每个季度的第二个月进行生存认证，凡没有认证的人员，停发其本人享受的高龄津贴待遇，待进行认证后，再予以补发。

（三）嘎查村（社区）职责

1. 低保、特困人员审核职责

（1）嘎查村（社区）是低保、特困人

员审核的责任主体。嘎查村（社区）负责人是审核工作的直接责任人，需严格按照相关规定出具审核意见。嘎查村（社区）具体工作人员是直接责任人，负责对低保、特困申请人提交基本信息、家庭收入、子女情况、本人及子女（含配偶）财产（不包含车辆、非本辖区住房、工商营业执照）情况等信息进行审核，并对各项信息准确性负全部责任。负责完成低保、特困人员申请、家庭经济核对、入户、民评、审核、公开公示等具体工作及低保系统录入工作。所有经办事项均严格执行"谁签字，谁负责"原则。

（2）加强政策宣传，完成对低保对象、特困人员的监管、认证、签到等日常动态管理工作，及时了解掌握和上报本辖区低保对象人口、特困人员家庭收入及财产等变化情况，确保内容信息真实有效。要主动发现、主动服务困难群众，帮助生活困难家庭和个人了解相关政策。对于无行为能力申请救助，工作人员要代为其申请并协助办理救助相关事宜。

2.临时救助审核职责

嘎查村（社区）是临时救助审核的责任主体。嘎查村（社区）负责人是审核工作的直接责任人，需严格按照相关规定出具审核意见；嘎查村（社区）具体工作人员是具体责任人，负责对临时救助申请人提交基本信息、家庭收入、子女情况、本人及子女（含配偶）财产（不包含车辆、非本辖区住房、工商营业执照）情况等信息进行审核，并对各项信息准确性负全部责任。负责完成临时救助申请、家庭经济核对、入户、民评、审核、公开公示等相关工作。

3.高龄津贴工作职责

（1）嘎查村（社区）工作人员将符合条件的申请对象统一登记造册，纳入高龄津贴发放范围。对不符合条件的，应书面通知申请人并说明理由，并将符合条件高龄人员的《申请表》留存备案。

（2）享受高龄津贴的老人要按照苏木、镇、街道和嘎查村（社区）的要求，及时进行复核。复核采取当面复核、照片采集、指纹比对和群众监督相结合的方式进行，杜绝多发、漏发现象的发生。

六、工作要求

（一）提高思想认识。推进社会救助工作、高龄津贴审批、发放权限下放，减少审批层级是方便困难群众的一项惠民措施，也是我区承担的全国社会救助综合改革试点工作的重要内容，苏木、镇、街道和嘎查村（社区）要高度重视，提高政治站位，切实加强审批、发放权限下放组织领导，严格执行石拐区社会救助、高龄津贴政策及标准，不得自定政策、自定标准。区民政局要组织苏木、镇、街道定期研究审批、发放权限下放事项，加强业务指导和监督力度，及时解决工作中存在的问题。区考核办要将审批、发放权限下放工作纳入苏木、镇、街道目标考核内容。

（二）严格审批程序。区民政局要做好制度设计，确保好事办好。苏木、镇、街道和嘎查村（社区）要安排救助专职工作人员，负责受理低保、特困人员、临时救助、高龄津贴申请，进行初审后，按照规范流程进行入户、家庭经济比对、民评、审核、审批，公开公示，确定补助水平，及时发放救助金。要坚持"谁签字、谁负责"原则，严禁工作人员代替分管领

导审批签字现象出现，要坚决杜绝出现“人情保、错保、漏保”现象。对在审批过程中发现有违规违纪问题，将严肃追责问责。

（三）加强监督检查。区民政局要根据工作开展情况在低保系统中要对苏木、镇、街道和嘎查村（社区）审批情况进行审查监督。主要对社会救助工作审批程序、高龄津贴发放是否规范、录入系统要件是否齐全，审批时限是否按照规定要求完成、救助金额是否计算准确等重点环节进行监督检查。同时，要对苏木、镇、街道和嘎查村（社区）审批工作进行实地监督检查。区民政局按不低于30%的比例检查。检查内容主要是入户调查、纸质档案检查、公示情况等重要审核审批过程。区政府办公室要对区民政局监督检查情况进行督查，并定期向区政府领导汇报。

（四）加强政策宣传。区民政局、苏木、镇、街道和嘎查村（社区）要切实维护困难群众的合法权益，充分发挥社会救助在脱贫攻坚中兜底保障的作用，要利用多种形式广泛宣传救助政策，让社会救助工作和高龄津贴的相关政策在困难群众中家喻户晓，人人皆知。

（2020年11月2日，石府办发〔2020〕46号）

石拐区国有企业退休人员社会化管理实施方案

（石府办发〔2020〕3号）

为规范推进我区国有企业退休人员社会化管理工作，根据《中共中央办公厅国务院办公厅关于国有企业退休人员社会化管理的指导意见》（厅字〔2019〕19号）、《内蒙古自治区国资委党委关于印发〈内蒙古自治区国有企业退休人员社会化管理工作方案〉的通知》（内国资委党发〔2019〕57号）、《包头市人民政府办公室〈关于印发包头市国有企业退休人员社会化管理实施方案〉的通知》（包府办发〔2019〕71号）文件精神，结合我区实际，制定本方案。

一、总体目标

按照国家、自治区、包头市关于国有企业退休人员社会化管理的安排部署，坚持依法依规、以人为本、协调联动、平稳有序推进国有企业退休人员移交属地街道和社区实行社会化管理工作。2020年年底前，集中力量将尚未实行社会化管理的国有企业已退休人员移交街道和社区实行社会化管理，为广大国有企业退休人员提供公平化、均等化服务，切实保障国有企业退休人员合法权益。实行社会化管理后，国有企业新办理退休人员管理服务工作与原企业分离。国有企业管理的二类事业单位(医疗、教育等机构)退休人员原则上一并移交实行社会化管理。

二、适用范围

在我区行政区域内的中央、自治区、市属国有企业（以下简称国有企业）退休人员社会化管理服务适用本实施方案。企业离休人员，原则上保持现有管理方式不变。

三、组织领导和责任分工

我区建立健全工作机制，明确和落实各部门工作责任，成立区国有企业退休人员社会化管理专项工作组。完善相关配套政策措施，确定街道社区退休人员社会化管理服务的主要内容，理顺移交步骤，优化工作流程，精简移交环节和手续，做好社会保障管理服务、人事档案管理、党员组织关系、社区管理服务、经费保障等相关工作的有效衔接，确保街道和社区接得住、接得稳、接得好。同时指导推动接收单位积极与企业对接，组织签订退休人员移交协议，明确区档案管理部门或指定其他单位做好档案接收管理工作。指定有关部门按月向区国有企业退休人员社会化管理专项工作组办公室（区国资委）报送工作进展情况，协调推进国有企业退休人员社会化管理工作有序进行。

为确保各项工作的有序进展，成立石拐区国有企业退休人员社会化管理专项工作领导小组。

组　长：云晓清　区人民政府副区长
副组长：李秀芳　区人民政府副区长
　　　　李　祥　区人民政府副区长

成　员：

杜铁军　区委组织部副部长

董　凯　五当召镇镇长

云承泽　吉忽伦图苏木苏木达

周学良　石拐街道办事处副主任（主持行政工作）

孙　鉴　大磁街道党工委副书记

陈永平　白狐沟街道办事副处主仨（主持行政工作）

李丽娜　大发街道办事处主任

王　佐　大德恒街道办事处主任

赵　伟　区国有资产监督管理委员会主任

赵振寰　区人力资源和社会保障局局长

王　旭　东区民政局局长

肖　峰　区财政局局长

郝春光　区自然资源局局长

杨　勇　区住房和城乡建设局局长

张　敏　区卫生和健康委员会主任

张建春　区医疗保障局局长

领导小组下设办公室，办公室设在区国资委，赵伟同志兼任办公室主任，负责协调企业与各相关单位开展工作。专项工作组各成员单位主要职责为：

1. 区委组织部负责指导做好国有企业退休人员组织关系转移接收工作。指导国有企业退休人员党员的组织关系转入相应街道和社区党组织，督促街道和社区做好党组织关系接转和有关服务工作。按照干部管理权限，继续做好国有企业退休人员中领导人员兼职（任职）、因私出国（境）等事项审批工作。

2. 区国资委总体负责全区国有企业退休人员社会化管理工作的指导协调，会同区属有关部门，牵头制定国有企业退休人员社会化管理实施方案。

3. 区民政局负责指导规范街道和社区加强管理服务功能和体系建设。明确街道和社区国有企业退休人员社会化管理服务的主要内容，制定移交和接收工作流程，开展相关培训，确保街道和社区接收工作顺利。

4. 区财政局负责将国有企业退休人员由街道和社区实行社会化管理服务的经费纳入财政预算管理。牵头落实上级财政部门关于支持国有企业退休人员社会化管理的相关政策。

5. 区人社局负责指导做好退休人员社会保障等相关工作，指导接收职工安置工作，做好涉及交接的企业职工各项社会保险接续等相关工作。

6. 区自然资源局负责指导做好新建小区相关活动服务场所，设施设备的规划建设相关工作。

7. 区住建局负责指导做好老旧小区改造有关工作。

8. 区卫健委负责指导做好退休人员相关健康服务工作。

9. 区医保局负责做好退休人员医保关系的接续及服务工作。

四、工作步骤

（一）2019年11月底前，各国有企业制定本企业退休人员初步移交方案。按照包头市国有企业退休人员社会化管理专项工作组统一部署，各国有企业综合考虑所属企业退休人员规模和构成、社会保险统筹外待遇类型和保障支付能力、退休人员属地街道和社区承载力等因素，制定企业退休人员移交属地街道和社区管理的初步方案。

（二）2020年3月上旬前，各国有企业与接收单位签订移交协议。

（三）2020年5月底前，完成退休人员档案和党组织关系移交，以及资产划转相关工作。

（四）2020年9月底前，完成退休人员社会化管理收尾工作。

五、工作要求

（一）国有企业在开展退休人员移交属地街道和社区管理工作前，要根据退休人员户籍所在地、社会保险参保地或本人长期居住地的实际，灵活确定移交接收的街道和社区。制定移交工作实施方案、处理退休人员移交过程中及移交后相关诉求的应急处置工作预案，并落实好以下工作。

1.统筹外费用处理。对符合有关规定的现有退休人员统筹外费用，国有企业可一次性计提，按现有方式发放，也可参考地区人口平均预期寿命一次性支付。对企业自行发放的现有退休人员统筹外费用，由企业按现行途径妥善处理。

2.资产无偿划转。按照国家、自治区、包头市有关规定，明确现有用于退休人员的服务场所、活动场所和设备、设施资产无偿划转或调换方法。

3.退休人员思想沟通和信息采集。采取多种切实有效的方式，做好退休人员的思想沟通工作，以书面形式告知退休人员移交属地街道和社区管理事宜。做好退休人员信息采集工作，完成拟移交人员的个人信息、社保信息、户籍信息、家庭住址、联系方式等基础信息的采集整理工作。

4.人事档案整理。按照人事档案管理相关规定，对退休人员人事档案及相关材料进行规范整理和装订。鼓励有条件的移交企业开展退休人员人事档案数字化扫描工作。

（二）国有企业完成移交前各项准备工作后，退休人员在石拐区参加养老保险的，企业向区人社部门提出退休人员社会化管理书面报告，退休人员社会化管理报告应包括以下内容：企业基本情况、企业已退休人员情况、统筹外费用情况、已退休人员一次性移交及分阶段移交计划、人事档案保管及数字化情况、处理退休人员相关诉求的具体应对措施和企业应承担的职责、首次移交的已退休人员转移名册等。

（三）区国资委和区人社局积极与移交企业对接，做好移交企业报告申报和退休人员移交协议签订工作。区人社局对移交企业提交的退人员社会化管理报告进行审核，向移交企业出具“同意接转”的复函，并组织与移交企业签订退休人员移交协议。

（四）移交企业按照方便工作原则，将退休人员社会化管理关系及人事档案、已完成的人事档案电子化信息等资料转移至人社部门。

（五）获得“同意接转”复函的移交企业，自复函之日起国有企业新退休人员可直接实行社保局管理。由移交企业持复函原件、移交名册等材料到企业养老保险缴费所在地的旗县区人社部门办理社会化管理转移手续。

（六）区人社局按照退休人员社会化管理人事档案转移操作等相关流程，将移交企业退休人员的社会化管理关系及已完成的人事档案电子化信息、企业信息等资料转移至退休人员长期居住地社保中心。

（七）国有企业退休人员实行社会化管理后，各类社会保障待遇要按时足额支付。

六、保障措施

（一）强化工作考核。区政府将国有企业退休人员社会化管理工作任务纳入各部区年度工作业绩考核，各相关部门要层层落实责任，确保移交接收工作取得实效。

（二）加强工作宣传。各部门要加强与移交企业沟通协作，认真做好舆论宣传、政策解释和职工思想政治工作，进一步提高思想认识，营造良好工作氛围，妥善处理有关问题，确保有序移交、平稳过渡。各国有企业是信访工作的责任主体，要将有关工作切实做深做细做实。

（三）强化监督检查。区国有企业退休人员社会化管理专项工作组各责任部门要加强监督检查和指导服务，国有企业退休人员社会化管理专项工作组办公室要加强工作调度，推广其他地区好经验、好做法。各部门要按照各自职责切实加强监督检查，统筹协调解决有关问题，规范推进移交接收各项工作。要严肃工作纪律，确保按进度高质量完成各项工作任务。

2020年石拐区冬春火灾防控工作方案

为切实做好全区冬春火灾防控工作，进一步压紧压实消防安全责任，有效防范和坚决遏制重特大火灾事故，根据国务院安委会和自治区安委会、包头市消防救援支队的统一部署，区政府办公室决定自2020年11月至2021年3月集中开展冬春火灾防控工作，制定方案如下。

一、总体要求

深入贯彻落实习近平总书记关于防范化解重大风险的重要指示精神，坚持以人民为中心的发展思想，树牢安全发展理念，始终把“人民至上、生命至上”“安全第一、预防为主、综合治理”贯穿到工作之中、贯穿到安全生产全过程，聚焦重点领域、重要场所和重大活动，推动各部门、各单位落实《内蒙古自治区消防安全责任制实施办法》，深入推进消防安全专项整治三年行动，实施系统治理、精准治理、综合治理，全力防范化解消防安全重大安全风险，有效减少较大亡人火灾，坚决遏制重特大火灾事故，切实把确保人民生命安全放在第一位落到实处。

二、领导小组

区政府成立今冬明春火灾防控工作领导小组，组长由区委常委、政府常务副区长李智担任，副组长由区应急管理局局长李新明、区公安局分局副局长廖志勋、消防大队大队长张景利担任，领导小组成员为消防安全委员会成员单位分管领导。领导小组办公室设在区消防救援大队，办公室主任由区消防救援大队大队长张景利担任。

三、重点任务

（一）坚决遏制群死群伤和有影响火灾事故发生。

1.紧盯重点场所。教育、公安、民政、商务、文体广电、卫健委、市场监管、消防大队等部门对宾馆饭店、公共娱乐、学校、医院、养老院、文博单位、劳动密集型企业等人员密集场所进行全面消防安全检查，重点整治违规使用易燃可燃材料装饰装修、违规动火动焊、私拉乱接电线、占用堵塞疏散通道安全出口、损坏消防设施、堵塞封闭消防车通道等问题。推动各社会单位落实“三自主、两公开、一承诺”，开展“风险自知、安全自查、隐患自改”活动，主动公开消防安全责任人、管理人及其职责，承诺本场所不存在突出风险或者已落实有效防范措施。落实严防严控措施，提高自防自救能力。

2.紧盯重要节点。元旦、春节、元宵节前后，公安、商务、文体广电、邮政、消防救援大队等部门对节庆活动和仓储物流、旅游景区等人流物流集中场所开展消防安全检查，督促落实安全防范措施。全国两会期间，做好安全防范，及时对重点场所开展排查检查，确保绝对安全。

3. 紧盯重要活动。重大活动期间，在区政府的统一领导下，细化安保方案，全面开展消防安全检查，抓好做实社会面火灾防控工作。

4. 紧盯危化品等重点行业。消防救援大队要与应急管理部门建立健全危险化学品重大危险源企业联合监管机制，充分发挥危险化学品安全监管和消防安全监管队伍的优势，切实形成合力，提升监管水平。要指导企业加强“两支队伍”建设，督促配齐装备器材，配足灭火药剂，并纳入消防出警调度机制，加强值班值守和巡逻检查，开展经常性拉动演练，落实区域联防联控。公安、交管、交通部门，紧盯危化品运输交通安全的短板弱项，依法从严惩处涉及危化品运输车辆、驾驶人的严重违法行为，维护安全畅通的道路交通环境。

（二）全力预防和减少“小火亡人”事故发生。

1. 加强末端消防安全综合治理。有关部门组织对工业园区、小微企业等农村牧区新兴产业场所开展安全检查，结合自治区乡村振兴战略，重点整治消防管理责任不落实、公共设施不足，消防力量薄弱、用火用电安全意识匮乏等突出问题。推动社区街道、公安、市场监管、邮政管理等部门针对小单位、小场所、小企业和群租房、“多合一”场所、快递驿站等高风险区域，重点检查私拉乱接电气线路、使用大功率电气设备、违规住人等问题。推动苏木乡镇、街道社区组织群众清理楼道、走廊、阳台等区域的可燃杂物，提示农牧民不露天焚烧秸秆，不烧荒；加大烟花爆竹燃放和焚烧秸秆的安全管控力度，严防因燃放烟花爆竹和焚烧秸秆、烧荒引发的火灾；切实压紧压实乡镇苏木、街道属地管理责任、相关部门行业监管责任和基层网格管理责任，织密基层火灾防范责任网络。

2. 推进老旧小区消防改造。按照自治区政府办公厅印发《内蒙古自治区全面推进城镇老旧小区改造工作实施方案》要求，推动住建部门要牵头负责推进打通消防通道、新增和完善消防设施建设工作，推动派出所加强对消防安全薄弱区域的检查，重点纠治违规住人、违规停车、违规用火用电等问题。消防救援大队推动行业部门、物业管理单位每年组织一次疏散演练，提高群众消防安全意识和逃生自救能力。

（三）深入开展电气领域综合治理。

1. 集中开展电动车消防安全综合治理。发展和改革委（工信）、市场监管部门要强化生产领域监管。推动发改展改革委（工信）部门要做好《电动自行车安全技术规范》（GB 17661—2018）的宣贯工作。市场监管部门要加强电动自行车强制性产品认证管理，严肃查处无证生产、超出强制性产品认证范围生产、不按标准或降低标准生产等行为。市场监管部门及相关职能部门重点打击销售无证或伪造认证证书、无厂名厂址等来源不明产品的违法行为；大力整治电动自行车违规改装问题，严格依法查处违反法律法规规定或强制性国家标准要求擅自改装原厂配件、外设蓄电池托架、拆除限速器等关键性组件、非法拆解和改装充电器、私自更换大功率蓄电池、将回收车辆配件以旧充新再次出售等行为。公安、住建等部门强化使用领域监管，督促村(居)民委员会、建设管理单位、物业服务企业落实安全管理责任，及时发现和制止电动自行车在道路及

公共区域违规停放、充电等行为。推动电动自行车集中停放场所和充电设施建设工作，鼓励新建住宅小区同步设置具备定时充电、自动断电、故障报警等功能的智能安全充电设施，指导、督促物业服务企业按照合同约定做好住宅小区充电设施的维护和管理。发动乡镇、街道和村(居)民委员会、住宅小区管理单位等基层力量，加强防火检查巡查，重点整治电动自行车“进楼入户”“人车同屋”“飞线充电”等突出问题，督促外卖、快递企业站点设置集中充电场所，配置具有短路保护、自动报警等功能的安全充电装置。

2. 深化电气火灾综合治理。有关部门巩固近年来电气火灾综合治理工作成效，对久拖未改、一再反弹的隐患问题要跟踪督促、一抓到底。住建部门要按照自治区政府部署要求，将电气线路改造纳入城中村、棚户区和老旧小区改造内容，及时更换老化损坏的电气线路，彻底杜绝乱拉乱接电气线路问题。推动住建、电力等部门加强设计、施工、监理单位行业管理，严把电气工程设计施工质量源头关。市场监管等部门加大监督抽检频次，严厉查处生产、销售质量不合格、假冒伪劣电气产品。

（四）持续推进打通消防生命通道工程。

1. 严格画线规范管理。要紧盯公共建筑和新建住宅小区消防车通道标识化工作，对2020 年底未完成的，实行政府挂牌督办整改。结合城镇老旧小区改造，完善“一城一策”“一区一策”消防车通道治理方案，公安交管部门要建立弹性停车、错时开放、潮汐停车和共享停车等政策机制，在消防车道周边明显位置悬挂禁止停车标志。

2. 完善联合执法机制。冬春期间，政府组织开展消防车通道障碍物集中清理行动，对确不能清理完毕的，列入政府重点督办事项和为民办实事工程。公安交管等部门要建立完善部门联合执法管理机制，依法查处占用、堵塞、封闭消防车通道等违法行为。

3. 加强高层住宅管理。冬春期间，住建部门推动高层住宅管理使用单位或物业服务企业开展疏散通道清理、消防设施检测维护工作，能当场改正的问题立即整改，检测发现的问题要逐项组织落实整改，确保疏散通道畅通、消火栓正常供水。

（五）集中整治违规使用易燃可燃建筑板材和隔热保温材料。

1. 组织集中摸排。分地区、分领域、分场所集中对使用彩钢板材料的单位、场所进行全面排查。对违规使用聚氨酯泡沫等易燃可燃材料为芯材的彩钢板建筑、作隔热保温层的冷库和冰雪游乐场所等，切实摸清底数，建立问题隐患清单和整改责任清单，更新台账资料，做到底数清、情况明。

2. 开展集中整治。对人员密集场所违规使用易燃可燃夹芯板材，或冰雪游乐设施场所使用可燃保温材料不符合要求的，要依法责令拆除或更换合格材料。推动对施工工地具有监管职能的相关部门根据职责分工加强建筑施工安全监管，及时制止在保温材料中直接敷设电气线路，严禁在喷涂聚氨酯泡沫保温材料等施工现场违规使用明火。各部门加强彩钢板生产、流通环节的动态监管，依法严肃查处。

四、工作步骤

（一）部署发动阶段（2020年12月

10日前）消防安全委员会有关成员单位要结合本次工作部署，明确职责任务、细化工作措施，广泛发动、部署到位。

（二）组织实施阶段（2020年12月11日至2021年3月21日）。相关部门开展火灾隐患排查整治，加大消防安全检查和消防宣传教育力度，从严从实从细抓好各项责任措施落实。

（三）总结验收阶段（2021年3月22日至3月26日）。要认真总结工作，固化经验做法，立足防范化解重大消防安全风险，进一步健全完善火灾防控工作机制。

五、工作措施

（一）加强形势研判。要从立足“两个大局”、坚持“两个至上”、做到“两个维护”的政治高度，深刻认识做好冬春火灾防控工作的重要意义，切实担负起防范化解重大安全风险的政治责任，层层抓好组织实施。区政府定期组织研究冬春火灾防控工作，协调解决重大问题，确保各项工作落实落细、取得实效。各行业部门在组织单位自查自改、行业集中排查、消防执法检查的基础上，对发现的问题隐患要分类列出问题隐患清单和整改责任清单，各项任务措施照单履责、照单检查、照单督导、照单销账，形成工作闭环。

（二）严格执法检查。要牢固树立“隐患就是事故”的理念，加大执法检查力度，发现单位承诺安全但弄虚作假或者存在突出风险隐患的，要用足用好执法手段，依法从严查处。对严重失信、久拖不改的，要列入“黑名单”管理，实施跨行业、跨领域、跨部门联合惩戒。要健全完善部门间会商研判、信息共享、联合检查、执法衔接、移交查办等机制，形成冬春火灾防控工作合力。对亡人和有影响的火灾事故，要逐起开展延伸调查，在查清起火原因的基础上，研究火灾事故暴露出的深层次问题，提出针对性的改进意见和措施。

（三）深化重点盯办。区政府约谈问题突出、火灾多发的行业部门，推动行业部门约谈措施不落实、问题突出的下级部门和所属行业企业，强化社会监督，起到震慑作用，推动隐患整改。

（四）大力开展消防宣传教育。结合冬春季火灾特点，协调各类媒体，高频次播发防火提示、消防公益广告和火灾案例，同时利用元旦、春节、元宵节等重要节点，适时发布相关警示提示信息。要利用“魅力喜桂图”等公众平台，集中曝光一批重大火灾隐患和消防违法行为，积极发动并鼓励群众举报身边火灾隐患和消防违法行为，强化社会监督，推动隐患整改。要充分发挥消防站、消防科普教育基地、消防志愿者队伍的作用，定期开展主题宣传教育，大力开展精准化宣传，做好动态及成果报道。要及时发布冬春火灾防控工作动态，跟踪报道本地推进冬春火灾防控工作进程，为冬春火灾防控工作营造良好的社会舆论氛围。

（五）严肃督导问责。加强对本辖区冬春火灾防控工作的监督，对工作不落实、措施不得力的，通报有关责任人。对发生较大以上亡人火灾事故的，要依法从严追究有关单位和人员的责任。

（2020年12月8日）

2020年石拐区玉米、大豆、马铃薯生产者补贴制度实施方案

根据《内蒙古自治区财政厅发展和改革委员会农牧厅关于〈完善玉米、大豆和马铃薯生产者补贴政策〉的通知》（内财贸〔2020〕518号）、《包头市财政局关于〈2020年包头市玉米、大豆和马铃薯生产者补贴制度实施方案〉的通知》（包财贸〔2020〕403号）及《包头市财政局关于〈拨付2020年玉米、大豆和马铃薯生产者补贴资金〉的通知》（包财贸〔2020〕467号）文件要求，结合我区实际情况，制定本实施方案。

一、补贴范围

根据国家和自治区玉米、大豆和马铃薯的补贴政策、《2020年包头市玉米、大豆和马铃薯生产者补贴制度实施方案的通知》（包财贸〔2020〕403号）及《包头市财政局关于〈拨付2020年玉米、大豆和马铃薯生产者补贴资金〉的通知》（包财贸〔2020〕467号）文件精神，2020年石拐区财政局共收到包头市财政局下达玉米、大豆、马铃薯生产者补贴资金共计225.43万元。我区补贴范围为石拐区合法耕地种植玉米、大豆、马铃薯的生产者，补贴范围严格限定为合法耕地面积，对国家已明确退耕的土地、未经批准开垦耕种的土地等非合法耕地上种植的作物，不给予补贴。保持玉米、大豆、马铃薯播种面积基本稳定。

二、补贴政策

（一）补贴面积

补贴面积为2020年合法耕种玉米、大豆、马铃薯种植面积。种植面积由苏木镇、各涉农街道、区农牧局、发改委实地核准的玉米、大豆、马铃薯面积。

（二）补贴标准

石拐区玉米、大豆、马铃薯生产者补贴标准是根据包头市财政局2020年下达我区专项补贴资金总额，结合我区2020年玉米、大豆、马铃薯生产者实际种植面积测算玉米补贴标准为90元/亩；大豆补贴标准为150元/亩；马铃薯补贴标准为150元/亩。

三、补贴资金管理与拨付

补贴资金纳入粮食风险基金专户管理，与专户内其他补贴资金分账核算，单独反映，不得混用。市财政局将资金拨付区财政局在农业发展银行开设的“粮食风险基金”专户。区财政局及时将补贴资金足额兑付给玉米、大豆、马铃薯生产者。生产者为农民的通过“一卡通”发放，生产者为合作社或企业的拨付至其对公账户。

四、工作具体步骤

（一）强化组织领导，制定实施方案

完善玉米、大豆、马铃薯生产者补贴政策是巩固玉米、大豆、马铃薯收储制度改革成效、落实乡村振兴战略的重要内容，石拐区各相关部门应高度重视。我区

建立由苏木镇、各涉农街道、发改委、财政局、农牧局等部门组成的玉米、大豆、马铃薯生产者补贴工作联席会议制度，按照区政府统一部署，研究解决玉米、大豆、马铃薯生产者补贴工作中的重大问题，统筹协调相关部门，顺利推进我区玉米、大豆、马铃薯生产者补贴工作。

各部门要充分认识到建立玉米、大豆、马铃薯生产者补贴制度的重大意义，明确职责分工，指定专人负责本项工作。

各部门具体职责分工：

（1）实施方案、专项资金管理办法制定及补贴资金的管理及拨付由财政局牵头，各相关部门配合。

（2）基础数据的采集、核实由农牧局牵头，发改委及各相关部门配合。

（3）补贴资金的监督管理、信访事件的处理按属地管理原则，由各苏木镇、涉农街道负责，区信访局配合。

（4）宣传方案的制定、宣传、解读由宣传部、农牧局负责，各相关部门配合。

（二）建立补贴面积、资金公示和信息档案管理制度

1.核实确认补贴面积。核实2020年补贴实际种植面积，按照保护玉米、大豆、马铃薯生产者合理收益，促进种植结构调整的原则，合理确定2020年补贴面积等补贴依据。

核实补贴年度播种面积必须按照以下程序进行：

（1）申报、编册。玉米、大豆、马铃薯出苗后，玉米、大豆、马铃薯生产者向所在村委会上报合法玉米、大豆、马铃薯种植面积，村委会负责核实并编制玉米、大豆、马铃薯种植户花名册，并将花名册上报乡镇涉农街道。花名册包括种植者姓名、身份证号码、土地承包凭证（或土地流转合同）、一卡通账号、合法玉米、大豆、马铃薯实际种植面积等内容。

（2）调查、公示。苏木镇、各涉农街道审核、汇总村委玉米、大豆、马铃薯种植户花名册后，签字盖章报送区农牧局，区农牧局、发改委等部门随即对玉米、大豆、马铃薯种植户申报的种植面积开展入户调查和地块核实工作，并将核实后的种植花名册在村、镇进行公示，公示时间7天。

2.补贴资金公示。由苏木镇、各涉农街道办事处根据补贴标准编制玉米、大豆、马铃薯生产者补贴发放花名册，对玉米、大豆、马铃薯生产者的补贴信息要在村、镇同时进行张榜公布，公示时间不少于7天。

3.做好补贴资金的管理与发放。区财政局按照《玉米、大豆、马铃薯生产者补贴制度实施方案》对补贴资金的性质、使用、管理等做严格的规定和要求。对补贴资金实行专户管理，专款专用。按时将补贴资金采取“一卡通”及对公转账的形式一次性、足额兑付给玉米、大豆、马铃薯生产者。

五、工作要求

（一）加大政策宣传

为促进政策平稳过渡，各涉农地区、相关部门要充分利用广播、电视、网络、手机等方式广泛开展宣传活动，增强政策透明度，使广大群众清楚地了解玉米、大豆、马铃薯生产者补贴政策的意义，掌握补贴对象、标准、兑付方式和时间等政策要点，做到心中有底，赢取群众对改革的理解和支持。

（二）严格监督检查

玉米、大豆、马铃薯生产者补贴要尽快、准确、无误地发放到玉米、大豆、马铃薯生产者手中，通过门户网站、新闻媒体及监督电话，广泛接受群众监督。禁止集体代领“一卡通”或补贴资金，禁止用补贴资金抵扣相关费用。在每年补贴资金兑付后，要对补贴政策执行情况进行全面监督检查，对发现的问题及时整改。

（2020年9月7日）

“石拐区蒙汉两种文字规范年”活动方案

为认真贯彻落实习近平总书记有关民族语言文字工作重要讲话精神，进一步提高“铸牢中华人民共同体意识”，在全面建成小康社会和“十三五”规划收官之年，也是脱贫攻坚决战决胜之年创造良好的语言文字环境，现决定开展“石拐区社会市面蒙汉两种文字并用规范年”（以下简称规范年）活动，有关事项通知如下：

一、指导思想

坚持以习近平新时代中国特色社会主义思想为指导，深入贯彻落实党的民族政策，民族语文政策和中共十九大，十九届二中、三中、四中全会精神，认真执行《中华人民共和国宪法》《中华人民共和国民族区域自治法》《内蒙古自治区蒙古语言文字工作条例》和《包头市社会市面蒙汉两种文字并用管理条例》等法律法规，进一步推动社会市面用文法治化、网络化、规范化管理，促进蒙汉两种文字规范并用明显改观，社会满意度大幅提升，进一步加强民族团结进步、维护社会和谐稳定，在全面建成小康社会和“十三五”规划收官之年，也是脱贫攻坚决战决胜之年创造良好的语言文字环境。

二、工作目标

通过开展“规范年”活动，各类社会市面用文必须达到三个标准要求（即蒙汉文的并用、准确、规范），并用是指社会市面用文必须蒙汉两种文字并用；准确是指社会市面蒙汉两种文字必须书写正确、排序及挂放正确；规范是指社会市面蒙汉两种文字必须达到“五同”标准，即同比例、同材料、同颜色、同质量、同亮度。

三、实施步骤

（一）准备部署阶段（7月—8月）

1.组织机构。“规范年”活动由区蒙古语言文字工作领导小组统一领导，并成立联合执法工作队伍开展执法检查。

2.宣传教育。充分利用网络、报纸、电视电台等新闻媒体，开展《中华人民共和国民族区域自治法》《内蒙古自治区蒙古语言文字工作条例》和《包头市社会市面蒙汉两种文字并用管理条例》等法律法规的宣传教育，全面发动广大市民和社会各界积极参与“规范年”活动，形成良好的社会氛围。

（二）集中整治阶段（9月—10月）

3.摸底调查。先期对各自辖区内社会市面蒙汉两种文字并用的基本情况进行1次严格的摸底排查，并建立电子信息库，对存在的问题及时进行统计分析，确保全面完成纠错任务。

4.集中整治。对不合格的社会市面用文要下发限期整改通知书，责令其限期整改，对于在规定时限内仍未整改的，按照《包头市社会市面蒙汉两种文字并用管理

条例》相关规定进行处罚。

（三）督查验收阶段（11月—12月）

5.区蒙古语言文字工作领导小组对各地区、各部门整治完成情况进行督查验收，对工作消极、成果较差的地区、部门进行通报批评。

四、工作要求

（一）各地区、部门、单位必须充分认识开展社会市面蒙汉两种文字并用治理工作的重要性和必要性，切实提高认识、加强组织领导，精心安排部署，努力形成政府主导、部门联动、综合治理、全民参与的社会化管理格局。党政机关单位必须率先做好社会市面蒙汉两种文字并用，为全面推进治理工作奠定基础。

（二）区民族事务委员会要依法加强对社会市面用文的管理，进一步完善管理体制，确保在源头治理、审批程序、网上翻译审核等方面取得更大实效。要做好相关政策法规及治理工作的宣传和舆论引导工作，广泛宣传三种蒙汉文并用错误牌匾举报方式：区民族事务委员会官方网站留言板块，电话：0472—8720245，以及电子邮箱：btsgmw@163.com 。

（三）区民族事务委员会具体负责“规范年”活动的组织协调，各部门、单位在开展治理工作过程中，要积极与区民委进行对接。

联系电话：0472—8720245，

邮箱：btsgmw@163.com。

（2020年1月10日）

统计公报

人口

表 23

	单位	2019年	2020年
1. 年末户籍人口（公安）	人	47226	46231
非农业人口（公安）	人	20498	19555
2. 计生口径现居住人口	人	28207	28220
非农业人口	人	13910	13916
3. 统计口径常住人口	人	38300	24745
非农业人口	人	31200	18417

行政区划

表 24

	镇	苏木	街道办事处	嘎查	社区	村民委员会
全区	1	1	6	5	5	12
石拐办事处			1		1	
大发办事处			1		1	
大磁办事处			1		1	
五当沟办事处			1		1	
白狐沟办事处	1		1			2
五当召镇		1		5		5
吉忽伦图苏木					1	
大德恒办事处			1			5

农村基本情况

表 25

	单位	2019年	2020年	增长(%)
一、基础组织				
乡镇个数	个	1	1	—
苏木个数	个	1	1	—
村委会个数	个	12	12	—
嘎查个数	个	5	5	—
二、基础设施	个			—
自来水受益村	个	17	17	—
通电话村	个	17	17	—
通有线村	个	17	17	—
三、劳动力资源				
乡村从业人员	人	8340	8210	-1.6
1. 一产	人	6080	6159	1.3
2. 二产	人	1042	1142	9.6
3. 三产	人	1218	909	-25.4
四、农村主要物资消耗				
农村用电量	万千瓦时	672	683	1.6
化肥施用量（折纯）	吨	865	917	6.0

农业生产

表 26

	单位	2019年	2020年	增长(%)
1、农林牧渔业增加值（不变价）	亿元	0.897	0.920	2.6
2、主要农产品产量	吨			
粮食	吨	8616	8750	1.6
玉米	吨	4611	5279	14.5
马铃薯	吨	3742	3185	-14.9
油料	吨	35	42	20.0
蔬菜	吨	4488	6439	43.5
3、期末牲畜存栏头数	头、只			
牛	头	427	698	63.5
羊	只	36445	45351	24.4
猪	头	8931	15937	78.4

规模以上工业经济指标

表 27

	单位	2019年	2020年	增长(%)
企业单位数	家	24.0	26.0	8.3
亏损企业	家	10.0	11.0	10.0
工业总产值	亿元	139.5	152.9	9.6
神华包头能源	亿元	32.3	33.1	2.5
工业园区	亿元	90.4	108.5	20.0
其他	亿元	16.8	11.3	-32.7
营业收入	亿元	154.1	163.8	6.3
资产总额	亿元	120.8	154.4	27.8
负债总额	亿元	49.6	79.6	60.5
全部职工平均人数	人	8259.0	10245.0	24.0
工业产品销售率	%	107.5	105.7	-1.8

注：增速均为现价增速

表 28

规模以上工业产品产量

	单位	2019年	2020年	增长（%）
原煤	吨	22378056	16758395	-25.3
一般烟煤	吨	22421838	16758395	-25.3
洗煤	吨	1866658	14880202	697.2
洗精煤	吨	595969	7471257	1153.6
焦炭	吨	996646	964386	-3.2
铁合金	吨	235266	239706	1.9
钢材	吨	1740700	2427381	39.4

表 29

固定资产投资

	2020年比2019年增长（%）
固定资产投资	13.7
按主要行业分：	
农林牧渔业	4268.0
制造业	87.2
电力热力燃气及水的生产和供应业	44.0
信息传输软件和信息技术服务业	—
房地产业	216.0
文化体育和娱乐业	-82.1
按三次产业分：	
第一产业	4268.0
第二产业	50.2
第三产业	-35.2

表 30

建筑业企业生产情况

	单位	2019年	2020年	增幅（%）
企业个数	家	2	2	0.0
国有及国有控股	家	1	1	0.0
建筑业总产值	万元	26442	17680	-33.1
国有及国有控股	万元	15341	7644	-50.2
其中：建筑工程产值	万元	15341	7644	-50.2
安装工程产值	万元	11101	10036	-9.6
竣工产值	万元	23703	16499	-30.4
国有及国有控股	万元	15341	7644	-50.2
从事建筑业活动的平均人数	人	448	339	-24.3

表 31

社会消费品零售总额

	2020年比2019年增长（%）
社会消费品零售总额	-6.0
按行业分组	
批发业	-3.7
零售业	-3.8
住宿业	-30.7
餐饮业	-36.0

注：按行业分组中增速均为销售额的增长速度

财政、税收（一）

表 32

	单位	2019年	2020年	增长(%)
地方财政总收入	万元	78935	76445	-3.2
地方财政一般预算收入	万元	40663	42484	4.5
增值税	万元	11544	10741	-7.0
营业税	万元	0	0	—
企业所得税	万元	3387	1123	-66.8
个人所得税	万元	881	2487	182.3
上划中央税收	万元	25128	23091	-8.1
增值税	万元	16492	15809	-4.1
消费税	万元	0	0	—
企业所得税	万元	6873	2308	-66.4
个人所得税	万元	1763	4974	182.1
上划自治区税收	万元	13144	10870	-17.3
增值税	万元	4947	5068	2.4

财政、税收（二）

表 33

	单位	2019年	2020年	增长(%)
营业税	万元	0	0	—
企业所得税	万元	1129	374	-66.9
个人所得税	万元	294	829	182.0
环境保护税	万元	6550	269	—
资源税	万元	224	4330	1833.0
地方财政支出	万元	89841	95993	6.8
一般预算支出	万元	89841	95993	6.8
教育	万元	7571	7347	-3.0
社会保障和就业	万元	16266	15968	-1.8
城乡社区事务	万元	14250	19753	38.6
农林水事务	万元	7223	8808	21.9
科学技术	万元	392	63	-83.9
入库税金	万元	71459	70893	-0.8

金　　融

表 34

	单位	2019年	2020年	增幅（%）
各项存款		122196	211777	73.31
1. 单位存款	万元	28483	43145	51.48
2. 个人存款	万元	78527	144832	84.44
3. 财政性存款	万元	15186	23800	56.72
各项贷款	万元	18025	109370	506.77
按期限划分				
1. 短期贷款	万元	13149	69153	425.92
2. 中长期贷款	万元	4876	40217	724.79
3. 票据融资	万元	0	0	—
按对象划分				
1. 个人贷款	万元	9325	27550	195.44
个人消费贷款	万元	3073	4185	36.19
2. 单位贷款	万元	8700	81820	840.46

保险　邮政

表 35

	单位	2020年
保险业务收入	万元	1118
保险业务支出	万元	1236
邮电业务总量	万元	346
快递服务企业业务量	万件	1.2

城镇居民生活

表 36

收入（元）	2019年	2020年	增幅（%）
城镇居民人均可支配收入	44294	44648	0.8
工资性收入	28782	31336	8.9
经营性净收入	5688	5401	-5.0
财产性净收入	1268	1053	-17.0
转移性净收入	8556	6858	-19.8
八大类消费支出(元)	27897	28532	2.3
食品	8351	8411	0.7
衣着	3274	3129	-4.4
家庭设备用品及服务	1769	1800	1.8
医疗保健	1524	1607	5.4
交通、通信	5078	5562	9.5
教育、文化、娱乐服务	1958	2003	2.3
居住	4868	4890	0.5
其他商品及服务	1074	1130	5.2

表 37

农牧民生活

收入（元）	2019年	2020年	增幅（%）
农牧民人均可支配收入	17582	19042	8.3
工资性收入	8106	10673	31.7
家庭经营净收入	5304	5331	0.5
其中：第一产业	3870	1498	-61.3
第二产业	249	1444	479.9
第三产业	1185	2389	101.6
财产性净收入	898	468	-47.9
转移性净收入	3274	2570	-21.5
八大类消费支出（元）	15693	16376	4.4
食品	4536	5215	15.0
衣着	1066	955	-10.4
家庭设备用品及服务	880	889	1.0
医疗保健	1904	1800	-5.5
交通、通信	2001	1947	-2.7
教育、文化、娱乐服务	1652	1830	10.8
居住	3517	3517	0.0
其他商品及服务	137	223	64.8

表 38

城乡居民家庭基本情况

	单位	农村	城镇
户均人口	人	2.3	2.5
人均总收入	元	19042	44648
人均生活消费支出	元	13841	26695
食品支出	元	4751	7806
恩格尔系数	%	34.3	29.2
人均住房建筑面积	平方米/人	39.7	38.9

就业情况

表 39

	单位	2019年	2020年	增幅（%）
新增就业人数	人	352	510	44.89
再就业人数	人	105	199	89.52
就业困难人员再就业	人	61	72	18.03
登记失业人数	人	508	506	-0.39
登记失业率	%	3.87	3.86	—
农民工转移就业	人	4010	4010	0.00
其中转移6个月以上		3313	3280	-1.00
农民工转移技能培训	人	148	136	-8.11

社会治安

表 40

	单位	2019年	2020年	增幅（%）
交通事故：次数	次	28	25	-10.7
死亡	人	1	5	400.0
伤人	人	40	28	-30.0
损失折款	万元	6	2	-66.7
火灾事故：次数	次	19	9	-52.6
抢险	次	11	8	-27.3
死亡	人	0	0	—
伤人	人	0	0	—
损失折款	万元	19	16	-15.8

教育、卫生

表 41

	单位	2019年	2020年
一、入学率、升学率			
小学适龄儿童入学率	%	100	100
小学毕业生升学率	%	1263	678
初中毕业生升学率	%	115	172
二、学校、学生、教师数			
小学学校数	所	2	2
小学专任教师数	人	112	124
小学在校学生数	人	822	1390
普通中学学校数	所	4	4
普通中学专任教师数	人	184	244
初中在校学生数	人	1434	2342
高中在校学生楼	人	347	459
三、卫生机构数			
医院	所	0	0
卫生院	所	2	2
社区服务口心及服务站	所	1	1
疾控中心	所	1	1
疾控中心人数	人	10	15
妇幼保健所	所	1	1
卫生监督所	所	1	1
卫生监督所人数	人	7	9
四、卫生人员			
卫生技术人员	人	60	80
执业医师	人	29	28
执业助理医师	人	1	3
注册护士	人	18	22
药剂师	人	3	6
检验人员	人	5	10
五、出生率	‰	3.19	3.19
六、死亡率	‰	0.89	4.78
七、自然增长率	‰	2.3	-1.59

注：小学毕业生升学率为初一新生人数比小学毕业人数

初中毕业生升学率为高一新生人数比初中毕业人数

社 会 保 障

表 42

社会保障	单位	2019年	2020年
一、养老保险			
城镇职工基本养老保险	人	16181	17780
参保人数	人	7372	8139
企业职工	人	1792	1707
机关事业单位职工	人	7017	7934
纳入统筹的离退休人员	万元	2759	3012
基金收入（机关）	万元	24552	25739
养老支出	人	12452	13049
二、医疗保险	万元	—	—
城乡居民基本养老保险	万元	1026	987
参保人数			
基金收入			
养老金支出	人	4600	4200
城乡居民医疗保险	万元	2377	2592
参保人数	万元	39	20
基金收入	人	25984	26724
基金支出	万元	546	811
三、失业保险	万元	32	57
参保人数			
基金收入	人	2681	3112
基金支出	万元	152	159
四、工伤保险	万元	—	—
参保人数	人	3047	2687
基金收入	万元	60	42
基金支出	万元	—	—
五、最低生活保障			
城乡居民实际发放人数	人	15512	15149
实际发放金额	万元	904	1062
最低生活保障线标准	元 / 月	710	750